Die Teilzeitarbeit im europäischen und deutschen Arbeitsrecht

Europäische Hochschulschriften

Publications Universitaires Européennes
European University Studies

Reihe II
Rechtswissenschaft

Série II Series II
Droit
Law

Bd./Vol. 3486

PETER LANG
Frankfurt am Main · Berlin · Bern · Bruxelles · New York · Oxford · Wien

Eduardo Andres Caamaño Rojo

Die Teilzeitarbeit im europäischen und deutschen Arbeitsrecht

PETER LANG
Europäischer Verlag der Wissenschaften

Die Deutsche Bibliothek - CIP-Einheitsaufnahme

Caamaño Rojo, Eduardo Andres:

Die Teilzeitarbeit im europäischen und deutschen Arbeitsrecht / Eduardo Andres Caamaño Rojo. - Frankfurt am Main ; Berlin ; Bern ; Bruxelles ; New York ; Oxford ; Wien : Lang, 2002
(Europäische Hochschulschriften : Reihe 2, Rechtswissenschaft ; Bd. 3486)
Zugl.: Köln, Univ., Diss., 2002
ISBN 3-631-39898-0

Gedruckt mit Unterstützung des
Deutschen Akademischen Austauschdienstes.

D 38
ISSN 0531-7312
ISBN 3-631-39898-0

www.peterlang.de

a Ximena,

mi luz e inspiración

VORWORT

Die Durchführung dieser Arbeit war möglich mittels eines Stipendiums des Deutschen Akademischen Austauschdienstes (DAAD), der meinen Aufenthalt in Deutschland und meine Promotion an der Rechtswissenschaftlichen Fakultät der Universität zu Köln förderte.

Ich bedanke mich bei Corinna Spinger für ihre Anregungen und sorgfältigen sprachlichen Korrekturen, die ich als Nicht-Muttersprachler des Deutschen sehr schätze. Für eventuelle Fehler und Ungenauigkeiten in der vorliegenden Arbeit bin ich allein verantwortlich. Ich danke auch Beatriz Gutiérrez-Solar, Ursula Canton und Rocío Martínez für ihre freundliche Hilfe und insbesondere meiner Frau, Ximena González, für ihre liebevolle und hilfreiche Unterstützung, ohne die diese Arbeit nicht möglich gewesen wäre. Ihr ist sie gewidmet.

INHALTSVERZEICHNIS

ZWEITES KAPITEL:

ABKÜRZUNGSVERZEICHNIS

ABl. EG	Amtsblatt der Europäischen Gemeinschaften
Abs.	Absatz
a.F.	alte Fassung
AiB	Arbeitsrecht im Betrieb (Zeitschrift)
Anm.	Anmerkung
AP	Arbeitsrechtliche Praxis
ArbG	Arbeitsgericht
ArbuR	Arbeit und Recht (Zeitschrift)
Art.	Artikel
AT	Außertariflichen
AuA	Arbeit und Arbeitsrecht (Zeitschrift)
AZG	Arbeitszeitgesetz
AZR	Aktenzeichen für Revisionen
BAG	Bundesarbeitsgericht
BAGE	Amtliche Sammlung der Entscheidungen des Bundesarbeitsgerichtes
BAT	Bundesangestelltentarif
BB	Der Betriebs-Berater (Zeitschrift)
BErzGG	Bundeserziehungsgeldgesetz
BeschFG	Beschäftigungsförderungsgesetz
BetrAVG	Gesetz zur Verbesserung der betrieblichen Altersversorgung
BetrVG	Betriebsverfassungsgesetz
BGB	Bürgerliches Gesetzbuch
BGBl.	Bundesgesetzblatt
BGH	Bundesgerichtshof
BR	Bundesrat
BT	Bundestag
BT-Drucks.	Drucksachen des Deutschen Bundestages
BUrlG	Bundesurlaubsgesetz
BVerfG	Bundesverfassungsgericht
BVerfGE	Amtliche Sammlung der Entscheidungen des Bundesverfassungsgerichtes
BVerwG	Bundesverwaltungsgericht
bzw.	beziehungsweise

CASEN	Encuesta de Caracterización Socioeconómica
CdT	Código del Trabajo de la República de Chile
CEEP	Europäischer Zentralverband der öffentlichen Wirtschaft
CEPAL	Comisión Económica para América Latina y el Caribe
DB	Der Betrieb (Zeitschrift)
d.h.	das heißt
Diss.	Dissertation
DLRI	Giornale di diritto del lavoro e di relazioni industriali
EAS	Entscheidungen zum Arbeits- und Sozialrecht
EEA	Einheitlichen Europäischen Akte
EFZG	Entgeltfortzahlungsgesetz
EG	Europäische Gemeinschaft
EGB	Europäischer Gewerkschaftsbund
EGV	Vertrag zur Gründung der Europäischen Gemeinschaft
endg.	endgültig
ErfKomm	Erfurter Kommentar zum Arbeitsrecht
EStG	Einkommensteuergesetz
EU	Europäische Union
EuGH	Europäischer Gerichtshof
EuGH – Slg.	Sammlung der Rechtsprechung des Gerichtshofes der Europäischen Gemeinschaften
EuR	Europarecht
EuroAS	Europäisches Arbeits- und Sozialrecht
EuZW	Europäische Zeitschrift für Wirtschaftsrecht
EWG	Europäische Wirtschaftsgemeinschaft
EWG-Vertrag	Vertrag zur Gründung der Europäischen Wirtschaftsgemeinschaft
EWGV	Vertrag zur Gründung der Europäischen Wirtschaftsgemeinschaft
EzA	Entscheidungssammlung zum Arbeitsrecht
f.	folgende
ff.	fortfolgende
Fn.	Fußnote
GG	Grundgesetz
GK-TzA	Gemeinschaftskommentar zum Teilzeitarbeitsrecht
GKzKR	Großkommentar zum Kündigungsrecht

h.M.	herrschende Meinung
hrsg.	herausgegeben
IAO	Internationale Arbeitsorganisation
KAPOVAZ	Kapazitätsorientierte variable Arbeitszeit
KOM	Dokumente der Kommission der Europäischen Gemeinschaften
KschG	Kündigungsschutzgesetz
KzBGB	Kommentar zum Bürgerlichen Gesetzbuch
LAG	Landesarbeitsgericht
LAGE	Entscheidungen der Landesarbeitsgerichte
lit.	littera
LohnFG	Lohnfortzahlungsgesetz
m.E.	meines Erachtens
MünchHdB-ArbR	Münchener Handbuch zum Arbeitsrecht
MünchKomm-BGB	Münchener Kommentar Bürgerliches Gesetzbuch
MuSchG	Mutterschutzgesetz
n.F.	neue Fassung
NJW	Neue Juristische Wochenschrift
Nr.	Nummer
NZA	Neue Zeitschrift für Arbeitsrecht
NZS	Neue Zeitschrift für Sozialrecht
OECD	Organisation für wirtschaftliche Zusammenarbeit und Entwicklung in Europa
RdA	Recht der Arbeit (Zeitschrift)
RL	Richtlinie
R.L.	Relaciones Laborales (spanische Zeitschrift)
Rn.	Randnummer
Rs.	Rechtssache
S.	Seite
SAE	Sammlung Arbeitsrechtlicher Entscheidungen
SG	Sozialgericht
SGB	Sozialgesetzbuch
Slg.	Sammlung
sog.	sogenannten
SozG	Sozialgericht

StGB	Strafgesetzbuch
TVR	Tarifvertragsrecht
TVG	Tarifvertragsgesetz
TzBfG	Teilzeit- und Befristungsgesetz
u.a.	unter anderem
UNICE	Union der Industrie- und Arbeitgeberverbände Europas
U.S.	United States Report
usw.	und so weiter
vgl.	vergleiche
VO	Verordnung
vol.	Volumen
vs.	versus
z.B.	zum Beispiel
ZfA	Zeitschrift für Arbeit
ZIP	Zeitschrift für Wirtschaftsrecht
zit.	zitiert
ZPO	Zivilprozessordnung
ZTR	Zeitschrift für Tarifrecht

EINLEITUNG

A. THEMATISCHE EINFÜHRUNG

In den letzten Jahren hat sich die Organisation der Unternehmen sowie der unselbständigen Arbeit beträchtlich geändert. Faktoren wie die Erscheinung von neuen Technologien oder die zunehmende Globalisierung der Wirtschaft haben die Lage und die Umständen, unter denen die unternehmerischen Aktivitäten durchgeführt werden, umgewandelt. Darüber hinaus ist der Wettbewerb sowohl auf nationaler als auch auf internationaler Ebene stärker geworden und stellt immer wechselnde Anforderungen, die einer rapiden Reaktion der Unternehmen sowie einer flexiblen Organisation der Arbeit und der Arbeitszeit bedürfen. In diesem Zusammenhang scheint auch die Notwendigkeit einer neuen Formulierung der Rechtsordnung immer wichtiger, was sich in bedeutender Weise im Bereich des Arbeitsrechts reflektiert. Dies erklärt sich dadurch, dass die alten Strukturen und Regulierungsformen der abhängigen Arbeit, die im Wesentlichen dem Arbeitsmodell des früheren Industrialisierungsprozesses entsprechen, in der neuen wirtschaftlichen und sozialen Umwelt nicht ganz effizient sind. Es werden deshalb neue Lösungen, Alternativen und Organisationsformen gesucht, die sich vom traditionellen Arbeitsverhältnis unterscheiden, vor allem weil Vollzeit und Langfristigkeit keine unabdingbaren Voraussetzungen bei der Arbeitsorganisation mehr sind. Im Gegenteil werden Mobilität, Flexibilität und höhere Qualifikationen bevorzugt.

In Anbetracht dieser allgemein dargestellten Transformationen werden andere Formen der abhängigen Arbeit, die sogenannten atypischen Beschäftigungen, in der Unternehmensorganisation häufig einbezogen. Die atypischen Beschäftigungsformen unterscheiden sich vom traditionellen Modell des Arbeitsverhältnisses in Dauer, Kontinuität und Grad der persönlichen Abhängigkeit der Arbeitnehmer oder der Art und Weise, in der der Arbeitnehmer seine Tätigkeit ausübt. Außerdem werden diese Beschäftigungsformen wie etwa die Leiharbeit, die Telearbeit und insbesondere die Teilzeitarbeit immer wichtiger in der Praxis, weil sie mit den Bedürfnissen der Unternehmen nach Flexibilität und Effizienz und in vielen Fällen auch mit den Präferenzen der Arbeitnehmer für Arbeitszeitsouveränität oder, angesichts der zunehmenden Beteiligung der Frauen auf dem Arbeitsmarkt, für eine bessere Vereinbarkeit von Familie und Arbeit, übereinstimmen.

Von den atypischen Beschäftigungsformen, die sich in der letzten Zeit entwickelt haben, ist die Teilzeitarbeit eine der wichtigsten. Allerdings ist zu berücksichtigen, dass die Teilzeitarbeit keine neue Form der Beschäftigung und der Arbeitsorganisation darstellt, denn sowohl die Unternehmen als auch einige arbeitsrechtlichen Gesetzgebungen haben diese Form seit lange benutzt und geregelt. Die Besonderheit der Teilzeitarbeit liegt darin, dass sie sich neu entwickelt hat und kann deshalb in ihren herkömmlichen oder flexiblen Erscheinungsformen passende Lösungen zu den heutigen wirtschaftlichen Bedürfnisse beitragen. Außerdem bemerkenswert ist die Tatsache, dass atypische Beschäftigungsformen wie die Teilzeitarbeit in den letzten Jahren aufgrund ihrer Vorteile zur Bekämpfung der zunehmenden Arbeitslosigkeit eine wichtige Rolle in der Arbeitspolitik der europäischen Länder erreicht haben, weil sie z.B. eine bessere Verteilung der vorhandenen Arbeit sowie die Einbeziehung auf dem Arbeitsmarkt von Personen, die nicht in der Lage sind, eine Vollzeitbeschäftigung auszuüben, ermöglichen.

Andererseits ist nicht zu übersehen, dass die Anzahl der Teilzeitbeschäftigten in den letzten Jahren stark zugenommen hat und immer mehr einen wichtigen Anteil in den amtlichen Beschäftigungsstatistiken darstellt. Die höheren Quoten der Teilzeitbeschäftigten befinden sich vor allem im Dienstleistungssektor und zeigen als wichtiges Merkmal eine hohe Beteiligung der Frauen. Letzteres ist besonders relevant zum einen, denn es bringt, im direkten Zusammenhang mit der Teilzeitarbeit, das Thema der Diskriminierung wegen des Geschlechts, weil eventuelle Ungleichbehandlungen der Teilzeitarbeitnehmerinnen bei den Arbeitsbedingungen zugleich Fällen von unmittelbaren oder mittelbaren Diskriminierungen begründen können. Zum anderen zeigt der hohe Anteil der Frauen unter den Teilzeitbeschäftigten den noch offensichtlichen Einfluss der familiären Situation auf die Entscheidung für eine Teilzeitbeschäftigung, denn diese Beschäftigungsform betrifft am meisten Frauen mit Kindern. Dies stellt soziale und arbeitspolitische Herausforderungen, um diese Form der Beschäftigung attraktiver für Männer zu machen sowie um passende Alternativen zur Vereinbarkeit von Familie und Erwerbstätigkeit zu suchen, die die Situation und die Beteiligung der Frauen auf dem Arbeitsmarkt verbessern können.

Aus der Arbeitsrechtsperspektive sind seit Mitte der 80er Jahren sowohl auf nationaler als auch auf supranationaler Ebene verschiedene Bestrebungen zu erkennen, um eine geeignete

Regulierung der Teilzeitarbeit zu schaffen. Diese gesetzgeberischen Bestrebungen waren im Wesentlichen eine rechtliche Antwort auf die unsichere Lage und auf die schlechten Arbeitsbedingungen, die die Teilzeitarbeitnehmer betroffen haben, sowie eine Suche nach einer flexiblen arbeitsrechtlichen Gesetzgebung, die beschäftigungspolitischen bzw. aus Sicht der Arbeitgeber und Arbeitnehmer wirtschaftlichen und personellen Vorteile der Teilzeitarbeit entwickeln lässt. Beispiele in diesem Sinne sind das IAO-Übereinkommen Nr. 175 und die Richtlinie 97/81/EG, sowie nationale Gesetze wie das 1985 erlassene Beschäftigungsförderungsgesetz und nunmehr das Teilzeit- und Befristungsgesetz in der Bundesrepublik Deutschland oder der Estatuto de los Trabajadores (nach den Reformen der Jahren 1994 und 1997) in Spanien.

In Entwicklungsländern wie Chile stehen die wirtschaftlichen Transformationen manchmal im Zusammenhang mit schlechteren Arbeitsbedingungen und unpassendem sozialem Schutz für die Arbeitnehmer sowie mit unzureichenden arbeitsrechtlichen Regulierungen. Atypische Beschäftigungsformen wie die Teilzeitarbeit sind in Chile wenig verbreitet; die Teilzeitarbeit ist von der arbeitsrechtlichen Literatur kaum analysiert worden und nur vor kurzen Zeit hat sie endlich eine generell vollständige Anerkennung im Arbeitsgesetzbuch gefunden. Die neuerliche Einführung einer arbeitsrechtlichen Regulierung der Teilzeitarbeit ist angesichts der wirtschaftlichen und arbeitpolitischen Vorteile, die in Verbindung mit dieser Form der Beschäftigung stehen, wichtig. Denn diese wirtschaftlichen und beschäftigungspolitischen Vorteile können auch eine bedeutende Rolle für den chilenischen ökonomischen und sozialen Entwicklungsprozess spielen. Der Verfasser der vorliegenden Arbeit ist deshalb davon überzeugt, dass die praktischen Erfahrungen und die diversen Forschungen und Analysen über die Teilzeitarbeit in der Bundesrepublik Deutschland und in der Europäischen Union von unentbehrlichen Bedeutung sind, um die Bedingungen des chilenischen Arbeitsmarktes im Wege der sozialen Gerechtigkeit zu verbessern. Auf diesem Grund versucht der Verfasser eine generelle und vollständige Analyse des Rechts der Teilzeitarbeit im europäischen und deutschen Arbeitsrecht durchzuführen, mit der Absicht, später zu einer Weiterentwicklung der Forschungen über diese Beschäftigungsform in Chile beitragen zu können. Außerdem steht auch im Hintergrund der vorliegenden Arbeit die Intention, die Fortschritte des europäischen und insbesondere des deutschen Arbeitsrechts in Chile zu verbreiten, denn sie sind trotz ihrer Relevanz fast unbekannt.

B. GANG DER UNTERSUCHUNG

Die vorliegende Arbeit ist in vier Kapiteln unterteilt. Im ersten Kapitel: „Die Teilzeitarbeit und die atypischen Beschäftigungsformen“ wird die Teilzeitarbeit im Kontext der wirtschaftlichen und rechtlichen Transformationen der letzten Zeit analysiert. Es werden auch ihre Eigenschaften als Form der atypischen Beschäftigung und ihre arbeitsbezogenen bzw. wirtschaftlichen Vorteile aus Sicht der Arbeitgeber und Arbeitnehmer bezeichnet. Da es ein besonderes Merkmal der Teilzeitarbeit in den Ländern der Europäischen Union ist, wird die soziale und wirtschaftliche Relevanz der Teilzeitarbeit als Ausdruck einer speziellen Form der Frauenarbeit berücksichtigt. Außerdem wird die Bedeutung der Teilzeitbeschäftigung als Instrument zur Förderung der Arbeit und zur Bekämpfung der Arbeitslosigkeit in Betracht gezogen.

Im zweiten Kapitel: „Die Teilzeitarbeit im europäischen Arbeitsrecht“ steht die Entwicklung und die zunehmende Wichtigkeit des europäischen Arbeitsrechts im Rahmen des Rechtssystems der Europäischen Union im Vordergrund. Schwerpunkt des Kapitels ist jedoch die Analyse der verschiedenen Bemühungen der Europäischen Gemeinschaft, um eine europarechtliche Regulierung der Teilzeitarbeit zu schaffen, und insbesondere der Vorschriften der erlassenen Richtlinie 97/81/EG über Teilzeitarbeit. Darüber hinaus wird angesichts der überwiegenden Beteiligung der Frauen unter den Teilzeitbeschäftigten die Rechtsfigur der mittelbaren Diskriminierung wegen des Geschlechts mit besonderer Berücksichtigung auf die Rechtsprechung des Europäischen Gerichtshofs analysiert.

Das dritte Kapitel: „Die Teilzeitarbeit im deutschen Arbeitsrecht“ stellt den hauptsächlichen Teil der Arbeit dar. Hier wird die arbeitsrechtliche Regulierung der Teilzeitarbeit nach den neuen Vorschriften des Teilzeit- und Befristungsgesetzes erklärt. Dieses Gesetz setzte die Bestimmungen der Richtlinie 97/81/EG über Teilzeitarbeit im deutschen Arbeitsrecht um und hat ein besonderer Ruhm erlangt, weil sie umstrittene Regelungen (wie der Anspruch auf Teilzeitarbeit) enthält, die heftige Auseinandersetzungen in der Wirtschaft und in der arbeitsrechtlichen Literatur veranlasst haben. Zu diesem Kapitel gehört auch eine Untersuchung der Rechte und Pflichten, die sich aus dem Teilzeitarbeitsverhältnis ergeben, sowie des Gleichbehandlungsprinzips, der flexiblen Formen der Teilzeitarbeit und der Besonderheiten der Teilzeitarbeit bezüglich der Kündigung und der Betriebsverfassung. Andererseits wird auch besondere Aufmerksamkeit auf eine Variante der Teilzeitbeschäftigung im deutschen Recht gewidmet. Das vierte Kapitel handelt über die geringfügige Beschäftigung und bezieht sich auf ihre Eigenheiten aus der Perspektive des Arbeitsrechts; vornehmlich hinsichtlich des Grundsatzes der Gleichbehandlung. Aus einer sozialrechtlichen Sicht wird das Prinzip der Sozialversicherungsfreiheit und die neuen Vorschriften, die das Gesetz zur Neuregelung der geringfügigen Beschäftigung eingefügt hat, berücksichtigt.

Zum Schluss wurde ein Anhang beigefügt, in dem eine generelle Analyse der neuerlichen arbeitsrechtlichen Vorschriften über die Teilzeitarbeit in Chile nachgegangen wird. Der Verfasser versucht auf dieser Weise, die soziale und rechtliche Lage der Teilzeitbeschäftigung in Chile vorzustellen.

ERSTES KAPITEL:

DIE TEILZEITARBEIT UND DIE ATYPISCHEN BESCHÄFTIGUNGSFORMEN

A. DER WANDEL DER WIRTSCHAFT UND DIE ZUNEHMENDE BEDEUTUNG DER ATYPISCHEN BESCHÄFTIGUNGSFORMEN

1. DIE UMWANDLUNG DER ABHÄNGIGEN ARBEIT

In den letzten zwei Jahrzehnten haben sich die Arbeit und die Arbeitsorganisation beträchtlich geändert. Diese Änderungen sind durch verschiedene Faktoren beeinflusst worden, unter denen hervorzuheben sind: Die Erscheinung neuerer Technologien[1] und ihrer Anwendung in den Produktionsprozessen, die wirtschaftliche Strukturkrise in den 80er Jahren und die zunehmende Globalisierung der Wirtschaft seit den 90er Jahren. Diese Faktoren sind besonders relevant, denn sie haben im Allgemeinen den Übergang von einer fordistischen zu einer postmodernen Produktionsweise[2] ermöglicht. Darüber hinaus hat der Wandel der Produktionsprozessen und der Umstände, unter denen sich der nationale sowie der internationale Wettbewerb durchführt, zu einer beträchtlichen Umwandlung der abhängigen Arbeit geführt.[3] Dauerhafte Arbeitsverhältnisse mit einiger relativ hohen Beschäftigungssicherheit, einer geringen Veränderung von Qualifikationen, einem hohen Arbeitsschutz und Flankierung durch gesetzliche und tarifvertragliche Bindungen – z.B. von Arbeitszeit, Sozialleistungen und Kündigungsschutzregeln – scheinen weder aus der Perspektive der Wachstumschancen noch aus der von grundlegenden Strukturproblemen und verkürzten Planungshorizonten vorteilhaft zu sein. Ehemals angepasste Verträge passen im neuen Kontext nicht und scheinen angesichts der zukünftigen Entwicklung immer weniger zu passen.[4]

Vor einigen Jahrzehnten war typisch für die Unternehmen, dass sie ihre Arbeits- und Produktionsorganisation im Rahmen eines fordistischen Modells ausgeführt haben. Charakteristisch für die fordistische unternehmerische Produktionsweise war zum einen die Massenproduktion von Standardprodukten, wobei Planung und Ausführung der Produktion

---

[1] Über den Einfluss der neuen Technologien auf die Arbeitsverhältnissen: Pérez de los Cobos, Nuevas tecnologías y relación de trabajo, Valencia, Spanien, 1990, S. 17 ff.
[2] Hanau, Die Zukunft des Arbeitsrechts, RdA 1999, S. 163.
[3] Ebenso: González del Rey, El contrato de trabajo a tiempo parcial, Pamplona, Spanien, 1998, S. 35.
[4] Boemke / Föhr, Arbeitsformen der Zukunft, Heidelberg, 1999, S. 16.

grundsätzlich getrennt waren. Zum anderen waren die Arbeitsbeziehungen in einem fordistischen Modell durch die abhängige Tätigkeit eines männlichen, relativ kurz ausgebildeten und für unbestimmte Zeit angestellten Arbeitnehmers gekennzeichnet.[5] In diesem Zusammenhang ist zu bemerken, dass das Phänomen der unselbständigen Arbeitsleistung ein Produkt der Industrialisierung war, insbesondere der damit verbundenen fortschreitenden Arbeitsteilung. Die Arbeitsteilung macht die Bindung des Arbeitnehmers an die Weisungen der Betriebsleitung und ihrer Repräsentanten unabweisbar und ist zugleich die Hauptursache für die Unselbständigkeit des Arbeitnehmers.[6]

Das Arbeitsrecht hat sich in dem oben beschriebenen Kontext charakterisiert, weil es auf der einfachen Unterscheidung von abhängiger und selbständiger Arbeit beruht und weil es den Abhängigen soziale Sicherheit, gleichförmige Arbeitszeiten, relativ unabhängige Kollektivverhandlungen und einen Sonderstatus für den öffentlichen Dienst garantierte.[7] Der fordistische Staat hat sich seinerseits dadurch ausgezeichnet, dass er keynesianisch, nachfrageorientiert, national und sozial ausgleichend war.[8]

Dieses Modell, das eine direkte Folge der Industrialisierungsprozessen seit der 19. Jahrhundert war, hat sich beträchtlich geändert. Denn die Unternehmen mussten sich an die neuen Anforderungen des nationalen und internationalen Marktes anpassen und haben deshalb ihre Organisation neu konzipiert. Grund der unternehmerischen Transformationen seit den 80er Jahren ist im Wesentlichen die Unsicherheit, die die Veränderungen in den ökonomischen, institutionellen und technologischen Bereich veranlassen haben. Es war seitdem erforderlich organisatorische Maßnahmen zu treffen, die mehr Flexibilität in der Produktion und Planung der unternehmerischen Aktivitäten einführten, da es klar war, dass

[5] Casas / De Munck / Hanau, u.a., Transformations du travail et devenir du droit du travail en Europe, Bericht einer EG-Arbeitsgruppe, 1998, zit. von Hanau, Die Zukunft des Arbeitsrechts, RdA 1999, S. 163. Siehe auch: Alewell, Die Erosion des Normalarbeitsverhältnisses – Ist das Arbeitsrecht noch zeitgemäß?, Jenaer Vorträge, Band 9, Baden-Baden, 1998, S. 14.
[6] Löwisch, Arbeitsrecht, 4. Auflage, Düsseldorf, 1996, S. 29.
[7] Casas / De Munck / Hanau, u.a., Transformations du travail et devenir du droit du travail en Europe, zit. von Hanau, RdA 1999, S. 163.
[8] Zum Thema siehe: Keller, Einführung in die Arbeitspolitik. Arbeitsbeziehungen und Arbeitsmarkt in sozialwissenschaftlichen Perspektive, 5. Auflage, München, 1997, S. 57 ff.

sowohl die großen als auch die kleinen Unternehmen mit der alten Produktionsweise nicht mehr in der Lage waren, sich in einer neuen wirtschaftlichen Umwelt zu entwickeln.[9]

Zur Zeit vollzieht sich in Industrie- und Dienstleistungsunternehmen ein tiefer Restrukturierungsprozess. Die industrielle Massenproduktion wurde in hochentwickelten Wirtschaftssystemen von der Strategie der flexiblen Spezialisierung abgelöst.[10] Dies bedeutet, dass Unternehmen mit ihrer Produktion in einer Hochqualitätsnische flexibel auf Kundenwünsche reagieren müssen.[11] Deshalb hat die Reorganisation der Firmen den Unterschied zwischen Planung und Ausführung eingeebnet. Die Arbeitsverhältnissen sind flexibler geworden und verlangen längere und fortgesetzte Ausbildung; die Frauen haben den Arbeitsmarkt en masse betreten und dadurch das patriarchalische fordistische Modell unterminiert. Die ständige Beschäftigung geht zurück und wird durch unstetige Arbeitsbeziehungen ersetzt.[12] Außerdem ist zu bemerken, dass gegenwärtig der Staat die keynesianische Politik zugunsten antiinflationärer Strategien aufgegeben hat und dass er vor allem auf die Wettbewerbsbedingungen achte. Bemerkenswert ist auch, dass der Staat seine Souveränität durch regionale Bewegungen und die Befugnisse der europäischen Instanzen beschränkt hat.[13]

Der Wandel der Wirtschaft und ihre unmittelbaren sowie mittelbaren Auswirkungen auf der abhängigen Arbeit werden vor allem von den Arbeitnehmern wahrgenommen. Die unternehmerischen Transformationen schlagen sich für die Arbeitnehmer insbesondere in einer immer rascher erfolgenden Änderung der an sie gestellten Anforderungen nieder. Technisierung und Komplizierung der Produktion und die wachsende Bedeutung von

[9] Rivero Lamas, La descentralización productiva y las nuevas formas organizativas de trabajo, en Actas X Congreso Nacional de Derecho del Trabajo y de la Seguridad Social, Colección Informes y Estudios, Serie Relaciones Laborales Nr. 28, Ministerio del Trabajo y Asuntos Sociales, Madrid, Spanien, 2000, S. 19-20.
[10] In selbem Sinne: Consejo Económico y Social, El trabajo a tiempo parcial, Informe Nr. 4, Madrid, Spanien, September 1996, S. 4-5.
[11] Oechsler, Flexibilisierungsbedarf auf Betriebsebene, in Die Zukunft der Arbeitswelt – Flexibilisierung von Arbeitsbedingungen, Recht und Kommunikation 18, 1995, S. 15. In selbem Sinne: Rodríguez-Piñero, Prólogo, in Actas X Congreso Nacional de Derecho del Trabajo y de la Seguridad Social, S. 14.
[12] Casas / De Munck / Hanau, u.a., Transformations du travail et devenir du droit du travail en Europe, zit. von Hanau, RdA 1999, S 163.
[13] Casas / De Munck / Hanau, u.a., Transformations du travail et devenir du droit du travail en Europe, zit. von Hanau, RdA 1999, S. 163.

Forschung und Entwicklung verlangen neue sowie höhere Kenntnisse und Fertigkeiten.[14] Die Beweglichkeit von Betrieben und Unternehmen zieht auch die Forderung nach Mobilität der Arbeitnehmer nach sich.[15] Darüber hinaus hat sich das Selbstverständnis der Arbeitnehmer umgewandelt. Sie wollen die von ihnen zu leistende Arbeit mitgestalten und es gibt besonders deutlich in Fragen der Arbeitszeit ein Bedürfnis nach Individualisierung der Arbeitsbedingungen.[16]

Andererseits ist zu beachten, dass der wirtschaftliche Wandel immer wieder zu tiefgreifenden Änderungen des Arbeitskräftebedarfs führt. Dies gilt zunächst in qualitativer Hinsicht, weil infolge von Technisierung und Komplizierung von Produktion und Dienstleistungen der Bedarf an qualifizierten Arbeitskräften steigt, während der an unqualifizierten Arbeitskräften sinkt. In quantitativer Hinsicht sind auch Veränderungen des Arbeitskräftebedarfs zu betrachten, weil Technisierungs-, Verfahrens- und Organisationsfortschritte Arbeitskräfte freisetzen.[17] In diesem Kontext stellt die zunehmende Bedeutung einiger Beschäftigungsformen, die nicht in das Modell des traditionellen (Normal-)Arbeitsverhältnisses eingegliedert werden können (die sogenannten atypischen Beschäftigungsformen), eine Antwort auf dem Bedarf von Flexibilisierung der Unternehmen und auf die neuen nationalen und internationalen Anforderungen des Arbeitsmarktes dar.[18] Die atypischen Beschäftigungen sind deshalb Arbeitsformen, die von den Unternehmen favorisiert werden, denn Firmen, die Entscheidungen unter der Randbedingung zunehmender Unsicherheit treffen müssen, benötigen ein bestimmtes Maß an Anpassungsfähigkeit in ihren personalpolitischen Entscheidungen und Formen der Arbeitsorganisation, um sich auf die rasch wandelnde Marktanforderungen einstellen zu können.[19]

---

[14] Ebenso: Boemke / Föhr, S. 34-35.

[15] Kommission für Zukunftsfragen der Freistaaten Bayern und Sachsen, Erwerbstätigkeit und Arbeitslosigkeit in Deutschland – Entwicklung, Ursachen und Maßnahmen, Leitsätze, Zusammenfassung und Schlussfolgerungen der Teile I, II und III des Kommissionsbericht, 1997, S. 72 ff., zit. von Löwisch, Arbeitsrecht und wirtschaftlicher Wandel, RdA, 1999, S. 70,

[16] Löwisch, Arbeitsrecht und wirtschaftlicher Wandel, RdA 1999, S. 71. Ebenso: Giubboni / Sciarra, Introduzione, La regolamentazione del part-time in Europa, DLRI 2000, Nr. 88, S. 547 (557).

[17] Löwisch, RdA 1999, S. 71.

[18] González del Rey, El contrato de trabajo a tiempo parcial, S. 36.

[19] Vgl. Keller / Seifert, Regulierung atypischer Beschäftigungsverhältnisse, in Atypische Beschäftigung – Verbieten oder gestalten?, Keller / Seifert (Hrsg.), Frankfurt am Main, 1995, S. 238; Alewell, S. 15.

Aus der Perspektive der Arbeitnehmer sind außerdem die neu entwickelten Beschäftigungsverhältnisse nicht zwangsläufig die schlechtere Alternative gegenüber Normalarbeitsverhältnissen, denn in vielen Fällen nehmen Arbeitnehmer Abweichungen vom Normalarbeitsverhältnis bewusst in Kauf, weil sie ihren Interessen entsprechen (z.B. bei Frauen mit Kindern, die an reduzierten und flexiblen Arbeitszeiten interessiert sind) oder weil diese Beschäftigungsformen ihren Präferenzen nicht widersprechen (z.B. bei Studenten oder Schülern, die nicht an dauerhafter Beschäftigungen interessiert sind und für die befristete und auch geringfügige Beschäftigungsverhältnisse in Betracht kommen).[20] In anderen Fällen bleibt dem Arbeitnehmer dagegen aufgrund der wechselnden Beschäftigungssituation keine oder kaum eine Alternative zur atypischen Beschäftigungen. Faktisch könnte sich beispielweise die Annahme einer Teilzeitarbeit oder eines befristeten Arbeitsverhältnisses beinahe als Zwang darstellen, weil die Alternative eben nicht der Vollarbeitsplatz, sondern die Arbeitslosigkeit ist.[21] Dies ist offenbar ein weit verbreitetes Phänomen in den Mitgliedstaaten der EU.

2. DIE ROLLE DES ARBEITSRECHTS IM RAHMEN DER NEUEN WIRTSCHAFTLICHEN REALITÄT

Aus einer historischen Perspektive war das Arbeitsrecht zuerst Schutzrecht der Arbeitnehmer.[22] Daneben bewirkt das Arbeitsrecht gleichrangig die rechtliche Einbindung der mächtigen Interessengruppen auf dem Arbeitsmarkt und legt die Spielregeln für einen fairen außerstaatlichen Interessenausgleich (Betriebs- und Tarifautonomie) fest.[23] Nach Ansicht von Zöllner und Loritz[24] versteht man das moderne Arbeitsrecht falsch, wenn man neben dem Gesundheitsschutz der Arbeitnehmer nur die Sicherung ihrer wirtschaftlichen Existenz als seinen einzigen Zweck ansehe. Diese Ziele stünden zu Beginn der Entwicklung durchaus im Vordergrund, weil sie unter akuter Bedrohung vordringlich seien. Seit längerem widme sich jedoch das Arbeitsrecht in steigendem Maß auch den Fragen des Schutzes und der

---

[20] Walwei / Konle-Seidl / Ullmann, Atypische Beschäftigungsformen und Arbeitszeiten im EG-Vergleich, in Beschäftigungsaspekte und soziale Fragen des EG-Arbeitsmarktes, Walwei / Werner (Hrsg.), Nürnberg, 1991, S. 38.

[21] Hickel, Deregulierung und Flexibilisierung als gesellschaftspolitische und ökonomische Gesamtstrategie, in Menschliche Arbeitszeiten – geschützte Arbeitsverhältnisse. Sicherung und Ausbau des Normalarbeitsverhältnisses, Karl-Heinz Janzen (Hrsg.), Frankfurt am Main, 1988, S. 46.

[22] Zum Thema: González-Posada, El derecho del trabajo: una reflexión sobre su evolución histórica, Valladolid, Spanien, 1996.

[23] Franz / Rüthers, Arbeitsrecht und Ökonomie, RdA 1999, S. 32.

Verwirklichung der Arbeitnehmerpersönlichkeit und greife damit über den Bereich der Existenzsicherung weit hinaus.

Außerdem ist wichtig zu beachten, dass zwar die Marktwirtschaft ökonomisch effizient ist, ist sie aber per se nicht Garant einer guten Ordnung aller gesellschaftlich relevanten Bereiche, sondern bedarf ständiger Überprüfung und Korrektur durch Gesetzgebung und Verwaltung gegenüber sozialen Wirkungen. Solche negativen Effekte der Marktwirtschaft liegen beispielweise in der Unsicherheit der Arbeitsplätze. Deshalb spielt das Arbeitsrecht in diesem Zusammenhang eine wichtige Rolle, um das Gleichgewicht zwischen wirtschaftlicher Entwicklung und der notwendigen sozialen Gerechtigkeit zu erreichen. Das Arbeitsrecht ist ein Teil der Wirtschaftordnung und beeinflusst daher den Einsatz der Produktionsmittel wie auch die Verteilung der erwirtschafteten Werte.[25] Das Arbeitsrecht hat einen zentralen Stellenwert innerhalb der Marktwirtschaft und es ist unzutreffend, Arbeitsrecht nur als Teil einer eigenständig und unabhängig von der Wirtschaftsordnung gedachten Sozialordnung zu reflektieren.[26]

Zur Zeit ist unbestritten, dass die Beziehungen zwischen Arbeitgebern und Arbeitnehmern sich beträchtlich geändert haben.[27] Dies hat zur Folge, dass die Tatbestände und Grundsätze des Arbeitsrechts in vielen Fällen nicht mehr auf die Bedürfnisse und Probleme der neuen wirtschaftlichen und sozialen Realität antworten. Die organisatorischen Transformationen der Unternehmen und ihrer Produktionsweise haben zugleich die Erscheinung von neuen und nicht ausschließlich abhängigen Formen der Arbeit veranlassen, was die Anwendung der herkömmlichen Tatbestände und Prinzipien des Arbeitsrechts betrifft. Darüber hinaus haben diese Transformationen unmittelbar die dogmatische Konzeption des Arbeitsrechts beeinflusst und so in bedeutender Weise auch die homogene Entwicklung dieses Rechtsgebiets beendet.[28] Rechtsbegriffe wie „Unternehmen" oder „abhängigen Arbeit" haben beispielweise durch neue

---

[24] Zöllner / Loritz, Arbeitsrecht, 5. Auflage, München, 1998, S. 10.
[25] Däubler, Arbeitsrecht und Politik, RdA 1999, S. 18
[26] Zöllner / Loritz, S. 7.
[27] Über die Zukunft des Arbeitsrechts siehe z.B.: Adomeit, Das Arbeitsrecht und unsere wirtschaftliche Zukunft, München, 1985; Boemke / Föhr, Arbeitsformen der Zukunft.
[28] In diesem Sinne: Rivero Lamas, La descentralización productiva y las nuevas formas organizativas de trabajo, S. 19-20.

Produktionsweise wie der „Outsourcing" ihre ursprünglichen Sinn verloren und infolgedessen die Rolle des Arbeitsrechts und ihre Schutzvorschriften in Frage gesetzt.

Auf diesen Gründen entsteht für den heutigen Gesetzgeber eine durch die Prinzipien der Solidarität und der sozialen Gerechtigkeit unabdingbare Herausforderung, um die arbeitsrechtliche Gesetzgebung mit der neuen Realität anzupassen. In einer globalisierten und wechselnden Welt, wie unserer gegenwärtigen, ist es dringend und unentbehrlich ein arbeitsrechtliches System auszubauen, dass eine passende Antwort an die neue nationale und internationale Realität gewähren kann. Dieses Bedürfnis ist besonders relevant in Entwicklungsländern, wo die Formen der Arbeitsorganisation und der Beschäftigung, die sich in der letzten Zeit entwickelt haben, manchmal keine gesetzliche oder richterliche Anerkennung finden, was bedeuten kann, dass diese Tätigkeiten außerhalb des vollen Schutzbereichs des Arbeits- und Sozialrechts befinden werden könnten.[29] Das Gefahr der Flucht aus dem Arbeitsrecht ist problematisch unter Berücksichtigung, dass eine passende arbeits- und sozialrechtliche Regulierung nicht nur einen geeigneten Schutz für die Arbeitnehmer und sozialen Gerechtigkeit gewähren kann, sondern sie stellt auch faire Regeln auf dem Arbeitsmarkt, die eine normale Abwicklung des nationalen und internationalen Wettbewerbs garantieren.

Die neue soziale und wirtschaftliche Realität bedarf also eine neue Konzeption des Arbeitsrechts, die in Einklang mit der heutigen Wirtschaftsordnung steht und die die neuen Herausforderungen und Bedürfnisse des Arbeitsmarktes und ihrer Akteuren entsprechen kann. Heutzutage orientieren sich nach wie vor einige Regulierungsvorgaben insbesondere, die die Systeme der Sozialversicherung betreffen, deutlich am alten Idealtyp des Normalarbeitsverhältnisses. Diese Ausrichtung kann zu Defiziten bei den neuen hiervon abweichenden Beschäftigungsverhältnissen führen.[30] Neuere rechtspolitische Bestrebungen fordern deshalb zwecks Erhöhung der Unternehmensflexibilität im Wirtschaftsprozess eine Flexibilisierung des Arbeitsrechts, verstanden im Sinne einer Auflockerung und Einschränkung zwingenden

[29] Ein Beispiel in diesem Sinne ist die Leiharbeit in Chile. Diese Beschäftigungsform ist in der chilenischen arbeitsrechtlichen Gesetzgebung nicht ausdrücklich geregelt worden, obwohl sie in der Praxis häufig durchgeführt wird, was normalerweise einen geringeren arbeits- und sozialrechtlichen Schutz für die Beschäftigte zur Folge hat.
[30] Keller / Seifert, Regulierung atypischer Beschäftigungsverhältnisse, S. 232.

Arbeitsrechts.[31] Die normative Umsetzung dieses Programms ist schwierig, weil die maßgebenden Zusammenhänge weithin noch nicht erkannt oder akzeptiert sind und ebenfalls, weil die Schutzbedürfnisse der Arbeitnehmer heute sehr viel differenzierter als früher sind.[32] Deshalb bedeutet die heutige Realität in den Augen vieler, dass das Arbeitsrecht am wirtschaftlichen Wandel leidet. Aus Sicht mancher Betrachter[33] befindet sich das Recht der abhängigen Arbeit in einer schweren Krise. Am Leitbild des Industriearbeiters orientiert, habe das Arbeitsrecht seine soziale Basis in der modernen Dienstleistungsgesellschaft verloren. Insbesondere sei es in vielen Fällen nicht in der Lage, den Flexibilisierungserfordernissen globaler Märkte wie auch dem Wunsch der Beschäftigten nach Selbstverwirklichung in der Arbeit ausreichend Rechnung zu tragen. Infolgedessen wird den Ausweg nicht mehr ausschließlich in einer Fortentwicklung, sondern in einer Neukonzeption gefunden. Arbeit und Beschäftigung sollen als gesellschaftliches Gut konzipiert werden.[34] Das Arbeitsrecht würde deshalb zur Zeit den Übergang von einem Arbeitnehmerschutzrecht zu einem Beschäftigungsschutzrecht erleben, weil stärkere Flexibilität und eine passende Deregulierung ermöglichen könnten, dass die Unternehmen mehr Beschäftigung schaffen.[35]

Nach Auffassung von Oechsler[36] soll das System der Beziehungen zwischen Arbeitgeber und Arbeitnehmer punktuell verändert werden, um dem internationalen Wettbewerbsdruck und dem Druck nationaler Arbeitslosigkeit nachzugeben. Dabei werde aber nicht darauf geachtet, dass ein auf Stabilität angelegtes arbeitsrechtliches Regelungssystem der typischen Industriegesellschaft nicht durch punktuelle Änderungen in ein flexibles der neuen Arbeitswelt und deren Anforderungen entsprechendes System übergeführt werden könne. So wie sich die Logik industrieller Produktion revolutioniert habe, sei damit auch eine neue Konstruktionslogik des arbeitsrechtlichen Regelungsrahmen erforderlich.

Trotz diverser Ansatzpunkte für Kritik an der arbeitsrechtlichen Gesetzgebung ist relevant zu berücksichtigen, dass dem Arbeitsrecht aufgrund des Grundsatzes der Privatautonomie eine

[31] Siehe: Hanau, Was kann das Arbeitsrecht leisten für den Erhalt und die Schaffung von Arbeitsplätzen?, AuA 1998, S. 2 ff.
[32] Zöllner / Loritz, S. 11.
[33] Däubler, ArbuR 2000, S. 7.
[34] Löwisch, RdA 1999, S. 69.
[35] Thayer / Novoa, Manual de Derecho del Trabajo, Band 2, 3. Auflage, Santiago, Chile, 1998, S. 117.
[36] Oechsler, Flexibilisierungsbedarf auf Betriebsebene, S. 18.

stärkere Anpassungsfähigkeit inhärent ist.[37] Nach Ansicht von Däubler[38] hat das Arbeitsrecht so flexible Strukturen ausgebildet, dass es schon seit Jahrzehnten ohne nennenswerte Änderungen nicht nur auf den „fordistischen Fließbandarbeiter", sondern auch auf die neuen Formen der Beschäftigung Anwendung finde. Dies hänge damit zusammen, dass sich die in der Industrialisierungsphase entstandenen Normen längst von ihrem Entstehungszusammenhang emanzipiert hätten. Das Arbeitsrecht verfüge über ein reiches Instrumentarium, mit dessen Hilfe die unterschiedlichsten Situationen „bewältigt" werden könnten. Diese Fähigkeit ermöglicht also eine optimistische Sicht für die Zukunft. Es ist ausführbar eine Form von Arbeitsrecht zu konfigurieren, die neben der Regulierung der Machtverhältnisse innerhalb der Arbeitsbeziehungen auch gewisse wirtschaftspolitische Ziele verfolgt, wie beispielweise eine bessere Koordination von Angebot und Nachfrage auf dem Arbeitsmarkt.[39]

Andererseits ist zu bemerken, dass der Gesetzgeber heutzutage auf verschiedener Weise die neue arbeits- und wirtschaftliche Realität in Rechnung getragen hat. Sowohl auf einer nationalen als auch auf einer internationalen Ebene gibt es vielen Beispielen von den gesetzgeberischen Bestrebungen, um ein modernes arbeits- und sozialrechtlichen System auszubauen. Bemerkenswert sind z.B. in diesem Sinne die Richtlinien des Rates der Europäischen Union, die die Grundlagen eines europäischen Arbeitsrechts unter besonderen Berücksichtigung der Gleichbehandlung von Männern und Frauen ermöglicht haben und nach deren erlassenen Vorschriften die wichtigen neuen Beschäftigungsformen eine mindeste und im Allgemeinen homogene Rechtsordnung gefunden haben.[40]

Die nationalen Gesetzgeber[41] haben sich auch bemüht, um auf die neue Anforderungen des Arbeitsmarktes reagieren zu können, und haben verschiedenen Reformen in ihren nationalen arbeitsrechtlichen Gesetzgebungen eingeführt.[42] Besonders relevant im Kontext dieser Arbeit

---

[37] Vgl. Däubler, RdA 1999, S. 21; Boemke / Föhr, S. 19-20.
[38] Däubler, ArbuR 2000, S. 7.
[39] Bercusson / Deakin / Koistinen, u.a., Soziales Europa – ein Manifest, Hamburg, 1996, S. 45.
[40] Über die europäische Regulierung der Teilzeitarbeit siehe: Zweites Kapitel, Abschnitt B, Punkt I ff.
[41] Über die Reaktionsmöglichkeiten des Gesetzgebers gegenüber der wandelnden Arbeitsverhältnisse siehe: Alewell, S. 23.
[42] Zum Thema Teilzeitarbeit siehe: González del Rey, El trabajo a tiempo parcial desde una perspectiva comparada, Revista Relaciones Laborales, Nr. 15-16, Spanien, 1998, S. 10 ff. Ebenso die Sondernummer der Zeitschrift DLRI 2000 (Nr. 88, S. 547 ff.) über die Regulierung der Teilzeitarbeit in Europa (La regolamentazione del part-time in Europa).

ist das neue Teilzeit- und Befristungsgesetz,[43] das die europäischen Vorschriften über die Teilzeitarbeit und über die befristeten Arbeitsverträge im deutschen Arbeitsrecht umgesetzt hat.[44] Allerdings ist zu bemerken, dass die gesetzgeberischen Bestrebungen zur Konfiguration der neuen Arbeitsordnung per se nicht ausreichend sind. Zur Zeit ist von größerer Relevanz, dass die unmittelbaren Beteiligten des neuen Wirtschaftsumwelt (Staat, Arbeitnehmer, Arbeitgeber, Gewerkschaften und Arbeitgeberverbände) auf einer Konsensbasis eine aktive und ständige Rolle in der Konfiguration der neuen Ordnung spielen. Nur unter dieser Bedingung wird es möglich sein, ein gerechtes und stabiles Produktions- und Arbeitssystem zu schaffen, das eine Garantie für wirtschaftliches Wachstum, Beschäftigung, sozialer Schutz und Solidarität sein kann.

3. DIE ATYPISCHEN BESCHÄFTIGUNGSVERHÄLTNISSE

3.1.DEFINITION

Atypische Beschäftigungsverhältnisse sind im Allgemeinen alle diejenigen, die nicht der Denkfigur des sogenannten Normalarbeitsverhältnisses entsprechen, d.h. die nicht auf Dauer und Kontinuität sowie nicht auf Vollzeit angelegt sind.[45] Darüber hinaus werden die atypischen Beschäftigungen als solche bezeichnet, die in der Regel einen wesentlich geringeren arbeits- und sozialrechtlichen Schutz als die Normalarbeitsverhältnisse bieten.[46] Zusammenfassend ist also das atypische Beschäftigungsverhältnis als eine arbeitsrechtliche Beziehung zwischen einem abhängigen Beschäftigten und einem Gläubiger der Arbeitspflicht, in der nicht alle Kennzeichen des Normalarbeitsverhältnisses anwesend sind, zu konzipieren.[47] Die atypischen Formen der Beschäftigung und ihrer zunehmenden Relevanz auf dem Arbeitsmarkt entsprechen die heutige Entwicklung der Produktions- und Arbeitsorganisation und bilden in bedeutender Masse eine neue Konzeption der abhängigen Arbeit, die im strengen Zusammenhang mit dem traditionellen Modell des Arbeitsverhältnisses berücksichtigt werden muss.

---

[43] BGBl. I vom 21.12.2000, S. 1966.
[44] Siehe drittes Kapitel, erster Teil, dieser Arbeit.
[45] Keller / Seifert, Regulierung atypischer Beschäftigungsverhältnisse, S. 231.
[46] Walwei, Wachstum atypischer Beschäftigungsformen in EU-Länder: Bestimmungsfaktoren und Effekte, in Atypische Beschäftigung - Verbieten oder gestalten?, S. 182.
[47] In selbem Sinne: Thayer / Novoa, Manual de Derecho del Trabajo, Band 2, S. 125.

Für ein richtiges Verständnis dieser Formen der Beschäftigung ist jedoch wichtig zwischen atypischen und prekären Beschäftigungsverhältnissen zu unterscheiden, denn atypisch ist nicht automatisch prekär, insofern sie nicht grundsätzlich gar keinen oder nur einen geringeren Schutz vor verschiedenen sozialen Risiken bieten (vor allem Krankheit, Alter, Arbeitslosigkeit, aber auch Armut). Atypische Beschäftigungsverhältnisse bewegen sich auf einem Kontinuum, dessen Pole durch die üblichen sozialstaatlichen Sicherungsstandards des Normalarbeitsverhältnisses auf der einen sowie durch hochgradige Prekärität auf der anderen Seite markiert werden.[48]

3.2. FORMEN DER ATYPISCHEN BESCHÄFTIGUNG

Es gibt verschiedenen Beschäftigungsformen, die nicht das Modell des Normalarbeitsverhältnisses entsprechen. Manche dieser Beschäftigungsverhältnisse existieren seit lange in der arbeitsrechtlichen Gesetzgebungen oder in der betrieblichen Praxis und haben in der letzten Zeit im Wesentlich eine zunehmende Relevanz und eine neue Bedeutung erreicht (z.B.: Teilzeitarbeit),[49] während andere haben sich als eine Antwort auf die neuen Anforderungen des Arbeitsmarktes sowie auf die Einführung neuerer Technologien in der Produktion entwickelt (z.B.: Telearbeit). Die arbeitsrechtliche Literatur[50] ist generell darüber einig, dass die wesentlichen Formen der atypischen Beschäftigungsverhältnisse folgende sind:

- *Die befristete Beschäftigung*, d.h. die Beschäftigung ohne zeitliche Kontinuität.
- *Die Teilzeitarbeit* sowohl in ihrer herkömmlichen als auch in ihrer flexiblen Erscheinungsformen (Abrufarbeit, Job-Sharing, usw.).
- *Die geringfügige Beschäftigung* als besondere und eigenständige Variante von Teilzeitarbeit im deutschen Recht,[51] die nicht der Sozialversicherungspflicht unterliegt und mit spezifischen Schwellenvorgaben für Wochenarbeitszeit und Monatsverdienst ausgestattet ist.

---

[48] Keller / Seifert, Regulierung atypischer Beschäftigungsverhältnisse, S. 232.

[49] Consejo Económico y Social, Informe Nr. 4, S. 4.

[50] Vgl. u.a.: Buschmann / Dieball / Stevens-Bartol, TZA Das Recht der Teilzeitarbeit, 2. Auflage, Frankfurt am Main, 2001, S. 194; Brox / Rüthers, Arbeitsrecht, 13. Auflage, Stuttgart, 1997, S. 17 ff; Deml / Struck-Möbbeck, Formen flexibler Beschäftigung – Umfang und Regulierungserfordernisse, in Supplement der Zeitschrift Sozialismus Nr. 3, 1998, S. 3; Zachert, Die Zerstörung des Normalarbeitsverhältnisses, ArbuR 1988, S. 133; Keller, Einführung in die Arbeitspolitik, S. 462; Thayer / Novoa, Manual de Derecho del Trabajo, Band 2, S. 126 ff; Walwei / Konle-Seidl / Ullmann, Atypische Beschäftigungsformen und Arbeitszeiten im EG-Vergleich, S. 38.

[51] Über die geringfügigen Beschäftigungsverhältnisse siehe viertes Kapitel dieser Arbeit.

- *Die Leiharbeit* als spezifische Form der Zeitarbeit, die durch ein drei- anstelle des üblichen zweiseitigen Arbeitsverhältnisses charakterisiert ist.
- *Die Telearbeit* als eine moderne Variante der Heimarbeit.
- *Die Scheinselbständigkeit* oder abhängige Selbständigkeit,[52] die seit einigen Jahren eine zunehmende Relevanz auf dem Arbeitsmarkt erreicht hat.[53]

Es ist ebenfalls bemerkenswert, dass diese Vertragstypen außerhalb des Normalarbeitsverhältnisses häufig nicht isoliert auftreten.[54] Der Gesamtumfang atypischer Beschäftigung lässt sich nicht durch bloße Addition der verschiedenen Formen ermitteln, da diese auch kombiniert auftreten können (z.B. Teilzeitarbeit und befristete Beschäftigung oder Teilzeit- und Leiharbeit). Außerdem können die verschiedenen Formen der atypischen Beschäftigungen auch in einem substitutiven Verhältnis zueinander stehen.[55] Deshalb kann man davon ausgehen, dass mindestens ein Viertel aller bestehenden Beschäftigungsverhältnisse atypische Formen aufweist.[56]

3.3. DAS NORMALARBEITSVERHÄLTNIS ALS MODELL DER ABHÄNGIGEN ARBEIT

In dem Begriff der atypischen Beschäftigungsverhältnisse wird normalerweise das Konzept des Normalarbeitsverhältnisses gegenübergestellt[57] und auf dieser Grund ist notwendig

---

[52] „Zu diesem Thema ist besonders relevant, dass die im Zuge des wirtschaftlichen Wandels entstehenden neuen Tätigkeiten im Bereich der Selbständigkeit zur Forderung nach einer Ausweitung des Arbeitnehmerbegriffs geführt haben. Nicht nur wer persönlich abhängig, sondern auch wer nur wirtschaftlich abhängig ist, muss vom Arbeitsverhältnisrecht geschützt werden". Wank, Arbeitnehmer und Selbständige, 1988, zit. von Löwisch, RdA 1999, S. 74.

[53] Zum Thema siehe u.a.: Worzalla, Arbeitsverhältnis, Selbständigkeit und Scheinselbständigkeit, in Arbeitsrecht aus Arbeitgebersicht, Köln, 1997; Boemke, Neue Selbständigkeit und Arbeitsverhältnis. Grundsatzfragen, sinnvoller Abgrenzung von Arbeitnehmern, Arbeitnehmerähnlichen und Selbständige, ZfA 1998, S. 285 ff.; Mayer / Paasch, Ein Schein von Selbständigkeit. Ein Personen-Unternehmen als neue Form der Abhängigkeit, Nördlingen, 1990; Sieben / Albert / Dahlbender / Müller, Geringfügige Beschäftigung und Scheinselbständigkeit, Köln, 1999, S. 133 ff.; Bade, Freier Mitarbeiter oder Arbeitnehmer, Köln, 1999; Dietrich, Erwerbsverhalten in der Grauzone von selbständiger und abhängiger Erwerbsarbeit, Institut für Berufsforschung der Bundesanstalt für Arbeit, Nürnberg, 1998.

[54] Zachert, Die Sicherung und Gestaltung des Normalarbeitsverhältnisses durch Tarifvertrag, Baden-Baden, 1989, S. 19.

[55] Keller, S. 465-466.

[56] Zu diesen Ergebnissen kommen: Keller / Seifert, Regulierung atypischer Beschäftigungsverhältnisse, S. 235; Matthies / Mückenberger / Offe / Peter / Raasch, Arbeit 2000. Anforderungen an eine Neugestaltung der Arbeitswelt, Reinbek bei Hamburg, 1994, S. 180 ff.

[57] Vgl. Deml / Struck-Möbbeck, Formen flexibler Beschäftigung – Umfang und Regulierungserfordernisse; Walwei / Konle – Seidl / Ullman, Atypische Beschäftigungsformen und Arbeitszeiten im EG-Vergleich;

festzustellen, was unter dem Begriff „Normalarbeitsverhältnis“[58] zu verstehen ist. Mückenberger,[59] wer sich besonders ausführlich mit diesem Thema beschäftigt hat, weist darauf hin, dass mit diesem Begriff ein Arbeitsverhältnis umrissen ist, das als dauerhaftes, kontinuierliches, qualifiziertes Vollzeitarbeitsverhältnis im großen Betrieb vorgestellt werde. Nach Ansicht von Zachert[60] geht es hier um einen Durchschnittsstandard und deshalb sei unter dem Begriff des Normalarbeitsverhältnisses zu fassen, das auf Dauer angelegte und in seinem Bestand in gewissem Umfang rechtlich geschützte Vollzeitarbeitsverhältnis. Das Normalarbeitsverhältnis finde seine Grundlage in einem komplizierten Geflecht von Tarifrecht, staatlichen Schutznormen und richterlicher Auslegung bis hin zum Richterrecht, wobei als deutsche Besonderheit noch die Ebene der betrieblichen Mitbestimmung hinzukäme.[61] Andererseits ist Bosch[62] der Auffassung, dass das Normalarbeitsverhältnis als eine stabile, sozial abgesicherte, abhängige Vollzeitbeschäftigung zu begreifen ist, deren Rahmenbedingungen (Arbeitszeit, Löhne, Transferleistungen) kollektivvertraglich oder arbeits- bzw. sozialrechtlich auf einem Mindestniveau geregelt seien.[63]

Mückenberger, Der Wandel des Normalarbeitsverhältnisses unter Bedingungen einer Krise der Normalität, in Menschliche Arbeitszeiten – geschützte Arbeitsverhältnisse. Sicherung und Ausbau des Normalarbeitsverhältnisses, S. 136; Mückenberger, Re-Regulierung neuer Beschäftigungsformen – Kann "atypische" Beschäftigung sozialverträglich sein?, in Flexibilisierung des Arbeitsmarktes. Interessen, Wirkungen, Perspektiven, Semlinger (Hrsg.), Frankfurt am Main, New York, 1991; Zachert, Die Sicherung und Gestaltung des Normalarbeitsverhältnisses durch Tarifvertrag.

[58] Das Normalarbeitsverhältnis ist im Wesentlich ein Begriff der Personalwirtschaft. In der juristischen Diskussion wird das Normalarbeitsverhältnis erstmals intensiv in den 80er Jahren behandelt. Auslöser waren Flexibilisierungsbestrebungen (Befristung, Teilzeit, Arbeitnehmerüberlassung) in der Wirtschaft als Reaktion auf zunehmende Belastungen des Wirtschaftsstandorts Deutschland. Ein Bild vom Normalarbeitsverhältnis wurde als Idealvorstellung arbeitsrechtlicher Beziehungen entwickelt, um der Zunahme sogenannter „atypischer Arbeitsverhältnisse“ und einer damit verbundenen Erosion des Normalarbeitsverhältnisses entgegenzusteuern. In diesem Sinne: Boemke / Föhr, S. 19.

[59] Mückenberger, Der Wandel des Normalarbeitsverhältnisses unter Bedingungen einer Krise der Normalität, S. 136.

[60] Zachert, ArbuR 1988, S. 129

[61] Zachert, ArbuR 1988, S. 132.

[62] Bosch, Hat das Normalarbeitsverhältnis eine Zukunft?, WSI Mitteilungen 3, 1986, zit. von Martin Smentek, Arbeitszeitflexibilisierung. Zwischen „kapitalistischer Zeitökonomie“ und „soziales Zeitstruktur“, Hamburg, 1991, S. 23.

[63] Nach Ansicht von Boemke und Föhr (Arbeitsformen der Zukunft, S. 20-21) gibt es arbeitsrechtlich das Normalarbeitsverhältnis schlechthin nicht. Normal sei vielmehr die freie Vereinbarung der Parteien, die autonom darüber entscheiden, wie sich ihre Rechtsbeziehung gestalten müsse. Nicht das Prinzip der Einheit, sondern das der Vielfalt sei die Norm. Der Rechtsgrundsatz der Privatautonomie garantiere auch im Arbeitsrecht eine pluralistische Landschaft und gewähre zunächst einmal die Möglichkeit der flexiblen Gestaltung von Arbeitsverhältnissen. Es könnten daher nach diesem Prinzip Visionen neuer Arbeitsformen entwickelt werden, ohne dass sich aus dem Gedanken des Normalarbeitsverhältnisses Einschränkungen ergeben.

Nach der erwähnten Ansichten ist zu entnehmen, dass es verschiedene Merkmale gibt, die ein Normalarbeitsverhältnis charakterisieren lassen. Nach Auffassung von Däubler[64] sind diese Merkmale: Eine abhängige Beschäftigung; Vollzeit; Normalarbeitstag in Bezug auf die Verteilung und Lage der Arbeitszeit; monatliche Vergütung; Mindestbetriebgröße, die normalerweise der Geltungsbereich des Kündigungsschutzgesetzes (KSchG) nach § 23 Abs. 1 entspricht, d.h. Betriebe, die in der Regel fünf oder mehr Arbeitnehmer beschäftigen; Bestandsschutz in Bezug auf die Vergütung (tarifvertraglicher Lohnschutz) und in Bezug auf die Stabilität des Beschäftigungsverhältnisses (gesetzlicher und tarifvertraglicher Kündigungsschutz); die Höhe der Vergütung ist generell von Qualifikation und Dauer der Betriebszugehörigkeit abhängig und die Wahrnehmung der Interessen des Arbeitnehmers wird durch eine kollektive Interessenvertretung (z.B. Betriebs- oder Personalrat) gewährt. Diese Kriterien sind jedoch nicht starr, sondern historisch gewachsene und vom gesellschaftlichen Kräfteverhältnis geprägte Inhalte.[65]

Den Kern des Normalarbeitsverhältnisses ist durch die stabile und kontinuierliche Vollzeitbeschäftigung konstituiert worden, die in ihrer normalen Dauer gesellschaftlich bestimmt und in Tarifverträgen festgeschrieben wird.[66] In diesem Sinne hat das Normalarbeitsverhältnis eine Schutzfunktion für den einzelnen Arbeitnehmer, denn es sichert seine materielle Existenz und damit seine Handlungschancen im außerbetrieblichen Teil des Lebens, es relativiert den Warencharakter der Arbeitskraft. Der Arbeitnehmer bleibt in einer Situation der Abhängigkeit, aber dieser sind durch verbindliche Regeln Grenzen gesetzt.[67]

Andererseits ist relevant klarzustellen, dass gegenwärtig das Normalarbeitsverhältnis nie die empirische Realität der ausschließlichen oder auch nur vorherrschenden Form der Verrichtung von Arbeit in der Gesellschaft beschreibt, denn es gibt immer neben ihm weite Bereiche gesellschaftlicher Arbeit, die in davon abweichender atypischer Form verrichtet wird oder die, da nicht auf dem formellen Arbeitsmarkt erscheinend, gar nicht als Arbeit

[64] Däubler, Deregulierung und Flexibilisierung im Arbeitsrecht, in Menschliche Arbeitszeiten – geschützte Arbeitsverhältnisse. Sicherung und Ausbau des Normalarbeitsverhältnisses, S. 53. Siehe auch: Däubler, Perspektiven des Normalarbeitsverhältnisses, ArbuR 1988, S. 302 ff.

[65] Zachert, Die Sicherung und Gestaltung des Normalarbeitsverhältnisses durch Tarifvertrag, S. 15.

[66] Smentek, Arbeitszeitflexibilisierung. Zwischen „kapitalistischer Zeitökonomie" und „soziales Zeitstruktur", Hamburg, 1991, S.25.

identifiziert und bewertet wird.[68] Die tatsächlichen Arbeitsverhältnisse unterscheiden sich beträchtlich von dem Modell des Normalarbeitsverhältnisses nach Einkommen und Qualifikation, nach den Arbeitsbedingungen, nach dem Verhältnis von Arbeitsmühe und Arbeitslohn, nach dem Grad von Selbstverwirklichung und Fremdbestimmung und nach den Aufstiegschancen und dem sozialen Status.[69]

Zur Zeit befindet sich das Normalarbeitsverhältnis als Modell der abhängigen Arbeit in den Ländern der Europäischen Union im Umbruch und dabei gewinnen bereits bekannte und auch neue als atypisch bezeichnete Formen der Beschäftigung an Bedeutung.[70] Angesichts der wirtschaftlichen Entwicklung der letzten Jahrzehnte wurden lebenslange Arbeitsverhältnisse in einem Betrieb immer seltener[71] und statt normaler Arbeitsverhältnisse treten vermehrt in allen Industrieländern die neuen flexiblen Arbeitsformen auf.[72] Der immer bedeutendere Anwendungsbereich der atypischen Beschäftigungsformen gegenüber dem Normalarbeitsverhältnis verursacht deshalb den Bedarf nach einer Determination der Rolle, die das Normalarbeitsverhältnis in der Zukunft spielen werden kann.[73]

Wie bereits analysiert, hat die heutige wirtschaftliche Realität die abhängige Arbeit in bedeutendem Ausmaß geprägt. Arbeitsformen, wie die befristete Beschäftigung oder die Teilzeitarbeit, stellen eine Antwort auf die neuen Anforderungen des Arbeitsmarktes und in vielen Fällen auch auf die Wünsche der Arbeitnehmer dar. Die Frage, wie die Koexistenz der verschiedenen Formen der abhängigen Arbeit gelöst werden soll, ist für die Arbeitnehmer, Gewerkschaften und Arbeitgeber jedes Landes relevant. Die Form, in der die Frage beantwortet wird, wird auch unmittelbarer Einfluß auf die zukünftige Entwicklung der Wirtschaft und auf den Abbau der Arbeitslosigkeit nehmen, weil die atypischen

---

[67] Däubler, Deregulierung und Flexibilisierung im Arbeitsrecht, S. 53.
[68] Mückenberger, Der Wandel des Normalarbeitsverhältnisses unter Bedingungen einer Krise der Normalität, S. 136.
[69] Kurz-Scherf, Verteidigung und Kritik des Normalarbeitsverhältnisses als materielle Basis autonomer Lebensplanung, in Menschliche Arbeitszeiten – geschützte Arbeitsverhältnisse. Sicherung und Ausbau des Normalarbeitsverhältnisses, S. 128.
[70] Walwei, Wachstum atypischer Beschäftigungsformen in EU Ländern: Bestimmungsfaktoren und Effekte, S. 182.
[71] Schäuble, Und sie bewegt sich doch, S. 85, zit. von Hanau, RdA 1999, S. 161.
[72] Buschmann / Dieball / Stevens-Bartol, TZA, S. 146; González del Rey, El contrato de trabajo a tiempo parcial, S. 37-38..
[73] Siehe: Keller, S. 469 ff.; Boemke / Föhr, S. 21 ff.

Arbeitsverhältnisse angesichts ihrer Dynamik und ihrer inhärenten Flexibilität einen Impuls für die Beschäftigung und für die Innovation der Wirtschaft im Rahmen einer gut konzipierten Arbeitspolitik bedeuten können. In Entwicklungsländern, wo die atypischen Beschäftigungsformen manchmal keine oder nur eine geringere gesetzliche Regulierung finden, aber trotzdem in der betrieblichen Praxis sehr häufig sind, steht das Bedürfnis nach sozialer Gerechtigkeit durch vollständige Anerkennung dieser Arbeitsformen im Vordergrund, um einen passenden Schutz für die Arbeitnehmer auszubauen sowie, um eine faire wirtschaftliche Konkurrenz zu gewähren.

Das Normalarbeitsverhältnis hat als Modell der abhängigen Arbeit nur eine Chance auf dem heutigen Arbeitsmarkt, wenn es die Vielfalt und Veränderlichkeit der Bedürfnisse und Interessen in sich aufnimmt, statt ihnen als von außen verfügbare Norm gegenüberzustehen, mit der Konsequenz, dass alle Lebensentwürfe und alle Ansprüche an das eigene Leben und die eigene Arbeit, die sich nicht diese Norm fügen, mit dem Stigma der Anormalität belegt und mit handfesten Benachteiligungen verknüpft werden.[74] Heutzutage soll unter besonderen Berücksichtigung der Gleichbehandlung sowie eines passenden Arbeitnehmerschutzes eine harmonische Koexistenz und Entwicklung der normalen und atypischen Beschäftigungsverhältnisse gewährleistet werden. Denn nur unter diesen Voraussetzungen können die wirtschaftlichen und persönlichen Vorteile der atypischen Beschäftigungsverhältnisse in Einklang mit der Stabilität und Fortdauer des Normalarbeitsverhältnisses die Basis eines modernes Modell der abhängigen Arbeit begründen.

B. DIE TEILZEITARBEIT ALS ATYPISCHE BESCHÄFTIGUNGSFORM

1. ALLGEMEINES

Die Teilzeitarbeit ist unter den erwähnten Fällen der atypischen Beschäftigungsverhältnissen eine der Beschäftigungsformen, die sowohl in den Mitgliedstaaten der Europäischen Union als auch in der Bundesrepublik Deutschland seit den letzten 30 Jahren am stärksten zugenommen hat. Eine erste makroökonomische Erklärung für die Ausweitung der Teilzeitarbeit in den letzten drei Jahrzehnten ergibt sich aus dem wirtschaftlichen

Strukturwandel, der sich in diesem Zeitraum vollgezogen hat. Dieser zeigt sich vor allem in der gesamtwirtschaftlichen Bedeutung, die der Dienstleistungssektor erlangt hat. Der Trend zur „Dienstleistungs-" bzw. „postindustriellen Gesellschaft" scheint nicht nur die Frauenerwerbstätigkeit zu begünstigen, sondern, zweifellos im Zusammenhang damit, auch zu einer Ausweitung der Teilzeitarbeit geführt zu haben und weiter zu führen.[75]

In diesem Kontext zeigt sich beispielweise, dass der Anteil der Teilzeitbeschäftigten an der Gesamtzahl der abhängig Beschäftigten seit 1970 in der Bundesrepublik Deutschland stetig angestiegen ist. Während 1970 die Teilzeitquote 11,5% betrug, waren Mitte 1997 in den alten Bundesländern 13,8% und in den neuen Bundesländern 10,9% der sozialversicherungspflichtig Beschäftigten Teilzeitkräfte.[76] 1999 gab es in der Bundesrepublik Deutschland nach Angaben des statistischen Bundesamtes bei 32,5 Millionen Beschäftigten etwa 6,3 Millionen teilzeitbeschäftigte Arbeitnehmer. Dies entspricht einem Anteil von 18,5% Teilzeitbeschäftigten.[77] Die meisten Teilzeitarbeitskräfte sind im Dienstleistungssektor tätig und dabei insbesondere bei Organisationen ohne Erwerbscharakter, in Privathaushalten, bei Gebietkörperschaften, in der Sozialversicherung, im Handel, bei der Nachrichtenübermittlung sowie in sonstigen Dienstleistungsunternehmen tätig.[78]

Die Teilzeitarbeit hat sich also von einer Randerscheinung zu einem relevanten Anteil des gesamtwirtschaftlichen Arbeitsvolumens entwickelt.[79] Dies lässt sich auch erklären, weil mit dem zunehmenden Arbeitsplatzabbau und der steigenden Zahl von Arbeitslosen die Teilzeitarbeit aus arbeitsmarktpolitischen Gründen als Beschäftigungsform benutzt wird, die eine bessere Verteilung der vorhandenen Arbeit auf mehr Arbeitnehmer ermöglichen soll.[80]

---

[74] Kurz-Scherf, Verteidigung und Kritik des Normalarbeitsverhältnisses als materielle Basis autonomer Lebensplanung, S. 135.

[75] Olschok-Tautenhahn, Möglichkeiten und Grenzen eine öffentlichen Förderung der Teilzeitarbeit, Pfaffenweiler, 1990, S. 27-29; Consejo Económico y Social, Informe Nr. 4, S. 19 ff.

[76] Bundesanstalt für Arbeit, Arbeitsmarkt 1997, S. 107, 192, zit. von Schüren, Münchener Handbuch zum Arbeitsrecht (MünchHdb-ArbR), Band 2, 2. Auflage, München ,1999, § 161, Rn. 11-12.

[77] BT-Drucks. 14/4374, zit. von Langmaack, Teilzeitarbeit und Arbeitszeitflexibilisierung, 2. Auflage, Berlin, 2001, S. 19.

[78] Bundesanstalt für Arbeit, Beschäftigte Arbeitnehmer nach Stellung im Betrieb und Teilzeitbeschäftigte nach Wirtschaftsgruppen (alte Bundesländer) Ende März 1997, BarbBl. 4/1998, S. 93, zit. von Schüren, MünchHdb-ArbR, § 161, Rn. 12.

[79] Buschmann / Dieball / Stevens-Bartol, TZA, S. 25.

[80] Vgl. Langmaack, Teilzeitarbeit und Arbeitszeitflexibilisierung, 2. Auflage, Berlin, 2001, S. 6; Consejo Económico y Social, Informe Nr. 4, S. 4.

Andererseits ist die Teilzeitarbeit eine der wichtigsten Instrumente der Flexibilisierung von Arbeitsbedingungen, mit der in der betrieblichen Praxis immer mehr das Normalarbeitsverhältnis abgebaut wurde, um die betriebliche Tätigkeiten mit mehr Effizienz an die wechselnden Umstände des Wettbewerbs anzupassen.[81]

2. BEGRIFF

Die Teilzeitarbeit kann auf vielfältige Art und Weise definiert werden und dies ist in der verschiedenen gesetzgeberischen Definitionen sowohl im supranationalen als auch im nationalen Recht festzustellen.[82] Darüber hinaus ist relevant zu beachten, dass Teilzeitarbeit in einem Arbeitsverhältnis, einem freien Dienstverhältnis und einem arbeitnehmerähnlichen Verhältnis geleistet werden kann.[83] Allerdings im Kontext dieser Arbeit wird nur die Teilzeitarbeit als eine besondere Form des Arbeitsverhältnisses berücksichtigt und analysiert.

Als Ausdruck der Vielfältigkeit der Definitionen der Teilzeitarbeit kann man in Betracht ziehen, dass nach dem Begriff der Internationalen Arbeitsorganisation (IAO) - in dem 1994 verabschiedeten Übereinkommen Nr. 175 sowie dem Empfehlungsentwurf - Teilzeitarbeit im Wesentlichen alles, was weniger als normale Vollzeitarbeit ist.[84] Desweiteren definiert die Richtlinie 97/81/EG[85] einen Teilzeitbeschäftigten als ein Arbeitnehmer, dessen normale, auf Wochenbasis oder als Durchschnitt eines bis zu einem Jahr reichenden Beschäftigungs-

---

[81] Bertelsmann, Teilzeitarbeit – Verbreitung, individueller Bedarf, bestehende und zu fordernde Gestaltungsmöglichkeiten, in Menschliche Arbeitszeiten – geschützte Arbeitsverhältnisse. Sicherung und Ausbau des Normalarbeitsverhältnisses, S. 217.

[82] Siehe Sondernummer der Zeitschrift DLRI, 2000 (Nr. 88, S. 547 ff.) über die Regulierung der Teilzeitarbeit in Europa (La regolamentazione del part-time in Europa).

[83] Vgl. Schaub, Arbeitsrechts-Handbuch, 9. Auflage, München, 2000, S. 332

[84] Artikel 1 des IAO-Übereinkommens Nr. 145 zur Teilzeitarbeit schreibt das folgende vor: „Im Rahmen dieses Übereinkommens gelten folgende Definitionen: (a) Der Begriff >Teilzeitkraft< bedeutet eine erwerbstätige Person, deren normale Arbeitszeit unter der eine vergleichbaren Vollzeitkraft liegt. (b) Die normale Arbeitszeit, die in Unterabschnitt (a) erwähnt wird, kann auf wöchentlicher Basis oder als Durchschnitt über einen gegebenen Beschäftigungszeitraum berechnet werden. (c) Der Begriff >vergleichbare Vollzeitkraft< bezieht sich auf eine Vollzeitkraft, die: I. Die gleiche Art von Arbeitsverhältnis besitzt; II. Eine Arbeit oder einen Beruf gleicher oder ähnlicher Art durchführt; III. Im gleichen Betrieb oder, wenn es in diesem Betrieb keine vergleichbare Vollzeitkraft gibt, im gleichen Unternehmen oder, wenn es in diesem Unternehmen keine vergleichbare Vollzeitkraft gibt, im gleichen Tätigkeitsbereich wie die betreffende Teilzeitkraft beschäftigt ist. (d) ...

[85] Richtlinie des Rates vom 15.12.1997 zu der von UNICE, CEEP und EGB geschlossenen Rahmenvereinbarung über Teilzeitarbeit. Zum Thema siehe zweites Kapitel, Teil B, Abschnitt II.

zeitraumes berechnete Arbeitszeit unter der eines vergleichbaren Vollzeitbeschäftigten liegt (§ 3 Abs.1).[86]

Im deutschen Arbeitsrecht ist die Teilzeitbeschäftigung in § 2 Abs. 1 TzBfG definiert worden. Gemäß dieser Vorschrift ist teilzeitbeschäftigt ein Arbeitnehmer, dessen regelmäßige Wochenarbeitszeit kürzer ist als die eines vergleichbaren vollzeitbeschäftigten Arbeitnehmers. Ist eine regelmäßige Wochenarbeitszeit nicht vereinbart, so ist ein Arbeitnehmer teilzeitbeschäftigt, wenn seine regelmäßige Arbeitszeit im Durchschnitt eines bis zu einem Jahr reichenden Beschäftigungszeitraums unter der eines vergleichbaren vollzeitbeschäftigten Arbeitnehmers liegt.[87]

In Anbetracht der Unterschiede der oben zitierten Definitionen ist klarzustellen, dass Teilzeitarbeit sich mithin ausschließlich durch den Bezug zur bzw. durch den Vergleich mit Vollzeitarbeit definiert. Unter den Begriff der Teilzeitbeschäftigung sollen solche Arbeitsverhältnisse gekennzeichnet werden, die entweder auf unbefristete Zeit eingegangen oder befristet sind und die sich von anderen Arbeitsverhältnissen lediglich durch die Verkürzung der regelmäßigen betrieblichen, branchenüblichen oder der allgemein üblichen Arbeitszeit unterscheiden, wobei die Verkürzung der Arbeitszeit in aller Regel auf einer ausdrücklichen und freiwilligen vertraglichen Vereinbarung beruht, sich aber unter Umstände auch aus den Eigenarten der übernommenen Tätigkeit ergeben kann.[88] Dienste, die auf der Grundlage andere Rechtsverhältnisse erbracht werden, werden nicht unter dem arbeitsrechtlichen Begriff der Teilzeitarbeit erfasst. Die Abgrenzung erfolgt in diesem Sinne nach den allgemeinen Regeln, wobei die von der Rechtsprechung entwickelte Definition des Arbeitnehmerbegriffs zu Grunde zu legen ist. Danach ist Arbeitnehmer, wer aufgrund eines

---

[86] Nach § 3 Abs. 2 der Richtlinie 97/81/EG ist ein „vergleichbarer Vollzeitbeschäftigter" ein Vollzeitbeschäftigter desselben Betriebs mit derselben Art von Arbeitsvertrag oder Beschäftigungsverhältnis, der in der gleichen oder einer ähnlichen Arbeit/Beschäftigung tätig ist, wobei auch die Betriebszugehörigkeitsdauer und die Qualifikationen/Fertigkeiten sowie andere Erwägungen heranzuziehen sind. Ist in demselben Betrieb kein vergleichbarer Vollzeitbeschäftigter vorhanden, so erfolgt der Vergleich anhand des anwendbaren Tarifvertrages oder, in Ermangelung eines solchen gemäß den gesetzlichen oder tarifvertraglichen Bestimmungen oder den nationalen Gepflogenheiten.

[87] Über die deutsche Regulierung der Teilzeitarbeit siehe das dritte Kapitel, erster Teil, dieser Arbeit.

[88] Becker, Die arbeitsrechtlichen Aspekte der Teilzeitbeschäftigung, 1971, S. 33, zit. von Buschmann / Dieball / Stevens-Bartol, TZA, S. 325.

privatrechtlichen Vertrages im Dienste eines anderen zu fremdbestimmter Arbeit in persönlicher Abhängigkeit verpflichtet ist.[89]

Die unterschiedlichen Definitionen und Regulierungen über die Teilzeitarbeit sowohl auf einer supranationalen als auch auf einer nationalen Ebene stellen ein wichtiges Problem dar, um eine vergleichende Analyse der Teilzeitbeschäftigung durchzuführen.[90] In diesem Sinne ist beispielweise zu bemerken, dass eine Teilzeitbeschäftigung in Finnland und in Kanada vorliegt, wenn die Wochenarbeitszeit nicht höher als 30 Stunden ist;[91] hingegen liegt in Australien, Österreich, Japan, Schweden und in den Vereinigten Staaten eine wöchentliche Arbeitszeitgrenze von 35 Stunden vor, um ein Teilzeitarbeitsverhältnis zu bilden. In anderen Ländern wie Spanien liegt eine Teilzeitbeschäftigung vor, wenn die Arbeitszeit nicht höher als 2/3 der betrieblichen oder durch Tarifvertrag vereinbarten Arbeitszeit ist. In Frankreich liegt die Arbeitszeitgrenze jedoch bei 4/5 der normalen Arbeitszeit.[92]

Die konzeptionellen Unterschiede bei der gesetzlichen Definitionen der Teilzeitarbeit sollen insbesondere für eine passende Quantifikation des Teilzeitphänomens in Europa berücksichtigt werden. Außerdem lassen sich heute durch die Arbeitszeitverkürzungen in den verschiedenen Ländern der EU Teilzeit und Vollzeit in der Praxis nicht mehr eindeutig unterscheiden.[93] Deswegen sollen in vielen Fällen die konkreten Umstände der geleisteten Arbeit beachtet werden, um eine tatsächliche Teilzeitbeschäftigung zu bestimmen.[94]

---

[89] Langmaack, S. 36. Vgl. BAG AP Nr. 1 zu § 5 BetrVG 1972, Rotes Kreuz.
[90] González del Rey, El trabajo a tiempo parcial desde una perspectiva comparada, S. 10 ff.
[91] In ähnlichem Sinne Art. 40 Bis des chilenischen Arbeitsgesetzbuchs. Siehe der Anhang der Dissertation.
[92] Bollé, El trabajo a tiempo parcial, libertad o trampa?, Perspectivas, Revista Internacional del Trabajo, vol. 116, Nr. 4, 1997, S. 609.
[93] „In diesem Sinn ist möglich, dass in einigen Branchen 35 Sunden pro Woche als Teilzeit gelten, aber in der anderen sind sie die tarifliche Regel („Vollzeit"). In einigen Tarifverträgen – etwa in der Metal und in der Chemischen Industrie – gibt es keine „absolute" Vollzeitnorm mehr. Vielmehr gelten hier alle Mitarbeiter als vollzeitbeschäftigt, deren Vertragsarbeitszeit nach bestimmten Regeln innerhalb einer tariflich geregelten Bandbreite festgesetzt wurde. So kann beispielweise auch ein mit 30 Wochenstunde beschäftigter Arbeitnehmer „vollzeitbeschäftigt" sein. Jahresarbeitszeitmodelle mit saisonal unterschiedlicher Arbeitszeitdauer beinhalten notwendig, dass man einen Teil des Jahres unterhalb der Vertragsarbeitszeit („Teilzeit"), einen Teil „normal", einen Teil über die Vertragsarbeitszeit hinaus und vielleicht sogar einen Teil gar nicht arbeitet. Was ist hier Vollzeit, was Teilzeit?"; Bundesministerium für Arbeit und Sozialordnung, Teilzeit, August 1999, S. 13.
[94] Über das Problem des Teilzeitarbeitsbegriff und der internationale Vergleich siehe: Van Bastelaer, Alois / Lemaître, Georges / Marianna, Pascal; La définition du travail à temps partiel à des fins de compairaison internationale; in Documents hors série, Nr. 22 (OCDE/GD (97) 121), Paris, Frankreich, 1997; Bollé, Revista Internacional del Trabajo, vol. 116, Nr. 4, S. 609 ff.

2.1. ELEMENTE DES TEILZEITARBEITSBEGRIFFS

Die Teilzeitarbeit ist eine Form der atypischen Beschäftigung, in der nicht alle Elemente des sogenannten Normalarbeitsverhältnisses vorhanden sind, weil bei dieser Beschäftigungsform andere Konzeptionen, Strukturen und Funktionen der Arbeitsorganisation vorliegen sowie, weil Teilzeitbeschäftigte sich von Vollzeitbeschäftigten einmal durch qualitativ geringere Arbeitszeit (Dauer) und entsprechend minderes Entgelt unterscheiden.[95]

Die wesentlichen Elemente, die ein Teilzeitarbeitsverhältnis als eine besondere Form des Arbeitsverhältnisses gestalten, sind:

a) **Kürzere Arbeitszeit**: Von Vollzeitbeschäftigten unterscheiden sich die Teilzeitarbeitnehmer naturgemäß durch die Dauer der jeweiligen persönlichen Arbeitsverpflichtung. Die vereinbarte oder die durchschnittliche Wochenarbeitszeit eines Teilzeitarbeitnehmers muss kürzer als die Arbeitszeit eines vergleichbaren Vollzeitarbeitnehmers sein.[96] Die verkürzte Arbeitszeit ist in diesem Sinne ein wesentliches Element des Arbeitsverhältnisses, weil sie die Teilzeitarbeit als eine besondere Beschäftigungsform konzipiert und weil die verkürzte Arbeitszeit Objekt der ausdrücklichen oder stillschweigenden Willenserklärung der Arbeitsparteien sein muss. Die Vereinbarung über die reduzierten Arbeitszeit ist deshalb ein Hauptteil des Arbeitsvertrages.[97]

b) **Dauerhafte verkürzte Arbeitszeit**: Zur Annahme eines Teilzeitarbeitsverhältnisses ist es weiter erforderlich, dass die Verkürzung der Arbeitszeit gegenüber vergleichbaren Vollzeitbeschäftigten nicht nur vorübergehend, sondern auf Dauer vorgesehen ist.[98] Deshalb ist keine Teilzeitarbeit gegeben bei Kurzarbeit, weil sie in aller Regel nur vorübergehend eingeführt wird; bei wiederholten Eintagearbeitsverhältnissen; bei vorübergehender Arbeitsfreistellung aus persönlichen Gründen; bei Saison- und Kampagnenarbeit, die regelmäßig in Betrieben geleistet wird, die nur vorübergehend

---

[95] Buschmann / Dieball / Stevens-Bartol, TZA, S. 194. Zum Thema siehe drittes Kapitel, erster Teil, Abschnitt B 2.
[96] Vgl. Nebendahl, Der Teilzeitarbeitsvertrag, 2. Auflage, München, 2000, S. 7.
[97] In selbem Sinne: González del Rey, El contrato de trabajo a tiempo parcial, S. 25.
[98] BAG vom 7.11.1984, NZA 1985, S. 360.

verstärkt arbeiten. Teilzeitarbeit kann dagegen vorliegen, wenn sie neben einer Hauptbeschäftigung oder weiteren Teilzeitbeschäftigung ausgeübt wird.[99]

c) **Die Vollzeitbeschäftigung als Bezugspunkt der Teilzeitarbeit**: Die Teilzeitarbeit existiert nur gegenüber eines Vollzeitarbeitsverhältnisses, dessen Arbeitszeitumfang der Maßstab für die Konfiguration eines Teilzeitarbeitsverhältnisses feststellt. Deshalb wird die Teilzeitarbeit immer in Verbindung einer vergleichbaren Vollzeitbeschäftigung definiert.[100] Es ist jedoch zu berücksichtigen, dass die Vollzeitbeschäftigung ebenso ein konturloser Begriff wie die Teilzeitbeschäftigung ist. Sie hat ihren Wert nur dort, wo eine Tarifbindung die Dauer der vollzeitigen Beschäftigung beschreibt. Die Regelungen der Tarifverträge strahlen allerdings regelmäßig auf die ganze Branche aus, was dazu führt, diese auch für andere als Maßstab der Vollzeitbeschäftigung zu nehmen.[101]

Teilzeitbeschäftigte haben gemäß der allgemeinen Regeln der Arbeitnehmerstatus. Die Dauer der regelmäßigen Arbeitszeit ist kein Kriterium für den Arbeitnehmerstatus.[102] Dementsprechend haben Teilzeitbeschäftigte dieselben Rechte und Pflichten wie Vollzeitbeschäftigte.[103] Leistungen, die von der Dauer der Arbeitszeit abhängig sind, stehen ihnen im Allgemeinen anteilig zu.[104] Eine Ausnahme ist beispielweise möglich, wenn der Arbeitgeber eine Leistung gewährt, um zur Vollzeitarbeit einen Anreiz zu geben.[105]

3. INTERESSENLAGE VON ARBEITGEBER UND ARBEITNEHMERN AN DIE TEILZEITARBEIT

Die ständig steigende Zahl der Teilzeitbeschäftigten erklärt sich, weil diese besondere Art von Beschäftigung sowohl für Arbeitgeber als auch für Arbeitnehmer zahlreiche Vorteile[106] bietet, die die mit ihr verbundenen Nachteile überwiegen.

---

99 Schaub, Die Arbeit in den verschiedenen Formen des Teilzeitarbeitsverhältnisses, in BB 1990, S. 1069.
100 González del Rey, El contrato de trabajo a tiempo parcial, S. 72-73.
101 Hamm, Flexible Arbeitszeiten in der Praxis, Frankfurt am Main, 1999, S. 114.
102 Schüren, MünchHdB-ArbR, § 161, Rn. 19.
103 Über den Gleichbehandlungsprinzip sie Kapitel zwei und drei der Dissertation.
104 So § 4 Abs. 1 Satz 2 des TzBfG und § 4 Abs. 2 der Richtlinie 97/81/EG über Teilzeitarbeit.
105 EuGH vom 31.3.1981, Rs. 96/80 (Jenkins), Slg. 1981, S. 911, NJW 1981, S. 2639. Siehe zweites Kapitel der Dissertation.
106 Siehe: Bundesministerium für Arbeit und Sozialordnung, Teilzeit – Neue Perspektiven, 2001, S. 65 ff.

3.1. MOTIVEN AUS SICHT DES ARBEITGEBERS

Die Gründe, die Arbeitgeber dazu bewegen, Teilzeitarbeitsplätze einzurichten und Teilzeitarbeitsverhältnisse als für ihren Betrieb sinnvolle und gewinnbringende Einrichtung anzusehen, sind vielfältiger Natur.[107] In diesem Sinne können die Arbeitgeber beispielweise die Teilzeitarbeit nutzen:

- um eine leichtere Anpassung der zur Verfügung stehenden Arbeitnehmerstunden an betriebliche Bedürfnisse zu gewährleisten;[108]
- zur Abdeckung zeitlich / täglich begrenzter Aufgaben;
- zur kostengünstigeren Auslastung betrieblicher Anlagen;
- um eine Intensivierung der Arbeitsleistung durchzusetzen, angesichts der höheren Produktivität und Motivation der Teilzeitbeschäftigten;
- um eingearbeitete Beschäftigte „vorzuhalten" und bei Personalbedarf leichter durch Stundenerhöhung aufstocken zu können;
- zur Abdeckung von Bedarfsspitzen;
- um Arbeitsplätze beizubehalten, die Vollzeitbeschäftigten über ihre ganze tägliche Arbeitszeit hin wegen starker Belastung oder besonders schlechter Arbeitsbedingungen nicht zugemutet werden können;[109]
- um Entlassungen durch den Übergang von Vollzeit- zu Teilzeitarbeitsverhältnissen zu vermeiden.[110]

Die Einführung von Teilzeitarbeit in der unternehmerischen Organisation kann jedoch Nachteile insbesondere in finanzieller Hinsicht für die Arbeitgeber verursachen. Deswegen sind arbeitspolitische Maßnahmen sowie eine aktive Kooperation zwischen Arbeitgebern und Arbeitnehmern (besonders im kollektiven Bereich) erforderlich, um negative arbeitsorganisatorische und/oder wirtschaftliche Effekte der Teilzeitarbeit zu verringern oder zu beseitigen. Als Nachteile, die mit der Teilzeitarbeit verbunden sind, kann man die folgende berücksichtigen: Die höhere Einarbeitungskosten; die eventuellen Konflikte zwischen Teil-

[107] Bundesministerium für Arbeit und Sozialordnung, Teilzeit, Juli 2000, S. 57.
[108] Küttner, Personalbuch 1998, 5. Auflage, München, 1998, S. 1818.
[109] Bertelsmann, Teilzeit – Verbreitung, individueller Bedarf, bestehende und zu fordernde Gestaltungsmöglichkeiten, S. 217 – 218.
[110] Massow, Teilzeit-Atlas, München, 1999, S. 48 ff.

zeitbeschäftigten und Vollzeitbeschäftigten; die höheren Kosten der Einarbeitung bei Doppelbesetzung, Verwaltung und personengebundener Sozialleistungen;[111] die geringere Bindung der Arbeitnehmer an das Unternehmen, sowie geringere Identifikation mit den Unternehmen und seinen Produkten; die Einarbeitung und Arbeitsplatzinvestitionen können in Verhältnis zur geleisteten Arbeitszeit teurer werden; die höheren Fortbildungskosten für mehr Teilzeitkräfte und die relativ hohen Anlauf- und Rüstzeiten gemessen an den kürzeren Arbeitszeiten.[112]

Andererseits erscheint in der Regel problematisch eine Teilzeitbeschäftigung bei Führungskräften und qualifizierten Tätigkeiten mit Leitungsfunktionen, weil verwaltende, sich wiederholende Arbeitsabläufe leichter teilbar sind. Demgegenüber erscheint „Führung" oft als unteilbar. Mit der steigenden Anzahl qualifiziert ausgebildeter Frauen im Berufsleben und dem allgemeinen gesellschaftlichen Wertewandel stellt sich deshalb als eine noch ungelöste arbeitsmarktpolitische Herausforderung in vielen Bereichen die Frage nach Teilzeitarbeit in Fach- und Führungspositionen.[113] Diese Notwendigkeit, Teilzeitarbeit auch in Führungspositionen attraktiv zu machen, wurde von dem deutschen Gesetzgeber berücksichtigt. Er hat so im Rahmen europarechtlicher Verpflichtungen die Vorschrift des § 5 Abs. 3 lit. d) der Richtlinie 97/81/EG[114] im § 6 des neuen TzBfG umgesetzt. Gemäß § 6 TzBfG haben nunmehr die Arbeitgeber ihren Arbeitnehmern auch in leitenden Positionen Teilzeitarbeit nach Maßgabe des Gesetzes zu ermöglichen. Trotzdem ist noch fraglich, ob diese Vorschriften in der Praxis dazu führen werden, den Anteil von Teilzeitbeschäftigten auf qualifizierten Arbeitsplätzen zu erhöhen. Wenn kein wirkliches Kompromiss zwischen den beteiligten Arbeitsparteien gibt, um die Teilzeitarbeit auch für die Führungskräfte attraktiver zu machen, und wenn keine Förderungsmaßnahmen dazu getroffen werden, um die soziale und wirtschaftliche Bewertung der Teilzeitarbeit für Führungskräfte zu ändern, wird die Telzeitarbeit mit großer Wahrscheinlichkeit nach wie vor im Wesentlichen für Arbeitsplätze, die wenige Qualifizierung benötigen, ausgeschrieben.

---

[111] Gaugler / Gille / Paul, Teilzeitarbeit, 2. Auflage, Ludwigshafen (Rhein), 1981, S. 31.
[112] Massow, S. 51.
[113] Langmaack, S. 26.

3.2. MOTIVEN AUS SICHT DES ARBEITNEHMERS

Es gibt verschiedene Gründe, die für die Beschäftigte wichtig sein können, um einen Teilzeitarbeitvertrag abzuschließen. So kann die Teilzeitarbeit für Arbeitnehmer insbesondere zum Vorteil sein, wenn sie wegen familiärer Verpflichtungen (z.B. Kinderbetreuung oder Hausarbeit) keiner Berufstätigkeit in Vollzeit nachgehen können; wenn sie nach einer familiären Unterbrechungsphase wieder erwerbstätig sein können oder werden wollen (z.B. weil ihre Kinder nicht mehr in bisherigem Umfang auf ihre Betreuung angewiesen sind) oder, wenn sie ihren Rentenanspruch sichern oder ausbauen müssen, aber nicht in einem Vollzeitarbeitsverhältnis tätig sein können oder wollen.[115] Nach Auffassung von Bertelsmann[116] ist jedoch der wichtigste Vorteil der Teilzeitbeschäftigung aus Sicht der Arbeitnehmer, dass angesichts der heutigen gesellschaftlichen Situation, insbesondere wegen der langen Dauer der täglichen Arbeitszeit und dem unzureichenden Angebot an Einrichtungen zur Kinderbetreuung, die Teilzeitarbeit für viele Beschäftigte die einzige Möglichkeit sei, Erwerbstätigkeit und Familienarbeit zu verbinden. Darüber hinaus kann die Teilzeitarbeit zum Vorteil für die Arbeitnehmer sein, weil sie eine geringere Arbeitsbelastung als bei einer Vollzeitarbeit bedeutet oder weil die Freizeitinteressen besser wahrgenommen werden können. Die Teilzeitarbeit bietet auch die Möglichkeit bei gesundheitlichen Einschränkungen ein eigenes Einkommen zu erzielen; im Alter die Möglichkeit, nicht abrupt, sondern gleitend in den Ruhestand zu gehen, sowie mehr Alternativen für Sozialkontakte oder mehr Zeit für soziales oder politisches Engagement zu genießen.[117]

Trotz der Vorteile trägt die Teilzeitarbeit auch einige Nachteile für die Arbeitnehmer mit, denn das Arbeitsplatzrisiko für Teilzeitbeschäftigte ist wesentlich höher als für Vollzeitbeschäftigte. Außerdem werden die Teilzeitbeschäftigten häufig nur für gering qualifizierte Tätigkeiten eingesetzt. Es besteht auch häufig das Risiko von schlechteren Arbeits-

---

[114] § 5 Abs. 3 d der Richtlinie 97/81/EG über Teilzeitarbeit schreibt vor, dass der Arbeitgeber soweit dies möglich ist, Maßnahmen, die den Zugang zur Teilzeitarbeit auf allen Ebenen des Unternehmens einschließlich qualifizierten und leitenden Stellungen erleichtern, in Erwägung ziehen sollten.

[115] Böttcher / Krüger, Ungeschützte Beschäftigungsverhältnisse. Handlungshilfe für Betriebsräte bei befristeten Arbeitsverhältnissen, Fremdfirmenarbeit und Teilzeit, Köln, 1995, S. 123.

[116] Bertelsmann, Teilzeitarbeit – Verbreitung, individueller Bedarf, bestehende und zu fordernde Gestaltungsmöglichkeiten, S. 218

[117] Massow, S. 48 ff.

bedingungen,[118] von geringeren Fortbildungs- und Aufstiegsmöglichkeiten, von einer innerbetrieblichen teilweise Isolation und oft die Anforderung und Erbringung von mehr als anteiliger Leistung (Leistungsintensivierung).[119] Andererseits ist das geringere Arbeitsentgelt ein unbestreitbarer Nachteil der Teilzeitarbeit, was die Attraktivität dieser Form der Beschäftigung für die Arbeitnehmer in besonderer Maße beeinträchtigt. Denn in der Regel wird das Bruttoentgelt entsprechend dem Verhältnis der Teilzeitarbeitszeit zur Vollzeitarbeitszeit reduziert, es sei denn, dass ein ganz oder teilweise leistungs- und ergebnisabhängiges Arbeitsentgelt vereinbart worden ist. In diesen Fällen kann sich die finanzielle Situation vor allem aufgrund der höheren Produktivität im Verhältnis zu einer Vollzeittätigkeit günstiger darstellen.[120] Gleichfalls besteht das Gefahr, dass die geringere Einkommen und Aufstiegsmöglichkeiten der Teilzeitbeschäftigten zu einer Segmentierung des Arbeitsmarktes in gut bezahlten Vollzeitbeschäftigten und schlecht bezahlten Teilzeitbeschäftigten führen kann. Um dieses Gefahr zu vermeiden, sind arbeitspolitische Maßnahmen zur Förderung der Teilzeitarbeit nötig sowie, dass die Tarifvertragsparteien sich bemühen, um bessere Entgeltbedingungen auch für die teilzeitbeschäftigten Arbeitnehmer zu vereinbaren.[121] Darüber hinaus ist zu beachten, dass das geringere Arbeitsentgelt einer Teilzeittätigkeit aufgrund der geringeren Beiträgen zur gesetzlichen Rentenversicherung mit einer geringeren Altersrente verbunden ist.[122]

Bezüglich der möglichen Nachteile der Teilzeitbeschäftigung begründet auch ein wichtiges Problem, die Tatsache, dass in einigen Fällen die Teilzeitarbeit die einzige Erwerbsalternative gegenüber der Arbeitslosigkeit sein kann und infolgedessen könnte sie keine erwünschte Erwerbstätigkeit für den Arbeitnehmer darstellen. Dieses Problem, das häufig auf dem heutigen Arbeitsmarkt auftritt, könnte nach der Einschätzung von Bollé[123] eine Art von Unterbeschäftigung (sub-employement) verursachen, weil die nicht gewünschte Teilzeittätigkeit nicht ermöglicht, dass die betroffenen Arbeitnehmer mit einem ausreichenden

[118] Böttcher / Krüger, S. 123.
[119] Vgl. Bertelsmann, S. 218; Massow, S. 48 ff.
[120] Bundesministerium für Arbeit und Sozialordnung, Teilzeit, August 1999, S. 69 ff.
[121] Dies ist auch eins der Zielen der Richtlinie 97/81/EG über Teilzeitarbeit. In diesem Sinne schreibt § 1 vor, dass die Rahmenvereinbarung soll: a) ...die Qualität der Teilzeitarbeit verbessern.
[122] Diesem Nachteil steht jedoch gegenüber, dass mit der Teilzeitarbeit, vor allem während der Familienphase, eigene Rentenanwartschaften begründet und die Nachteile einer Unterbrechung des Versicherungsverlaufes vermieden werden. So Langmaack, S. 23.

Einkommen, sowie mit einem ausreichenden sozialen Schutz für ihren eigenen und familiären Unterhalt rechnen können.[124] Deswegen wird die Notwendigkeit sowohl von arbeitspolitischen Maßnahmen als auch von tariflichen und arbeitsvertraglichen Vereinbarungen größer, um den freiwilligen Charakter der Teilzeitarbeit zu fördern, so dass einen positiven Beitrag zur Entwicklung der Teilzeitarbeitmöglichkeiten für Arbeitnehmer und Arbeitgeber geleistet werden kann.[125]

C. SOZIALE UND WIRTSCHAFTLICHE BEDEUTUNG DER TEILZEITARBEIT

1. ALLGEMEINES

Die Teilzeitarbeit ist eine Beschäftigungsform von wachsender Relevanz auf den Arbeitsmärkten der meisten Mitgliedstaaten der Europäischen Union.[126] Seit Mitte den 70er Jahren haben sich die Teilzeitbeschäftigungsverhältnisse in den europäischen Ländern expandiert. Die Teilzeitarbeit stellt so auf fast allen Arbeitsmärkten einen wichtigen beschäftigungspolitischen Faktor dar. Diese Entwicklung basiert sich im Allgemeinen auf einem Anstieg der Erwerbsbeteiligung von Frauen in allen Ländern Europas und auf einer Verstärkung der Arbeitszeitflexibilisierung seit Anfang den 80er Jahren. Obwohl das Interesse an Teilzeitarbeit bei den Beschäftigten groß ist, liegt die Bundesrepublik Deutschland im internationalen Vergleich mit rund 16,3% Teilzeitstellen im hinteren Mittelfeld. In der Teilzeitstatistik verfügt z.B. Dänemark über einen Teilzeitanteil von 16%, während in Großbritannien 24,1% der Beschäftigte Teilzeitarbeitnehmer sind. Die Schweiz weist andererseits einen Anteil von 28,3% auf, aber wo die Teilzeitarbeit am meisten verbreitet ist, ist in den Niederlanden, wo mehr als ein Drittel (37,4%) der Arbeitnehmer teilzeitbeschäftigt sind, soviel wie nirgendwo in den Ländern der OECD.[127] Außerdem ist das Thema Teilzeitarbeit derzeit besonders aktuell, weil die Einrichtung von mehr Teilzeitarbeitsplätzen zu den verschiedenen arbeitsmarktpolitischen Strategien der EU und ihrer Mitgliedstaaten gehört, um mehr

---

[123] Bollé, Revista Internacional del Trabajo, vol. 116, Nr. 4, S. 605 ff.

[124] In selbem Sinne: Schmal, Teilzeitbeschäftigung. Motive, Präferenzen und Barrieren aus der Sicht von Arbeitnehmern, Frankfurt am Main, 1997, S. 5.

[125] Siehe § 1 lit. b) der Richtlinie 97/81/EG, nach dem Ziel der Rahmenvereinbarung ist, die Entwicklung der Teilzeitarbeit auf freiwilliger Basis zu fördern.

[126] Siehe: La regolamentazione del part-time in Europa, DLRI 2000, Nr. 88, S. 547 ff.

[127] Herbers, Qualifizierte Teilzeitarbeit. Teilzeitstellenanalyse, Aachen, 1998, S. 5.

Verteilungsgerechtigkeit bei den Arbeitsplätzen zu schaffen,[128] sei es unmittelbar durch mehr Arbeitsplätze oder mittelbar durch die Verkürzung der Arbeitszeit.[129]

2. DIE TEILZEITARBEIT UND DIE FLEXIBILISIERUNG DER ARBEITSZEIT

Seit einigen Jahren ist die Diskussion über die Flexibilisierung der Arbeitszeit eins der wichtigsten Themas im arbeitsrechtlichen Bereich.[130] Es ist jedoch zu bemerken, dass es immer flexible Formen der Arbeitszeit in Form von Schichtarbeit, Überstunden, Teilzeitarbeit[131] und Kurzarbeit gegeben worden ist. In den letzten Jahren hat aber die strukturelle Flexibilisierung der Arbeitszeit stark zugenommen.[132] Flexibilisierung der Arbeitszeit ist ein wirtschaftliches Schlagwort, welches vor allem in den Auseinandersetzungen um die Verkürzung der Arbeitszeit und deren jeweiligen betrieblichen Ausgestaltung entstanden ist. Dieses Schlagwort bezeichnet alle Maßnahmen, mit denen eine größere Flexibilität sowohl von Arbeits- wie auch Betriebszeiten erzielt werden soll. Damit soll ein System (Betrieb) befähigt werden, auf gesamtwirtschaftliche Veränderungen im Sinne der angestrebten Unternehmensziele schnell, wirksam und kostengünstig reagieren zu können.[133] Hauptziel jeder Form der flexiblen Gestaltung der Arbeitszeit ist die bestmögliche Anpassung der Arbeitszeit der Arbeitnehmer an die Schwankungen des Arbeitsanfalles in einem Betrieb. Denn die Arbeitszeit ist eine knappe Ressource, die nicht nur unwiederbringlich, sondern

---

[128] Nach Auffassung des Consejo Económico y Social, (El Trabajo a tiempo parcial, Informe Nr. 4, S. 4) hat die Teilzeitarbeit in den letzten Jahren verschiedene Funktionen auf dem Arbeitsmarkt gespielt. In diesem Sinne ist zu berücksichtigen, dass die Teilzeitarbeit in den 60er Jahren ein besonderes arbeitsmarktpolitischen Instrument gegen den Mangel an Arbeitskräfte war, sowie um die Eingliederung der Frauen auf dem Arbeitsmarkt zu fördern. In den 70er Jahren war die Teilzeitarbeit ein Instrument der familiären Politik und es wurde durch die Förderung der Teilzeitbeschäftigung versucht, eine bessere Vereinbarung zwischen Arbeit und Familie zu schaffen und als Folge dieses Ziel auch die Geburtenziffer zu erhöhen. Andererseits wurde in den 80er Jahren insbesondere die Fähigkeit der Teilzeitarbeit als eine flexible Arbeitsform hervorgehoben.

[129] Wank, Die Teilzeitbeschäftigung im Arbeitsrecht, RdA 1985, S. 2. Über die arbeitmarktpolitische Bedeutung der Teilzeitarbeit, siehe auch Teil C, Abschnitt 5 dieses Kapitels.

[130] Siehe: Boemke / Föhr, S. 83 ff.

[131] Vgl. Consejo Económico y Social, Informe Nr. 4, S. 3; González del Rey, El contrato de trabajo a tiempo parcial, S. 31 ff.; González del Rey, Jornada reducida y trabajo a tiempo parcial: una perspectiva histórica, Tribuna Social Nr. 87, Spanien, 1999, S. 46 ff.

[132] Kilchenmann, Flexibel oder flexibilisiert? Chancen und Fallen der Teilzeitarbeit von Frauen, Zürich, 1992, S. 43.

[133] Brockhaus Enzyklopädie, Band 7, 19. Auflage, Mannheim, 1986, zit. von Mente, Neue Rahmenbedingungen für die Flexibilisierung der Arbeitszeit durch das ArbZG, Aachen, 1998, S. 17.

auch ausgesprochen kostspielig ist und deshalb mit dem höchstmöglichen Wirkungsgrad eingesetzt werden sollte.[134]

Nach Ansicht von Bellgardt[135] bedeutet Arbeitszeitflexibilisierung die Abkehr von auf unbestimmte Dauer fixierten Standardarbeitszeitfestlegungen, die unabhängig von Kapazitätsauslastung und Nachfrageschwankungen für den Arbeitgeber und individueller Arbeitsaufgabe und persönlicher Lebenssituation für jeden Arbeitnehmer gleiche Geltung beanspruchen. Der Begriff der Arbeitszeitflexibilisierung umfasse im Gegensatz zu einer Normalarbeitszeit chronologische und chronometrische Abweichungen in täglicher, wöchentlicher, monatlicher, jährlicher und lebenszeitlicher Hinsicht.

Unter Arbeitszeit ist im Allgemeinen die gesetzlich oder vertraglich festgelegte Arbeitszeit zu verstehen, also der Zeitraum, in dem der Arbeitsanbieter seine Arbeitskraft gegen Entgelt dem Arbeitsnachfrager zur Verfügung stellt. „Normalarbeitszeit" bedeutet die Fixierung der Dauer und der Lage der Arbeitszeit, die branchenweit oder gesamtwirtschaftlich standarisiert ist und eine klare Trennung von Arbeitszeit im Sinne von Erwerbsarbeitszeit und frei verfügbarer Zeit (eingeschlossen Hausarbeitszeit) bewirkt.[136] Angesichts der Transformationen der Wirtschaft und der Produktionsprozessen wurde immer deutlicher, dass die früheren starren festgelegten Arbeitszeiten nicht mehr effizient waren, um an die neuen und wechselnden Anforderungen des Wettbewerbs zu reagieren. Deshalb haben die Unternehmen ständig neue und nicht rigide Formen der Arbeitszeit eingeführt, die ihre Position auf dem Arbeitsmarkt verbessert können.[137] Heutzutage ist jedoch festzustellen, dass Variationen des Normalarbeitszeitstandards prinzipiell im Interesse beider Arbeitsmarktparteien stehen.

Aus Sicht der Arbeitgeber ergibt sich der zunehmenden Wunsch nach Arbeitszeitflexibilisierung aus der Tatsache, dass in einer globalisierten Marktwirtschaft die Schwankungen der Auftragslage und damit des benötigen Arbeitsvolumens und des Personalbedarfs nicht zu vermeiden sind. Flexibilisierung aus Arbeitgebersicht bedeutet also, dass Arbeit-

---

[134] Langmaack, S. 45. Vgl. Bundesministerium für Arbeit und Sozialordnung, Teilzeit, Juli 2000, S. 57.
[135] Bellgardt, Flexible Arbeitszeitsysteme. Entwicklung und Einführung, Heidelberg, 1987, S. 15.
[136] Kapphan, Frauen am Arbeitsmarkt. Auswirkungen der Arbeitszeitflexibilisierung zur besseren Vereinbarkeit von Familie und Beruf auf die Arbeitsmarktsituation von Frauen, Frankfurt am Main, 1994, S. 164.
[137] Vgl. González del Rey, El contrato de trabajo a tiempo parcial, S. 52 ff.; Bundesministerium für Arbeit und Sozialordnung, Teilzeit, August 1999, S. 28.

nehmer, um längere Betriebsnutzungszeiten zu ermöglichen, zu unterschiedlichen Tageszeiten je nach Auftragslage an einzelnen Tagen unterschiedlich lang, d.h. je nach den betrieblichen Erfordernissen und Kundenwünschen beschäftigt werden können. Andere arbeitgeberseitige Anlässe, die zur Entwicklung neue Arbeitszeitregelungen beitragen, sind: Die Änderungen gesetzlicher oder tariflicher Rahmenbedingungen durch die Ausdehnung der Ladenschlusszeiten oder die Verkürzung der tariflichen Arbeitszeiten; unternehmensweite Umstrukturierungsprozesse; die Notwendigkeit zur Erhöhung der Produktionskapazität aufgrund der stark zunehmenden Nachfrage nach den hergestellten Produkten oder die Mitarbeiterwünsche nach größeren Gestaltungsspielräume bei der Arbeitszeit.[138] Insgesamt ist der Arbeitgeber also an einem möglichst hohen Maß an Flexibilität der Arbeitsorganisation interessiert, um auf dieser Weise die Wettbewerbsfähigkeit der Unternehmen zu sichern und zu verbessern.[139]

Andererseits bedeutet Flexibilisierung aus Sicht der Arbeitnehmer im Wesentlichen Beginn und Ende der täglichen Arbeitszeit selbst bestimmen zu können, um dadurch die Arbeitszeit besser mit den übrigen Lebensbereichen wie Familie oder Freizeit abstimmen zu können.[140] Aus dieser Perspektive bedeutet Arbeitszeitflexibilisierung soviel wie Arbeitszeitsouveränität.[141] Deshalb würden nicht nur Arbeitsuchende, sondern auch Beschäftigte mit Vollzeitarbeitsplätzen eine flexible Arbeitszeit wählen, wenn ihnen der Betrieb die Möglichkeit hierzu bieten würde.[142] Hieran besteht besonders auch bei älteren Arbeitnehmern ein beachtliches Interesse, denn der bruchharte Übergang zum Ruhestand wäre dadurch zu vermeiden. Teilzeitarbeit, als flexibles Arbeitszeitinstrument ist in diesem Sinn eine Chance zu mehr Lebensqualität und zur Übernahme sozialer Aufgaben wie der Betreuung von Pflegebedürftigen.[143]

---

[138] Langmaack, S. 45. Siehe auch: Bundesministerium für Arbeit und Sozialordnung, Teilzeit, August 1999, S. 57 ff.

[139] Vgl. Mente, Neue Rahmenbedingungen für die Flexibilisierung der Arbeitszeit durch das ArbZG, Aachen, 1998, S. 19.

[140] Ebenso: Giubboni / Sciarra, DLRI 2000, Nr. 88, S. 557.

[141] Bergmann, Arbeitszeitpolitik – ein Mittel auch zur Bekämpfung der Arbeitslosigkeit, AuA 1996, S.2.

[142] Die zunehmende Interesse an kürzere und flexible Arbeitszeiten findet nunmehr im deutschen Arbeitsrecht eine gesetzliche Anerkennung in Form eines Anspruchs auf Teilzeitarbeit (§ 8 TzBfG). Zum Thema siehe: Drittes Kapitel, Teil B, Abschnitt I, 2.3.

[143] Holland, Teilzeitbeschäftigung, 3. Auflage, Bremen, 1991, S. 5.

Die Teilzeitarbeit gewinnt in der Flexibilisierungsdebatte immer mehr Bedeutung, besonders in Zeiten des Arbeitskräftemangels, denn einerseits bilden die verschiedenen Formen der Teilzeitbeschäftigung (z.B. Abrufarbeit, kapazitätsorientierte variable Arbeitszeit oder Job-Sharing) ideale Grundlagen, um die Arbeitskraft flexibel einzusetzen. Andererseits ist die Teilzeitarbeit kurzfristig die beste Möglichkeit, die Arbeitnehmerreserve zu mobilisieren.[144] Teilzeitarbeit kann also als Element einer umfassenden Arbeitszeitflexibilisierung dargestellt werden und sie hat angesichts der variablen Anforderungen des Arbeitsmarktes und des Wettbewerbs eine immer größere Relevanz.[145]

Allerdings ist zu bemerken, dass die Einführung flexibler Arbeitszeitformen in die betriebliche Praxis eine Managementaufgabe darstellt. Sie erfordert eine langfristige Planung, konsequente Umsetzung und eine betreute Entwicklung. Sie ist kein einmaliges Projekt, sondern macht die Entwicklung eines individuellen Arbeitszeitsystems erforderlich, das auf die Belange und Besonderheiten des Unternehmens zugeschnitten ist.[146] Dementsprechend geht es bei der flexiblen Arbeitszeitgestaltung also nicht um die Durchsetzung dogmatischer Positionen, sondern um sachgerechte Lösungen auf dem Gebiet der Arbeitszeit, die die Leistungsfähigkeit des Unternehmens erhöhen und gleichzeitig – soweit wie möglich – die Arbeitnehmerwünsche berücksichtigen. Optimale Arbeitszeitgestaltung ist das, was der Verwirklichung dieser Ziele am meisten dient.[147]

3. DIE TEILZEITARBEIT ALS AUSDRUCK EINER BESONDEREN FORM DER FRAUENARBEIT

Es ist ein wichtiges Merkmal der Teilzeitarbeit, dass die Teilzeitarbeitsplätze in allen wirtschaftlichen Bereichen – insbesondere im Dienstleistungssektor – zum größten Teil Frauenarbeitsplätze sind.[148] Die überwiegende Rolle der Frauen in der Teilzeitbeschäftigung ist ein weit verbreitetes Phänomen. In allen Mitgliedstaaten der EU besteht ein erheblicher

[144] Kilchenmann, S. 57.
[145] Nach Ansicht des Bundesministerium für Arbeit und Sozialordnung ist eine moderne Wirtschaft ohne flexible Arbeitszeiten heute nicht mehr denkbar. In Teilzeit, August 1999, S. 3.
[146] Langmaack, S. 46.
[147] Brunz / Wolter, Möglichkeiten und Chancen der flexiblen Arbeitszeit, München, 1988, S. 19.
[148] Über die Rolle der Frauen in der heutigen Arbeitswelt und ihrer Einfluss in der zukünftigen Entwicklung des Arbeitsrechts siehe: Transformations du travail et devenir du droit du travail en Europe, Bericht einer EG-Arbeitsgruppe, S. 159 ff.; Consejo Económico y Social, Informe Nr. 4, S. 17 ff.

Unterschied im Umfang der Teilzeitarbeit von Frauen und Männer. Die Teilzeitquote variiert zwischen den Mitgliedstaaten mit 5% in Griechenland und 38% in den Niederlanden. Die Teilzeitquote der Frauen in der Europäischen Union beträgt 32%, die der Männer dagegen lediglich 5%. In Belgien, Deutschland und Luxemburg ist beispielweise die Teilzeitquote der Frauen rund zehnmal so hoch wie die der Männer.[149]

Auf dem deutschen Arbeitsmarkt ist die Teilzeitarbeit auch eine Domäne der Frauen. Der Frauenanteil an allen Teilzeitbeschäftigten beträgt ca. 90%. In diesem Zusammenhang ist zu berücksichtigen, dass vor allem die Ausweitung der Erwerbstätigkeit von Frauen nahezu ausschließlich auf Teilzeitbeschäftigung beruht. Während die Zahl der vollzeitbeschäftigten Frauen nur um rund 0,7 Millionen anstieg, nahm die Zahl der teilzeitbeschäftigten Frauen um gut 3,6 Millionen zu.[150] Darüber hinaus ist zu bemerken, dass in allen Mitgliedstaaten der Europäischen Union verheiratete Frauen häufiger teilzeitbeschäftigt als ledige Frauen sind und sogar, wenn die Entscheidung für eine Teilzeitbeschäftigung nicht immer ganz freiwillig getroffen wird, wählen Frauen diese Arbeitsform doch häufig, um Familie und Beruf miteinander vereinbaren zu können.[151] Dieses Phänomen hat wichtige soziale Folgen, denn aufgrund der generell niedrigen Einkommen der Teilzeitarbeitnehmerinnen setzt die Ausübung einer solchen Teilzeitbeschäftigung die Existenz eines weiteren Verdieners in der Familie und damit die Ehe als Versorgungsinstanz zwingend voraus. Diese Versorgungsinstanz ist normalerweise ein vollzeitbeschäftigter Arbeitnehmer.[152] Deswegen ist der Einfluss der familiären Situation auf die Entscheidung von Frauen für eine Teilzeitbeschäftigung offensichtlich. Die Situation in unserer Gesellschaft ist noch immer so, dass Frauen nahezu ausschließlich für die Betreuung der Kinder und die Hausarbeit verantwortlich sind. Solange hierzu keine grundlegenden Änderungen eintreten, sich Männer nicht mitverantwortlich für die Familienarbeit fühlen, Kinderbetreuungsmöglichkeiten nicht ausreichend angeboten werden und die Arbeitsbedingungen nicht allgemein familienfreundlicher werden, solange wird die Nachfrage von Frauen nach Teilzeitarbeitsplätzen nicht weiter anhalten.[153]

---

[149] Buschmann / Dieball / Stevens-Bartol, TZA, S. 165.
[150] Vgl. Deml / Struck-Möbbeck, S. 5-6; Langmaack, S. 19-20.
[151] Buschmann / Dieball / Stevens-Bartol, TZA, S. 165; Consejo Económico y Social, Informe Nr. 4, S. 20-21.
[152] Schmidt, Teilzeitarbeit in Europa, Baden-Baden, 1995, S.26.

Der hohe Anteil der Frauen unter den Teilzeitbeschäftigten darf jedoch nicht zu der Annahme verleiten, teilzeitbeschäftigte Frauen arbeiteten weniger als die Vollzeitbeschäftigten. Denn beispielweise bei einer durchschnittlichen täglichen Arbeitszeit von fünf Stunden einschließlich der Wegezeiten arbeiten teilzeitbeschäftigte Frauen mit Kindern durchschnittlich weitere sechseinhalb Stunden zu Hause. Teilzeitbeschäftigte ohne Kinder sind nach Dienstschluss im Schnitt noch vier Stunden mit Hausarbeit und Besorgungen beschäftigt.[154] Andererseits ist bemerkenswert, dass die Teilzeitarbeit in der Regel nicht immer existenzsichernd ist, was zur Konsequenz hat, dass die Arbeitnehmerinnen häufig mehrere Teilzeitarbeitsverträge mit unterschiedlichen Arbeitgebern abschließen.[155]

Die Tatsache, dass der Frauenanteil unter den Teilzeitbeschäftigten regelmäßig ganz erheblich höher als unter den Vollzeitbeschäftigten ist, begründet zugleich eine der größten Schwierigkeiten der Teilzeitarbeitsbewertung aus betrieblicher Sicht: Wird als Referenzmodell ein Vollzeitarbeitsplatz herangezogen, ergibt sich häufig ein Vergleich von Frauenarbeit mit Männerarbeit. Ein solcher Vergleich wäre unproblematisch, wenn es keine auf die Arbeit Einfluss nehmenden geschlechtsspezifischen Unterschiede gäbe.[156] Da Teilzeitarbeit weit überwiegend von Frauen geleistet wird, bedeutet Benachteiligung von Teilzeitkräften regelmäßig indirekte Benachteiligung von Frauen im Betrieb. Eine mittelbare Benachteiligung wegen des Geschlechtes liegt im Allgemeinen vor, wenn Voraussetzungen für betriebliche Leistungen zwar geschlechtsneutral formuliert sind, aber von Frauen gar nicht oder nur mit unverhältnismäßigen Schwierigkeiten erfüllt werden können.[157]

Der tatsächlich höher Anteil weiblicher Beschäftigte unter den Teilzeitarbeitnehmern hat deswegen die Teilzeitarbeit in den letzten zehn Jahren in den Mittelpunkt der arbeitsrechtlichen Rechtsprechung rücken lassen. Ursächlich für diese Entwicklung war zum einen die Rechtsprechung des Europäischen Gerichthofs (EuGH) zur mittelbaren Diskriminierung

---

[153] Böttcher / Krüger, Ungeschützte Beschäftigungsverhältnisse, S. 120. In selbem Sinne: Consejo Económico y Social, Informe Nr. 4, S. 19.

[154] Büchtemann / Schupp, Zur Sozioökonomie der Teilzeitbeschäftigung in der Bundesrepublik Deutschland, Wissenschaftszentrum Berlin für Sozialforschung, 1986, zit. von Langmaack, S. 18.

[155] Vgl. Klein, Gewerkschaften und Teilzeitarbeit in Deutschland. Eine vergleichende Untersuchung des Einzelhandels und den Gebaüdeinnenreinigung, Baden-Baden, 1995.

[156] Rademacher, Arbeitszeitverkürzung und –flexibilisierung. Formen und betriebliche Auswirkungen, Wiesbaden, 1990, S.142.

[157] Holland, S. 64.

von Frauen[158] und zum anderen das allgemein gewachsene Problembewusstsein gegenüber den Benachteiligungen von Frauen im Berufsleben.[159] Nach ständiger Rechtsprechung[160] ist generell die unterschiedliche Behandlung im Falle einer mittelbaren Diskriminierung wegen des Geschlechtes nur dann gerechtfertigt, wenn sie einem unabweisbaren Bedürfnis des Unternehmens dient und für die Erreichung der unternehmerischen Ziele geeignet und erforderlich ist.

Aufgrund des überwiegenden weiblichen Charakters der Teilzeitarbeit sind zur Zeit beschäftigungspolitische Maßnahmen erforderlich, um die Teilzeitarbeit auch für Männer attraktiv zu machen und damit auch die geschlechtsspezifische Segmentierung des Arbeitsmarktes in Arbeitsverhältnisse 1. und 2. Klasse aufzulösen. Die heutige Realität, in der Männer überwiegend in Vollzeitarbeitsverhältnissen mit guten Aufstiegschancen und ausreichendem Einkommen beschäftigt sind, während die Frauen überwiegend in Teilzeitarbeitsverhältnissen, die weder eine ausreichende materielle Sicherung des eigenen Lebensunterhalts gewährleisten noch Aufstiegschancen bieten, muss geändert werden.[161] Die Förderung und eine effektive Steigerung der Attraktivität von Teilzeitarbeit für Männer könnte positive beschäftigungspolitische Folgen haben, wie z.B.:

- Es würde Männern ermöglicht, sich mehr an der Familienarbeit zu beteiligen.
- Insbesondere könnte es einen positiven Beitrag zum Abbau der traditionellen Arbeitsteilung in der Familie leisten und damit Frauen in größerem Umfang als bisher ermöglichen, einer für sie befriedigenden Erwerbstätigkeit nachzugehen.
- Eine Steigerung des Anteils männlicher, gut qualifizierter Arbeitnehmer, könnte einen relevanten Beitrag zur weiteren Verbesserung der Arbeitsbedingungen von Teilzeitarbeitnehmern und besonders der teilzeitbeschäftigten Frauen leisten.[162]

Diese beschäftigungspolitischen Effekte werden nur erreichbar sein, wenn die gesellschaftliche Bewertung der Teilzeitarbeit geändert wird, d.h. wenn eine Reduzierung der individuellen Arbeitszeit auch für Männer attraktiv und akzeptabel wird. Um dieses Ziel zu

---

[158] Zum Thema siehe zweites Kapitel, Teil B, Abschnitt III.

[159] Langmaack, S. 20.

[160] Vgl. u.a.: BAG vom 14.3.1989, EzA § 1 BetrAVG Gleichberechtigung Nr. 4; EuGH vom 13.5.1986, Rs. 170/84 (Bilka); EuGH vom 13.7.1989, Rs. (Rinner-Kühn).

[161] In selbem Sinne: Consejo Económico y Social, Informe Nr. 4, S. 20.

erreichen, ist es im wirtschaftlichen Bereich notwendig, die Teilzeitarbeit nicht länger nur für wenig qualifizierte Tätigkeiten in unteren Lohngruppen anzubieten sowie die Arbeitsbedingungen von Teilzeitarbeitnehmern schnell zu verbessern. Diese Beschäftigungspolitische Maßnahmen wären die ersten Schritte eines langen Weges, um die wirtschaftliche und soziale Lage der Teilzeitbeschäftigten zu verbessern. Man kann aber nicht vergessen, dass trotz der verschiedenen politischen oder gesetzlichen Maßnahmen zur Förderung der Teilzeitarbeit eine wirkliche gesellschaftliche und wirtschaftliche Änderung nur erreicht werden könnte, wenn sich die Arbeitsparteien zu diesem Änderungsweg verpflichten, d.h. es muss ein wirkliches Kompromiss zwischen den Beteiligten geben, sonst wird die heutige Realität und die Gefahren einer breiten geschlechtsspezifischen Segmentierung des Arbeitsmarktes sich verankern und die notwendigen Veränderungsmaßnahmen werden noch mehr von den wirtschaftlichen Interessen abhängig sein.

4. TEILZEITARBEIT, AUSBILDUNG UND AUFSTIEGSMÖGLICHKEITEN DER ARBEITNEHMER

Die Fähigkeit der Menschen und insbesondere der Arbeitnehmer, sich an die neue und wandelnde Lebens- und Arbeitsumstände anzupassen, hat in der heutigen wirtschaftlichen Realität immer größere Relevanz. Die Fähigkeit und Bereitschaft der Individuen, den sozialen Wandel mitzugestalten oder auch sich ihm anzupassen, hängt entscheidend von ihrer Qualifikation ab.[163] Andererseits tritt zu den Kriterien des Wohlstandes, der Chancengleichheit, der sozialen und ökonomischen Gerechtigkeit und der Verwirklichung individueller Bedürfnisse und Interessen somit ein weiteres hinzu: Die Fähigkeit der Gesellschaft und Individuen, den sozialen und ökonomischen Wandel mitzutragen. Dies impliziert nicht nur eine bloße Anpassung an Veränderungen, sondern auch die Fähigkeit und Möglichkeit, diesen Wandel zu gestalten, unerwünschte Entwicklungen frühzeitig zu erkennen und zu verhindern und erwünschte Entwicklungen herbeizuführen.[164] In diesem Kontext spielen die arbeitspolitischen und wirtschaftlichen Entscheidungen über die Aus- und Weiterbildung der Arbeit-

---

[162] Vgl. Schmidt, S. 26-27; Consejo Económico y Social, Informe Nr. 4, S. 17 ff.
[163] Tessaring / Blien / Fischer / Hofmann / Reinberg, Bildung und Beschäftigung im Wandel. Die Bildungsgesamtrechnung des Institut für Arbeitsmarkt- und Berufsforschung der Bundesanstalt für Arbeit, Nürnberg, 1990, S. 46.
[164] Tessaring / Blien / Fischer / Hofmann / Reinberg, S. 46.

nehmer eine wichtige Rolle in der Bekämpfung der prekären Beschäftigung und der Arbeitslosigkeit, weil eine konstante Fortbildung der beruflichen Fähigkeiten und Kenntnisse eine unabdingbare Voraussetzung für die Besetzung von neuen oder besseren Arbeitsplätze ist.

Bei der Analyse der Nachteile, die die Teilzeitarbeit für die Beschäftigte verursachen könnte, wurde die geringeren Fortbildungs- und die wenigen oder fast nicht vorhandenen Aufstiegsmöglichkeiten als einen der wichtigsten Mängel beschrieben. Dieser Nachteil stellt in der Praxis einen hohen Preis für die Teilzeitarbeitnehmer dar, weil eine geringere Qualifikation normalerweise zur Konsequenz hat, dass das Einkommensniveau und die Arbeitsbedingungen eines Teilzeitarbeitnehmers niedrig sein werden. Darüber hinaus werden die Einkommen mit großen Wahrscheinlichkeit nicht ausreichen, um eine einzelne Person oder eine Familie zu unterhalten, was normalerweise die Ausübung einer Nebenbeschäftigung veranlassen wird.

Trotz dieser Nachteile erfährt die Zahl von teilzeitbeschäftigten Arbeitnehmern und insbesondere von Arbeitnehmerinnen jedes Jahr eine kontinuierliche Zunahme, aber mit der Folge, dass die teilzeitbeschäftigten Frauen am meisten in weniger qualifizierten Bereichen arbeiten (z.B. Reinigungsdienste, private Haushalte oder Einzelhandel). In einigen Fällen handelt es sich um gut ausgebildete Frauen, die aus familiären oder anderen Gründen nur eine Teilzeitbeschäftigung ausüben können oder wollen und vielfach nicht ihren Qualifikationen gemäß in ihrem erlernten Beruf arbeiten können, sondern froh sein müssen, überhaupt einen Teilzeitarbeitsplatz zu finden.[165] Andererseits zeigen Untersuchungen,[166] dass das schulische und berufliche Ausbildungsniveau der teilzeitbeschäftigten Frauen niedriger ist als das der Vollzeitbeschäftigten. Etwa zwei Drittel der teilzeitbeschäftigten Frauen haben nur einen Volks- oder Hauptschulabschluss, schätzungsweise ein Drittel hat keine Berufausbildung.[167]

---

[165] Schmidt, S. 27.

[166] Aus dem Ausbildungsniveau der teilzeitbeschäftigten Arbeitnehmer in Spanien ist beispielweise zu entnehmen, dass der Anteil der Teilzeitarbeit unter der Arbeitnehmerinnen mit niedrigem Ausbildungsniveau höher ist (27%) als der Anteil der Arbeitnehmerinnen mit besserer Ausbildung (16,6%). In diesem Sinne: Consejo Económico y Social, Informe Nr. 4, S. 62.

[167] Langmaack, S. 20.

Die Bildung, Ausbildung und Arbeit, sowie die Art, Umfang und Qualität der bereitgestellten Bildungs-, Ausbildungs- und Arbeitsplätze sind ein Gradmesser des sozioökonomischen Entwicklungsstandes einer Gesellschaft, ihrer Fähigkeit, sozialen und ökonomischen Wandel mitzutragen sowie ihren Gesellschaftsmitgliedern ein Höchstmaß an Wohlstand, sozialer und ökonomischer Gerechtigkeit zu bieten. Dem Individuum sollten Bildung, Ausbildung, Arbeit und Beruf dazu verhelfen, seine persönliche Position in der Gesellschaft zu identifizieren und seine kulturellen, sozialen und wirtschaftlichen Interessen zu realisieren.[168] Dieses Bedürfnis nach Bildung und Ausbildung wird angesichts der Erscheinung von neuen Technologien und ihrer Eingliederung in den Produktionsprozesse sowie in Anbetracht des schnellen Wandels der Arbeitswelt in der Zukunft immer wichtiger für die Arbeitnehmer sein. Dies bedeutet auch, dass mehr Beschäftigung nur auf einer breiten Qualifikationsbasis gesichert werden kann, weshalb mit der Beschäftigungspolitik auch eine offensive Bildungspolitik einhergehen muss.[169] Daher erscheint eine Verbesserung der Arbeitsbedingungen und der Aufstiegschancen von Teilzeitarbeitnehmern aus gleichstellungspolitischen Gründen geboten. Andererseits sprechen auch beschäftigungspolitische Gründe für eine Verbesserung der Arbeitsbedingungen und der Aufstiegschancen von Teilzeitarbeitnehmern. Denn nur wenn Teilzeitarbeit so ausgestaltet wird, können spürbare Beschäftigungseffekte erzielt werden, ohne dass gleichzeitig die geschlechtsspezifische Segmentierung des Arbeitsmarkts in (Vollzeit)Arbeitsverhältnisse erster und (Teilzeit)Arbeitsverhältnisse zweiter Klasse weiter verfestigt würde.[170]

In diesem Zusammenhang hat § 10 TzBfG nunmehr ausdrücklich im deutschen Arbeitsrecht vorgeschrieben, dass der Arbeitgeber Sorge zu tragen hat, dass auch teilzeitbeschäftigte Arbeitnehmer an Aus- und Weiterbildungsmaßnahmen zur Förderung der beruflichen Entwicklung und Mobilität teilnehmen können, es sei denn, dass dringende betriebliche Gründe oder Aus- und Weiterbildungswünsche anderer teilzeit- oder vollzeitbeschäftigter Arbeitnehmer entgegenstehen.[171] Trotz dieser Vorschrift ist noch abzuwarten, wie die Arbeits-

[168] Tessaring / Blien / Fischer / Hofmann / Reinberg, S. 46.
[169] Über die große Bedeutung der Qualifikation in Verbindung mit der Beschäftigungspolitik siehe: Dedering, Der Weg aus der Beschäftigungskrise, Würzburg, 1995, S. 121 ff.
[170] Schmidt, Die neue EG-Richtlinie zur Teilzeitarbeit, NZA 1998, S. 576.
[171] § 10 TzBfG hat § 5 Nr. 3 lit. d) der Richtlinie 97/81/EG über Teilzeitarbeit im deutschen Arbeitsrecht umgesetzt. Gemäß dieser Vorschrift der Richtlinie 97/81/EG sollen die Arbeitgeber, soweit dies möglich ist,

parteien – insbesondere im tarifvertraglichen Bereich – diese Möglichkeit nutzen werden und wie diese gesetzliche Förderung der Weiterbildung in Verbindung mit anderen staatlichen Maßnahmen sich konkretisieren lässt, um die Aus- und Weiterbildungsmöglichkeiten der Teilzeitarbeitnehmer zu verbessern und demgemäß auch ihre Beschäftigungsbedingungen attraktiver zu machen. Denn der Arbeitgeber ist nach wie vor nicht verpflichtet, den Arbeitnehmern Aus- und Weiterbildungsmaßnahmen zu ermöglichen.[172]

Schließlich ist relevant zu bemerken, dass die Teilzeitbeschäftigung gut mit Umschulung oder Fortbildung kombiniert werden kann. Während eine Fortbildung bei Vollzeitbeschäftigung oft nahezu unmöglich oder zu anstrengend ist, kann Teilzeitarbeit leichter mit der für ökonomisch-sozialen Aufbau wichtigen Weiterqualifizierung verbunden werden. Das gilt insbesondere dann, wenn auch die Umschulungs- oder Fortbildungsmaßnahmen teilzeitig organisiert sind. Außerdem hat die Kombination zwischen Fortbildung und Teilzeitarbeit einen besonderen Vorteil und zwar, dass bei Teilzeitarbeit die neu erworbenen Kenntnisse sofort angewandt werden können.[173] Fortbildungsmaßnahmen sind zur Zeit unentbehrlich, um eine Verbesserung der Lebens- und Arbeitsbedingungen sowie der Aufstiegschancen der Teilzeitbeschäftigte zu ermöglichen. Diese Maßnahmen sind darüber hinaus besonders notwendig in einer Epoche, die sich durch eine massive Arbeitslosigkeit charakterisiert. Denn mit Hilfe der Weiterbildung lassen sich die Beschäftigungsvorteile der Teilzeitarbeit als Instrument der Förderung und besserer Verteilung der Arbeit weiter konkretisieren.

5. DIE RELEVANZ DER TEILZEITARBEIT ALS INSTRUMENT ZUR FÖRDERUNG DER ARBEIT UND ZUR ABSCHAFFUNG DER ARBEITSLOSIGKEIT

Die Arbeitslosigkeit, die als die soziale Frage des modernen Industriezeitalters beschrieben worden ist, stellt ohne Zweifeln das wichtigste sozioökonomische Problem der heutigen

---

Maßnahmen, die den Zugang zu Teilzeitarbeit aus allen Ebenen des Unternehmens, einschließlich qualifizierten und leitenden Stellungen erleichtern und in geeigneten Fällen auch Maßnahmen, die den Zugang von Teilzeitbeschäftigten zu beruflichen Bildung vereinfachen, sowie Maßnahmen zur Förderung des beruflichen Fortkommens und der beruflichen Mobilität in Erwägung ziehen.

[172] Voraussetzung für den Anspruch des Teilzeitarbeitnehmers auf Teilnahmen an Aus- und Weiterbildungsveranstaltungen ist somit, dass der Arbeitgeber entsprechende Maßnahme überhaupt anbietet. So Worzalla / Will / Mailänder / Worch / Heise, Teilzeitarbeit und befristete Arbeitsverträge, Freiburg, Berlin, München, 2001, § 10 TzBfG, Rn. 3. Zum Thema siehe auch drittes Kapitel der Dissertation.

[173] In diesem Sinne: Hegner / Saschewag, Teilzeit-Offensive: Weniger Arbeitslose durch Teilzeitarbeit. Vorschläge zur Ausweitung der Teilzeitbeschäftigung in Brandenburg, Potsdam, 1993, S. 10.

industrialisierten und globalisierten Gesellschaft dar.[174] Zur Zeit wird die Erreichung der Vollbeschäftigung auf dem Arbeitsmarkt fast als eine Utopie bewertet und deshalb haben arbeitspolitische Maßnahmen, die sich an diesem Ziel orientieren, nach Ansicht der wirtschaftlichen Experten keine Zukunft.[175] Dagegen werden arbeitsmarktpolitische Maßnahmen bevorzugen, die die Arbeitslosenquote erheblich reduzieren können.[176]

Die Arbeitslosigkeit der Gegenwart ist angesichts ihrer Höhe und Dauer ein strukturelles, konjunkturschwankendes und überdauerndes Phänomen, für dessen Auftreten verschiedene Faktoren in ihrer Gesamtheit ursächlich sind. Hierzu gehören u.a. eine gestiegene Arbeitsproduktivität, ein rückläufiges Wirtschaftswachstum und die Zunahme der Erwerbsuchenden.[177] Diese Faktoren stehen offenbar mit der in den 80er und 90er Jahren gewandelten Rationalisierungssituation in Zusammenhang, in der die Unternehmen aufgrund der Fortschritte in Forschung und Entwicklung neue Möglichkeiten zur Gestaltung der Produktion eingeführt hatten.[178]

Die Förderung der Teilzeitarbeit hat insbesondere unter den diversen Maßnahmen, die der Staat und/oder die Arbeitsparteien ergreifen können, um die Arbeitslosigkeit zu bekämpfen, eine bedeutende Rolle aufgrund ihre Vorteile als Instrument zur Verteilung der vorhandenen

---

[174] So Dedering, S. 8.

[175] In diesem Sinne: Keller, S. 247 ff.; Dedering, S. 17 ff.

[176] Für die Bundesregierung in Deutschland ist die Bekämpfung der Arbeitslosigkeit das herausragende politische Ziel. Um dieses Ziel zu erreichen, hat sie mit Repräsentanten der Wirtschaftsverbände und der Gewerkschaften im Dezember 1998 das Bündnis für Arbeit, Ausbildung und Wettbewerbfähigkeit ins Leben gerufen. Leitgedanke der Bündnispartner ist, dass eine so große gesellschaftliche Kraftanstrengung wie die Bekämpfung der Arbeitslosigkeit nur im Konsens der volkswirtschaftlichen Akteuren gelingen kann. Besondere Aktivitäten des Bündnis sind z.B. die Verstetigung der aktiven Arbeitsmarktpolitik und der Sofortprogramm zum Abbau der Jugendarbeitslosigkeit. Bundesministerium für Arbeit und Sozialordnung, Arbeit für soziale Gerechtigkeit, September 1999, S. 16 ff.

[177] In Anbetracht ihrer ökonomischen Gründe ist es möglich zwischen verschiedene Formen der Arbeitslosigkeit zu unterscheiden: Die *Fluktuationsarbeitslosigkeit*, die ein einzelwirtschaftlichem Fall der Arbeitslosigkeit infolge von freiwilligem oder erzwungenem Arbeitsplatzwechsel ist. Sie hängt von der Menge und Qualität der vorhandenen Informationen ab, von der Transparenz der Arbeitsmärkte usw. Die *konjunkturelle Arbeitslosigkeit*, die durch eine wirtschaftliche Rezession entsteht, denn im Fall des Rückgangs der Nachfrage auf den Sachgütermärkten verringert sich die Nachfrage nach Arbeitskräften; die *saisonale Arbeitslosigkeit*, die in Form jahreszeitlich bedingter Nachfrageschwankungen nur bestimmte Branchen trifft. (z.B. Winterarbeitslosigkeit in Baugewerbe oder Hotels); die *strukturelle Arbeitslosigkeit*, die die problematische Form der Arbeitslosigkeit ist. Davon ist zu sprechen, wenn die Struktur der Nachfrage nach Arbeitskräften der Struktur des Arbeitskräfteangebots nicht entspricht, beispielweise wenn zahlreiche offene Stellen für Facharbeiter bestehen, aber unter den Arbeitslosen finden sich fast ausnahmslos ungelernte Arbeitskräfte. Siehe: Zöllner / Loritz, S. 24; Keller, S. 439.

Arbeit.[179] In diesem Sinne stellt die Teilzeitbeschäftigung seit den 60er Jahren in der Bundesrepublik Deutschland (in den alten Bundesländern) ein wichtiges arbeitsmarktpolitisches Ausgleichsinstrument dar. Die Teilzeitbeschäftigung diente in der Phase hoher Arbeitslosigkeit von Mitte der 70er bis Ende der 80er Jahre dazu, die knappen Arbeitsplätze auf mehr Personen zu verteilen. Besonders die Jugend- und Frauenarbeitslosigkeit wäre ohne das Ausgleichsinstrument der Teilzeitarbeit deutlich höher gewesen.[180] Die Teilzeitarbeit wird andererseits aus einer generellen arbeitsmarktpolitischen Sicht nach wie vor als eine der wichtigsten Beschäftigungsinstrumente bewertet. Der Akzent der Arbeitspolitik stellt sich gegenwärtig in die Relevanz der Teilzeitarbeit als Instrument der Flexibilisierung der Arbeitszeit sowie in ihrer Fähigkeit als Verteilungsinstrument der disponiblen Beschäftigung.[181] Diese Beschäftigungsvorteile der Teilzeitarbeit stehen auch im Hintergrund der europarechtlichen Regulierung der Teilzeitarbeit in der Richtlinie 97/81/EG sowie in den Vorschriften des TzBfG im deutschen Arbeitsrecht und sie bestimmen in bedeutender Weise der Kurs der Arbeitspolitik in den europäischen Ländern.[182]

5.1.VORTEILE DER TEILZEITARBEIT ALS INSTRUMENT DER BESCHÄFTIGUNGSFÖRDERUNG

a) **Mobilisierung der stillen Reserve**: Die Teilzeitarbeit ermöglicht, dass bestimmte Gruppen der Bevölkerung, die keine Vollzeitbeschäftigung durchführen können oder wollen, auch auf dem Arbeitsmarkt eintreten können, d.h. die Teilzeitarbeit kann ein wichtiges Element in der Mobilisierung der sogenannten „stillen Reserve“ sein.[183] In diesem Sinne ist die Teilzeitarbeit eine wichtige Erwerbsmöglichkeit für Gruppen der

[178] Dedering, S. 17-18. In diesem Sinne auch: Rivero Lamas, La descentralización productiva y las nuevas formas organizativas de trabajo, S. 19 ff.

[179] Allerdings darf nicht übersehen werden, dass die gleichmäßigere Verteilung der vorhandenen Arbeit lediglich als zweirangiges Instrument hinter der Schaffung von mehr Arbeit rangieren sollte. In diesem Sinne: Rolfs, Das neue Recht der Teilzeitarbeit, RdA 2001, S. 129 (130).

[180] Hegner / Saschenwag, S. 7.

[181] González del Rey, El contrato de trabajo a tiempo parcial, S. 34.

[182] Auch das Übereinkommen 175/1994 der IAO stellt in ihren Erwägungsgründen die Funktion der Teilzeitarbeit als ein Mittel, das neue Beschäftigungsmöglichkeiten öffnen kann, fest. Diese Leitidee findet ihre normative Anerkennung im Artikel 9 des Übereinkommens.

[183] Die stille Reserve besteht aus eigentlich Arbeitsuchenden, die aus verschiedenen Gründen nicht offiziell bei den Arbeitsämtern gemeldet sind, etwa weil sie unter normalen Arbeitsbedingungen annähernder Vollbeschäftigung eine Beschäftigung suchen würden, in Anbetracht der gegenwärtigen Aussichtslosigkeit ihrer Suche aber resignieren (z.B. Hausfrauen) oder weil sie die gesetzlich definierten Kriterien der Anspruchsberechtigung für Arbeitslosengeld und Arbeitslosenhilfe nicht erfüllen. Keller, S. 437.

Bevölkerung,[184] die z.B. nur eine Nebentätigkeit suchen oder angesichts ihrer persönlichen Interessen, Studien, Gesundheitszustand oder ihrer familiären Situation oder familiären Verantwortungen keine Vollzeitbeschäftigung suchen oder ausführen können.[185]

Es ist allerdings zu berücksichtigen, dass keine Präferenz bzw. ein Anspruch für Arbeitslose, Jugendliche oder für Frauen mit Kindern auf die Abschließung eines Teilzeitarbeitsvertrages besteht.[186] Häufig werden bei der Suche eines Teilzeitarbeitnehmers und bei der Entscheidung eines Teilzeitarbeitsvertrages abzuschließen, nicht die persönlichen Interessen und Bedürfnisse der Arbeitsuchenden in Betracht kommen, sondern ausschließlich die konkreten Bedürfnisse und Interessen der Arbeitgeber. Die Arbeitgeber werden aufgrund ihrer produktiven und organisatorischen Bedürfnisse nur die Arbeitnehmer einstellen, die eine bessere Qualifikation oder Fähigkeit für die ausgeschriebenen Arbeitsplätze haben. Deshalb ist die gesetzliche Regulierung der Teilzeitarbeit per se nicht ausreichend, um mehr Beschäftigung für ein bestimmtes Segment der Bevölkerung zu erreichen.[187] Eine zusammenhängende Arbeitsmarktpolitik, die die Teilzeitarbeit fördert und die gegebenenfalls auch Anreize für die Einstellung von Teilzeitarbeitnehmer einsetzt, ist zugleich eine unverzichtbare Voraussetzung für die Errichtung neuere Beschäftigungsmöglichkeiten auf dem Arbeitsmarkt.

b) **Anpassungsfähigkeit**: Die Teilzeitarbeit ist, aufgrund ihrer Fähigkeit einer flexiblen und effizienter Organisation der Arbeit sowie der Arbeitszeit zu schaffen, ein wichtiges Instrument in einem wirtschaftlichen Kontext, der sich durch schnell wechselnde Herausforderungen und Bedingungen charakterisiert. Die Teilzeitarbeit ist eine flexible Beschäftigungsform gegenüber der Vollzeitarbeit und aus dieser Perspektive gewährt die

---

[184] In diesem Kontext schreibt Art. 9 des Übereinkommens Nr. 175 IAO über Teilzeitarbeit vor, dass es Maßnahmen zu treffen sind, um Zugang zu produktiver und freiwilliger Teilzeitarbeit zu fördern, die den Bedürfnissen der Arbeitgeber und Arbeitnehmer gerecht wird, solange der in Artikel 4 bis 7 erwähnte Schutz (Gleichbehandlung) sichergestellt wird. Gemäß Art. 9 Abs. 2 müssen solche Maßnahmen umfassen: lit. c) Die besondere Aufmerksamkeit in der Beschäftigungspolitik für die Bedürfnisse und Präferenzen spezifischer Gruppen wie zum Beispiel von Arbeitslosen, Arbeitskräften mit Familienverantwortung sowie Arbeitskräften in der Aus- oder Weiterbildung.

[185] In selbem Sinne: Consejo Económico Social, Informe Nr. 4, S. 25-27.

[186] Im deutschen Arbeitsrecht existiert nunmehr ein genereller Anspruch auf Teilzeitarbeit (§ 8 TzBfG). Dieser Anspruch setzt allerdings das Bestehen eines Vollzeit- oder Teilzeitarbeitsverhältnisses voraus. Zum Thema siehe: Drittes Kapitel, erster Teil, Abschnitt III 2.2.

[187] González del Rey, El contrato de trabajo a tiempo parcial, S. 45–46. Siehe auch: Keller, S. 141.

Einführung von Teilzeitarbeit in der Arbeitsorganisation einen breiten unternehmerischen Anpassungsspielraum, was durch die Vollzeitbeschäftigung manchmal nicht zu erreichen ist. In diesem Sinne ist Teilzeitarbeit eine der besten organisatorischen Möglichkeiten, um eine effektive Verbindung zwischen die Arbeitszeit und die betrieblichen Produktion zu erreichen, so dass die durchgeführte Arbeit der betrieblichen Aktivität entspricht. Mit der Einführung von Teilzeitarbeit kann das Reaktionsvermögen der Unternehmen auf Arbeitsanfallschwankungen verbessert werden.[188] Dieser Vorteil der Teilzeitarbeit ermöglicht, dass die Nachfrageschwankungen unmittelbar keine negativen Effekte in der Beschäftigung verursachen, d.h. die Teilzeitarbeit ermöglicht eine interne Flexibilität,[189] denn die Arbeitgeber können die Arbeitszeiten der Belegschaft an die neuen wirtschaftlichen Umstände anpassen und auf dieser Weise eine externe Flexibilität durch Kündigungen vermeiden.

Andererseits kann die inhärente Anpassungsfähigkeit der Teilzeitarbeit ein wichtiges Instrument sein, um massive Entlassungen während einer wirtschaftlichen Krise zu ausweichen. Durch die befristete oder unbefristete Umwandlung von Vollzeitarbeitsplätzen in Teilzeitarbeitsplätze kann ein Unternehmen im Rahmen eines Restrukturierungsprozesses eine wirtschaftliche Krise gegenüberstellen und massiven Entlassungen der Belegschaft verhindern. Die Einführung von Teilzeitarbeit ist unter diesen Umstände eine Notfallmaßnahme. Die konjunkturelle Umwandlung von Vollzeit- in Teilzeitarbeit wird sich jedoch nur rechtfertigen, wenn die Arbeitnehmer aktiv an dieser Entscheidung teilgenommen haben. Dies ist besonders wichtig, weil in diesem Zusammenhang die Teilzeitarbeit einen Fall partieller Arbeitslosigkeit hervorbringen könnte, denn die wirtschaftliche Lage und die Reduzierung der Arbeitszeit aufgrund der Umwandlung des Arbeitsverhältnisses verursacht eine beträchtliche Verminderung der Einkommen.[190]

c) **Verteilungsinstrument der vorhandenen Beschäftigung**: In einem wirtschaftlichen Kontext von knappen Beschäftigungsmöglichkeiten spielt die Einführung von Teilzeit-

---

[188] Stechl, Teilzeit- und Aushilfskräfte, Freiburg, 1995, S. 38.

[189] „In der deutschen und ausländischen Praxis hat sich ein Konzept entwickelt, das die erforderliche Flexibilität der Arbeit nicht durch ständige Beendigung und Neubegründung von Arbeitsverhältnissen herbeizuführen sucht, sondern durch Veränderungen im Arbeitsverhältnis, durch interne Flexibilität". Siehe: Hanau, AuA 1998, S. 4.

[190] Vgl. Consejo Ecónomico Social, Informe Nr. 4, S. 7.

arbeit eine bedeutende Rolle, um Arbeitsplätze zwischen mehr Arbeitnehmer zu verteilen[191] und auf dieser Weise mehr Beschäftigung zu schaffen.[192] Ein praktisches Beispiel dieses Verteilungsmerkmal ist der Arbeitsplatzteilung oder Job-Sharing.[193] Diese besondere Form der Teilzeitarbeit hat als wesentliches Merkmal, dass zwei oder mehr Arbeitnehmer sich einen Arbeitsplatz zeitlich teilen und dabei gemeinsam die Verantwortung für die Erfüllung der jeweiligen Arbeitsaufgabe während der gesamten Arbeitszeit übernehmen. Die Arbeitnehmer teilen sich nicht nur die Arbeitszeit auf einem Arbeitsplatz, sondern auch die dort zu erledigenden Arbeitsaufgaben.[194] Eine andere Form der Arbeitsplatzteilung ist beispielweise der Job-Splitting. Bei dieser Form der Teilzeitarbeit kann ein Vollzeitarbeitsplatz in zwei voneinander unabhängige Teilzeitstellen aufgeteilt werden. So besteht die Möglichkeit, dass durch Job-Splitting eine Vollzeitstelle lediglich in zwei Teilzeitstellen mit feststehenden Arbeitszeiten umgewandelt wird. Unter dieser Perspektive ist es auch denkbar, dass flexible Arbeitszeitgestaltungsformen wie z.B. die Gleitzeit mit dem Job-Splitting kombiniert werden können.[195]

Theoretisch ist auch die sogenannte Altersteilzeit[196] ein bedeutendes Verteilungsinstrument der Arbeitszeit, durch das der Gesetzgeber ältere Arbeitnehmer zur Verringerung ihrer Arbeitszeit zu veranlassen versucht und damit den Arbeitsmarkt zu entlasten, so dass neue Beschäftigten auf dem Arbeitsmarkt eintreten könnten.[197] In diesem Zusammenhang schreibt z.B. § 1 des deutschen Altersteilzeitgesetz (ATZG) vor, dass durch dieses Gesetz älteren Arbeitnehmern ein gleitender Übergang vom Erwerbsleben in die Altersrente ermöglicht werden soll. Die Bundesanstalt für Arbeit fördert

---

[191] Siehe: Hanau, AuA 1998, S. 5.

[192] Über die Funktion der Teilzeitarbeit als Instrument zur Verteilung der Arbeit vgl.: González del Rey, El contrato de trabajo a tiempo parcial, S. 43 ff.; Bollé, Revista Internacional del Trabajo, vol. 116, Nr. 4, S. 605 ff.; Schmidt, Teilzeitarbeit in Europa, S. 25 ff.; Däubler, ArbuR 2000, S. 7 ff.

[193] Zum Thema siehe drittes Kapitel, zweiter Teil, Abschnitt I, 2.

[194] Langmaack, S. 173.

[195] Herbers, S. 23.

[196] Die Altersteilzeit findet eine gesetzliche Anerkennung in der Gesetzgebung verschiedener Länder der Europäischen Union: z.B. in Italien, die Gesetze Nr. 863 von 1984 und Nr. 223 von 1991; in Frankreich das Gesetz Nr. 1313 von 1993; in Spanien, der Estatuto de los Trabajadores besonders seit der Reform von 1994 und in Deutschland in § 42 SGB VI und im Altersteilzeitgesetz (vom 23.7.1997, geändert durch Gesetz vom 21.3.2001, BGBl. I, S. 403 ff.).

[197] Zum Thema siehe: Buschmann / Dieball / Stevens-Bartol, TZA, S. 538; Schaub, Arbeitsrechts-Handbuch, S. 354 ff. Über die Altersteilzeit in Spanien (contrato de relevo) siehe: González del Rey, El contrato de trabajo a tiempo parcial, S. 295 ff.

durch Leistungen nach diesem Gesetz die Teilzeitarbeit älterer Arbeitnehmer, die ihre Arbeitszeit ab Vollendung des 55. Lebensjahres vermindern und damit die Einstellung eine sonst arbeitslosen Arbeitnehmers ermöglichen.

Trotz der theoretischen arbeitsmarktpolitischen Vorteile der Altersteilzeit hat sie in der Praxis nur eine geringere Relevanz, denn die Arbeitgeber sowie die Arbeitnehmer haben wenig Interesse an dieser Verteilungsmöglichkeit gezeigt. In der Bundesrepublik Deutschland hängt dies damit zusammen, dass alles von der freiwilligen Entscheidung der Arbeitsvertragsparteien abhängt; der Arbeitnehmer hat keinen Anspruch. Außerdem wird die finanzielle Einbuße oft als gravierend empfunden, zumal in Blockmodell trotz der erbrachten Vorleistung der Arbeitnehmer keine Sicherheit besteht, dass die vereinbarte Vergütung bei der Insolvenz der Arbeitgeber weiterbezahlt wird.[198] Darüber hinaus hat die Altersteilzeit auch einige Nachteile, wie die hohen Kosten, die sie für das gesetzliche Rentensystem verursacht, angesichts der zunehmenden Zahl von Renten, die die Sozialversicherungsträger in der Zukunft bezahlen sollten. Dementsprechend fehlen noch arbeitspolitischen Förderungsmaßnahmen, die die Beschäftigungsvorteile der Altersteilzeit hervorzuheben können, um eine bessere Verteilung der knappen Arbeitsplätzen ermöglichen zu können.

5.2. SCHLUSSBEMERKUNG

Trotz der arbeitsmarktpolitischen Vorteile der Teilzeitarbeit soll hervorgehoben werden, dass eine vollständige Regulierung der Teilzeitbeschäftigung per se nicht ausreichend ist, um praxisrelevante Effekte auf dem Arbeitsmarkt zu erreichen. Die Vorteile der Teilzeitarbeit als Instrument zum Abbau der Arbeitslosigkeit und zur Einführung von flexiblen Arbeitszeitbedingungen hängen viel mehr von einer passenden Arbeits- und Sozialpolitik sowie von einem Kompromiss zwischen den Arbeitsparteien - insbesondere im kollektiven Bereich - ab, um die wirtschaftlichen, unternehmerischen und personellen Vorzüge der Teilzeitbeschäftigung zu entwickeln und darüber hinaus ihre konkreten Nachteile zu überwinden. Unter diesen Voraussetzungen und, wenn die Teilzeitarbeit Ausdruck einer frei getroffenen Entscheidung der Arbeitnehmer ist, d.h. wenn die Ausübung einer Teilzeittätigkeit nicht als einzige Beschäftigungsalternative gegenüber der Arbeitslosigkeit zur Verfügung steht, kann sich tatsächlich die Teilzeitarbeit als eine praxisrelevante Beschäftigungsform und als ein äußerliches Zeichen der Zeitsouveränität für die Arbeitnehmer entwickelt werden. Darüber hinaus kann die Teilzeitbeschäftigung in einem Kontext von klaren und nicht rigiden arbeits- und sozialrechtlichen Bedingungen sowie von geeigneten Förderungsmaßnahmen auch aus Sicht der Arbeitgeber eine Lösung für ihre Bedürfnisse von unternehmerischer Flexibilität sein.

Hingegen wenn die Alternative gegenüber der Teilzeitarbeit nicht mehr die Vollzeitarbeit, sondern die Arbeitslosigkeit ist und, wenn die gesetzlichen oder die durch die Arbeitsparteien vereinbarten Maßnahmen zur Förderung dieser atypischen Form der Beschäftigung eine erhebliche Reduzierung – oder Verteuerung[199] - der Kosten der Teilzeitarbeit gegenüber der Vollzeitarbeit verursachen, werden diese Maßnahmen nur eine Verschlechterung der Arbeitsbedingungen der Teilzeitarbeitnehmer fördern, was zu zahlreichen negativen Effekte im sozialen Bereich (z.B. schlechtere Arbeitsbedingungen insbesondere für Frauen) sowie in ökonomischen Bereich (z.B. eine Verminderung der Nachfrage, des Wachstums und der Beschäftigung) führen würde.[200]

---

[198] Däubler, ArbuR 2000, S. 9.

[199] Siehe die Diskussionen über die Nachteile des neuen TzBfG im dritten Kapitel, erster Teil, der Dissertation.

[200] Vgl. Bollé, Revista Internacional del Trabajo, vol. 116, Nr. 4, S. 627; González del Rey, El contrato de trabajo a tiempo parcial, S. 31 ff.

ZWEITES KAPITEL:

DIE TEILZEITARBEIT IM EUROPÄISCHEN ARBEITSRECHT

A. DAS EUROPÄISCHE ARBEITSRECHT

1. DAS ARBEITSRECHT IN DER EUROPÄISCHEN UNION

Es ist eine Tatsache, dass das Arbeitsrecht einen wichtigen Teil des Lebens der Mehrheit der Menschen in Europa betrifft und dass dieses besondere Gebiet des Rechts eine wesentliche Rahmenbedingung der Wirtschaft ist.[1] Arbeit schafft in der Regel die Lebensgrundlage. Ein Einkommen, das ein gutes Auskommen sichert, eine menschliche Arbeitsumwelt, soziale Sicherheit, der Schutz vor Berufsunfällen und Berufskrankheiten sind die Voraussetzungen für einen sozialen Frieden.[2] Andererseits ist relevant zu bemerken, dass die hohen Arbeitslosenzahlen eine der wichtigsten sozialen Sorgen von unserer Zeit kennzeichnen, besonders in Europa, wo die Arbeitslosigkeit einen so hohen Stand erreicht hat, dass man von einer Art „sozialer Belästigung"[3] sprechen kann. Unter diesen Umständen scheint als besonders wichtig, dass wirksame und kreative Lösungen oder Maßnahmen für die Verbesserung der Arbeitsbedingungen und gegen die Arbeitslosigkeit nicht nur innerhalb jedes Staates bearbeitet werden sollen, sondern auch innerhalb eines größeren und supranationalen Raumes wie der Europäischen Gemeinschaft.[4]

Trotz der tatsächlichen nationalen und supranationalen Bedeutung des Arbeitsrechts hatte es in der früheren Geschichte der Europäischen Gemeinschaft keine relevante Entwicklung und nur in den letzten Jahren – besonders nach den Reformen der Gründungsverträge von Maastricht und Amsterdam - hat das Arbeitsrecht eine neue und zentrale Rolle in der Realisierung der sozialen Dimension des Europäischen Binnenmarktes erreicht. Dieses Rechtsgebiet wird aber im Wesentlichen noch als eine besondere Kompetenz der Mitgliedstaaten verstanden, angesichts der noch limitierten Zuständigkeiten der Europäischen Union

---

[1] Vgl. u.a. Schiek, Europäisches Arbeitsrecht, Baden-Baden, 1997, S. 5; Preis, Arbeitsrecht, Köln, 1999, S. 5; Franz / Rüthers, Arbeitsrecht und Ökonomie, RdA 1999, S. 33; Zöllner / Loritz, Arbeitsrecht, S. 5.

[2] Blanpain / Klein, Europäisches Arbeitsrecht, Baden-Baden, 1992, S. 13.

[3] Blanpain / Schmidt / Schweibert, Europäisches Arbeitsrecht, 2. Auflage, Baden-Baden, 1996, S. 25.

[4] Über die Bedeutung des europäischen Arbeitsrechts für das Zusammenwachsen der nationalen Mitgliedstaaten der Europäischen Union siehe: Krimphove, Europäisches Arbeitsrecht, 2. Auflage, München, 2001, S. 7-8.

in diesem Bereich[5] sowie aufgrund der Anwendung der grundlegenden Grundsätze der begrenzten Einzelermächtigung,[6] der Subsidiarität[7] und der Verhältnismäßigkeit[8] in der Ausübung der Gemeinschaftskompetenzen, die eine ausdrückliche Anerkennung im Recht der Union finden.

Dieses Phänomen der begrenzten Entwicklung des europäischen Arbeitsrechts lässt sich erklären, weil das erste Vorhaben der Gründer der Union die Errichtung eines gemeinsamen Marktes war. Die Herstellung der wirtschaftlichen Gemeinschaft erforderte die Umgestaltung weiter Teile des öffentlich-rechtlichen Wirtschafts- und Abgabenrechts durch das Gemeinschaftsrecht. Das bedeutete zunächst und in erster Linie die Beseitigung der gemeinschaftsinternen Zollschranken und zahlreicher anderer nationaler Regelungen, die noch auf der Verantwortung der einzelnen Mitgliedstaaten für ihre jeweilige Märkte beruhten und diese nach außen abgrenzten.[9] In diesem Zusammenhang schienen die privatrechtlichen Beziehungen zwischen Arbeitgebern und Arbeitnehmern und generell das Arbeitsverhältnis als Gegenstand gemeinschaftlicher Regelung dabei kaum von bedeutendem Interesse.

Infolgedessen sind die wenigen ursprünglichen primärrechtlichen Inhaltsnormen des Arbeitsrechts schnell aufgezählt: Art. 48 EWGV normiert das Recht auf Freizügigkeit, das den Beschäftigten gegenüber den Mitgliedstaaten und auch gegenüber privaten Arbeitgebern im Wesentlichen das Recht verleiht, ebenso wie Inländer behandelt zu werden. Art. 119 EWGV garantiert das Recht auf gleichen Lohn für gleiche Arbeit unabhängig vom

---

[5] Zum Thema siehe: Zwanziger, Zur Zuständigkeit der Europäischen Gemeinschaft auf dem Gebiet des Arbeitsrechts, ArbuR 1995, S. 430 ff.

[6] Nach diesem Grundsatz werden die Ziele der EU nach Maßgabe des Vertrages entsprechend den darin enthaltenen Bedingungen verwirklicht (Art. 2 EU-Vertrag). Darüber hinaus schreibt Art. 5 Abs. 1 EG-Vertrag vor, dass die EG innerhalb der Grenzen der ihr in diesem Vertrag zugewiesenen Befugnisse und gesetzten Ziele tätig wird. Deshalb, um eine Regelung durch die EG zu rechtfertigen, muss zum einen ein Ziel der Gemeinschaft verfolgt und es muss zum anderen eine Ermächtigungsnorm bestehen. In diesem Sinne: Zwanziger, ArbuR 1995, S. 431.

[7] Nach dem Grundsatz der Subsidiarität wird die Gemeinschaft in den Bereichen, die nicht in ihre ausschließliche Zuständigkeit fallen nur tätig, sofern und soweit die Ziele der in Betracht gezogenen Maßnahmen auf Ebene der Mitgliedstaaten nicht ausreichend erreicht werden können und daher wegen ihres Umfanges oder ihrer Wirkung besser auf Gemeinschaftsebene erreicht werden können (Art. 5 Abs. 2 EG-Vertrag).

[8] Art. 5 Abs. 3 EG-Vertrag enthält die Verpflichtung der Gemeinschaft auf das Prinzip der Verhältnismäßigkeit. Es ist so auszulegen, dass eine Maßnahme nur zulässig ist, wenn sie zur Erreichung des angestrebten Zieles geeignet und erforderlich ist sowie wenn sie in einem angemessenen Verhältnis zur Zielsetzung steht. Siehe: Zwanziger, ArbuR 1995, S. 432.

[9] Wißmann, Arbeitsrecht und Europarecht, RdA 1999, S. 152. Ebenso: Zuleeg, Die Rolle des Arbeitsrecht in der europäischen Integration, RdA 1992, S. 133 ff.

Geschlecht, und Art. 117 EWGV enthält eine allgemeine Zielbestimmung.[10] Mindestens ebenso wichtig sind die übrigen vier Grundfreiheiten: Die Freiheit des Warenverkehrs (Art. 30 und 36 EWGV), die Niederlassungsfreiheit (Art. 52 EWGV) die Dienstleistungsfreiheit (Art. 59 EWGV) sowie die Kapitalverkehrsfreiheit (Art. 73 b EWGV).[11] Außerdem ist es interessant zu betrachten, dass im EWGV nur an einer einzigen Stelle (Art. 118 Abs. 1) der Begriff „Arbeitsrecht“ verwendet wird. Dies ist nicht weiter erstaunlich, da der EWGV weder einen umfassenden sozialpolitischen Zielkatalog noch einen entsprechenden ausdrücklichen und einschlägigen rechtlichen Kompetenzrahmen enthält. Der Mangel an arbeits- und sozialrechtlichen Kompetenzen der Europäischen Gemeinschaft beruht bekanntlich auf der dem EWGV zugrundeliegenden Annahme, dass eine generelle oder wenigstens umfassende Zuständigkeit der Gemeinschaft im Bereich der Sozialpolitik überflüssig sei, weil der soziale Fortschritt sich unmittelbar mit der wirtschaftlichen Integration einstelle, eine besondere Sozialpolitik der Gemeinschaft wurde demnach für entbehrlich gehalten.[12]

Der Arbeitnehmerschutz als eine ausdrückliche Zielsetzung der Europäischen Gemeinschaft war von Anfang an umstritten und wurde den wirtschaftlichen Zielen der Gemeinschaft untergeordnet. Die Mehrzahl der Experten, die 1955 von den Regierungen um eine Stellungnahme gebeten wurden, war der Ansicht, dass es keiner speziellen Sozialvorschriften bedürfe. Nur die französische Regierung gab zu bedenken, dass Unterschiede bei Lohn- und Arbeitsbedingungen in den einzelnen Mitgliedstaaten den Wettbewerb im Gemeinsamen Markt beeinflussen könnten.[13] Deswegen enthalten die europäischen Verträge nur wenige Vorschriften, die der Gemeinschaft die Zuständigkeit für eine echte Sozial- und Arbeitsrechtspolitik übertragen. Nach Auffassung von Wißmann[14] sind diese wenigen Vorschriften „arbeitsrechtliche Inseln“ im Recht der EWG und sie waren nicht etwa Gestaltungsmittel einer europäischen Sozialpolitik, die trotz des Dritten Teils des EWGV noch längst nicht als eigenständige Politik auf der Tagesordnung stände, sondern bloße Derivate der genannten Grundfreiheiten.

---

[10] Gemäß Art. 117 EWG-Vertrag sind sich die Mitgliedstaaten über die Notwendigkeit einig, auf eine Verbesserung der Lebens- und Arbeitsbedingungen der Arbeitskräfte hinzuwirken und dadurch auf dem Wege des Fortschritts ihre Angleichung zu ermöglichen.

[11] Schiek, S. 32.

[12] Birk, Freizügigkeit der Arbeitnehmer und Harmonisierung des Arbeitsrechts, in EG-Handbuch, Carl Otto Lenz (Hrsg.), Herne, Berlin, 1991, S. 299. Vgl. Krimphove, S. 10-11.

[13] Blanpain / Schmidt / Schweibert, S. 96.

Aus dieser Perspektive verfolgten die wenigen sozial- und arbeitsrechtlichen Vorschriften im EWGV mehr ein wirtschaftliches Ziel als einen sozialpolitischen Zweck. Dies erklärt sich, weil das Arbeitsrecht dem Ausgleich zwischen den gegenläufigen Interessen der Arbeitsparteien – Arbeitnehmer und Arbeitgeber – dient und darüber hinaus hat das Arbeitsrecht eine engere Beziehung zum Wirtschaftsrecht, da es die Bedingungen der Verwertung des Produktionsfaktors Arbeit regelt. Die Arbeit als Produktionsfaktor verursacht Kosten für die Unternehmen. Diese Kosten sind ziemlich ähnlich in den nationalen Wirtschaften und deswegen produzieren sie keine Distorsionen im Wettbewerb zwischen den verschiedenen Unternehmen, aber wenn ein wirtschaftliches Integrationsphänomen existiert, können die unterschiedlichen Kosten und Regelungen der Arbeit zwischen den Ländern ihre Wettbewerbsfähigkeit beträchtlich beeinflussen, weil die Länder mit niedrigen Arbeits- und Produktionskosten sowie mit einem niedrigen Schutz der Arbeitnehmer eine bessere Position auf dem integrierten Waren- und Dienstmarkt erreichen können. Deswegen ist die Angleichung der arbeitsrechtlichen Normen erforderlich, um ein sogenanntes „Sozialdumping"[15] zu vermeiden. Außerdem, wenn die Arbeitsrechtordnungen ein unterschiedliches Niveau an Schutz der Arbeitnehmer und den damit verbundenen Kosten implizieren, könnten die Unternehmen motiviert sein, beschäftigungsintensive Produktionen in Mitgliedstaaten mit niedrigen Lohnkosten zu verlagern. In diesem Wettbewerb der Arbeitsrechtordnungen könnte ein wirtschaftlicher Druck zum Abbau von Arbeitnehmerschutzvorschriften entstehen, was mit der Hebung der Lebenshaltung – einem der wichtigen sozialen Ziele der Europäischen Union – schwer vereinbart wäre.[16]

2. ENTWICKLUNG DES EUROPÄISCHEN ARBEITSRECHTS AUS SOZIALPOLITISCHER SICHT

Auf der Grundlage des EWGV lässt sich die Entwicklung des Europäischen Arbeitsrechts in verschiedene Phasen[17] gliedern:

---

[14] Wißmann, RdA 1999, S. 152.

[15] Vgl. Schiek, S. 27, sowie: Rodríguez-Piñero, Trabajo a tiempo parcial y derecho comunitario, in R.L. Nr. 15-16, 1998, S. 45; Ermer / Schulze / Schulz-Nieswandt / Sesselmeier, Soziale Politik im EG-Binnenmarkt, in Kölner Schriften zur Sozial- und Wirtschaftpolitik, Band 12, Regensburg, 1990, S. 153.

[16] Schiek, S. 50.

[17] Die Einteilung in fünf Phasen ist zwar verbreitet (vgl. Däubler, Die soziale Dimension des Europäischen Binnenmarktes, in Weidenfeld (Hrsg.), Europa – Handbuch, Bonn, 1999, S. 521 ff.; sowie Krimphove, S. 12 ff.). Es gibt auch andere Kriterien: Blanpain / Schmidt / Schweibert, S. 131 ff., sowie Hromadka, Arbeitsrecht in

2.1. ERSTE PHASE (1957 bis 1971)

Die erste Phase der Entwicklung des europäischen Arbeitsrechts ist gekennzeichnet durch eine große Zurückhaltung.[18] Wie schon generell erwähnt, standen zur Zeit der Gründung der Europäischen Gemeinschaft die Koordinierung der Wirtschaftspolitik und die Schaffung des gemeinsamen Marktes im Vordergrund. Der Vertrag zur Gründung der Europäischen Wirtschaftsgemeinschaft von 1957 war demgegenüber von bemerkenswerter sozialpolitischer Abstinenz.[19]

Das arbeitsrechtliche Bild der Gemeinschaft unterlag in diesem Sinne der Herrschaft des neoliberalen Glaubens an die Existenz eines Selbstregulativs der freien Marktwirtschaft und der an ihr teilnehmenden Unternehmen, die auch für den sozialen Fortschritt sorgen würden. Die dem Arbeitsrecht zuzuordnenden Leistungen der Gemeinschaft beschränkten sich als Resultat dieser Gegebenheiten im Wesentlichen auf die Gründung des Europäischen Sozialfonds (September 1960) und auf die Etablierung der Freizügigkeit der Arbeitnehmer auf der Basis der Art. 48 ff. EWGV. Ansonsten spielten die Gemeinschaftsorgane eine auffallend passive Rolle.[20]

2.2. ZWEITE PHASE (1972 bis 1980)

Nach dem Pariser Gipfel der Staats- und Regierungschefs von 1972, auf dem der Ausbau der Europäischen Gemeinschaft zur Europäischen Union erstmals beschlossen wurde, änderte sich die Situation grundlegend: Der Rat der Arbeits- und Sozialminister beschloß 1974 ein sozialpolitisches Aktionsprogramm.[21] Dort war von umfassender Humanisierung der Arbeitsbedingungen und tiefgreifender Demokratisierung der Betriebe die Rede. Dieses sozialpolitische Aktionsprogramm spiegelte die neue Philosophie, die der Politik dieser Phase zugrunde lag, wider: An die Stelle des Vertrauens darauf, dass ungehinderte Marktkräfte

---

der EG, AuA 1993, S. 171 ff. gehen von drei Phasen und Bercusson (European Labour Law, London, 1996) von vier und Schiek (Europäisches Arbeitsrecht, S. 52 ff.) von sechs Phasen aus.

[18] Krimphove, S. 12.

[19] Vgl. Schiek, S. 52-53; Ringler, Die europäische Sozialunion, Berlin, 1997, S. 89 ff.; Zuleeg, RdA 1992, S. 134–135; Ermer / Schulze / Schulz-Nieswandt / Sesselmeier, S. 6 ff.

[20] Pougin, Die deutsche Kritik am europäischen Arbeitsrecht, Diss., Universität zu Köln, 1998, S. 8. Vgl. auch Blanpain / Schmidt / Schweibert, S. 132.

[21] ABl. EG vom 12.2.1974, Nr. C 13, S. 1.

automatisch zum sozialen Fortschritt führen, trat die Überzeugung, dass der soziale Fortschritt eigenständige Aktivitäten erforderte.[22] Angesichts des neuen Aktionismus der Europäischen Gemeinschaft bekam das europäische Arbeitsrecht eine neue Rolle, die einige Autoren, wie Krimphove,[23] als die „Blütezeit des Europäischen Arbeitsrechts" beschrieben haben. Außerdem machte erstmals die Erfahrung der europaweiten Beschäftigungskrise im Zusammenhang mit der ersten Ölkrise die Notwendigkeit einer Harmonisierung des Arbeitsrechts deutlich.

Auf der Grundlage des sozialpolitischen Aktionsprogramms wurden zahlreiche Richtlinien erlassen, die bis heute den Kern des europäischen Arbeitsrechts darstellen, wie z.B.: Die Lohngleichheitsrichtlinie;[24] die Richtlinie über Massenentlassungen;[25] die Richtlinie über die Gleichbehandlung von Männern und Frauen in Bezug auf die Arbeitsbedingungen[26] und die Richtlinie über die Gleichbehandlung von Männer und Frauen im Bereich der sozialen Sicherheit.[27] [28]

2.3. DRITTE PHASE (1981 bis 1985)

Diese Phase der Entwicklung des europäischen Arbeitsrechts wird als eine „Stagnationsphase"[29] bezeichnet. Der Beginn der 80er Jahre zeichnete sich durch nationalstaatlichen Eigennutz aus, der zum einen mit andauernden Problemen der europäischen Wirtschaft und zum anderen mit einem nationalen Protektionismus gegen einen europäischen Zentralismus zu begründen war.[30] Außerdem wechselten in dieser Phase die Regierungen und damit die sozialpolitische Orientierung wichtiger Mitgliedstaaten (z.B. 1979 erhielten die Konservativen unter der Führung von Margarete Thatcher im Großbritannien die Regierungsmacht). Für die neuen Regierungen in Europa war die Überregulierung des Arbeitsmarktes eine der

[22] Commision of the European Community, Green paper on Employee Participation and Company Structure, EC Bull Su 8/75, 10, zit. von Schiek, Europäisches Arbeitsrecht, S. 55.
[23] Krimphove, S. 16.
[24] Richtlinie 75/117/EWG, ABl. EG vom 19.2.1975, Nr. L 45, S. 9.
[25] Richtlinie 75/129/EWG, ABl. EG vom 22.2.1975, Nr. 48, S. 29; geändert durch die Richtlinie 92/56/EWG, ABl. EG vom 26.8.1992, Nr. L 245, S. 3.
[26] Richtlinie 76/207/EWG, ABl. EG vom 14.2.1976, Nr. L 39, S. 40.
[27] Richtlinie 79/7/EWG, ABl. EG vom 10.1.1979, Nr. L 6, S. 24.
[28] Däubler, Die soziale Dimension des Europäischen Binnenmarktes, S. 521.
[29] In diesem Sinne: Schiek, S. 56; Krimphove, S. 18.
[30] Pougin, S. 9–10. Vgl. Krimphove, S. 18.

wichtigsten Ursachen der Beschäftigungskrise. Deswegen wurden Deregulierung und Flexibilisierung die Schlagworte, mit denen man der Krise beizukommen versuchte und bestimmten auch die sozialpolitische Philosophie der Gemeinschaft. Die neue sozialpolitische Orientierung – auch als „Thatcherismus"[31] bezeichnet - bedeutete nicht einfach eine Wiederdurchsetzung des wirtschaftlichen Neoliberalismus der 50er und 60er Jahre, der an das Einhergehen sozialen Fortschritts mit wirtschaftlicher Prosperität glaubte, sondern es ging weiter und forderte sozialen Rückschritt, um wirtschaftliche Prosperität (wieder) zu ermöglichen.[32]

Die neue Sozialpolitikphilosophie spiegelte sich im zweiten sozialpolitischen Aktionsprogramm[33] von 1984 wider. Außer einiger Fortschritte auf dem Gebiet des Arbeitsschutzes wie z.B. die Richtlinie 82/605/EWG[34] über den Schutz der Arbeitnehmer gegen die Gefährdung durch Blei und die Richtlinie 83/477/EWG[35] über den Schutz der Arbeitnehmer gegen Gefährdung durch Asbest, scheiterten in dieser Periode zahlreiche sozialpolitische Richtlinienvorschläge wie der Vorschlag zur Regelung der freiwilligen Teilzeitarbeit[36] (1982) und zur Regulierung atypischer Beschäftigung (1982 – 1984). Dies erklärt sich auch, weil der EWGV in seiner damaligen Fassung Mehrheitsentscheidungen auf sozialpolitischem Gebiet nicht zuließ.

2.4. VIERTE PHASE (1986 bis 1992)

Diese Phase fängt mit der Verabschiedung der Einheitlichen Europäischen Akte (EEA)[37] vom 17. Februar 1986 an und dauerte bis zum Inkrafttreten des Maastrichter Vertrages. Die Sozialpolitik hat für die Europäische Gemeinschaft durch die EEA und durch die in ihr erfolgte Proklamation der Realisierung des Binnenmarktes zum 31. Dezember 1992 neuen Schub bekommen. Der Binnenmarkt soll sich nicht allein in einer lediglich wirtschaftlichen

[31] Schiek, S. 56.
[32] Vgl. Däubler, Die soziale Dimension des Europäischen Binnenmarktes, S. 523, sowie Schiek, S. 56–57; Blanpain / Schmidt / Schweibert, S. 134.
[33] ABl. EG vom 4.7.1984, Nr. C 175, S. 1.
[34] ABl. EG vom 23.8.1982, Nr. L 247, S. 12.
[35] ABl. EG vom 24.9.1983, Nr. L 263, S. 25; geändert durch Richtlinie 91/382/EWG, ABl. EG vom 29.7.1991, Nr. L 206, S. 16.
[36] ABl. EG vom 12.3.1982, Nr. C 62, S. 7 (Vorschlag für eine Richtlinie des Rates zur Regelung der freiwilligen Teilzeitarbeit); ABl. EG vom 22.1.1993, Nr. C 18, S. 5 (geänderter Vorschlag).

Veranstaltung erschöpfen, vielmehr soll gleichzeitig seine „soziale Dimension" berücksichtigt und ausgebaut werden, d.h. es hegte die Überzeugung, dass der Binnenmarkt sich nur dann verwirklichen lässt, wenn auch seine soziale Dimension berücksichtigt wird. Nach Auffassung von Birk[38] bildet sicherlich die Verwirklichung des Binnenmarktes in der Gemeinschaft kein Ziel an sich, sie diene gleichermaßen politischen, wirtschaftlichen und sozialen Zielen. Sie sei aber zu einem großen Teil nur mit den Mitteln des Rechts erreichbar. Dem Arbeitsrecht komme dabei allerdings nicht die wichtigste Rolle zu, aber es habe eine nicht zu übersehende wirtschafts- und sozialpolitische Funktion in diesem Prozess.

In diesem Kontext ist relevant zu bemerken, dass es in der EEA möglich war, zwei neue sozialpolitische Bestimmungen aufzunehmen. Zum einen ermöglichte der neue Art. 118 a) EWGV auf dem Gebiet der „Arbeitsumwelt", insbesondere im Arbeitsschutz, Mehrheitsentscheidungen im Ministerrat. Zum anderen ermächtigte der neue Art. 118 b) EWGV die Kommission, den „Sozialen Dialog" zwischen Gewerkschaften und Arbeitgebern auf der Ebene der Gemeinschaft zu fördern. Im übrigen blieb es beim Einstimmigkeitsprinzip, was Art. 100 a) Abs. 2 EWGV ausdrücklich bestätigte.[39]

Nach Ansicht von Schiek[40] spiegeln die sozialpolitischen Vorschriften der Einheitlichen Europäischen Akte eine widersprüchliche Philosophie wider: Die Harmonisierung auf dem Wege des Fortschritts bliebe zwar nach Art. 117 Abs. 1 EWGV Ziel der Gemeinschaft, sei aber in dem einzigen Bereich, zu dessen verbindlicher Regelung die Gemeinschaft die Kraft gefunden habe, faktisch den Mitgliedstaaten überlassen worden, denn die Harmonisierung des Arbeitsschutzes war auf Minimalstandards beschränkt. Im übrigen sei der soziale Fortschritt dem Dialog der Gemeinschaftsorgane mit den Sozialpartnern überlassen worden.

Im Mittelpunkt der Diskussion stand auch die Forderung nach einer europaweit geltenden Garantie sozialer Grundrechte.[41] So wurde der Gemeinschaftscharta der sozialen Grundrechte

---

[37] ABl. EG 1987 Nr. L 169, S. 1; BGBl. 1986 II, S. 1104; Bulletin der EG 1986 Beil. 2.
[38] Birk, Europäisches Arbeitsrecht, München, 1990, S. 2. Vgl. Birk, Die Realisierung des europäischen Binnenmarktes 1992 und ihre Auswirkungen auf das Arbeitsrecht, NZA 1989, S. 329 ff.
[39] Däubler, Die soziale Dimension des Europäischen Binnenmarktes, S. 523. Vgl. Streinz, Europarecht, 3. Auflage, Heidelberg, 1996, S. 12; Krimphove, S. 20-21.
[40] Schiek, S. 59-60.
[41] Siehe: Zachert, Auf dem Weg zu europäischen Arbeitnehmergrundrechten?, NZA 2000, S. 621 ff.

der Arbeitnehmer[42] vom 9. Dezember 1989 durch alle Mitgliedstaaten außer Großbritannien als feierliche Erklärung zugestimmt. Die Gemeinschaftscharta faßt in weiten Teilen Grundsätze des Gemeinschaftsrechts sowie der Europäischen Menschenrechtskonvention und des verbindlichen Teils der Europäischen Sozialcharta zusammen.[43] Die Gemeinschaftscharta basiert auf Art. 117 EWGV, wonach unter den Mitgliedstaaten Einigkeit darüber besteht, auf eine Verbesserung der Lebens- und Arbeitsbedingungen der Arbeitskräfte hinzuwirken und dadurch auf dem Wege des Fortschritts ihre Angleichung zu ermöglichen. Aus der Präambel der Gemeinschaftscharta geht hervor, dass eines der vornehmsten Ziele im Bereich der Wirtschafts- und Sozialpolitik die Förderung der Beschäftigung sei; hierbei wird die Verwirklichung des Binnenmarktes als wirksames Mittel zur Schaffung von Arbeitsplätzen und Förderung des Wirtschaftswachstums angesehen.[44] Zur praktischen Umsetzung der Gemeinschaftscharta hat die Kommission am 29. November 1989 das Aktionsprogramm der Kommission der Europäischen Gemeinschaften zur Anwendung der Gemeinschaftscharta der sozialen Grundrechte verabschiedet. Das Aktionsprogramm enthielte einen umfangreichen Maßnahmenkatalog zur Umsetzung der in der Gemeinschaftscharta niedergelegten Ziele. Von dem im Aktionsprogramm aufgeführten Initiativen konnten bereits einige in gesetzgeberische Maßnahmen umgesetzt werden.[45]

Der Fortschritt des europäischen Arbeitsrechts außerhalb des Arbeitschutzes war in dieser Phase noch gering. Beispiele in diesem Sinne sind: Die Richtlinie 86/378/EWG[46] über Gleichbehandlung von Frauen und Männern bei den betrieblichen Systemen der sozialen Sicherheit und die Richtlinie 91/533/EWG[47] über die Pflichten des Arbeitgebers zur Unterrichtung der Arbeitnehmer über die für ihren Arbeitsvertrag oder ihr Arbeitsverhältnis geltenden Bedingungen, Nachweisrichtlinie (14. Oktober 1991). Im Bereich des Arbeitschutzes wurde die Richtlinie 89/391/EWG,[48] erlassen. Außerdem wurde neben der Realisierung des Binnenmarktprogramms der Sozialfond reformiert.[49]

---

[42] KOM (89) 248 endg.
[43] Schiek, S. 59. Siehe auch Krimphove, S. 23.
[44] Blanpain / Schmidt / Schweibert, S. 137.
[45] Krimphove, S. 25. Vgl. Blanpain / Schmidt / Schweibert, S. 141-142.
[46] ABl. EG vom 12.8.1986, Nr. L 225, S. 40, geändert durch Richtlinie 96/97/EG vom 20.12.1996, ABl. EG vom 17.2.1997, Nr. L 46, S. 20.
[47] ABl. EG vom 18.10.1991, Nr. L 288, S. 32
[48] Rahmenrichtlinie zum Arbeitsschutz vom 29.6.1989, ABl. EG vom 28.6.1989, Nr. L 183, S. 1.
[49] VO Nr. 2081/93, 2082/93, 2084/93; ABl. EG vom 31.7.1993, Nr. 193, S. 1 ff.

2.5. FÜNFTE PHASE: DIE WEITERE ENTWICKLUNG

Mit dem Inkrafttreten des Maastrichter Vertrages[50] über die Europäische Union am 1. November 1993 haben sich die Regeln im Bereich der Sozialpolitik verändert. Auf der einen Seite verlangt das in Art. 3 b) des (nunmehr sogenannten) EG-Vertrages verankerte Subsidiaritätsprinzip, dass die Gemeinschaft nur dort eingreift, wo weder die Mitgliedstaaten noch die Sozialpartner eine adäquate Lösung zustande bringen können.[51] Auf der anderen Seite sieht das Maastrichter Protokoll und Abkommen über die Sozialpolitik[52] vor, dass die Mitgliedstaaten unter Ausklammerung von Großbritannien auf fast allen Gebieten des Arbeits- und Sozialrechts einstimmig oder mit Mehrheit Richtlinien erlassen können.[53] Außerdem wurde als neue Form der Rechtssetzung die Sozialpartnereinigung geschaffen, die auf Antrag in einem verkürzten Verfahren ohne Einschaltung des Europäischen Parlamentes in Gemeinschaftsrecht transformiert werden kann.[54]

Durch die Verabschiedung des Protokolles und des in ihm enthaltenen Abkommens über die Sozialpolitik gelang es erstmals, die rechtlich unverbindlichen Zielsetzungen der Gemeinschaftscharta der sozialen Grundrechte und des Aktionsprogrammes in verbindliches Recht umzusetzen.[55] Allerdings hat nach Auffassung von Blanpain[56] das Maastrichter Protokoll zur Folge, dass es im Bereich der Sozialpolitik ein Europa der zwei Geschwindigkeiten gebe: Das Europa der Fünfzehn (damals zwölf) und das Europa der Europäischen Gemeinschaft mit Ausnahme des Vereinigten Königreichs. Für den Rest der Mitgliedstaaten stelle das wirtschaftliche und das soziale Europa zwei Seiten derselben Medaille dar, welche gemeinsam und harmonisch entwickelt werden können, da sie einander bedingten. Für das Vereinigte Königreich würde eine Ausweitung des Einflusses der Gemeinschaft auf die Sozialpolitik das freie Spiel der Kräfte auf dem Arbeitsmarkt weiter beschränken und auf diese Weise zur Abnahme der dringend notwendigen Flexibilität und zugleich einem Anstieg der Arbeitslosigkeit führen. Dies alles bedeutet auch, dass den vierzehn Mitgliedstaaten

---

[50] Vertrag über die Europäische Union vom 7.2.1992, ABl. EG Nr. L 293, S. 61.
[51] Siehe Krimphove, S. 27.
[52] Protokoll des EU-Vertrages über die Sozialpolitik, BGBl. 1992 II S. 1253, abgedruckt in Oetcker / Preis, Europäische Rechtsvorschriften zum Arbeitsrecht, 2. Auflage, Heidelberg, 1997, S. 13 ff.
[53] Zum Thema auch: Zwanziger, ArbuR 1995, S. 434 ff.
[54] Däubler, Die soziale Dimension des Europäischen Binnenmarktes, S. 524.
[55] Krimphove, S. 28.

(damals elf) nun zwei Wege zur Entwicklung der Sozialpolitik zur Verfügung stehen: Einer im Rahmen des EGV, der – jedenfalls hinsichtlich der Sozialpolitik – in Maastricht im Wesentlichen unverändert beibehalten wurde, und ein anderer im Rahmen des Sozialabkommens zwischen den Mitgliedstaaten der Europäischen Gemeinschaft mit Ausnahme des Vereinigten Königreichs.

Das Maastrichter Protokoll über die Sozialpolitik und das nachfolgende Abkommen über die Sozialpolitik[57] beinhalten eine Ausweitung der sozialpolitischen Kompetenzen der Gemeinschaft der Vierzehn sowie der Entscheidungen, die mit qualifizierter Mehrheit getroffen werden können.[58] Darüber hinaus sieht das Abkommen die Möglichkeit der Herstellung vertraglicher Beziehungen einschließlich des Abschlusses von Vereinbarungen zwischen den Sozialpartnern auf Gemeinschaftsebene vor.[59] Die ersten auf der Grundlage des Sozialpolitischen Abkommens verabschiedeten Richtlinien waren: Die Richtlinie 94/457/EG über Europäische Betriebsräte[60] sowie die Richtlinie 96/34/EG über Elternurlaub.[61] Außerdem wurde 1993 gegen die britische Stimme die Arbeitszeitrichtlinie[62] (Richtlinie 93/104/EG) verabschiedet, gestützt auf Art. 118 a) EGV, der keine Einstimmigkeit erfordert.[63]

2.5.1. NACH DER VERTRAGSREVISION VON AMSTERDAM

Vor der Regierungskonferenz von Amsterdam[64] wurde nochmals verdeutlich, dass eine Wirtschafts- und Währungsunion bei drastischer Absenkung des Lebensstandards nicht durchsetzbar ist und dass eine sozialpolitische Flankierung der Europäischen Union noch immer notwendig ist. Hierzu schlug schon das Weißbuch über die Sozialpolitik[65] von 1994 eine bessere Integration von Wirtschafts- und Sozialpolitik, Koordinierung der Beschäf-

---

[56] Blanpain / Schmidt / Schweibert, S. 30.

[57] Gemäß Art. 1 des Abkommens sind Ziele der Europäischen Gemeinschaft: Die Förderung der Beschäftigung, die Verbesserung der Lebens- und Arbeitsbedingungen, ein angemessener sozialer Schutz, ein sozialer Dialog sowie die Entwicklung des Arbeitskräftepotentials im Hinblick auf ein dauerhaft hohes Beschäftigungsniveau.

[58] Siehe: Buchner, Die sozialpolitische Entwicklung der Europäischen Gemeinschaft im Spannungsfeld von hoheitlichen Regelung und tarifautonomer Gestaltung, RdA 1993, S. 193 ff.; Krimphove, S. 28-30.

[59] Siehe Art. 2 und 4 des Abkommens über die Sozialpolitik.

[60] ABl. EG vom 30.9.1994, Nr. L 254, S. 64.

[61] ABl. EG vom 3.6.1996, Nr. L 145, S. 4.

[62] ABl. EG vom 23.11.1993, Nr. L 307, S. 18.

[63] Vgl. Däubler, Die soziale Dimension des Europäischen Binnenmarktes, S. 524; Schiek, S. 61; Wank, Arbeitsrecht nach Maastricht, RdA 1995, S. 10 ff.

[64] Siehe: Steinmeyer, Der Vertrag von Amsterdam und seine Bedeutung für das Arbeits- und Sozialrecht, RdA 2001, S. 10 ff.

tigungspolitik der Mitgliedstaaten und weitere Finanzmittel für diesen Bereich aus dem Haushalt der Europäischen Union vor. Die Maßnahmen zur Harmonisierung des Arbeitsrechts konzentrieren sich auf die Verstärkung des sozialen Dialogs sowie auf die „Konsolidierung eines guten Grundstocks arbeitsrechtlicher Vorschriften“.[66]

Inhaltlich wurden durch den Vertrag von Amsterdam[67] sowohl unmittelbare Änderungen des Maatrichter Vertrages vorgenommen als auch neue Bereiche in den EUV[68] sowie in den EGV[69] aufgenommen. Die von der Regierungskonferenz in Amsterdam beschlossene Vereinbarung sieht die Auflösung des Sozialprotokolls und des Abkommens über die Sozialpolitik vor. Statt dessen werden die Maastrichter Sozialvereinbarungen in den EGV integriert: Die Sozialvorschriften der Art. 117 ff. a.F. EGV werden aufgehoben, durch die leicht modifizierten Regelungen des Sozialabkommens ersetzt und finden sich nunmehr in Titel XI, 1. Kapitel, des Dritten Teils n.F. des EGV und dort in den Art. 136 ff. n.F. EGV wieder.[70] Außerdem ist besonders wichtig, dass die Politik der Gemeinschaft durch die Beschäftigungspolitik ergänzt wird. Gemäß Art. 2 Abs.1 n.F. EUV setzt sich die Union die Förderung nicht nur eines ausgewogenen und dauerhaften wirschaftlichen und sozialen Fortschritts, sondern explizit daneben ein hohes gemeinschaftliches Beschäftigungsniveau zum Ziel. Darüber hinaus ist bemerkenswert, dass neben der Verbesserungen im Vertragsbereich zur Sozialpolitik die Gleichstellungspolitik auch in den allgemeinen Zielen und Tätigkeitsschwerpunkten des EGV aufgenommen wurde, und damit primärrechtlich verankert. Die Geschlechtergleichstellung, die bisher immer der Sozialpolitik der Gemeinschaft zugeordnet und auf Erwerbstätigkeit beschränkt war, zählt nun auch zu den Zielen der Gemeinschaft.[71]

Zum Schluß ist es relevant zu beachten, dass die Vertragsänderungen von Amsterdam die Fundamente für ein wirksames europäisches Arbeitsrecht ausgebaut haben. Im Wesentlichen

---

[65] KOM (94) 333 endg. vom 27.7.1994.
[66] Schiek, S. 61.
[67] Vertrag von Amsterdam zur Änderung des Vertrages über die Europäische Union, der Verträge zur Gründung der Europäischen Gemeinschaften sowie einiger damit zusammenhängender Rechtsakte vom 2.10.1998, BGBl. II 1998, S. 386 ff. Der Amsterdamer Vertrag ist seit dem 1.5.1999 in Kraft, nachdem alle Mitgliedstaaten ihre Ratifikationsurkunde hinterlegt haben.
[68] ABl. EG vom 2.10.1997, Nr. C 340, S. 145, konsolidierte Fassung des EU-Vertrages.
[69] ABl. EG vom 2.10.1997, Nr. C 340, S. 173, konsolidierte Fassung des EG-Vertrages.
[70] Pougin, S. 221-222. Siehe auch: Steinmeyer, RdA 2001, S. 12 ff.; Krimphove, S. 30 ff.
[71] Buschmann / Dieball / Stevens-Bartol, TZA, S. 164.

ist die Emanzipation der Sozialpolitik von der Wirtschaftspolitik im Vertrag deutlich gemacht worden. Dies bedeutet, dass die Erwartung, dass die wirtschaftliche Integration den sozialen Fortschritt gliechsam automatisch mit sich bringen würde, ist praktisch aufgegeben worden, wenn auch die Zusammenhänge weiterhin – zutreffend – hergestellt werden. Außerdem bringt das nunmehr existierende Kompetenzsystem sinnvolle Erleichterungen für die europäische Gesetzgebung mit sich, macht aber auch die weiterhin bestehenden Reserven der Mitgliedstaaten gegenüber einer allzu weiten Ausdehnung der Kompetenzen des europäischen Gesetzgebers deutlich. Dies gilt insbesondere hinsichlich der Regelung des Art. 137 Abs. 6 EGV.[72] Allerdings verbindet sich damit zugleich die Frage, ob dieser vollständige Ausschluss bei weiterer Integration auf Dauer bestehen bleiben kann.[73] In jedem Fall bleibt es abzuwarten, wie die erweiterte Kompetenzen der Gemeinschaft genutzt werden und wie das europäische Arbeitsrecht in der Zukunft sich entwickelt wird, insbesondere im Bereich der tarifvertraglichen Beziehungen.[74]

3. RECHTSQUELLEN DES EUROPÄISCHEN ARBEITSRECHTS

3.1. PRIMÄRES UND SEKUNDÄRES RECHT

Aus der besonderen Struktur des EGV als rechtserzeugender Vertrag entsteht als Folge die Unterscheidung von Primärrecht und Sekundärrecht.[75] Primäres Gemeinschaftsrecht schaffen die Mitgliedstaaten; das sekundäre Recht wird durch die Organe der Gemeinschaft im Rahmen der vom Vertrag vorgesehenen Verfahren geschaffen. Darüber hinaus besteht zwischen Primär- und Sekundärrecht ein hierarchisches Verhältnis, denn das Primärrecht ist Prüfungsmaßstab für die Rechtmäßigkeit des Sekundärrechts. Zum Primärrecht gehören das Recht der Gemeinschaftsverträge, das Gemeinschaftsgewohnheitsrecht und die allgemeinen Rechtsgrundsätze. Im Bereich des europäischen Arbeitsrechts sind die primärrechtlichen

---

[72] Abs. 6 schreibt vor, dass Art. 137 (über die Verwirklichung der Ziele des Art. 136) nicht für das Arbeitsentgelt, das Koalitionsrecht, das Streikrecht sowie das Aussperrungsrecht gilt.
[73] In diesem Sinne: Steinmeyer, RdA 2001, S. 22.
[74] Siehe Krimphove, S. 42 ff.
[75] Vgl. u.a. Schiek, S. 29 ff.; Blanpain / Schmidt / Schweibert, S. 61 ff.; Streinz, S. 105 ff.; Bleckmann, Europarecht, 6. Auflage, Köln, Berlin, Bonn, München, 1997, S. 198 ff.; Krimphove, S. 52-55; Weindl, Europäische Gemeinschaft, 2. Auflage, München, 1994, 61 ff.; Schaub, Europäisierung des deutschen Arbeitsrechts, NZA 1994, S. 772 ff.

Vorschriften nicht so viele und sie befinden sich z.B. im Art. 39 EGV, der das Recht auf Freizügigkeit normiert, und besonders im Titel XI des EGV über die Sozialpolitik (Art. 136 ff.).

Die wichtigsten Regelungen des Arbeitsrechts auf europäischer Ebene liegen beim Sekundärrecht, das durch die primärrechtlichen Kompetenznormen autorisiert wird. Die sekundärrechtlichen Vorschriften sind: Die *Verordnungen*, die unmittelbare Wirkung in den Mitgliedstaaten haben, und auch Grundlage individueller Rechte gegen Privatpersonen sein können (z.B. Verordnung 1612/68 über die Freizügigkeit der Arbeitnehmer); die *Richtlinien*; die *Empfehlungen* und *Stellungnahmen*, auch als „soft law"[76] bezeichnet, weil sie für die Mitgliedstaaten unverbindlich sind.

Das Hauptinstrument im europäischen Arbeitsrecht ist ohne Zweifeln die Richtlinie. Die Richtlinie ist für jeden Mitgliedstaat, an den sie gerichtet wird, hinsichtlich des zu erreichenden Zieles verbindlich, überläßt jedoch den innerstaatlichen Stellen die Wahl der Form und der Mittel (Art. 249 EGV). Für Regelungskomplexe, die durch Richtlinien geregelt sind, gilt grundsätzlich ein zweistufiges Verfahren. Auf der ersten Stufe erlassen die für die Rechtsetzung zuständigen Organe der Europäischen Union die Richtlinie. Auf der zweiten Stufe bedarf es der Umsetzung der Richtlinie durch nationale Gesetze und Verordnungen.[77]

3.2. DER VORRANG DES EUROPÄISCHEN RECHTS

Wenn sich das europäische und innerstaatliche Recht widersprechen, stellt sich die Frage, welcher Rechtsordnung der Vorrang zu geben ist. Seit der Entscheidung des EuGH[78] vom 15. Juli 1964 gehen der Gerichtshof und inzwischen die herrschende Literaturmeinung vom Vorrang des europäischen Rechts aus. Durch die Gründungsverträge ist eine eigenständige Rechtsordnung entstanden, die von den Mitgliedstaaten in der innerstaatlichen Ordnung anzuwenden ist. So haben die Mitgliedstaaten auf ihre Souveränitätsrechte zugunsten des Gemeinschaftsrecht zumindest in den Gebieten, in denen die Gemeinschaft tätig wird, verzichtet und ordnen sich dem neuen System unter. Damit können die Mitgliedstaaten keine

---

[76] Vgl. Schiek, S. 35.
[77] Schaub, NZA 1994, S. 772. Vgl. Krimphove, S. 56 ff.
[78] EuGH vom 20.2.1964, Rs. 6/64 (Costa gegen ENEL), Slg. 1964, S. 1141 ff. Siehe auch: EuGH vom 9.3.1978, Slg. 1978, S. 629; EuGH vom 19.6.1990, Slg. I 1990, S. 2433.

Maßnahmen mehr ergreifen, die dem europäischen Recht widersprechen. Entgegenstehendes Recht ist entweder nichtig oder darf zumindest nicht mehr angewandt werden. Dieser Grundsatz bezieht sich auf das Vertragsrecht (primäres Recht) und das abgeleitete Recht (sekundäres Recht). Nur so ist es auch möglich, die Aufgabe der Gemeinschaft aus Art. 2 EGV zu verwirklichen, da hierzu die einheitliche Anwendung und Integration des europäischen Rechts notwendig ist.[79]

3.3. DIE RECHTSPRECHUNG DES EUROPÄISCHEN GERICHTSHOFS (EuGH)

Es ist wichtig zu betrachten, dass das europäische Arbeits- und Sozialrecht unvollständig erfaßt wäre, wenn man nur die erlassenen Normen aufzählen würde. In der Europäischen Gemeinschaft existiert auch ein beträchtliches Maß an Richterrecht. Die Entscheidungen des Europäischen Gerichtshofes (EuGH) sind zwar keine Rechtsquelle im eigentlichen Sinne aber sie wirken als eine wesentliche Leitlinie in der Entwicklung des europäischen Rechts und haben besonders im arbeitsrechtlichen Bereich in bedeutendem Maß die Förderung von verschiedenen Grundsätzen und Institutionen geprägt, wie z.B. das Gleichbehandlungsprinzip von Männern und Frauen.[80] Der EuGH hat kontinuierlich einen integrationsfreundlichen Standpunkt eingenommen, den er im Wesentlichen auch auf anderen Gebieten des Gemeinschaftsrechts verfolgt hat. Dabei spielen sowohl Vorabentscheidungsverfahren (Art. 234 EGV) als auch Vertragsverletzungsverfahren (Art. 226 EGV) eine wichtige Rolle. Die mittelbare Wirkung geht aber weiter, denn aus dem Grundsatz des „gemeinschaftsfreundlichen Verhaltens“ (Art. 10 EGV) folgt, dass alle staatlichen Organe, auch die Gerichte,[81] das EG-Recht in der vom EuGH vorgegebenen Auslegung anzuwenden haben[82] und verpflichtet sind, das nationale Recht unter voller Ausschöpfung vorhandener Regelungs-

[79] Vgl. Krämer, Die Gleichberechtigung im europäischen Arbeitsrecht – Ein deutsch – französicher Rechtsvergleich, Diss., Universität zu Köln, 1996, S. 12; Streinz, S. 54; Buschmann / Dieball / Stevens-Bartol, TZA, S. 165.

[80] Vgl. u.a. Wißmann, RdA 1999, S. 156; Pougin, S. 157 ff.; Krimphove, S. 70 ff.; Zuleeg, Europäischer Gerichtshof und nationale Arbeitsgerichte aus arbeitsrechtlicher Sicht, RdA 1996, S. 71 ff.; Blomeyer, Der Einfluß der Rechtsprechung des EuGH auf das deutsche Arbeitsrecht, NZA 1994, S. 633 ff.; Schaub, NZA 1994, S. 773 ff.; Däubler, EG-Arbeitsrecht auf dem Vormarsch, NZA 1992, 577 ff.; Däubler, Die soziale Dimension des Europäischen Binenmarktes, S. 525; Mäder, Sozialpolitik in den Europäischen Gemeinschaften, NZA 1990, S. 10 ff.

[81] EuGH vom 4.6.1992, Rs. C 360/90 (Bötel), Slg. I 1992, S. 3589.

[82] EuGH vom 6.10.1982, Rs. 283/80 (CILFIT), Slg. 1982, S. 3412.

spielräume so auszulegen, dass es mit dem Gemeinschaftsrecht in der vom EuGH vorgegebenen Auslegung übereinstimmt.[83]

4. DER SOZIALE DIALOG ALS QUELLE ARBEITSRECHTLICHER VORSCHRIFTEN IN DER EUROPÄISCHEN UNION

Ein wichtiger Schwerpunkt des Abkommens über die Sozialpolitik (Art. 2, 3 und 4 der Sozialabkommen), das heute in dem EGV integriert ist (Art. 137, 138 und 139 EGV), liegt in einer Betonung der Rolle der Sozialpartner.[84] Die Stärkung der Rolle der Sozialpartner im sozialen Dialog soll der Europäischen Union eine verbesserte Grundlage für eine praxis- und bürgernahe Gestaltung ihrer Sozialpolitik geben. Der Rat ersucht die Sozialpartner ihren Dialog zu intensivieren und die bisher schon bestehende Möglichkeit zum Abschluß von Vereinbarungen wahrzunehmen, „weil sie in der Regel näher an den Problemen und der sozialen Wirklichkeit sind"[85] als die Gemeinschaftsinstitutionen.[86] Zur Zeit besteht die Möglichkeit nach Art. 136 ff. EGV, dass der Inhalt eines Großteils der zukünftigen sozialpolitischen Rechtsakte der Gemeinschaft faktisch allein von den Sozialpartnern bestimmt wird.[87]

Der erst 1986 Art. 118 b) (Art. 139 EGV) sieht vor, dass sich die Kommission bemühen soll, den sozialen Dialog zu fördern, welcher auch in „vertragliche Beziehungen" münden könne. Das Abkommen erweiterte die bestehenden Regelungen im Wesentlichen in zwei Richtungen: Erstens werden die Sozialpartner in den Rechtssetzungsprozess stärker einbezogen, indem ein obligatorisches Anhörungsverfahren eingeführt wird, und zweitens wird ihnen die Möglichkeit eröffnet, auf europäischer Ebene selbst Recht zu setzen.[88] Als Folge haben die Sozialpartner mit diesem Abkommen im Rahmen der europäischen Sozialpolitik ein

---

[83] Schiek, S. 36.
[84] Die Sozialpartner sind die auf europäischer Ebene organisierten Arbeitgeber- und Arbeitnehmerorganisationen, von denen die wichtigsten sind: UNICE (Union of Industrial and Employers' Confederation of Europe), EGB (Europäischer Gewerkschaftsbund) und CEEP (Centre Européen des Enterprises Publiques).
[85] Entschließung des Rates vom 6. Dezember 1994, ABl. EG vom 23.12.1994, Nr. C 368, S. 3.
[86] Vgl. Ringler, S. 146 ff., 217 ff.; González-Posada, El acuerdo marco sobre el trabajo a tiempo parcial y la Directiva 97/81/CE, in Los contratos de trabajo a tiempo parcial, Casas Baamonde / Valdés Dal-Ré (Hrsg.), Valladolid, Spanien, 2000, S. 25 ff.
[87] Buschmann / Dieball / Stevens-Bartol, TZA, S. 199.
[88] Wank, RdA 1995, S. 19.

erhebliches Gestaltungspotential an die Hand bekommen.[89] Die Sozialpartner haben nun die Möglichkeit nach einem zweistufigen Anhörungsverfahren Vereinbarungen abzuschließen (Art. 138 und 139 EGV). Kommt dieses Verfahren zum Schluß, so besteht zum einen die Möglichkeit, dass diese Vereinbarung nach den jeweiligen nationalen Verfahren und Gepflogenheiten von den Sozialpartnern durchgeführt wird, zum anderen, dass die Sozialpartner die Kommission ersuchen, die Vereinbarung dem Rat zur Beschlußfassung vorzulegen, um den Status einer gemeinschaftlichen Rechtsvorschrift zu erwirken.[90]

Die erste Durchführungsmöglichkeit für eine Sozialpartnervereinbarung besteht darin, dass die Vereinbarungen in den einzelnen Mitgliedstaaten unterschiedlich und gemäß des jeweiligen nationalen Rechts durchgeführt werden. Dies kann durch Kollektivvereinbarungen seitens der nationalen Sozialpartner oder durch ein gesetzgeberisches Tätigwerden seitens des jeweiligen Staates erfolgen.[91] Die erste Variante ist dahingehend zu verstehen, dass damit keine Verpflichtung der Mitgliedstaaten geschaffen wird, die Vereinbarungen unmittelbar anzuwenden oder ihre Umsetzung durch eine Änderung der geltenden innerstaatlichen Vorschriften zu erleichtern. Hiergegen kann auch nicht eingewandt werden, dass dadurch die Absicht vereitelt werde, den Sozialpartnervereinbarungen Gemeinschaftscharakter zu verleihen.[92] Mit der ersten Variante soll den Sozialpartnern ermöglicht werden, in der Durchführung ihrer Vereinbarung Rücksicht auf die nationalen Besonderheiten zu nehmen und so die Akzeptanz der Vereinbarung in den einzelnen Mitgliedstaaten zu erhöhen, wobei es eine notwendige Folge ist, dass dann auch die Rezeption der Vereinbarungen in das nationale Recht vom guten Willen der Mitgliedstaaten abhängt, ihre innerstaatlichen Vorschriften entsprechend zu ändern.[93] Andernfalls wird durch die zweite Variante, d.h. durch den Ratbeschluß[94] die getroffene Vereinbarung zwischen den Sozialpartnern zum Gemein-

---

[89] In diesem Sinne: Treber, Sozialer Dialog in der Europäischen Union und Gleichbehandlung bei Teilzeitarbeit, ZTR 1998, S. 251, sowie Heinze, Die Rechtsgrundlagen des sozialen Dialogs auf Gemeinschaftsebene, ZfA 1997, S. 505 ff.
[90] Über das Anhörungsverfahren der Sozialpartner vgl. u.a.: Buschmann / Dieball / Stevens-Bartol, TZA, S. 198 ff.; Schiek, S. 76; Oppermann, Europarecht, 2. Auflage, München, 1999, S. 697 ff.; Krimphove, S. 96 ff.; Dötsch, Vereinbarungen der europäischen Sozialpartner, AuA 1998, S. 262 ff.; Ringler, S. 146 ff., 217 ff.; Heinze, ZfA 1997, S. 505 ff.; Wank, RdA 1995, S. 19-20.
[91] Vgl. Steinmeyer, RdA 2001, S. 20; Buschmann / Dieball / Stevens-Bartol, TZA, S. 199.
[92] Eine abweichende Meinung hält: Buchner, RdA 1993, S. 201; Dederer, Durchführung von Vereinbarungen der europäischen Sozialpartner, RdA 2000, S. 216 ff.; Steinmeyer, RdA 2001, S. 19-21.
[93] Heinze, ZfA 1997, S. 516.
[94] Über die Rechtsqualität des Ratbeschlusses siehe: Steinmeyer, RdA 2001, S. 20-21.

schaftsrecht, was bedeutet, dass die Mitgliedstaaten jedenfalls dann, wenn es sich bei dem Beschluß des Rates um einen rechtlich verbindlichen Rechtsakt handelt, gemäß dem Vorrang des Gemeinschaftsrechts verpflichtet sind, entgegenstehendes Recht zu ändern.[95]

Die bisher von den Sozialpartnern geschlossenen europäischen Vereinbarungen – u.a. über Elternurlaub vom 14. Dezember 1995, über Teilzeitarbeit vom 6. Juni 1997 und über befristete Arbeitsverträge vom 28. Juni 1999 – weisen einige Gemeinsamkeiten auf, die auch für weitere derartige Übereinkünfte relevant sein dürften. Erstens sind sie als Rahmenvereinbarung konzipiert, d.h. sie beschränken sich im Wesentlichen auf Leitlinien und allgemeine Grundsätze und überlassen es den Mitgliedstaaten sowie den nationalen Sozialpartnern, die konkreten Anwendungsvoraussetzungen unter Berücksichtigung der in den einzelnen Ländern bestehenden spezifischen Bedingungen festzulegen. Dies entspricht dem Prinzip, dass die Sozialpolitik und damit auch das Arbeitsrecht vorrangig in der Kompetenz der Mitgliedstaaten verbleiben. Zweitens werden Mindeststandards geregelt, über die die Regelungen der Mitgliedstaaten hinausgehen können und möglichst auch sollen. Demgemäß ist das Günstigkeitsprinzip verankert, wonach die Mitgliedstaaten günstigere Regelungen anwenden oder festlegen können, umgekehrt aber nicht berechtigt sind, unter Berufung auf die jeweilige Vereinbarung, das Schutzniveau der Arbeitnehmer abzusenken.[96]

Im Bereich der Teilzeitarbeit haben die Sozialpartner eine wichtige Rolle gespielt, nachdem frühere Bestrebungen zur Verabschiedung eines gemeinschaftsrechtlichen Instruments zur Regelung der Teilzeitarbeit bislang stets gescheitert waren. Bei der Umsetzung der Rahmenvereinbarung zur Teilzeitarbeit war Art. 4 Abs. 2 des Sozialabkommens einschlägig, der zugleich – neben der allgemeinen Vertragsautonomie - die Rechtsgrundlage für Vereinbarungen der Sozialpartner bildet.[97] In diesem Sinne ist die heutige Richtlinie über Teilzeitarbeit (RL 97/81/EG)[98] das Resultat einer Rahmenvereinbarung, die von der UNICE, CEEP und EGB unterzeichnet ist, gemäß des Verfahrens, das den europäischen Sozialpartnerorganisationen Rechtsetzungsverfahren an sich zu ziehen erlaubt. Die verabschiedete Richtlinie über Teilzeitarbeit ist also ein Produkt des erweiterten Sozialen Dialogs auf

[95] Heinze, ZfA 1997, S. 517. In selbem Sinne: Wank, RdA 1995, S. 20.
[96] Dötsch, AuA 1998, S. 263.
[97] Treber, ZTR 1998, S. 251.
[98] ABl. EG vom 20.1.1998, Nr. L 14 S. 9.

Gemeinschaftsebene, der durch die Maastrichter Regierungskonferenz eingegliedert wurde. Da die erlassene Richtlinie über Teilzeitarbeit im Zusammenhang mit einer seit fast zwei Jahrzehnten andauernden Diskussion über gemeinschaftsrechtliche Regelungen für sogenannte atypische Arbeitsverhältnisse steht, werden zunächst die früheren Entwürfe der Europäischen Union über Teilzeitarbeit analysiert.

B. DIE EUROPÄISCHE REGULIERUNG DER TEILZEITARBEIT

I. HISTORISCHER ÜBERBLICK ÜBER DIE EUROPÄISCHE REGULIERUNG DER TEILZEITARBEIT

Die ersten Bestrebungen der Gemeinschaft, Teilzeitarbeit gemeinschaftsweit aus einer beschäftigungspolitischen Sicht zu regulieren, erfolgten bereits Ende der 70er Jahre. Zu dieser Zeit war der sozialpolitische Schwung der Gemeinschaft – dokumentiert in dem sozialpolitischen Aktionsprogramm[99] des Rates von 21. Januar 1974 – infolge der allgemeinen Wirtschaftskrise erheblich vermindert. Erstmals 1979 in seiner Entschließung von 18. Dezember über die Anpassung der Arbeitszeit stellte der Rat[100] u.a. Grundsätze zur Behandlung des Problems der Teilzeitarbeit auf. Teilzeitbeschäftigung sollte danach freiwillig sein, der Grundsatz der gleichen Rechte für Voll- und Teilzeitbeschäftigte fixiert werden, und Teilzeitarbeit dürfte sich nicht allein auf Halbtagsarbeit beschränken.[101] Dabei handelte es sich nicht um eine direkte Förderung der Teilzeitbeschäftigung, obwohl diese Forderungen vor dem Hintergrund wachsender Arbeitslosigkeit auch unter einem beschäftigungspolitischen Blickwinkel einzuordnen sind. Hauptsächlich wurde versucht, die Diskriminierungen von Teilzeitarbeitnehmern im Vergleich zu Vollzeitarbeitnehmern zu beseitigen und die Kluft zwischen den arbeits- und sozialrechtlichen Vorschriften der Mitgliedstaaten zu verkleinern.[102]

Auch das Europäische Parlament[103] befaßte sich in einer umfangreichen Entschließung mit der Stellung der Frau in der Europäischen Gemeinschaft und vertrat die Auffassung, die

[99] ABl. EG vom 12.2.1974, Nr. C 13, S. 1.
[100] KOM (79) 188 endg. vom 13.05.1979.
[101] Europäische Stiftung zur Verbesserung der Lebens- und Arbeitsbedingungen, Teilzeitarbeit in der Europäischen Gemeinschaft: Gesetze und Vorschriften, Dublin, 1991, zit. von Buschmann / Dieball / Stevens-Bartol, TZA, S. 195.
[102] Vgl. Rodríguez-Piñero, R. L. Nr. 15-16, 1998, S. 54.
[103] ABl. EG vom 9.3.1981, Nr. C 50.

Beteiligung der Frau auf dem Arbeitsmarkt könne durch eine größere Auswahl an Teilzeitbeschäftigungen für männliche und weibliche Arbeitnehmer wesentlich verbessert werden. Es forderte daher, einerseits alle sozialen und finanziellen Benachteiligungen der Teilzeitbeschäftigung zu beseitigen und andererseits den Teilzeitarbeitnehmern die gleichen Rechte wie anderen Arbeitnehmer zuzugestehen. Infolgedessen appellierte das Parlament an die Kommission, einen entsprechenden Richtlinienvorschlag zu erarbeiten.[104]

1. DER RICHTLINIENVORSCHLAG ZUR REGELUNG DER FREIWILLIGEN TEILZEITARBEIT

Die Kommission konkretisierte Zielsetzungen aus der Entschließung über die Anpassung der Arbeitszeit, indem sie am 4. Januar 1982 dem Rat einen Vorschlag für eine Richtlinie zur Regelung der „freiwilligen Teilzeitarbeit" vorlegte.[105] Die Notwendigkeit eines gemeinschaftlichen Vorgehens wurde darin vor allem mit zwei Erwägungen begründet: Zum einen wurde dargelegt, die Richtlinie solle die geltenden Rechtsvorschriften zur Verwirklichung der Gleichbehandlung von Männern und Frauen für den Bereich der Teilzeitarbeit ergänzen, indem sie langfristig dazu beitrage, dass Teilzeitarbeit nicht mehr wie bisher als nahezu ausschließliche Domäne der Frauen angesehen werde. Zum anderen wurde darauf hingewiesen, dass in den Mitgliedstaaten hinsichtlich der Anwendung des Gleichbehandlungsgrundsatzes zwischen Teilzeit- und Vollzeitbeschäftigten nach wie vor erhebliche Unterschiede bestünden, die zu einer Verzerrung des Wettbewerbs zwischen den Unternehmen führen und damit das Funktionieren des Gemeinsamen Marktes beeinträchtigen könnten.[106] Der Richtlinienvorschlag wurde damals auf Art. 100 EGWV[107] gestützt.

1.1. INHALT DES RICHTLINIENVORSCHLAGS

a) **Anwendungsbereich**: Gemäß Art. 1 Satz 1 des Vorschlags erfaßte dessen Geltungsbereich alle Teilzeitarbeitsverhältnisse. Die *Teilzeitarbeit* wurde als „eine regelmäßig zu leistende Arbeit, bei der sich Arbeitgeber und Arbeitnehmer auf eine kürzere als die

[104] Ausführlich Schmidt, Teilzeitarbeit in Europa, Baden-Baden, 1995, S. 274 – 275.
[105] ABl. EG vom 12.3.1982, Nr. C 62, S. 7.
[106] Schmidt, Teilzeitarbeit in Europa, S. 275–276. In selbem Sinne: Rodríguez-Piñero, R.L. Nr. 15-16, 1998, S. 54-55; Saunders, Gleiches Entgelt für Teilzeitarbeit, Heidelberg, 1997, S. 23.
[107] Art. 94 n.F. EGV.

normale Arbeitszeit einigen", definiert. Als *normale Arbeitszeit* definierte der Entwurf, welche „durch Rechtsvorschriften, Tarifverträge oder Vereinbarungen auf Betriebs- oder Unternehmensebene für irgendeine Arbeitnehmergruppe festgesetzt ist".

b) **Arbeitsrechtliche Bestimmungen**: Besonders relevant in dem Richtlinienvorschlag war der Grundsatz der Nichtdiskriminierung (Art. 2). Nach diesem Prinzip dürfen Teilzeitbeschäftigte gegenüber Vollzeitbeschäftigten nicht hinsichtlich der Arbeitsbedingungen, der Entlassungsbedingungen, der aktiven und passiven Beteiligung an den Organen der Arbeitnehmervertretung, beim Zugang zur Berufsbildung, beim beruflichen Aufstieg und beim Zugang zu den sozialen und arbeitsmedizinischen Einrichtungen diskriminiert werden. Trotz der absoluten Gleichbehandlung von Teilzeit- und Vollzeitarbeitnehmern, waren in Art. 4 einige Bereiche genannt, in denen das Proportionalitätsprinzip Anwendung fand: Arbeitsentgelt, Urlaubsgeld und Abfindungen bei Entlassungen oder Ausscheiden aus dem Erwerbsleben sollten für Teilzeitbeschäftigte danach proportional zur geleisteten Arbeitszeit auf der gleichen Grundlage wie für Vollzeitarbeitnehmer an einem gleichwertigen Arbeitsplatz zu berechnen sein. Allerdings war es den Mitgliedstaaten ausdrücklich gestattet, Teilzeitbeschäftigten auch günstigere Bedingungen zuzuerkennen.[108]

Außerdem enthielt der Entwurf andere arbeitsrechtliche Bestimmungen wie:

- Art. 5: Eine schriftliche Vereinbarung zwischen Arbeitgeber und Arbeitnehmer sollte die Art der Teilzeitarbeit, die Arbeitszeit und die genaue zeitliche Arbeitsverteilung beinhalten.
- Art.6: Interne Bewerbungen von Teilzeitbeschäftigten, die eine Vollzeitbeschäftigung, bzw. Vollzeitbeschäftigte, die eine Teilzeitbeschäftigung anstreben, sind bei entsprechender Qualifikation Externen gegenüber vorrangig zu berücksichtigen.
- Art. 7: Teilzeitbeschäftigte sollen bei der Ermittlung der Belegschaftsstärke eines Betriebes oder Unternehmens und vor allem bei der Feststellung der sozialen Verpflichtungen, die von der Zahl der Beschäftigten abhängen, zumindest proportional zu ihrer Arbeitszeit zu berücksichtigen sein.
- Schließlich bestimmt Art. 8, dass die Arbeitnehmervertretungsregelungen für Teilzeitarbeitsverhältnisse entsprechend gelten.

c) **Sozialrechtliche Bestimmungen**: Gemäß Art. 3 des Richtlinienentwurfs dürfen Teilzeitarbeitnehmer nicht von den gesetzlichen und betrieblichen Systemen der sozialen Sicherheit ausgeschlossen werden. Die Sozialversicherungsbeiträge und Sozialversicherungsleistungen von Teilzeitbeschäftigten sollten auf der gleichen Grundlage wie für Vollzeitbeschäftigte berechnet werden, aber unter Berücksichtigung der von den Teilzeitbeschäftigten geleisteten Arbeitszeit und/oder des Arbeitsentgelts. Außerdem sollten die Mitgliedstaaten gemäß Art. 3 Abs. 2 des Richtlinienvorschlags nicht verpflichtet werden, diese Grundsätze auf Teilzeitbeschäftigte anzuwenden, deren Arbeitszeit oder Entgelt unter dem Schwellenwert für die Aufnahme in die gesetzlichen oder betrieblichen Systeme der sozialen Sicherheit liegen. Mit dieser Bestimmung versuchte die Kommission Finanzierungsprobleme zu verhindern, welche für viele Mitgliedstaaten im Falle der Verpflichtung zur Einbeziehung aller Teilzeitbeschäftigten in die Sozialversicherungssysteme unabhängig von der geleisteten Arbeitszeit entständen.[109]

d) **Günstigkeitsprinzip**: Nach Art. 9 des Richtlinienvorschlags sollten Rechts- und Verwaltungsvorschriften, die gegen den Grundsatz der Nichtdiskriminierung verstießen, außer Kraft gesetzt werden. Im Fall von Vereinbarungen in Tarifverträgen oder Einzelarbeitsverträgen, die gegen dieses Gleichbehandlungsgebot verstießen, sollten diese nichtig sein oder für nichtig erklärt werden können.

1.2. EINSCHÄTZUNG UND GRÜNDE IHRER ÄNDERUNG

Der Schwerpunkt des Richtlinienentwurfs zur Regelung der Teilzeitarbeit war das Prinzip der arbeits- und sozialrechtlichen Gleichbehandlung der Teilzeitarbeitnehmer. Der Grundsatz der Freiwilligkeit fand lediglich in Art. 6 des Entwurfs in den Bestimmungen über die vorrangige Einstellung von Teilzeit- bzw. Vollzeitarbeitnehmern, die eine Veränderung ihrer Arbeitszeit wünschen, Niederschlag.[110] Nach Auffassung von Rodríguez-Piñero[111] ist bemerkenswert, dass die Bewertung der Teilzeitarbeit im Richtlinienvorschlag im Allgemeinen negativ gewesen sei, weil die allgemeinen Erwägungen nur die Tatsache anerkannt hätten, dass die

---

[108] Schmidt, Teilzeitarbeit in Europa, S. 277.
[109] Schmidt, Teilzeitarbeit in Europa, S. 278.
[110] Schmidt, Teilzeitarbeit in Europa, S. 279.

Teilzeitarbeit eine Realität auf dem Arbeitsmarkt sei, die ein Bedürfnis von Gleichbehandlung zwischen Teilzeit- und Vollzeitarbeitnehmern erforderlich mache, aber es habe keine ausdrückliche Anerkennung der positiven Effekte und Vorteile dieser Beschäftigungsform für die Unternehmen und für den Arbeitsmarkt gegeben.

Der Entwurf der Kommission wurde somit weder den vom Rat der Europäischen Gemeinschaft entwickelten Anforderungen an ein gemeinschaftliches Instrument zur Regelung von Teilzeitarbeit noch den Ansprüchen des Wirtschafts- und Sozialausschusses und insbesondere nicht den Ansprüchen des Europäischen Parlaments gerecht. Dies war nach Ansicht von Schmidt[112] besonders bedauerlich, denn die Gewährleistung gleicher Rechte für Teilzeit- und Vollzeitarbeitnehmer sei ein Gebot der Gerechtigkeit. Allerdings müsse man berücksichtigen, dass der Entwurf von 1981 nicht an heutigen Maßstäben gemessen werden dürfe und die Richtlinie zur freiwilligen Teilzeitarbeit nach den Plänen der Kommission müsse nur eine „solide Grundlage“ bilden. Gemäß des damaligen Art. 100 EWGV (Art. 94 n.F. EGV) sollte vor der Verabschiedung des Entwurfs der Wirtschafts- und Sozialausschuß sowie das Europäische Parlament angehört werden. Beide Institutionen haben ihre Stellungnahmen[113] zu dem Richtlinienentwurf verabschiedet, in denen sie verschiedene Änderungen vorgeschlagen haben. Angesichts der höheren Anzahl von Anregungen des Wirtschafts- und Sozialausschusses sowie des Europäischen Parlamentes wurde von der Kommission endlich ein geänderter Richtlinienvorschlag erarbeitet.

2. DER GEÄNDERTE VORSCHLAG FÜR EINE RICHTLINIE ZUR REGELUNG DER FREIWILLIGEN TEILZEITARBEIT

Bereits ein Jahr nach dem ersten Richtlinienvorschlag, am 5. Januar 1983, folgte der geänderte Vorschlag für eine Richtlinie des Rates zur Regelung der freiwilligen Teilzeitarbeit.[114] In diesem Vorschlag sind u.a. die folgenden Änderungen zu betrachten:

---

[111] Rodríguez-Piñero, R. L. Nr. 15-16, 1998, S. 55.
[112] Schmidt, Teilzeitarbeit in Europa, S. 279.
[113] Die Stellungnahme des Wirtschafts- und Sozialauschußes wurde am 28/29. April 1982 verabschiedet (ABl. EG 1982 Nr. C 178, S. 18) und die Entschließung des Europäischen Parlaments am 16. September 1982 getroffen (ABl. EG 1982 Nr. C 267, S. 72). Ausführlich Schmidt, Teilzeitarbeit in Europa, S. 279–281.
[114] ABl. EG vom 22.1.1983 Nr. C 18, S. 5.

- In Art. 1 Abs. 1 wurde der Begriff *normale Arbeitszeit* neu definiert, als „die durch Rechtsvorschriften, Tarifverträge oder Vereinbarungen festgesetzte Arbeitszeit bzw. die in der Praxis für eine Arbeitnehmergruppe in den Mitgliedstaaten als normal angesehene Arbeitszeit".

- In Art. 2 Abs. 1 wurde ein allgemeiner Gleichbehandlungsgrundsatz aufgenommen, wonach Teilzeitbeschäftigte grundsätzlich ebenso zu behandeln sein sollten wie Vollzeitbeschäftigte, die sich in der selben Lage befinden, es sei denn, die unterschiedliche Behandlung ist durch ihre unterschiedliche Arbeitszeit objektiv gerechtfertigt.

- In Art. 2 Abs. 2 wurden bestimmte Fälle aufgeführt, in denen die Ausübung einer Teilzeitbeschäftigung an sich eine unterschiedliche Behandlung nicht rechtfertigen können sollte, wie z.B.: Beim Zugang zur Berufsbildung, zum beruflichen Aufstieg oder hinsichtlich der Arbeitsbedingungen, sofern es sich um den Inhalt und die Schwere der Arbeit, die Arbeitssicherheit und den Gesundheitsschutz am Arbeitsplatz, die Arbeitseinteilung, den Arbeitsablauf und die Arbeitsumwelt einschließlich der Modalitäten zur Festsetzung der Arbeitszeit und zur Bezahlung des Arbeitsentgelts handelt.

- Art. 3 Abs. 1 wurde dahin gehend erweitert, dass Teilzeitbeschäftigte in die gesetzlichen und betrieblichen Systeme der sozialen Sicherheit aufzunehmen sind, im Gegensatz zum ersten Vorschlag, wonach sie nicht ausgeschlossen werden dürften.

- Die Änderung von Art. 5 gibt den Teilzeitarbeitnehmern nicht mehr per se das Recht auf eine schriftliche Vereinbarung ihrer genauen Arbeitskonditionen, sondern nur auf „Verlangen des Arbeitnehmers" werden diese Konditionen schriftlich fixiert.

- Art. 9, der das Günstigkeitsprinzip gewährleistet, wurde neu strukturiert und erweitert, so dass die Mitgliedstaaten die erforderlichen Maßnahmen treffen müssen, damit die mit den Artikeln des Vorschlags unvereinbaren Rechts- und Verwaltungsvorschriften beseitigt werden und die mit den Artikeln des Vorschlags unvereinbaren Bestimmungen in Tarifverträgen für nichtig erklärt oder geändert werden müssen. Außerdem wurde durch Abs. 2 klar gemacht, dass die Mitgliedstaaten den Teilzeitbeschäftigten im Wege von Rechts- und Verwaltungsvorschriften günstigere Bedingungen zuerkennen können.

2.1. GRÜNDE DER ABLEHNUNG DES RICHTLINIENVORSCHLAGS

Der Richtlinienvorschlag ging zurück auf Art. 100 EWGV. Gemäß Art. 100 Abs.1 EWGV konnte der Rat damals nur einstimmig auf Vorschlag der Kommission Richtlinien für die Angleichung derjenigen Rechts- und Verwaltungsvorschriften der Mitgliedstaaten erlassen, die sich unmittelbar auf die Errichtung oder das Funktionieren des Gemeinsames Marktes auswirken. Diese Einstimmigkeit war damals nicht möglich aufgrund der Ablehnung einiger Mitgliedstaaten: Vor allem Großbritannien und Dänemark lehnten den Richtlinienentwurf auf grundsätzlichen Bedenken ab, so dass weder der Richtlinienvorschlag verabschiedet noch diskutiert wurde, ob an Stelle der Richtlinie eine Empfehlung Zustimmung fände.[115]

Die konservative britische Regierung vertrat damals die entschiedene Ansicht, neue Arbeitsplätze entstünden erst dann, wenn der Arbeitsmarkt von den Beschränkungen staatlicher Reglementierungen befreit würde, die seit dem zweiten Weltkrieg entstanden waren. Die britische Regierung plädierte daher dafür, auf Gemeinschaftsebene ähnlich deregulative Maßnahmen wie in Großbritannien zu ergreifen, und widersetzte sich allen Bestrebungen auf Gemeinschaftsebene, bestimmte arbeitsrechtliche Mindestanforderungen zu verabschieden, da ihrer Ansicht nach die unternehmerische Flexibilität durch solch unnötigen Reglementierungen der Arbeitsbeziehungen beeinträchtigt würde.[116] Obwohl die Kommission die Bedürfnisse nach einer stärkeren Flexibilisierung des Arbeitsmarktes anerkannte, teilte sie diesen deregulativen Ansatz der britischen Regierung nicht. Im Gegensatz dazu war die Kommission nicht der Ansicht, dass eine Flexibilisierung des Arbeitsmarktes die Abschaffung oder die Verwässerung der Arbeitnehmerrechte voraussetze, sondern verfolgte vielmehr ein Konzept, welches Initiativen zur Flexibilisierung mit sozialen Schutzmaßnahmen kombinierte. Hierzu sollte nach Ansicht der Kommission der optimale Kompromiss zwischen wirtschaftlicher Effizienz, einer höheren Beschäftigungsquote und der Beachtung der sozialen Werte Gerechtigkeit und soziale Sicherheit angestrebt werden.[117] Endlich beeinflußte diese unterschiedliche sozialpolitische Philosophie in bedeutendem Maße die

---

[115] Vgl. KOM (82) 809 endg. vom 10.12.1982.
[116] Vgl. Buschmann / Dieball / Stevens-Bartol, TZA, S. 196-197; Schmidt, Teilzeitarbeit in Europa, S. 284; Rodríguez-Piñero, R. L. Nr. 15-16, 1998, S. 56.
[117] Schmidt, Teilzeitarbeit in Europa, S. 284.

arbeitsrechtlichen Initiativen der Gemeinschaft in den 80er Jahren[118] und war auch der Grund der Ablehnung von anderen Richtlinienvorschlägen, wie der Entwurf des Rates zur Regelung der Zeitarbeit.[119]

3. DIE RICHTLINIENVORSCHLÄGE ZUR REGELUNG ATYPISCHER BESCHÄFTIGUNGSVERHÄLTNISSE

Einen neuen Impuls erhielt die Diskussion über die Teilzeitarbeit durch drei konzeptionell wenig aufeinander abgestimmte Richtlinienentwürfe der Kommission, die sich mit verschiedenen Aspekten atypischer Arbeitsverhältnisse befassten.[120] Von diesen Vorschlägen enthielten der Entwurf „über bestimmte Arbeitsverhältnisse hinsichtlich der Arbeitsbedingungen“[121] und der Vorschlag „über bestimmte Arbeitsbedingungen im Hinblick auf Wettbewerbsverzerrungen“[122] auch Regelungen zu den Arbeitsbedingungen von Teilzeitbeschäftigten. Nach Ansicht von Mückenberger[123] legen jedoch einige Regelungen in den Entwürfen die Vermutung nahe, dass es weniger um den Schutz der in neuen Formen Beschäftigten als um den Schutz vor ihnen gehe.

Trotz kritischer Meinungen begründete die Kommission ihre Stellung damit, die Analyse der Problematik der atypischen Arbeitsverhältnisse habe gezeigt, dass diese nicht im Rahmen ein- und desselben Ansatzes behandelt werden könnten, so dass sich eine differenzierte Vorgehensweise aufdränge, auf die ihrerseits jeweils eine bestimmte vertragliche Bestimmung zutreffe.[124] Die Trennung in der Regulierung beruht darauf, dass jeder Vorschlag auf eine bestimmte Rechtsgrundlage im damaligen EGV gestützt ist. Die Vorschläge über Arbeitsbedingungen wurden auf Art. 100 a.F. EGV gestützt; der Vorschlag über Wettbewerbs-

---

[118] Siehe dritte Phase der Entwicklung des europäischen Arbeitsrechts.
[119] ABl. EG vom 7.5.1982, Nr. C 128, S. 2.
[120] Treber, ZTR 1998, S. 253. Auch mit kritischen Positionen: Buschmann / Dieball / Stevens-Bartol, TZA, S. 197; Schmidt, Teilzeitarbeit in Europa, S. 292; Wank, Atypische Arbeitsverhältnisse, RdA 1992, S. 103 und 105.
[121] ABl. EG 1990, Nr. C 224, S. 4.
[122] ABl. EG 1990, Nr. C 224, S. 6; in geänderter Fassung ABl. EG 1990, Nr. C 305, S. 8. Änderungsvorschläge des Europäischen Parlaments: ABl. EG 1990, Nr. C 231, S. 32 und ABl. EG 1990, Nr. C 295, S. 97. Der dritte Vorschlag der Kommission über atypische Arbeitsverhältnisse enhielt Bestimmungen zur Ergänzung von Maßnahmen zur Verbesserung der Sicherheit und des Gesundheitsschutzes von Zeitarbeitnehmern.
[123] Mückenberger, Ist der „Sozialraum Europa" noch auf der historischen Agenda? Neue Beschäftigungsformen un deren europäische Regulierung, in Atypische Beschäftigung – Verbieten oder gestalten, Kelller / Seifert (Hrsg.), S. 202; zit. von Buschmann / Dieball / Stevens-Bartol, TZA, S. 197.
[124] KOM (90) 228 endg. 3.

verzerrungen innerhalb der Gemeinschaft auf Art. 100 a) a.F. EGV und der dritte Vorschlag über Sicherheit und Gesundheit der Arbeitnehmer beruhte auf Art. 118 a) a.F. EGV.[125]

Nach Auffassung von Rodríguez-Piñero[126] zeigt sich in diesen Richtlinienvorschlägen eine neue Strategie der Kommission. Die Kommission wollte die neuen rechtlichen Instrumente, die nach der EEA in den EGV eingefügt wurden, benutzen, um die Vorschläge über atypische Arbeitsverhältnisse erlassen zu können. Nach der EEA sei für die Gemeinschaft möglich gewesen, in bestimmten arbeitsrechtlichen Gebieten Richtlinien ohne Einstimmigkeit der Mitgliedstaaten zu erlassen. Mit der neuen Strategie habe die Kommission eine Fragmentation der Entwürfe über atypische Beschäftigung versucht - obwohl nach den Richtlinienvorschlägen eine scheinbare einheitliche Regulierung gebe - mit dem Zweck jeden Vorschlag auf einen bestimmten Artikel der EGV zu stützen, der für seine Erlassung eine unterschiedliche Verfahren brauchte.

Die Kommission sah auf diesen Gebieten (Arbeitsbedingungen, Wettbewerbsvezerrungen, Sicherheit und Gesundheit der Arbeitnehmer) Handlungsbedarf, weil die Zahlen über Neueinstellungen erkennen ließen, dass die Teilzeit- und/oder Zeitarbeitsverhältnisse stark zunehmen. Weiterhin seien die Rechts- und Verwaltungsvorschriften sowie die tarifvertraglichen Bestimmungen, die diese Arbeitsverhältnisse regeln, von Mitgliedstaat zu Mitgliedstaat sehr unterschiedlich. Dies könne zum einen zu Wettbewerbsverzerrungen führen, zum anderen werde dadurch den Teilzeit- und/oder Zeitarbeitnehmern hinsichtlich der Beschäftigungs- und Arbeitsbedingungen in den Unternehmen nicht immer die gleiche Behandlung zuteil wie den übrigen Arbeitnehmern.[127] Nach Einschätzung der Kommission gab es als nicht vollzeitliche und nicht unbefristete Arbeitsverhältnisse vor allem Teilzeitarbeit, Zeitarbeit, Saisonarbeit, Abrufarbeit, Heimarbeit und Telearbeit. Die Richtlinienvorschläge beschränken sich aber auf Teilzeitarbeit und Zeitarbeit. Unter Zeitarbeit als Oberbegriff wird dabei zweierlei verstanden, die Arbeit aufgrund eines befristeten Arbeitsverhältnisses und die Leiharbeit. Anschließend wird lediglich der Inhalt der Richtlinienentwürfe im Hinblick auf die Teilzeitarbeitsverhältnisse analysiert.

---

[125] Wank, RdA 1992, S. 105. Siehe auch Blanpain / Schmidt / Schweibert, S. 217-218.
[126] Rodríguez-Piñero, R. L. Nr. 15-16, 1998, S. 57.

3.1. INHALT DES RICHTLINIENVORSCHLAGS ZU ART. 100 a.F. EGV[128]

a) **Allgemeines**: Der Geltungsbereich des Entwurfs erfaßt alle Teilzeitarbeitnehmer in öffentlichen und privaten Unternehmen und Art. 1 Abs. 1 a) definiert den Begriff *Teilzeitarbeitsverhältnis* als „ein Arbeitsverhältnis, bei dem die Arbeitszeit unter der gesetzlichen, tarifvertraglichen oder gewöhnlichen Arbeitszeit liegt". Art. 1 Abs. 3 nimmt von den Teilzeitarbeitnehmern, auf die der Richtlinienvorschlag Anwendung finden soll, jedoch diejenigen aus, deren wöchentliche Arbeitszeit durchschnittlich unter acht Stunden liegt. Die Kommission begründet diese Begrenzung des personellen Geltungsbereichs damit, dass ein unverhältnismäßig hoher Kostenaufwand vermieden werden sollte.[129] Außerdem fordert Art. 2. Abs. 1 des Vorschlags für Teilzeitbeschäftigte Zugang zu den vom Unternehmen angebotenen Berufsausbildungsmaßnahmen unter vergleichbaren Bedingungen, wie er unbefristet beschäftigten Vollzeitarbeitnehmern gewährt wird. Hier befindet sich eine spezielle Nichtdiskriminierungsklausel.[130]

b) **Betriebsverfassungsrechtliche Bestimmungen**: Nur in dem Richtlinienentwurf über die Arbeitsbedingungen fanden sich betriebsverfassungsrechtliche Regelungen. Art. 2 Abs. 2 regelt die Frage der Berücksichtigung von Teilzeitbeschäftigten für die Einrichtung von Arbeitnehmervertretungsorganen und in diesem Sinne wird eine proportionale Berücksichtigung der Teilzeitarbeitnehmer verlangt. Außerdem betrifft Art. 2 Abs. 3 Satz 1 das Unterrichtungsrecht der Arbeitnehmervertretungsorgane. Nach dieser Vorschrift ist der Betriebsrat bei der Einstellung von Teilzeitarbeitskräften zu beteiligen.

Während die Entwürfe 1982/1983 vor der Einführung lediglich die Anwendung bereits bestehender innerstaatlicher Verfahren zur Information und Konsultation der Arbeitnehmer vorsahen, gehen die neuen Entwürfe weiter: Auch in den Fällen, in denen eine Information der Arbeitnehmer überhaupt nicht vorgesehen ist, sind die Arbeitnehmer nunmehr zu informieren.[131] Dies ist das einzige Recht, das den Arbeitnehmervertretungsorganen in den Vorschlägen zugestanden wird. Weitere qualifizierte Mit-

---

[127] KOM (90) 228 endg.
[128] Abgedruck in RdA 1991, S. 45.
[129] KOM (90) 228 endg. 4.
[130] Vgl. Wank, RdA 1992, S. 106; Schmidt, Teilzeitarbeit in Europa, S. 294– 295.
[131] Schmidt, Teilzeitarbeit in Europa, S. 297.

bestimmungsrechte wie Zustimmungsverweigerung oder Beratung im Sinne von Mitverantwortung werden den Arbeitnehmervertretungsorganen nirgends zugestanden. Nach Auffassung von Wank[132] schlägt hier auch wieder das französische Modell durch, in dem der Betriebsrat lediglich das Recht habe, von Maßnahmen des Arbeitgebers unterrichtet zu werden, ohne auch nur eine geringe, institutionalisierte Chance zu haben, auf die Entscheidung Einfluß zu nehmen.

c) **Sozialrechtliche Bestimmungen**: Gemäß Art. 3 des Entwurfs sollen Teilzeitarbeitnehmer bei der Gewährung von Sach- und Geldleistungen im Rahmen eines Sozialfürsorgesystems oder im Rahmen eines nichtbeitragsgebundenen Systems der sozialen Sicherheit ein Anrecht auf vergleichbare Behandlung wie die unbefristet beschäftigten Vollzeitarbeitnehmer haben. Art. 4 der Richtlinienvorschlag enthält eine spezielle arbeitsrechtliche Nichtdiskriminierungsklausel. Darin wird den Teilzeitbeschäftigten ein Recht auf Zugang zu sämtlichen Sozialdiensten des Unternehmens, die den übrigen Beschäftigten normalerweise zur Verfügung stehen, eingeräumt. Zum Schluß legt Art. 5 dem Arbeitgeber die Pflicht auf, vor der Einstellung unbefristeter Vollzeitarbeitnehmer Teilzeitbeschäftigte rechtzeitig zu unterrichten, damit diese die Möglichkeit haben, von der Teilzeitbeschäftigung zur Vollzeitbeschäftigung zu wechseln. Anders als der Richtlinienvorschlag 1982 enthielt diese Vorschrift eine Pflicht für den Arbeitgeber, beim Freiwerden eines Vollzeitarbeitsplatzes den bereits Teilzeitbeschäftigten vorrangig einzustellen.

d) **Günstigkeitsprinzip**: Art. 9 des Entwurfs über atypische Arbeitsverhältnisse hinsichtlich der Arbeitsbedingungen, stellt den Mitgliedstaaten frei, für ihre Arbeitnehmer weiterhin günstigere Rechts- und Verwaltungsvorschriften anzuwenden oder zu entlassen.

3.2. INHALT DES RICHTLINIENVORSCHLAGS ZU ART. 100 a) a.F. EGV[133]

Der Richtlinienvorschlag, die den selben Geltungsbereich wie der Vorschlag über Arbeitsbedingungen hat (Art. 1), enthält ebenfalls eine sozialrechtliche Klausel der Nichtdiskriminierung. Gemäß Art. 2 sollen Teilzeitbeschäftigte einen sozialen Schutz auf der Grundlage der gesetzlichen und betrieblichen Systeme der sozialen Sicherheit genießen, der unter

---

132 Wank, RdA 1992, S. 106.
133 Abgedruck in RdA 1991, S. 45–46.

Berücksichtigung der Dauer der Arbeit und/oder des Arbeitsentgelts auf der gleichen Grundlage und den gleichen Kriterien beruht, die auch für die unbefristet beschäftigten Vollzeitarbeitnehmer gelten.

Nach Auffassung von Wank[134] ist hier zu beachten, dass dieser Richtlinienvorschlag nicht das Wohl der Teilzeitbeschäftigten im Auge habe, sondern lediglich Wettbewerbsverzerrungen abzubauen. Deshalb sei ein Herangehen auf einer anderen Grundlage geboten. Während nach dem ersten Richtlinienvorschlag der nationale Gesetzgeber zugunsten der atypisch Beschäftigten vom Richtlinienvorschlag abweichen könne, seien bei diesem Richtlinienvorschlag immer die wettbewerbsverzerrenden Aspekte mit zu berücksichtigen. Endlich ist relevant zu bemerken, dass Art. 3 des Richtlinienvorschlags eine spezielle arbeitsrechtliche Nichtdiskriminierungsklausel enthält, nach der Teilzeitarbeitnehmer unter Berücksichtigung der Dauer der Gesamtarbeitsleistung das gleiche Recht auf Jahresurlaub, auf Kündigungsabfindung und auf Dienstalterszulagen wie Vollzeitarbeitnehmer haben sollen.

3.3.GRÜNDE DER ABLEHNUNG DER RICHTLINIENVORSCHLÄGE

Nur aus dem Vorschlag für eine Richtlinie des Rates zur Ergänzung von Maßnahmen zur Verbesserung der Sicherheit und des Gesundheitsschutzes von Zeitarbeitnehmern wurde schließlich am 26. Juni 1991 ein die Mitgliedstaaten bindendes Rechtsinstrument[135] erlassen. Die Richtlinienentwürfe über Arbeitsbedingungen und über Wettbewerbsverzerrungen standen in den Jahren 1991 bis 1994 im Rat beträchtlichen Schwierigkeiten gegenüber.[136]

1994 räumte die deutsche Präsidentschaft im Rat der Abwicklung dieser Vorschläge höchste Priorität ein und legte dem Ministerrat einen sogenannten Kompromissvorschlag vor, der die beiden Richtlinienvorschläge zu einem einzigen zusammenfaßte. Auf der Sitzung des Ständigen Ausschusses für Beschäftigung am 22. September 1994, auf der die Sozialminister Vertreter der Sozialpartner auf EU-Ebene trafen, fand eine gründliche Debatte darüber statt, dass es sehr notwendig sei, Teilzeitarbeit attraktiv zu gestalten und Teilzeitkräfte nicht zu

---

[134] Wank, RdA 1992, S. 107.
[135] Richtlinie 91/383/EG zur Ergänzung von Maßnahmen zur Verbesserung der Sicherheit und des Gesundheitsschutzes von Arbeitnehmern mit befristetem Arbeitsverhältnis oder Leiharbeitsverhältnis, ABl. EG vom 29.7.1991, Nr. L 209, S. 19.
[136] Kritisch über die Qualität der Gesetzgebungstechnik der EG-Richtlinienvorschläge: Wank, RdA 1992, S. 113.

diskriminieren. Denn dieses seien Grundvoraussetzungen, damit dieser Form der Arbeit einen vernünftigen Beitrag zur Verringerung von Arbeitslosigkeit in Europa leisten könne.[137] Trotz der weit anerkannten Relevanz einer Regulierung der Teilzeitarbeit auf der europäischen Ebene fanden diese Initiativen nicht die notwendige Zustimmung aller Mitgliedstaaten.

II. DIE RICHTLINIE 97/81/EG ÜBER TEILZEITARBEIT

Am 15. Dezember 1997, nach über fünfzehn Jahren geführter Auseinandersetzungen, haben die Arbeitsminister der EU-Mitgliedstaaten den von der Kommission vorgelegten Vorschlag für eine „Richtlinie des Rates zu der von UNICE, CEEP und EGB geschlossenen Rahmenvereinbarung über Teilzeitarbeit"[138] beschlossen.[139] Sie ist nach der Richtlinie über den Elternurlaub[140] der zweite gesetzgeberische Akt der Europäischen Union, der sich auf das Verfahren nach Art. 139 EGV (ex-Art. 4. ASP) stützt und eine Vereinbarung der Sozialpartner in europäisches Recht umsetzt.[141]

1. EINFÜHRUNG

Im Juli 1994 veröffentlichte die Kommission ihr Weißbuch über die Zukunft der europäischen Sozialpolitik,[142] in dem sie ihren Willen bekräftigt, in diesem Bereich Fortschritte zu erzielen, und in Kapitel III festhält, „dass der Annahme der Vorschläge über atypische Beschäftigungsverhältnisse durch den Rat höchste Priorität einzuräumen ist. Die Maßnahmen müssen auch die Grundsätze des im Juni 1994 verabschiedeten IAO-Übereinkommens zur Teilzeitarbeit berücksichtigen. Wenn im Rat bis Ende 1994 keine Fortschritte zu erreichen sind, wird die Kommission Konsultationen mit den Sozialpartnern auf der Grundlage des Abkommens über die Sozialpolitik in die Wege leiten".[143] Außerdem betonen die Schlußfolgerungen des Europäischen Rates von Essen nachdrücklich die Notwendigkeit von

---

[137] Siehe Buschmann / Dieball / Stevens-Bartol, TZA, S. 198.
[138] ABl. EG vom 20.1.1998, Nr. L 14, S. 9. Auch abgedruck in ArbuR 1997, S. 318 ff.; geändert durch Richtlinie 98/23/EG vom 7.4.1998, ABl. EG vom 5.5.1998, Nr. L 131, S. 10.
[139] Kritisch dazu: Kreimer-de Fries, EU-Teilzeitvereinbarung – kein gutes Omen für die Zukunft der europäischen Verhandlungsebenen, ArbuR 1997, S. 314 ff.
[140] Richtlinie 96/34/ EG, ABl. EG vom 3.6.1996, Nr. L 145.
[141] Vgl. Treber, ZTR 1998, S. 250; Schmidt, Die neue EG-Richtlinie zur Teilzeitarbeit, NZA 1998, S. 576; Ballester, La adecuación de la normativa española a la Directiva 97/81 sobre trabajo a tiempo parcial, R.L. Nr. 15-16, 1998, S. 75; Pradas Montilla, El contrato a tiempo parcial, Documentación Laboral, Nr. 55, 1998, S. 5 ff.
[142] KOM (94) 333 endg., vom 27.7.1994.
[143] Zit. in KOM (97) 392 endg., S. 1

Maßnahmen zur Förderung der Beschäftigung und Chancengleichheit zwischen Frauen und Männern und fordern Maßnahmen zur „Steigerung der Beschäftigungsintensität des Wachstums, insbesondere durch eine flexiblere Organisation der Arbeit, die sowohl den Wünschen der Arbeitnehmer als auch den Erfordernissen des Wettbewerbs gerecht wird".[144]

Angesichts des mangelnden Fortschritts im Rat entschied sich die Kommission für das in Art. 3 des Abkommens über die Sozialpolitik vorgesehene Verfahren. Am 27. September 1995 erklärte sie sich damit einverstanden, die Anhörung der Sozialpartner gemäß Art. 3 Abs. 2 des genannten Abkommens auf der Grundlage des Abkommens einzuleiten. Im mittelfristigen Aktionsprogramm der Kommission für 1995–1997[145] kündigt die Kommission an, Beratungen mit den Sozialpartnern zum Thema Flexibilisierung der Arbeitszeit und Absicherung der Arbeitnehmer zu beginnen. So wurde den Sozialpartnern ein von der Kommission erarbeitetes Konsultationsdokument vorgelegt, das inhaltlich an die zwei Richtlinienvorschläge zu sogenannten atypischen Beschäftigungsverhältnisse anknüpfte, aber die Argumentation ist jedoch grundlegend geändert worden. Während ursprünglich diese Arbeitsverhältnisse als „schlechte" Arbeitsverhältnisse angesehen wurden und im Vergleich zu den Vollzeitarbeitsverhältnissen auf unbestimmte Dauer eingeschränkt werden sollten, hebt die Kommission nunmehr ihren positiven Beschäftigungseffekt hervor.[146] In ihrem an die Sozialpartner gerichteten Text stellt die Kommission eine klare Verbindung zwischen der Entwicklung von Formen der Teilzeitarbeit sowie befristeten Arbeitsverhältnissen und dem Problem der Schaffung von Arbeitsplätzen her. Die Kommission schlägt vor, dass insbesondere Teilzeitarbeit, die sowohl für Arbeitgeber als auch für Arbeitnehmer gewisse Vorteile hat, ein wichtiges Potential zur Schaffung weiterer Arbeitsplätze[147] bietet und von Anklängen einer Beschäftigung zweiter Klasse befreit werden muss. Außerdem war die Kommission dabei der Auffassung, dass eine Reihe von Grundregeln erforderlich waren, die die Notwendigkeit einer Flexibilität in Unternehmen mit dem Bedürfnis in Einklang bringt,

---

[144] KOM (97) 392 endg., S.2.
[145] KOM (95) 134 endg.
[146] Goos, Atypische Arbeitsverhältnisse: Initiative der Kommission, EuroAS 1996, S. 79, zit. von Buschmann / Dieball / Stevens-Bartol, TZA, S. 200. In selbem Sinne Rodríguez-Piñero, R. L. Nr. 15-16, 1998, S. 58; González-Posada, El acuerdo marco sobre el trabajo a tiempo parcial y la Directiva 97/81/CE, S. 29.
[147] Siehe Erstes Kapitel, Teil C, Abschnitt 5 über die Vorteile der Teilzeitarbeit als Instrument zur Förderung der Arbeit und zur Abschaffung der Arbeitslosigkeit.

ordnungsgemäße Arbeitsbedingungen für diese atypischen Arbeitskräfte sicherzustellen.[148] Diese neue arbeitspolitische Richtung steht auch in Einklang mit dem Art. 7 der Gemeinschaftscharta der sozialen Grundrechte der Arbeitnehmer, der unter anderem folgendes vorsieht: „Die Verwirklichung des Binnenmarktes muss zu einer Verbesserung der Lebens- und Arbeitsbedingungen der Arbeitnehmer in der Europäischen Gemeinschaft führen. Dieser Prozess erfolgt durch eine Angleichung dieser Bedingungen auf dem Wege des Fortschritts und betrifft namentlich andere Arbeitsformen als das unbefristete Arbeitsverhältnis, wie das befristete Arbeitsverhältnis, Teilzeitarbeit, Leiharbeit und Saisonarbeit".

Den Antworten der Sozialpartner auf die Konsultation der Kommission war zu entnehmen, dass der leitende Grundsatz der Nichtdiskriminierung der Arbeitnehmer, der für die neuen flexiblen Arbeitsformen gelten sollte, große Unterstützung fand. Dieser Grundsatz gewährleistet, dass ihnen die gleiche Behandlung wie Vollzeitbeschäftigten und Beschäftigten mit einem unbefristeten Arbeitsvertrag zuteil wird. Obwohl die Meinungen hinsichtlich Form und Ebene der einzuleitenden Maßnahmen sehr unterschiedlich waren, erklärten sich die meisten Sozialpartner dazu bereit, eine aktive Rolle bei der Ausarbeitung der entsprechenden Grundsätze und bei ihrer Umsetzung, insbesondere im Zuge von Tarifverhandlungen auf angemessener Ebene, zu spielen.[149]

Nach Prüfung der eingegangenen Reaktionen kam die Kommission zu der Auffassung, dass eine Gemeinschaftsaktion wünschenswert wäre und beschloß am 9. April 1996, die zweite Anhörung der Sozialpartner entsprechend Art. 3 Abs. 3 des Abkommens über die Sozialpolitik einzuleiten. Am 19. Juni 1996 kündigten drei Organisationen: UNICE (Union der Industrie- und Arbeitgeberverbände Europas), CEEP (Europäischer Zentralverband der öffentlichen Wirtschaft) und EGB (Europäischer Gewerkschaftsbund) ihre Absicht an, Verhandlungen zu diesem Thema und insbesondere zur Teilzeitarbeit aufnehmen zu wollen. Am 12. März 1997 haben diese Organisationen entsprechend Art. 3 Abs. 4 des Abkommens über die Sozialpolitik um eine dreimonatige Fristverlängerung gebeten, der von der Kommission zugestimmt worden ist.[150] Am 6. Juni 1997 einigten sich die Sozialpartner

---

[148] Vgl. Buschmann / Dieball / Stevens-Bartol, TZA, S. 200.
[149] Siehe KOM (97) 392 endg., S. 2.
[150] KOM (97) 392 endg., S. 2.

(UNICE, CEEP und EGB) auf eine europäische Rahmenvereinbarung über Teilzeitarbeit und haben bei der Kommission beantragt, diese in dem Verfahren nach dem Art. 4 Abs. 2 des Abkommens über die Sozialpolitik dem Rat der Europäischen Union zum Beschluß vorzulegen. Es ist jedoch zu berücksichtigen, dass obwohl das bei der zweiten Anhörung vorgelegte Papier „die Flexibilisierung der Arbeitszeit und die Absicherung der Arbeitnehmer" andere Arbeitsformen als Vollzeitbeschäftigung und unbefristete Arbeitsverhältnisse zum Gegenstand hatte, wollten die Sozialpartner der Teilzeitarbeit besondere Aufmerksamkeit schenken.[151] Gleichzeitig kündigten sie ihre Absicht an, zu prüfen, ob vergleichbare Rahmenvereinbarungen[152] für andere Arbeitsformen erforderlich sind.[153]

Gemäß des damaligen Art. 4 Abs. 2 des Abkommens über die Sozialpolitik erfolgt die Durchführung der auf Gemeinschaftsebene geschlossenen Rahmenvereinbarung in den durch Art. 2 erfaßten Bereichen auf gemeinsamen Antrag der Unterzeichnerparteien durch einen Beschluß des Rates auf Vorschlag der Kommission. Im vorliegenden Fall war das von der Kommission vorgeschlagene Rechtsinstrument eine Richtlinie. Die Rahmenvereinbarung über Teilzeitarbeit fällt in den in Art. 2 Abs. 1 des Abkommens über die Sozialpolitik genannten Bereich der Arbeitsbedingungen, der zu den Bereichen gehört, in denen der Rat mit qualifizierter Mehrheit beschließt. Somit bildet Art. 2 Abs. 2 des Abkommens die angemessene Rechtsgrundlage für den Vorschlag der Kommission.[154] Diese Rechtsgrundlage wurde später als rechtliches Fundament der Richtlinie 97/81/EG berücksichtigt.[155]

2. INHALT DER RICHTLINIE

Vor der Analyse der Inhalt der Richtlinie über Teilzeitarbeit ist zu bemerken, dass die Rahmenvereinbarung der Sozialpartner ein unabhängiger Teil innerhalb der Richtlinie ist.[156] Dies erklärt sich aufgrund der eigenen Merkmale des Sozialen Dialogs als Quelle arbeitsrechtlicher Vorschriften auf der europäischen Ebene. Die Kommission vertritt die Ansicht, dass ein Beschluß des Rates sich darauf beschränken soll, die Bestimmungen der zwischen

[151] Siehe Erwägungsgrund Nr. 11, Richtlinie 97/81/EG.
[152] 1999 haben die selbe Sozialpartner eine Rahmenvereinbarung über befristete Arbeitsverträge abgeschlossen: Richtlinie 99/70/EG, ABl. EG vom 10.7.1999, Nr. L 175, S. 43.
[153] KOM (97) 392 endg., S. 3.
[154] KOM (97) 392 endg., S. 8.
[155] Siehe Erwägungsgrund Nr. 18, Richtlinie 97/81/EG.

den betreffenden Sozialpartnern geschlossenen Vereinbarungen verbindlich zu machen; der Wortlaut der Vereinbarung wäre somit nicht Bestandteil des Beschlusses, sondern würde diesem als Anlage beigefügt.[157] Der Rat hat sich also im Verfahren nach dem Art. 4 Abs. 2 des Sozialabkommens darauf beschränkt, die Vereinbarung der Sozialpartner verbindlich zu machen, deswegen ist die Richtlinie nur als das Durchführungsinstrument der Rahmenvereinbarung konzipiert. Der Text der Teilzeitvereinbarung wird nicht in die Richtlinie aufgenommen, sondern nur als Anlage beigefügt.[158] Infolgedessen ist der Inhalt der Richtlinie im Allgemeinen gering: Art. 1 legt die Durchführung der Rahmenvereinbarung fest und Art. 2 bis 4 enthalten die näheren Details zu Standardverfahrensfragen der praktischen Durchführung. Es wurden nur die Bestimmungen in die Richtlinie aufgenommen, die unabdingbar waren.[159]

Art. 2 der Richtlinie bezieht sich auf die Umsetzung und bestimmt, dass die Mitgliedstaaten alle Rechts- und Verwaltungsvorschriften, die erforderlich sind, um der Richtlinie nachzukommen, bis zum 20. Januar 2000 in Kraft setzen sollen oder sich bis zu diesem Zeitpunkt vergewissern, dass die Sozialpartner im Wege einer Vereinbarung die erforderlichen Vorkehrungen getroffen haben; dabei haben die Mitgliedstaaten alle notwendigen Maßnahmen zu treffen, um jederzeit gewährleisten zu können, dass die durch die Richtlinie vorgeschriebenen Ergebnisse erzielt werden.[160] In Verbindung mit der Umsetzungsbestimmung der Richtlinie sind die allgemeinen Erwägungen Nr. 6 und 8 der Rahmenvereinbarung zu berücksichtigen, in denen sich die Grundideen der Unterzeichnerparteien über die Form der Umsetzung ausdrücken. So wird zum einen in der allgemeinen Erwägung Nr. 6 den Mitgliedstaten und den Sozialpartnern überlassen, die Anwendungsmodalitäten der allgemeinen Grundsätze, Mindestvorschriften und Bestimmungen zu definieren, um so der jeweiligen Situation der einzelnen Mitgliedstaaten Rechnung zu tragen. Zum anderen wird in

---

[156] Vgl. Steinmeyer, RdA 2001, S. 20.
[157] KOM (97) 392 endg., S. 8.
[158] In diesem Sinne auch: Treber, ZTR 1998, S. 251 und Rodríguez-Piñero, R. L. Nr. 15-16, 1998, S. 68.
[159] In diesem Sinne: Buschmann / Dieball / Stevens-Bartol, TZA, S. 203.
[160] Die Bundesrepublik Deutschland hat von dem Recht auf Verlängerung der Umsetzungsfrist Gebrauch gemacht, und die Kommission hat ihr eine Fristverlängerung bis zum 20.1.2001 gewährt. Zur Begründung wurde angeführt, dass in dem anstehenden nationalen Gesetzgebungsprozess auch rechtliche Veränderungen durch die Richtlinie über befristete Arbeitsverhältnisse Berücksichtigung finden sollen. Die Richtlinie über Teilzeitarbeit wurde endlich durch das TzBfG vom 21.12.2000 im deutschen Arbeitsrecht umgesetzt. Zum Thema siehe drittes Kapitel.

der Erwägung Nr. 8 anerkannt, dass die Sozialpartner am besten in der Lage sind, Lösungen zu finden, die den Bedingungen der Arbeitgeber und der Arbeitnehmer gerecht werden; daher ist ihnen eine besondere Rolle bei der Umsetzung und Anwendung dieser Vereinbarung einzuräumen.

Art. 3 der Richtlinie 97/81/EG bezieht sich auf das Inkrafttreten der Richtlinie, die am Tag ihrer Veröffentlichung[161] im Amtsblatt der Europäischen Gemeinschaft im Kraft getreten ist. Endlich ist die Richtlinie gemäß Art. 4 an die Mitgliedstaaten gerichtet. Nach der Änderung der Richtlinie 97/81/EG durch die Richtlinie 98/23/EG[162] vom 7. April 1998 ist der Begriff „Mitgliedstaaten" in der Richtlinie über Teilzeitarbeit so auszulegen, dass er auch Großbritannien und Nordirland einbezieht. Nachdem das Abkommen über die Sozialpolitik in der EGV eingefügt wurde, wurde ferner darauf hingewiesen, dass ein Weg gefunden werden müsste, der Bereitschaft des Vereinigten Königsreich Rechtswirkung zu verleihen, den Richtlinien, die bereits aufgrund dieses Abkommen erlassen wurden und den Richtlinien, die gegebenenfalls vor dem Inkrafttreten des neuen Vertrags erlassen werden, zuzustimmen. Diese Initiativ ist von großer Relevanz, denn sie bedeutet das Ende der sogenannten „Sozialpolitik der zwei Geschwindigkeiten". Die Kommission[163] war der Auffasung, dass die Nichtanwendung der Richtlinie 97/81/EG in Großbritannien und Nordirland sich unmittelbar auf das Funktionieren des Binnenmarts ausgewirken werde. Nur eine vollständige Umsetzung der Rahmenvereinbarung über Teilzeitarbeit, insbesondere des Grundsatzes der Nichtdiskriminierung zwischen Teilzeitbeschäftigten und Vollzeitbeschäftigten, in allen Mitgliedstaaten werde das Funktionieren des Binnenmarkts verbessern.

3. ANALYSE DES INHALTS DER RAHMENVEREINBARUNG ÜBER TEILZEITARBEIT

3.1. PRÄAMBEL UND ALLGEMEINE ERWÄGUNGEN

Die Präambel der Richtlinie gibt überblicksartig die rechtlichen Bedingungen und politischen Absichtserklärungen sowie die Entstehungsgeschichte der Rahmenvereinbarung der Sozial-

---

[161] ABl. EG Nr. L 14 vom 20.1.1998.
[162] ABl. EG vom 5.5.1998, Nr. L 131, S. 10.
[163] Siehe Erwägungen der Richtlinie 98/23/EG.

partner über Teilzeitarbeit wieder.[164] In diesem Sinne wird die Rahmenvereinbarung in der Präambel ausdrücklich als „ein Beitrag zur allgemeinen europäischen Beschäftigungsstrategie" konzipiert. Da die Teilzeitarbeit in den letzten Jahren einen erheblichen Einfluß auf die Beschäftigungsgrundlage hatte, haben die unterzeichnenden Sozialpartner aus diesem Grunde der Teilzeitarbeit vorrangige Beachtung eingeräumt. Nach Einschätzung der Sozialpartner legt diese Vereinbarung in Anerkennung der Vielfalt der Verhältnisse in den Mitgliedstaaten und in der Erkenntnis, dass die Teilzeitarbeit ein Merkmal der Beschäftigung in bestimmten Branchen und Tätigkeiten ist, die allgemeinen Grundsätze und Mindestvorschriften für die Teilzeitarbeit nieder. Außerdem macht diese tatsächliche Bedeutung der Teilzeitarbeit den Willen der Sozialpartner deutlich, einen allgemeinen Rahmen für die Beseitigung von Diskriminierungen von Teilzeitbeschäftigten zu schaffen und einen Beitrag zur Entwicklung der Teilzeitarbeitsmöglichkeiten auf einer für Arbeitgeber und Arbeitnehmer akzeptablen Grundlage zu leisten. Allerdings hebt Nr. 16 der Präambel explizit hervor, dass die Richtlinie es den Mitgliedstaaten überlässt, die in der Rahmenvereinbarung nicht näher definierten Begriffe entsprechend ihrem nationalen Recht und/oder ihrer nationalen Praxis entsprechend zu definieren, wenn sie inhaltlich der Rahmenvereinbarung entsprechen. Auf Sanktionsmöglichkiten bei Nichtumsetzung oder fehlerhafter Umsetzung wird aber nicht hingewiesen.[165]

Der Grundsatz der Nichtdiskriminierung ist eine der Leitideen, die die Rahmenvereinbarung inspiriert, aber dieser Grundsatz und die andere Vorschriften über die Teilzeitarbeit beruhen nur auf den Beschäftigungsbedingungen. Die Sozialpartner haben den Bereich der sozialen Sicherheit, aufgrund des Vorrangs der mitgliedstaatlichen Regelung, den die Sozialpartner in der Präambel ihrer Rahmenvereinbarung anerkannt haben, ausgeklammert.[166] So sieht die Präambel vor: „Die Vereinbarung erstreckt sich auf die Beschäftigungsbedingungen von Teilzeitbeschäftigten und erkennt an, dass Fragen der gesetzlichen Regelung der sozialen Sicherheit der Entscheidung der Mitgliedstaaten unterliegen. Die Unterzeichnerparteien haben im Sinne des Grundsatzes der Nichtdiskriminierung von der Erklärung zur Beschäftigung des Europäischen Rates von Dublin im Dezember 1996 Kenntnis genommen, in welcher der Rat

[164] Buschmann / Dieball / Stevens-Bartol, TZA, S. 203.
[165] Buschmann / Dieball / Stevens-Bartol, TZA, S. 203.

unter anderem betont, dass die Systeme der sozialen Sicherheit beschäftigungsfreundlicher gestaltet werden sollten, indem ‚Systeme der Sozialen Sicherheit entwickelt werden, die sich an neue Arbeitsstrukturen anpassen lassen und die jedem, der im Rahmen solcher Strukturen arbeitet, auch einen angemessenen sozialen Schutz bieten'. Die Unterzeichnerparteien sind der Ansicht, dass diese Erklärung in die Praxis umgesetzt werden sollte".

Hier unterscheidet sich die erlassene Richtlinie von den vorherigen Richtlinienentwürfen der Kommission über Teilzeitarbeit, in denen der Bereich der sozialen Sicherheit ein Teil des Inhalts war. Wie die Mitgliedstaaten in der Praxis einen passenden sozialrechtlichen Schutz für Teilzeitbeschäftigte gewährleisten werden, ist eine Frage, die nur nach einer späteren Evaluation der tatsächlichen Effekte der Anwendung dieser Richtlinie beantwortet werden kann. Aber es ist abzusehen, dass ein Mangel an sozialrechtlichen Vorschriften wahrscheinlich einige Probleme für die Teilzeitarbeitnehmer verursachen wird, angesichts der unterschiedlichen Rechtslage, die zwischen den Mitgliedstaaten der Europäischen Union besteht.[167] Eine Verpflichtung der Mitgliedstaaten zur Gleichbehandlung der Teilzeitarbeitnehmer in den Systemen der sozialen Sicherheit hätte zur Verbesserung der sozialen Situation der Teilzeitarbeitnehmer erheblich beitragen können. Dies gilt umso mehr, als der EuGH[168] bei der Beantwortung der Frage, unter welchen Voraussetzungen eine mittelbare Diskriminierung wegen des Geschlechts im Bereich der Sozialen Sicherheit zu verneinen ist, erheblich stärkere Zurückhaltung übt als in dem Bereich, der nach deutschem Verständnis dem Arbeitsrecht zuzuordnen ist. Ob die Sozialpartner in einer Vereinbarung im Sinne von Art. 4 Abs. 1 ASP eine solche Verpflichtung jedoch wirksam hätten begründen können, erscheint allerdings fraglich.[169] Die Sozialpartner selbst vertreten in der Präambel der Rahmenvereinbarung die Auffassung, Fragen der sozialen Sicherheit unterlägen der Entscheidung der Mitglied-

---

[166] Treber, ZTR 1998, S. 252; González-Posada, El acuerdo marco sobre el trabajo a tiempo parcial y la Directiva 97/81/CE, S. 33.

[167] Ein Beispiel in diesem Sinne sind die Probleme der geringfügigen Beschäftigungsverhältnisse und ihrer Ausschluß aus der Sozialversicherung im deutschen Sozialrecht. Dies hat eine reiche Rechtsprechung des EuGH über die Vereinbarkeit des deutschen Rechts über die geringfügige Beschäftigung und die Vorschriften der Richtlinie 79/7/EG veranlassen. Zum Thema siehe viertes Kapitel, Teil B.

[168] Über die Rechtsprechung des EuGH zum Verbot der mittelbaren Diskriminierung aus Art. 4 Richtlinie 79/7/EG siehe: Entscheidung vom 4.12.1986, Rs. 71/85 (FNV) Slg. 1986, 3855 (3875); bestätigt in den Entscheidungen vom 24.6.1987, Rs. 385/85 (Borrie-Clark) Slg. 1987, 2865 (2881); vom 13.12.1989, Rs. C-102/88 (Ruzius-Wilbrink) Slg. 1989, 4311 (4332); vom 11.7.1991, Rs. C-31/90 (Johnson), Slg. 1991, 3723 (3754). Ausführlich: Schmidt, Teilzeitarbeit in Europa, S. 173 ff.

staaten.[170] Auf diesem Grund wurde die Rahmenvereinbarung der Sozialpartner im Vergleich zu den früheren Richtlinienentwürfen bereits im Europäischen Parlament als ein „minimalistisches Regelungswerk“[171] bezeichnet. Deshalb hat auch der DGB im Exekutivauschuß – ebenso – wie andere Mitglieder gegen die Rahmenvereinbarung gestimmt.[172]

Andererseits sind die folgenden Grundgedanken der Sozialpartner, die unter den allgemeinen Erwägungen der Rahmenvereinbarung eine Anerkennung finden, zu berücksichtigen:

- Die Sozialpartner bewerten die Maßnahmen, die den Zugang zur Teilzeitarbeit für Frauen und Männer erleichtern, und zwar im Hinblick auf die Vorbereitung des Ruhestands, die Vereinbarkeit von Beruf und Familienleben sowie die Nutzung von allgemeinen und beruflichen Bildungsmöglichkeiten zur Verbesserung ihrer Fertigkeiten und ihres beruflichen Fortkommens, im beiderseitigen Interesse der Arbeitgeber und der Arbeitnehmer und auf eine Weise, welche die Entwicklung der Unternehmen begünstigt.

- Die Vereinbarung berücksichtigt die Notwendigkeit, die sozialpolitischen Anforderungen zu verbessern, die Wettbewerbsfähigkeit der Wirtschaft der Gemeinschaft zu stärken, und zu vermeiden, dass verwaltungstechnische, finanzielle und rechtliche Zwänge auferlegt werden, welche die Gründung und Entwicklung von kleinen und mittleren Unternehmen hemmen könnten.

3.2. ZIELE DER RAHMENVEREINBARUNG

Nach § 1 soll die Rahmenvereinbarung: Zum einen die Beseitigung von Diskriminierungen von Teilzeitbeschäftigten sicherstellen und die Qualität der Teilzeitarbeit verbessern und zum anderen die Entwicklung der Teilzeitarbeit auf freiwilliger Basis fördern und zu einer flexiblen Organisation der Arbeitszeit beitragen, die den Bedürfnissen der Arbeitgeber und der Arbeitnehmer Rechnung tragen.

---

[169] Siehe Birk, Vereinbarungen der Sozialpartner im Rahmen des sozialen Dialogs und ihre Durchführung, EuZW 1997, S. 453 ff.
[170] Schmidt, NZA 1998, S. 578.
[171] Treber, ZTR 1998, S. 253.
[172] Kreimer-de Fries, ArbuR 1997, S. 314–315.

Diese doppelte Bewertung – die Beseitigung von Diskriminierungen und die Förderung der Teilzeitarbeit – findet auch ihre Reflektion im Inhalt der Rahmenvereinbarung, in der restriktive Maßnahmen mit Maßnahmen zur Förderung der Teilzeitarbeit kombiniert werden.[173]

3.3. GELTUNGSBEREICH UND DEFINITIONEN

Gemäß § 2 Abs. 1 gilt die Rahmenvereinbarung für Teilzeitbeschäftigte, die „nach den Rechtsvorschriften, Tarifverträgen oder Gepflogenheiten in dem jeweiligen Mitgliedstaat einen Arbeitsvertrag haben oder in einen Arbeitsverhältnis stehen". Damit verweist die Rahmenvereinbarung auf den jeweiligen nationalen Arbeitnehmerbegriff[174] und stellt eindeutig fest, dass die Teilzeitarbeit, als Arbeitsvertrag, eine besondere Art von Arbeitsverhältnis begründet.

Die *Teilzeitbeschäftigten* sind dabei nach § 3 Abs. 1 als „ein Arbeitnehmer, dessen normale, auf Wochenbasis oder als Durchschnitt eines bis zu einem Jahr reichenden Beschäftigungszeitraumes berechnete Arbeitszeit unter der eines vergleichbaren Vollzeitbeschäftigten liegt", definiert. In Abs. 2 dieser Vorschrift wird der *vergleichbaren Vollzeitbeschäftigte* begrifflich wie „ein Vollzeitbeschäftigter desselben Betriebs mit derselben Art von Arbeitsvertrag oder Beschäftigungsverhältnis, der in der gleichen oder einer ähnlichen Arbeit / Beschäftigung tätig ist, bestimmt, wobei auch die Betriebszugehörigkeitsdauer und die Qualifikationen / Fertigkeiten sowie andere Erwägungen heranzuziehen sind". Vorausgesetzt, dass in demselben Betrieb kein vergleichbarer Vollzeitbeschäftigter vorhanden ist, „so erfolgt der Vergleich anhand des anwendbaren Tarifvertrages oder, in Ermangelung eines solchen, gemäß der gesetzlichen oder tarifvertraglichen Bestimmungen oder der nationalen Gepflogenheiten".

Nach Ansicht von Rodríguez-Piñero[175] ist als besonderes Merkmal der Rahmenvereinbarung zu berücksichtigen, dass der Kern der Vereinbarung nicht die Definition der Teilzeitbeschäftigten, sondern die Definition der vergleichbaren Vollzeitbeschäftigten sei, und nach der Identifikation solch vergleichbarer Arbeitnehmer werde die Regulierung der Teilzeitarbeit

---

[173] Rodríguez-Piñero, R. L. Nr. 15-16, 1998, S. 69.
[174] In diesem Sinne: Schmidt, NZA 1998, S. 576.
[175] Rodríguez-Piñero, R. L. Nr. 15-16, 1998, S. 69–70.

organisiert. Im Besonderen spiele der Begriff des vergleichbaren Vollzeitarbeitnehmers zwei wichtige Rollen in der Rahmenvereinbarung: Zum einen mache er die Definition der Teilzeitbeschäftigte möglich und zum anderen bestimme er die Arbeitsbedingungen der Teilzeitarbeitnehmer in Bezug auf Vergleich und Proportionalität gegenüber den Vollzeitarbeitnehmer.

Im Gegensatz zu den Vorschlägen von 1990, deren Geltungsbereich ausdrücklich auf Teilzeitarbeitnehmer mit einer durchschnittlichen wöchentlichen Arbeitszeit von mindestens acht Stunden begrenzt war, erfaßt die Rahmenvereinbarung alle Teilzeitarbeitnehmer unabhängig von der Dauer ihrer durchschnittlichen Arbeitszeit.[176] Es ist auch wichtig zu bemerken, dass nach den Definitionen der Rahmenvereinbarung das Arbeitszeitmaß der Teilzeitarbeit die Woche oder der Durchschnitt eines bis zu einem Jahr reichenden Beschäftigungszeitraumes ist. Der Tag oder der Monat sind nicht als Berechnungsmaßstab der Arbeitszeit berücksichtigt, was ein hohes Maß an Flexibilität und Gebrauchsmöglichkeiten dieser Beschäftigungsform gewährleistet. Es ist also im Bereich des Betriebes, wo sich die Teilzeitarbeit gemäß der besonderen Organisation der Arbeit konkretisieren wird.[177]

3.4. AUSCHLUSSBESTIMMUNG

Eine Ausklammerung von Teilzeitarbeitnehmern vom Geltungsbereich der Rahmenvereinbarung ist nur gemäß § 2 Abs. 2 möglich. Nach dieser Bestimmung „können die Mitgliedstaaten und/oder die Sozialpartner auf der entsprechenden Ebene in Übereinstimmung mit den einzelstaatlichen Praktiken im Bereich der Arbeitsbeziehungen aus sachlichen Gründen Teilzeitbeschäftigte, die nur gelegentlich arbeiten, ganz oder teilweise ausschließen. Dieser Ausschluss sollte regelmäßig daraufhin überprüft werden, ob die sachlichen Gründe, auf denen er beruht, weiter vorliegen".

Diese Ausschlussvorschrift scheint im Prinzip sehr restriktiv zu sein, weil sie der Existenz von sachlichen Gründen bedarf, und außerdem, weil der Ausschluss nicht unbestimmt in der Zeit sein darf, da das weitere Vorliegen der sachlichen Gründe regelmäßig überprüft werden

[176] Schmidt, NZA 1998, S. 577.
[177] González-Posada, El acuerdo marco sobre el trabajo a tiempo parcial y la Directiva 97/81/CE, S. 34.

soll. Trotz bleibt unklar, welche Personen nach der Intention der Sozialpartner nur „gelegentlich“[178] beschäftigte Teilzeitarbeitnehmer sind. Unter Berücksichtigung der Richtlinienerwägung Nr. 6 ist der Begriff „*gelegentlich*“ von den Mitgliedstaaten und den Sozialpartnern zu definieren. Damit verzichtet die Rahmenvereinbarung auf die Festlegung näherer Kriterien, wie es z.B. im Jahre 1990 im Richtlinienentwurf zu den Wettbewerbsbedingungen geschehen ist. Durch den breiten Gestaltungsspielraum, den die wenig eindeutige Wortwahl lässt, ist die unterschiedliche Ausgestaltung der Richtlinie in den Mitgliedstaaten geradezu vorgezeichnet. Der übergreifende Gesichtspunkt, den die Rahmenvereinbarung nach ihrer Präambel schaffen will, wird dadurch auf einem inhaltlich niedrigen Niveau gehalten. Allenfalls das Merkmal des sachlichen Grundes kann eine zu unterschiedliche nationale Ausdifferenzierung verhindern helfen.[179]

Rodríguez-Piñero[180] meint, dass der Ausdruck „gelegentliche Arbeit“ sich nicht auf eine bestimmte Form der Teilzeitarbeit beziehe und dass dieser Ausdruck nicht in einer relativen, sondern in einer absoluten Form bewertet sein solle, d.h. der Ausschluss könne sich auf einen Arbeitsvertrag mit einer Arbeitszeit von wenigen Tagen oder Stunden beziehen, aber nicht auf einen Vertrag von wenigen Stunden in der Woche oder von wenigen Tagen im Jahr. Eine andere Auslegung könnte ein Verstoß gegen das europäische Recht verursachen und außerdem solle nicht vergessen werden, dass die Redaktion dieser Ausschlussbestimmung ganz anders sei als die Redaktion der Richtlinienvorschläge der 90er Jahre, in denen eine quantitative Grenze der Arbeitszeit, um die Ausnahme zu rechtfertigen, bestimmt gewesen sei.

Diese Vorschrift des § 2 Abs. 2, die keine Verankerung in den früheren Richtlinienvorschlägen über Teilzeitarbeit findet, ist angesichts ihrer Redaktion sehr problematisch, weil sie verschiedene Situationen von unpassendem Schutz für Teilzeitarbeitnehmer mit geringerer Arbeitszeit verursachen kann. Es ist kritisierbar, dass die Rahmenvereinbarung eine so

---

[178] Schwellenwerte für die Begriffdefinition von „gelegentlich“ Beschäftigten werden nicht genannt. Nach Ansicht von Treber (ZTR 1998, S. 296) betrifft diese Vorschrift der Rahmenvereinbarung den Personenkreis des § 8 Abs. 1 Nr.1 SGB IV – geringfügig entlohnte Beschäftigung – nicht, da diese wöchentlich arbeiten. Allerdings ist § 8 Abs. 1 Nr. 2 SGB IV – kurzfristige Beschäftigung – einschlägig. Siehe auch: Buschmann / Dieball / Stevens-Bartol, TZA, S. 206.

[179] Treber, ZTR 1998, S. 255.

[180] Rodríguez-Piñero, R. L. Nr. 15-16, 1998, S. 70.

unpräzise Ausschlussbestimmung enthält, die sogar gegen die einzigen verfolgten Ziele dieses Rechtsaktes wirken kann. Wenn die Rahmenvereinbarung eine effektive Verbesserung der Lebens- und Arbeitsbedingungen der Teilzeitbeschäftigten sowie die Förderung dieser Arbeitsform angesichts ihrer positiven Beschäftigungseffekte versucht, sollte ein deutlicher Regelungsrahmen vorgesehen worden. Es ist schon bereits problematisch und kritisierbar, dass die erlassene Richtlinie über Teilzeitarbeit keine sozialrechtlichen Mindestvorschriften enthält, so dass ebenso eine so offene Ausschlussbestimmung den tatsächlichen Schutz und die Förderung der Teilzeitarbeit gefährden kann. Es ist deshalb zu erwarten, dass der EuGH oder die einzelnen Mitgliedstaaten und/oder die Sozialpartner im Moment der Umsetzung der Richtlinie die Gefahren und Nachteile, die diese Vorschrift mit sich bringt, korrigieren können.

3.5. DER GRUNDSATZ DER NICHTDISKRIMINIERUNG

Das Gleichbehandlungsgebot fußt auf der unmittelbar im Gerechtigkeitsbegriff wurzelnden Grundidee, dass Gleiches gleich und Ungleiches entsprechend seiner Eigenart ungleich zu behandeln ist. Dabei gehört die Arbeitnehmergleichbehandlung zu den Grundlagen des Arbeitsrechts und sie ist sowohl im europäischen Recht als auch im nationalen Recht gesetzlich verankert.[181] Dieser Grundsatz verbietet die willkürliche, d.h. sachfremde Schlechterstellung in vergleichbarer Lage befindlicher, einzelner Arbeitnehmer gegenüber anderen; es ist das Verbot der sachfremden Differenzierung zwischen Arbeitnehmern in einer bestimmten Ordnung. Dagegen verhindert er nicht die Begünstigung einzelner Arbeitnehmer.[182]

Der Grundsatz der Gleichbehandlung, in Form eines Verbots der Diskriminierung von Teilzeitbeschäftigten, hat eine ausdrückliche Anerkennung in § 4 der Rahmenvereinbarung. Gemäß Abs. 1 dieser Vorschrift dürfen „Teilzeitbeschäftigte in ihren Beschäftigungsbedingungen nur deswegen, weil sie teilzeitbeschäftigt sind, gegenüber vergleichbaren Vollzeitbeschäftigten nicht schlechter behandelt werden, es sei denn, die unterschiedliche Behandlung ist aus sachlichen Gründen gerechtfertigt".

---

[181] Preis, Arbeitsrecht, S. 336.
[182] Schaub, Arbeitsrecht-Handbuch, 9. Auflage, München, 2000, S. 1137.

Das Nichtdiskriminierungsprinzip begründet den Kern der Vorschriften der Rahmenvereinbarung. Nach Auffassung von Schmidt[183] ist die Verankerung eines allgemeinen Grundsatzes der Nichtdiskriminierung sehr zu begrüßen, obwohl das Gebot der Nichtdiskriminierung von Teilzeitarbeitnehmern infolge der Rechtsprechung des EuGH zur mittelbaren Diskriminierung wegen des Geschlechts faktisch bereits gemeinschaftsweite Geltung besitze. Da das Verbot mittelbarer Diskriminierung wegen des Geschlechts Teilzeitarbeitnehmer aber nur solange wirksam zu schützen vermag, wie Teilzeitarbeit weit überwiegend von Arbeitnehmern eines Geschlechts ausgeübt werde, habe die ausdrückliche Verankerung des Grundsatzes der Nichtdiskriminierung von Teilzeitarbeitnehmern auf lange Sicht einen durchaus eigenständigen Wert.

3.5.1. DER GRUNDSATZ DER NICHTDISKRIMINIERUNG IN DER RAHMENVEREINBARUNG ÜBER TEILZEITARBEIT

Gemäß § 4 Abs. 1 dürfen Teilzeitbeschäftigte in ihren Beschäftigungsbedingungen gegenüber vergleichbaren Vollzeitbeschäftigten nicht schlechter behandelt werden, es sei denn, die unterschiedliche Behandlung ist aus sachlichen Gründen gerechtfertigt. Eine vollständige Betrachtung dieser Vorschrift bedarf zum einen einer Determination ihres Objekts, d.h. eine Erklärung des Begriffs „Beschäftigungsbedingungen", der die Anwendung des Prinzips begrenzt, und zum anderen eine Analyse der Ausnahmen, nach denen eine unterschiedliche Behandlung zwischen Teilzeit- und Vollzeitbeschäftigten vorausgesehen ist.

a) **Der Begriff „Beschäftigungsbedingungen" im § 4 der Rahmenvereinbarung**: Vor allem soll festgestellt werden, dass der Grundsatz der Nichtdiskriminierung von Teilzeitarbeitnehmern für den einzelnen Betrieb gilt, denn die Vergleichsperson ist der im selben Betrieb beschäftigte „vergleichbare Vollzeitbeschäftigte". Erweitert wird der Bezugsrahmen auf das Unternehmen auch nicht nach den Kriterien, die nach § 3 Abs. 2 hilfsweise gelten, wenn ein vergleichbarer Vollzeitbeschäftigter im Betrieb nicht vorhanden ist, denn in diesem Fall erfolgt der Vergleich anhand des anwendbaren Tarifertrages oder, in Ermangelung eines solchen, gemäß den gesetzlichen oder tarifvertraglichen

[183] Schmidt, NZA 1998, S. 578.

Bestimmungen oder den nationalen Gepflogenheiten.[184] Andererseits bezieht sich der Gleichbehandlungsgrundsatz in der erlassenen Rahmenvereinbarung, im Unterschied zu den Richtlinienvorschlägen aus dem Jahre 1990, die nur spezielle Nichtdiskriminierungsklauseln enthielten, auf die Beschäftigungsbedingungen der Teilzeitarbeitnehmer. Dies ist gegenüber den Richtlinienvorschlägen der 90er Jahre eine inhaltliche Modifikation und entspricht im Grundsatz dem Regelungskonzept, wie es bereits im Jahre 1983 von der Kommission verfolgt wurde.[185]

Der Begriff der „Beschäftigungsbedingungen" im § 4 ist höchst problematisch, weil es sich um einen Begriff handelt, der im Gemeinschaftsrecht in einer Fülle von Rechtsakten verwendet wird. Beispiele in diesem Sinne sind: Art. 3 Abs. 2 der Richtlinie 77/187/EWG;[186] Art. 5 Abs. 1 Richtlinie 76/207/EWG;[187] Richtlinie 91/533/EWG;[188] Art. 3 Richtlinie 96/71/EG;[189] der damalige Art. 2 Abs. 2 des Abkommens über die Sozialpolitik; Art. 136, 137 und 138 n.F. EGV. In den erwähnten Rechtsakten hat der Begriff der Beschäftigungsbedingungen einen unterschiedlichen Inhalt, aber im Allgemeinen wird er weit ausgelegt. So hat beispielweise der EuGH[190] den Begriff der „Arbeitsbedingungen" im Sinne von Art. 5 der Richtlinie 76/207/EWG dahingehend interpretiert, dass er alle Leistungen erfaßt, die notwendig mit einem Arbeitsverhältnis verknüpft sind. Zum gemeinschaftsrechtlichen Begriff der Arbeitsbedingungen im weiteren Sinne gehören damit u.a. der Kündigungsschutz, der Erholungsurlaub, die Entgeltfortzahlung im Krankheitsfall, der Erziehungsurlaub und die berufliche Weiterbildung, vor allem aber auch das Arbeitsentgelt.[191]

---

[184] In diesem Sinne auch: Treber, ZTR 1998, S. 254.
[185] Treber, ZTR 1998, S. 254.
[186] Richtlinie des Rates vom 14.2.1977 zur Angleichung der Rechtsvorschriften der Mitgliedstaaten über die Wahrung von Ansprüchen der Arbeitnehmer beim Übergang von Unternehmen, Betrieben oder Betriebsteilen, ABl. EG 1977 Nr. L 61, S. 26.
[187] Richtlinie des Rates vom 9.2.1976 zur Verwirklichung des Grundsatzes des Gleichbehandlung von Männer und Frauen hinsichtlich des Zugangs zur Beschäftigung, zur Berufsbildung und zum beruflichen Aufstieg sowie in Bezug auf die Arbeitsbedingungen, ABl. EG 1976, Nr. L 39, S. 40.
[188] Richtlinie des Rates vom 14.10.1991 über die Pflicht des Arbeitgebers zur Unterrichtung des Arbeitnehmers über die für seinen Arbeitsvertrag oder sein Arbeitsverhältnis geltenden Bestimmungen, ABl. EG 1991, Nr. L 288, S. 32.
[189] Richtlinie des Rates vom 16.12.1996 über die Entsendung von Arbeitnehmern im Rahmen der Erbringung von Dienstleistungen, ABl. EG 1997, Nr. L 18, S. 1.
[190] EuGH Slg. I-1995, 2131 (2152), NZA – RR 1996, 121 - Meyers.
[191] Schmidt, NZA 1998, S. 578.

Ob diese weitgehende Auslegung des Begriffs „Beschäftigungsbedingungen" auch für die Rahmenvereinbarung über Teilzeitarbeit gilt, ist nach Ansicht von Schimdt[192] unklar, da es sich um eine Vereinbarung der Sozialpartner im Sinne von Art. 4 Abs. 1 des Abkommens über die Sozialpolitik (ASP) handelt, welche gemäß Art. 4 Abs. 2 ASP durch Beschluß des Rates durchgeführt wurde. In dieser Hinsicht können durch Beschluß des Rates nur solche Vereinbarungen durchgeführt werden, die einem der in Art. 2 ASP genannten Bereiche zugeordnet werden können, in denen der Rat auch zum Erlaß einer Richtlinie befugt wäre. Hierzu gehören auch die Arbeitsbedingungen, welche zu den in Art. 2 Abs. 2 ASP genannten Gebieten zählen, auf welchen Richtlinien mit qualifizierter Mehrheit verabschiedet werden können. Aus diesem Grund habe die Kommission ihren Vorschlag auf Art. 2 Abs. 2 ASP gestützt,[193] aber wie sich aus Art. 2 Abs. 6 ASP ergebe, erstrecke sich die Rechtsetzungsbefugnis nach Art. 2 Abs. 1 und 3 jedoch ausdrücklich nicht auf das Arbeitsentgelt. Damit stellt sich die Frage, ob mit der Erwähnung des Arbeitsentgelts in Art. 2 Abs. 6 ASP tatsächlich jegliche Maßnahmen ausgeschlossen sind, welche das Arbeitsentgelt im weiteren Sinne betreffen oder, ob diese Bestimmung nicht restriktiv dahingehend auszulegen ist, dass bloße Gleichbehandlungsansprüche davon nicht erfaßt werden. Nach Ansicht von Schmidt[194] ist für eine klare Antwort notwendig festzustellen, ob sich aus Entstehungsgeschichte, Systematik oder Sinn und Zweck des Abkommens über die Sozialpolitik etwas anders ergebe.

In der Literatur, die sich mit der Entstehungsgeschichte des Maastrichter Abkommens zur Sozialpolitik beschäftigt hat, wird vertreten, mit Art. 2 Abs. 6 ASP habe die Festsetzung des Arbeitsentgelts den Tarifvertragsparteien überlassen werden sollen.[195] Daraus sei zu folgen, dass Art 2 Abs. 6 ASP in erster Linie nur die Höhe des Entgelts und seine Bemessung im einzelnen meine. Da die Verhandlungen über das Abkommen zur Sozialpolitik jedoch nicht dokumentiert seien, lasse sich diese Auffassung nicht durch offizielle Dokumente belegen. Deswegen sei die Berücksichtigung der systematischen und teleologischen Aspekte dieser Vorschrift von größerer Relevanz.

---

[192] Schmidt, NZA 1998, S. 578-579.
[193] KOM (97) 392 endg., S 8.
[194] Schmidt, NZA 1998, S. 578-579.
[195] Schulz, Maastricht und die Grundlagen einer Europäischen Sozialpolitik, Köln, 1996, S. 99, zit. von Schmidt, NZA 1998, S. 579.

In der Präambel der Abkommen über die Sozialpolitik haben die unterzeichnenden Mitgliedstaaten (elf der damals zwölf) ausdrücklich erklärt, dass sie „auf dem durch die Sozialcharta von 1989 vorgezeichneten Weg weitergehen" wollten. Eine gemeinschaftsrechtliche Regelung, welche Gleichbehandlungsansprüche bezüglich des Arbeitsentgelts begründet - vorbehaltlich des in Art. 3 b) a.F. EGV verankerten Subsidiaritätsprinzips – könnte durch die Gemeinschaft der Fünfzehn auf der Basis von Art. 100 a.F. EGV oder 235 a.F. EGV ohne weiteres verabschiedet werden. Nach Auffassung von Schmidt[196] kann man also festhalten, dass zum einen die Gemeinschaft der Fünfzehn zur Rechtsetzung in den in Art 2 Abs. 6 ASP genannten Bereichen (Arbeitsentgelt, Koalitionsrecht, Streikrecht und Aussperrungsrecht) befugt sei, während eine entsprechende Rechtsetzungsbefugnis der Gemeinschaft der Vierzehn durch Art. 2 Abs. 6 ASP ausdrücklich ausgeschlossen sei. Zum anderen seien der Rechtsetzungsbefugnis der Gemeinschaft der Vierzehn durch Art. 2 Abs. 6 ASP gerade solche Bereiche ausdrücklich entzogen, deren Verwirklichung in der Gemeinschaftscharta angekündigt worden sei. Hieraus sei zu schließen, dass die Unterzeichnerstaaten mit der Verabschiedung des Abkommens über die Sozialpolitik – entgegen ihrer Erklärung in der Präambel – tatsächlich keineswegs uneingeschränkt die Verwirklichung der in der Gemeinschaftscharta erklärten sozialen Grundrechte ausgehend vom gemeinschaftsrechtlichen Besitzstand bezweckt hätten. Sinn und Zweck des Maastrichter Abkommens zur Sozialpolitik erlaubten daher keine restriktive Auslegung des Wortlauts von Art. 2 Abs. 6 im oben dargelegten Sinne.

Außerdem führten systematische Überlegungen zu keinem anderen Ergebnis. Im Gegenteil ergebe sich aus Art. 6 ASP,[197] dass gerade die Verwirklichung des Grundsatzes des gleichen Entgelts der Zuständigkeit der Mitgliedstaaten unterliege. Zusammenfassend ist nach Ansicht von Schmidt[198] also festzuhalten, dass weder die Entstehungsgeschichte noch Sinn und Zweck noch Systematik des Abkommens über die Sozialpolitik eine restriktive Auslegung des Begriffs des Arbeitsentgelts im oben dargelegten Sinne zu rechtfertigen vermögen. Dies habe zur Folge, dass der Begriff der Arbeitsbedingungen im

---

[196] Schmidt, NZA 1998, S. 579.

[197] Gemäß Art. 6 Abs. 1 ASP: „Jeder Mitgliedstaat stellt die Anwendung des Grundsatzes des gleichen Entgelts für Männer und Frauen bei gleicher Arbeit sicher" Abs. 2 und 3 definieren die Begriffe „Entgelt" und „Gleichheit des Entgelts ohne Diskriminierung aufgrund des Geschlechts".

Sinne von Art. 2 Abs. 1 ASP dahingehend auszulegen sei, dass er das Arbeitsentgelt nicht erfaße. Wenn der Rat jedoch zur Verabschiedung von Maßnahmen zur Regelung des Arbeitsentgelts nicht befugt sei, müsse dementsprechend der Begriff der „Beschäftigungsbedingungen“ im Sinne von § 4 Abs. 1 der Rahmenvereinbarung über Teilzeitarbeit so interpretiert werden, dass er sich nur auf die übrigen Arbeitsbedingungen, nicht aber auf das Arbeitsentgelt erstrecke.

Nach der Auffassung von Schmidt[199] ist in dieser Hinsicht wirklich nachteilig dass der Grundsatz der Nichtdiskriminierung von Teilzeitbeschäftigten unter den Beschäftigungsbedingungen das Arbeitsentgelt nicht umfaßt. Denn das Arbeitsentgelt sei normalerweise der bedeutendste Faktor von Diskriminierungen von Teilzeit- gegenüber Vollzeitarbeitnehmern und es sei außerdem nicht zu übersehen, dass nur eine vollständige Gleichbehandlungsgarantie der Teilzeitbeschäftigten das Stigma der zweitklassigen Arbeit zu nehmen vermag und damit auch diese Form der Beschäftigung für (männliche) Vollzeitarbeitnehmer attraktiv zu machen. Nur unter diesen Umständen könne die Teilzeitarbeit als ein tatsächliches Instrument zur Förderung der Beschäftigung in allen Mitgliedstaaten der Europäischen Union konzipiert werden, besonders dort wo die Arbeitnehmerrechte weniger entwickelt seien.

Schmidts Auffassung ist nach m.E. angesichts des heutigen Zustands des europäischen Arbeitsrechts im EGV insbesondere nach dem Inkrafttreten der Vertragsrevision von Amsterdam nicht zu folgen. Das Gleichbehandlungsgebot im weiteren Sinne d.h. hinsichtlich alle Arbeitsbedingungen ist ein Grundprinzip des europäischen Arbeitsrechts, das die gesamte arbeitsrechtliche Gesetzgebung der EU prägt. Dies hat der EuGH[200] in seiner ständigen Rechtsprechung auch bestätigt. Darüber hinaus hat die Aufnahme der Regelungen des Abkommens über die Sozialpolitik in den Gesamtzusammenhang des Vertragstextes eine dogmatisch einheitliche, systematische Auslegung des europäischen Arbeitsrechts ermöglicht.[201]

---

[198] Schmidt, NZA 1998, S. 579.
[199] Schmidt, NZA 1998, S. 579.
[200] Vgl. EuGH vom 8.4.1976, Rs. 43/75 (Defrenne II), Slg. 1976, S. 455.
[201] In diesem Sinne: Krimphove, S. 32.

Die Auffassung von Schmidt und ihre strenge Auslegung von dem Begriff „Arbeitsbedingungen" im Sinne des § 4 Abs. 1 der Rahmenvereinbarung - im Zusammenhang mit dem vorherigen Text des ASP - könnte das weitgehend durch den EuGH anerkannte Lohngleichheitsprinzip und die generellen Ziele der Gemeinschaft widersprechen, wenn ein Mitgliedstaat diese restriktive Auslegung folgt und die Teilzeitarbeitnehmer keine Gleichbehandlung hinsichtlich des Entgelts gewährt. Aufgrund der überwiegenden Anzahl von Frauen unter der Teilzeitbeschäftigten spielt nach wie vor die umfassende Anerkennung des Gleichbehandlungsgrundsatzes von Frauen und Männern hinsichtlich des Entgelts sowie der anderen Arbeitsbedingungen eine wesentliche Rolle auf der europäischen und nationalen Ebene, um jede Form der Diskriminierungen im Arbeitsleben zu beseitigen. Dies hat der EG-Vertrag nunmehr in Art. 2 in Verbindung mit Art. 136[202] ausdrücklich anerkannt, denn die Geschlechtergleichstellung zählt nun auch zu der Zielen der Gemeinschaft. Deswegen befindet sich nach m.E. eine beschränkte Auslegung, die das Arbeitsentgelt von dem Begriff der Beschäftigungsbedingungen im Sinne des § 4 der Rahmenvereinbarung über Teilzeitarbeit ausklammert, nicht in Einklang mit der heutigen Entwicklung und Zustand des europäischen Arbeitsrechts. In diesem Zusammenhang und unter Berücksicktigung von Art. 10 EGV, aus dem der Grundsatz des gemeinschaftsfreundlichen Verhaltens zu entnehmen ist, würde eine restriktive Umsetzung des Nichtdiskriminierungsgrundsatzes des § 4 im nationalen Recht eines Mitgliedstaates gegen Art. 2, 136 und 141 EGV verstoßen, denn die Realisierung des Grundsatzes der Entgeltgleichheit zählt zu den Grundrechten der europäischen Arbeitnehmer.[203]

b) **Der „pro rata temporis" Grundsatz**: In strenger Verbindung mit der materiellen Anwendung des Prinzips der Nichtdiskriminierung von Teilzeitarbeitnehmern befindet sich der Grundsatz der zeitanteiligen Gleichbehandlung oder „pro rata temporis", der eine ausdrückliche Anerkennung in § 4 Abs. 2 der Rahmenvereinbarung hat. Diese Vorschrift

[202] In Art. 136 EGV haben die Europäische Sozialcharta von 1961 sowie die Gemeinschaftscharta der sozialen Grundrechte ausdrücklich Erwähnung im primären Gemeinschaftsrecht gefunden, was zwar nicht bedeutet, dass sie unmittelbar anwendbar sind, wohl aber, dass sie – insbesondere durch den EuGH – bei Auslegungsfragen herangezogen werden können. Es ließe sich daran denken, dass sie nun in ihrer rechtlichen Bedeutung durch die Aufnahme in Art. 136 EGV erhöht worden sind. In diesem Sinne: Steinmeyer, RdA 2001, S. 12.

schreibt nach der generellen Anerkennung des Nichtdiskriminierungsprinzips in Abs. 1 das folgende vor: „Es gilt, wo es angemessen ist, der pro rata temporis Grundsatz“. Damit wird eine proportionale Gleichbehandlung der Teilzeitarbeitnehmer im Vergleich zu den Vollzeitbeschäftigten angeordnet.[204] In der Rahmenvereinbarung wurde aber nicht näher ausgeführt, wann und für welche Bedingungen des Arbeitsverhältnisses der pro rata temporis Grundsatz angemessen anzuwenden ist. Dies ist nach Ansicht von Rodríguez-Piñero[205] sehr bedauerlich, weil der Mangel an einer klaren Regel über die Anwendbarkeit dieses Grundsatzes in der Rahmenvereinbarung zur Folge haben könnte, dass die Auslegung dieser Bestimmung durch die Mitgliedstaaten im Moment der Umsetzung der Richtlinie sehr unterschiedlich sein könne, was den Harmonisierungszweck der Richtlinie in bedeutendem Maße betreffen könnte.

Die Anwendbarkeit des Grundsatzes der zeitanteiligen Gleichbehandlung setzt jedoch freilich voraus, dass ein Recht überhaupt anteilig gewährt werden kann. Sein Anwendungsbereich ist also das Arbeitsentgelt und die Nebenleistungen mit Entgeltcharakter.[206] Aus diesem Grunde ist davon auszugehen, dass Teilzeitarbeitnehmer im Hinblick auf unteilbare Arbeitsbedingungen, wie den Zugang zu Sozialdiensten des Unternehmens (z.B. Betriebskindergarten oder Betriebssportanlagen) nicht anteilig, sondern absolut gleich zu behandeln sind.[207] Allerdings ist hinsichtlich der Anwendung des Prinzips der Nichtdiskriminierung von Teilzeitbeschäftigten relevant zu bemerken, dass gemäß § 4 Abs. 3 der Rahmenvereinbarung die Anwendungsmodalitäten dieser Vorschrift von den Mitgliedstaaten und/oder den Sozialpartnern unter Berücksichtigung der Rechtsvorschriften der Gemeinschaft und der einzelstaatlichen, gesetzlichen und tarifvertraglichen Bestimmungen und Gepflogenheiten festgelegt werden. Es ist deshalb abzuwarten, dass die materielle Anwendung dieser Regelung der Proportionalität durch die Mitgliedstaaten

---

[203] Vgl. EuGH vom 15.6.1978, Rs. 149/77 (Defrenne III), Slg. 1978, S. 1365, Rn. 27; EuGH vom 28.1.1992, Rs. T-45/90 (Speybrouck), Slg. II 1992, S. 33, Rn. 47.

[204] In diesem Sinne auch: González-Posada, El acuerdo marco sobre el trabajo a tiempo parcial y la Directiva 97/81/CE, S. 36; Treber, ZTR 1998, S. 254; Pradas Montilla, Documentación Laboral, Nr. 55, 1998, S. 9; Merino Senovilla, El trabajo a tiempo parcial, Valladolid, Spanien, 1994, S. 141 ff.

[205] Rodríguez-Piñero, R. L. Nr. 15-16, 1998, S. 71.

[206] Siehe Buschmann / Dieball / Stevens-Bartol, TZA, S. 206.

[207] Vgl. Schmidt, NZA 1998, S. 577; González-Posada, El acuerdo marco sobre el contrato de trabajo a tiempo parcial y la Directiva 97/81/CE, S. 36; Treber, ZTR 1998, S. 254.

und/oder Sozialpartner im Moment der Umsetzung der Richtlinie keine Begrenzung des Nichtdiskriminierungsgrundsatzes in der Praxis veranlässt.[208]

3.5.2. DIE AUSNAHMEN VOM NICHTDISKRIMINIERUNGSGRUNDSATZ IN DER RAHMENVEREINBARUNG ÜBER TEILZEITARBEIT

Ein umstrittenes Thema in der Rahmenvereinbarung über Teilzeitarbeit beruht auf den Ausnahmen vom Nichtdiskriminierungsprinzip, die in in § 4 Abs. 1 und besonders in § 4 Abs. 4 festgelegt sind. Nach einiger kritischen Ansichten scheint die erlassene Rahmenvereinbarung auf den ersten Blick die Arbeitgeber zur Gleichbehandlung von Teilzeit- und Vollzeitbeschäftigten zu verpflichten, aber genaueres Hinsehen zeigt, dass faktisch Öffnungsklauseln vereinbart wurden, die den Mitgliedstaaten (wie bisher) das Recht einräumen, weit interpretierbare Ausnahmen vom Grundsatz der Nichtdiskriminierung zu machen.[209] Nach Auffassung von Dieball[210] lassen darüber hinaus diese weitere Ausnahmemöglichkeiten vom Grundsatz der Nichtdiskriminierung, dem eigentlichen Kernstück der Rahmenvereinbarung, doch sehr am politischen Willen der Sozialpartner zweifeln. Dieses Fazit lasse sich auch nicht dadurch beschönigen, dass die Zugangskriterien von Teilzeitbeschäftigten zu den besonderen Beschäftigungsbedingungen regelmäßig am Grundsatz des § 4 Abs. 1 überprüft werden sollen.

Die in der Rahmenvereinbarung über Teilzeitarbeit anerkannten Ausnahmen des Nichtdiskriminierungsgrundsatzes können folgendermaßen eingegliedert werden:

a) **Erste Ausnahme: § 4 Abs. 1 der Rahmenvereinbarung**: Gemäß dieser Vorschrift dürfen Teilzeitarbeitnehmer in ihren Beschäftigungsbedingungen nur deswegen, weil sie teilzeitbeschäftigt sind, gegenüber vergleichbaren Vollzeitbeschäftigten nicht schlechter behandelt werden, es sei denn, die unterschiedliche Behandlung ist aus sachlichen Gründen gerechtfertigt.

---

[208] Rodríguez-Piñero sieht in § 4 Abs. 3 der Rahmenvereinbarung eine Grenze in der Anwendbarkeit des Prinzips der Nichtdiskriminierung und analysiert diese Bestimmung zusammen mit der Ausnahme von § 4 Abs. 4; R. L. Nr. 15-16, 1998, S. 71.

[209] Kreimer-de Fries, ArbuR 1997, S. 314 ff. Siehe auch: Dötsch, AuA 1998, S. 263.

[210] Buschmann / Dieball / Stevens-Bartol, TZA, S. 207.

Die Erlaubnis unterschiedlicher Behandlung unter der Voraussetzung, dass diese durch objektive Gründe gerechtfertigt ist, entspricht der Rechtsprechung des EuGH zur mittelbaren Diskriminierung wegen des Geschlechts ebenso wie der in der ebenfalls am 15. Dezember 1997 vom Rat verabschiedeten Richtlinie über die Beweislast bei Diskriminierungen aufgrund des Geschlechts[211] enthaltenen Definition. Als objektive Gründe, die eine Ungleichbehandlung von Teilzeit- und Vollzeitarbeitnehmern rechtfertigen könnten, kommen nur solche in Betracht, die weder unmittelbar noch mittelbar an die Merkmale Geschlecht, Rasse, Hautfarbe, Sprache, Religion, politische oder sonstige Anschauungen, nationale oder soziale Herkunft, Zugehörigkeit zu einer nationalen Minderheit, Vermögen, Geburt oder dem sonstigen Status anknüpfen. Denn solche Diskriminierungen sind in Art. 14 der Europäischen Menschenrechtskonvention[212] vom 4. November 1950 ausdrücklich untersagt. Die vollständige Achtung der in der Europäischen Menschenrechtskonvention gewährleisteten Grundrechte hat die Europäische Union jedoch in Art. 6 n.F. des EUV garantiert.[213]

Andererseits ist bemerkenswert, dass das Vorliegen eines sachlichen Grundes eine unabdingbare Voraussetzung für die Anwendbarkeit der Ausnahmebestimmung ist. Der sachlicher Grund soll eng zu fassen sein und darf nur einschränkend ausgelegt werden, so dass die Anzahl der betroffenen beruflichen Tätigkeiten nicht besonders groß sein kann und darüber hinaus jeweils einer zeitgemäßen, moralischen und technischen Überprüfung bedarf.[214] Im Sinne von § 4 Abs. 1 kann vor allem die Art der ausgeübten Tätigkeit ein objektiver Grund sein. So stellte beispielweise der EuGH[215] in seinem Urteil vom 7. Februar 1991 fest, dass der Umfang der Arbeitszeit nur dann geeignet sei, eine Differenzierung zwischen Teilzeit- und Vollzeitarbeitnehmern zu rechtfertigen, wenn zwischen der Art der ausgeübten Tätigkeit und der Berufserfahrung, welche die Ausübung dieser Tätigkeit nach einer bestimmten Anzahl geleisteter Arbeitsstunden mit sich bringe, ein konkreter Zusammenhang bestehe. Der objektive Charakter eines Kriteriums hänge

---

211 Richtlinie 97/80/EG, ABl. EG vom 20.1.1998, Nr. L 14, S. 6-8; geändert am 22.7.1998 (ABl. EG Nr. L 205, S. 66).
212 BGBl. 1952 II, 686 (953).
213 Schmidt, NZA 1998, S. 577.
214 Vgl. Buschmann / Dieball / Stevens-Bartol, TZA, S. 174-175.
215 EuGH vom 7.2.1991, Rs. C-184/89 (Nimz); Slg. I 1991, S. 297.

jedoch von allen Umständen des Einzelfalls und insbesondere davon ab, welche Beziehung zwischen der Art der ausgeübten Tätigkeit und der Erfahrung bestehe, welche die Ausübung dieser Tätigkeit nach einer bestimmten Anzahl geleisteter Arbeitsstunden verschaffe.

In seiner Rechtsprechung zur mittelbaren Diskriminierung wegen des Geschlechts[216] hat der EuGH den Maßstab des objektiv gerechtfertigten Grundes in verschiedenen Fällen ausgelegt. So hat beispielweise der EuGH[217] festgestellt, dass eine Ungleichbehandlung durch einen objektiven Grund gerechtfertigt ist, wenn diese Gründe einem wirklichen Bedürfnis des Unternehmens dienen und für die Erreichung dieses Ziels geeignet und erforderlich sind, auch wenn unverhältnismäßig mehr Personen eines Geschlechts betroffen sind. Andernfalls stellte der EuGH[218] in seinem Urteil vom 27. Oktober 1993 fest, zu objektiv gerechtfertigten wirtschaftlichen Gründen „können, wenn sie zu den Bedürfnissen und Zielen des Unternehmens in Beziehung gesetzt werden, verschiedene Kriterien wie die Flexibilität oder die Anpassungsfähigkeit an Arbeitszeiten und –orte, die Berufsausbildung oder die Anzahl der Berufsjahre des Arbeitsnehmers gehören". Daraus folgt, dass nur ein Faktor, der in einem konkreten Zusammenhang mit den spezifischen Aufgaben des Arbeitnehmers steht, auch ein objektiver Faktor ist, der nicht mit einer Diskriminierung wegen des Geschlechts zu tun hat.[219]

Es ist zu erwarten, dass die materielle Anwendung dieser Ausnahme durch die Mitgliedstaaten und/oder die Sozialpartner auf der nationalen Ebene keine geringeren Maßstäbe mit sich bringt, als die objektiven Rechtfertigungsgründe, die bis jetzt durch die Rechtsprechung des EuGH zur mittelbaren Diskriminierung wegen des Geschlechts entwickelt worden sind. In diesem Sinne spielt der Grundsatz des „gemeinschaftsfreundlichen Verhaltens" nach Art. 10 EGV eine wichtige Rolle, weil alle staatlichen Organe, auch die Gerichte,[220] das EG-Recht in der vom EuGH vorgegebenen Auslegung anzuwenden haben[221] und verpflichtet sind, das nationale Recht unter voller Ausschöp-

---

216 Siehe zweites Kapitel, Teil B, Abschnitt III.
217 EuGH vom 13.5.1986, Rs. 170/84 (Bilka), Slg. 1986, S. 1607
218 EuGH vom 27.10.1993, Rs. C-127/92 (Enderby).
219 Schmidt, Teilzeitarbeit in Europa, S. 63.
220 EuGH vom 4.6.1992, Rs. C 360/90 (Bötel), Slg. I 1992, S. 3589.
221 EuGH vom 6.10.1982, Rs. 283/80 (CILFIT), Slg. 1982, S. 3412.

fung vorhandener Regelungsspielräume so auszulegen, dass es mit dem Gemeinschaftsrecht in der vom EuGH vorgegebenen Auslegung übereinstimmt.[222]

b) **Zweite Ausnahme: § 4 Abs. 4 der Rahmenvereinbarung**: Gemäß dieser Vorschrift, „wenn dies aus sachlichen Gründen gerechtfertigt ist, können die Mitgliedstaaten nach Anhörung der Sozialpartner gemäß der einzelstaatlichen Rechtsvorschriften, Tarifverträgen oder Gepflogenheiten und/oder die Sozialpartner gegebenenfalls den Zugang zu besonderen Beschäftigungsbedingungen von einer bestimmten Betriebszugehörigkeitsdauer, der Arbeitszeit oder Lohn- und Gehaltsbedingungen abhängig machen. Die Zugangskriterien von Teilzeitbeschäftigten zu besonderen Beschäftigungsbedingungen sollten regelmäßig unter Berücksichtigung des in § 4 Nummer 1 genannten Grundsatzes der Nichtdiskriminierung überprüft werden".

Nach Auffassung von Schmidt[223] knüpfe diese Bestimmung an die Rechtsprechung des EuGH zur mittelbaren Diskriminierung wegen des Geschlechts an. Andere Autoren sehen diese Vorschrift dagegen sehr kritisch. So hat nach Ansicht von Kreimer-de Fries[224] diese Ausnahme zur Folge, dass die Mitgliedstaaten das Anrecht der Teilzeitbeschäftigten auf bestimmte (letztlich jede einzelne) Beschäftigungsbedingungen von einer festzulegenden Dauer der Betriebszugehörigkeit und der individuellen (Teil-)Arbeitszeit oder von Lohn- und Gehaltsschwellen abhängig machen könnten, d.h. ungünstiger als für Vollzeitbeschäftigte.

Für die in § 4 Abs. 1 Satz 1 genannten Beschäftigungsbedingungen ist davon auszugehen, dass an die Rechtfertigung einer Ungleichbehandlung keine geringeren Maßstäbe zu stellen sind als in § 4 Abs. 1 der Rahmenvereinbarung. Welche „besonderen" Beschäftigungsbedingungen von den genannten Kriterien abhängig gemacht werden dürfen, lässt sich aus der Vereinbarung nicht entnehmen. Andererseits ist nach dem Wortlaut der Rahmenvereinbarung nicht ersichtlich, welche anderen inhaltlichen Anforderungen an die

---

[222] Schiek, S. 36.
[223] Schmidt, NZA 1998, S. 578.
[224] Kreimer-de Fries, ArbuR 1997, S. 315.

Gründe des § 4 Abs. 4 Satz 2 gegenüber jenen in § 4 Abs. 1 der Rahmenvereinbarung gestellt werden sollen. Für eine solche Interpretation kann nicht die Überprüfungsklausel in § 4 Abs. 4 Satz 2 angeführt werden. Danach „sollen“ die für Teilzeitbeschäftigte abweichenden Zugangskriterien zu den besonderen Beschäftigungsbedingungen regelmäßig unter Berücksichtigung des Grundsatzes der Nichtdiskriminierung in § 4 Abs. 1 Rahmenvereinbarung überprüft werden. Näher liegt es, die Klausel so zu verstehen, dass gerade bei diesen Arbeitsbedingungen eine turnusmäßige Überprüfung der Berechtigung von Ungleichbehandlungen erreicht werden soll.[225]

Die Ausnahme von § 4 Abs. 4 ist, trotz ihrer Anwendungsvoraussetzungen – sachlichen Gründen und eine regelmäßige Überprüfung unter Berücksichtigung des Nichtdiskriminierungsgrundsatzes – sehr weit, und verursacht deswegen einen bestimmten Grad von Unsicherheit für die effektive Gültigkeit des Gleichbehandlungsgebots von § 4 Abs. 1 der Rahmenvereinbarung. Ob die Mitgliedstaaten und/oder die Sozialpartner die tatsächliche Gültigkeit des Nichtdiskriminierungsprinzips in der Praxis gewährleisten können, ist auch eine Frage, die noch offen bleibt. Denn der Grundsatz der Nichtdiskriminierung nach der Rahmenvereinbarung gilt gemeinschaftsweit, aber die Festlegung konkretdiskriminierender Ausnahmen wird den Mitgliedstaaten überlassen, wobei die Regierungen / Gesetzgeber die Sozialpartner zwar konsultieren müssen, aber nicht etwa an deren Voten, wenn diese überhaupt übereinstimmen sollten, gebunden sind. Darüber hinaus können auch die Sozialpartner Ausnahmen vereinbaren.[226]

Auf jedem Fall bilden Art. 141 EGV und die ständige Rechtsprechung des EuGH zur mittelbaren Diskriminierung wegen des Geschlechts, die besonders relevant hinsichtlich der arbeits- und sozialrechtlichen Lage der Teilzeitbeschäftigten ist, da sie überwiegend Frauen sind, ein Schutzrahmen, der sowohl die Mitgliedstaaten als auch die Sozialpartner (und letzlich die Gerichte bei der Entscheidung arbeitsrechtlichen Streitigkeiten) bei der Anwendung dieser Vorschrift beachten müssen. Deshalb ist generell nach m.E. der freie

---

[225] Treber, ZTR 1998, S. 255. Vgl. Buschmann / Dieball / Stevens-Bartol, TZA, S. 207.
[226] In diesem Sinne: Kreimer-de Fries, ArbuR 1997, S. 315.

Spielraum der Mitgliedstaaten oder der Sozialpartner bei der Umsetzung der Rahmenvereinbarung in der nationalen Gesetzgebungen tatsächlich nicht so weit.

c) **Generelle Ausnahmen**: In Verbindung mit den zwei spezifischen Ausnahmen von § 4 Abs. 1 und Abs. 4 befinden sich zwei generelle Ausnahmen in der Rahmenvereinbarung,[227] die auch als Ausnahmen vom Geltungsbereich des in der Rahmenvereinbarung anerkannten Nichtdiskriminierungsgrundsatzes wirken. Sie sind zum einem der Ausschluß der sozialrechtlichen Regeln, die bei der Entscheidung der Mitgliedstaaten ausdrücklich überlassen bleiben, und zum anderen der Ausschluß der Gelegenheitsarbeit gemäß § 2 Abs. 2, die aus sachlichen Gründen ganz oder teilweise von den Bestimmungen der Rahmenvereinbarung ausgeschlossen werden kann.

3.6. DIE UNVERBINDLICHE VORSCHRIFTEN (EMPFEHLUNGEN) DER RAHMENVEREINBARUNG

Die letzten Vorschriften der Rahmenvereinbarung in §§ 5 und 6 haben nur Deklaration- oder Empfehlungscharakter[228] und lassen sich, wie Schmidt[229] zuzustimmen ist, auf folgende Weise eingruppieren:

3.6.1. BESTIMMUNGEN ZUR FÖRDERUNG DER TEILZEITARBEIT

a) **Beseitigung von Hindernisse**: Nach § 5 Abs. 1 lit. a) der Rahmenvereinbarung sollen „die Mitgliedstaaten nach Anhörung der Sozialpartner gemäß den einzelstaatlichen Rechtsvorschriften oder Gepflogenheiten, Hindernisse rechtlicher oder verwaltungstechnischer Natur, welche die Teilzeitarbeitsmöglichkeiten beschränken können, identifizieren, prüfen und sie gegebenenfalls beseitigen“. Dieselbe Verpflichtung trifft die Sozialpartner für ihren Zuständigkeitsbereich in § 5 Abs. 1 lit. b). Gemäß dieser Vorschrift „sollten die Sozialpartner innerhalb ihres Zuständigkeitsbereiches durch tarifvertraglich vorgesehene

[227] Siehe zweites Kapitel, Teil B, Abschnitt II, 3.1 und 3.3.

[228] In diesem Sinne siehe: Treber, ZTR 1998, S. 256; Kreimer-de Fries, ArbuR 1997, S. 315; Buschmann / Dieball / Stevens-Bartol, TZA, S. 207; Dötsch, AuA 1998, S. 263; Schmidt, NZA 1998, S. 579 ff.; Rodríguez-Piñero, R. L. Nr. 15-16, 1998, S. 72.

Verfahren, Hindernisse, die die Teilzeitarbeitsmöglichkeiten beschränken können, identifizieren, prüfen und sie gegebenenfalls beseitigen“. Aus der Bezugnahme auf den Grundsatz der Nichtdiskriminierung zwischen Teilzeit- und Vollzeitarbeitnehmern im Einleitungssatz zu § 5 Abs. 1 folgt, dass sich diese Verpflichtung ebenfalls nur auf den Bereich der Beschäftigungsbedingungen im Sinne von § 4 Abs. 1 der Rahmenvereinbarung erstreckt. Angesichts der Allgemeinheit und Weite dieser Verpflichtung erscheint allerdings fraglich, ob sie tatsächlich zur Förderung der Teilzeitarbeit beizutragen vermag.[230]

b) **Erleichterung des Zugangs zur Teilzeitarbeit**: Gemäß § 5 Abs. 3 lit. d) „sollen die Arbeitgeber, soweit dies möglich ist, Maßnahmen, die den Zugang zur Teilzeitarbeit auf allen Ebenen des Unternehmens einschließlich qualifizierter und leitender Positionen erleichtern, und in geeigneten Fällen auch Maßnahmen, die den Zugang von Teilzeitbeschäftigten zur beruflichen Bildung erleichtern, zur Förderung des beruflichen Fortkommens und der beruflichen Mobilität in Erwägung ziehen“.

Diese Vorschrift ist einerseits positiv, da sie den geringen Aufstiegsmöglichkeiten von Teilzeitarbeitnehmern im Berufsleben ein Ende setzen will, andererseits ist sie jedoch kritisierbar, weil die Verpflichtung des Arbeitgebers so weit und weich formuliert wurde, dass die tatsächliche Effektivität dieser Vorschrift als zweifelhaft erscheint. Außerdem könnte diese Bestimmung bei der Umsetzung in das nationale Recht erhebliche Schwierigkeiten verursachen. Die geringsten Probleme in dieser Hinsicht wirft die Umsetzung der Einschränkung „soweit dies möglich ist“ auf. Dieser könnte in einer gesetzlichen Regelung durch einen Vorbehalt entgegenstehender Interessen Rechnung getragen werden.[231] Es ist besonders problematisch, dass der Arbeitgeber lediglich verpflichtet werden muss, Maßnahmen zur Vereinfachung des Zugangs zu allen Ebenen des Unternehmens und zur beruflichen Bildung „in Erwägung zu ziehen“. Eine Verpflichtung zur Begründung individualrechtlicher Ansprüche der Arbeitnehmer hatte mit dieser Formulierung vermutlich gerade vermieden werden sollen. Die Einräumung

---

229 Schmidt, NZA 1998, S. 579 ff.
230 Schmidt, NZA 1998, S. 580.
231 Schmidt, NZA 1998, S. 580.

eines solchen Anspruchs durch das nationale Recht wäre zwar wegen des in § 6 Abs. 1 der Rahmenvereinbaung verankerten Günstigkeitsprinzip gemeinschaftsrechtlich unbedenklich. Sieht der nationale Gesetzgeber jedoch von der gesetzlichen Garantie eines solchen Anspruchs ab, ist problematisch, wie die wirksame Umsetzung dieser Bestimmung anderweitig sichergestellt werden kann.[232] Eine andere Frage, die diese Vorschrift offen lässt ist, wie allerdings kontrolliert werden könnte, dass der Arbeitgeber für die Verbesserung der Lage der Teilzeitarbeitnehmer tatsächlich nachkommt, wenn sie nur als eine Anregung formuliert wurde.

3.6.2. FREIWILLIGKEIT DER TEILZEITARBEIT

Der Grundsatz der Freiwilligkeit der Teilzeitarbeit war ein selbstverständlicher Bestandteil in den früheren Richtlinienvorschlägen der Kommission zur Regelung dieser Beschäftigungsform. In der erlassenen Rahmenvereinbarung über Teilzeitarbeit befinden sich außer der Zielsetzung in § 1 lit. b)[233] zwei Vorschriften, die diesen Grundsatz als Basis haben:

a) **Wechsel von Teilzeit- in Vollzeitarbeit und umgekehrt**: Nach § 5 Abs. 3 der Rahmenvereinbarung sollen die Arbeitgeber, soweit dies möglich ist: „a) Anträge von Vollzeitbeschäftigten auf Wechsel in ein im Betrieb zur Verfügung stehendes Teilzeitarbeitsverhältnis berücksichtigen; b) Anträge von Teilzeitbeschäftigten auf Wechsel in ein Vollzeitarbeitsverhältnis oder auf Erhöhung ihrer Arbeitszeit berücksichtigen; c) bemüht sein, zur Erleichterung des Wechsels von einem Vollzeit- in ein Teilzeitarbeitsverhältnis und umgekehrt rechtzeitig Informationen über Teilzeit- oder Vollzeitarbeitspläne, die im Betrieb zur Verfügung stehen bereitzustellen".

   Die erlassene Richtlinie unterscheidet sich in dieser Materie von den früheren Entwürfen zur Regelung der Teilzeitarbeit. In den Richtlinienentwürfen von 1982/1983 waren die internen Bewerbungen von Teilzeitbeschäftigten, die eine Vollzeitbeschäftigung, bzw. Vollzeitbeschäftigte, die eine Teilzeitbeschäftigung anstreben, bei entsprechender Qualifikation externen Bewerber gegenüber vorrangig zu berücksichtigen. 1990 legte der Richt-

---

[232] Schmidt, NZA 1998, S. 580. Auch kritisch: Kreimer-de Fries, ArbuR 1997, S. 315.

linienentwurf über die Arbeitsbedingungen dem Arbeitgeber die Pflicht auf, beim Freiwerden eines Vollzeitarbeitsplatzes den bereits Teilzeitbeschäftigten vorrangig einzustellen. In der Rahmenvereinbarung befindet sich aber keine verbindliche Regelung. Außerdem ist die Empfehlung nach § 5 Abs. 3 lit. c) zudem auf den Bereich des Betriebs beschränkt, während die früheren Initiativen das Unternehmen zum Bezugspunkt hatten.[234]

Trotz der Relevanz dieser Vorschrift stellt sich doch auch insoweit das Problem der effektiven Umsetzung in das nationale Recht. Aus der eigenständigen Regelung der Verpflichtung zur Information der Arbeitnehmervertreter in § 5 Abs. 3 lit. e) kann entnommen werden, dass § 5 Abs. 3 lit. a) bis c) nur individualrechtliche Pflichten des Arbeitgebers begründet. Damit aber stellen sich die bereits zu § 5 Abs. 3 lit. d) aufgezeigten Probleme auch in diesem Kontext.[235]

b) **Kündigungsverbot**: Eine andere Äußerung des Freiwilligkeitsgrundsatzes befindet sich in § 5 Abs. 2 der Rahmenvereinbarung. Nach dieser Vorschrift soll „die Weigerung eines Arbeitnehmers, von einem Vollzeitarbeitsverhältnis in ein Teilzeitarbeitsverhältnis oder umgekehrt überzuwechseln, unbeschadet der Möglichkeit, gemäß der gesetzlichen und tarifvertraglichen Bestimmungen und den nationalen Gepflogenheiten aus anderen Gründen, wie etwa wegen betrieblicher Notwendigkeit, Kündigungen auszusprechen, als solche keinen gültigen Kündigungsgrund darstellen". Nach dieser Bestimmung bleibt also das Recht des Arbeitgebers zur Beendigung des Arbeitsverhältnisses in Übereinstimmung mit nationalem Recht und nationaler Praxis aus anderen Gründen, die nicht mit einer Weigerung des Wechsels eines Arbeitnehmers von Vollzeit- in Teilzeitarbeit oder umgekehrt zu tun haben (beispielsweise solchen, die aus organisatorischen Notwendig-

---

[233] Gemäß § 1 lit. b) soll die Rahmenvereinbarung auch die Entwicklung der Teilzeitarbeit auf freiwilliger Basis fördern.

[234] Treber, ZTR 1998, S. 256.

[235] Schmidt, NZA 1998, S. 580.

keiten des betroffenen Betriebs resultieren), unberührt.[236] Die tatsächlichen Auswirkungen des Kündigungsverbotes dürften sich daher als eher begrenzt darstellen.

Es soll berücksichtigt werden, dass diese Vorschrift einige juristischen Probleme verursacht, weil gemäß des damaligen Art. 2 Abs. 3 des ASP der „Schutz der Arbeitnehmer bei Beendigung des Arbeitsvertrags“ zu den Themen gehört, die nur einstimmig geregelt werden können.[237] Das Sozialabkommen unterscheidet in Art. 2 Abs. 1 und Art. 2 Abs. 3 zwischen „*Arbeitsbedingungen*“ und „*Schutz der Arbeitnehmer bei Beendigung des Arbeitsvertrages*“. Die Kommission hat ihren Richtlinienvorschlag auf Art. 2 Abs. 2 ASP[238] gestützt und hält als Folge einen Beschluß mit qualifizierter Mehrheit für erforderlich. Im Unterschied dazu sind die Regelungen zur Beendigung des Arbeitsverhältnisses nach Art. 2 Abs. 3. ASP einstimmig zu beschließen.

Nach Ansicht von Balze[239] greift Art. 2 Abs. 3 ASP jedoch nicht, wenn der Kündigungsschutz nur der Verwirklichung eines der in Art. 2 Abs. 1 ASP genannten Bereiche diene. Nach Auffassung von Schmidt[240] vermag diese Argumentation nicht zu überzeugen. Zum einen werde der Ausgangspunkt seiner Überlegung, das Maastrichter Abkommen zur Sozialpolitik habe die Kompetenzen der Gemeinschaft auf dem Gebiet der Sozialpolitik schließlich nicht beschränken, sondern erweitern sollen, durch Art. 2 Abs. 6 ASP widerlegt. Zum anderen hätte aber diese Betrachtungsweise zur Folge, dass Art. 2 Abs. 3 ASP jedenfalls hinsichtlich der Alternative „Schutz der Arbeitnehmer bei Beendigung des Arbeitsverhältnisses“ leerliefe. Denn auch der Kündigungsschutz gehört nach allgemeinem Verständnis zu den Arbeitsbedingungen im Sinne des Gemeinschaftsrechts.[241] Kündigungsschutzrechtliche Regelungen dienen daher stets ausschließlich der Verwirklichung des in Art. 2 Abs. 1 ASP genannten Bereiches der „Arbeitsbedingungen“.

---

236 Siehe auch Schmidt, NZA 1998, S. 580-581.

237 Siehe Teil II, Abschinitt 3.5.1. b) dieses Kapitels, sowie Treber, ZTR 1998, S. 255-256; Schmidt, NZA 1998, S. 580-581.

238 KOM (97) 392 endg. S. 8.

239 Balze, Die sozialpolitischen Kompetenzen der Europäischen Union, Baden-Baden, 1994, S. 266.

240 Schmidt, NZA 1998, S. 581.

241 In diesem Sinne schreibt Art. 5 der Richtlinie 76/207/EWG vor, dass die Anwendung des Grundsatzes der Gleichbehandlung hinsichtlich der Arbeitsbedingungen einschließlich der Entlassungsbedingungen beinhaltet, dass Männern und Frauen dieselben Bedingungen ohne Diskriminierung auf Grund des Geschlechts gewährt werden.

§ 5 Abs. 3 der Rahmenvereinbarung enthält eine unverbindliche Empfehlung in Bezug auf die Kündigung von Arbeitsverhältnissen sowie eine unverbindliche Regelung zur Information der Arbeitnehmervertretungen über Möglichkeiten des Wechsels von Teilzeit- in Vollzeitarbeitsverhältnisse und umgekehrt. Diese Regelungen benötigen gemäß Art. 2 Abs. 3 ASP der Einstimmigkeit des Rates. Sie können nicht auf Art. 2 Abs. 1 ASP gestützt werden. Art. 2 Abs. 3 ASP ist hier einschlägig, der die Einstimmigkeit im Rat voraussetzt. Die Ratentscheidung stützt sich nicht auf Art. 2 Abs.1, 2 ASP, sondern nimmt nur pauschal „auf das Abkommen über die Sozialpolitik" als Rechtsgrundlage Bezug. Art. 2 ASP wird insofern auch in den Erwägungen nicht genannt.[242] Andernfalls ist der Richtlinienentwurf einstimmig angenommen worden und erfüllt somit zumindest im Ergebnis die Voraussetzungen des Art. 2 Abs. 3 des Sozialabkommens. Ob damit Formvorschriften verletzt worden seien, ist nach Ansicht von Treber[243] zweifelhaft und diese Frage betreffe aber, wenn überhaupt, nur die unverbindlichen Empfehlungen in § 5 Abs. 2 und 3 Buchstabe e) der Rahmenvereinbarung.

3.6.3. INFORMATION DER ARBEITNEHMERVERTRETER

Nach § 5 Abs. 3 lit. d) sollen die Arbeitgeber, soweit dies möglich ist, „bemüht sein, den bestehenden Arbeitnehmervertretungsgremien geeignete Informationen über die Teilzeitarbeit in dem Unternehmen zur Verfügung zu stellen". Diese Vorschrift ist lediglich als „Bemühungsklausel" formuliert worden.[244] Die geplante Regelung in Art. 2 des Richtlinienentwurfs über die Arbeitsbedingungen war zwar inhaltlich insoweit enger gefaßt, als die Vertretungsorgane nur über die Tatsache einer vorgesehenen Teilzeitbeschäftigung rechtzeitig zu unterrichten, aber der Informationsanspruch sollte immerhin rechtsverbindlich sein.[245] Außerdem ist zu bemerken, dass in § 5 Abs. 3 lit. d) unklar ist, was unter „geeigneten Informationen" zu verstehen werden soll. Nach Ansicht von Schmidt[246] dürfte dies – je nachdem, über welche rechtlichen Möglichkeiten die Arbeitnehmervertretungen in den einzel-

[242] Treber, ZTR 1998, S. 255.
[243] Treber, ZTR 1998, S. 255.
[244] Vgl. Buschmann / Dieball / Stevens-Bartol, TZA, S. 207-208.
[245] Treber, ZTR 1998, S. 256.
[246] Schmidt, NZA 1998, S. 581.

nen Mitgliedstaaten verfügen – für jeden Mitgliedstaat unterschiedlich zu beurteilen sein. Faktisch aber sei es den Mitgliedstaaten damit freigestellt, die Informationspflicht des Arbeitgebers auf ein Minimum zu beschränken.[247] Da die Arbeitnehmervertreter (je nach dem ihnen im nationalen Recht eingeräumten Einflusses) bei der Verbesserung der Arbeitsbedingungen und der Aufstiegschancen eine durchaus wichtige Rolle spielen könnten, ist dies sehr zu bedauern.

3.7. UMSETZUNGSBESTIMMUNGEN

In § 6 beinhaltet die Rahmenvereinbarung eine Reihe von Umsetzungsbestimmungen. Von diesen sind Abs. 1 und 2 wichtig, weil sie eine Verankerung des Günstigkeitsprinzips konkretisieren. Infolgedessen können „die Mitgliedstaaten günstigere Bestimmungen beibehalten oder einführen, als sie in dieser Vereinbarung vorgesehen sind“ (§ 6 Abs. 1). „Die Umsetzung dieser Vereinbarung rechtfertigt nicht eine Verringerung des allgemeinen Schutzniveaus der Arbeitnehmer in dem unter diese Vereinbarung fallenden Bereich; dies berührt nicht das Recht der Mitgliedstaaten und/oder die Sozialpartner, bei Veränderung der Umstände unterschiedliche Rechts- und Verwaltungsvorschriften zu entwickeln, und steht der Anwendung von § 5 Abs.1 nicht entgegen, sofern der in § 4 Abs.1 festgelegte Grundsatz der Nichtdiskriminierung eingehalten wird“ (Abs. 2).

Außerdem soll die Rahmenvereinbarung die Sozialpartner nicht daran hindern, auf entsprechender Ebene, einschließlich der europäischen, Übereinkünfte zur Anpassung und/oder Ergänzung dieser Vereinbarung zu schließen, um besonderen Umständen Rechnung zu tragen. Ferner lässt die Rahmenvereinbarung spezielle Vorschriften des Gemeinschaftsrechts und insbesondere die Gemeinschaftsbestimmungen zur Gleichbehandlung und Chancengleichheit von Männern und Frauen unberührt. Die Vermeidung und Behebung von Streitfällen sollen gemäß der einzelstaatlichen Rechtsvorschriften, Tarifverträgen und Gepflogenheiten erfolgen (§ 6 Abs. 3, 4 und 5). Schließlich befindet sich in Abs. 6 eine Verpflichtung der Unterzeichnerparteien - die wahrscheinlich und hoffentlich eine wichtige Rolle für die

---

[247] In selbem Sinne: Buschmann / Dieball / Stevens-Bartol, TZA, S. 208.

künftige Verwendung der Rahmenvereinbarung spielen sollte - die Anwendung der Vereinbarung fünf Jahre nach Erlaß des Ratbeschlusses zu überprüfen, wenn einer von ihnen einen entsprechenden Antrag stellt.

4. ZUSAMMENFASSUNG

Einige Autoren,[248] die sich mit der Analyse der Rahmenvereinbarung über Teilzeitarbeit beschäftigt haben, sind sich im Allgemeinen darüber einig, dass die Verabschiedung der Richtlinie 97/81/EG sehr zu begrüßen wäre, wenn sie für den Bereich der Teilzeitarbeit gemeinschaftsweit gewisse Mindeststandards setzen würde, welche zur Verbesserung der Arbeitsbedingungen der Teilzeitarbeitnehmer und ihrer Aufstiegschancen beitrügen. Dies ist aber für die Mehrheit von ihnen nicht der Fall. Im Allgemeinen wird die Auffassung vertreten, dass die Richtlinie aller Voraussicht nach zu keiner nennenswerten Verbesserung des Rechtsstatus der Teilzeitbeschäftigten führen wird.[249] Dies zeigt nach Ansicht von Dieball[250] das klassische Dilemma europäischer Politik, die durch die Vergabe von Mindeststandards nur selektiv wirken könne. Im empirischer Perspektive sei die häufig anzutreffende, optimistische Schlußfolgerung einer neuen Qualität europäischer Arbeits- und Sozialpolitik auf Grund der durch das Sozialprotokoll eröffneten Optionen zumindest voreilig, wenn nicht falsch, indem sie den Abschluß vom Rahmenabkommen mit deren Inhalten sowie mit ihrer erfolgreichen Implementation gleichsetze.

Diese kritische Bewertung erklärt sich, weil die einzige substantielle Vorschrift der Rahmenvereinbarung über Teilzeitarbeit das Nichtdiskriminierungsprinzip der Teilzeitbeschäftigten ohne sachlichen Grund ist, aber ihre Ausnahmen tragen dazu bei, ihre tatsächliche Bedeutung gering zu machen.[251] In diesem Kontext meint beispielweise Schmidt,[252] dass

---

[248] Dötsch, AuA 1998, S. 262 ff.; Kreimer-de Fries, ArbuR 1997, S. 315 ff.; Schmidt, NZA 1998, S. 581-582; Treber, ZTR 1998, S. 257.

[249] Vgl. Dötsch, AuA 1998, S. 263.

[250] Buschmann / Dieball / Stevens-Bartol, TZA, S. 203.

[251] Mit einer abweichenden Stellungnahme sieht González-Posada in den Ausnahmen des Nichtdiskriminierngsgrundsatzes, die die Rahmenvereinbarung anerkannt, keine negativen Effekte für eine passende Regulierung der Teilzeitarbeit, denn nach seiner Meinung berücksichtigen diese „Ausnahmen in Kaskade" (excepcionalidad en cascada) die Unterschiede der Rechtssysteme in den Mitgliedstaaten und wurde so kein rigides Gleichbehandlungssystem eingegliedert. El acuerdo marco sobre el trabajo a tiempo parcial y la Directiva 97/81/CE, S. 35-36.

[252] Schmidt, NZA 1998, S. 581-582.

abgesehen davon, dass der sachlichen Geltungsbereich dieses Diskriminierungsverbots die wichtigen Bereiche des Arbeitsentgelts und der sozialen Sicherheit nicht erfaße,[253] galt dieses Verbot aufgrund der Rechtsprechung des EuGH zur mittelbaren Diskriminierung wegen des Geschlechts faktisch bereits vor Inkrafttreten der Richtlinie 97/81/EG. Für diese Autorin könne aber die Nichterfassung der Bereiche Arbeitsentgelt und soziale Sicherheit durch das Diskriminierungsverbot den Sozialpartnern nicht zum Vorwurf gemacht werden, denn diese inhaltliche Begrenztheit des sachlichen Geltungsbereichs des Diskriminierungsverbots sei auf die konzeptionellen Defizite des Abkommens über die Sozialpolitik zurückzuführen. Die Sozialpartner seien jedoch verantwortlich dafür, dass die übrigen Bestimmungen (§ 5 und 6 der Rahmenvereinbarung) im Wesentlichen keine Pflichten für den Arbeitgeber beinhalten.

Die weiche Formulierung des Grundsatzes der Nichtdiskriminierung von Teilzeitbeschäftigten ist die am meisten kritisierbare Regelung der Rahmenvereinbarung, denn sie bewirkt, dass die Richtlinie zur Teilzeitarbeit insoweit hinter den Richtlinienvorschläge der Kommission und der Rechtsprechung des EuGH zurückbleibt.[254] Der EuGH hat in Anwendung des Grundsatzes der Gleichbehandlung der Geschlechter – unter Berücksichtigung der Tatsache, dass zumeist Frauen teilzeitbeschäftigt sind – in einer großen Zahl von Entscheidungen insbesondere die sogenannte mittelbare Diskriminierung von Teilzeitbeschäftigten als mit dem Gemeinschaftsrecht unvereinbar erklärt. Mit den eingeräumten nationalen Ausnahmeregelungen ist es hingegen ungewiss, jedenfalls nicht zwingend, dass die Rahmenvereinbarung zu einer realen Verbesserung der Situation der Teilzeitbeschäftigten führt. Umgekehrt besteht in manchen Mitgliedstaaten, in denen die Arbeitnehmerrechte weniger entwickelt und die Gewerkschaften schwach sind, zumindest die Gefahr, die bisher unter Berufung auf Art. 119 a.F. EGV (Art. 141 n.F. EGV) bekämpfbar waren, nun durch nationale Umsetzung der Vereinbarung festgeschrieben oder gar neue Diskriminierungen eingeführt werden.[255]

Auch dem in der Präambel proklamiertem Ziel, die Möglichkeiten zur Teilzeitarbeit zu verbessern, entspricht die Rahmenvereinbarung nur ungenügend, weil die Mitgliedstaaten nur

---

[253] Siehe Abschnitt B II, Punkt 3.5.1. a) dieses Kapitels.
[254] In diesem Sinne auch das Europäische Parlament in seiner Sitzung vom 19. November 1997; EP-Dok. A 4 – 352/97.
[255] Vgl. Dötsch, AuA 1998, S. 263; Kreimer-de Fries, ArbuR 1997, S. 315.

verpflichtet sind, „Hindernisse rechtlicher oder verwaltungstechnischer Natur, die die Teilzeitarbeitsmöglichkeiten beschränken können", zu prüfen und gegebenenfalls zu beseitigen. Ob die Mitgliedstaaten und/oder die Sozialpartner auf der nationalen Ebene die Nachteile der unreichenden Regulierung der Rahmenvereinbarung beseitigen können, ist noch unsicher. Es ist deshalb zu erwarten, dass die Mitgliedstaaten und die nationalen Sozialpartner sich besonders bemühen, um eine künftige Revision dieser Richtlinie durchzuführen oder, dass sie sich im generell bemühen, um eine einheitliche Konzeption der sozial und wirtschaftlichen Rolle des Gleichbehandlungsprinzips bezüglich der Teilzeitarbeit zu schaffen. Angesichts der größeren Bedeutung des Integrationsprozesses und da möglicherweise neue Länder in der Zukunft Teil der Europäischen Union sein werden, braucht die Teilzeitarbeit eine europäische Regulierung, die einen tatsächlichen Schutz für die Mehrheit der Arbeitnehmer und insbesondere der Arbeitnehmerinnen in Europa gewährleisten kann.

Außerdem ist wichtig zu beachten, dass die generell negative Bewertung der Richtlinie über Teilzeitarbeit viele Fragen offen lässt, über das reale Entwicklungspotential des Sozialen Dialogs zu einem effektiven europarechtlichen Regelungsinstrumentarium. Bisher war das Zustandekommen von europäischen Vereinbarungen eine Reaktion auf das erfolgslose Bemühen von Kommission und Rat, auf dem betreffenden Gebiet einen Rechtsakt der Gemeinschaft zu verabschieden. Künftig kann aber damit gerechnet werden, dass der Abschluß europäischer Vereinbarungen zu einem „normalen" Weg bei der Schaffung von Gemeinschaftsrecht wird.[256] Deswegen soll die kritische Bewertung der Rahmenvereinbarung über Teilzeitarbeit und der Mangel an Vorschriften, die zu einer wirklichen Verbesserung der Lage der Teilzeitarbeitnehmer beitragen, ein Signal sein, um den richtigen Weg für diese Rechtsgestaltungsmöglichkeit wieder zu finden. Denn es besteht die Gefahr, dass substantielle sozial- und arbeitspolitische Richtlinien oder andere gesetzliche Maßnahmen durch weichere Vereinbarungen der Sozialpartner verhindert werden können. Oder es ist zu befürchten, dass der Abschluß von problematischen oder kritisierbaren Vereinbarungen (wie die Rahmenvereinbarung über Teilzeitarbeit) insgesamt die Sozialpartnerverhandlungen auf Gemein-

[256] Dötsch, AuA 1998, S. 263.

schaftsebene als Instrument, effektive arbeits- und sozialpolitische Vorschriften zu schaffen, entwertet.[257]

Nach Ansicht von Kreimer-de Fries[258] solange die europäische Gewerkschaftsbewegung nicht in der Lage sei, durch europaweite Aktionen bis hin zu transnationalen Arbeitskämpfen die europäischen Arbeitgeberverbände zu Verhandlungen und Kompromissen in Bezug auf substantielle Fragen der Arbeitsbedingungen zu veranlassen, solange werde sich der Nutzen von Vereinbarungen prinzipiell auf Gegenstände beschränken, bei denen ohnehin ein eigenes Interesse der Arbeitgeber bzw. eine gewisse gemeinsame Schnittmenge der Interessen beider Seiten bestehe. In diesem Zusammenhang wurde auch diskutiert, dass ein eventuelles Scheitern der Verhandlungen der Sozialpartner zur Regelung der Teilzeitarbeit die Gefahr mit sich bringen könnte, diese Art von Verhandlungen unter der Schirmherrschaft der Kommission im Rahmen des Sozialen Dialogs als die angemessene Form der tarifvertraglichen Beziehungen auf europäischer Ebene nicht zu verankern.[259] Diese Befürchtung sei jedoch kritisierbar.[260] Wenn die Verhandlungen der Sozialpartner schon mit autonomen Tarifverhandlungen verglichen werden könnten, dann gehöre dazu auch, dass Verhandlungen an der mangelnden Kompromissbereitschaft der Arbeitgeber bzw. am Fehlen geeigneter Druckmittel, scheitern könnten. Im Falle eines Scheiterns der Sozialpartnerverhandlungen zur Teilzeitarbeit wäre es erneut Sache der Europäischen Kommission gewesen, dem Rat eine Richtlinie vorzuschlagen gemäß der allgemeinen Regeln zur Verabschiedung von Richtlinien im EGV und im Abkommen über die Sozialpolitik.

Allerdings bedeuten die bisherigen und in ansehbarer Zeit geschlossenen Vereinbarungen noch keine europäischen Kollektiv- bzw. Tarifverträge.[261] Für echte Kollektivvertragsverhandlungen fehlen vorläufig noch die rechtlichen und organisatorischen Voraussetzungen. Den europäischen Vereinbarungen mangelt es an der für Tarifverträge charakteristischen normativen Wirkung. Sie enthalten lediglich eine schuldrechtliche Bindung der an ihnen

257 Vgl. Kreimer-de Fries, ArbuR 1997, S. 317.
258 Kreimer-de Fries, ArbuR 1997, S. 316.
259 Argumentationshinweise des EGB Sekretariats zur Exekutivausschußsitzung vom 6. Juni 1997, zit. von Kreimer-de Fries, ArbuR 1997, S. 317.
260 Nach Auffassung von Kreimer-de Fries gibt es keinen Anlass zu der Annahme, dass ein solcher Richtlinienvorschlag ungünstiger gewesen wäre, als die erlassene Richtlinie über Teilzeitarbeit; ArbuR 1997, S. 316.

beteiligten Partner und sind für eine weiterreichende Rechtswirkung auf das Tätigwerden anderer Einrichtungen (Mitgliedstaaten, nationale Sozialpartner, Rat) angewiesen. Eine weitere Voraussetzung wäre ein gemeinsames europäisches Arbeitskampfrecht, das durch den damaligen Art. 2 Abs. 6 des ASP (Art. 137 Abs. 6 n.F. EGV) noch ausgeschlossen ist.[262] Für die Zukunft stellt sich auf jedem Fall die Frage, ob das in Art. 138 n.F. EGV verankerte Recht der Sozialpartner, die Regelung von sozialpolitischen Materien an sich zu ziehen, für nennenswerte Fortschritte im Bereich der Sozialpolitik der Gemeinschaft nicht eher hinderlich ist.[263]

III. DER GRUNDSATZ DES GLEICHEN ENTGELTS UND DAS PROBLEM DER MITTELBAREN DISKRIMINIERUNG WEGEN DES GESCHLECHTS[264]

1. EINFÜHRUNG

Der Grundsatz der Lohngleichheit für männliche und weibliche Arbeitnehmer verfügt über eine lange Geschichte rechtlicher Anerkennung auf einer supranationalen sowie auf einer innerstaatlichen Ebene. Das Prinzip der Lohngleichheit wurde in internationalen Abkommen staatlicher Art erstmals im Achten Teil des Versailler Friedensvertrag[265] vom 28. Juni 1919 verkörpert, erneut in der Präambel der IAO-Verfassung von 1940 wiederholt und in einer Reihe weiterer Pakte und Konventionen aufgenommen, wie z.B.: Die Allgemeinen Erklärung der Menschenrechte[266] vom 10. Dezember 1948; im IAO-Übereinkommen Nr. 100[267] vom 29. Juni 1951; in der Europäischen Sozialcharta[268] vom 18. Oktober 1961 und im Internationalen Pakt über wirtschaftliche, soziale und kulturelle Rechte[269] vom 19. Dezember 1966.[270]

---

[261] In diesem Sinne auch: Steinmeyer, RdA 2001, S. 19; Krimphove, S. 460.
[262] Vgl. Dötsch, AuA 1998, S. 264; Birk, EuZW 1997, S. 456 ff.; Heinze, ZfA 1997, S. 516 ff.; Kreimer-de Fries, ArbuR 1997, S. 317-318.
[263] Schmidt, NZA 1998, S. 582.
[264] Die folgende Analyse beruht im Wesentlichen auf die Lage der Teilzeitarbeitnehmer hinsichtlich des gemeinschaftsrechtlichen Grundsatzes der Lohngleichheit.
[265] Art. 427 des Vertrags als siebte der Arbeitsklauseln.
[266] Art. 23 Abs. 2.
[267] Art. 2 Abs. 1 des Übereinkommens der IAO über die Gleichheit des Entgelts männlicher und weiblicher Arbeitskräfte für gleichwertige Arbeit.
[268] Art. 4 Abs. 3.
[269] Art. 7 (a) (i).
[270] Kyriazis, Die Sozialpolitik der Europäischen Wirtschaftsgemeinschaft in Bezug auf die Gleichberechtigung männlicher und weiblicher Erwerbstätiger, Berlin, 1990, S. 26.

Art. 141 des EGV (ex-Art. 119) enthält eine europarechtliche Kodifizierung des Grundsatzes des gleichen Entgelts für Männer und Frauen bei gleicher oder gleichwertiger Arbeit. Obwohl diese Vorschrift primär die Problematik der Gleichbehandlung von Mann und Frau behandelt, ist sie durch die Rechtsprechung des EuGH zu einer der zentralen Normen im Bereich der Teilzeitarbeit avanciert,[271] wie es später analysiert wird. Da in der Regel wesentlich mehr Frauen als Männer Teilzeitarbeit verrichten, ist jede Schlechterstellung von Teilzeitbeschäftigten unter dem Gesichtspunkt des Entgeltgleichheitsgebots und der mittelbaren Diskriminierung zu betrachten.[272] Gemäß Art. 141 Abs. 1 n.F. EGV soll jeder Mitgliedstaat die Anwendung des Grundsatzes des gleichen Entgelts für Männer und Frauen bei gleicher oder gleichwertiger Arbeit sicherstellen. Art. 119 a.F. wurde in der EWGV auf Wunsch Frankreichs aufgenommen, denn die französische Regierung hatte geltend gemacht, dass die Gleichbehandlung von Mann und Frau nach französischem Recht bereits geboten sei und dass die französischen Unternehmen Wettbewerbsnachteile hätten, wenn diese Gleichbehandlung in anderen Mitgliedstaaten nicht verlangt würde.[273]

Der damaligen Art. 119 EWGV beruhte also nicht auf Erwägungen der sozialen Gerechtigkeit, sondern rein auf wirtschaftlichen Erwägungen. Ziel des Art. 119 EWGV war daher originär die Verhinderung von Lohndumping durch schlechter bezahlte Frauenarbeit. Dazu genügte es, die Entgeltgleichheit nur für die gleiche Arbeit einzuführen.[274] Während Art. 119 weit über das Ende der Ersten Stufe der Entwicklung der Gemeinschaft (bis Ende 1961) keine große Rolle spielte und sich seine Umsetzung erheblich verzögerte, änderte sich dies parallel zur steigenden Bedeutung der Frauenerwerbstätigkeit in allen Mitgliedstaaten mit der „aktiven Phase“ der Sozialrechtsgestaltung der Europäischen Gemeinschaft zu Beginn der 70er Jahre.[275] So ist im Rahmen der Entwicklung des europäischen Arbeitsrechts die sozialpolitische Funktion des Lohngleichheitsprinzips zur Besserung der Arbeitsbedingungen in den Vordergrund getreten. Andererseits wurde der soziale Charakter des Lohngleich-

---

[271] Biermann, Die Gleichbehandlung von Teilzeitbeschäftigten bei entgeltlichen Ansprüchen, Berlin, 2000, S. 151.

[272] Pfarr, Mittelbare Diskriminierung von Frauen, NZA 1986, S. 588.

[273] Mégret-Louis-Vignes-Waelbroeck, Le droit de la Communauté Economique Européenne, vol. 7, 1973, S. 2 ff., zit. von Steindorff, Gleichbehandlung von Mann und Frau nach dem EG-Recht, RdA 1988, S. 129.

[274] Krämer, S. 3. In selbem Sinne: Schlachter, Probleme der mittelbaren Benachteiligung im Anwendungsbereich des Art. 119 EGV, NZA 1995, S. 393.

[275] Bieback, Die mittelbare Diskriminierung wegen des Geschlechts, Baden-Baden, 1997, S. 22.

heitsgrundsatzes frühzeitig in der Rechtsprechung des EuGH anerkannt. Der EuGH[276] hat in seinem Urteil „Defrenne II“ betont, dass „diese Bestimmung (Art. 119) den sozialen Zielen der Gemeinschaft dient, die sich ja nicht auf eine Wirtschaftsunion beschränkt, sondern, wie die Präambel des Vertrages hervorhebt, zugleich durch gemeinsames Vorgehen den sozialen Fortschritt sichern und die ständige Besserung der Lebens- und Beschäftigungsbedingungen der europäischen Völker anstreben soll. Aus dieser doppelten, wirtschaftlichen und sozialen Zweckbestimmung folgt, dass der Grundsatz des gleichen Entgelts zu den Grundlagen der Gemeinschaft gehört.“

Mit dieser Ausweitung des Sinngehaltes des Art. 119 a.F. EGV öffnete die Rechtsprechung des EuGH das Tor zu einer damals nicht absehbaren und noch nicht abgeschlossenen Einwirkung des europäischen Rechts auf das Arbeitsrecht der Mitgliedstaaten. So wäre beispielweise die Entwicklung des Rechtsinstituts der mittelbaren Diskriminierung wegen des Geschlechts ohne die Zuerkennung eines sozialen Gehaltes dieser Vorschrift nicht möglich gewesen. In keiner der bislang zu Art. 119 a.F. EGV ergangenen Entscheidungen hat die wettbewerbsrechtliche Zielsetzung bei der Auslegung der Tatbestandsmerkmale eine Rolle gespielt.[277] Außerdem hat der EuGH in mehreren Urteilen den damaligen Art. 119 EGV als Norm von fundamentaler Bedeutung qualifiziert.[278] Damit ist aus Art. 119 a.F. EGV ein gemeinschaftsrechtliches Grundrecht geworden, das im Rang den Grundfreiheiten des EGV gleichsteht.[279]

2. ANWENDUNGSBEREICH DES ART. 141 EGV

2.1. PERSÖNLICHER ANWENDUNGSBEREICH

Art. 141 EGV beinhaltet den Grundsatz des gleichen Entgelts für Männer und Frauen. Deswegen können sowohl Männer als auch Frauen eine für sie diskriminierende Regelung unter Berufung auf dieser Vorschrift des EGV angreifen. Im Falle einer unmittelbaren

[276] EuGH vom 8.6.1976, Rs. 43/75 (Defrenne II), Slg. 1976, S. 473.
[277] Vgl. Biermann, S. 154; Zuleeg, Die Rechtsprechung des Europäischen Gerichtshofs zum Arbeits- und Sozialrecht im Streit, ArbuR 1994, S. 77 ff.; Kyriazis, S. 28 ff.
[278] Grundlegend das Urteil Defrenne II, Slg. 1976, S. 473.
[279] Vgl. Steindorff, RdA 1988, S. 130; Bieback, S. 23; Krimphove, S. 181; Blanpain / Schmidt / Schweibert, S. 242; Bleckmann, S. 888; Steinmeyer, RdA 2001, S. 15.

Diskriminierung bereitet die Festlegung des Kreises der Normbegünstigten keine Probleme, da aufgrund der unmittelbaren Anknüpfung an das Unterscheidungsmerkmal „Geschlecht" die Vergleichsgruppen jeweils nur aus Angehörigen eines Geschlechts bestehen. Steht jedoch eine mittelbare Diskriminierung wegen des Geschlechts auf dem Prüfstand, so finden sich in der benachteiligten und in der bevorzugten Arbeitnehmergruppe Mitglieder beiden Geschlechts. Im Bereich der Teilzeitbeschäftigung wird bei der Benachteiligung von Teilzeitkräften eine mittelbare Diskriminierung wegen des Geschlechts normalerweise angenommen, weil Teilzeitbeschäftigung ganz überwiegend Frauenarbeit ist.[280]

2.2. SACHLICHER ANWENDUNGSBEREICH

Art. 141 EGV beschränkt sich auf den Entgeltbereich. Nur auf diesem Gebiet kann diese Vorschrift Diskriminierungen aufgrund des Geschlechts verhindern. Andere Gebiete, in denen die Diskriminierung wegen des Geschlechts relevant sein kann, wie beispielweise der Zugang zum Beruf oder die Zulässigkeit der Schwangerschaftsfrage im Einstellungsgespräch, werden von Art. 141 nicht erfaßt. Die Ausrichtung allein auf den Entgeltbereich ist eine Folge der ursprünglich wettbewerbsrechtlichen Zielsetzung der Vorschrift. Ein allgemeines, mit unmittelbarer Geltungswirkung versehenes Geschlechtsdiskriminierungsverbot existiert im Gemeinschaftsrecht außerhalb der Entgeltzahlung nicht.[281]

Deswegen wurde der sachliche Geltungsbereich dieser Vorschrift durch verschiedene Richtlinien des Rates vervollständigt.[282] So soll die Richtlinie 75/117/EWG[283] zum Grundsatz des gleichen Entgelts die konkrete Anwendung dieser Vorschrift erleichtern. In diesem Sinne stellt z.B. ihr Art. 4 klar, dass der Grundsatz auch für Tarifverträge gilt. Die Richtlinie 76/207/EWG[284] erstreckt das Gleichbehandlungsgebot auf den Zugang zur Beschäftigung und zur beruflichen Ausbildung sowie zum Aufstieg, und sie verlangt gleiche Arbeitsbedingungen für Männer und Frauen. Außerdem gebietet die Richtlinie 79/7/EWG[285] weiter Gleich-

[280] Biermann, S. 159. Siehe auch: Sievers, Die mittelbare Diskriminierung im Arbeitsrecht, Pfaffenweiler, 1997, S. 36.
[281] Biermann, S. 155. Vgl. Langenfeld, Die Gleichbehandlung von Mann und Frau im Europäischen Gemeinschaftsrecht, 1989, Baden-Baden, 1990, S. 49 ff.
[282] Vgl. Krimphove, S. 182-184.
[283] ABl. EG vom 19.2.1975, Nr. L 45, S. 19.
[284] ABl. EG vom 14.2.1976, Nr. L 39, S. 40.
[285] ABl. EG vom 10.1.1979, Nr. L 6, S. 24.

behandlung im Bereich der sozialen Sicherheit. Die Richtlinie 86/378/EWG[286] gewährleistet die Verwirklichung des Grundsatzes der Gleichbehandlung von Männer und Frauen bei den betrieblichen Systemen der sozialen Sicherheit und die Richtlinie 86/613/EWG[287] ermöglicht auch die Verwirklichung dieses Prinzips für Männer und Frauen, die eine selbständige Erwerbstätigkeit – auch in der Landwirtschaft – ausüben sowie über den Mutterschutz. Das Verbot der Lohndiskriminierung hat sich damit zu einem umfassenden Gleichbehandlungsrecht im gesamten Arbeitsrecht und in zahlreichen Gebieten des Sozialrechts entwickelt.[288]

Allerdings ergeben sich nach Art. 249 n.F. EGV (ex–Art. 189) aus einer Richtlinie Verpflichtungen nur für die Mitgliedstaaten, insbesondere die Pflicht zur Schaffung eines entsprechenden nationalen Rechts. Im Allgemeinen kann also der einzelne Arbeitnehmer sich gegenüber seinem Arbeitgeber nicht auf Vorschriften einer Richtlinie berufen. Es gibt aber zwei Ausnahmen zu dieser Regel.[289] So kann einerseits nach Rechtsprechung des EuGH[290] der einzelne Arbeitnehmer Rechte aus einer noch nicht ordnungsgemäß in nationales Recht umgesetzten Richtlinienvorschrift herleiten, wenn diese ihrem Inhalt nach unbedingt und hinreichend genau ist, so dass dem Mitgliedstaat bei ihrer Umsetzung keine Spielräume bleiben. Dies gilt beispielweise für das Diskriminierungsverbot des Art. 5 der Richtlinie 76/207/EWG. Gegenüber seinem Arbeitgeber kann der Arbeitnehmer aber nur dann Rechte aus einer solchen Richtlinienvorschrift herleiten, wenn es sich bei dem Arbeitgeber um eine staatliche Stelle im weitesten Sinne handelt.[291] Andererseits können Richtlinienbestimmungen auch auf die Weise in das einzelne Arbeitsverhältnis hineinwirken, dass der Inhalt des einschlägigen nationalen Rechts im Wege der gemeinschaftsrechtskonformen Auslegung den Vorgaben der Richtlinie angepasst wird.[292] Zu dieser gemeinschaftsrechtskonformen Auslegung sind die nationalen Gerichte verpflichtet.[293]

---

[286] ABl. EG vom 12.8.1986, Nr. L 255, S. 40, geändert durch Richtlinie 96/97/EG vom 20.12.1996, ABl. EG vom 17.2.1997, Nr. L 46, S. 20.
[287] ABl. EG vom 19.12.1986, Nr. L 359, S. 56.
[288] Bieback, S. 23.
[289] Wißmann, Geschlechtsdiskriminierung, EG-Recht und Tarifverträge, ZTR 1994, S. 223.
[290] Z.B. EuGH vom 1.7.1991, Rs. C-345/89 (Stoeckel), Slg. I 1991, S. 511.
[291] EuGH vom 12.7.1990, Rs. C-188/89 (Foster), Slg. I 1990, S. 3313. Vgl. Schiek, S. 33-34; Wißmann, ZTR 1994, S. 223.
[292] EuGH vom 8.11.1990, Rs. C-177/88 (Dekker), Slg. I 1990, S. 3941.
[293] BAG vom 23.9.1992, EzA § 612 BGB Nr. 16. Vgl. Schiek S. 35; Wißmann, ZTR 1994, S. 224.

Andernfalls ist relevant zu bemerken, dass der neue Art. 141 EGV gegenüber der alten Regelung (Art. 119 EGV), aber auch gegenüber der Regelung des Art. 6 im Abkommen über die Sozialpolitik beträchtlich erweitert worden ist. Mit dem völlig neu gestalteten und nicht auf das Abkommen über die Sozialpolitik zurückgehenden Abs. 3 erhält die Gemeinschaft die Kompetenz, Maßnahmen zur Gewährleistung der Anwendung des Grundsatzes der Chancengleichheit von Männern und Frauen im Arbeits- und Beschäftigungsleben, einschließlich des Grundsatzes des gleichen Entgelts bei gleicher oder gleichwertiger Arbeit zu beschließen. Diese Befugnis, von der der Rat im Rahmen des Mitentscheidungsverfahren gemäß Art. 251 EGV bei Anhörung des Wirtschafts- und Sozialauschusses Gebrauch machen kann, dehnt den bisherigen Anwendungsbereich des Gleichbehandlungsgebots von der Frage des Entgelts generell auf das Arbeitsleben und die Beschäftigung aus.[294]

2.3. DER ENTGELTBEGRIFF IN ART. 141. EGV

Der Entgeltbegriff spielt für die Festlegung des Anwendungsbereichs des Art. 141 EGV eine entscheidende Rolle. Deshalb enthält Abs. 2 dieser Vorschrift eine Legaldefinition des *Entgeltbegriffes*, nach dem: „Unter Entgelt im Sinne dieses Artikels sind die üblichen Grund- oder Mindestlöhne und –gehälter sowie alle sonstigen Vergütungen zu verstehen, die der Arbeitgeber aufgrund des Dienstverhältnisses dem Arbeitnehmer unmittelbar oder mittelbar in bar oder in Sachleistungen zahlt".

Der EuGH[295] legt den Begriff des Entgelts auf der Grundlage der Legaldefinition weit aus.[296] Der Entgeltbegriff schließt ein alle gegenwärtigen oder künftigen in bar oder Sachwerten gezahlten Vergütungen, die der Arbeitgeber dem Arbeitnehmer – wenigstens mittelbar – aufgrund des Dienstverhältnisses zahlt.[297] Abgedeckt sind damit alle zusätzlichen Leistungen, wie Zulagen,[298] Vergünstigungen und Gratifikationen.[299] Der Entgeltbegriff im europäischen

[294] In diesem Sinne: Steinmeyer, RdA 2001, S. 17.
[295] EuGH vom 27.10.1990, AP Nr. 21 zu Art. 119 EWG-Vertrag; EuGH vom 9.2.1982 (Garland / British Rail Engineering), Rs. 12/81, Slg. 1989, 359.
[296] Siehe: Krimphove, S. 188 ff.; Biermann, S. 160; Saunders, S. 26; Buschmann / Dieball / Stevens-Bartol, TZA, S. 176.
[297] EuGH vom 25.5.1971, Rs. 80/70 (Defrenne I), Slg. 1971, S. 445, 451, Rn. 6.
[298] EuGH vom 7.6.1972, Rs. 20/71(Sabbatini-Bertoni), Slg. 1972, S. 345; EuGH vom 20.2.1975, Rs. 21/74 (Ariola), Slg. 1975, S. 221.
[299] EuGH vom 21.10.1999, Rs. C-333/97 (Lewen), Slg. 1999, S. 7243, Rn. 19 ff.

Arbeitsrecht erfaßt daher auch Leistungen, die erst nach Beendigung des Arbeitsverhältnisses erfolgen, und zwar unabhängig davon, ob sie gesetzlich oder vertraglich vorgesehen sind oder bloß einseitig gewährt werden (z.B. Abfindungszahlungen).[300] Selbst die Möglichkeit eines dienstzeitabhängigen Aufstiegs des Arbeitnehmers in eine höhere Vergütungsgruppe hat der EuGH[301] als Entgelt bezeichnet. Unter den Begriff „Entgelt" fällt auch jene finanzielle Leistung, die der Arbeitgeber aufgrund von Krankheit der Arbeitnehmerin zahlen muss, selbst wenn die Erkrankung der Arbeitnehmerin im Zusammenhang mit deren Schwangerschaft steht.[302] Insbesondere fallen auch Leistungen der betrieblichen Altersversorgung[303] hierunter, unabhängig davon ab, ob es sich um betriebliche Zusatzrenten oder aber um solche betrieblichen Altersversorgungsleistungen handelt, die an die Stelle eines gesetzlichen Sozialversicherungssystems treten. Da der Entgeltbegriff auch die einzelnen Entgeltbestandteile und den Zugang zu entgeltlichen Leistungen betrifft, wird von Art. 141 EGV auch eine Ungleichbehandlung in Hinblick auf das Rentenzugangsalter erfaßt.[304]

Nicht zum Entgelt im Sinne des Gemeinschaftsrechts gehören jedoch durch Gesetz geregelte (gesetzliche) Systeme, keinerlei vertragliche Vereinbarungen innerhalb des Unternehmens oder in dem betroffenen Gewerbezweig zulassende Sozialversicherungssysteme, die zwingend für allgemein umschriebene Gruppen von Arbeitnehmern gelten.[305] Auch die Verwendung je nach Geschlecht unterschiedlicher versicherungsmathematischer Faktoren im Rahmen von betrieblichen Versorgungssystemen, die auf der für Männer und Frauen unterschiedlichen Lebenserwartung beruhen, fällt nicht in den Anwendungsbereich von Art. 119 a.F. EGV, da sich die Modalitäten der Finanzierung nicht auf die von dem Arbeitgeber eingegangenen Verpflichtungen erstrecken.[306]

---

[300] EuGH vom 16.2.1982, Rs. 19/81, Slg. 1982, S. 555; EuGH vom 17.2.1993, Rs. C-173/91; EuGH vom 14.9.1999, Rs. C-249/97 (Gruber), Slg. I 1999, S. 5295.
[301] EuGH vom 7.2.1991, Rs. C-184/89 (Nimz), Slg. I 1991, S. 297.
[302] EuGH vom 16.6.1999, Rs. C-218/98 (Abdoulay), Slg. I 1999, S. 5723.
[303] Vgl. u.a.: EuGH vom 28.9.1994, Rs. C-200/91 (Coloroll), Slg. I 1994, S. 4389; EuGH vom 28.9.1994, Rs. C-128/93 (Fisscher); EuGH vom 14.12.1993, Rs. C-110/91 (Moroni); EuGH vom 17.5.1990, Rs. C-262/88 (Barber), Slg. I 1990, S. 1889, Rn. 40-45.
[304] Langenfeld-Jansen in: Grabitz-Hilf (Hrsg.), Kommentar zur Europäischen Union, 2. Auflage, Stand 1997, Art. 119 EGV, Rn. 23-24, zit. von Kort, Zur Gleichbehandlung im deutschen und europäischen Arbeitsrecht, insbesondere beim Arbeitsentgelt teilzeitbeschäftigter Betriebsratmitglieder, RdA 1997, S. 279.
[305] EuGH vom 25.5.1971, Rs. 80/70 (Defrenne I / Sabena), Slg. 1971, 445.

Außerdem verlangt Art. 141 EGV, dass für gleiche oder gleichwertige Arbeit nicht wegen des Geschlechts eine geringere Vergütung gezahlt werden darf. Von *gleicher Arbeit* wird gesprochen, wenn sich die verglichenen Arbeitnehmer einander wechselseitig ersetzen können, sie also überwiegend gleiche Tätigkeiten ausüben[307] oder nach Ansicht von Schaub,[308] wenn gleichartige Arbeitsvorgänge auf verschiedenen Arbeitsplätzen verrichtet werden. Setze sich eine Gesamttätigkeit aus verschiedenen Einzeltätigkeiten zusammen, so sei entscheidend auf die Tätigkeit abzustellen, die ihr das Gepräge gebe oder die überwiege. Eine gleiche Arbeit liege nicht vor, wenn eine gleiche Tätigkeit über einen erheblichen Zeitraum von Arbeitnehmern mit unterschiedlicher Berufsberechtigung ausgeübt werde.[309]

Der Art. 141 EGV erweitert das Diskriminierungsverbot auch auf gleichwertige Tätigkeiten, die in der damaligen Art. 119 EGV nicht erfaßt worden sind.[310] Um eine *gleichwertige Arbeit* handelt es sich, wenn Arbeitnehmer Tätigkeiten ausüben, die nach objektiven Maßstäben der Arbeitsbewertung denselben Arbeitswert haben. Auch insoweit ist ein Gesamtvergleich der Tätigkeiten erforderlich. Dabei ist der jeweils erforderliche Umfang von Vorkenntnissen und Fähigkeiten zu berücksichtigen.[311] Vor der Änderung des EGV in Amsterdam hat erst die Richtlinie 75/117/EWG[312] ausdrücklich ungleiches Entgelt auch für als gleichwertig anzusehende Arbeit verboten und entsprach damit dem Standard der IAO. Der EuGH[313] hatte mittlerweile in mehreren Urteilen erklärt, dass diese Richtlinie den Art. 119 a.F. EGV nicht verändert, sondern seinen Inhalt klärt und seine Anwendung erleichtern soll.[314] Damit wurde damals von dem EuGH festgestellt, dass Art. 119 a.F. EGV auch die Fälle gleichwertiger Arbeit erfaßt. Die praktische Bedeutung ist evident, weil es viele Fälle gibt, in denen nicht

---

306 EuGH vom 22.12.1993 (Neath / Hugh Steeper Ltd.), C-152/91, Slg. 1993, I-6953; EuGH vom 28.9.1994 (Coloroll Pension Trustees / Russell), C-200/91, Slg. 1994, I-4389.
307 So Schlachter, NZA 1995, S. 393-394.
308 Schaub, Arbeitsrechts - Handbuch, S. 1646.
309 EuGH vom 11.5.1999 (Wiener Gebietskrankenkasse).
310 Biermann, S. 161. Vgl. Kort, RdA 1997, S. 279.
311 Preis, Arbeitsrecht, S. 350. Siehe auch: Krimphove, S. 196-197.
312 Richtlinie des Rates vom 10.2.1975 zur Angleichung der Rechtsvorschriften der Mitgliedstaaten über die Anwendung des Grundsatzes des gleichen Entgelts für Frauen und Männer.
313 EuGH vom 8.6.1976, Rs. 43/75 (Defrenne II), Slg. 1976, 455.
314 Auch in EuGH vom 11.3.1981, Rs. 69/80 (Worringham, Humphrey), Slg. 1981, S. 767.

gleiche, sondern allenfalls gleichwertige Tätigkeiten von Männern und Frauen feststellbar sind und für die eine sehr enge Fassung des Art. 119 a.F. EGV diesen leer laufen ließe.[315]

2.4. WIRKUNGSWEISE DES ART. 141 EGV

Diese Vorschrift gehört als Teil des Vertrages zur Gründung der Europäischen Gemeinschaft (EGV) zum primären Gemeinschaftsrecht. Das Gemeinschaftsrecht bildet zunächst die Rechtsordnung des völkerrechtlichen Subjektes Europäische Gemeinschaft und regelt die Rechtsverhältnisse zwischen den Mitgliedstaaten. Darüber hinaus hat der EGV eine eigene Rechtsordnung geschaffen, die bei seinem Inkrafttreten in die Rechtsordnungen der Mitgliedstaaten aufgenommen wurde und von ihren Gerichten anzuwenden ist. Aus dieser Eigenständigkeit des Gemeinschaftsrechts als autonome Rechtsordnung folgt, dass sowohl das primäre Recht, als auch das sekundäre Gemeinschaftsrecht dem nationalen Recht im Kollisionsfall vorgehen.[316]

Art. 141 EGV richtet sich also a priori an die Mitgliedstaaten, weil ihnen die Pflicht auferlegt wird, den Lohngleichheitsgrundsatz für Männer und Frauen bei gleicher oder gleichwertiger Arbeit anzuwenden und beizubehalten. Trotzdem hat diese Vorschrift ein besonderes Merkmal, weil nach der ständigen Rechtsprechung des EuGH auch unmittelbare Rechtswirkung zwischen den Rechtssubjekten der einzelnen Mitgliedstaaten entfaltet. Die grundsätzliche Bedeutung des damaligen Art. 119 EGV war für die Anerkennung seiner unmittelbaren Wirkung durch den EuGH[317] in der Entscheidung Defrenne II wesentlich.[318] In diesem Urteil hat der EuGH anerkannt, dass diese Vorschrift individuelle Ansprüche begründen kann, welche die nationalen Gerichte ohne Umsetzungsmaßnahmen - weder durch die Mitgliedstaaten noch durch die Gemeinschaft - zu schützen verpflichtet sind.

Art. 141 EGV gilt folglich in den Beziehungen zwischen Staat und Einzelperson, d.h. diese Bestimmung hat eine sogenannte *vertikale unmittelbare Geltung*. Der EuGH ist aber bei dieser Betrachtungsweise nicht stehengeblieben und hat auch anerkannt, dass der damaligen

[315] Steindorff, RdA 1988, S. 132. In selbem Sinne, Blanpain / Schmidt / Schweibert, S. 254 ff.; Langenfeld, S. 51 ff.; Schlachter, NZA 1995, S. 395.
[316] Vgl. Biermann, S. 156; Bleckmann, S. 198 ff.
[317] EuGH vom 8.4.1976, Rs. 43/75, Slg. 1976, S. 455.

Art. 119 EGV ebenso in den Beziehungen zwischen Einzelpersonen unmittelbare Geltung hat (sogenannte *horizontale unmittelbare Geltung*). Die Horizontalwirkung begründet der EuGH in Anwendung der häufig zitierten dynamischen Auslegung mit der notwendigen Effektivität des Gemeinschaftsrechts:[319] „(...) Da Art. 119 zwingenden Charakter hat, ist das Verbot von Diskriminierungen zwischen männlichen und weiblichen Arbeitnehmern nicht nur für die öffentlichen Behörden verbindlich, sondern es erstreckt sich auch auf alle, die abhängige Erwerbstätigkeit kollektiv regelnden Tarifverträge und auf alle Verträge zwischen Privatpersonen".[320] Zum neuen Art. 141 EGV ist auch festzuhalten, dass die seit der Entscheidung des EuGH[321] in Defrenne II unmittelbar anwendbare Grundregelung des Art. 119 in ihrer Funktion unverändert in dem neuen Art. 141 EGV übernommen worden ist.[322]

3. DAS DISKRIMINIERUNGSVERBOT DES ART. 141 EGV

3.1. ALLGEMEINES

Gemäß Art. 141 Abs. 3 EGV bedeutet Gleichheit des Arbeitsentgelts ohne Diskriminierung aufgrund des Geschlechts: „ a) dass das Entgelt für eine gleiche nach Akkord bezahlte Arbeit aufgrund der gleiche Maßeinheit festgesetzt wird; b) dass für eine nach Zeit bezahlte Arbeit das Entgelt bei gleichem Arbeitsplatz gleich ist." Welche Sachverhalte nach dem Grundsatz des gleichen Entgelts für Männer und Frauen gleichbehandelt werden müssen, ist dem Wortlaut von Art. 141 EGV nicht genau zu entnehmen. Der EuGH versteht den Grundsatz als Benachteiligungsverbot und hat zwei Typen von Benachteiligung ausgemacht, die unterschiedliche Merkmale aufweisen:[323] Die unmittelbare und die mittelbare Benachteiligung, d.h. Diskriminierungen, die direkt ans Geschlecht anknüpfen, ebenso wie solche, bei denen andere Kriterien zur Differenzierung herangezogen werden, die zwar auf den ersten

---

[318] Schiek, S. 88. Vgl. Saunders, S. 25.
[319] Schiek, S. 90. In selbem Sinne: Sievers, S. 32; Buschmann / Dieball / Stevens-Bartol, TZA, S. 176.
[320] EuGH vom 8.4.1976 (Defrenne II), Rn. 38-39. Siehe auch: EuGH vom 31.3.1981, Rs. 96/80 (Jenkins), Slg. 1981, S. 911; EuGH vom 9.2.1982, Rs. 12/81 (Garland), Slg. 1982, S. 359; EuGH vom 15.5.1990, Rs. C-262/88 (Barber), Slg. I 1990, S. 1889.
[321] EuGH vom 8.4.1976, Rs. 43/75, Slg. 1976, S. 455.
[322] In diesem Sinne: Steinmeyer, RdA 2001, S. 17.
[323] Schlachter, NZA 1995, S. 395.

Blick objektiv erscheinen, faktisch jedoch die Benachteiligung eines Geschlechts zur Folge haben.[324]

3.2. DIE UNMITTELBARE DISKRIMINIERUNG

Die unmittelbare Diskriminierung kann im Allgemeinen offen oder verdeckt sein. Sie ist *offen*, wenn das Geschlecht als Auswahlmerkmal dient; sie ist *verdeckt*, wenn eine Regelung an Merkmale anknüpft, die nur oder überwiegend von Personen eines Geschlechts erfüllt werden können.[325] Nach Ansicht des EuGH[326] ist eine unmittelbare Diskriminierung wegen des Geschlechts gegeben, wenn der Grund für die Ungleichbehandlung nicht unterschiedslos für Arbeitnehmer beiderlei Geschlechts, sondern auschließlich für eines der beiden Geschlechter gilt. Nach Auffassung von Curall[327] liegt eine unmittelbare Diskriminierung vor, wenn Männer und Frauen für dieselbe Arbeit unterschiedlich bezahlt und das unterschiedliche Entgelt ausdrücklich mit dem Geschlechtsunterschied begründet werde. Bei der unmittelbaren Entgeltdiskriminierung ergibt sich also die kausale Beziehung zwischen Geschlecht und Entgeltdifferenz daraus, dass die unterschiedliche Bezahlung ausdrücklich ans Geschlecht anknüpft (z.B. verheiratete Frauen erhalten keine Betriebsrente).[328]

Stellt man hingegen auf ein anderes Merkmal ab, das aber untrennbar vom Geschlecht ist, handelt es sich um eine verdeckte unmittelbare Diskriminierung.[329] Die verdeckte Diskriminierung ist nicht anderes als der Versuch einer Umgehung des Diskriminierungsverbots. Bei einer solchen Umgehung liegt ein Fall unmittelbarer Diskriminierung vor.[330] Obwohl sich der Handelnde dabei des Umstandes bewußt ist, dass er nach dem Geschlecht unterscheidet und dass dies nachteilige Folgen hat, ist eine Benachteiligungsabsicht im technischen Sinne nicht Voraussetzung. Das Benachteiligungsverbot greift nicht erst ein, wenn es dem Handelnden auf die Benachteiligung gerade ankommt, denn Diskriminierungen

---

[324] Blanpain / Schmidt / Schweibert, S. 245.
[325] Schaub, Arbeitsrechts-Handbuch, S. 1638; Krimphove, S. 185.
[326] EuGH vom 8.11.1990, Rs. C-177/88 (Dekker), Slg. I 1990, S. 3941.
[327] Curall, in: v.d. Groeben/Thiesing/Ehlermann, EWG-Vertrag, Art. 119, Rz. 35, zit. von Biermann, S. 162.
[328] Schiek, S. 175.
[329] Krämer, S. 32.
[330] Hanau / Preis, Zur mittelbaren Diskriminierung wegen des Geschlechts, ZfA 1988, S. 181.

sind nicht wegen einer dabei vermuteten feindlichen Gesinnung unzulässig, sondern wegen ihrer nachteiligen Wirkung.[331]

3.3. DIE MITTELBARE DISKRIMINIERUNG

Nicht immer erscheint eine Ungleichheit des Entgelts für gleiche oder gleichwertige Arbeit im Erwerbsleben so eindeutig wie im Fall der unmittelbaren Diskriminierung. Normalerweise ist es schwer zu bestimmen, ob eine gewisse Regel oder Maßnahme des Gesetzgebers, der Tarifparteien oder der Arbeitgeber eine Benachteiligung im Entgeltbereich für weibliche oder männliche Arbeitnehmer mit sich bringt. Der Rechtswissenschaft wurde gewahr, dass die Konzentration auf die Beseitigung der unmittelbaren Diskriminierungen zwar die formale Gleichheit der Frau herbeigeführt hatte, die bestehenden faktischen Ungleichheiten aber unberührt ließ.[332] Dieser Situation, deren Lösung notwendig für die Erhaltung der Gleichstellung im Arbeitsverhältnis war, wurde in der europäischen Ebene zuerst von der Rechtsprechung des EuGH und dann von der Rechtsprechung der nationalen Gerichte (z.B. Bundesarbeitsgericht in der Bundesrepublik Deutschland) Rechnung getragen und als Resultat wurde die Rechtsfigur der „mittelbaren Diskriminierung" entwickelt. Allerdings stellt das Rechtsinstitut der mittelbaren Diskriminierung weder eine originäre Neuschöpfung des Gesetzgebers noch der Gerichte dar. Es wurde vielmehr aufgrund einer neuen Auslegung schon länger bestehender Normen entwickelt. Auch die Richtlinien 76/207/EWG und 79/7/EWG, die den Begriff der mittelbaren Diskriminierung enthalten, gaben nur den Anstoß zu einer neuen Auslegung des Art. 119 a.F. EGV und letzlich auch von Art. 2 Abs. 2 und 3 des deutschen GG. Grund für die neue Auslegung war eine Änderung des gesellschaftlichen Bewußtseins.[333]

Das Phänomen der mittelbaren Diskriminierung, das in tatsächlicher und rechtlicher Hinsicht folgenschwere und noch nicht gelöste Fragen aufwirft, steht heute im Mittelpunkt der Diskussion um die Lohngleichheit von Mann und Frau.[334] Es ist aber notwendig zu betrachten, dass der Begriff der mittelbaren Diskriminierung bis in die 70er Jahre hinein in

---

[331] Schlachter, NZA 1995, S. 395.
[332] Sievers, S. 23.
[333] Hanau / Preis, ZfA 1988, S. 177, 182; Sievers, S. 23.
[334] Biermann, S. 163.

den nationalen Rechtsordnungen der Mitgliedstaaten, der Europäischen Gemeinschaft und im europäischen Gemeinschaftsrecht keine Rolle spielte.[335] Das Konzept der mittelbaren Diskriminierung ist erstmals vom US. Supreme Court[336] entwickelt worden. In den USA wird die mittelbare Diskriminierung als „organisational discrimintation" bezeichnet und sie charakterisiert sich, weil sie keiner Diskriminierungsabsicht bedarf, denn vielmehr ist der Gerechtigkeitsgehalt einer abstraktgenerellen Regelung zu überprüfen. Im Allgemeinen setzt der Begriff der mittelbaren Diskriminierung nicht am Motiv, sondern am Ergebnis des Handelns an, das zu einer erkennbaren Benachteiligung führt.[337]

Der EuGH hatte sich erstmals 1981 in der Rechtsache Jenkins[338] mit einem Sachverhalt zu beschäftigen, der heute den typischen Anwendungsfall der mittelbaren Diskriminierung darstellt. Seitdem ist eine mittelbare Diskriminierung nach ständiger Rechtsprechung des EuGH[339] gegeben, wenn eine geschlechtsneutral formulierte Regelung wesentlich größere nachteilige Auswirkungen für ein Geschlecht bewirkt, und diese benachteiligenden Auswirkungen nicht mit Umständen zu erklären sind, die nichts mit einer Diskriminierung wegen des Geschlechts zu tun haben. Aufgrund der Tatsache, dass gemeinschaftsweit über 90% der Teilzeitarbeitnehmer Frauen sind, sind Bestimmungen oder Maßnahmen, die Teilzeitarbeitnehmer gegenüber Vollzeitarbeitnehmern benachteiligen, ein ganz typisches Beispiel für mittelbar diskriminierende Regelungen. Deswegen betraf die Mehrheit der Entscheidungen des EuGH zur mittelbaren Diskriminierung im Bereich des Arbeitsrechts Teilzeitarbeit.[340]

Eine Anerkennung in der europäischen Gesetzgebung hat die mittelbare Diskriminierung erstmals durch die Richtlinie 76/207/EWG vom 9. Februar 1976 (Gleichbehandlungsrichtlinie) gefunden, nach deren Art. 2 Abs. 1 auch keine mittelbare Diskriminierung aufgrund

[335] Vgl. Bieback, S. 20.
[336] Im US Rechtskreis wurde die Thematik der mittelbaren Diskriminierung in zwei Entscheidungen des US Supreme Courts aufgegriffen: Griggs vs. Duke Power Co 401 US Supreme Court Reports 424 (1971); Dothard vs. Rawlinson 433 US Supreme Court Reports 321 (1977).
[337] Vgl. Hanau / Preis, ZfA 1988, S. 181; Bieback, S. 20; Kyriazis, S. 85; Kort, RdA 1997, S. 280; Langenfeld, S. 213.
[338] EuGH vom 31.3.1981, Rs. 96/80 (Jenkins), Slg. 1981, 911.
[339] U.a.: EuGH vom 13.5.1986, Rs. 170/84 (Bilka-Kaufhof), Slg. 1986, 1607; EuGH vom 1.7.1986, Rs. 237/85 (Rummler), Slg. 1986, 2117; EuGH vom 13.7.1989, Rs. 171/88 (Rinner-Kühn), Slg. 1989, 2743; EuGH vom 17.10.1989, Rs. 109/88 (Danfoss), Slg. 1989, 3199; EuGH vom 27.6.1990, Rs. C-33/89 (Kowalska), Slg. 1990, 2591; EuGH vom 7.2.1991, Rs. C-184/89 (Nimz), Slg. 1991, 297; EuGH vom 4.6.1992, Rs. C-360/90 (Bötel), Slg. 1992, I-3589; EuGH vom 27.10.1993, Rs. C-127/92 (Enderby), Slg. 1994; etc.

des Geschlechts erfolgen darf. Diese Richtlinie enthält keine Definition des Begriffes der mittelbaren Diskriminierung, so dass seine Bedeutung zunächst gering blieb. Nunmehr enthält Art. 2 Abs. 2 der Richtlinie 97/80/EG[341] eine Definition der mittelbaren Diskriminierung.[342] Gemäß dieser Vorschrift liegt eine *mittelbare Diskriminierung* vor, wenn dem Anschein nach neutrale Vorschriften, Kriterien oder Verfahren einen wesentlich höheren Anteil der Angehörigen eines Geschlechts benachteiligen, es sei denn, die betreffenden Vorschriften, Kriterien oder Verfahren sind angemessen und sind durch nicht auf das Geschlecht bezogene sachliche Gründe gerechtfertigt.

Art. 2 Abs. 2 der Richtlinie 97/80/EG schafft endlich eine europaweit einheitliche Definition der mittelbaren Diskriminierung, die für Rechtssicherheit im Anwendungsbereich sorgen soll. Nach Ansicht von Dieball[343] obwohl es einen Formulierungsunterschied zu dem bisher vom EuGH entwickelten und in arbeitsrechtlichen Fragen der mittelbaren Diskriminierung erprobten Prüfungsmaßstab gibt, könne sich keine inhaltliche Änderung der Rechtsprechung ergeben. Der EuGH stelle bei der Verwendung von Maßnahmen und Kriterien mit geschlechtsabhängig nachteiligen Auswirkungen darauf ab, dass das mit deren Einsatz verfolgte Ziel einem echten unternehmerischen Bedürfnis bzw. einem legitimen sozialpolitischen Ziel eines Mitgliedstaates entspreche, und dass die zur Zweckerreichung eingesetzen Mittel ihrerseits angemessen und erforderlich seien. Die darin angelegte Zweistufigkeit der Rechtfertigungsmöglichkeit „legitimes Ziel" und „verhältnismäßiger Mitteleinsatz" werde von der Richtlinienformulierung zwar nicht wörtlich übernommen, aber auch nicht beseitigt. Lediglich das Ausmaß der Anforderungen an das „legitime Ziel" sei undeutlicher formuliert, wenn Art. 2 Abs. 2 voraussetze, dass die betreffenden Vorschriften, Kriterien oder Verfahren „angemessen und notwendig sind", ohne das damit verfolgte Ziel ausdrücklich zu qualifizieren.[344]

---

340 So Blanpain / Schmidt / Schweibert, S. 247.
341 Richtlinie des Rates vom 15.12.1997 über die Beweislast von Diskriminierungen auf Grund des Geschlechts, ABl. EG Nr. L 14/6 vom 20.1.1998.
342 Über die Beweistlastrichtlinie siehe: Schlachter, RdA 1998, S. 321 ff.; Bergwitz, Die neue EG-Richtlinie zur Beweislast bei geschlechtsbedingter Diskriminierung, DB 1999, S. 94 ff.; Röthel, Beweislast und Geschlechterdiskriminierung, NJW 1999, S. 611 ff.
343 Buschmann / Dieball / Stevens-Bartol, TZA, S. 168.
344 Vgl. Schlachter, RdA 1998, S. 323.

3.3.1. ENTWICKLUNG DER RECHTSPRECHUNG DES EUGH ZUR MITTELBAREN DISKRIMINIERUNG WEGEN DES GESCHLECHTS

Folgend werden die wichtigsten Entscheidungen des EuGH, die der mittelbaren Diskriminierung wegen des Geschlechts als eine besondere Rechtsfigur im europäischen Arbeitsrecht ermöglicht und gestaltet haben, analysiert.

a) **Die Rechtssache „Jenkins“**: Die erste Entscheidung des EuGH über eine mittelbare Diskriminierung wegen des Geschlechts - die Rechtssache Jenkins[345] - machte deutlich, dass unmittelbare und mittelbare Diskriminierung eng zusammenhängen und einander rechtssystematisch wie auch funktional ergänzen.[346] In dieser Rechtssache hatte ein britischer Arbeitgeber bis 1975 an die männlichen und weiblichen Arbeitnehmer der unteren Lohngruppen unterschiedliche Löhne gezahlt. Kurz vor Inkrafttreten des Equal Pay Act von 1975 schaffte der Arbeitgeber diese Diskriminierung ab und er führte statt dessen einen Lohn für Vollzeitarbeitnehmer und einem um 10% niedrigen Lohn für Teilzeitarbeitnehmer ein. In diesem Verhalten sieht der EuGH eine vom (damaligen) Art. 119 EWGV sowie Art. 1 Richtlinie 75/117/EWG verbotene Diskriminierung. Nach Auffassung des EuGH kann auch bei der Verwendung neutraler, d.h. nicht direkt auf das Geschlecht bezugnehmender Kriterien eine Diskriminierung vorliegen. „Stellt sich dagegen heraus, dass ein erheblich geringer Prozentsatz der weiblichen Arbeitnehmer als der männlichen Arbeitnehmer die Mindestzahl der Wochenarbeitsstunden leistet, die die Voraussetzung für den Anspruch auf den Stundenlohn zum vollen Satz ist, so steht das ungleiche Entgelt dann im Widerspruch zu Art. 119 EWGV, wenn – unter Berücksichtigung der Schwierigkeiten, die die weiblichen Arbeitnehmer haben, um diese Mindeststundenzahl pro Woche leisten zu können – die Lohnpolitik des betreffenden Unternehmens nicht durch Umstände zu klären ist, die eine Diskriminierung aufgrund des Geschlechts ausschliessen“.[347]

Der EuGH stellte in diesem Urteil erstmals die Verbindung zwischen der Benachteiligung von Teilzeitkräften und der Diskriminierung von Frauen her. Zutreffend stellt der EuGH

---

[345] EuGH vom 31.3.1981, Rs. 96/80, Slg. 1981, 911.
[346] Bieback, S. 52.
[347] EuGH vom 31.3.1981, Slg. 1981, S. 925-926.

an den Anfang seiner Überlegungen, dass der alleinige Zweck des damaligen Art. 119 EWGV darin bestehe, die Anwendung des Grundsatzes des gleichen Entgelts für Männer und Frauen bei gleicher Arbeit sicherzustellen. Daher stellt die Tatsache, dass für Teilzeitarbeit ein geringerer Stundenlohn gezahlt wird als für Vollzeitarbeit, nicht für sich allein eine nach Art. 119 verbotene Diskriminierung dar, wenn die Stundensätze ohne Unterscheidung nach dem Geschlecht für die Arbeitnehmer beider Gruppen gelten.[348] Andererseits verwendet der EuGH den Begriff der mittelbaren Diskriminierung noch nicht und arbeitet seine besonderen Voraussetzungen und Unterschiede gegenüber der direkten Diskriminierung nicht heraus. In einigen Textstellen scheint er vielmehr die von ihm angegebenen Kriterien mehr als Indizien für eine verdeckte, beabsichtigte Diskriminierung anzusehen.[349] Trotzdem stellt diese Entscheidung den Ausgangspunkt der Entwicklung der Rechtsfigur der mittelbaren Diskriminierung dar, weil der EuGH erstmals einer geschlechtsneutral formulierten Benachteiligung einer Arbeitnehmergruppe Relevanz für das geschlechtsspezifische Lohndiskriminierungsverbot des Art. 119 a.F. EGV zuerkennt.[350]

b) **Die Rechtssache „Bilka“**: In dieser Rechtssache[351] nahm erstmals das Konzept der mittelbaren Diskriminierung feste begriffliche Konturen an. Das deutsche Bundesarbeitsgericht (BAG) hatte dem EuGH mit Beschluß vom 15. November 1984 die Frage vorgelegt, ob ein Verstoß gegen Art. 119 EGV in Form der mittelbaren Diskriminierung dann in Betracht komme, wenn ein Arbeitgeber, der überwiegend Frauen beschäftige, Teilzeitarbeitnehmer von seinen betrieblichen Versorgungsleistungen ausnehme, obwohl von dieser Ausnahme unverhältnismäßig mehr Frauen als Männer betroffen seien.

Das Urteil des EuGH in diesem Fall ist in verschiedener Hinsicht wichtig. Einmal entwickelt es, aufbauend auf der Entscheidung in der Rechtssache Jenkins, klar die drei Voraussetzungen einer mittelbaren Diskriminierung. Zum anderen erläutert es die Anforderungen an einen objektiven Grund, der die stärkere Benachteiligung eines Geschlechts rechtfertigen könnte und benutzt hier erstmals das Verhältnismäßig-

[348] Biermann, S. 165.
[349] Bieback, S. 53.
[350] Vgl. Hanau / Preis, ZfA 1988, S. 181; Kyriazis, S. 92-98; Langenfeld, S. 212 ff.; Saunders, S. 31-32; Pfarr, NZA 1986, S. 585 ff.; Schmidt, Teilzeitarbeit in Europa, S. 52-53.

keitsprinzip. Schließlich nimmt der EuGH auch dazu Stellung, ob der Arbeitgeber verpflichtet sei, in seinen Maßnahmen die besonders belastende soziale und familiäre Situation von Frauen zu berücksichtigen.[352]

Im Hinblick auf die Voraussetzungen einer mittelbaren Diskriminierung verzichtet der EuGH völlig auf subjektive Elemente. In diesem Sinne stellt der Entscheidung fest: „Ein Kaufhausunternehmen, das Teilzeitbeschäftigte von der betrieblichen Altersversorgung ausschließt, verletzt Art. 119 EWGV, wenn diese Maßnahme wesentlich mehr Frauen als Männer trifft, es sei denn, das Unternehmen legt dar, dass diese Maßnahme auf Faktoren beruht, die objektiv gerechtfertigt sind und nichts mit einer Diskriminierung aufgrund des Geschlechts zu tun haben".[353] Damit sind die drei Elemente der mittelbaren Diskriminierung klar gekennzeichnet, nämlich:

- Eine Regel oder Maßnahme stellt eine Bedingung oder Anforderung auf, die ohne unmittelbare Anknüpfung an das Geschlecht formuliert ist und sowohl von Frauen wie von Männern erfüllt werden kann.
- Der Anteil der Angehörigen des einen Geschlechts, die von der Ausgestaltung der Bedingung oder Anforderungen nachteiligt betroffen sind oder sein können, ist erheblich größer als der Anteil der Angehörigen des anderen Geschlechts.
- Die Ausgestaltung der Bedingung oder Anforderung ist nicht gerechtfertigt.[354]

Über die objektiven Gründe hinaus, die eine stärkere Benachteiligung eines Geschlechts rechtfertigen könnte, stellte der EuGH ausdrücklich fest, dass es allein Sache des vorlegenden Gerichts sei, die Verurteilung des Sachverhalts vorzunehmen, aber der EuGH formulierte zwei generelle Aspekte dazu. Zum einen formuliert das europäische Gericht, dass das „gewählte Mittel einem wirklichen Bedürfnis des Unternehmens dienen" muss.[355] Das BAG hatte in seiner Vorlagefrage den vom beklagten Kaufhaus genannten Grund dahin bewertet, dass die Personalpolitik, möglichst wenig Teilzeitarbeitnehmer zu beschäftigen, durch Gründe betrieblicher Zweckmäßigkeit nicht geboten sei. Der EuGH nimmt zum anderen eine solch differenzierte Bewertung nicht vor und stellte dann fest, „dass ein

---

[351] EuGH vom 13.5.1986, Rs. 170/84, Slg. 1986, S. 1607.
[352] In diesem Sinne: Bieback, S. 53.
[353] Rs. 170/84 (Bilka), Slg. 1985, S. 1630.
[354] Vgl. Buschmann / Dieball / Stevens-Bartol, TZA, S. 172-173; Schiek, S. 176.

Kaufhausunternehmen nach Art. 119 die Anwendung einer Lohnpolitik, durch die Teilzeitbeschäftigte unabhängig von ihrem Geschlecht von der betrieblichen Altersversorgung ausgeschlossen werden, damit rechtfertigen kann, dass es möglichst wenige Teilzeitkräfte beschäftigen will, sofern festgestellt wird, dass die zu diesem Zweck gewählten Mittel einem wirklichen Bedürfnis des Unternehmens dienen und zur Erreichung dieses Zieles geeignet und erforderlich sind".[356]

Der EuGH sieht also das Ziel, weniger Teilzeitkräfte zu beschäftigen, als möglichen rechtfertigenden Grund für die Benachteiligung an und wiederholt gleichzeitig, dass das Mittel einem wirklichen Bedürfnis des Unternehmens dienen soll, also anscheinend das verfolgte Ziel des Unternehmens doch noch als Maßstab des „wirklichen Bedürfnisses" zu überprüfen ist.[357] Schließlich verneint der EuGH ausdrücklich die Frage des vorlegenden BAG, ob der Arbeitgeber bei seinen Maßnahmen die besonderen sozialen und ökonomischen Nachteile von Frauen berücksichtigen muss.[358] Der EuGH begründet dies in Übereinstimmung mit dem Argument des Generalanwalts, Art. 119 EWGV betreffe nur die Lohngleichheit, das Gleichbehandlungsgebot sei also gegenständlich beschränkt.

c) **Die Rechtssache „Rinner-Kühn"**: In dieser Rechtssache[359] erhielt der EuGH sodann Gelegenheit, die von ihm in seiner Entscheidung vom 13. Mai 1986 (Bilka) entwickelten Grundsätze zur mittelbaren Diskriminierung auf eine gesetzliche Regelung zu übertragen.

   Das Arbeitsgericht Oldenburg hatte dem EuGH die Frage vorgelegt, ob § 1 Abs. 3 Nr. 2 LohnFG gegen Art. 119 a.F. EGV und die Richtlinie 75/117/EWG verstößt. Nach dieser Vorschrift des LohnFG waren Arbeiter, deren Arbeitszeit nicht mehr als zehn Stunden in der Woche oder fünfundvierzig Stunden im Monat beträgt, von der Lohnfortzahlung im Krankheitsfall ausgenommen.[360]

   Der EuGH verweist in dieser Rechtssache ohne Einschränkungen auf das Urteil in der Rechtssache Bilka und geht außerdem zumindest von einer Indizwirkung der tatsächlichen

---

[355] Rs. 170/84 (Bilka), Slg. 1985, S. 1628.
[356] Rs. 170/84 (Bilka), Slg. 1985, S. 1628-1629.
[357] Bieback, S. 54.
[358] Rs. 170/84 (Bilka), Slg. 1985, S. 1629, Rn. 41-42.
[359] EuGH vom 13.7.1989, Rs. 171/88, Slg. 1989, S. 2743.
[360] §§ 1-9 LohnFG wurden später durch das Entgeltfortzahlungsgesetz aufgehoben.

geschlechtsspezifischen Benachteiligung aus, wenn er nach der Darlegung die unterschiedliche Betroffenheit von Frauen formuliert:[361] „Unter diesen Umständen ist festzustellen, dass eine Bestimmung, wie die hier vorliegende, im Ergebnis die weiblichen gegenüber den männlichen Arbeitnehmern diskriminiert und grundsätzlich im Widerspruch zur Zielsetzung des Art. 119 EWGV steht. Etwas anderes gilt nur dann, wenn die unterschiedliche Behandlung der beiden Arbeitnehmerkategorien durch objektive Faktoren gerechtfertigt ist, die nichts mit einer Diskriminierung aufgrund des Geschlechts zu tun haben (Urteil vom 13. Mai 1986 in der Rechtssache 170/84, Bilka, Slg. 1986, S. 1607)."[362] Allerdings verwendet der EuGH bei der Prüfung der objektiven Rechtfertigung der gesetzgeberischen Maßnahme eine neue Formulierung: „Kann der Mitgliedstaat darlegen, dass die gewählten Mittel einem notwendigen Ziel seiner Sozialpolitik dienen und für die Erreichung dieses Ziel geeignet und erforderlich sind, so kann in dem bloßen Umstand, dass die Gesetzesbestimmung eine wesentlich größere Anzahl von weiblichen als von männlichen Arbeitnehmern trifft, keine Verletzung des Art. 119 gesehen werden".[363]

Auf die weitere Argumentation und die Prüfung des einzig vorgetragenen Rechtfertigungsgrundes bleibt diese Formulierung von dem „notwendigen Ziel der Sozialpolitik eines Mitgliedstaates" ohne Einfluß.[364] Auch in späteren Urteilen, die mit der Beurteilung arbeitsrechtlicher Gesetze zu tun haben, wird diese Formulierung nicht wieder aufgegriffen, sondern schlicht selbst dann nach „objektiven Gründen" gefragt, wenn sich der EuGH noch auf die Rinner-Kühn-Entscheidung bezieht.[365] Auch bei der Überprüfung von Tarifverträgen wird deren allgemeine, gesetzesgleiche Wirkung und der Spielraum der Tarifvertragsparteien nicht mit diesem besonderen Überprüfungskriterium, sondern nur nach allgemeinen objektiven Gründen der Rechtfertigung gefragt. Dieses Kriterium erlangt vielmehr Bedeutung bei der Beurteilung sozialrechtlicher Gesetze im Rahmen der Richtlinie 79/7/EWG.[366]

---

[361] Siehe Bieback, S. 57.
[362] Rs. 171/88, Slg. 1989, S. 2761.
[363] Rs. 171/88, Slg. 1989, Nr. 14 der Gründe.
[364] Bieback, S. 57.
[365] Zum Beispiel: EuGH vom 4.6.1992, Rs. C-360/90 (Bötel), Slg. I 1992, S. 3689, 3613.
[366] Bieback, S. 58.

Das BAG[367] hielt schließlich den Ausschluß für sachlich nicht gerechtfertigt. Es hielt Arbeitnehmerinnen, die wöchentlich nur 10 Stunden arbeiten, für gleichermaßen schutzbedürftig wie andere Arbeitnehmer; die Verbindung zum Krankenversicherungsrecht sei nicht entscheidend.[368]

d) **Die Rechtssache Kowalska**: In seinem Urteil[369] vom 27. Juni 1990 hatte der EuGH auf Vorlage des Arbeitsgerichts Hamburg darüber zu befinden, ob auch eine tarifliche Regelung, welche Teilzeitarbeitnehmer benachteiligt, gegen das Verbot der mittelbaren Diskriminierung aus Art. 119 a.F. EGV verstößt. Konkret ging es um § 62 a.F. BAT, wonach nur Arbeitnehmer mit einer Arbeitszeit von mindestens 38 Wochenstunden beim Ausscheiden aus dem Arbeitsverhältnis Übergangsgeld beanspruchen konnten.

Der EuGH stellte in dieser Rechtssache fest, dass das Übergangsgeld beim Ausscheiden aus dem Arbeitsverhältnis nach der einschlägigen Bestimmung des Tarifvertrags nur Vollzeitbeschäftigten zusteht. Ein Tarifvertrag, „der es den Arbeitgebern gestattet, zwischen zwei Gruppen von Arbeitnehmern – denjenigen, die eine bestimmte Mindestzahl von Arbeitsstunden pro Woche oder pro Monat leisten, und denen, die bei gleicher Arbeit diese Mindeststundenzahl nicht erreichen – einen Unterschied beim Gesamtentgelt aufrechtzuerhalten, führt jedoch faktisch zu einer Diskriminierung der weiblichen Arbeitnehmer im Verhältnis zu den männlichen, wenn sich herausstellt, dass prozentual erheblich weniger Männer als Frauen teilzeitbeschäftigt sind. Ein derartiger Tarifvertrag muss grundsätzlich als Art. 119 EWGV zuwiderlaufend angesehen werden. Anders wäre dies nur, wenn die unterschiedliche Behandlung der beiden Arbeitnehmergruppen durch objektive Faktoren gerechtfertigt ist, die nichts mit einer Diskriminierung aufgrund des Geschlechts zu tun haben“.[370]

Nähere Angaben dazu, welche Anforderungen an solche objektive Faktoren im Falle von mittelbar diskriminierenden Tarifvertragsregelungen zu stellen sind, machte der Gerichts-

[367] BAG vom 9.10.1991, AZR 598/90 – AP Nr. 95 zu § 1 LohnFG Nr. 26.
[368] Vgl. Schmidt, Teilzeitarbeit in Europa, S. 56; Bieback, S. 58; Buschmann / Dieball / Stevens-Bartol, TZA, S. 182.
[369] EuGH vom 27.6.1990, Rs. C-33/89 (Kowalska), Slg. 1990, S. 2591.
[370] Rs. C-33/89 (Kowalska), Slg. 1990, S. 2611.

hof jedoch nicht.[371] Ähnlich wie in seiner Entscheidung vom 13. Mai 1986 (Bilka) referierte der EuGH zwar die von der Stadt Hamburg zur Rechtfertigung vorgetragene Begründung, der Ausschluß von Teilzeitarbeitnehmern von der Zahlung eines Übergangsgeldes sei dadurch gerechtfertigt, dass Teilzeitbeschäftigte für ihren Unterhalt und den ihrer Familie nicht ausschließlich mit ihrem Arbeitsentgelt aufkommen müssten und demgemäß für den Arbeitgeber keine Verpflichtung bestehe, Teilzeitbeschäftigte beim Ausscheiden aus dem Arbeitsverhältnis vorübergehend durch die Zahlung eines Übergangsgeldes zu unterstützen.[372] Inhaltlich ließ der EuGH sich jedoch auf keine Stellungnahme ein.[373]

4. VORAUSSETZUNGEN UND RECHTSFOLGEN EINER MITTELBAREN DISKRIMINIERUNG WEGEN DES GESCHLECHTS

4.1. OBJEKTIVER TATBESTAND

Nach Auffassung der Rechtsprechung des EuGH und des Schrifttums zu diesem Thema sind Voraussetzungen des Tatbestandes der mittelbaren Diskriminierung:

a) **Geschlechtsneutrale Regelung oder Maßnahme**: Diese erste Voraussetzung bedeutet, dass eine Regelung oder Maßnahme des Arbeitgebers, der Tarifparteien oder des Gesetzgebers hinsichtlich des Entgelts im weiteren Sinne, obwohl sie geschlechtsneutral formuliert ist, zu einer Benachteiligung von Angehörigen eines Geschlechts führt.[374] Dieses Kriterium dient der Abgrenzung zur direkten Diskriminierung. Da die direkte Diskriminierung im Gegensatz zur mittelbaren Diskriminierung nicht oder nur in wenigen Ausnahmefällen rechtfertigbar ist, ist die Unterscheidung zwischen beiden Formen der Diskriminierung und damit die Definition der „neutralen Kriterien" wichtig. In der Regel ist die Abgrenzung nicht zweifelhaft. „Neutral" sind Kriterien, die beide Geschlechter grundsätzlich erfüllen können, die faktisch aber nur oder überwiegend von einem

---

371 Schmidt, Teilzeitarbeit in Europa, S. 58.
372 Rs. C-33/89 (Kowalska), Slg. 1990, S. 2612.
373 Vgl. mit EuGH-Entscheidung vom 7.2.1991, Rs. C-184/89 (Nimz), Slg. 1991, S. 297, in der der EuGH sich erneut über die Vereinbarkeit einer Teilzeitarbeitnehmer benachteiligtenden Bestimmung des BAT mit Art. 119 a.F. EGV zu entscheiden hatte. Zum Thema auch Wißmann, ZTR 1994, S. 223 ff.
374 In selbem Sinne: Sievers, S. 88.

Geschlecht realisiert werden.[375] Nach Auffassung von Hanau und Preis[376] stellt sich nur die Frage nach der mittelbaren Diskriminierung, wenn eine zunächst unverdächtige, d.h. begrifflich gerade Männer und Frauen gleich behandelnde Regelung oder Maßnahme vorliegt.

b) **Stärkere Betroffenheit eines Geschlechts**: Der Tatbestand einer mittelbaren Diskriminierung erfordert als zweite Voraussetzung, dass die Regelung erheblich mehr Angehörige des einen als des anderen Geschlechts nachteiligt betrifft.[377] Hierfür genügt es nicht, dass unter den von einer Rechtsnorm nachteiligt Betroffenen ein Geschlecht überwiegt, es muss vielmehr hinzukommen, dass unter den von der Vorschrift Begünstigten das Geschlechterverhältnis wesentlich anders ist.[378] Bei Anwendung der geschlechtsneutral formulierten Norm oder Arbeitgebermaßnahme müssen deutlich mehr Personen des einen Geschlechts benachteiligend betroffen sein als Personen des anderen Geschlechts. Die Benachteiligung kann darin liegen, dass Leistungen von Tatbestandsmerkmalen abhängig gemacht werden, die von deutlich mehr Personen des einen Geschlechts erfüllt werden können als von Personen des anderen Geschlechts. Sie kann aber auch darin bestehen, dass Leistungen und Vorteile durch Merkmale eingeschränkt werden, die sich auf die Geschlechter unterschiedlich auswirken.[379]

Bei dieser tatsächlichen Komponente der mittelbaren Diskriminierung kommt es darauf an, festzustellen, in welchem Ausmaß die Geschlechtsgruppen von den Tatbestandvoraussetzungen erfaßt werden.[380] Nicht immer ist die Ausgangslage so eindeutig wie bei einer Regelung, die an das Merkmal der Teilzeitbeschäftigung – als typische Form der Frauenarbeit – anknüpft, obwohl auch hier zu differenzieren ist.[381] Der Anknüpfungspunkt für die richtige Vergleichgruppenbildung wird immer die jeweils geregelte Arbeitsbedingung sein, deren persönlicher Anwendungsbereich zunächst den Gesamtpersonenkreis bestimmt, aus dem die zu vergleichenden Arbeitnehmergruppen zu bilden sind. So ist bei

---

[375] Bieback, S. 75.
[376] Hanau / Preis, ZfA 1988, S. 187.
[377] Siehe z.B. EuGH vom 4.6.1992, Rs. C-360/90 (Bötel), Slg. I 1992, S. 3589.
[378] Wißmann, ZTR 1994, S. 224.
[379] Heither, Art. 119 EWG-Vertrag und das deutsche Arbeitsrecht, in Festschrift für Albert Gnade, München, 1992, S. 620, zit. von Biermann, S. 169.
[380] Siehe: Krimphove, S. 219-221.
[381] Hanau / Preis, ZfA 1988, S. 187.

einer tariflichen Regelung auf den Anwendungsbereich des Tarifvertrages abzuheben, bei einer gesetzlichen Regelung auf den auf den Anwendungsbereich des Gesetzes und im Fall von arbeitsvertraglichen Vereinbarungen auf den Betrieb oder bei unternehmenseinheitlichen Abreden bildet auch das Unternehmen den Rahmen.[382]

Innerhalb der abstrakt bestimmten Gruppe der Regelungsadressanten sind in einer weiteren Stufe zwei Vergleichsgruppen zu bilden: Auf der einen Seite stehen diejenigen Arbeitnehmer, die die Leistungsvoraussetzungen der im Normalfall begünstigenden Regelung erfüllen. Auf der anderen Seite steht die Gruppe der Arbeitnehmer, die die Leistungsvoraussetzungen nicht oder typischerweise nicht erfüllen können, d.h. durch die Regelung benachteiligt werden. Als letzter Schritt ist das Zahlenverhältnis zwischen Männern und Frauen innerhalb der gebildeten Vergleichsgruppen zu vergleichen.[383] Das Geschlechterverhältnis in der benachteiligten Gruppe ist für sich alleine genommen nicht entscheidend. Es kommt vielmehr auf den Unterschied zwischen dem Geschlechterverhältnis in der benachteiligten Gruppe im Verhältnis zu der Geschlechterverteilung in der nicht benachteiligten Gruppe an.[384] Der Tatbestand der mittelbaren Diskriminierung wird dann nur erfüllt sein, wenn das Verhältnis von Männer und Frauen bei einer Gegenüberstellung der Vergleichsgruppen wesentlich bzw. erheblich voneinander abweicht.

Um festellen zu können, ob eine Benachteiligung von Teilzeitbeschäftigten eine mittelbare Frauendiskriminierung darstellt, ist deshalb zunächst der Anteil der Frauen im Verhältnis zum Anteil der Männer in der Gruppe der Teilzeitbeschäftigten zu ermitteln. Diesem ist das zahlenmäßige Verhältnis zwischen Frauen und Männer in der Gruppe der Vollzeitbeschäftigten gegenüberzustellen. Sind im Verhältnis wesentlich mehr Frauen unter den benachteiligten Teilzeitbeschäftigten als unter den Vollzeitbeschäftigten, so ist der objektive Tatbestand einer mittelbaren Diskriminierung erfüllt.[385]

Die Besonderheit der Feststellung der überwiegend nachteiligten Auswirkung liegt bei der mittelbaren Diskriminierung darin, dass in jedem Falle eine kollektive Betrachtung gefor-

---

[382] Biermann, S. 169; Pfarr, NZA 1986, S. 586.
[383] Biermann, S. 170. Vgl. Langmaack, Teilzeitarbeit und Arbeitszeitflexibilisierung, S. 55; Schlachter, NZA 1995, S. 396.
[384] Sowka, Mittelbare Frauendiskriminierung – ausgewählte Probleme, DB 1992, S. 2030.

dert wird.[386] Es ist aber noch ungeklärt, bei welchen Zahlenverhältnissen die kritische Grenze der stärkeren Betroffenheit verläuft. Die von der Rechtsprechung verwendeten unbestimmten Rechtsbegriffe „erheblich" und „wesentlich" machen die Orientierung nicht leicht.[387] Dies erklärt sich, weil in den vorliegenden Entscheidungen des EuGH eine Festlegung dieser Rechtsbegriffe auch nicht erforderlich war, weil der Anteil der Frauen, die von den benachteiligenden Regelung betroffen waren, den Anteil der begünstigten Frauen bei weitem überstieg.[388]

c) **Kausalität**: Ob der Tatbestand der mittelbaren Diskriminierung voraussetzt, dass die nachteilige Wirkung der Vergütungsregelung nicht anders als mit dem Geschlecht oder den Geschlechterrollen erklärt werden kann, ist umstritten. Sievers[389] weist zu Recht darauf hin, dass zu dieser Frage drei Auffassungen sich unterscheiden lassen: Die erste Auffassung nimmt neben dem statistischen Vergleich keine weitere Prüfung auf der Tatbestandsebene vor.[390] Nach der zweiten Ansicht ist eine Kausalitätsprüfung erforderlich, aber auch ausreichend. So vertritt beispielweise der 3. Senat des BAG[391] die Auffassung, dass es geprüft werden müsse, ob die nachteilige Wirkung auch anders als mit dem Geschlecht oder den Geschlechtsrollen erklärt werden könne. Schließlich wird die Meinung vertreten, es sei zusätzlich zu einer Kausalitätsprüfung eine Zurechenbarkeitsprüfung erforderlich. Verlangt wird, dass dem Arbeitgeber die mittelbar diskriminierende Wirkung seiner Maßnahme zurechenbar ist.[392]

Die Rechtsprechung des EuGH hat zu dieser Frage nicht ausdrücklich Stellung genommen, aber in einiger Entscheidungen schien zum Teil ein solches Kriterium nahe zu legen. So erklärte der EuGH in der Rechtssache Bilka, in der die Kriterien der mittelbaren Diskriminierung das erste Mal präzise entwickelt worden sind: „Falls sich herausstellen

---

[385] Langmaack, S. 55.
[386] Hanau / Preis, ZfA 1988, S. 188.
[387] Vgl. Wißmann, ZTR 1994, S. 224; Wisskirchen, Mittelbare Diskriminierung von Frauen im Erwerbsleben, Berlin, 1994, S. 93; Hanau / Preis, ZfA 1988, S. 188.
[388] Langmaack, S. 56.
[389] Sievers, S. 111.
[390] In diesem Sinne: Schlachter, NZA 1995, S. 393 ff.; Schlachter, Wege zur Gleichberechtigung. Vergleich des Arbeitsrechts in der Bundesrepublik Deutschland und in den Vereinigten Staaten, München, 1993, S. 133, 391 ff., zit. von Sievers, S. 114; BAG, NZA 1993, S. 367 ff.
[391] BAG AP Nr. 5 zu § 1 BetrAVG Gleichberechtigung.
[392] In diesem Sinne: Hanau / Preis, ZfA 1988, S. 188 ff.; Wisskirchen, S. 102 ff.

sollte, dass ein erheblich geringerer Prozentsatz Frauen als Männer vollzeitbeschäftigt ist, steht der Ausschluß der Teilzeitbeschäftigten von der betrieblichen Altersversorgung folglich dann in Widerspruch zu Art. 119 EWGV, wenn – *unter Berücksichtigung der für weibliche Arbeitnehmer bestehenden Schwierigkeiten, als Vollzeitbeschäftigte zu arbeiten* – diese Maßnahme nicht durch Umstände zu erklären ist, die eine Diskriminierung aufgrund des Geschlechts ausschließen. Ist das Unternehmen jedoch in der Lage darzulegen, dass seine Lohnpolitik auf Faktoren beruht, die objektiv gerechtfertigt sind und nichts mit einer Diskriminierung aufgrund des Geschlechts zu tun haben, so liegt keine Verletzung des Art. 119 vor."[393]

Dennoch nimmt der 3. Senat des BAG[394] die Kausalitätsprüfung unter Berufung auf das Bilka Entscheidung des EuGH vor. Das BAG zieht aus der in kursiven wiedergegebenen Passage den Schluß, es sei im Rahmen des Tatbestandes eine Kausalitätsprüfung vorzunehmen. Aus dieser Entscheidung des EuGH geht jedoch nicht eindeutig hervor, ob die Berücksichtigung der Geschlechterrollen auf der Tatbestands- oder der Rechtferigungsebene zu erfolgen hat. Für die zweite Lösung spricht, dass der EuGH seinen Hinweis auf die Schwierigkeiten für weibliche Arbeitnehmer, als Vollzeitbeschäftigte zu arbeiten, in den Satzteil eingebunden hat, der die wegen der möglichen Rechtfertigung der Benachteiligung anzustellende Verhältnismäßigkeitsprüfung zum Gegenstand hat („wenn...").[395] Dementsprechend versteht der 4. Senat des BAG[396] die Wendung als einen die Rechtfertigung erschwerenden Hinweis. Für die erste Lösung spricht, dass der EuGH auf die Möglichkeit der Rechtfertigung in Entscheidungsgrund Nr. 30 nochmals gesondert hingewiesen hat. Berücksichtigt man die Folgeentscheidungen des EuGH, so wird deutlich, dass der EuGH eine Kausalitätsprüfung auf der Tatbestandsebene für nicht erforderlich hält. Dies folgt daraus, dass der EuGH die in kursive wiedergegebene Passage lediglich in der Entscheidung „Bötel"[397] erneut gebraucht hat. In den anderen Urteilen findet sich nur noch der Hinweis auf das Erfordernis der unterschiedlichen zahlenmäßigen Betroffenheit.

---

[393] Rs. 170/84 (Bilka), Slg. 1986, S. 1607, Rn. 29-30.
[394] BAG, NZA 1987, S. 445 ff.
[395] Vgl. Bieback, S. 89. In selbem Sinne: Hanau / Preis, ZfA 1988, S. 188.
[396] BAG, NZA 1993, S. 367 ff.
[397] EuGH vom 4.6.1992, Rs. C-360/90, Slg. I 1992, S. 3612, Entscheidungsgrund 18.

Es fehlt somit in diesen Entscheidungen jeglicher Hinweis darauf, dass neben dem statistischen Vergleich eine weitere Prüfung vorzunehmen wäre.[398]

Im Fall Enderby[399] hatte der Employment Appeals Tribunal für das britische wie das europäische Antidiskriminierungsrecht vertreten, die negativen Auswirkungen einer unterschiedlichen Einstufung von Berufen innerhalb eines betrieblichen Lohngefüges müssten von einem geschlechtsbezogenen Faktor verursacht sein. Dagegen spricht aber, dass ein solch spezielles Kriterium schon keinen Anhaltspunkt im Wortlaut der Definition der mittelbaren Diskriminierung findet. Im anschließenden Verfahren hatte sich der Generalanwalt mit dieser Frage unter Aspekten des europäischen Antidiskriminierungsrechts auseinandergesetzt und sie verneint.[400] Der Generalanwalt betonte, dass es nicht angebracht sei, besondere (weitere) Hürden für diejenigen aufzubauen, die darlegen könnten, dass eine Maßnahme ein Geschlecht stärker betreffe als das andere. Die Frage, ob diese ungleiche Betroffenheit auf geschlechtsspezifischen oder auf anderen Ursachen beruhe, sei einer Frage der objektiven Rechtfertigung dieser ungleichen Auswirkungen. Sie hätte der Urheber der Maßnahme darzulegen.

Der EuGH[401] hat das Problem eines zusätzlichen Kriteriums zwar nicht direkt angesprochen. Er hat die Frage aber doch insoweit klar entschieden, als er ausreichen ließ, dass die Betroffenen mit der geschlechtsspezifisch ungleichen Betroffenheit einen „prima facie" Fall von Geschlechtsdiskriminierung darlegen würden, dessen Ursachen und Gründe und ihre Rechtfertigung müsse dann der Urheber der Diskriminierung, hier der Arbeitgeber, nachweisen.[402]

In der arbeitsrechtlichen Literatur sind die Meinungen geteilt. Nach Auffassung von Schlachter[403] ist fraglich, ob eine solche Kausalitätsprüfung erforderlich sei. Verlange man den positiven Nachweis des Umstandes, dass die festgestellte Ungleichbehandlung auf die Geschlechtszugehörigkeit der Betroffenen zurückzuführen sei, sei die Rechtsfigur der

---

398 Sievers, S. 112.
399 EuGH vom 27.10.1993, Rs. C-127/92, Slg. I 1993, S. 5566.
400 Rs. C-127/92 (Enderby), Rn. 27 ff.
401 Rs. C-127/92 (Enderby), Rn. 16 ff.
402 Bieback, S. 90.
403 Schlachter, NZA 1995, S. 397.

mittelbaren Diskriminierung überflüssig, da deren Sinn gerade in der Begründung einer Vermutung des Kausalzusammenhangs zwischen Geschlechtszugehörigkeit und Nachteil bestehe. Die Rechtsfigur der mittelbaren Diskriminierung sei gerade entwickelt worden, um dem Umstand Rechnung zu tragen, dass eine Vielzahl äußerlich nicht mit dem Geschlecht zusammenhängender Faktoren zur Abgrenzung der Gruppen verwendet werden könne, die von einer Maßnahme nachteiligt betroffen seien, obwohl die Maßnahme im Ergebnis gerade ein Geschlecht besonders nachteiligt treffe. Die weitgehende Unmöglichkeit, die Geschlechtsbedingtheit eines Nachteils nachzuweisen, der auf der Verwendung neutraler Kriterien beruhe, führe zur Zulässigkeit statistischer Vergleichszahlen als Indizien. Die mit der Rechtsfigur der mittelbaren Diskriminierung begründete Vermutung für eine geschlechtsbedingte Benachteiligung leiste dasselbe, was bei der Untersuchung geprüft werden solle, ob die Ungleichbehandlung gerade auf geschlechtsspezifische Gründe zurückzuführen sei. Das Durchlaufen beider Prüfungsschritte nebeneinander ist also nach Ansicht von Schlachter nicht erforderlich.

Auffälig ist jedoch nach Meinung von Sievers,[404] dass auch Schlachter eine „genaue Prüfung" verlangt, ob die von der Klage vorgetragenen Statistiken den behaupten Schluß auf die Geschlechtsbedingheit der Maßnahme überhaupt zulassen. Erforderlich sei daher die Überprüpung des Beweiswertes der Statistik.[405] Mit der Kausalitätsprüpung sei letzlich nichts anderes gemeint. Zusätzlich zu der Überprüfung der Statistik im Hinblick auf verfälschende Faktoren sei ein weiterer „Filter" eingebaut, der das besondere Augenmerk des Rechtsanwenders darauf lenke, dass es um die Frage nach einer Geschlechtsdiskriminierung geht. Es könne somit festgehalten werden, dass eine Beziehung zwischen der benachteiligenden Regelung, der betroffenen Arbeitnehmer und ihrem Geschlecht bestehen müsse. Folglich sei eine Kausalitätsprüfung vorzunehmen. Es sei im Einzelfall zu prüfen, ob die Arbeitsperson wegen des Geschlechts oder der Wahrnehmung einer Geschlechtsrolle benachteiligt werde. Daraus folge, dass nur die Arbeitsperson geschützt sei, die dem benachteiligten Geschlecht angehöre. Teilzeitbeschäftigte Männer könnten

---

404 Sievers, S. 114.

405 Schlachter, Wege zur Gleichberechtigung. Vergleich des Arbeitsrechts in der Bundesrepublik Deutschland und in den Vereinigten Staaten, München, 1993, S. 392, zit. von Sievers, S. 114.

sich nicht auf eine mittelbare Frauendiskriminierung berufen.[406] Daneben fehle es an der Kausalität, wenn die nachteilige Wirkung einer Regelung, die sonst geschlechtsspezifisch bei Frauen auftrette, im konkreten Fall auf andere Gründe zurückzuführen sei.[407]

Darüber hinaus ist nach Ansicht von Pfarr[408] eine zusätzliche Kausalitätsprüfung notwendig, um festzustellen, ob durch die Ausgestaltung der Regelung oder Maßnahme weibliche Personen nur zufällig benachteiligt werden oder ob sie diesen Nachteil erleiden, eben weil sie Frauen seien. Außerdem liege nach Ansicht dieser Autorin[409] nicht immer die geschlechtstypische Betroffenheit so auf der Hand. Deshalb sei für das Rechtsinstitut der mittelbaren Diskriminierung grundsätzlich zu fragen, ob die stärkere Betroffenheit von Frauen nicht anders als mit dem Geschlecht oder den Geschlechterrollen erklärt werden könne. Wenn Personen durch eine Regelung oder Maßnahme negativ betroffen werden, dürfe das Verbot der Benachteiligung wegen des Geschlechts nicht schon dann und allein deshalb eingreifen, weil diese Personen ausschließlich oder mehrheitlich Frauen seien. Vielmehr sei festzustellen, ob durch die Ausgestaltung der Regelung oder Maßnahme zufällig weibliche Personen benachteiligt werden oder ob sie diesen Nachteil erleiden, eben weil sie Frauen seien, weil die Ausgestaltung an Tatbestände anknüpfe, die typischerweise überwiegend in einem Geschlecht gegeben seien.[410]

d) **Zurechnung**: Entscheidend muss sein, ob dem Arbeitgeber, den Tarifparteien oder dem Gesetzgeber die mittelbar diskriminierende Wirkung einer Regelung oder Maßnahme zugerechnet werden kann. Die hier erforderliche wertende Betrachtung muss besonders sorgfältig vorgenommen werden, weil bei dem Tatbestand der mittelbaren Diskriminierung das eingrenzende Merkmal der Diskriminierungsabsicht entfällt. Man hat es praktisch mit der Situation einer „Gefährdungshaftung" für mittelbar diskriminierende Tatbestände zu tun.[411]

---

[406] In diesem Sinne auch: Wisskirchen, S. 104 ff.
[407] Vgl. Biermann, S. 173-175; Wisskirchen, S. 105.
[408] Pfarr, Gemeinsame Anm. zu BAG vom 13.5.1986 und EuGH vom 14.10.1986, AP Nr. 10 und 11 zu Art. 119 EWG-Vertrag, abgedruckt bei AP Nr. 11 zu Art. 119 EWG-Vertrag, S. 107 ff., zit. von Biermann, S. 173.
[409] Siehe Pfarr, NZA 1986, S. 586.
[410] Siehe auch: Biermann, S. 173-175.
[411] Hanau / Preis, ZfA 1988, S. 188.

Eine Verantwortung des Arbeitgebers für gesamtgesellschaftliche Versäumnisse ließ sich jedoch aus keiner der Normen ableiten, denen das Verbot der mittelbaren Diskriminierung entnommen wurde. Soweit diese Normen im Zusammenhang mit dem Rechtsinstitut der mittelbaren Diskriminierung angewendet werden, sollen sie die Frau nämlich (nur) vor Ungleichbehandlungen durch den Arbeitgeber schützen. Dies bedeutet, dass ein Schutz – jedenfalls durch den privaten Arbeitgeber – nur dann in Betracht kommen kann, wenn die Ungleichbehandlung einen konkreten Bezug zum Arbeitsverhältnis hat.[412] Die Arbeitgeber setzen durch die Benachteiligung einer Arbeitnehmergruppe einen zusätzlichen Umstand, der über die schon vorhandene gesellschaftliche Benachteiligung der Frauen hinausgehe. Den Arbeitgebern dürfen nicht stellvertretend gesamtgesellschaftliche Versäumnisse bei der Gleichstellung der Frau zugerechnet werden. Deshalb kann ein Zurechnungszusammenhang entfallen, wenn es allgemeine Lebensumstände sind, die sich zwangläufig auch im Arbeitsleben auswirken und die fehlende Gleichstellung hervortreten lassen. Objektiv kann einem Arbeitgeber eine benachteiligende Auswirkung einer Maßnahme oder Regelung nur dann als mittelbare Diskriminierung zugerechnet werden, wenn hierdurch ein weiterer Umstand gesetzt wird, der die bereits vorhandenen ungleichen Ausgangspositionen noch verschlechtert. Der Vereinbarung oder Maßnahme, die in ihren Voraussetzungen nicht an das Geschlecht anknüpft, sich aber dennoch wesentlich nachteiliger bei einem Geschlecht auswirkt, muss eine „objektiv geschlechtsdiskriminierende Tendenz“ anhaften. Diese Tendenz muss aus der Regelung heraus objektiv erkennbar sein.[413]

Anders verhält es sich bei gesetzlichen Regelungen. Hier kann auf die gesonderte Prüfung der Zurechnung verzichtet werden, da dem Staat die mittelbar diskriminierenden Auswirkungen seiner Maßnahmen immer zuzurechnen sind. Anders als der Arbeitgeber ist der Staat nämlich ausdrücklich zur Herstellung der faktischen Gleichheit aufgerufen. Zu nennen ist insbesondere Art. 3 Abs. 2 Satz 2 GG. Danach hat der Staat die tatsächliche Durchsetzung der Gleichberechtigung von Frauen und Männern zu fördern und auf die Beseitigung bestehender Nachteile hinzuwirken. Dieses (positiv formulierte) Förderungsgebot kann sinnvoll nur so vertanden werden, dass es gleichzeitig (negativ) staatliches Handeln verbietet, welches zu einer weiteren tatsächlichen Ungleichbehandlung führt.

---

[412] Sievers, S. 116.
[413] Hanau / Preis, ZfA 1988, S. 188-190.

Europarechtlich ist auf die Rechtsprechung des EuGH zu verweisen, wonach Art. 141 EGV dem Ziel der Gemeinschaft dient, den sozialen Fortschritt zu sichern und die Lebens- und Beschäftigungsbedingungen der europäischen Völker zu verbessern.[414]

4.1.1. ZUSAMMENFASSUNG

Als Zusammenfassung ist Sievers[415] zuzustimmen, dass auf der Tatbestandsebene der mittelbaren Diskriminierung drei Prüfungsschritte vorzunehmen sind. Zunächst ist zu ermitteln, wieviel Prozent der von einer Regelung insgesamt betroffenen Frauen und wieviel Prozent der Männer benachteiligt sind. Wird ein erhebliches Missverhältnis festgestellt, ist zu fragen, ob die nachteilige Wirkung der Regelung auf geschlechtsspezifischen Gründen beruht. Schließlich kommt es darauf an, ob dem Arbeitgeber (oder den Tarifvertragsparteien) die benachteiligende Wirkung einer Regelung oder Maßnahme unter Berücksichtigung des Schutzzweckgedankens zugerechnet werden kann. Dieser letzte Prüfungsschritt ist bei Gesetzen nicht vorzunehmen.

4.2. RECHTFERTIGUNG EINER MITTELBAREN DISKRIMINIERUNG WEGEN DES GESCHLECHTS

Art. 141 EGV sieht keine Möglichkeit zur Rechtfertigung einer Geschlechtsdiskriminierung vor, aber nach ständiger Rechtsprechung des EuGH[416] kann eine Maßnahme gerechtfertigt sein, obwohl sie diskriminierend ist. Nach Ansicht des EuGH[417] verstößt eine Maßnahme oder Regelung nicht gegen das gemeinschaftsrechtliche Diskriminierungsverbot, wenn sie durch objektive Gründe gerechtfertigt sei, die nicht mit einer Diskriminierung aufgrund des Geschlechts zu tun habe. Dies sei insbesondere der Fall, wenn die Differenzierung einem wirklichen Bedürfnis des Unternehmens diene und zur Erreichung dieses Ziels geeignet und erforderlich sei.

---

[414] In diesem Sinne: Sievers, S. 117.
[415] Sievers, S. 118.
[416] Z.B EuGH vom 13.5.1986, Rs. 170/84 (Bilka), Slg. 1986, S. 1607; EuGH vom 27.6.1990, Rs. C-33/89 (Kowalska), Slg. I 1990, S. 2591; EuGH vom 7.2.1991, Rs. C-184/89 (Nimz), Slg. I 1991, S. 297.
[417] So EuGH vom 13.5.1986, Rs. 170/84 (Bilka).

Das „wirkliche Bedürfnis des Unternehmens" wird insbesondere bei Gründen wirtschaftlicher Art anzuerkennen sein. Im Fall Enderby[418] stellte der EuGH hinsichtlich der Frage, ob und inwieweit die Gründe, die ein Arbeitgeber zur Rechtfertigung einer Lohnpolitik anführt, als objektiv gerechtfertigte wirtschaftliche Gründe angesehen werden können, fest, dass Kriterien wie die Flexibilität oder die Anpassung an Arbeitszeiten und –orte, die Berufsausbildung oder die Anzahl der Berufsjahre des Arbeitnehmers zu solchermaßen objektiv gerechtfertigten Gründen gehören. Sodann führt der EuGH aus, nichts anderes gelte für die Lage auf dem Arbeitsmarkt, die einen Arbeitgeber veranlassen könne, das Entgelt für eine bestimmte Tätigkeit zu erhöhen, um Bewerbern einen Anreiz zu bieten.

Bei einer gesetzlichen Regelung nimmt der EuGH eine Rechtfertigung an, wenn der Mitgliedstaat darlegen kann, dass die gewählten Mittel einem notwendigen[419] bzw. legitimen[420] Ziel seiner Sozialpolitik dienen und für die Erreichung dieses Zieles geeignet und erforderlich sind. Da die Mitgliedstaaten für die Sozialpolitik zuständig sind, räumt der EuGH den Mitgliedstaaten einen „weiten Entscheidungsspielraum" im Hinblick auf die Frage ein, ob die in Rede stehenden Maßnahmen zur Verwirklichung ihrer sozial- und beschäftigungspolitischen Ziele[421] geeignet und erforderlich sind.[422] Andererseits ist zu bemerken, dass die Begriffe „Geeignetheit" und „Erforderlichkeit" in der bisherigen Rechtsprechung des EuGH nicht näher konkretisiert worden sind. An der Erforderlichkeit eines Mittels fehlt es, wenn ein milderes – also die nachteiligte Wirkung vermeidendes oder zumindest abschwächendes – Mittel ausreichen würde. Geeignet ist ein Mittel zur Erreichung des Ziels dann, wenn sein Einsatz die Wahrscheinlichkeit, das angestrebte Ziel zu erreichen, entscheidend erhöht. Ist eine diskriminierende Maßnahme gemessen an diesen Kriterien gerechtfertigt, so besteht keine Verpflichtung mehr für den Arbeitgeber, Maßnahmen zum Ausgleich der für ein Geschlecht entstehenden Nachteile zu ergreifen.[423] Bei diesem Prüfungsmaßstab ist aber klar, dass nicht irgendein Grund für die Gerechtfertigung der benachteiligenden Regelung

[418] EuGH vom 27.10.1993, Rs. C-127/92.
[419] EuGH vom 13.7.1989, Rs. 171/88 (Rinner-Kühn), Slg. 1989, S. 2743, 2761 (Entscheidungsgrund 14); EuGH vom 7.5.1991, Rs. C-229/89 (Kommission / Belgien), Slg. I 1991, S. 2205, 2228 (Entscheidungsgrund 19).
[420] EuGH vom 24.2.1994, Rs. C-343/92 (Roks), Slg. I 1994, S. 571, 600 (Entscheidungsgrund 34); EuGH vom 19.11.1992, Rs. C- 226/91 (Molenbroeck), Slg. I 1992, S. 5943, 5968 (Entscheidungsgrund 13).
[421] Vgl. EuGH vom 14.12.1995, Rs. C-444/93 (Megner und Scheffel), Slg. I 1995, S. 4741, (Entscheidungsgründe 29 ff.).
[422] Sievers, S. 121. Vgl. Biermann, S. 176.
[423] Langenfeld, S. 218-219.

ausreicht, sondern es wird in eine mehr oder minder detaillierte Verhältnismäßigkeitsprüfung eingetreten.

Richtigerweise wird man die Anforderungen an den Rechtfertigungsgrund nicht für alle Fallgestaltungen einheitlich bestimmen können.[424] Hanau und Preis[425] ist zuzustimmen, wenn sie formulieren: „Je stärker die Benachteiligung und die Betroffenheit eines Geschlechts durch eine mittelbare diskriminierende Regelung oder Maßnahme, um so gewichtiger werden die Gründe sein müssen, die diese Regelung rechtfertigen sollen".[426] Diese Autoren begründen ihre Meinung im Sinne, dass nicht immer die Betroffenheit eines Geschlechts so groß und evident sei, wie dies bei der Teilzeitarbeit der Fall sei. Der bei der Teilzeitarbeit angelegte Prüfungsmaßstab sei daher nicht ohne weiteres auf alle Fälle mittelbarer Diskriminierung übertragbar. Andererseits könne es aber auch Fälle mittelbarer Diskriminierung geben, die auf der Schwelle zur unmittelbaren Diskriminierung liegen (beispielweise die Frage nach dem Bestehen einer Schwangerschaft). Der unterschiedliche Grad der benachteiligenden Auswirkung geschlechtsneutral gefaßter Tatbestände müsse auch einen differenzierten Prüfungsmaßstab zur Folge haben.[427]

Die Festlegung der genauen Tragweite eines solchen Gesichtspunktes unter den Umständen jeden Einzelfalles erfordert die Würdigung der Tatsachen und fällt daher in die Zuständigkeit des nationalen Gerichts. Außerdem ist es nach Rechtsprechung des EuGH zwar Sache der nationalen Gerichte festzustellen, ob solche rechtfertigende Gründe vorliegen. Dabei sind sie jedoch in der Wahl ihrer Maßstäbe nicht frei, sondern an die vom EuGH aus dem Gemeinschaftsrecht abgeleiteten Vorgaben gebunden.[428] Danach genügt es zur Rechtfertigung nicht, dass mit der Regelung keine Geschlechterdiskriminierung beabsichtigt ist. Auch reicht nicht jeder sachliche Grund. Vielmehr muss der mit der Regelung verfolgte Zweck für einen objektiven Betrachter zur Rechtfertigung der Benachteiligung hinreichend gewichtig erscheinen. Außerdem muss die Ungleichbehandlung zur Erreichung dieses rechtfertigenden Ziels auch erforderlich und geeignet sein. Es ist also eine Verhältnismäßigkeitsprüfung

---

424 Sowka, DB 1992, S. 2030.
425 Hanau / Preis, ZfA 1988, S. 192.
426 Eine abweichende Meinung hält: Kirsten, RdA 1990, S. 282 ff.
427 Hanau / Preis, ZfA 1988, S. 192.
428 Siehe EuGH vom 27.10.1993, Rs. C-127/92 (Enderby).

anzustellen, die an das Gewicht des rechtfertigenden Grundes höhere Anforderungen stellt als § 2 Abs. 1 BeschFG (nunmehr § 4 Abs. 1 TzBfG).[429]

Schließlich ist zu betrachten, dass gemäß Art. 2 Abs. 2 der Richtlinie 97/80/EG (Beweislastrichtlinie) Vorschriften, Verfahren oder Kriterien sich rechtfertigen lassen, wenn sie angemessen und notwendig sind und nicht durch auf das Geschlecht bezogene sachliche Gründe gerechtfertigt. Explizit weist der Rat in seinem Gemeinsamen Standpunkt zur Beweislastrichtlinie[430] darauf hin, dass man die wesentlichen Bestandteile aus der bisherigen Rechtsprechung des EuGH für die Begriffdefinition der mittelbaren Diskriminierung in die Richtlinienbestimmung übernommen habe. Damit wird klar, dass der Rat den Begriff der mittelbaren Diskriminierung nicht materiell abweichend vom Verständnis des EuGH definieren wollte. Die Richtlinie ist offen auch für andere bisher nicht vom EuGH benannte Rechtfertigungsgründe, doch deshalb von einer Erweiterung zu sprechen wäre nicht angemessen.[431]

4.3. BEWEISLASTVERTEILUNG

Der EuGH[432] hat Beweiserleichterungen für das mögliche Vorliegen einer mittelbaren Diskriminierung zugunsten des benachteiligten Geschlechts eingeräumt, damit die Durchsetzung des Grundsatzes der Gleichbehandlung nicht unverhältnismäßig erschwert wird.[433] Danach genügt es, Tatsachen darzulegen, die eine Vermutung für das Vorligen einer Diskriminierung begründen. Es obliegt dann dem Beklagten zu beweisen, dass es sich bei der strittigen Maßnahme nicht um eine Diskriminierung auf Grund des Geschlechts handelt.[434] Zur Zeit regelt Art. 4 der Richtlinie 97/80/EG das Thema der Beweistverteilung im Falle einer mittelbaren Geschlechtsdiskriminierung. Art. 4 Abs. 1 verpflichtet die Mitgliedstaaten dafür zu sorgen, dass Personen, die sich durch eine Verletzung des Gleichbehandlungsgrundsatzes für beschwert halten, bei Gericht Tatsachen glaubhaft machen müssen, die das Vorliegen

---

[429] Wißmann, ZTR 1994, S. 225. Vgl. Buschmann / Dieball / Stevens-Bartol, TZA, S. 174-175; Schmidt, Teilzeitarbeit in Europa, S. 63-64.

[430] Standpunkt des Rates vom 24.7.1997, ABl. EG vom 8.10.1997, Nr. C 307/6.

[431] In diesem Sinne: Buschmann / Dieball / Stevens-Bartol, TZA, S. 175.

[432] Vgl. EuGH vom 17.10.1989, Rs. 109/88 (Danfoss), Slg. 1989, S. 3199; EuGH vom 15.5.1986, Rs. 222/84 (Johnston), Slg. 1986, S. 1651.

[433] Zum Thema siehe auch: Sievers, S. 148-151; Biermann, S. 178.

einer mittelbaren Diskriminierung vermuten lassen; sodann muss es der beklagten Person obliegen, das Fehlen einer Verletzung des Gleichbehandlungsgrundsatzes zu beweisen. Art. 4 Abs. 2 der Richtlinie stellt darüber hinaus fest, dass die Mitgliedstaaten auch an einer für die klagende Partei günstigeren Regelung festhalten können. Schließlich schreibt Art. 4 Abs. 3 vor, dass die Mitgliedstaaten davon absehen können, Abs. 1 auf Verfahren anzuwenden, in denen die Ermittlung des Sachverhalts dem Gericht oder einer anderen zuständigen Stelle obliegt.[435]

Unerwähnt lässt jedoch die Richtlinie 97/80/EG, wer eventuell jene sachlichen Gründe vorzutragen und zu beweisen hat, die eine Diskriminierung rechtfertigen können. Noch der Vorschlag der Kommission vom 20. September 1996 für eine Richtlinie zur Beweislast bei geschlechtsbedingter Diskriminierung[436] bzw. der geänderte Vorschlag der Kommission für eine Richtlinie in dieser Materie[437] enthielt in Art. 4 Abs. 1 b) eine entsprechende Regelung. Nach ihr traf den Arbeitgeber die Beweislast für das Vorliegen möglicher der Diskriminierung rechtferigender Gründe. Nach Ansicht von Krimphove[438] erschien der erlassenen Richtlinie 97/80/EG die Aufnahme einer solchen Regelung überflüssig, denn die in Art. 4 Abs. 1 geregelte Beweistlastverteilung hinsichtlich der Grund, der eine Diskriminierung rechtfertigen könne, entspreche schon der allgemeine Beweistlastrechtslage. Danach habe der Arbeitgeber allein derartige rechtfertigende Gründe vorzutragen und zu beweisen.

4.4.RECHTSFOLGEN EINER MITTELBAREN DISKRIMINIERUNG WEGEN DES GESCHLECHTS

Art. 141 EGV enthält keine Rechtsfolgenregelung im Falle eines Verstoßes seiner Bestimmungen. Aus dem Vorrang des Gemeinschaftsrechts folgt, dass nationale Regelungen, die gegen das Verbot mittelbarer Diskriminierung aus Art. 141 EGV verstoßen, außer Anwendung bleiben.[439] Fraglich ist jedoch, ob aus dieser Vorschrift des EGV auch folgt, dass

---

[434] Buschmann / Dieball / Stevens-Bartol, TZA, S. 171; Krimphove, S. 250-251.
[435] Siehe: Röthel, NJW 1999, S. 612; Bergwitz, DB 1999, S. 97; Buschmann / Dieball / Stevens-Bartol, TZA, S. 172.
[436] KOM (96) 340 endg.; ABl. EG 1996, Nr. L 332, S. 11.
[437] KOM (97) 202 endg.; ABl. EG 1997, Nr. C 185, S. 21.
[438] Krimphove, S. 251-252.
[439] So EuGH vom 8.4.1976, Rs. 43/75 (Defrenne I), Slg. 1976, S. 455; EuGH vom 7.2.1991, Rs. C-184/89 (Nimz), Slg. 1991, S. 297.

die benachteiligte Gruppe von Arbeitnehmern so behandelt werden muss wie die übrigen Arbeitnehmer. Nach ständiger Rechtsprechung des EuGH ist diese Frage zu bejahen. Verletzt eine gesetzliche oder tarifvertragliche Regelung Art. 119 a.F. EGV (Art. 141 n.F. EGV), so können die benachteiligten Arbeitnehmer vor einem innerstaatlichen Gericht unter Berufung auf dieser Bestimmung des EGV verlangen, dass das Gericht diese Regelung außer Anwendung lässt.[440] Außerdem hatte der EuGH[441] insoweit entschieden, dass Lohngleichheit grundsätzlich nur durch Anpassung „nach oben" hergestellt werden könne.[442] Da es sich bei Art. 119 a.F. EGV um eine sozialpolitische Norm handele, diene sie dem in Art. 117 a.F. EGV (Art. 136 n.F.) vorangestellten Zweck, auf eine Verbesserung der Lebens- und Arbeitsbedingungen der Beschäftigten hinzuwirken. Damit sei es grundsätzlich nicht vereinbar, Gleichbehandlung durch Senkung des vorhandenen Niveaus herzustellen.[443] So führt die Rechtsprechung des EuGH nicht etwa dazu, dass für die von der diskriminierenden Bestimmung benachteiligte Gruppe nun eine Regelung fehlt, sondern die benachteiligten Arbeitnehmer sind in gleicher Weise zu behandeln wie die übrigen Arbeitnehmer.[444]

Auf der Grundlage dieser Rechtsprechung vertritt der EuGH[445] also die Auffassung, dass im Falle einer mittelbaren Frauendiskriminierung durch die Benachteiligung von Teilzeitbeschäftigten das nationale Gericht verpflichtet ist, die diskriminierende Bestimmung außer Anwendung zu lassen und auf die Angehörigen der durch die Diskriminierung benachteiligten Gruppe die gleiche Regelung wie auf die übrigen Arbeitnehmer anzuwenden, wobei diese Regelung, solange Art. 119 a.F. EGV im nationalen Recht nicht ordnungsgemäß durchgeführt worden ist, das einzig gültige Bezugssystem bleibt. Für teilzeitbeschäftigte Arbeitnehmerinnen bedeutet dies, dass sie Anspruch auf die gleichheitswidrig vorenthaltene Vergütung

---

[440] EuGH vom 8.4.1976 (Defrenne II), Slg. 1976, S. 455.
[441] EuGH vom 8.4.1976 (Defrenne II), Slg. 1976, S. 455; EuGH vom 7.2.1991, Rs. C-184/89 (Nimz), Slg. 1991, S. 320; EuGH vom 28.9.1994, Rs. C-7/93 (Algemeen burgerlijk pensionenfonds), Slg. I 1994, S. 4471 ff.
[442] Vgl. Schlachter, NZA 1995, S. 398; Schmidt, Teilzeitarbeit in Europa, S. 70; Krimphove, S. 252 ff.; Sievers, S. 162 ff.; Reich / Dieball, Mittelbare Diskriminierung teilzeitbeschäftigter weiblicher Betriebsratmitglieder, ArbuR 1991, S. 229.
[443] EuGH vom 8.4.1976, Rs. 43/75 (Defrenne II), Slg. 1976, S. 455.
[444] Wißmann, ZTR 1994, S. 225.
[445] Vgl. EuGH vom 7.2.1991, Rs. C-184/89 (Nimz), Slg. 1991, S. 320; EuGH vom 27.6.1990, Rs. C-33/89 (Kowalska), Slg. I 1990, S. 2591.

haben, solange der Arbeitgeber, die Betriebspartner oder die Tarifvertragsparteien den Gleichheitsverstoß in einer mit Art. 141 EGV in Einklang stehenden Weise beseitigt haben.[446]

5. ART. 141 EGV ALS BESTANDTEIL DER EUROPÄISCHEN REGULIERUNG ZUR TEILZEITARBEIT

Angesichts des Mangels an voll bindenden Vorschriften in der Richtlinie 97/81/EG über Teilzeitarbeit bleibt genauso wie früher die Bedeutung des Prinzips der Lohngleichbehandlung, das Art. 141 EGV weitläufig gewährleistet, als Schutzgrundlage für die arbeits- und sozialrechtliche Situation der Teilzeitarbeitnehmer unberührt. Wie es schon analysiert wurde, ist die Rahmenvereinbarung über Teilzeitarbeit Objekt von vielen Kritiken, denn eine ihrer wichtigsten Vorschriften (§ 4), die den Grundsatz der Nichtdiskriminierung von Teilzeitbeschäftigten gegenüber Vollzeitbeschäftigten anerkennt, verliert in der Praxis viel von seiner Bedeutung. Dies ist insbesondere aufgrund der Ausnahmen, die die tatsächliche Anwendung dieses Grundsatzes begrenzen können, zu erklären.

Eine angemessene Anerkennung des Gleichbehandlungsprinzips ist eine Voraussetzung für eine effektive Regulierung der Teilzeitarbeit, sowohl auf supranationaler als auch auf nationaler Ebene. Nur wenn die Gleichbehandlung hinsichtlich der Arbeitsbedingungen im weiteren Sinne zwischen Vollzeit- und Teilzeitarbeitnehmern vollständig garantiert und anwendbar ist, lässt sich diese besondere Form der Arbeit entwickeln und können sich infolgedessen ihre Vorteile für die unternehmerische Organisation der Arbeit oder bezüglich der Vereinbarkeit von Familie und Arbeit sowie ihre Vorteile als Beschäftigungsinstrument zeigen.

Zur Zeit ist noch unklar, ob die Mitgliedstaaten und/oder die Sozialpartner zur Umsetzung der Richtlinie in der Lage sein werden, einen geeigneten Schutz für die Teilzeitarbeitnehmer zu schaffen und ob die Ziele, die die Rahmenvereinbarung in § 1 verfolgt, in der Realität sich konkretisieren lassen. Dies könnte besonders problematisch in den Ländern der Europäischen Union oder für die zukünftigen Mitgliedstaaten der Union sein, deren arbeitsrechtlichen

---

[446] Biermann, S. 178.

Systeme weniger entwickelt sind oder deren organisierten Arbeitnehmerbewegungen schwach sind, was folglich die wünschenswerte gemeinschaftsweite Harmonisierung der arbeitsrechtlichen Vorschriften gefährden könnte.

Im Rahmen einer umfassenden Gewährung der Lohngleichheit werden die Ansprüche der Teilzeitarbeitnehmer auf Gleichbehandlung hinsichtlich des Entgelts gegenüber Vollzeitarbeitnehmern, unter besonderer Berücksichtigung der Tatsache, dass die Teilzeitbeschäftigung eine typische Form der Frauenarbeit ist und dass die Vollzeitbeschäftigten in großer Anzahl Männer sind, nach wie vor auf Art. 141 EGV beruhen. Dementsprechend soll der europarechtliche Grundsatz der Lohngleichbehandlung, der vom EuGH[447] als eine der Grundlagen der Gemeinschaft und als eine Norm von fundamentaler Bedeutung qualifiziert wurde, als Bestandteil der europäischen Regulierung zur Teilzeitarbeit verstanden werden. Die Richtlinie 97/81/EG vervollständigt sich mit Art. 141 EGV sowie mit den Richtlinien der Europäischen Gemeinschaft, die die Gleichstellung von Frauen und Männer konkretisieren, die insgesamt die europäischen Rechtsinstrumente zur Regelung der Teilzeitarbeit bilden.

[447] Siehe z.B. EuGH vom 8.6.1976, Rs. 43/75 (Defrenne II), Slg. 1976, S. 455.

DRITTES KAPITEL:

DIE TEILZEITARBEIT IM DEUTSCHEN ARBEITSRECHT

ERSTER TEIL

I. ALLGEMEINES

1. DAS BESCHÄFTIGUNGSFÖRDERUNGSGESETZ

Angesichts der zunehmenden Bedeutung der Teilzeitarbeit als Form flexibler Arbeitsorganisation wurde am 26. April 1985 das Beschäftigungsförderungsgesetz (BeschFG)[1] in der Bundesrepublik Deutschland erlassen. Mit dem BeschFG fand die Teilzeitarbeit erstmals in Art. 1 §§ 2 bis 6 eine positive Regelung im deutschen Arbeitsrecht. Damit haben fast drei Jahre währende Bemühungen durch flankierende gesetzliche Maßnahmen den Arbeitsmarkt zu beleben, einen Abschluß gefunden.[2] Umfassendere gesetzliche Regelungen wurden jedoch für nicht erforderlich gehalten und deswegen hat das BeschFG keine vollständige Regulierung der Teilzeitbeschäftigung enthalten. Es handelte sich vielmehr um ein sogenanntes Artikelgesetz, durch das verschiedene Bereiche des Arbeitsrechts selektiv verändert wurden.

Das BeschFG war eins der umstrittensten arbeitsrechtlichen Gesetzeswerke der Nachkriegszeit, weil mit diesem Gesetz arbeitsrechtliche Schutzvorschriften abgebaut werden sollten, um Arbeitskosten zu senken. Das Arbeitsrecht sollte „gelenkiger" und damit der Arbeitseinsatz „flexibler" gemacht werden.[3] Durch die Beseitigung von Beschäftigungshemmnissen sollte auch die Arbeitslosigkeit vermindert werden. Ziel des BeschFG war es zusätzliche Beschäftigungsmöglichkeiten zu schaffen, denn vor dem Hintergrund anhaltender Massenarbeitslosigkeit sollte den Arbeitgebern durch eine Reihe von Änderungen des Arbeits- und Sozialrechts ein Anreiz zur Einstellung von mehr Arbeitnehmern gegeben werden.[4] Hinsichtlich der Teilzeitarbeit sollte durch die Verbesserung des arbeitsrechtlichen Schutzes dieser Beschäf-tigungsform die Schaffung weiterer Teilzeitarbeitsplätze in den Bereichen

---

[1] Gesetz vom 26.4.1985, BGBl. I S. 710, zuletzt geändert durch Gesetz vom 25.9.1996, BGBl. I S. 1476.

[2] Lipke, in Becker / Denne / Lang / Lipke / Mikosch / Steinwedel, Gemeinschaftskommentar zum Teilzeitarbeitsrecht (GK-TzA), Neuwied, Darmstadt, 1987, S. 117.

[3] Buschmann / Dieball / Stevens-Bartol, TZA, S. 223.

[4] Begründung des Gesetzentwurfs BeschFG 1985, BR-Drucks 393/84, S. 15.

gefördert werden, für welche sich in der Praxis ein besonderes Schutzbedürfnis offenbart hatte.[5] Darüber hinaus war es Ziel dieser Regelungen, Benachteiligungen von Teilzeitarbeitnehmern abzubauen und damit u.a. Teilzeitarbeit auch für solche Arbeitnehmer attraktiver zu machen, die derzeit auf einem Vollzeitarbeitsplatz tätig waren, aber auf einen Teilzeitarbeitsplatz wechseln wollten.[6]

Nach Inkrafttreten des BeschFG zeigte sich jedoch, dass die Novelle praxisgestaltende Wirkung entfaltete. Deshalb wurden das BeschFG und verschiedene in diesem Gesetz geänderte Vorschriften seit 1985 durch weitere Novellierungen, teilweise auch aufgrund von Entscheidungen des EuGH und des BVerfG, geändert. Angesichts dieser Änderungsnotwendigkeit wurde das arbeitsrechtliche Beschäftigungsförderungsgesetz[7] 1996 erlassen, das im Wesentlichen eine Änderung des § 1 BeschFG bezüglich befristeter Arbeitsverträge enthalten hat. Die Vorschriften über Teilzeitarbeit waren dagegen unverändert geblieben.[8]

2.DIE NEUE GESETZLICHE REGULIERUNG DER TEILZEITARBEIT

Nach 15 Jahren Rechtskraft des BeschFG ist mit dem zum 1. Januar 2001 in Kraft getretenen Gesetz über Teilzeitarbeit und befristete Arbeitsverträge und zur Änderung und Aufhebung arbeitsrechtlicher Bestimmungen,[9] dessen Kernstück das in Art. 1 enthaltene Teilzeit- und Befristungsgesetz (TzBfG) darstellt, ein wichtiger Bereich des Arbeitsvertragsrechts neu geordnet worden.[10] Das TzBfG hat u.a. Änderungen im Zivil- und Arbeitsrecht das BeschFG aufgehoben.[11] Dies erklärt sich, weil nach der Gesetzesbegründung das TzBfG der Umsetzung der Richtlinie 97/81/EG[12] sowie der Richtlinie 99/70/EG[13] in deutsches Arbeitsrecht dient.

---

[5] Preis, in Dieterich / Hanau / Schaub (Hrsg.), Erfurter Kommentar zum Arbeitsrecht (ErfKomm), München, 1998, S. 722.
[6] Lorenz / Schwedes, Das Beschäftigungsförderungsgesetz, DB 1985, S. 1079.
[7] Gesetz vom 25.9.1996, BGBl. I S. 1476. Über das BeschFG 1996 siehe u.a.: Löwisch, Das Arbeitsrechtliche Beschäftigungsförderungsgesetz, NZA 1996, S. 1009 ff.; Buschmann, Gemeine Marktwirtschaft, ArbuR 1996, S. 285 ff.
[8] Buschmann / Dieball / Stevens-Bartol, TZA, S. 224.
[9] Gesetz vom 21.12.2000, BGBl. I, S. 1966.
[10] In diesem Sinne: Rolfs, Das neue Recht der Teilzeitarbeit, RdA 2001, S. 129 ff.
[11] Art. 3 TzBfG.
[12] Richtlinie des Rates vom 15. Dezember 1997 zu der von UNICE, CEEP und EGB geschlossenen Rahmenvereinbarung über Teilzeitarbeit, ABl. EG 1998, Nr. L 14, S. 9.

Eine Neufassung der Regelungen über Teilzeitarbeit war erforderlich geworden, weil das deutsche Recht in einer ganzen Reihe von Einzelkomplexen der Richtlinie über Teilzeitarbeit wider-sprach oder mangels nationaler Umsetzungsbestimmungen nicht entsprach. Dies gilt etwa für die Definition der Teilzeitarbeit, das Gleichbehandlungsgebot, den Wechsel von Vollzeit in Teilzeit und umgekehrt, für die § 3 BeschFG lediglich eine Unterrichtungspflicht vorsah. Weitere in der Richtlinie, nicht aber in dem BeschFG enthaltene Regelungen beziehen sich auf den Kündigungsschutz, den Zugang zur beruflichen Bildung und die Information der Arbeit-nehmervertretung.[14]

Das neue TzBfG ist unter anderer Perspektive aus Gründen der Rechtssicherheit zu begrüßen, weil es die Voraussetzungen und den zulässigen Umfang befristeter Arbeitsverträge erstmals umfassend gesetzlich kodifiziert hat und weil es einen wesentlichen Baustein für ein späteres Arbeitsvertragsgesetz geschaffen hat.[15] Die unausweichliche Kritik, die allerdings geübt werden muss, hat ihre Gründe darin, dass angesichts der fehlenden Arbeitsvertragsgesetzgebung auch bei einer noch so systematischen Teilkodifikation Widersprüche bleiben.[16] Außerdem sind aufgrund der zweifelhaften sozialpolitischen Hintergründe einiger Vorschriften viele praxisrelevante sowie rechtliche Probleme in der Zukunft vorauszusehen.

Hinsichtlich des Inhalts entsprechen die neuen gesetzlichen Regelungen über Teilzeitarbeit im Allgemeinen den Vorschriften des BeschFG. Der Gesetzgeber hat im Wesentlichen das bisherige Recht fortgeschrieben und die durch die Richtlinien gebotenen Änderungen vorgenommen. Teilweise hat aber der Gesetzgeber das Recht auch „arbeitnehmerfreundlich" gestaltet. Bei der Teilzeitarbeit ist die wichtigste - und nicht durch europäisches Recht gebotene[17] – Neuregelung die Einführung eines Anspruchs auf Teilzeitarbeit. Dieser Rechtsanspruch geht deutlich über die Richtlinie über Teilzeitarbeit hinaus, die in § 5 Abs. 3 lit. e)

---

[13] Richtlinie des Rates vom 28. Juni 1999 zu der von EGB, UNICE und CEEP geschlossenen Rahmenvereinbarung über befristete Arbeitsverträge, ABl. EG 1999, Nr. L 175, S. 43.

[14] Buschmann / Dieball / Stevens-Bartol, TZA, S. 323.

[15] So Willemsen / Bauer, Gesetz über Teilzeitarbeit und befristete Arbeitsverträge und zur Änderung und Aufhebung arbeitsrechtlicher Bestimmungen - Stellungnahme des Arbeitsrechtsausschusses des Deutschen Anwaltvereins (DAV) zum Gesetzentwurf der Bundesregierung, DB 2000, S. 2223.

[16] Preis / Gotthardt, Neuregelung der Teilzeitarbeit und befristeten Arbeitsverhältnisse, DB 2000, S. 2065.

lediglich vorsieht, dass die Arbeitgeber, soweit dies möglich ist, Anträge von Vollzeitbeschäftigten auf Wechsel in ein im Betrieb zur Verfügung stehendes Teilzeitarbeitsverhältnis berücksichtigen sollen. Demgegenüber verpflichtet das TzBfG (§ 8) den Arbeitgeber, auf ein entsprechendes Verlangen hin auch neue Teilzeitarbeitsplätze einzurichten, soweit betriebliche Belange nicht entgegenstehen.[18] Beschäftigungspolitischer Hintergrund ist die Hoffnung des Gesetzgebers, durch die Erhöhung der Teilzeitquote könne der Arbeitslosigkeit in Deutschland entgegengewirkt werden.[19]

Nach einer allgemeinen Revision des neuen Gesetzestextes ist zu bemerken, dass das TzBfG Unklarheiten und Widersprüchlichkeiten enthält, so dass ihre Einfügung in das geltende Recht nicht ganz geglückt ist. Außerdem passen manchmal die Begründungen teilweise nicht zum Gesetz, was die Auslegung der Vorschriften kompliziert macht. Es stehen sogar viele Fragen offen über die Weise, wie das neue Recht der Teilzeitarbeit - insbesondere die Vorschriften, die keine entsprechende Regelung im BeschFG hatten - in der Praxis auswirken wird.[20] Deshalb ist noch abzuwarten, welche Kriterien die Arbeitsgerichte bei der Ausübung der „neuen Rechte" durch die Arbeitsparteien anwenden werden und wie sie einiger im TzBfG enthaltenen umstrittenen Vorschriften auslegen werden.

3. DIE LAGE DER TEILZEITARBEIT IN DEUTSCHLAND

Derzeit arbeiten in der Bundesrepublik Deutschland 18,5% der Arbeitnehmer mit reduziertem Arbeitszeitbudget, wobei in kleinen Betrieben mit eins bis zwei Mitarbeitern 46%, in Betrieben mit mehr als fünfzig Mitarbeitern 14% Teilzeit arbeiten. In den alten Bundesländern ist der Teilzeitanteil mit ca. 20% noch deutlich höher als in den neuen Bundesländern mit ca. 12%. Weit überwiegend arbeiten heute noch Frauen mit reduziertem Arbeitszeitbudget: Während etwa jede dritte erwerbstätige Frau teilzeitbeschäftigt ist, gilt dies nur für 4% der Männer. Im EU-Vergleich liegt Deutschland damit im oberen Mittelfeld. Der Vergleich mit

[17] Hromadka, Das neue Teilzeit- und Befristungsgesetz, NJW 2001, S. 400. Ebenso: Schiefer, Entwurf eines Gesetzes über Teilzeitarbeit und befristete Arbeitsverhältnisse und zur Änderung und Aufhebung arbeitsrechtlicher Bestimmungen, DB 2000, S. 2118.
[18] Rolfs, RdA 2001, S. 132.
[19] BT-Drucks. 14/4374, S. 11.
[20] Siehe z.B.: Hanau, Offene Fragen zum Teilzeitgesetz, NZA 2001, S. 1168 ff.; Straub, Erste Erfahrungen mit

den vor Deutschland liegenden Ländern – Dänemark, Großbritannien, Schweden und die Niederlande – zeigt aber auch, dass eine höhere Akzeptanz reduzierter Arbeitszeitbudgets wohl nur dann erreicht werden kann, wenn Männer in weitaus stärkerem Maße als bisher dafür optieren.[21]

II. DAS TEILZEIT- UND BEFRISTUNGSGESETZ

1. ZIEL DES TzBfG

Nach § 1 TzBfG ist Ziel des Gesetzes, die Teilzeitarbeit zu fördern, die Voraussetzungen für die Zulässigkeit befristeter Arbeitsverträge festzulegen und die Diskriminierung von teilzeitbeschäftigten und befristet beschäftigten Arbeitnehmern zu verhindern. Die Zielsetzung entspricht jeweils § 1 der Richtlinie 97/81/EG. Allerdings betont § 1 a) der Richtlinie über Teilzeitarbeit zusätzlich das Ziel, die „Qualität der Teilzeitarbeit zu verbessern". Es geht also nach Ansicht von Buschmann[22] darum, nicht nur mehr Teilzeitarbeitsplätze zu schaffen, sondern auch die Arbeitsbedingungen der Teilzeitbeschäftigten zu verbessern. Demnach sei Teilzeitarbeit nicht um jeden Preis zu fördern, insbesondere nicht durch Anreize für Arbeitgeber, mit den Teilzeitbeschäftigten schlechtere Arbeitsbedingungen vereinbaren zu dürfen. Vielmehr gehe die Richtlinie zu Recht davon aus, dass die Qualität der real existierenden Teilzeitarbeit vielfach unzureichend sei, so dass eine Angleichung an das Niveau der Vollzeitbeschäftigung anzustreben und durch verschiedene Maßnahmen zu fördern sei. Der Gesetzgeber begrenzte sich aber in § 1 TzBfG im Wesentlichen auf die arbeitspolitische Relevanz der Förderung der Teilzeitarbeit zu betonen, denn sie kann einen effektiven Beitrag zum Abbau der Arbeitslosigkeit, zur Beschäftigungssicherung und zum Beschäftigungsausbau sein.[23] Ob die in § 10 TzBfG gewünschte Förderung der Aus- und Weiterbildung der Teilzeitbeschäftigte zu eine Verbesserung der Qualität der Teilzeitarbeitsplätze effektiv beitragen kann, ist abzu-warten.

---

dem Teilzeit- und Befristungsgesetz, NZA 2001, S. 919 ff.

[21] Bundesministerium für Arbeit und Sozialordnung, Teilzeit, August 1999, S. 15.

[22] Buschmann / Dieball / Stevens-Bartol, TZA, S. 323-324.

[23] Rolfs, RdA 2001, S. 130.

Außerdem ist die in § 1 TzBfG enthaltene Zielbestimmung, die immer noch ungewöhnlich im deutschen Recht ist, über die rein programmatische Aussage hinaus bei der Auslegung und Anwendung des Gesetzes zu berücksichtigen. Die Vorschriften des TzBfG sind im Zweifel so auszulegen, dass Teilzeitarbeit – entsprechend den Intentionen des Gesetzgebers – gefördert wird und eine Diskriminierung wegen Teilzeitarbeit ausgeschlossen wird. Das betrifft insbeson-dere den Zugang des einzelnen Arbeitnehmers zur Teilzeitarbeit. Die neuen Vorschriften zur Teilzeitarbeit sind daher im Zweifel nicht restriktiv zu Lasten des Arbeitnehmers auszulegen, sondern in seinem Interesse.[24] Nach Ansicht von Preis und Gotthardt[25] ist allerdings der Gedanke der Förderung der Teilzeitarbeit nicht neu, sondern liegt bereits den bisherigen Regeln der §§ 2 bis 6 BeschFG zu Grunde.[26] Schließlich ist zu berücksichtigen, dass das TzBfG keine Einschränkung seines Geltungsbereiches enthält. Es gilt infolgedessen für alle privaten und öffentlichen Arbeitsverhältnisse, auch für solche des öffentlichen Dienstes, nicht jedoch für Beamte.[27]

2. DEFINITION DER TEILZEITARBEIT

Gemäß § 2 Abs. 1 des TzBfG ist *teilzeitbeschäftigt* „ein Arbeitnehmer, dessen regelmäßige Wochenarbeitszeit kürzer ist als die eines vergleichbaren vollzeitbeschäftigten Arbeitnehmers. Ist eine regelmäßige Wochenarbeitszeit nicht vereinbart, so ist ein Arbeitnehmer teilzeitbeschäftigt, wenn seine regelmäßige Arbeitszeit im Durchschnitt eines bis zu einem Jahr reichenden Beschäftigungszeitraums unter der eines vergleichbaren vollzeitbeschäftigten Arbeitnehmers liegt. Vergleichbar ist ein vollzeitbeschäftigter Arbeitnehmer des Betriebes mit derselben Art des Arbeitsverhältnisses und der gleichen oder einer ähnlichen Tätigkeit. Gibt es im Betrieb keinen vergleichbaren vollzeitbeschäftigten Arbeitnehmer, so ist der vergleichbare vollzeitbeschäftigte Arbeitnehmer aufgrund des anwendbaren Tarifvertrages zu bestimmen; in allen anderen Fällen ist darauf abzustellen, wer im jeweiligen Wirtschaftszweig üblicherweise als vergleichbarer vollzeitbeschäftigter Arbeitnehmer anzusehen ist."

---

[24] In diesem Sinne: Worzalla / Will / Mailänder / Worch / Heise, Teilzeitarbeit und befristete Arbeitsverträge, § 1 TzBfG, Rn. 3.
[25] Preis / Gotthardt, DB 2000, S. 2066.
[26] Vgl. BT-Drucks. 10/2102, S. 14.

§ 2 TzBfG entspricht der Definition, die im § 3 der Rahmenvereinbarung über Teilzeitarbeit enthalten ist, und stimmt inhaltlich mit dem bisherigen § 2 Abs. 2 BeschFG überein, ergänzt ihn jedoch für den Fall, dass es im Betrieb keine vergleichbaren Vollzeitbeschäftigten gibt. Außerdem stellt § 2 Abs. 2 TzBfG auch klar (wenn nicht überflüssigerweise[28]), dass geringfügig Beschäftigte im Sinne des § 8 Abs. 1 Nr. 1 SGB IV zu den Teilzeitbeschäftigten zählen. Nach Meinung von Preis und Gotthardt[29] will die Norm offenbar dem verbreiteten Missverständnis begegnen, geringfügig Beschäftigte seien Arbeitnehmer zweiter Klasse.

§ 2 Abs. 1 TzBfG stellt andererseits den Versuch einer Legaldefinition des Begriffs der Teilzeitarbeit dar. Danach definiert sich die Teilzeitarbeit in der Unterschreitung der regelmäßigen Wochenarbeitszeit vergleichbarer vollzeitbeschäftigter Arbeitnehmer des Betriebes.[30] Nach dieser Definition bestehen also drei Voraussetzungen für die Annahme eines Teilzeitarbeitsverhältnisses. Es muss nämlich zunächst überhaupt ein Arbeitsverhältnis gegeben sein. In diesem Arbeitsverhältnis muss desweiteren die Arbeitszeit gegenüber der betriebsüblichen Arbeitszeit verkürzt sein. Schließlich muss die Verkürzung auf Dauer, nicht nur vorübergehend sein.[31]

2.1. VORLIEGEN EINES ARBEITSVERHÄLTNISSES

Wesentlich für die rechtliche Behandlung der Teilzeitbeschäftigten ist, ob es sich bei ihnen unabhängig vom Umfang des Arbeitsdeputats um einen Arbeitnehmer handelt oder nicht. Dies aufgrund, dass Teilzeitarbeit im Allgemeinen in einem Arbeitsverhältnis, in einem freien Dienstverhältnis oder in einem arbeitnehmerähnlichen Verhältnis geleistet werden kann.[32] Für die Anwendung der betreffenden arbeitsrechtlichen Vorschrift in § 2 TzBfG setzt jedoch der Gesetzgeber die Einordnung der ausgeübten Tätigkeit als abhängige Beschäftigung voraus.[33]

---

[27] Kliemt, Der neue Teilzeitanspruch, NZA 2001, S. 63-64.
[28] So Hromadka, NJW 2001, S. 401.
[29] Preis / Gotthardt, DB 2000, S. 2066.
[30] Buschmann / Dieball / Stevens-Bartol, TZA, S. 325.
[31] Nebendahl, Der Teilzeitarbeitsvertrag, S. 5. Auch: Link / Fink, Teilzeit- und Befristungsgesetz: Was der Arbeitgeber beachten muss, AuA 2001, S. 59.
[32] Schaub, Die Arbeit in den verschiedenen Formen des Teilzeitarbeitsverhältnisses, BB 1990, S. 1070.
[33] Schüren, MünchHdb-ArbR, Band 2, § 161, Rn. 18.

Die gesetzliche Definition der Teilzeitbeschäftigung bezieht sich nur auf die Teilzeitarbeit, die von Arbeitnehmern in einem Arbeitsverhältnis erbracht wird. Dienste, die auf Grundlage anderer Rechtsverhältnisse erbracht werden, werden nicht erfaßt.[34] Die Abgrenzung erfolgt also nach den allgemeinen Regeln, wobei die von der Rechtsprechung[35] entwickelte Definition des Arbeitnehmerbegriffs zu Grunde zu legen ist.[36] In der Rechtsprechung wird vor allem von der Definition Huecks ausgegangen. Nach Hueck[37] ist Arbeitnehmer, wer auf Grund privatrechtlichen Vertrags oder eines ihm gleichgestellten Rechtsverhältnisses im Dienst eines anderen zur Arbeit verpflichtet ist. Darüber hinaus liegt unabhängig von der von den Vertrags-parteien gewählten Bezeichnung ein Teilzeitarbeitsverhältnis vor, wenn der Beschäftigte seine Tätigkeit eingegliedert in die betriebliche Organisation und aufgrund bestehender Bindungen an fachliche Weisungen in persönlicher Abhängigkeit zum Arbeitgeber erbringt. Demgegenüber ist ein freier Dienstvertrag anzunehmen, wenn der Beschäftigte seine Tätigkeit im Wesentlichen frei gestalten und seine Arbeitszeit selbst festlegen können.[38]

Die Umsetzung dieser Abgrenzungskriterien stößt bei Teilzeitbeschäftigten mitunter auf beson-dere Schwierigkeiten, da in dem Maße, in dem die individuelle vertragliche Arbeitszeit sinkt, die persönliche Abhängigkeit von einem Arbeitgeber abnimmt. Die hierdurch hervorgerufenen Abgrenzungsschwierigkeiten werden bei Sonderformen der Teilzeitarbeit noch dadurch ver-stärkt, dass die Eingliederung in die betriebliche Organisation am Betriebssitz gelockert wird oder sogar vollständig entfällt. Ungeachtet dessen ist auch in diesem Fall die erforderliche Abgrenzung nach dem Maß der vertraglich begründeten persönlichen Abhängigkeit vorzu-nehmen, in der der Beschäftigte seine vertragliche Verpflichtungen erbringen muss, da sich nicht nach der Dauer der Arbeitszeit entscheidet, ob

[34] Vgl. Staudacher / Hellmann, Teilzeitarbeit, München, Berlin, 1997, S. 14.
[35] Vgl. u.a. BAG vom 15.3.1978, AP Nr. 26 zu § 611 BGB Abhängigkeit; BAG vom 9.9.1981, AP Nr. 38 zu § 611 BGB Abhängigkeit; BAG vom 27.3.1991, AP Nr. 53 zu § 611 BGB Abhängigkeit.
[36] Langmaack, Teilzeitarbeit und Arbeitszeitflexibilisierung, S. 36. Vgl. Wank, Die Teilzeitbeschäftigung im Arbeitsrecht, RdA 1985, S. 1 ff.; Lipke, Individualrechtliche Grundprobleme der Teilzeitarbeit, ArbuR 1991, S. 78.
[37] Hueck / Nipperdey, Lehrbuch des Arbeitsrecht I, § 9 II, zit. von Schaub, Arbeitsrechts-Handbuch, S. 73.
[38] Vgl. u.a. Bauschke, Auf dem Weg zu einem neuen Arbeitnehmerbegriff, RdA 1994, S. 209 ff.; Hromadka, Arbeitnehmerbegriff und Arbeitsrecht, NZA 1997, S. 569 ff.; Nebendahl, S. 6; Löwisch, Arbeitsrecht, S. 2 ff.

ein Arbeitsverhältnis vorliegt.[39] Es ist also zu bemerken, dass nach der Rechtsprechung und der ganz überwiegenden Meinung in der arbeitsrechtlichen Literatur die Dauer der regelmäßigen Arbeitszeit kein relevantes Kriterium für den Arbeitnehmerstatus ist.[40]

Ebenso wenig kommt es darauf an, ob die Teilzeitarbeit nur eine Nebentätigkeit oder die einzige Erwerbstätigkeit ist. Vielmehr erfolgt die Abgrenzung nach den gleichen Kriterien wie bei Vollzeitbeschäftigten.[41] Gerade wenn dem Arbeitgeber nur ein Teil der Arbeitskraft zur Verfügung gestellt wird, kann aber fraglich sein, ob man es mit einem Arbeitsverhältnis oder einem freien Dienstverhältnis zu tun hat. Nach ständiger Rechtsprechung des BAG[42] unterscheiden sich beide durch den Grad der persönlichen Abhängigkeit, in der sich der zur Dienstleistung Verpflichtete befindet. Arbeitnehmer ist, wer seine Dienstleistung im Rahmen einer von einem Dritten bestimmten Arbeitsorganisation erbringt. Für die Eingliederung in eine solche spricht insbesondere ein Weisungsrecht des Arbeitgebers, das Inhalt, Durchführung, Zeit, Dauer und Ort der Tätigkeit betreffen kann. Es entscheiden also die Umstände, unter denen die Dienstleistung zu erbringen ist. Maßgebend ist auch die Eigenart der Tätigkeit. Wird sie regelmäßig nur in einem Arbeitsverhältnis wahrgenommen, spricht dies eher für ein Arbeitsverhältnis auch wenn die anderen Umstände nicht so eindeutig feststellbar sind.[43]

2.2. VERKÜRZTE ARBEITSZEIT

Teilzeitarbeitnehmer unterscheiden sich von Vollzeitarbeitnehmern durch die Dauer der jeweiligen persönlichen Arbeitsverpflichtung. § 2 Abs. 1 TzBfG definiert diesen Unterschied gesetzlich in der Weise, dass teilzeitbeschäftigt die Arbeitnehmer sind, deren regelmäßige wöchentliche Arbeitszeit kürzer ist als die vergleichbarer vollzeitbeschäftigter Arbeitnehmer des Betriebes. Die Woche wurde als Bezugszeitraum gewählt, weil die Wochenarbeitszeit die

---

[39] Nebendahl, S. 6.

[40] Siehe u.a. BAG vom 30.10.1991, AP Nr. 59 zu § 611 BGB, NZA 1992, S. 407; BAG vom 11.3.1998, NZA 1998, S. 705; Schaub, BB 1990, S. 1070; Lipke, ArbuR 1991, S. 77-78.

[41] Schüren, MünchHdb-ArbR, § 161, Rn. 19. Über die Abgrenzung zwischen Teilzeit- und Vollzeitarbeitnehmer siehe auch: Lipke, ArbuR 1991, S. 77-78.

[42] Siehe BAG vom 12.6.1996, AP Nr. 4 zu § 611 BGB Werkstudent, NZA 1997, S. 1991; BAG vom 16.7.1997, AP Nr. 4 zu § 611 BGB Zeitungsträger, NZA 1998, S. 368.

[43] Peifer, Die Teilzeitbeschäftigung in der neueren Rechtsprechung des Bundesarbeitsgerichts, ZfA 1999, S. 273.

gebräuchlichste Form der Arbeitszeitbestimmung sowohl in Tarifverträgen als auch in Einzelarbeitsverträgen darstellt.[44] Zugleich sollte auch den neuen Entwicklungen im Rahmen der Arbeitszeitflexibilisierung Rechnung getragen werden.

Auf ein bestimmtes Maß der geringeren Arbeitszeit kommt es nicht an, so dass auch ein Arbeitnehmer, der nur eine Wochenstunde weniger als vergleichbare Vollzeitarbeitnehmer arbeitet, als Teilzeitarbeitnehmer anzusehen ist.[45] Haben die Arbeitsvertragsparteien eine von der Wochenarbeitszeit abweichende oder keine Arbeitszeitvereinbarung getroffen, so ist die regelmäßige Wochenarbeitszeit auf der Basis einer Jahresdurchschnittsberechnung zu bestimmen (§ 2 Abs. 1 Satz 2 TzBfG). Mit diesem langfristigen Vergleichsmaßstab wird dem Umstand Rechnung getragen, dass insbesondere in saison- oder witterungsabhängigen Branchen gelegentlich flexible Arbeitszeitvereinbarungen mit einem großzügigen Verteilzeitraum anzutreffen sind, die dem unterschiedlichen jahreszeitlich bedingten Beschäftigungsbedarf Rechnung tragen.[46] Ist andererseits das Teilzeitarbeitsverhältnis für eine Zeit von weniger als einem Jahr befristet, muss der entsprechend kürzere Zeitraum als Vergleichszeitraum herangezogen werden. Die regelmäßige Wochenarbeitszeit ist herkömmlicher Anknüpfungspunkt für tarifliche und einzelvertragliche Arbeitszeitregelungen und erlaubt am ehesten die problemlose Feststellung, ob es sich im Einzelfall um Teilzeitarbeit handelt oder nicht.[47]

Unbedeutend für den Begriff der Teilzeitarbeit ist die zeitliche Lage der Arbeitszeit.[48] Es ist unerheblich, ob stundenweise, halbtägig oder nur an bestimmten Tagen der Woche oder des Monats oder wechselweise von Woche zu Woche gearbeitet wird. Ebenso wenig hat es Einfluß, wie lange der Arbeitnehmer in der Woche seiner Arbeit nachzugehen hat. Wer wenige Stunden unter der betriebsüblichen regelmäßigen Arbeitszeit vergleichbarer Vollzeitarbeit-nehmer arbeitet, verrichtet ebenso Teilzeitarbeit, wie derjenige, der lediglich ein paar Stunden Arbeitszeit in der Woche oder im Monat im Betrieb erbringt.[49] Andererseits stellt § 2 Abs. 1 TzBfG fest, dass die Definition des Teilzeitarbeitnehmers betriebs- und nicht

[44] Vgl. BT-Drucks. 10/2102, S. 25.
[45] Nebendahl, S. 8.
[46] In diesem Sinne: Rolfs, RdA 2001, S. 130.
[47] Mager / Winterfeld / Göbel / Seelmann, BeschFG 1985, Rn. 138 und 141, zit. von Preis, ErfKomm, S. 724.
[48] Schaub, BB 1990, S. 1069.

unternehmens- oder konzernbezogen ist. Maßgeblich für die vorzunehmende Abgrenzung ist daher die Arbeitszeit, die in dem jeweiligen Betrieb von vergleichbaren Vollzeitbeschäftigten erbracht wird. Unerheblich ist demgegenüber, ob in anderen Betrieben des gleichen Unternehmens oder Konzerns längere oder kürzere Arbeitszeiten für Vollzeitbeschäftigte üblich sind.[50]

Die frühere Definition der Teilzeitarbeit im BeschFG hat keine Regelung enthalten, wenn es keine vergleichbaren vollzeitbeschäftigten Arbeitnehmer im Betrieb gab. Betroffen waren insbesondere Arbeitnehmer in Kleinbetrieben und Wirtschaftszweigen, in denen typischerweise Teilzeitarbeitnehmer beschäftigt werden (z.B. Reinigungsgewerbe). Nach Ansicht von Lipke[51] hätte es der Gesetzintention widersprochen, diese Arbeitnehmer aus dem Schutzbereich der Teilzeitregelungen des BeschFG auszuschließen. Um das Teilzeitarbeitsrecht anwenden zu können, sei es in diesen Fällen notwendig gewesen, auf andere Vergleichsrahmen zurück-zugreifen. Es sei angemessen, dann über § 2 Abs. 2 Satz 1 des BeschFG hinaus die allgemein übliche Arbeitszeit als Vergleichszeitrahmen zu nutzen. Darunter sei die in der Mehrheit der Wirtschaftsbranchen tarifübliche Wochenarbeitszeit zu verstehen. Infolgedessen ist damals zur Abgrenzung zwischen Vollzeit- und Teilzeitbeschäftigung noch auf die von Becker[52] entwickelte Definition zurückgegriffen worden. Danach liegt eine *Teilzeitbeschäftigung* vor, wenn ein befristetes oder unbefristetes Arbeitsverhältnis sich von anderen Arbeitsverhältnissen dadurch unterscheidet, dass die vereinbarte regelmäßige Arbeitszeit wesentlich kürzer ist als die regelmäßige betriebliche, branchenübliche oder allgemein übliche Arbeitszeit.

Die neue Regelung in § 2 Abs. 1 TzBfG hat dieses Problem ausdrücklich gelöst. In Einklang mit der Richtlinie 97/81/EG definiert das TzBfG ein *vergleichbar vollzeitbeschäftigter Arbeitnehmer*, wie „ein Arbeitnehmer des Betriebes mit der selben Art des Arbeitsverhältnisses und der gleichen oder einer ähnlichen Tätigkeit."[53] Danach ist Voraussetzung für den Vergleich,

---

[49] Lipke, GK-TzA, § 2 BeschFG, Rn. 10.
[50] Nebendahl, S. 7-8.
[51] Lipke, GK-TzA, § 2 BeschFG, Rn. 13.
[52] Becker, GK-TzA, S. 38.
[53] Siehe § 3 Richtlinie 97/81/EG sowie Art. 1 lit. c) des Übereinkommens Nr. 175 des IAO über Teilzeitarbeit.

dass der vollzeitbeschäftigte Arbeitnehmer mit der selben Art des Arbeitsverhältnisses und gleichen oder ähnlichen Tätigkeit betraut ist. Das Gesetz versteht unter der selben Art von Arbeitsverhältnis z.B. das Vorliegen eines befristeten oder unbefristeten Arbeitsverhältnisses.[54] Ein unbefristet beschäftigter potenzieller Teilzeitarbeitnehmer könnte danach nicht mit einem befristet beschäftigten Vollzeitarbeitnehmer verglichen werden, da nach dem Wortlaut („und„) beide Voraussetzungen – Art des Arbeitsverhältnisses und vergleichbare Tätigkeit – vorliegen müssen. Außerdem sind Arbeitnehmer zu vergleichen, die eine gleiche oder ähnliche Tätigkeit ausüben. Entscheidend ist der Schwerpunkt der vertraglich vereinbarten Arbeitspflicht.[55]

Andererseits enthält das TzBfG eine ausdrückliche Regelung, wenn es keinen vergleichbaren vollzeitbeschäftigten Arbeitnehmer im Betrieb gibt. Nach § 2 Abs. 1 Satz 4 TzBfG ist dann der vergleichbare vollzeitbeschäftigte Arbeitnehmer auf Grund des anwendbaren Tarifvertrages zu bestimmen. In allen anderen Fällen ist darauf abzustellen, wer im jeweiligen Wirtschaftszweig üblicherweise als vergleichbarer vollzeitbeschäftigter Arbeitnehmer anzusehen ist.

2.3. DAUERHAFTE VERKÜRZUNG DER ARBEITSZEIT

Beim Begriff der Teilzeitarbeit ist ein wichtiges Element, dass die Arbeitszeit dauerhaft verkürzt sein muss. Teilzeitarbeit im Sinne des Gesetzes liegt vor, wenn die Arbeitszeit auf Dauer im Vergleich zur betriebsüblichen regelmäßigen Wochenarbeitszeit vergleichbarer vollzeitbeschäftigter Arbeitnehmer verkürzt ist. Das Gesetz spricht von einer regelmäßig verkürzten Wochenarbeitszeit. Regelmäßig ist ein Geschehen, das nach einer bestimmten festen Ordnung in gleichmäßigen Abständen in gleichförmiger Aufeinanderfolge wiederkehrt.[56] Das Merkmal der dauerhaft verkürzten Arbeitszeit grenzt die Teilzeitarbeit von anderen dem äußeren Erscheinungsbild nach ähnlichen Arbeitszeitformen ab. Deswegen ist keine Teilzeit-arbeit mithin gegeben bei Kurzarbeit, weil sie in aller Regel nur vorübergehend eingeführt wird; vorübergehender Arbeitsfreistellung aus persönlicher Gründen; wiederholten

---

[54] BT-Drucks. 591/00, S. 21.
[55] In diesem Sinne: Worzalla / Will / Mailänder / Worch / Heise, § 2 TzBfG, Rn. 11-12.

Eintagesarbeits-verhältnissen; Saison- und Kampagnearbeit, die regelmäßig in Betrieben geleistet wird, die nur vorübergehend verstärkt arbeiten. Teilzeitarbeit kann dagegen vorliegen, wenn sie neben einer Hauptbeschäftigung oder weiteren Teilzeitbeschäftigungen ausgeübt wird.[57]

2.4. ZUSAMMENFASSUNG

Als Zusammenfassung ist festzustellen, dass jede dauerhaft, freiwillig gegenüber der regelmäßigen betrieblichen Wochenarbeitszeit verkürzte Arbeit Teilzeitarbeit ist. Unbeachtlich ist, ob der Arbeitnehmer in einem unbefristeten oder befristeten Arbeitsverhältnis, etwa in einem Aushilfsarbeitsverhältnis steht. Auch der in einem geringfügig entlohnten Beschäftigungsverhältnis stehende Arbeitnehmer ist Teilzeitarbeitnehmer. Die Arbeitszeit kann gleichmäßig oder ungleichmäßig, regelmäßig oder unregelmäßig verkürzt sein.[58] Außerdem ist jedes Teilzeitarbeitsverhältnis im Sinne des TzBfG ein Arbeitsverhältnis, das wie jedes andere Arbeitverhältnis auch durch einen Arbeitsvertrag begründet und dessen Inhalt durch die das Arbeitsverhältnis ausgestaltenden vertraglichen, gesetzlichen, tariflichen und betrieblichen Regelungen bestimmt wird. Grundsätzlich finden alle arbeitsrechtlichen Vorschriften auf die Teilzeitbeschäftigung uneingeschränkte Anwendung, soweit diese nicht ein Vollzeitarbeitsverhältnis voraussetzen.[59]

III. BEGRÜNDUNG EINES TEILZEITARBEITSVERHÄLTNISSES

Grundlage jedes Arbeitsverhältnisses ist die vertragliche Verpflichtung zur Leistung von Diensten im Rahmen einer abhängigen Beschäftigung, eingegliedert in die Betriebsorganisation des Arbeitgebers. Der Teilzeitarbeitsvertrag wird wie jeder Arbeitsvertrag nach §§ 145 ff. BGB abgeschlossen.[60] Der Teilzeitarbeitsvertrag kann im Rahmen einer Neueinstellung abgeschlossen werden oder es ist auch möglich, dass das Teilzeitarbeitsverhältnis als Folge der Änderung eines bereits bestehenden Arbeitsvertrages entstanden ist.

---

[56] Lipke, GK-TzA, § 2 BeschFG, Rn. 18.
[57] Schaub, BB 1990, S. 1069.
[58] Preis, ErfKomm, S. 724.
[59] Vgl. Langmaack, S. 27.
[60] Schaub, BB 1990, S. 1070. Siehe auch Preis, Arbeitsrecht, S. 206 ff.

1. NEUEINSTELLUNG

Der Abschluß eines Teilzeitarbeitsvertrages wird durch den allgemeinen Grundsatz der Vertragsfreiheit geprägt, d.h. es besteht folglich für die an einem Teilzeitarbeitsvertrag beteilig-ten Arbeitgeber und Arbeitnehmer grundsätzlich weder ein Anspruch auf Abschluß eines Teilzeitarbeitsvertrages gegen den Willen der anderen Partei noch ein Anspruch auf Festlegung besonderer Vertragsbedingungen.[61] Abschlußfreiheit und Inhaltsfreiheit der Arbeitsvertrags-parteien gelten, soweit keine besonderen gesetzlichen Regelungen etwas anderes vorschreiben.

Eine betriebliche Personalpolitik, die darauf abzielte, bei Neueinstellungen keine Teilzeitarbeitsverhältnisse zu begründen oder diese auf bestimmte Teile des Betriebes zu beschränken, wird als zulässig angesehen.[62] Mit dem Inkrafttreten des TzBfG ist eine derartige Personalpolitik jedoch nicht mehr uneingeschränkt möglich, denn gemäß § 6 TzBfG hat der Arbeitgeber den Arbeitnehmern, auch in leitenden Positionen, Teilzeitarbeit nach Maßgabe dieses Gesetzes zu ermöglichen. Mit dieser Vorschrift soll § 5 Abs. 3 d) der Rahmen-vereinbarung über Teilzeitarbeit[63] umgesetzt werden. Mit der Regelung des § 6 TzBfG werden Arbeitgeber aufgefordert, Teilzeitarbeit auf allen Unternehmensebenen im Rahmen des durch diese Gesetz eröffneten Handlungsspielraums auch in leitenden Stellungen zu ermöglichen. Arbeitgeber sollen dafür sorgen, dass Teilzeitarbeit als Arbeitsform insbesondere im Bereich qualifizierter Tätigkeiten attraktiver wird.[64]

Bei der Einstellung eines Teilzeitarbeitnehmers ist auch das allgemeine Verbot der Geschlechterdiskriminierung gemäß § 611 a) BGB zu berücksichtigen. Allerdings steht eine Personalpolitik, die auf die Beschäftigung von Teilzeitkräften ganz oder in bestimmten Bereichen verzichtet, diesem Verbot nicht entgegen. Ein Arbeitgeber ist nicht verpflichtet, die von

---

[61] Vgl. Nebendahl, S. 59; Staudacher / Hellmann, S. 65.
[62] Schaub, MünchHdb-ArbR, § 162, Rn. 3.
[63] Dieser Vorschrift bestimmt wörtlich, dass „Arbeitgeber, soweit dies möglich ist, Maßnahmen, die den Zugang zur Teilzeitarbeit auf allen Ebenen des Unternehmens, einschließlich qualifizierten und leitenden Stellungen erleichtern, in Erwägung ziehen sollten".
[64] In diesem Sinne: Langmaack, S. 71-72. Vgl. BT-Drucks. 14/4374, S. 16.

ihm angebotenen Arbeitsplätze mit Rücksicht auf die außerberuflichen Bindungen von Frauen im allgemeinen besonders auszugestalten. Eine Diskriminierung wegen des Geschlechts kommt erst dann in Betracht, wenn die Festlegung der Arbeitszeit für den angebotenen Arbeitsplatz nichts mit der zu leistenden Arbeit zu tun hat.[65] Weiter ist erforderlich, dass diese willkürlichen Anforderung an die Arbeitszeit deutlich seltener von Frauen als von Männer erfüllt werden können.[66]

Der Teilzeitarbeitsvertrag kann nach den allgemeinen Regeln befristet oder unbefristet abgeschlossen werden. In jedem Fall ist darauf zu achten, dass nunmehr – wie bei jedem anderen Arbeitsvertrag auch – die wesentlichen Vertragsbedingungen spätestens einen Monat nach Beginn des Arbeitsverhältnisses niederzulegen sind (§ 2 NachwG). Notwendiger Bestandteil eines Teilzeitarbeitsverhältnisses ist die Arbeitszeitregelung. Eine ausdrückliche oder konkludente Regelung über die Dauer der regelmäßigen wöchentlichen Arbeitszeit muss in den Arbeitsvertrag mit aufgenommen werden. Die konkludente Vereinbarung einer kürzeren als der regelmäßigen wöchentlichen Arbeitszeit läßt sich unter anderem auch aus der Art der zu verrichtenden Tätigkeit entnehmen. Liegt keine ausdrückliche Vereinbarung über die Dauer der Arbeitszeit vor und läßt sich auch aus den Umständen nicht entnehmen, dass die Parteien ein Teilzeitarbeitsverhältnis begründen wollten, gilt die regelmäßige branchen-, orts- oder betriebs-übliche Arbeitszeit als vereinbart.[67]

1.1. AUSSCHREIBUNG VON TEILZEITARBEITSPLÄTZEN

Eine der Neuheiten des TzBfG ist die Regelung des § 7 Abs. 1. Nach dieser Vorschrift hat „der Arbeitgeber einen Arbeitsplatz, den er öffentlich oder innerhalb des Betriebes ausschreibt, auch als Teilzeitarbeitsplatz auszuschreiben, wenn sich der Arbeitsplatz hierfür eignet." Nach der Gesetzesbegründung[68] ist es Ziel dieser Vorschrift, eine Erweiterung des Angebots von Teilzeitarbeitsplätzen zu schaffen. Voraussetzung für die Anwendung des § 7 Abs. 1 TzBfG ist die Entscheidung des Arbeitgebers, einen Arbeitsplatz auszuschreiben. Die

---

[65] Hanau / Preis, Zur mittelbaren Diskriminierung wegen des Geschlechts, ZfA 1988, S. 197; Vgl. Schüren, MünchHdb-ArbR, § 162, Rn. 4; Zöllner / Loritz, S. 159; Palandt, BGB, 56. Auflage, München 1997, § 611 a).
[66] BAG vom 10.12.1997, AP Nr. 3 zu § 612 BGB; NZA 1998, S. 599 ff.
[67] Vgl. Langmaack, S. 73; Staudacher / Hellmann, S. 65.

Vorschrift gilt unabhängig davon, ob der Arbeitgeber den Arbeitsplatz nur betriebsintern oder öffentlich (z.B. in einer Zeitung) oder auf beiden Wegen ausschreibt. Wie die Ausschreibung als Teilzeitarbeit in der Praxis erfolgen soll, wird aber in der Vorschrift nicht geregelt.[69] Der Gesetzgeber hat nur klargestellt, dass die Ausschreibungspflicht des Arbeitgebers gilt, wenn sich der Arbeitsplatz hierfür eignet. Nach Ansicht von Buschmann[70] ist die objektive Eignung nur ausgeschlossen, wenn die am Arbeitsplatz anfallenden Arbeitstätigkeiten und Aufgaben den Umfang einer Voll-zeitbeschäftigung ausmachen und nicht auf mehrere Personen aufgeteilt werden können.

Der heutige Wortlaut des § 7 Abs. 1 TzBfG erklärt sich, weil diese Vorschrift durch den Ausschuss für Arbeit und Soziales gegenüber dem Entwurf des Bundesregierung erheblich entschärft worden ist. Zuvor sollte eine Ausschreibung als Teilzeitstelle nur entfallen können, wenn „dringende betriebliche Gründe" einer Teilzeitarbeit an diesem Arbeitsplatz entgegenstehen.[71] Durch die Entschärfung der Formulierung („Eignung") soll klargestellt werden, dass der Arbeitgeber Arbeitsplätze, die er ausschreibt, nur im Rahmen seiner betrieblichen Möglich-keiten ausschreiben muss. Daher hat der Arbeitgeber nach wie vor das Recht festzulegen, ob er Vollzeit- oder Teilzeitarbeitsplätze anbietet.[72] Diese Erklärung bestätigt sich, wenn man berücksichtigt, dass § 7 Abs. 1 keine Sanktion für den Arbeitgeber, der die Ausschreibungs-pflicht nicht erfüllt, enthält. Die Norm des § 7 Abs. 1 TzBfG könnte deshalb als eine öffentlichrechtliche Schutzvorschrift ohne Sanktionsmöglichkeit zu qualifizieren.[73] Ein Verstoß gegen § 7 Abs. 1 TzBfG begründet auch keinen Verstoß gegen den Gleichbehandlungs-grundsatz des § 4 Abs. 1 Satz 1 TzBfG (§ 2 Abs. 1 a.F. BeschFG), denn

---

68 Vgl. BT-Drucks. 14/4625, S. 23.

69 Worzalla / Will / Mailänder / Worch / Heise, § 7 TzBfG, Rn. 2.

70 Buschmann / Dieball / Stevens-Bartol, TZA, S. 358.

71 Als dringende betriebliche Gründe nannte die amtliche Begründung, dass die Besetzung des Arbeitsplatzes für den Betrieb unzumutbar erschwert wird, weil die konkrete Tätigkeit einen Umfang an Spezialkenntnissen erfordert, über den nur eine begrenzte Zahl der für den Arbeitsplatz fachlich und räumlich in Betracht kommenden vollzeitbeschäftigten Arbeitnehmer verfügt. Siehe BT-Drucks. 14/4625, S. 7.

72 Kliemt, NZA 2001, S. 68. Kritisch: Buschmann / Dieball / Stevens-Bartol, TZA, S. 358.

73 In diesem Sinne: Schloßer, Stellenausschreibung auch als Teilzeitarbeitsplatz – ein Gebot ohne Sanktion, BB 2001, S. 411.

nach seinem Wortlaut enthält § 4 Abs. 1 TzBfG nur ein Diskriminierungsverbot hinsichtlich bereits beschäftigter Arbeitnehmer und nicht bei Bewerbern.[74]

Allerdings wird diskutiert, ob der Betriebsrat einer Einstellung oder Versetzung nach § 99 BetrVG widersprechen kann, wenn der Arbeitgeber eine Stelle nur für Vollzeit ausschreibt. Es gibt zum Thema verneinte Meinungen[75] aber auch bejahende Stimmen. In diesem Sinne verweist Rolfs[76] darauf, dass § 99 Abs. 2 Nr. 5 BetrVG nach einer vordringenden Meinung nicht nur bei unterbliebener, sondern auch bei gesetzwidriger, vor allem § 611 b BGB nicht berücksichtigenden Ausschreibung anwendbar ist. Dagegen ist Hanau[77] der Auffassung, dass ein Widerspruchsrecht des Betriebsrats einen mittelbaren Zwang zur Einstellung von Teilzeitarbeitnehmern ausüben könnte, der von dem Gesetz nicht gewollt sei. Es sei jedoch einzuräumen, dass die Gegenmeinung nicht offensichtlich abwegig sei, so dass ein entsprechend begründeter Widerspruch die Obliegenheit des Arbeitgebers auflösen dürfte, ein Zustimmungsersetzungsverfahren nach § 99 Abs. 4 BetrVG einzuleiten.

1.2. INFORMATION DER ARBEITNEHMERVERTRETUNG

§ 7 Abs. 3 Satz 1 TzBfG schreibt im Zusammenhang mit der Ausschreibungspflicht vor, dass der Arbeitgeber die Arbeitnehmervertretung über Teilzeitarbeit im Betrieb und im Unternehmen zu informieren hat, insbesondere über vorhandene oder geplante Teilzeitarbeitsplätze und über die Umwandlung von Teilzeitarbeitsplätzen in Vollzeitarbeitsplätze oder umgekehrt. Mit dieser Vorschrift hat der Gesetzgeber § 5 Abs. 3 lit. e) der Richtlinie 97/81/EG im deutschen Recht umgesetzt.[78]

Die Informationsverpflichtung des Arbeitgebers nach dieser Vorschrift ist nicht von einem besonderen Informationsbegehren oder Antrag der Arbeitnehmervertretung abhängig. Vielmehr hat der Arbeitgeber die Arbeitnehmervertretung unaufgefordert zu unterrichten.[79] Dem

[74] Vgl. Lipke, GK-TzA, Rn. 2 BeschFG, Rn. 104; Rolfs, RdA 2001, S. 140; Schloßer, BB 2001, S. 411-412.
[75] Preis / Gotthardt, DB 2000, S. 2067.
[76] Rolfs, RdA 2001, S. 141.
[77] Hanau, NZA 2001, S. 1168.
[78] Vgl. Worzalla / Will / Mailänder / Worch / Heise, § 7 TzBfG, Rn. 15-16.
[79] Buschmann / Dieball / Stevens-Bartol, TZA, S. 364.

Betriebs- oder Personalrat steht also ein Informationsanspruch zu, aber ein Mitbestimmungsrecht wird von § 7 Abs. 3 TzBfG nicht gewährt.[80] Schließlich muss berücksichtigt werden, dass eine Verletzung der Informationspflicht keine unmittelbaren Auswirkungen auf spätere personelle Maßnahmen hat. Der Betriebsrat kann seine Zustimmung zu einer Einstellung oder dergleichen nicht mit dem Hinweis verweigern, er verfüge nicht über ausreichende Informatio-nen bezüglich der Teilzeitarbeit im Betrieb.[81]

2. ÄNDERUNG DES ARBEITSVERTRAGES

Durch einverständliche Abänderung eines bestehenden Arbeitsvertrages kann ein Vollzeitarbeitsverhältnis jederzeit in eine Teilzeitbeschäftigung umgewandelt werden. Dazu müssen sich die Arbeitsvertragspartner gemäß § 305 BGB über die Verkürzung der Arbeitszeit einigen.[82] Dabei ist in der Rechtsprechung[83] anerkannt, dass bei einer solchen Umwandlung die arbeitsrechtlichen Beziehungen der Parteien vor und nach der Änderung eine rechtliche Einheit bilden. Andererseits ist zu beachten, dass im Wege des Direktionsrechtes eine dauerhafte Herabsetzung der Arbeitszeit nicht möglich ist. Eine entsprechende Ermächtigung im Arbeits-vertrag wäre unwirksam. Die Dauer der Arbeitszeit ist wesentliches Bestimmungsmerkmal der Hauptleistungspflicht auf Arbeitnehmerseite und deshalb einem einseitigen Leistungs-bestimmungsrecht des Arbeitgebers nicht zugänglich.[84] Eine einseitige Bestimmung der Haupt-leistungspflicht durch den Gläubiger sieht § 315 BGB zwar grundsätzlich vor, aber eine billige Regelung der Arbeitszeit kann nie allein an den Arbeitgeberinteressen orientiert sein. Sie muss auch die Bedürfnisse des Arbeitnehmers berücksichtigen.[85]

Das BAG[86] hat die Arbeitszeitdauer dem Kernbereich des Arbeitsverhältnisses zugeordnet mit der Folge, dass diese Arbeitsbedingung lediglich durch Gesetz, Kollektiv- oder Einzelarbeitsvertrag gestaltbar sind. Daraus folgt dann auch die Unvereinbarkeit einer variablen Dauer der

[80] In diesem Sinne: Worzalla / Will / Mailänder / Worch / Heise, § 7 TzBfG, Rn. 16.
[81] Rolfs, RdA 2001, S. 141.
[82] Schüren, MünchHdb-ArbR, § 162, Rn. 6.
[83] BAG vom 31.10.1975, AP Nr. 87 zu § 611 BGB Gratifikation.
[84] Preis, Arbeitsrecht, S. 72; Schüren, MünchHdb-ArbR, § 162, Rn. 7.
[85] BAG vom 11.2.1998, AP nr. 54 zu § 611 BGB Direktionsrecht, NZA 1998, S. 647 ff.
[86] Urteil vom 12.12.1984, AP Nr. 6 zu § 2 KSchG 1969.

regelmäßigen Arbeitszeit mit den Grundprinzipien des Kündigungsschutzrechts.[87] Die Dauer der Arbeitszeit darf nicht zur Disposition des Arbeitgebers stehen: Eine Klausel im Einzelarbeitsvertrag, durch die der Arbeitgeber zur Festlegung der Arbeitszeit, d.h. auch zu deren Reduzierung mit der Folge entsprechender Entgeltsabsenkung, ermächtigt wird, ist wegen Um-gehung des Kündigungsschutzes nach § 134 BGB nichtig.[88] Wirksam ist hingegen ein ver-traglicher Änderungsvorbehalt, der nicht die Dauer, sondern lediglich die Lage der Arbeitszeit betrifft.[89]

Es besteht auch die Möglichkeit für die Arbeitsvertragsparteien eine befristete Verkürzung der Arbeitszeit zu vereinbaren. Ebenso wie es möglich ist, ein Arbeitsverhältnis als Gesamtheit zu befristen, können Arbeitgeber und Arbeitnehmer einverständlich die Arbeitszeit befristet verkürzen. Die Befristung einer Vertragsänderung führt dann automatisch zum früheren Vertragsinhalt zurück. Darüber hinaus ist zu bedenken, dass der Arbeitnehmer das Vertragsangebot des Arbeitgebers ablehnen kann. Will der Arbeitgeber gleichwohl die befristete Vertragsänderung durchsetzen, muss er sich der Änderungskündigung bedienen, deren Schutzmechanismus dann dem betroffenen Arbeitnehmer offen steht.[90]

2.1. VERÄNDERUNGSWUNSCH DES ARBEITNEHMERS

Mit der Absicht, die Teilzeitarbeit zu fördern, hat das TzBfG die Vorschrift des § 5 Abs. 3 lit. c) der Rahmenvereinbarung über Teilzeitarbeit umgesetzt und eine besondere Regelung eingefügt, die der Konkretisierung des Wunschs der Arbeitnehmer zu einer Änderung von Dauer und Lage seiner Arbeitszeit erleichtern soll. Die Regelung des § 7 Abs. 2 TzBfG ist allerdings nicht neu und entspricht im Allgemeinen der aufgehobenen Regelung des § 3 BeschFG.[91]

Gemäß § 7 Abs. 2 TzBfG „hat der Arbeitgeber einen Arbeitnehmer, der ihm gegenüber den Wunsch nach einer Veränderung von Dauer und Lage seiner vertraglich vereinbarten Arbeitszeit angezeigt hat, über entsprechende Arbeitsplätze zu informieren, die in dem Betrieb oder

[87] Staudacher / Hellmann, S. 66.
[88] BAG vom 12.12.1984, AP Nr. 6 zu § 2 KschG 1969.
[89] Preis, Arbeitsrecht, S. 415.
[90] Schüren, MünchHdb-ArbR, § 162, Rn. 15.

Unternehmen besetzt werden sollen." Nach der Gesetzesformulierung wird nicht nur der klassische Veränderungswunsch von Vollzeit- zu Teilzeitarbeit einbezogen, sondern pauschal jede Verkürzung oder Verlängerung der Arbeitszeit (z.B. bloß stundenmäßige Erhöhung einer Teilzeitarbeit) sowie die bloße Verlagerung der Arbeitszeit (z.B. von den Nachmittagsstunden in die Morgenstunden). Die weite Formulierung erstreckt sich ferner auf Veränderungswünsche hinsichtlich verschiedener Teilzeitarbeitsmodelle (z.B. von starrer Teilzeitarbeit in Abrufarbeit).[92] Die Regelung des § 7 Abs. 2 TzBfG zielt sowohl auf frei werdende wie auch auf neugestaltete oder umgestaltete Arbeitsplätze; zur Disposition kann auch der konkrete Arbeitsplatz des die Veränderung wünschenden Arbeitnehmers stehen. Damit soll dem Arbeit-nehmer die Planung und Disposition seiner Arbeitszeit erleichtert werden.

§ 7 Abs. 2 TzBfG gibt dem Arbeitnehmer (anzeigeberechtigt sind alle Arbeitnehmer im Unternehmen), der einen Veränderungswunsch geäußert hat, einen individualrechtlichen Anspruch auf Unterrichtung über betriebliche und unternehmerische Teil- und Vollzeitarbeitsplätze.[93] Voraussetzung ist, dass der Arbeitnehmer dem Arbeitgeber gegenüber den Wunsch nach einer Veränderung von Dauer und Lage seiner vertraglich vereinbarten Arbeitszeit angezeigt hat. Bemerkenswert ist, dass § 7 Abs. 2 von Dauer „und" Lage spricht, wogegen in § 3 BeschFG von Dauer „oder" Lage die Rede war. Nach Ansicht von Worzalla[94] wird jedoch nicht gewollt sein, dass ein Arbeitnehmer, der den Wunsch nach Änderung der Dauer seiner Arbeitszeit geäußert habe, auch gleichzeitig die Lage seiner Arbeitszeit grundlegend verändert müsse. Dennoch falle der Wunsch, bei gleichbleibender Dauer der Arbeitszeit allein die Lage zu verändern, nicht in den Anwendungsbereich der Vorschrift.

Der Arbeitnehmer kann dem Arbeitgeber jederzeit und formlos seinen Veränderungswunsch der Arbeitszeitdauer und der Arbeitszeitlage mitteilen.[95] Bei der Anzeige des Veränderungswunsches handelt es sich nur um eine Willensmitteilung, nicht um eine verbindliche Willens-

---

[91] BT-Drucks. 591/00, S. 25.
[92] Mikosch, GK-TzA, § 3 BeschFG, Rn. 9 ff.
[93] Mikosch, GK-TzA, § 3 BeschFG, Rn. 4-5. Vgl. Rolfs, RdA 2001, S. 140; Buschmann / Dieball / Stevens-Bartol, TZA, S. 362.
[94] Worzalla / Will / Mailänder / Worch / Heise, § 7 TzBfG, Rn. 7.
[95] Kliemt, NZA 2001, S. 68.

erklärung, an welcher der Arbeitnehmer später festgehalten werden könnte.[96] Der Arbeitnehmer muss nicht den bindenden Willen einer Veränderung erklären. Entsprechend dem gesetzlichen Zweck der Regelung kann unter „Wunsch" nicht mehr als das ernsthafte Interesse verstanden werden. Der Arbeitnehmer muss auch nicht eine konkrete festbestimmte Verän-derung benennen. Vielmehr genügt es, wenn er die Richtung seines Veränderungswunsches mitteilt, denn es ist Sache des Arbeitgebers, die betrieblichen Möglichkeiten einer geänderten Arbeitszeit und deren Konditionen vorzustellen.[97] Andererseits muss der Arbeitnehmer keine dauerhafte Veränderung seiner Arbeitszeit wünschen. Es ist gerade der Sinn der Regelung, Arbeitnehmer zur vorübergehenden Reduzierung ihrer Arbeitszeit zu motivieren (z.B. aufgrund der Betreuung von Kindern). Der Veränderungswunsch muss aber für eine gewisse Mindest-dauer bestehen, die gesetzlich nicht konkretisiert ist.[98]

Hat ein Arbeitnehmer seinem Arbeitgeber den Wunsch nach einer Veränderung der Dauer und Lage seiner Arbeitszeit angezeigt, so ist dieser nach den Regelungen des TzBfG nur verpflichtet, den Arbeitnehmer individuell über entsprechende Arbeitsplätze zu unterrichten, die im Betrieb oder im Unternehmen besetzt werden sollen. Die Informationspflicht des Arbeit-gebers bezieht sich im Konkreten auf die Arbeitsplätze, die zur Zeit der Äußerung des Wunsches frei sind oder deren Freiwerden zu diesem Zeitpunkt feststeht, wenn die vereinbarte Tätigkeit auch hinsichtlich Dauer und Lage der Arbeitszeit dem Wunsch des Arbeitnehmers entspricht.[99] Eine Information über sämtliche freien oder freiwerdenden Arbeitsplätze ist vom Zweck der Regelung her nicht gefordert; eine Speicherung des Wunschs und eine laufende Information wären für den Arbeitgeber schlicht unzumutbar.[100] Außerdem wird durch das Wort „entsprechend" in § 7 Abs. 2 TzBfG klargestellt, dass die Informationspflicht des Arbeit-gebers nur für solche Arbeitsplätze besteht, die für den Arbeitnehmer aufgrund seiner Eignung und der geäußerten Arbeitszeitwünsche in Frage kommen.[101]

---

[96] Buschmann / Dieball / Stevens-Bartol, TZA, S. 361.
[97] Mikosch, GK-TzA, § 3 BeschFG, Rn. 7.
[98] Preis, ErfKomm, S. 734.
[99] BT-Drucks. 14/4625, S. 7. Vgl. Preis, ErfKomm, S. 734.
[100] So Hromadka, NJW 2001, S. 401.
[101] BT-Drucks. 14/4625, S. 23.

Nach § 3 BeschFG konnte die Unterrichtung durch den Arbeitgeber sogar durch Aushang erfolgen. § 7 Abs. 2 TzBfG enthält keine Regelung in diesem Sinn, aber eine Unterrichtung durch Aushang wäre nach den neuen Regelungen auch zulässig, weil § 7 Abs. 2 keine Form für die Erfüllung der Informationspflicht durch den Arbeitgeber geregelt hat. Außerdem entspricht diese Vorschrift im Allgemeinen dem Sinn des aufgehobenen § 3 BeschFG.[102] Die Unterrichtung kann grundsätzlich formlos sein, muss aber unverzüglich erfolgen und einen aktuellen Überblick über das Arbeitsplatzangebot geben.[103]

Der Arbeitgeber wird durch § 7 Abs. 2 TzBfG jedoch nicht verpflichtet, einen entsprechenden Arbeitsplatz mit dem interessierten Arbeitnehmer zu besetzen.[104] Noch weniger ist der Bestimmung eine Verpflichtung zu entnehmen, Teilzeitarbeitsplätze zu erhalten oder gar neu zu schaffen.[105] Eine solche Verpflichtung setzt eine besondere Bedarfslage des Arbeitnehmers und eine gesteigerte Fürsorgepflicht des Arbeitgebers im Einzelfall voraus, wie sie sich etwa gegenüber schwerbehinderten Arbeitnehmern ergeben kann.[106] § 7 Abs. 2 TzBfG verpflichtet den Arbeitgeber lediglich, einen Arbeitnehmer, der ihm gegenüber den Wunsch nach einer Ver-änderung seiner Arbeitszeit angezeigt hat, vollständig über entsprechende Arbeitsplätze, die im Betrieb oder im Unternehmen besetzt werden sollen, zu unterrichten aber verpflichtet den Arbeitgeber nicht, diesen Arbeitnehmer im Moment der Einstellung eines Teilzeitarbeitsplatzes zu berücksichtigen oder bei einer Änderung der Arbeitsplatzsituation erneut zu informieren.[107] Will der Arbeitgeber dem Wunsch des Arbeitnehmers nachkommen, sind dann die Beteiligungsrechte des Betriebsrates nach § 99 BetrVG zu beachten.

[102] Ebenso Kliemt, NZA 2001, S. 68; Link / Fink, Anspruch auf Verringerung der Arbeitszeit, AuA 2001, S. 107 (108). Kritisch: Worzalla / Will / Mailänder / Worch / Heise, § 7 TzBfG, Rn. 11. Nach Ansicht von Worzalla soll der Arbeitgeber der Arbeitnehmer individuell informieren, was aus Beweisgründen schriftlich erfolgen solle.
[103] Nach Urteil des BAG vom 23.2.1988, AP Nr. 2 zu § 93 BetrVG, sollen unternehmensangehörige Bewerber Kenntnis von freien stellen haben, um sich auf sie bewerben zu können.
[104] Siehe Buschmann / Dieball / Stevens-Bartol, TZA, S. 361-362; Schaub, BB 1990, S. 1073.
[105] Vgl. § 8 TzBfG.
[106] Schüren, MünchHdb-ArbR, § 162, Rn. 16.
[107] Vgl. § 9 TzBfG.

Der Arbeitgeber, der seiner Unterrichtungspflicht nicht nachkommt, verletzt eine arbeitsvertragliche Nebenpflicht.[108] Hieran sind allerdings keine Sanktionen geknüpft.[109] Dem Arbeitnehmer zustehe weder ein vertraglicher noch ein deliktischer Schadenersatzanspruch, zumal § 7 Abs. 2 TzBfG genauso wie § 3 BeschFG kein Schutzgesetz im Sinne des § 823 Abs. 2 BGB zugunsten des Arbeitnehmers darstellt.[110] § 823 Abs. 2 BGB sanktioniert ein durch das jeweilige Schutzgesetz beschriebenes rechtswidriges Verhalten und nach dieser Vorschrift sind Schutzgesetze alle Normen, die ein bestimmtes Verhalten ge- oder verbieten, und die sich direkt an den Einzelnen wenden.[111] Dies ist nicht der Fall bei § 7 Abs. 2 TzBfG, weil der Arbeitgeber bei der Stellenbesetzung grundsätzlich frei ist. Nach Ansicht von Hanau[112] lässt sich jedoch angesichts der nunmehr bestehenden Ansprüche auf Verlängerung der Arbeitszeit (§ 9 TzBfG) das absolute Fehlen einer Sanktion nicht aufrechterhalten. Vielmehr müsse dem Arbeitnehmer der Nachweis offen stehen, dass er sich bei rechtzeitiger Unterrichtung beworben hätte und eine Stelle mit längerer Arbeitszeit und deshalb höherem Entgelt bekommen hätte. Der Anspruch auf Verringerung der Arbeitszeit könne dagegen keine Schadenersatzpflicht des Arbeitgebers begründen.

2.2. GESETZLICHER ANSPRUCH AUF TEILZEITARBEIT

Vor dem Inkrafttreten des TzBfG und der Neuregelungen des § 15 BErzGG gab es im deutschen Arbeitsrecht[113] keinen allgemeinen Anspruch für den Arbeitnehmer bzw. eine rechtliche Verpflichtung für den Arbeitgeber, ein Gesuch des Arbeitnehmers zur Änderung (Reduzierung) des bestehenden arbeitsvertraglichen Arbeitszeit anzunehmen. Nach den durch

[108] Über die Nebenpflichten, die aus eines Teilzeitarbeitsvertrages entstehen, siehe Abschnitt IV, Punkt 2 ff. dieses Kapitels.
[109] Mikosch, GK-TzA, § 3 BeschFG, Rn. 27. Vgl. Buschmann / Dieball / Stevens-Bartol, TZA, S. 363.
[110] Preis, ErfKomm, S. 734; Rolfs, RdA 2001, S. 141; Worzalla / Will / Mailänder / Worch / Heise, § 7 TzBfG, Rn. 13.
[111] Kropholler / Berenbrock, Studienkommentar BGB, 3. Auflage, München, 1998, § 823, Rn. 33.
[112] Hanau, NZA 2001, S. 1169.
[113] Bislang existierten vergleichbare Teilzeitansprüche in Deutschland lediglich punktuell in einigen Tarifverträgen, etwa in § 15 b BAT. In diesem Sinne: Kliemt, NZA 2001, S. 64. Auch zu berücksichtigen ist die besondere Vorschrift des § 81 SGB IX.

das TzBfG eingefügten neuen gesetzlichen Regelungen besteht nunmehr ein rechtlicher Anspruch auf Teil-zeitarbeit in der Bundesrepublik Deutschland.[114]

2.3. ANSPRUCH AUF VERRINGERUNG DER ARBEITSZEIT NACH § 8 TzBfG

Kern der neuen Regelung über Teilzeitarbeit sowie der Kritiken der arbeitsrechtlichen Literatur ist § 8 TzBfG. Gemäß § 8 TzBfG hat grundsätzlich jeder Arbeitnehmer - auch in leitenden Positionen wie § 6 TzBfG klarstellt - dessen Arbeitsverhältnis länger als sechs Monate bestan-den hat, einen Anspruch gegen seinen Arbeitgeber auf Verringerung seiner vertraglich verein-barten Arbeitszeit. Dieser Anspruch ist nur ausgeschlossen, wenn und soweit der Arbeitgeber entgegenstehende betriebliche Gründe darlegen kann. Bei dem Anspruch auf Verringerung der Arbeitszeit handelt es sich nach Ansicht von Hanau[115] um eine Abart des Kontrahierungs-zwanges, während mit der grundsätzlichen Maßgeblichkeit der vom Arbeitnehmer gewünschten Verteilung der Arbeitszeit das Direktionsrecht ein Stück weit auf den Arbeit-nehmer übergehe, wenn es auch grundsätzlich als Anspruch und nicht als Gestaltungsrecht ausgebildet sei.

Nach der Gesetzesbegründung ist Ziel dieser Vorschrift, „das vorhandene Potential für eine Umverteilung der Arbeitszeit arbeitsmarktpolitisch sinnvoll zu nutzen und den beschäftigungs-politischen Effekt von Teilzeitarbeit wirksam zu erhöhen".[116] Allerdings wird die nach der Gesetzesbegründung angestrebte beschäftigungspolitische Wirkung angezweifelt.[117] Die Ge-währung eines solchen Anspruchs geht über § 5 Abs. 3 lit. a) der Rahmenvereinbarung über Teilzeitarbeit hinaus, wonach der Arbeitgeber nur den Wechsel von einem Vollzeit- in ein Teilzeitarbeitsverhältnis unter Berücksichtigung der betrieblichen Gegebenheiten ermöglichen soll. Die Richtlinie 97/81/EG verlangt jedoch nicht, dass den Arbeitnehmern ein Anspruch auf Teilzeitarbeit einzuräumen ist.[118]

---

[114] Über die Entwicklung des Themas in den Niederlanden siehe: Waas, Gesetzlicher Anspruch auf Teilzeitarbeit in den Niederlanden, NZA 2000, S. 583 ff.
[115] Hanau, Klarstellungen zu den neuen Rechtsansprüchen auf Veränderung der Arbeitszeit, S. 3 (der Text kann unter www.uni-koeln.de/jur-fak/instsozr/index.htm abgerufen werden).
[116] BT-Drucks. 591/00, S. 26; BT-Drucks. 14/4374, S. 1, 11.
[117] Siehe: Preis / Gotthardt, DB 2000, S. 2065 ff.; Schiefer, DB 2000, S. 2118.
[118] Kliemt, NZA 2001, S. 64; Bauer, Neue Spielregeln für Teilzeitarbeit und befristete Arbeitsverträge, NZA 2000, S. 1039.

a) **Persönlicher Anwendungsbereich**: Der Rechtsanspruch des § 8 TzBfG steht nur Arbeitnehmern zu, wobei auf den allgemeinen Arbeitnehmerbegriff zurückgegriffen werden kann.[119] Der Anspruch gilt für Arbeitnehmer des öffentlichen Dienstes (mit Ausnahme der Beamten) und des privaten Dienstes, also auch leitende Angestellte, Teilzeitkräfte, gering-fügig entlohnte Beschäftigte und sogar für befristet beschäftigte Arbeitnehmer, sofern ihr Arbeitsverhältnis länger als sechs Monate besteht.[120]

Der jeweilige Arbeitnehmer kann eine Arbeitszeitverkürzung gemäß § 8 Abs. 1 TzBfG erst nach einer Mindestbeschäftigungsdauer (Wartezeit) von sechs Monaten verlangen. Erfor-derlich ist, dass das Arbeitsverhältnis zum selben Arbeitgeber länger als sechs Monate bestanden hat. Es kommt auf den rechtlichen Bestand des Arbeitsverhältnisses und nicht darauf an, ob tatsächlich gearbeitet worden ist.[121] Das TzBfG geht davon aus, dass die Teilzeitarbeit bereits von solchen Arbeitnehmern beansprucht werden kann, die gerade die sechsmonatige gesetzliche Probezeit des § 1 KSchG überstanden haben und damit vollen Kündigungsschutz genießen.[122]

b) **Betrieblicher Anwendungsbereich**: Nach § 8 Abs. 7 TzBfG kann der Anspruch auf Verringerung der Arbeitszeit nur unter der Voraussetzung geltend gemacht werden, dass der Arbeitgeber, unabhängig von der Anzahl der Personen in Berufsbildung, in der Regel mehr als 15 Arbeitnehmer beschäftigt. Es ist zu beachten, dass der Gesetzgeber in dieser Vorschrift nicht auf die Größe des Betriebes, sondern des Unternehmens abstellt.[123] Diese unternehmensbezogene Regelung wird kritisiert, weil sie höhere Belastungen für die Arbeitgeber verursacht, da damit auch Betriebe vom Teilzeitanspruch erfasst werden, in denen zwar 15 oder weniger Arbeitnehmer beschäftigt sind, die jedoch zu einem Unternehmen gehören, das die Grenze von 15 Arbeitnehmer überschreitet.[124]

---

[119] Preis / Gotthardt, Das Teilzeit und Befristungsgesetz, DB 2001, S. 148.
[120] Kliemt, NZA 2001, S. 64. Vgl. Beckschulze, Die Durchsetzbarkeit des Teilzeitanspruchs in der betrieblichen Praxis, DB 2000, S. 2598; Rolfs, RdA 2001, S. 133.
[121] Preis / Gotthardt, DB 2001, S. 149; Buschmann / Dieball / Stevens-Bartol, TZA, S. 371.
[122] Vgl. Kliemt, NZA 2001, S. 64.
[123] Rolfs, RdA 2001, S. 134.
[124] In diesem Sinne: Link / Fink, AuA 2001, S. 112.

Darüber hinaus ist anders als etwa in § 23 Abs. 1 Satz 3 KSchG in § 8 TzBfG keine Regelung getroffen, dass Teilzeitbeschäftigte bei der Feststellung der Zahl der beschäftigten Arbeitnehmer nur quotal zu berücksichtigen sind. Es gilt also das „Pro-Kopf-Prinzip", d.h. die Berechnung soll unabhängig vom Beschäftigungsumfang gemacht werden.[125] Darüber hinaus ist in Grenzfällen die regelmäßige, d.h. die normale Beschäftigtenzahl zum Zeitpunkt der Geltendmachung des Anspruchs festzustellen.[126] Nach Ansicht von Preis und Gotthardt[127] könnte man sich vorstellen, dass diese Kleinunternehmenklausel zugunsten der Arbeitgeber entsprechend dem Regelungsmodell des § 23 Abs. 1 Satz 3 KSchG dahin-gehend erweitert werde, dass abweichend vom „Pro-Kopf-Prinzip" eine quotale Berück-sichtigung der Teilzeitarbeitnehmer erfolge. Das diene nicht nur der Förderung der Teilzeit-beschäftigung, sondern privilegiere Arbeitgeber, die schon Teilzeitarbeitsplätze eingerichtet hätten. Es wäre schwerlich zu rechtfertigen, Arbeitgeber, die mehr als 15 vollzeit-beschäftigte Arbeitnehmer beschäftigen mit jenen Arbeitgebern, die vielleicht schon 15 teilzeitbeschäftigte Arbeitnehmer beschäftigen, gleichzustellen.

c) **Objekt des Anspruchs**: Nach § 8 Abs. 1 kann der Arbeitnehmer verlangen, dass seine vertraglich vereinbarte Arbeitszeit verringert wird. Der Anspruch bezieht sich zudem ausdrücklich nur auf die vertraglich vereinbarte Arbeitszeit, nicht auf die tatsächliche. Im Regierungsentwurf wurde in § 8 von „Verringerung der Wochenarbeitszeit" gesprochen, aber in der verabschiedeten Fassung hieß es lediglich „Verringerung der Arbeitszeit", was klargestellt hat, dass die Vorschrift nicht nur auf eine an der Wochenarbeitszeit orientierte Verteilung anwendbar ist, sondern auch andere und flexible Formen der Arbeitszeitgestaltung erfaßt werden.[128] Andererseits richtet sich der Anspruch auf eine Arbeitszeitverkürzung hinsichtlich des Inhalts auf dem bisher innegehabten Arbeitsplatz, nicht dagegen auf die Zuteilung eines anderen freien Arbeitsplatzes. Dies ergibt sich nicht nur aus der Beschränkung des Anspruchs auf die Verringerung der Arbeitszeit, sondern insbesondere auch aus § 9 TzBfG, in dem bei der Verlängerung der Arbeitszeit

[125] Ebenso Preis / Gotthardt, DB 2000, S. 2068; Schiefer, DB 2000, S. 2119; Kliemt, NZA 2001, S. 64.
[126] Vgl. BAG vom 31.1.1991, AZR 356/90, DB 1992, S. 48; Worzalla / Will / Mailänder / Worch / Heise, § 8 TzBfG, Rn. 7.
[127] Preis / Gotthardt, DB 2000, S. 2068.
[128] BT-Drucks. 14/4625, S. 23; Worzalla / Will / Mailänder / Worch / Heise, § 8 TzBfG, Rn. 12.

ausdrücklich auf freie Arbeitsplätze verwiesen wird. Nur so erklärt es sich auch, dass § 8 TzBfG anders als § 9 TzBfG keine Konkurrenzregelung vorsieht, denn eine Konkurrenz mehrerer Arbeitnehmer kann es nur um einen freien Arbeitsplatz geben, nicht um einen besetzten.[129]

Ist die Arbeitszeit aufgrund des Teilzeitanspruchs reduziert, wird sich die Ableistung von Mehrarbeit nach allgemeinen Grundsätzen richten. Dies setzt jedoch grundsätzlich eine ausdrückliche Vereinbarung voraus. Dabei dürften auch tarifvertragliche Regelungen über Überstundenarbeit zulässig bleiben, weil sich der Teilzeitanspruch nur auf die vertraglich vereinbarte Regelarbeitszeit bezieht, es sich also nicht um eine unzulässige ungünstigere Regelung gegenüber § 8 TzBfG handelt.[130] Außerdem ist zu berücksichtigen, dass trotz des Wortlauts der Vorschrift der Anspruch auch gilt, wenn der Arbeitsvertrag deklaratorisch auf eine tarifvertragliche Regelung verweist oder ohne arbeitsvertragliche Regelung die tarifvertragliche Arbeitszeit kraft Tarifbindung gemäß § 3 Abs. 1 TVG oder betrieb-licher Übung Anwendung findet.[131]

2.3.1. AUSÜBUNG DES ANSPRUCHS AUF VERRINGERUNG DER ARBEITSZEIT

f) **Geltendmachung**: § 8 Abs. 2 Satz 1 TzBfG schreibt vor, dass der Arbeitnehmer die Verringerung seiner Arbeitszeit und den Umfang der Verringerung spätestens drei Monate vor deren Beginn geltend machen muss. Nach § 8 Abs. 2 Satz 2 soll er dabei die gewünschte Verteilung der Arbeitszeit angeben.

Der Anspruch aus § 8 erstreckt sich somit nicht nur auf die Verringerung der Arbeitszeit, sondern auch auf deren Lage. Der Arbeitnehmer ist jedoch nicht verpflichtet, eine bestimmte Verteilung der Arbeitszeit zu verlangen, denn § 8 Abs. 2 Satz 2 spricht ausführlich von „soll“.[132] Der anspruchberechtigte Arbeitnehmer kann somit die Verteilung der gewünschten Arbeitszeit auch dem Arbeitgeber überlassen. Bezüglich ihrer

---

[129] Hanau, Klarstellungen zu den neuen Rechtsansprüchen auf Veränderung der Arbeitszeit, S. 3.
[130] So Preis / Gotthardt, DB 2001, S. 147.
[131] Bauer, NZA 2000, S. 1040; Worzalla / Will / Mailänder / Worch / Heise, § 8 TzBfG, Rn. 10; Schiefer, DB 2000, S. 2119; Buschmann / Dieball / Stevens-Bartol, TZA, S. 371.
[132] Siehe auch: Hanau, NZA 2001, S. 1170.

Lage verbleibt es dann beim Direktionsrecht des Arbeitgebers.[133] Wie Rolfs[134] zu Recht klarstellt, ist Voraussetzung der Wirksamkeit des Verlangens, dass der Arbeitnehmer einen konkreten Umfang der Verringerung verlange. Dies könne er entweder in der Weise tun, dass er an-gebe, um oder auf wie viele Stunden er seine Arbeitszeit verringern möchte oder um bzw. auf welchen prozentualen Anteil der regelmäßigen (wöchentlichen) Arbeitszeit er seine persönliche Arbeitszeit verringern wolle. Eine Mindest- oder Höchstgrenze sehe das Gesetz nicht vor, jedoch sei ein ohne Angabe dieses Umfanges geäußertes Verlangen unwirksam.

Es ist auch zu bemerken, dass der Wunsch der Arbeitnehmer auf Verkürzung der Arbeitszeit auf eine unbefristete Verringerung gehen muss, denn das TzBfG enthält keinen Anhaltspunkt dafür, dass der Verkürzungswunsch befristet werden kann. § 8 Abs. 6 TzBfG lässt nach Ablauf von zwei Jahren nur eine weitere Verkürzung zu. Dafür spricht auch ein Gegenschluss zu § 15 Abs. 6 BErzGG, nach dem der Arbeitnehmer während der Gesamtdauer der Elternzeit zweimal eine Verringerung seiner Arbeitszeit beanspruchen kann, jeweils für mindestens drei Monate.[135] Dieser Interpretation steht auch in Einklang mit den beschäftigungspolitischen Zielen des Gesetzgebers zur Förderung der Teilzeitarbeit und Bekämpfung der Arbeitslosigkeit durch eine bessere Verteilung der vorhandenen Arbeitszeit, die sich im Hintergrund des Anspruchs auf Verringerung der Arbeitszeit befinden. Denn bezüglich dieser Ziele ist eine befristete Verkürzung der Arbeitszeit nach § 8 TzBfG nicht zu akzeptieren.

Andererseits ist nach dieser Vorschrift notwendig, dass der Anspruch auf Arbeitszeitverringerung spätestens drei Monate vor dem gewünschten Beginn der reduzierten Arbeits-zeit beim Arbeitgeber geltend gemacht muss. Dies ist nach Auffassung von Bauer[136] so zu verstehen, dass der Anspruch erstmals nach Ablauf von sechs Monaten des

---

[133] Nach Ansicht von Preis / Gotthardt (DB 2001, S. 146) hat dann der Arbeitgeber gegebenenfalls auch das Mitbestimmungsrecht des Betriebsrats nach § 87 Abs. 1 Nr. 2 BetrVG zu beachten. Ebenso: Worzalla / Will / Mailänder / Worch / Heise, § 8 TzBfG, Rn. 15.

[134] Rolfs, RdA 2001, S. 134.

[135] In diesem Sinne: Hanau, NZA 2001, S. 1169. Kritisch: Buschmann / Dieball / Stevens-Bartol, TZA, S. 372.

[136] Bauer, NZA 2000, S. 1040. So auch Hanau, Klarstellungen zu den neuen Rechtsansprüchen auf Veränderung der Arbeitszeit, S. 1; Schiefer, DB 2000, S. 2119; Worzalla / Will / Mailänder / Worch / Heise, § 8 TzBfG, Rn. 19; Hromadka, NJW 2001, S. 402.

Arbeitsverhält-nisses (§ 8 Abs. 1) geltend gemacht werden könne, mit der Folge, dass dann die Verringe-rung der Arbeitszeit frühestens nach Ablauf von neun Monaten und einem Tag eintreten könne. Diese Erklärung ist zuzustimmen, denn sie steht in Einklang mit der Intention des Gesetzgebers,[137] nach der für den Arbeitgeber insbesondere wegen des damit verbundenen organisatorischen Mehraufwandes nicht zumutbar sei, dass ein Arbeitnehmer bereits vor Ablauf der sechsmonatigen Wartefrist eine Änderung der Wochenarbeitszeit verlange.[138] Durch diese Mindestfrist soll also dem Arbeitgeber die notwendige Zeit eingeräumt werden, die Anspruchsvoraussetzungen zu prüfen und arbeitsorganisatorische oder personelle Auffangmaßnahmen vorzubereiten. Dadurch sollen Nachsetzungsprobleme in den Betrieben vermieden werden.[139] Darüber hinaus weist Kliemt[140] zu Recht darauf hin, dass eine solche Interpretation auch im Interesse des Arbeitnehmers den Vorrang genießt, weil bei einem noch während der Wartefrist des § 1 Abs. 1 KSchG geäußerten Verlangens die – wegen § 5 TzBfG zwar nicht rechtliche, aber doch tatsächliche – Gefahr bestünde, dass der Arbeitgeber das Arbeitsverhältnis ohne Angabe eines Grundes kündigte.

Unklar ist aber, was geschieht, wenn die Frist für die Geltendmachung nicht eingehalten ist. Angesichts der weitreichenden Folgen der Geltendmachung des Teilzeitanspruchs und der in § 8 Abs. 5 normierten gesetzlichen Fiktion wird man die Einhaltung der Vorfrist von drei Monaten als materielle Wirksamkeitsvoraussetzung für das Verlangen nach der Verrin-gerung der Arbeitszeit ansehen müssen.[141] Bestätigt wird dies dadurch, dass der Gesetz-geber für die vergleichbare Regelung des § 15 Abs. 7 Satz 1 Nr. 5 BErzGG davon ausgeht, dass der Arbeitnehmer die Mitteilung bezüglich des dortigen Teilzeitanspruchs bei Fristver-säumung wiederholen müsse.[142] Da die Norm allein dem Dispositionsinteresse des Arbeit-gebers dient, um die Anspruchsvoraussetzungen zu prüfen, und arbeitsorganisatorische und personelle Auffangmaßnahme vorzubereiten, kann er den Beginn der Teilzeitarbeit mit dem Arbeitnehmer auch vor Ablauf der dreimonatigen

[137] BT-Drucks. 14/4374, S. 17.
[138] Ebenso: Rolfs, RdA 2001, S. 134.
[139] BT-Drucks. 14/4374, S. 17.
[140] Kliemt, NZA 2001, S. 62-63.
[141] Richardi / Annuß, Gesetzliche Neuregelung von Teilzeitarbeit und Befristung, BB 2000, S. 2202.

Frist vereinbaren. Es handelt sich zudem um eine Mindestfrist; der Arbeitnehmer kann den Teilzeitanspruch auch früher geltend machen.[143]

Das Gesetz verlangt für die Ausübung des Anspruchs keine Motive oder Gründe sowie keine Form, so dass das Verlangen auch mündlich gestellt werden kann, denn die Schriftlichkeit ist für den Antrag nicht Wirksamkeitserfordernis.[144] Nach Ansicht von Preis und Gotthardt[145] ist die Formfreiheit angesichts der weitreichenden Rechtsfolgen des Verlangens bedenklich. Das formlose Verlangen sei systematisch verfehlt, weil vom Arbeit-geber gemäß § 8 Abs. 5 TzBfG eine schriftliche Antwort erwartet werde und insbesondere im BErzGG[146] für das Verlangen nach Teilzeitarbeit bzw. der Elternzeit Schriftform vorge-sehen sei. Die Formfreiheit eröffne zudem Missbrauchsmöglichkeiten sowie Beweis-schwierigkeiten.[147] Da es bei der Anspruch auf Verringerung der Arbeitszeit um eine Vertragsänderung geht, denn die Hauptleistungspflichten betroffen werden, ist es m.E. eine schriftliche Geltendmachung zu empfehlen. Auf dieser Weise könnten sich eventuelle Konflikte und Beweisprobleme mit dem Arbeitgeber über die Einhaltung der gesetzlichen Fristen oder bezüglich der passenden Ausübung des Anspruchs sowie über die gewünschten Verringerung und Verteilung der Arbeitszeit oder bezüglich eines etwaigen Eintretens der in § 8 Abs. 5 TzBfG enthaltenen Fiktionen vermeiden.

b) **Erörterungs- und Einigungspflicht**: Der Arbeitgeber ist nach § 8 Abs. 3 TzBfG verpflichtet, mit dem Arbeitnehmer die gewünschte Verringerung der Arbeitszeit mit dem Ziel zu erörtern, zu einer Vereinbarung zu gelangen. Der Arbeitgeber hat somit eine Obliegenheit,[148] eine Vereinbarung über die Teilzeitarbeit mit dem Arbeitnehmer zumindest zu versuchen. Es handelte sich nicht um eine echte Rechtspflicht, denn der Verpflichtete sieht sich keine einklagbaren und schadenersatzbewehrten Leistungspflicht, sondern im Weigerungsfalle lediglich anderen Rechtsnachteilen gegenüber. Bei dem

[142] BT-Drucks. 14/3553, S. 22.
[143] Preis / Gotthardt, DB 2001, S. 145.
[144] Kliemt, NZA 2001, S. 66.
[145] Preis / Gotthardt, DB 2001, S. 145.
[146] Vgl. §§ 15 Abs. 7 Satz 1 Nr. 5 und 16 Abs. 1 Satz 1 BErzGG.
[147] So auch Kliemt, NZA 2001, S. 66; Straub, NZA 2001, S. 921.

Anspruch auf Verringerung der Arbeitszeit, wenn der Arbeitgeber sich nämlich verweigert, in Gespräche mit dem Arbeitnehmer einzutreten, gilt die Vereinbarung mit dem vom Arbeitnehmer gewünschten Inhalt nach § 8 Abs. 5 TzBfG als getroffen, wenn der Arbeitgeber nicht ausdrücklich schriftlich widerspricht.

Soweit es die Verteilung der Arbeitszeit anbelangt, bestimmt § 8 Abs. 3 Satz 2 TzBfG, dass er (der Arbeitgeber) mit dem Arbeitnehmer Einvernehmen über die von ihm festzulegende Verteilung der Arbeitszeit zu erzielen hat. Kliemt[149] vertritt die Auffassung, dass diese Regelung missverständlich sei und Anlass zu zahlreichen Streitigkeiten geben werde. Zum einen bestehe ein Widerspruch darin, dass einerseits die Verteilung „festzulegen" sei, andererseits Einvernehmen erzielt werden solle. Während die Festlegung einen einseitigen Akt impliziere, deute „Einvernehmen" auf die Notwendigkeit einer Einigung hin. Außerdem sei aufgrund der Formulierung „von ihm" nicht klar, ob die Festlegungsbefugnis, wenn denn eine solche bestehe, beim Arbeitgeber oder beim Arbeitnehmer liegen solle. Die Zusammenschau der gesetzlichen Regelungen lege Ersteres nahe. Preis und Gotthardt[150] ist zuzustimmen, dass § 8 Abs. 3 TzBfG so zu verstehen ist, dass dieser Absatz – in wenig geglückter Formulierung - den Vorrang der Verhandlungslösung zum Ausdruck bringen und den Arbeitnehmer darauf hinweisen solle, dass prinzipiell der Arbeitgeber die Verteilung der Lage der Arbeitszeit festlege. Anders ergebe auch die nachfolgende Regelung des § 8 Abs. 4 Satz 1 keinen Sinn, wonach der Arbeitgeber nämlich der Verringerung der Arbeitszeit zuzustimmen und ihre Verteilung entsprechend den Wünschen des Arbeitnehmers festzulegen habe, soweit betriebliche Gründe nicht entgegen-stünden.

c) **Reaktionsmöglichkeiten des Arbeitgebers**: Der Arbeitgeber hat gegenüber der Geltendmachung des Anspruchs auf Verringerung der Arbeitszeit drei verschiedene Wege:

c.1) **Zustimmung**: Stimmt der Arbeitgeber dem Wunsch des Arbeitnehmers auf Verringerung der Arbeitszeit zu und wird auch hinsichtlich der Arbeitszeitverteilung

---

[148] Siehe: Rolfs, RdA 2001, S. 135.
[149] Kliemt, NZA 2001, S. 66.
[150] Preis / Gotthard, DB 2001, S. 146.

Einvernehmen erzielt, gilt drei Monate nach Antragstellung durch den Arbeitnehmer die neue Arbeitszeit. Die neue vertragliche Arbeitszeit kann auch vor dem Ablauf der dreimonatigen Frist gelten, wenn die Arbeitsvertragsparteien sich darüber verständigen haben.[151] Allerdings muss der Arbeitgeber dem Arbeitnehmer das Verhandlungsergebnis fristgerecht schriftlich mitteilen, weil sonst auf Grund der Fiktion des § 8 Abs. 5 TzBfG die Arbeitszeit doch entsprechend dem ursprünglichen Verlangen des Arbeitnehmers reduziert wird.[152]

c.2) **Ablehnung des Anspruchs**: Liegen die Voraussetzungen für einen Teilzeitanspruch vor, kann der Arbeitgeber diesen nur ablehnen, wenn „betriebliche Gründe" dem entgegen-stehen (§ 8 Abs. 4 TzBfG). Nach der Gesetzesbegründung[153] sollen dabei keine unzumut-baren Anforderungen an den Arbeitgeber gestellt werden. Ausreichend sind rationale, nachvollziehbare Gründe. § 8 Abs. 4 Satz 2 nennt aber „beispielhaft" als beachtliche Ablehnungsgründe Fälle, in denen die Verkürzung der Arbeitszeit oder deren gewünschte Verteilung die betriebliche Organisation, den technischen Arbeitsablauf oder die Sicherheit im Betrieb wesentlich beeinträchtigt oder unverhältnismäßige Kosten verursacht.[154] In der amtlichen Begründung[155] wird hinzugefügt, dass der Einwand des Arbeitgebers, keine geeignete zusätzliche Arbeitskraft finden zu können, nur beachtlich sei, wenn er nachweise, dass eine dem Berufsbild des Arbeitnehmers, der seine Arbeitszeit reduziert, entsprechende zusätzliche Arbeitskraft auf dem für ihn maßgeblichen Arbeitsmarkt nicht zur Verfügung steht. Diese Obliegenheit zur Beschaffung eines Ersatzarbeitnehmers steht freilich unter dem gesetzlichen Vorbehalt, dass sie nicht zu unverhältnismäßigen Kosten führen darf.[156]

Die beispielhafte Aufzählung im § 8 Abs. 4 Satz 2 steht im Gegensatz zu den Ausführungen in der Gesetzesbegründung. Dies erklärt sich, weil im Referentenentwurf zu diesem Gesetz noch „dringende betriebliche Gründe" verlangt worden sind. In dem

[151] Vgl. Kliemt, NZA 2001, S. 66.
[152] Rolfs, RdA 2001, S. 135.
[153] BT-Drucks. 14/4374, S. 17.
[154] Ausführlich: Beckschulze, DB 2000, S. 2601-2603.
[155] BT-Drucks. 14/4374, S. 17.
[156] Vgl. Hanau, Klarstellungen zu den neuen Rechtsansprüchen auf Veränderung der Arbeitszeit, S. 4; Beckschulze, DB 2000, S. 2599; Kliemt, NZA 2001, S. 65.

erlassenen Gesetz wurde aber das Wort „dringend" gestrichen, die genannten Beispiele wurden jedoch unverändert beibehalten. Die Anforderungen dürfen allerdings nicht zu hoch festgesetzt werden, da an weiteren Stellen des Gesetzes (§§ 9 und 10 TzBfG) weiterhin von dringenden betrieblichen Gründe die Rede ist.[157] Der Begriff „betriebliche Gründe" gibt also den Betrieben mehr Spielraum.[158]

Nach Meinung von Preis und Gotthardt wenn § 8 Abs. 4 ausdrücklich davon abging, das Tatbestandsmerkmal „dringend" zu verwenden, folge daraus zwingend, dass – auch im Unterschied zu § 15 Abs. 7 Satz 1 Nr. 4 BErzGG – geringere Anforderungen zu stellen seien.[159] Dies sei auch deshalb gerechtfertigt und konsequent, weil der Teilzeitanspruch aus § 15 BErzGG – im Unterschied zu § 8 TzBfG – auf der Tatbestandsseite für den Arbeit-nehmer von verfassungsrechtlich besonders geschützten Positionen, nämlich der Kinder-erziehung ausginge. Tatbestand und entgegenstehende betriebliche Gründe werde man angesichts des Eingriffs in die Berufsausübungsfreiheit des Arbeitgebers (Art. 12 Abs. 1 GG) und in die Vertragsfreiheit (Art. 2 Abs. 1 GG) als kommunizierende Röhren verstehen müssen: Je präziser die – verfassungsrechtlich legitimierten – Tatbestandsvoraussetzungen für den Teilzeitanspruch gefasst seien, um so gewichtiger müssten die entgegenstehende betriebliche Gründe sein. Bei einem praktisch voraussetzungslosen, allgemeinen Teilzeit-anspruch müssten dagegen die Anforderungen an betrieblichen Gründe geringer sein.

Andererseits ist Preis und Gotthardt[160] zuzustimmen, dass aus der Korrelation zwischen arbeitnehmerseitigem Anspruch auf Teilzeitarbeit und betrieblicher Organisationsfreiheit des Arbeitgebers erkennbar werde, dass eine unzumutbare Belastung des Arbeitgebers durch § 8 TzBfG im Ergebnis nicht eintreten könne.[161] Die Rechtsprechung[162] erkenne weitgehend die innerbetriebliche Organisationsfreiheit der Arbeitgeber hinsichtlich Dauer und Lage der Arbeitszeit an. Das müsse auch im Fall der Geltendmachung des Teilzeit-

[157] Beckschulze, DB 2000, S. 2598.
[158] So Schiefer, DB 2000, S. 2120.
[159] Preis / Gotthardt, DB 2001, S. 147.
[160] Preis / Gotthardt, DB 2000, S. 2068.
[161] Siehe auch: Hanau, NZA 2001, S. 1171.
[162] Vgl. BAG vom 29.5.1993, 2 AZR 584/92, DB 1993, S. 1879.

anspruchs gelten. Daraus folge, dass der Arbeitnehmer mit Aussicht auf Erfolg nur den Rechtsanspruch auf Teilzeitarbeit geltend machen können, wenn sein Änderungswunsch sowohl hinsichtlich Dauer als auch Lage der Arbeitszeit in das arbeitgeberseitig vorgegebene Organisationskonzept passe.[163] Es bleibt jedoch abzuwarten, wie die Rechtsprechung den Rechtsbegriff der „betriebliche Gründe" konkretisieren wird.

Andererseits weist Rolfs[164] zu Recht darauf hin, dass es falsch wäre, dem Arbeitgeber die Zurückweisung des Teilzeitwunsches nur dann zu gestatten, wenn eine „wesentliche Beeinträchtigung" oder „unverhältnismäßige Kosten" im Sinne von § 8 Abs. 4 Satz 2 TzBfG zu besorgen wären. Damit würde das Verhältnis der Grundregel in § 8 Abs. 4 Satz 1 TzBfG, die lediglich „entgegenstehende betriebliche Gründe" fordert, zu den vier anschließend beispielhaft genannten Versagungsgründe verkannt. Die Systematik des TzBfG sei lediglich die, dass die Versagung jedenfalls auf einen der vier gesetzlichen Gründe gestützt werden könne. Anzuerkennen seien aber auch andere Hindernisse, und zwar selbst dann, wenn diese nicht das Gewicht einer wesentlichen Beeinträchtigung oder unverhältnismäßiger Kosten hätten. Vom Grundtatbestand des § 8 Abs. 4 Satz 1 TzBfG werde ein solches Gewicht der „betrieblichen Gründe" nämlich nicht verlangt. Die amtliche Begründung formuliere zutreffend, dass jede rationale, nachvollziehbare Argumentation des Arbeitgebers anzuerkennen sei.[165]

Hilfreich könnte in der Zukunft sein, dass nach § 8 Abs. 4 Satz 3 TzBfG die Ablehnungsgründe tarifdisponibel sind. Hierbei handelt es sich nach Meinung von Kliemt[166] um eine Ermächtigung der jeweiligen Tarifvertragsparteien, die Gründe für die Ablehnung der Verringerung der Arbeitszeit zu konkretisieren und den spezifischen Anforderungen des jeweiligen Wirtschaftszweiges Rechnung zu tragen. Allerdings sei der Gestaltungsspielraum der Tarifvertragsparteien begrenzt, weil im Gegensatz zum Referentenentwurf nur noch die Möglichkeit der Konkretisierung der Ablehnungsgründe bestehe, während die übrigen Regelungen der §§ 8 und 9 (in Verbindung mit § 22 TzBfG) nicht tarifdispositiv

---

[163] In selbem Sinne: Hromadka, NJW 2001, S. 402; Kliemt, NZA 2001, S. 65; Schiefer, DB 2000, S. 2120. Vgl. Richardi / Annuß, BB 2000, S. 2202.
[164] Rolfs, RdA 2001, S. 136.
[165] In diesem Sinne: BT-Drucks. 14/4374, S. 17. Vgl. Hromadka, NJW 2001, S. 402.

ausgestaltet seien. Eine weitgehende Tarifdispositivität wäre zu begrüßen gewesen, denn so könnten die Koalitionen in ihrem beschäftigungspolitischen Auftrag ernster genommen und branchenspezifische Lösungen vor dem Hintergrund der gesetzlichen Regelung geschaffen werden.[167] Außerdem ist es gemäß § 8 Abs. 4 Satz 4 TzBfG möglich, dass im Geltungs-bereich eines solchen Tarifvertrages, der Ablehnungsgründe festgelegt hat, nicht tarifge-bundene Arbeitgeber und Arbeitnehmer die Anwendung der tariflichen Regelung über Ablehnungsgründe arbeitsvertraglich vereinbaren. Das Arbeitsverhältnis muss in diesem Fall dem persönlichen und fachlichen Geltungsbereichs des Tarifvertrages unterfallen. Es muss zudem im Arbeitsvertrag ausdrücklich auf die tarifvertragliche Regelung Bezug genommen werden.[168]

Schließlich ist zu bemerken, dass die Entscheidung des Arbeitgebers nach § 8 Abs. 5 Satz 1 TzBfG schriftlich mitzuteilen ist. Der Arbeitgeber ist jedoch nicht verpflichtet die Ablehnungsgründe im Ablehnungsschreiben zu nennen. Der Gesetzgeber verlangt nur die Ablehnung als solche, nicht ihre Begründung. Freilich obliegt aber dem Arbeitgeber die vertragliche Nebenpflicht, die Gründe zumindest stichwortartig auf Nachfrage zu be-nennen, um unnötige Rechtsstreitigkeiten zu vermeiden.[169] Ihrer Funktion nach ist die ablehnende Entscheidung des Arbeitgebers nichts anderes als die Mitteilung, dass ein geltend gemachter Anspruch nicht erfüllt werde. Die Ablehnungsentscheidung ist aber kein Rechtsgeschäft. Die Weigerung, eine Willenserklärung – die Ausübung der Anspruch auf Arbeitszeitverringerung – abzugeben, ist selbst keine Willenserklärung und damit kein Rechtsgeschäft, da sie keine von ihr gewollten Rechtsfolgen auflöst. Deshalb ist § 126 BGB unanwendbar, was bedeutet, dass die schriftliche Ablehnungsmitteilung des Arbeit-gebers keine eigenhändige Unterschrift bedarf und damit keine Übermittlung durch Fax und E-Mail ausschließt.[170]

---

[166] Kliemt, NZA 2001, S. 66.
[167] Preis / Gotthardt, DB 2000, S. 2069.
[168] Worzalla / Will / Mailänder / Worch / Heise, § 8 TzBfG, Rn. 37. Vgl. BAG vom 17.6.1999, 2 AZR 141/99, DB 1999, S. 1909.
[169] In diesem Sinne: Rolfs, RdA 2001, S. 137.
[170] Hanau, NZA 2001, S. 1171. Kritisch: Rolfs, RdA 2001, S. 135.

c.3) Untätigkeit des Arbeitgebers: § 8 Abs. 5 Satz 2 und 3 TzBfG enthält den Konfliktlösungsmechanismus[171] für die Untätigkeit und für den verspäteten Widerspruch des Arbeitgebers. Wenn Arbeitgeber und Arbeitnehmer über die Reduzierung der Arbeitszeit kein Einvernehmen nach § 8 Abs. 3 erzielt haben und der Arbeitgeber nicht spätestens einen Monat vor dem gewünschten Beginn die Arbeitszeitverringerung und/oder die Verteilung der Arbeitszeit schriftlich abgelehnt hat, tritt die Verringerung und/oder Verteilung wie vom Arbeitnehmer gewünscht in Kraft.

Die im § 8 Abs. 5 enthaltene Fiktion – anders als § 15 Abs. 7 BErzGG, der eine solche Fiktion nicht enthält - bezieht sich zunächst auf die Verringerung der Arbeitszeit an sich. Voraussetzung ihrer Anwendung ist, dass sich Arbeitgeber und Arbeitnehmer über die Reduzierung der Arbeitszeit nicht geeinigt haben und der Arbeitgeber die Ablehnung nicht rechtzeitig schriftlich erklärt hat. Die Rechtsfolge ist nach § 8 Abs. 5. Satz 2 die Verringerung der Arbeitszeit im vom Arbeitnehmer gewünschten Umfang. Das Schweigen des Arbeitgebers gilt also als Zustimmung.[172] Damit wird die Änderung des Arbeitsvertrag fingiert. Anders als bei § 8 Abs. 4 Satz 1 TzBfG kommt es bei der gesetzlichen Fiktion des § 8 Abs. 5 Satz 2 nicht auf die Frage an, ob dem Wunsch des Arbeitnehmers betriebliche Gründe entgegenstehen. Der Arbeitgeber kann den geänderten Arbeitsvertrag nur nach allgemeinen Regeln wieder ändern (z.B. Änderungskündigung).[173]

Im Hinblick auf die Lage der Arbeitszeit tritt gemäß § 8 Abs. 5 Satz 3 die gleiche Fiktionswirkung ein, wenn sich Arbeitgeber und Arbeitnehmer über die vom Arbeitnehmer gewünschte Verteilung der Arbeitszeit nicht geeinigt haben und der Arbeitgeber die Ablehnung nicht rechtzeitig schriftlich erklärt hat. Nach Ansicht von Preis und Gotthardt[174] ist aber zu berücksichtigen, dass der Anspruch auf Festlegung der Lage der Arbeitszeit im Verhältnis zum Anspruch auf Verringerung der Arbeitszeit nur Annexfunktion habe,[175] was sich z.B. daraus ergebe, dass die grundlegenden

---

[171] So Kliemt, NZA 2001, S. 66.
[172] Hromadka, NJW 2001, S. 403.
[173] Preis / Gotthardt, DB 2001, S. 146.
[174] Preis / Gotthardt, DB 2001, S. 147.
[175] Kritisch: Straub, NZA 2001, S. 920.

Voraussetzungen in § 8 Abs. 1 und 7 TzBfG sich nur auf die Verringerung der Arbeitszeit bezögen, der Anspruch auf Festlegung ihrer Lage nur in den übrigen Absätzen als Ergänzung des Teilzeitanspruchs aus § 8 normiert werde. Für die gesetzliche Fiktion folge aus dieser Annexfunktion, dass sie bezüglich der Lage nur eintreten könne, wenn auch die Arbeitszeit verringert werde. Eine isolierte Fiktion einer geänderten Arbeitszeitverteilung ohne Arbeitszeitverringerung gebe es daher nicht.

Auf jedem Fall wird die Fiktion des § 8 Abs. 5 der Arbeitgeber nicht übermäßig belastet, denn er kann die Fiktion durch die schlichte Ablehnung des Wunsches des Arbeitnehmers verhindern. Eine Begründungspflicht sieht § 8 TzBfG, anders als § 15 Abs. 7 Satz 2 BErzGG, nicht vor. Die Fiktion dient primär dazu, Druck auf den Arbeitgeber auszuüben, sich überhaupt zu entscheiden, verlangt vom Arbeitgeber aber weder eine bestimmte Entscheidung noch dass er sich dabei nach den Voraussetzungen des Rechtsanspruchs auf Teilzeitarbeit richtet.[176] Teilt der Arbeitgeber dem Arbeitnehmer die Ablehnung der von diesem gewünschten Arbeitszeitreduzierung rechtzeitig schriftlich mit, tritt die gesetzliche Fiktion nicht ein und bleibt es bis auf weiteres bei der ursprünglich für das Arbeitsverhältnis maßgeblichen Arbeitszeitregelung. Der Arbeitnehmer hat kein Leistungsbestimmungsrecht, kraft dessen er einseitig die Arbeitszeit verkürzen und/oder die Arbeitsleistung zu der gewünschten Zeit erbringen könnte.[177] Der Arbeitnehmer ist in diesem Fall darauf verwiesen, vor den Arbeitsgerichten die Zustimmung des Arbeitgebers zu erstreiten, die mit Rechtskraft eines stattgebunden Urteils nach § 894 ZPO ersetzt wird.[178]

d) **Änderung der Arbeitszeitverteilung durch den Arbeitgeber**: Nach § 8 Abs. 5 Satz 4 TzBfG hat der Arbeitgeber die Möglichkeit, die vereinbarte (gemäß § 8 Abs. 3 Satz 2) oder die aufgrund der Fiktion geänderte Verteilung der Arbeitszeit wieder zu ändern. Nicht genannt ist aber die Veränderung der Lage der Arbeitszeit aufgrund des eigentlichen

---

176 Vgl. Preis / Gotthardt, DB 2000, S. 2068, Kliemt, NZA 2001, S. 66-67

177 Hromadka, NJW 2001, S. 403.

178 Richardi / Annuß, DB 2000, S. 2203. Zum Thema auch: Grobys / Bram, Die prozessuale Durchsetzung des Teilzeitanspruchs, NZA 2001, S. 1175 ff.; Diller, Der Teilzeitwunsch im Prozess: Maßgeblicher Beurteilungszeitpunkt, insbesondere bei nachfolgenden Tarifverträgen nach § 8 IV 3 TzBfG, NZA 2001, S. 589 ff.

Anspruchs in § 8 Abs. 4. Allerdings, da die Interessenlage des Arbeitgebers nicht anders ist, muss das Änderungs-recht des Arbeitgebers auch in diesem Fall Anwendung finden.[179]

Dogmatisch wird dem Arbeitgeber ein gesetzliches Teilkündigungsrecht[180] bezüglich arbeitsvertraglicher Vereinbarungen gewährt, was bislang ganz überwiegend im deutschen Arbeitsrecht für unzulässig gehalten wurde.[181] Die Änderung bezieht sich nach dem insoweit eindeutigen Wortlaut ausschließlich auf die Verteilung der Arbeitszeit, nicht hingegen auf die Verringerung der Arbeitszeit. Eine Vereinbarung zwischen den Arbeitsvertragsparteien ist nicht erforderlich.[182] Außerdem gilt das Teilkündigungsrecht nur unter der Voraussetzung, dass das betriebliche Interesse daran die Interessen des Arbeitnehmers an der Beibehaltung der bisherigen Verteilung erheblich überwiegt. Erforderlich ist also eine einzelfallbezogene Interessenabwägung, welche auch die vom Arbeitgeber intendierte neue Lage mit einzubeziehen hat.[183] Es ist andererseits zu bemerken, dass diese Beschränkung auf „überwiegende betriebliche Interessen“ nur auf Teilzeitbeschäftigte Anwendung findet, die ihre Arbeitszeit zuvor nach dem TzBfG reduziert hatten. In Bezug auf andere Beschäftigte, seien sie Vollzeit- oder Teilzeitarbeitnehmer, bleibt es bei den allgemeinen Regeln, nach denen der Arbeitgeber im Rahmen der gesetzlichen, tarif- und einzelvertragli-chen Vereinbarungen die Arbeitszeit im Wege des Direktionsrechts festzulegen berechtigt ist.[184]

Schließlich muss berücksichtigt werden, dass selbst wenn der Arbeitgeber ein erheblich überwiegendes betriebliches Interesse an der Verteilung der Arbeitszeit vorbringen kann, kann der Arbeitgeber die Änderung erst mit einer Ankündigungsfrist von einem Monat umsetzen (§ 8 Abs. 5 Satz 4 TzBfG).[185] Die Frist berechnet sich nach §§ 186 ff. BGB und es ist keine Form für die Ausübung des Teilkündigungsrechts des Arbeitgebers

[179] Vgl. Preis / Gotthardt, DB 2001, S. 148.
[180] So Richardi / Annuß, BB 2000, S. 2203.
[181] Preis / Gotthardt, DB 2001, S. 148. Vgl. BAG vom 7.10.1982, 2 AZR 455/80, DB 1983, S. 1368 ff.; BAG vom 23.8.1989, AP Nr. 3 zu § 565e BGB; BGH vom 5.11.1992, IX ZR 200/91, DB 1993, S. 1616 ff.
[182] Vgl. Kliemt, NZA 2001, S. 67.
[183] So Preis / Gotthardt, DB 2001, S. 148.
[184] Rolfs, RdA 2001, S. 137. Vgl. BAG vom 23.6.1992, AP Nr. 1 zu § 611 BGB Arbeitszeit; BAG vom 11.2.1998, AP Nr. 54 zu § 611 BGB Direktionsrecht.
[185] Vgl. Worzalla / Will / Mailänder / Worch / Heise, § 8 TzBfG, Rn. 50.

vorgeschrieben. Ist die Teilkündigung wirksam, ist der Arbeitnehmer nicht berechtigt, die Arbeit zur vom Arbeitgeber gewünschten Lage zu verweigern. Liegen andererseits die Voraussetzungen des Teilkündigungsrechts nicht vor, kann sich der Arbeitnehmer zur Arbeit in der vom Arbeitgeber festgelegten Lage verweigern, aber in einer solchen Situation trägt der Arbeitnehmer das Risiko einer Fehleinschätzung.[186]

e) **Erneute Ausübung des Teilzeitanspruchs**: Gemäß § 8 Abs. 6 TzBfG kann der Arbeitnehmer eine erneute Verringerung der Arbeitszeit frühestens nach Ablauf von zwei Jahren verlangen, nachdem der Arbeitgeber einer Verringerung zugestimmt oder sie berechtigt abgelehnt hat. Diese Vorschrift soll der Planung der Arbeitszeit durch den Arbeitgeber dienen und unnötigen Verwaltungsaufwand durch häufige Antragstellung vermeiden.[187]

f) **Mitbestimmung des Betriebsrats**: Das TzBfG lässt, auch wenn die Änderung von Dauer und/oder Lage der Arbeitszeit zwischen Arbeitnehmer und Arbeitgeber einvernehmlich erfolgt, die Mitbestimmungsrechte des Betriebsrats unberührt.[188] Da die Verringerung der Arbeitszeit immer auch zu einer Veränderung ihrer Lage führt, ist § 87 Abs. 1 Nr. 2 BetrVG betroffen. Deshalb wollte der Regierungsentwurf ausdrücklich auf § 87 BetrVG hinweisen, während der Ausschuss einen solchen Hinweis für überflüssig erklärte, weil die Vorschriften des BetrVG ohnehin zu beachten seien.[189] In der Literatur[190] wird darauf hingewiesen, dass die Regelung von Einzelfällen nicht der Mitbestimmung unterliege, während ein kollektiver Bezug anzunehmen sei, wenn die Veränderung der Lage der Arbeitszeit für einen Auswirkungen auf andere Arbeitnehmer habe.[191] Nach Ansicht von Hanau[192] ist jedoch zu berücksichtigen, dass die Nichtgeltung für Einzelfälle bisher für die Mitbestimmung, nicht aber für in Ausübung der Mitbestimmung abgeschlossener Betriebs-vereinbarungen anerkannt ist; dies würde auch ihrer normativen Wirkung

[186] Vgl. Preis / Gotthardt, DB 2001, S. 148.
[187] Kliemt, NZA 2001, S. 65. Siehe auch: Worzalla / Will / Mailänder / Worch / Heise, § 8 TzBfG, Rn. 57-58.
[188] BT-Drucks. 14/4625, S. 24. Vgl. Rolfs, RdA 2001, S. 137; Kliemt, NZA 2001, S. 70.
[189] BT-Drucks. 14/4625, S. 24.
[190] Richardi / Annuß, BB 2000, S. 2203; Rolfs, RdA 2001, S. 137. Ausführlich: Preis / Gotthardt, DB 2001, S. 149-150; Rieble / Gutzeit, Teilzeitanspruch nach § 8 TzBfG und Arbeitszeitmitbestimmung, NZA 2002, S. 7 ff.
[191] Vgl. BAG vom 18.11.1980, AP Nr. 3 zu § 87 BetrVG 1972 Arbeitszeit; BAG vom 21.12.1982, AP Nr. 9 zu § 87 BetrVG 1972 Arbeitszeit; BAG vom 18.4.1989, AP Nr. 33 zu § 87 BetrVG 1972 Arbeitszeit.
[192] Hanau, NZA 2001, S. 1172.

widersprechen. Reine Einzelfallregelungen dürften auch insoweit den Vorrang haben, wie sie vom betriebsverfassungsrechtlichen Günstigkeitsprinzip gedeckt werden.

2.3.2. ZUSAMMENFASSUNG

Der in § 8 TzBfG geregelte Teilzeitanspruch ist Objekt von vielen Kritiken in der arbeitsrechtlichen Literatur. Darüber hinaus werden ihre beschäftigungspolitischen Effekte als Beitrag für eine bessere Verteilung der vorhandenen Arbeitszeit sehr bezweifelt. Der Anspruch auf Teilzeitarbeit im TzBfG hat als unmittelbare Inspirationsquelle die neuen Regelungen des Art. 5 Abs. 1 Satz 1 des niederländischen Gesetzes über Anpassung der Arbeitszeit (Wet aanpassing arbeidsduur).[193] Es ist allerdings eine Tatsache, dass die Merkmale des nieder-ländischen Arbeitsmarkts ganz anders als die Merkmale des deutschen Arbeitsmarkts sind. In diesen Sinne ist besonders relevant zu bemerken, dass in den Niederlanden 38% aller Arbeitnehmer Teilzeitbeschäftigte sind. Unter Berücksichtigung dieser praxisrelevanten Bedeu-tung der Teilzeitarbeit in den Niederlanden waren u.a. Motive zur Begründung eines gesetzlichen Anspruchs auf Teilzeitbeschäftigung: Die Vergrößerung des Angebots an verfügbaren Teilzeitarbeitsplätzen und die Erleichterung der Vereinbarkeit von Familie und Beruf. Außerdem hat sich der niederländischen Gesetzgeber, ausweislich der Begründung des Gesetzesentwurfs, nicht zuletzt dadurch leiten lassen, dass auch unter männlichen Arbeit-nehmern der Wunsch nach Teilzeitarbeit zunehmend Verbreitung findet. Dieser Neigung soll durch die Einräumung eines gesetzlichen Rechts auf Teilzeitarbeit Rechnung getragen und der derzeit noch sehr ungleichen Verteilung der Teilzeitarbeit zwischen den Geschlechtern begegnet werden. Schließlich besteht der niederländischen Anspruch auf Teilzeitarbeit auch im Interesse der Arbeitgeber, da die neue Regelung deren Bedürfnis nach einer Flexibilisierung der Arbeitsbeziehungen Rechnung trägt.[194]

Ob ein Anspruch auf Teilzeitarbeit im deutschen Arbeitsmarkt nötig war und ob eine solche Regelung in der Praxis tatsächliche Vorteile mit sich bringen kann, um die gezielten sozialpolitische Effekte des TzBfG zu erreichen, ist umstritten. So wird zum einen vertreten,

[193] Siehe Waas, NZA 2000, S. 583.
[194] Waas, NZA 2000, S. 584.

dass der Anspruch auf Teilzeitarbeit eine weitere Bürokratisierung der Wirtschaft[195] und des Arbeitlebens sowie gravierende Belastungen für die Unternehmen[196] mit sich bringen werde, was keineswegs durch die Richtlinie 97/81/EG über Teilzeitarbeit gefordert werde.[197] Nach der Konzeption der Richtlinie brauche dem Wunsch eines Arbeitnehmers nach Wechsel in eine Teilzeitbeschäftigung nur insoweit nachgegangen zu werden, als im Betrieb tatsächlich entspre-chende Arbeitsplätze zu Verfügung stehen. Dagegen mache es das TzBfG dem Arbeitgeber zur Pflicht, bei Nichtvorliegen betrieblicher Gründe im Sinne des § 8 Abs. 4 einen entsprechenden Arbeitsplatz nach den Wünschen des Arbeitnehmers zur Verfügung zu stellen, d.h. die Betriebsorganisation so zu ändern, dass diese nunmehr den persönlichen Bedürfnissen des Arbeitnehmers entspreche.[198]

Der Gesetzgeber des TzBfG ist der Ansicht, dass der Anspruch auf eine Arbeitszeitverkürzung dem Interesse der Arbeitnehmer auf individuell Gestaltung in der Weise Rechnung trägt, dass das vorhandene Potenzial für eine Umverteilung der Arbeitszeit arbeitsmarktpolitisch sinnvoll genutzt und der beschäftigungspolitische Effekt der Teilzeitarbeit wirksam erhöht werden könnte. Dies geschieht allerdings im Glauben an die Notwendigkeit einer weiteren Regulierung im Arbeitsrecht, statt die Flexibilisierung und Deregulierung im Blickfeld zu haben.[199] Es ist jedoch bemerkenswert, dass die wirtschaftliche These der Verteilung der Arbeitszeit nicht allein in der Lage ist, die heutige Beschäftigungsproblematik zu lösen, denn vielmehr bedarf es nicht einer Verteilung des vorhandenen Arbeitsvolumens, sondern eines echten Beschäf-tigungszuwachses.[200]

Zum anderen kann gegen den Rechtsanspruch auf Teilzeitarbeit eingewendet werden, dass sich langsam der Trend auf dem Arbeitsmarkt umkehrt. Insbesondere im Bereich der Fachkräfte bestehe Arbeitskräftemangel, der durch einen generellen Teilzeitanspruch möglicherweise noch verstärkt werden könnte. Darüber hinaus sei eine Umwandlung von 1:1

[195] So auch Kliemt, NZA 2001, S. 71.
[196] Wolf, Teilzeit und Befristung: Neue Belastungen für die Arbeitgeber, Der Arbeitgeber, Nr. 11, November 2000, S. 18 ff.
[197] Vgl. Bauer, NZA 2000, S. 1039.
[198] Siehe: Willemsen / Bauer, DB 2000, S. 2223.
[199] In diesem Sinne: Link / Fink, AuA 2001, S. 109.
[200] Rolfs, RdA 2001, S. 130.

in neue Teilzeit-arbeitsstellen nur selten zu finden. In manchen Sektoren der Privatwirtschaft (Dienstleistun-gen), in denen die Teilzeitquote hoch sei, würden viele Arbeitnehmer gerne mehr arbeiten. In anderen Bereichen, wo der Trend zur Vollzeitbeschäftigung noch ungebrochen sei, würden massiv Überstunden als Flexibilitätsreserve geleistet.[201]

Der Teilzeitanspruch wird auch kritisiert, weil er Probleme bei der Organisation der Arbeit in kleinen und großen Unternehmen sowie zusätzliche Kosten für den Arbeitgeber verursachen werde. Die zusätzlichen Kosten würden vor allem aus administrativem Mehraufwand resultieren und auf der Inanspruchnahme von Teilzeitarbeit auch durch Mitarbeiter, die jenseits der sozialversicherungsrechtlichen Beitragsmessungsgrenzen liegen.[202] Nach Ansicht von Schiefer[203] ist es unrichtig, wenn der Gesetzgeber davon spreche, dass die neue Teilzeitregelung für die Arbeitgeber im wesentlich kostenneutral seien, denn tatsächlich würden viele Arbeitgeber keinen Ersatz für die Teilzeitkräfte einstellen können, da damit Personalkosten überproportional stiegen. Außerdem verkennt ein allgemeiner Anspruch auf Verringerung der Arbeitszeit die Besonderheiten der verschiedenen Wirtschaftszweigen, denn nicht in jeden wirtschaftlichen Bereich ist die Teilzeitarbeit eine effektive Beschäftigungsalternative, wie z.B. bei hochqualifizierten Zweigen der Industrie.

Kritisierbar ist auch, dass der Rechtsanspruch auf Teilzeitarbeit die Vertragsfreiheit und die unternehmerische Freiheit des Arbeitgebers in bedeutender Weise beschränkt, denn die Arbeitgeber müssen nun die Arbeitszeit auf Verlangen des Arbeitnehmers entsprechend anpassen, wenn sie auf keine entgegenstehenden betrieblichen Gründe verweisen können.[204] Dies verursacht auch ein Ungleichgewicht in dem Verhältnis zwischen Arbeitnehmer und Arbeitgeber, weil eine Anpassung der Arbeitszeit nach der Regelung des § 8 TzBfG nur auf Initiative des Arbeitnehmers und nicht auf Initiative des Arbeitgebers zustande kommen kann.[205] Die Beschränkung der unternehmerischen Gestaltungsspielräume wird darüber hinaus die Wettbewerbsfähigkeit der Unternehmen beschädigen und leistet damit keinen Beitrag, die

---

[201] Preis / Gotthardt, DB 2000, S. 2067.
[202] Kliemt, NZA 2001, S. 71.
[203] Schiefer, DB 2000, S. 2120.
[204] Ebenso: Langmaack, S. 81.
[205] Vgl. Waas, NZA 2000, S. 585.

Einstellungsbereitschaft der Wirtschaft zu fördern. Zudem wird die bisher schon erreichte Akzeptanz und Förderung der Teilzeitarbeit durch die einseitig auferlegten Verpflichtungen zu Lasten der Arbeitgeber gemindert. Hiervon geht auch für die Förderung der Chancengleichheit von Männern und Frauen eine falsche Signalwirkung aus.[206]

Hingegen ist das Bundesministerium für Arbeit und Sozialordnung[207] der Auffassung, dass die Neuregelungen einen vom Arbeitnehmer gewünschten Wechsel von Vollzeitarbeit zu Teilzeit-arbeit erleichtern und dazu beitrage, eine ablehnende Haltung von Arbeitgebern gegenüber realisierbaren Teilzeitwünschen von Arbeitnehmern zu überwinden. Der Teilzeitanspruch fördere außerdem die Chancengleichheit zwischen Männern und Frauen und die Vereinbarkeit von Beruf und Familie und er berücksichtige die unterschiedlichen Lebensentwürfe von Arbeit-nehmerinnen und Arbeitnehmern.

Trotz der unterschiedlichen Bewertungen über den neu eingefügten Teilzeitanspruch ist schließlich zu beachten, dass die Anerkennung eines allgemeinen Anspruchs auf Teilzeitarbeit, für dessen Geltendmachung der Arbeitnehmer keine Motive ausdrücken muss und dessen Einzelheiten nicht ganz klar sind, zu einer unnötigen Überregulierung der arbeitsrechtlichen Vorschriften über Teilzeitarbeit und zu einer juristischen Unsicherheit führt, die die Arbeits-gerichte in der Zukunft beheben müssen. Ob die Einführung ein solcher Anspruch auf Teilzeitarbeit unter einer beschäftigungspolitischen Perspektive nötig für die weitere Entwicklung des deutschen Arbeitsmarktes war, ist und wird noch umstritten bleiben. Wie die höchstrichterliche Instanz die vielen offenen Fragen, die der neue Anspruch auf Teilzeitarbeit mit sich bringt, beantworten werden, ist darüber hinaus noch abzuwarten. Vermutlich wird auch der Erfahrungsbericht, den die Bundesregierung 2003 auf Wunsch des Bundesrates vorzulegen hat, mehr Aufschluss über die Auswirkungen des Teilzeitanspruchs auf die arbeitsrechtliche Praxis geben.[208]

---

[206] In diesem Sinne Wolf, Der Arbeitgeber, Nr. 11, November 2000, S. 18.
[207] Bundesministerium für Arbeit und Sozialordnung, Teilzeit – alles, was Recht ist, Broschüre, März 2001, S. 7
[208] Langmaack, S. 81.

2.4. ANSPRUCH AUF TEILZEITARBEIT NACH § 15 BErzGG

Am 1. Januar 2001 sind wichtige Änderungen des BErzGG in Kraft getreten. Neben Verbesserungen beim Erziehungsgeld (u.a. Ausweitung des bezugsberechtigten Personenkreises, Erhö-hung der Einkommensgrenzen) beinhaltet das Reformgesetz einschneidende Änderungen beim Erziehungsurlaub, die einerseits die Stellung von Arbeitnehmerinnen und Arbeitnehmern mit Kindern deutlich stärken, andererseits aber zu erheblichen zusätzlichen Belastungen für die Wirtschaft führen können.[209] Unter anderen steht dabei das Ziel im Vordergrund, die Ausübung einer Teilzeitbeschäftigung während des Erziehungsurlaubs – künftig Elternzeit[210] - zu fördern. Das Gesetz verfolgt weiterhin das Ziel einer besseren Vereinbarkeit von Familie und Beruf. Erklärtes Ziel ist es dabei, durch eine flexiblere Gestaltung den individuellen Interessen der Mütter und Väter hinsichtlich der Koordinierung familiärer und beruflicher Pflichten besser als bislang Rechnung zu tragen, dadurch den Anteil der Väter in Elternzeit deutlich zu erhöhen und so auf eine gerechte Verteilung der Kindererziehungslasten zwischen den Geschlechtern hinzuwirken.[211]

Die wesentliche Neuregelung besteht darin, dass es einem Elternteil während der Elternzeit nicht nur erlaubt ist, eine Teilzeitbeschäftigung von bis zu 30 Stunden pro Woche bei seinem Arbeitgeber oder bei einem anderen Arbeitgeber aufzunehmen, sondern dass er nun gegen seinen Arbeitgeber einen Anspruch auf Verringerung seiner Arbeitszeit hat, soweit keine dringenden betrieblichen Gründen entgegenstehen (§ 15 Abs. 4 bis 7 BErzGG).[212] Im Falle, dass der Arbeitnehmer während der Elternzeit eine Teilzeitbeschäftigung beim bisherigen Arbeitgeber auszuüben beabsichtigt, sollen sich die Arbeitsvertragsparteien über einen

---

[209] In diesem Sinne: Peters-Lange / Rolfs, Reformbedarf und Reformgesetzgebung im Mutterschutz- und Erziehungsgeldrecht, NZA 2000, S. 682, 684.

[210] Gesetz zur Änderung des Begriffs „Erziehungsurlaub" vom 30.11.2000, BGBl. 2000, S. 1638.

[211] BT-Drucks. 14/3118, S. 15.

[212] Nach der vorherige Rechtslage hatte ein Elternteil, der von dem BErzGG Gebrauch machen wollte und Erziehungsgeld in Anspruch nehmen wollte, nur die Möglichkeit, dafür Erziehungsurlaub zu nehmen und damit auf sein Arbeitseinkommen gänzlich zu verzichten oder sein Arbeitsverhältnis fortzusetzen, damit aber auf das Erziehungsgeld zu verzichten. Denn der Anspruch auf Erziehungsgeld war nach altem Recht von Anfang an daran geknüpft gewesen, dass die berechtigte Person nicht länger als halbtags beschäftigt war; die Aufnahme einer Teilzeitarbeit während des Erziehungsurlaubs bei einem anderen Arbeitgeber setzte grundsätzlich die Zustimmung des bisherigen Arbeitgebers voraus, die nicht erzwungen werden konnte. Ein Anspruch gegen den bisherigen Arbeitgeber auf Reduzierung der Arbeitszeit auf ein für den Bezug von Erziehungsgeld unschädliches Ausmaß war dagegen vom BErzGG nicht vorgesehen. Buschmann / Dieball / Stevens-Bartol, TZA, S. 269.

entsprechenden Antrag auf eine Verringerung der Arbeitszeit innerhalb von vier Wochen einigen (§ 15 Abs. 5 Satz 1 BErzGG). Der Arbeitnehmer kann auch verlangen, seine bereits vor der Elternzeit vereinbarte Teilzeitarbeit unverändert auch während der Elternzeit fortzusetzen, solange die Grenzen des § 15 Abs. 4 BErzGG (maximal 30 Wochenstunden) beachtet werden (§ 15 Abs. 5 Satz 2 BErzGG).

Im Gegensatz zur bisherigen Rechtslage hat nun der Arbeitgeber bei der Frage, ob dem Verlangen nach einer Teilzeitbeschäftigung zugestimmt wird, keine Entscheidungsfreiheit. Kommt eine Einigung zwischen Arbeitnehmer und Arbeitgeber über die Verringerung der Arbeitszeit nicht zustande, so kann der Arbeitnehmer unter den Voraussetzungen des § 15 Abs. 7 BErzGG eine Verringerung seiner Arbeitszeit beanspruchen. Nach § 15 Abs. 6 besteht der Anspruch zweimal, d.h. der Arbeitnehmer kann beispielweise von Beginn an für zwei verschiedene Zeiträume eine unterschiedliche Verringerung der Arbeitszeit beanspruchen oder nach Ablauf der ersten Phase einer verringerten Arbeitszeit nochmals eine gegenüber dem ursprünglichen Umfang verringerte Arbeitszeit verlangen.[213] In diesen Fällen ist nur eine weitere Verringerung der Arbeitszeit zulässig. Der Wortlaut des § 15 Abs. 6 BErzGG erlaubt Arbeitnehmern, die vor Beginn der Elternzeit bereits Teilzeitarbeit geleistet haben, zudem nicht, während der Elternzeit eine Erhöhung ihrer Arbeitszeit zu verlangen.[214]

Ein Rechtsanspruch auf Reduzierung der Arbeitszeit während der Elternzeit besteht nur unter den in § 15 Abs. 7 BErzGG geregelten folgenden Voraussetzungen:

a) **Anspruchsberechtigter**: Anspruch auf Elternzeit hat ohne Einschränkung jeder Arbeitnehmer. Voraussetzung ist also nur, dass der Anspruchberechtigte in einem Arbeitsverhältnis steht. Unerheblich ist damit auch, in welchem Umfang Arbeitsleistung zu erbringen ist.[215] Gemäß § 15 Abs. 1 BErzGG sind anspruchsberechtigt Arbeitnehmer und Arbeitnehmerinnen, wenn sie mit einem Kind (1), für das ihnen die Personensorge zusteht, (2) des Ehegatten, das sie mit dem Ziel der Annahme als Kind in ihre Obhut aufgenommen (3) oder für das sie auch ohne Personensorgerecht in den Fallen des § 1

[213] Lindemann / Simon, Die neue Elternzeit, NJW 2001, S. 261; Langmaack, S. 125.
[214] Worzalla / Will / Mailänder / Worch / Heise, § 15 BErzGG, S. 350; Peters-Lange / Rolfs, NZA 2000, S. 686.
[215] Vgl. Worzalla / Will / Mailänder / Worch / Heise, § 15 BErzGG, S. 158-161.

Abs. 1 Satz 3 BErzGG (Zweifel an Vaterschaft oder elterlicher Sorgeerklärung) oder § 1 Abs. 3 Nr. 3 BErzGG (leibliches Kind des nichtsorgeberechtigten Antragsstellers) oder im besonderen Härtefall des § 1 Abs. 5 BErzGG (z.B. Krankheit oder Behinderung eines Elternteils) Erziehungsgeld beziehen können, in einem Haushalt zusammenleben und dieses Kind selbst betreuen und erziehen.

b) **Mindestgröße des Unternehmens**: Der Arbeitgeber muss nach § 15 Abs. 7 Nr. 1 BErzGG, unabhängig von der Anzahl der Personen in Berufsbildung, in der Regel mehr als 15 Arbeitnehmer beschäftigen. Dabei werden im Gegensatz zum Regierungsentwurf sämtliche Arbeitnehmer unabhängig von der Dauer ihrer Arbeitszeit mit dem Faktor 1 bewertet,[216] d.h. es gilt genauso wie in § 8 Abs. 7 TzBfG das Pro-Kopf-Prinzip. Bei der Berechnung des Grenzwerts wird nicht auf die Beschäftigtenzahl im einzelnen Betrieb, sondern auf die Beschäftigtenzahl im gesamten Unternehmen abgestellt.[217]

c) **Wartezeit**: Nach § 15 Abs. 7 Nr. 2 muss das Arbeitsverhältnis des Arbeitnehmers in demselben Betrieb oder Unternehmen länger als sechs Monate bestehen. Entscheidend ist die Unternehmenszugehörigkeit, so dass die Wartezeit auch dann erfüllt ist, wenn der Arbeitnehmer ununterbrochen bei mehreren Betrieben desselben Unternehmens beschäftigt war.[218]

Das BErzGG stellt nicht fest, zu welchen Zeitpunkt diese Voraussetzung – so wie des Schwellenwertes – vorliegen muss. Meiner Ansicht nach weisen Peters-Lange und Rolfs[219] in Einklang mit den Zwecken der Reform zu Recht darauf hin, dass maßgeblich der Tag ist, an dem die Reduzierung der Arbeitszeit erstmals realisiert werden soll. Auf dieser Weise können auch Arbeitnehmer, die bei der Geburt des Kindes oder dem Ablauf der Schutzfrist des § 6 Abs. 1 MuSchG die Wartezeit des § 15 Abs. 7 Nr. 2 BErzGG noch nicht erfüllt haben, den Teilzeitanspruch geltend machen, sobald sie die Mindestbeschäftigungszeit zurückgelegt haben. Das entspricht auch nach Auffassung dieser

---

[216] Gaul / Wisskirchen, Änderung des Bundeserziehungsgeldgesetzes, BB 2000, S. 2467.
[217] Lindemann / Simon, NJW 2001, S. 261.
[218] Worzalla / Will / Mailänder / Worch / Heise, § 15 BErzGG, S. 347.
[219] Peters-Lange / Rolfs, NZA 2000, S. 686. Auch: Langmaack, S. 122.

Autoren der Rechtsprechung des BAG,[220] die den Elternzeit und daraus resultierend den besonderen Kündigungsschutz des § 18 BErzGG auch in einem erst nach dem Geburt des Kindes begründeten Arbeitverhältnisses gewährt.[221]

d) **Umfang der Arbeitszeitreduzierung**: § 15 Abs. 7 Nr. 3 BErzGG schreibt vor, dass die beanspruchte verringerte Arbeitszeit mindestens einen Zeitraum von drei Monaten umfassen soll und dass sie auf einen Umfang zwischen 15 und 30 Wochenstunden verringert werden soll. Die Obergrenze der zulässigen Teilzeitarbeit ergibt sich aus § 15 Abs. 4 Satz 1 BErzGG und die Untergrenze entspricht der 15 Stunden-Grenze für geringfügig entlohnte Beschäftigte in § 8 Abs. 1 Nr. 1 SGB IV.[222]

e) **Entgegenstehende dringende betriebliche Gründe**: Nach § 15 Abs. 7 Nr. 4 BErzGG besteht der Anspruch auf Verringerung der Arbeitszeit nicht, wenn der Teilzeitbeschäftigung dringende betriebliche Gründe entgegenstehen. Hinsichtlich des Begriffs der „dringenden betrieblichen Gründe" verweist die Gesetzbegründung auf den entsprechenden Begriff in § 7 Abs. 2 Satz 1 BUrlG.[223] Nach dieser Vorschrift ist der Urlaub zusammenhängend zu gewähren, es sei denn, dass dringende betriebliche Gründe oder Gründe, die in der Person des Arbeitnehmers liegen, eine Teilung des Urlaubs erforderlichen machen. Trotz des gesetzgeberischen Hinweises auf § 7 Abs. 2 BUrlG ist fraglich, ob diese Bestimmung bei der Auslegung des Begriffs der „dringenden betrieblichen Gründe" in § 15 Abs. 7 Nr. 4 BErzGG hilfreich sein kann, wenn die Ausgangslage in den beiden Gesetzen ganz anders ist.[224] Im Rahmen der Urlaubserteilung geht es um die Frage, ob ein Arbeitsplatz zwei oder maximal vier Wochen unbesetzt bleiben kann. Der Arbeitgeber muss dort für einen sehr überschaubaren und kurzen Zeitraum prüfen, wer den

---

[220] BAG AP Nr. 4 zu § 18 BErzGG, NZA 1999, S. 1047.
[221] Nach Ansicht von Lindemann und Simon (NJW 2001, S. 261) werde, auch wenn das Gesetz hierzu schweige, der maßgebliche Beurteilungszeitpunkt für das Vorliegen der Wartezeit und des Schwellenwerts der Zeitpunkt der Antragstellung durch den Arbeitnehmer und nicht etwa der vorgesehene Beginn der Arbeitszeitverringerung sein. So werde auch bei der Wartezeit nach § 1 Abs. 1 KSchG auf den Zeitpunkt des Kündigungszugangs und nicht etwa den Beendigungstermin abgestellt. Die Geltendmachung des Teilzeitanspruchs könne demnach frühestens nach sechsmonatigem Bestehen des Arbeitsverhältnisses erfolgen.
[222] BT-Drucks. 14/3553, S. 27.
[223] BT-Drucks. 14/3553, S. 22.
[224] Ebenso Sowka, NZA 2000, S. 1189. Nach Ansicht von Sowka ist die Verweisung auf § 7 BUrlG in der Gesetzesbegründung lapidar und unzutreffend.

Arbeitsplatz während der Urlaubszeit besetzen kann oder ob der Arbeitsplatz frei bleiben kann. Im Falle einer Teilzeittätigkeit während der Elternzeit muss der Arbeitgeber hingegen prüfen, ob dauerhaft, d.h. maximal für drei Jahre eine nur anteilige Beschäftigung auf dem betroffenen Arbeitsplatz möglich ist.[225]

Andererseits ist zu bemerken, dass das BErzGG - anders als § 8 Abs. 4 TzBfG - von dringenden betrieblichen Gründe ausgeht, dies bedeutet, dass die entgegenstehenden Gründe von erheblicherem Gewicht als in § 8 TzBfG sein müssen, um den Teilzeitanspruch während der Elternzeit ausschließen zu können.[226] Erforderlich ist in jedem Falle eine Abwägung der von Arbeitgeber und Arbeitnehmer entgegenstehenden Interessen, die sich über die gesamte Dauer der beanspruchten Teilzeitbeschäftigung erstrecken muss.[227] Die Schwierigkeit, für die verbleibende Arbeitszeit eine Ersatzkraft zu finden, stellt allein somit kein dringendes betriebliches Erfordernisses im Sinne des Gesetzes dar, weil dieses Pro-blem auch bei einer völligen Freistellung des Arbeitnehmers von der Arbeitsleistung besteht. Die Interessen des Arbeitgebers werden nur dann vorrangig zu berücksichtigen sein, wenn er nachweisen kann, dass eine für die zu besetzende Position geeignete Teilzeitkraft auf dem Arbeitsmarkt nicht zur Verfügung steht, wohingegen eine Vollzeitkraft auf dem Arbeitsmarkt zu finden wäre.[228]

Ein dringender betrieblicher Grund ist beispielweise ebenfalls zu bejahen, wenn der Arbeitgeber auf den wegfallenden Teil der Arbeitskapazität nicht verzichten kann und gleichzeitig eine Ersatzkraft weder am Arbeitsmarkt noch im Betrieb verfügbar ist. Es gibt auch Arbeitsplätze, die der Natur der Sache nach unteilbar sind oder bei denen eine Teilung jedenfalls größte Schwierigkeiten bereitet, sei es aus objektiven Gründen oder weil beispielweise Vertragspartner bzw. Kunden den vollen Einsatz berechtigterweise

---

[225] Lindemann / Simon, NJW 2001, S. 261. Vgl. Gaul / Wisskirchen, BB 2000, S. 2467-2468; Leßmann, Der Anspruch auf Verringerung der Arbeitszeit im neuen Bundeserziehungsgeldgesetz, DB 2001, S. 97.
[226] Ebenso: Langmaack, S. 124.
[227] Lindemann / Simon, NJW 2001, S. 261; Peters-Lange / Rolfs, NZA 2000, S. 686.
[228] Worzalla / Will / Mailänder / Worch / Heise, § 15 BErzGG, S. 348-349. Auch: Gaul / Wisskirchen, BB 2000, S. 2468. Nach Auffassung von Sowka (NZA 2000, S. 1189): „Je exotischer der Teilzeitwunsch im Hinblick auf die gewünschte Arbeitszeitlage ausfällt, desto schwieriger werden für den Arbeitgeber die Dispositionen und um so eher stehen dem Teilzeitwunsch in der gewünschten Form betriebliche Interessen entgegen. Die entgegenstehende Interessen hängen vom einzelnen Arbeitsplatz ab und inwieweit der Arbeitgeber für Ersatz sorgen kann“.

fordern.[229] Die Praxisrelevanz der dringenden betrieblichen Gründe - als entgegenstehendes Argument gegenüber der Ausübung des Teilzeitanspruchs während der Elternzeit – wird schließlich davon abhängen, welche Anforderungen die Arbeitsgerichte an das Vorliegen dringender betrieblicher Gründe stellen. Die Beweislast trifft insofern, anders als nach der allgemeinen Regelung, den Arbeitnehmer, da das Fehlen entgegenstehender Gründe nach § 15 Abs. 7 BErzGG zu den Voraussetzungen des Anspruchs gehört, die stets der Anspruchsteller beweisen muss.[230] Außerdem ist im Rahmen der erforderlichen Interessenabwägung zu berücksichtigen, dass der Arbeitgeber während der Elternzeit abweichend von der Regelung in § 8 Abs. 5 Satz 4 TzBfG keine Möglichkeit hat, bei vorrangigen betrieblichen Interessen wieder eine Änderung der Arbeitszeit vorzunehmen.[231]

2.4.1. AUSÜBUNG DES TEILZEITANSPRUCHS

a) **Geltendmachung**: Nach der Vorstellung des Gesetzgebers soll ein Elternteil während der Elternzeit zunächst einen Antrag auf Verringerung der Arbeitszeit (Teilzeitarbeit) nach § 15 Abs. 5 BErzGG bei seinem Arbeitgeber stellen. Im Anschluss sollen sich Arbeitgeber und Arbeitnehmer innerhalb von vier Wochen über diesen Antrag verständigen und nach Möglichkeit zu einer Teilzeitvereinbarung über die Einzelheiten kommen. Eine solche Einigung sollte nach dem Willen des Gesetzgebers in der neuen Konzeption des § 15 BErzGG Priorität haben.[232] Kommt keine Einigung zustande oder sind jedenfalls die vier Wochen verstrichen, kann der Elternteil die Verringerung seiner Arbeitszeit beanspruchen, falls die Voraussetzungen des § 15 Abs. 7 Nr. 1 bis 5 BErzGG erfüllt sind.[233]

In diesem Zusammenhang muss der Arbeitnehmer nach § 15 Abs. 7 Nr. 5 BErzGG den Anspruch auf Verringerung der Arbeitszeit acht Wochen vorher schriftlich geltend

[229] Ausführlich: Lindemann / Simon, NJW 2001, S. 262.
[230] Hanau, Klarstellungen zu den neuen Rechtsansprüchen auf Veränderung der Arbeitszeit, S. 9. Kritisch: Sowka, NZA 2000, S. 1189.
[231] Worzalla / Will / Mailänder / Worch / Heise, § 15 BErzGG, S. 349.
[232] BT-Drucks. 14/3553, S. 21.
[233] Leßmann, DB 2001, S. 95.

machen. Abweichend von dem allgemeinen Anspruch auf Teilzeitarbeit in § 8 TzBfG betrifft der Anspruch nach dem BErzGG nur die Verringerung der Arbeitszeit als solche, nicht ihre zeitliche Lage.[234] Es obliegt dem Arbeitgeber, die Lage der Arbeitszeit unter Berücksichtigung der Mitbestimmungsrechte des Betriebsrates gemäß § 87 Abs.1 Nr. 2 BetrVG festzulegen.[235]

Nach Auffassung von Leßmann[236] ist allerdings unklar, ob der Elternteil die schriftliche Mitteilung nach § 15 Abs. 7 Nr. 5 BErzGG mit dem Antrag nach § 15 Abs. 5 BErzGG verbinden und damit schon zu einem Zeitpunkt machen könnte, zu dem der Anspruch noch nicht entstanden sei, oder ob er bis zum Zeitpunkt des Scheiterns des Einigungsversuchs bzw. bis zum Ablauf der vierwöchigen Frist nach § 15 Abs. 5 warten müsse, um die Mitteilung des dann entstandenen Anspruchs zu machen. Wäre letzteres der Fall, könnten vom Antrag auf Verringerung der Arbeitszeit bis zu deren tatsächlichem Beginn allerdings 12 Wochen liegen mit der weiteren Folge, dass der Sonderkündigungsschutz nach § 18 BErzGG für den Vater jedenfalls dann nicht den gesamten Zeitraum abdecke, wenn dieser von Beginn seiner Elternzeit an in Teilzeit arbeiten wolle.

Es ist auch zu berücksichtigen, dass die achtwöchige Anmeldefrist unproblematisch gilt, wenn der Arbeitnehmer bereits von Beginn der Elternzeit an Teilzeitarbeit beansprucht, die Elternzeit aber nicht unmittelbar nach der Geburt des Kindes oder nach der Mutterschutzfrist beginnen soll. Unklar ist jedoch, mit welcher Frist der Arbeitnehmer im unmittelbaren Anschluss an die Geburt des Kindes oder die Mutterschutzfrist den Teilzeitanspruch während der Elternzeit geltend machen muss. Gemäß § 16 Abs. 1 Satz 1 muss die Elternzeit, die unmittelbar nach der Geburt des Kindes oder nach der Mutterschutzfrist beginnen soll, spätestens sechs Wochen vorher dem Arbeitgeber mitgeteilt werden. Hingegen gilt für die Geltendmachung des Teilzeitanspruchs eine

---

[234] Hanau, Klarstellungen zu den neuen Rechtsansprüchen auf Veränderung der Arbeitszeit, S. 8. Abweichend: Sowka, NZA 2000, S. 1185, 1189.
[235] Gaul / Wisskirchen, BB 2000, S. 2468.
[236] Leßmann, DB 2001, S. 95.

Mitteilungsfrist von acht Wochen (§ 15 Abs. 7 Nr. 5 BErzGG).[237] Angesichts des Mangels an einer gesetzgeberischen Lösung wird empfohlen, den Teilzeitanspruch spätestens acht Wochen vor Beginn der Elternzeit geltend zu machen.[238]

Andererseits lässt sich den §§ 15 und 16 BErzGG nicht entnehmen, in welchem Verhältnis der Anspruch auf Verringerung der Arbeitszeit zum Anspruch auf Elternzeit steht, was in der Praxis hinsichtlich der Harmonisierung von Elternzeit und Erwerbstätigkeit von größter Relevanz sein kann.[239] Dieses Problem findet keine Lösung in den neuen Regelungen des BErzGG. § 15 Abs. 5 bis 7 BErzGG geht nach seiner Formulierung von einem Anspruch auf Verringerung der Arbeitszeit und nicht etwa von einem Anspruch auf Teilzeitarbeit aus. Eine Verringerung der Arbeitszeit kommt jedoch nur in Betracht, wenn eine Pflicht zur Arbeitsleistung besteht, was während der Elternzeit grundsätzlich nicht der Fall ist. Deshalb spricht die Schaffung eines Anspruchs auf Verringerung der Arbeitszeit zunächst dafür, dass ein Elternteil den Anspruch auf verringerte Arbeitszeit als besondere Form der Elternzeit in Anspruch nehmen kann.[240]

Leßmann[241] ist zuzustimmen, dass der Wortlaut von § 15 Abs. 4 und 6 BErzGG dafür spreche, dass die Inanspruchnahme von Elternzeit und der Anspruch auf Verringerung der Arbeitszeit unabhängig nebeneinander stünden. Die Beanspruchung der Arbeitszeitverringerung setze gerade voraus, dass Elternzeit bereits bindend in Anspruch genommen sei. Dies werde zusätzlich durch § 15 Abs. 7 Nr. 5 und § 16 Abs. 1 BErzGG belegt, die für die Geltendmachung des Anspruchs auf Verringerung der Arbeitszeit und für die Beantragung von Elternzeit jeweils unterschiedliche Fristen vorsehen. Dementsprechend müsse einem Elternteil, der unmittelbar im Anschluss an die Geburt bzw. das Ende der Mutterschutzfrist Elternzeit bei gleichzeitiger Teilzeittätigkeit in Anspruch nehmen wolle, gegenüber seinem Arbeitgeber sowohl gemäß § 16 Abs. 1 Elternzeit beanspruchen als auch gemäß § 15 Abs. 5 bis 7 BErzGG Verringerung der Arbeitszeit beantragen.[242]

[237] Siehe Peters-Lange / Rolfs, NZA 2000, S. 686.
[238] So Worzalla / Will / Mailänder / Worch / Heise, § 15 BErzGG, S. 350.
[239] Siehe Beispiel bei Leßmann, DB 2001, S. 96.
[240] Leßmann, DB 2001, S. 96.
[241] Leßmann, DB 2001, S. 96.
[242] Ebenso Worzalla / Will / Mailänder / Worch / Heise, § 15 BErzGG, S. 350.

b) **Reaktionsmöglichkeiten des Arbeitgebers**: Der Arbeitgeber hat drei Möglichkeiten gegenüber der Geltendmachung des Anspruchs auf Verringerung der Arbeitszeit durch den Elternteil.

b.1) **Zustimmung**: Stimmt der Arbeitgeber dem Wunsch des Elternteils auf Verringerung der Arbeitszeit zu, gilt frühestens acht Wochen nach der Antragstellung durch den Arbeitnehmer die neue Arbeitszeit (§ 15 Abs. 7 Nr. 5 BErzGG). Die neue vertragliche Arbeitszeit könnte auch vor dem Ablauf der achtwöchigen Frist gelten, wenn die Arbeitsvertragsparteien sich darüber verständigt haben.

b.2) **Ablehnung des Anspruchs**: Wenn der Arbeitgeber die beanspruchte Verringerung der Arbeitszeit nicht akzeptiert, muss er diese Erklärung gemäß § 15 Abs. 7 Satz 2 BErzGG innerhalb von vier Wochen mit schriftlicher Begründung gegenüber dem Arbeitnehmer abgeben. Der Arbeitgeber muss in diesem Fall anders als im TzBfG im Ablehnungsschreiben nach § 15 Abs. 7 Satz 3 BErzGG die Ablehnungsgründe benennen. Die vierwöchige Frist für die Antwort des Arbeitgebers beginnt mit Zugang der schriftlichen Mitteilung des Elternteils nach § 15 Abs. 7 Nr. 5 BErzGG.[243] Im Falle, dass der Arbeitnehmer mit den Ablehnungsgründen der Arbeitgeber nicht einverstanden ist, soll er Klage vor den Arbeitsgerichten erheben.

Lehnt der Arbeitgeber einen berechtigten Verringerungswunsch ab, kommt eine Ersatzpflicht wegen dadurch entstandener Kosten zur Betreuung der Kinder in Betracht.[244] Dies erklärt sich, weil aufgrund § 15 Abs. 6 und 7 BErzGG die Pflicht des Arbeitgebers besteht, seine Zustimmung zu erteilen, wenn alle gesetzlichen Voraussetzungen im konkreten Fall vorliegen und insbesondere, wenn keine dringenden betrieblichen Gründe entgegenstehen. Stimmt der Arbeitgeber trotz des Vorliegens der Voraussetzungen nicht zu, verletzt er eine arbeitsvertragliche Nebenpflicht, mit der Folge, dass er dem Arbeit-

---

[243] Vgl. Leßmann, DB 2001, S. 96.

[244] Hanau, Klarstellungen zu den neuen Rechtsansprüchen auf Veränderung der Arbeitszeit, S. 8; sowie Worzalla / Will / Mailänder / Worch / Heise, § 15 BErzGG, S. 353; Gaul / Wisskirchen, BB 2000, S. 2468.

nehmer zum Schadenersatz verpflichtet ist.[245] Hier besteht auch eine Unterschied mit dem Teilzeitanspruch nach § 8 TzBfG, denn im Falle einer ungerechtfertigen Ablehnung des allgemeinen Teilzeitanspruchs durch den Arbeitgeber entsteht kein Schadenersatzrecht für den Arbeitnehmer. Dies erklärt sich, weil der Arbeitgeber nach § 8 Abs. 5 TzBfG nicht verpflichtet ist, die Ablehnung des Wunsches des Arbeitnehmers zu begründen und deshalb wird bei einer ungerechtfertigen Ablehnung keine Nebenpflicht verletzt, die die Entstehung eines Schadenersatzrechts veranlassen kann.

b.3) **Untätigkeit des Arbeitgebers**: Stimmt der Arbeitgeber den Anspruch auf Verringerung der Arbeitszeit nicht rechtzeitig zu oder reagiert er überhaupt nicht, gilt die Verringerung der Arbeitszeit – anders als bei dem allgemeinen Teilzeitanspruch nach § 8 TzBfG – nicht entsprechend den Wünschen des Arbeitnehmers als festgelegt. Das BErzGG enthält keine Fiktion der Zustimmung bei unterbliebener Arbeitgeberreaktion. Für das Zustandekommen des Teilzeitarbeitsverhältnisses während der Elternzeit auf der Grund-lage des § 15 Abs. 6 und 7 BErzGG ist die Zustimmung des Arbeitgebers erforderlich[246]

Der Arbeitnehmer muss vielmehr gemäß § 15 Abs. 7 Satz 3 BErzGG gegenüber der Untätigkeit oder einer nicht rechtzeitigen Antwort des Arbeitgebers zuvor Klage vor den Arbeitsgerichten erheben. Der Arbeitnehmer muss in diesem Fall vor den Arbeitsgerichten die Zustimmung des Arbeitgebers erstreiten, da diese mit Rechtskraft eines stattgegeben Urteils nach § 894 ZPO ersetzt wird.[247] Eine Frist für die Erhebung der Klage wurde durch den Gesetzgeber nicht gesetzt.[248] Allerdings ist zu beachten, dass im Hinblick auf die begrenzte Dauer der Elternzeit und eine mögliche Verfahrensdauer nicht auszuschließen ist, dass sich der Teilzeitwunsch durch Zeitablauf erledigen kann.[249]

---

[245] Leßmann, DB 2001, S. 99. Ebenso: Gaul / Wisskirchen, BB 2000, S. 2468.
[246] Leßmann, DB 2001, S. 96, 99; Langmaack, S. 124.
[247] Zur gerichtlichen Durchsetzung des Teilzeitanspruchs siehe: Peters-Lange / Rolfs, NZA 2000, S. 686.
[248] Vgl. Gaul / Wisskirchen, BB 2000, S. 2468; Worzalla / Will / Mailänder / Worch / Heise, § 15 BErzGG, S. 353.
[249] Langmaack, S. 124-125.

2.4.2. ENDE DER ELTERNZEIT

Nach dem Ende der Elternzeit ist der Arbeitnehmer nach § 15 Abs. 5 Satz 2 berechtigt, wieder zu der Arbeitszeit zurückzukehren, die vor Beginn der Elternzeit vereinbart war, d.h. nach Ende der Elternzeit lebt die Arbeitspflicht im alten vor dem Beginn der Elternzeit bestehenden Umfang automatisch wieder auf.[250] Entgegen dem Vorschriftwortlaut handelt es sich jedoch nicht um ein Recht des Arbeitnehmers, sondern um eine Pflicht.[251] Nach Ende der Elternzeit muss der Arbeitnehmer wieder zu seiner vor Beginn der Elternzeit vereinbarten Arbeitszeit zurückkehren, denn die Inanspruchnahme der Elternzeit führt nur zu einem Ruhen der arbeitsvertraglichen Hauptpflichten.[252] Will der Arbeitnehmer nach dem Ende der Elternzeit eine Verringerung seiner Arbeitszeit beanspruchen, soll er der allgemeine Anspruch auf Teilzeit-arbeit, der in § 8 TzBfG geregelt ist, geltend machen.[253] Es ist auch möglich, dass der Arbeit-nehmer während der Elternzeit die Verringerung der Arbeitszeit gemäß § 8 TzBfG für den Zeitraum nach den Elternzeit verlangt. Maßstab dafür, ob es sich um eine Verringerung oder Verlängerung der Arbeitszeit handelt, ist die vor der Elternzeit bestehende Arbeitszeit, da Veränderungen der Arbeitszeit während der Elternzeit mit dieser enden.[254]

2.5. ANSPRUCH AUF TEILZEITARBEIT NACH § 81 SGB IX

Nach § 81 Abs. 5 SGB IX sollen die Arbeitgeber die Einrichtung von Teilzeitarbeitsplätzen fördern und sie werden dabei von den Integrationsämtern unterstützt. In diesem Zusammenhang erkennt § 81 Abs. 5 Satz 2 SGB IX an, dass Schwerbehinderte einen Anspruch auf Teilzeitbeschäftigung haben, wenn die kürzere Arbeitszeit wegen Art oder Schwere der Behin-derung notwendig und dem Arbeitgeber zumutbar ist (§ 81 Abs. 4 Satz 3 SGB IX). Nach Auffassung von Hanau[255] ist dies aber kein umfassender Anspruch auf Verringerung der Arbeitszeit, sondern nur zum Übergang von Vollzeit auf Teilzeit unter erschwerten Bedingun-

---

[250] Lindemann / Simon, NJW 2001, S. 263; Sowka, NZA 2000, S. 1190.
[251] Worzalla / Will / Mailänder / Worch / Heise, § 15 BErzGG, S. 352.
[252] So ständige Rechtsprechung des BAG seit Urteil vom 10.2.1992, 10 AZR 450/91; EzA § 15 BErzGG Nr. 44.
[253] Vgl. Hanau, NZA 2001, S. 1172-1173; Rolfs, RdA 2001, S. 138.
[254] Hanau, Klarstellungen zu den neuen Rechtsansprüchen auf Veränderung der Arbeitszeit, S. 9.
[255] Hanau, Klarstellungen zu den neuen Rechtsansprüchen auf Veränderung der Arbeitszeit, S. 9; Hanau, NZA 2001, S. 1173.

gen. Deshalb müsse man den Schwerbehinderten wie den Elternzeitlern das Recht geben, sich auf den allgemeinen Anspruch auf Teilzeitarbeit gemäß § 8 TzBfG zu berufen. Eine Beschränkung auf die Sonderregelung wäre hier besonders sinnwidrig.[256]

2.6. VERLÄNGERUNG DER ARBEITSZEIT NACH § 9 TzBfG

Nach § 9 TzBfG hat der Arbeitgeber einen teilzeitbeschäftigten Arbeitnehmer, der ihm den Wunsch nach einer Verlängerung seiner vertraglich vereinbarten Arbeitszeit angezeigt hat, bei der Besetzung eines entsprechenden freien Arbeitsplatzes bei gleicher Eignung bevorzugt zu berücksichtigen, es sei denn, dass dringende betriebliche Gründe oder Arbeitszeitwünsche anderer teilzeitbeschäftigter Arbeitnehmer entgegenstehen. Der Gesetzgeber hat so mit § 9 TzBfG die Vorschrift des § 5 Abs. 3 b) und c) der Richtlinie 97/81/EG umgesetzt.

Mit dem Gebot der bevorzugten Berücksichtigung wird dem Wunsch des Teilzeitarbeitnehmers ein Vorrang eingeräumt, um damit die Erhöhung der Arbeitszeit zu erleichtern.[257] Nach Ansicht von Rolfs[258] ist der in § 9 TzBfG normierter Vorrang der Teilzeitbeschäftigten bei der Besetzung von Stellen mit größerem Arbeitsvolumen weit weniger problematisch als der Anspruch auf Teilzeitarbeit nach § 8 TzBfG. Dies erklärt sich, weil der Anspruch nämlich nur bei gleicher Eignung bestehe und könne selbst dann noch aus dringenden betrieblichen Gründen oder wegen entgegenstehender Arbeitszeitwünsche anderer Teilzeitbeschäftigter zurückgewiesen werden. Darüber hinaus werden die meisten Arbeitgeber schon aus eigenem betriebswirtschaftlichen Interesse einem solchen Verlängerungswunsch gerne stattgeben, bevor sie eine neue Arbeitskraft einstellen.

Gemäß § 9 TzBfG sind alle Teilzeitarbeitnehmer anspruchsberechtigt. Das gilt sowohl für Arbeitnehmer, die ihre Arbeitszeit nach § 8 TzBfG verringert haben, als auch für Arbeitnehmer, die bereits als Teilzeitbeschäftigte eingestellt waren (z.B. geringfügig Beschäftigte). Auf den Umfang der bisherigen Arbeitszeit kommt es also nicht an.[259] § 9 TzBfG gilt im

[256] In diesem Sinne: Rolfs, RdA 2001, S. 139.
[257] Buschmann / Dieball / Stevens-Bartol, TZA, S. 387.
[258] Rolfs, RdA 2001, S. 139.
[259] Kliemt, NZA 2001, S. 69; Bauer, NZA 2000, S. 1041.

Gegensatz nicht für Vollzeitbeschäftigte; sie können nach § 9 TzBfG keine Verlängerung ihrer Arbeitszeit erreichen. Daraus wird man den Schluss ziehen müssen, dass auch für Teilzeitbeschäftigte die Höchstgrenze für das Verlangen nach Erhöhung der Arbeitszeit die Arbeitszeit eines vergleichbaren Vollzeitbeschäftigten – im Sinne von § 2 Abs. 1 TzBfG – ist. Dies entspricht dem Gesetzeszweck, der darauf ausgerichtet ist, mehr Arbeitsplätze zu schaffen, nicht aber Überstunden zu verfestigen.[260] Es ist auch relevant, dass mit dem Wort „Verlängerung“ im Sinne von § 9 TzBfG nicht gemeint ist, dass der Arbeitnehmer einen Wunsch auf Vollzeitbeschäftigung äußern muss. Es reicht aus, wenn der Arbeitnehmer angibt, mit einer bestimmten längeren Arbeitszeit beschäftigt werden zu wollen.[261] Andererseits ist die Größe des Unternehmens unbeachtlich; der Anspruch besteht auch bei 15 oder weniger Arbeitnehmer.[262]

Es ist weiterhin eine Voraussetzung für die Ausübung des Verlängerungswunschs nach § 9 TzBfG, dass es sich um einen „entsprechenden“ und „freien“ Arbeitsplatz und der Teilzeitarbeitnehmer über dieselbe Eignung verfügt wie derjenige Bewerber, auf den die Wahl ansonsten fiele. *Entsprechend* ist ein Arbeitsplatz, wenn er dem vertraglich vereinbarten Tätigkeitsbereich des Arbeitnehmers, seiner Eignung, Qualifikation und Leistung entspricht und der Arbeitgeber ihn – von der Verlängerung der Arbeitszeit abgesehen – auch im Wege des Direktionsrechts umsetzen könnte.[263] Andererseits ist der Arbeitsplatz nur *Frei*, wenn er unbesetzt ist und wieder besetzt werden soll.[264]

Die Anzeige des Wunschs nach Verlängerung der Arbeitszeit ist formlos – so wie § 8 TzBfG, das für die Geltendmachung des Anspruchs keine Form und Motive verlangt - und der Arbeitnehmer ist nicht gehalten, eine konkrete Arbeitszeitdauer zu bezeichnen, etwa wieviel Wochenstunden künftig gearbeitet werden sollen.[265] Der Arbeitgeber ist allerdings nicht verpflichtet, einen den Wünschen des Arbeitnehmers entsprechenden Arbeitsplatz zu schaffen oder freiwerdende Arbeitsplätze so umzugestalten, dass sie den Wünschen des Arbeitnehmers

---

260 Preis / Gotthardt, DB 2001, S. 150. Ebenso Kliemt, NZA 2001, S. 69.
261 Worzalla / Will / Mailänder / Worch / Heise, § 9 TzBfG, Rn. 3.
262 Link / Fink, AuA 2001, S. 107.
263 Vgl. BAG vom 29.3.1990, AP Nr. 50 zu § 1 KSchG 1969 Betriebsbedingte Kündigung.
264 Rolfs, RdA 2001, S. 139.

ent-sprechen.[266] Hat ein Teilzeitarbeitnehmer seinen Wunsch gemäß § 9 TzBfG angezeigt, dann ist der lediglich Arbeitgeber verpflichtet, ihn bei der Besetzung des freien Arbeitsplatzes gegenüber einem anderen Arbeitnehmer oder Bewerber mit gleicher Eignung bevorzugt zu berücksichtigen. Im Ergebnis läuft die Berücksichtigungspflicht darauf hinaus, dem Arbeitnehmer einen entsprechenden Anspruch auf einen Wechsel zur Vollzeitbeschäftigung einzuräumen.[267]

Im jeden Fall wird diese Berücksichtigungspflicht – unter der Voraussetzung, dass der Arbeitnehmer für die Besetzung des freien Arbeitsplatzes geeignet ist – in die Organisationsfreiheit des Arbeitgebers nicht so stark eingegriffen, weil ihm die Entscheidung obliegt, ob er überhaupt einen (Vollzeit-) Arbeitsplatz einrichtet.[268] Außerdem ist nach der verabschiedeten Gesetzesfassung klargestellt, dass der Arbeitgeber im Fall einer gleichzeitigen Bewerbung mehrerer Teilzeitarbeitnehmer unter ihnen grundsätzlich frei auswählen kann. Der Arbeitgeber hat diese Entscheidung nach billigem Ermessen zu treffen.[269] Der Arbeitgeber muss nicht mehr, wie noch im Regierungsentwurf, eine Auswahl unter sozialen Gesichtspunkte vornehmen, aber dies schließt es nicht aus, dass er auch soziale Gesichtspunkte zu beachten hat.[270]

Die bevorzugte Berücksichtigung kommt nicht in Betracht, wenn dringende betriebliche Gründe entgegenstehen. Anders als in § 8 TzBfG müssen die entgegenstehenden betrieblichen Gründe „dringend" sein. Dies zeigt, dass die Gründe von besonderer Bedeutung und Gewicht sein müssen. Dies wäre beispielweise der Fall, wenn der Arbeitgeber eine freiwerdende Stelle mit einem zuvor betriebsbedingt gekündigten Arbeitnehmer im Wege der Wiedereinstellung zu besetzen hat.[271] Nach der Rechtsprechung des BAG[272] sind Arbeitnehmer, denen wirksam betriebsbedingt gekündigt worden ist, dann wieder einzustellen, wenn während des Laufes der Kündigungsfrist eine Stelle frei wird, auf der sie eingesetzt werden können. Andererseits

---

265 Buschmann / Dieball / Stevens-Bartol, TZA, S. 385.
266 Worzalla / Will / Mailänder / Worch / Heise, § 9 TzBfG, Rn. 5.
267 Vgl. Kliemt, NZA 2001, S. 68; Bauer, NZA 2000, S. 1041.
268 Preis / Gotthardt, DB 2000, S. 2068.
269 BT-Drucks. 14/4625, S. 24. Vgl. Hanau, NZA 2001, S. 1174.
270 Preis / Gotthardt, DB 2001, S. 150. Vgl. BAG vom 20.6.2000, 7 AZR 904/98.
271 Beispiel bei Worzalla / Will / Mailänder / Worch / Heise, § 9 TzBfG, Rn. 11.

können auch entsprechende Wünsche anderer teilzeitbeschäftigter Arbeitnehmer entgegenstehen, wenn sie gleichermaßen geeignet für die Besetzung des freien Arbeitsplatzes sind. Unter ihnen darf der Arbeitgeber, wenn er nicht allen Wünschen zu entsprechen vermag, nach billigem Ermessen entsprechend § 315 BGB auswählen.[273] Dabei ist zu beachten, dass die Wünsche anderer vollzeitbeschäftigter Arbeitnehmer nicht zu berücksichtigen sind.[274]

Ist das Verlängerungswunsch eines Teilzeitarbeitnehmers nach § 9 TzBfG von dem Arbeitgeber zugestanden worden, wird nicht ausdrücklich geregelt, inwieweit sich die Vergütung infolge der Arbeitszeitverlängerung erhöht. § 9 TzBfG hat damit ausschließlich arbeitszeitrechtlichen Bezug. Grundsätzlich richtet sich die Vergütung nach dem zu besetzenden freien Arbeitsplatz. Bleibt der Inhalt der vom Arbeitnehmer zu leistenden Tätigkeiten im Wesentlichen unverändert, so dass sich lediglich die Arbeitszeit verlängert, bleibt auch das Äquivalenzverhältnis im fortbestehenden Arbeitsvertrag grundsätzlich unverändert. Das bedeutet, dass sich bei einer Verlängerung der Arbeitszeit die Vergütung im gleichen Verhältnis erhöht.[275]

Schließlich ist zu betrachten, dass die Einstellung eines Arbeitnehmers ohne Beachtung von § 9 TzBfG eine gegen das Gesetz verstoßende personelle Maßnahme im Sinne von § 99 Abs. 2 Nr. 1 BetrVG ist.[276] Der Arbeitgeber muss dann im Falle des Widerspruchs das Zustimmungsersetzungsverfahren nach § 99 Abs. 4 BetrVG einleiten.[277] Der Arbeitnehmer kann auch die Besetzung der Stelle im Verfahren der einstweiligen Verfügung untersagen und im Hauptsach-verfahren im Wege der sogenannten „arbeitsrechtlichen Konkurrentenklage" die Auswahl-entscheidung des Arbeitgebers überprüfen lassen,[278] wenn er der Auffassung ist, dass sein Begehren zu Unrecht abgelehnt worden ist.[279]

---

[272] BAG vom 28.6.2000, 7 AZR 904/98, DB 2000, S. 2171 ff.
[273] BT-Drucks. 14/4625, S. 24.
[274] Worzalla / Will / Mailänder / Worch / Heise, § 9 TzBfG, Rn. 12.
[275] Zutreffend: Buschmann / Dieball / Stevens-Bartol, TZA, S. 382.
[276] BT-Drucks. 14/4625, S. 24.
[277] Zum Thema siehe: Buschmann / Dieball / Stevens-Bartol, TZA, S. 255.
[278] Vgl. BAG vom 2.12.1997, AP Nr. 40 zu Art. 33 Abs. 2 GG; Gotthardt, Teilzeitanspruch und einstweiliger Rechtsschutz, NZA 2001, S. 1183 ff.
[279] Rolfs, RdA 2001, S, 140.

2.7. ÄNDERUNGSKÜNDIGUNG

Eine andere Alternative zur Umgestaltung des bestehenden Arbeitsverhältnisses ergibt sich aus der Änderungskündigung. So ist es nach Initiative des Arbeitgebers und unter besonderer Berücksichtigung der Regelungen des KSchG möglich, ein Vollzeitarbeitsverhältnis in ein Teilzeitarbeitsverhältnis umzuwandeln. Die Änderungskündigung spielt unter dieser Perspektive eine wichtige Rolle hinsichtlich des Vertragsinhaltsschutzes, weil § 2 KSchG einen Schutz vor einseitigen Veränderungen des Arbeitsverhältnisses bewirkt.[280]

Nach § 2 KSchG ist die Änderungskündigung eine vom Arbeitgeber ausgesprochene Kündigung, mit welcher der Arbeitgeber dem Arbeitnehmer zugleich die Fortsetzung des Arbeitsverhältnisses zu geänderten Arbeitsbedingungen anbietet.[281] Die Änderungskündigung besteht also aus zwei Elementen: Kündigung des Arbeitsverhältnisses und damit verbundenem Angebot auf Fortsetzung des Arbeitsverhältnisses zu geänderten Arbeitsbedingungen.[282] Dabei sind im Regelfall die Kündigungsfristen einzuhalten. Außerdem muss eine vom Arbeitgeber ausgesprochene Änderungskündigung die allgemeinen und besonderen Kündigungsschutzbestimmungen beachten.[283]

Eine Änderungskündigung kann durch den Arbeitgeber gegenüber einen Arbeitnehmer ausgesprochen werden, um die vertraglich vereinbarte Dauer oder Lage der Arbeitszeit zu verändern. Sie kommt immer dann in Betracht, wenn dem Arbeitgeber die Weiterbeschäftigung des Arbeitnehmers zwar nicht mehr zu den ursprünglichen, wohl aber zu veränderten Bedingungen möglich und zumutbar ist. Das folgt aus dem Grundsatz der Verhältnismäßigkeit. Danach ist der Arbeitgeber gehalten, dem Arbeitnehmer vor Ausspruch einer Beendigungskündigung von sich aus eine mögliche Weiterbeschäftigung zu veränderten Bedingungen anzubieten.[284]

---

[280] Vgl. BAG vom 7.3.1973, AP Nr. 1 zu § 626 BGB Änderungskündigung; BAG vom 19.5.1993, AP Nr. 31 zu § 2 KSchG 1969.
[281] Hueck / v. Hoyningen-Huene, Kündigungsschutzgesetz – Kommentar, 12. Auflage, München, 1997, § 2 KSchG, Rn. 3.
[282] Götz, Grundzüge des Arbeitsrechts – Arbeitsvertragsrecht, 3. Auflage, München, Wien, 1996, S. 217.
[283] Staudacher / Hellmann, S. 70.
[284] Brox / Rüthers, Arbeitsrecht, S. 149.

Im Betracht kommt, dass der Arbeitgeber das Mittel der Änderungskündigung einsetzt, um den Vertragspartner zur Veränderung des Arbeitszeitdeputats zu bewegen.[285] Dabei muss allerdings die Kündigungsabsicht in der Erklärung klar zum Ausdruck kommen. Insbesondere muss deutlich werden, dass das Arbeitsverhältnis endet, wenn das Änderungsangebot nicht zumindest unter Vorbehalt angenommen wird.[286] Zudem muss das Vertragsangebot so konkret sein, wie § 145 BGB es verlangt, d.h. die neuen Arbeitsbedingungen müssen so bezeichnet werden, dass der Arbeitnehmer auf das Angebot „Ja" antworten kann. Fehlt der Änderungskündigung ein in dieser Weise bestimmtes Änderungsangebot, ist sie schon auf diesem Grunde unwirksam.[287]

Der Arbeitnehmer hat verschiedene Reaktionsmöglichkeiten gegenüber einer Änderungskündigung. Im einzelnen kann er das Änderungsangebot annehmen. Es gelten dann zum vereinbarten Zeitpunkt die geänderten Arbeitsbedingungen und insbesondere die verkürzte Arbeitszeit. Der Arbeitnehmer kann auch das Änderungsangebot ohne Vorbehalt ablehnen. Im diesen Fall kann der Arbeitnehmer innerhalb der Dreiwochenfrist die Kündigungsschutzklage erheben. Verliert er den Rechtsstreit, dann ist durch die Kündigung das Arbeitsverhältnis ausgelöst; der Arbeitnehmer verliert seinen Arbeitsplatz, weil er auf die vom Arbeitgeber vorgeschlagene Änderung des Arbeitsverhältnis nicht eingegangen ist.[288]

Letztendlich hat der Arbeitnehmer eine dritte Möglichkeit; er kann das Änderungsangebot unter dem Vorbehalt, dass die Änderung der Arbeitsbedingungen nicht sozial gerechtfertigt ist, annehmen, was das Prozessrisiko des Arbeitnehmers begrenzt wird. Der Arbeitnehmer muss in diesem Fall zunächst ab dem Kündigungstermin zu den geänderten Arbeitsbedingungen arbeiten und innerhalb der Dreiwochenfrist die Feststellungsklage erheben. Verliert der Arbeitnehmer diesen Prozess, wird sein Vorbehalt wirkungslos; es gelten

---

[285] Schüren, MünchHdb-ArbR, § 162, Rn. 8.

[286] BAG vom 30.5.1980, AP Nr. 8 zu § 611 BGB Arzt-Krankenhaus-Vertrag; BAG vom 27.5.1982, DB 1984, S. 620.

[287] Preis, Arbeitsrecht, S. 722; vgl. LAG Hamm vom 25.7.1986 LAGE § 2 KschG Nr. 4; LAG Rheinland-Pfalz vom 6.2.1987 LAGE § 2 KschG Nr. 6.

[288] Vgl. Preis, Arbeitsrecht, S. 723-724; Brox / Rüthers, S. 149-150; Zöllner / Loritz, S. 311-313.

die neuen Arbeits-bedingungen. Gewinnt er aber, so gilt die Änderungskündigung als von Anfang als unwirksam (§ 8 KSchG), es bleibt bei den alten Arbeitsbedingungen.[289]

Im Zusammenhang mit den allgemeinen Regelungen zur Änderungskündigung ist nach dem neuen Recht der Teilzeitarbeit wichtig, die Vorschrift des § 11 TzBfG zu beachten. § 11 TzBfG setzt § 5 Abs. 2 der Richtlinie über Teilzeitarbeit im deutschen Recht um und anerkannt ein besonderes Kündigungsverbot. Gemäß dieser Vorschrift ist die Kündigung eines Arbeitsverhältnisses wegen der Weigerung eines Arbeitnehmers, von einem Vollzeit in ein Teilzeitarbeitsverhältnis oder umgekehrt zu wechseln, unwirksam. Das Recht zur Kündigung des Arbeitsverhältnisses aus anderen Gründen bleibt jedoch unberührt. Dieses Kündigungsverbots greift lediglich ein, wenn die Kündigung gerade wegen der Weigerung des Arbeit-nehmers, seine Arbeitszeit zu verlängern oder zu verkürzen erfolgen soll. Rolfs[290] ist zuzustimmen, das § 11 TzBfG die Regelungen zur Änderungskündigung nicht besonders beinträchtigen, denn eine Änderungskündigung normalerweise nicht auf dieser Weigerung, sondern auf einer zeitlich und sachlich vorgelagerten betrieblichen Organisationsentscheidung des Arbeitgebers beruhe. Kündigungen und auch Änderungskündigungen aus dringenden betrieblichen Gründen im Sinne des § 1 Abs. 2 KSchG bleiben unberührt (§ 11 Satz 2 TzBfG). Sei der tragende Grund für die Kündigung wirtschaftlicher, technischer oder organisatorischer Natur und die Weigerung einer einvernehmlichen Arbeitszeitänderung lediglich ihr Anlass, greife § 11 TzBfG nicht.[291] § 11 TzBfG ändert daher nichts an der bisherigen Rechtslage, dass eine Änderungskündigung zur Reduzierung der Arbeitszeit bei verringertem Arbeitsanfall oder zur Durchsetzung eines unternehmerischen Konzepts, nach dem auf bestimmten Arbeits-plätzen nur Vollzeit- oder Teilzeitkräfte eingesetzt werden sollte, möglich sei. Ein solches Konzept könne nur daraufhin überprüft werden, ob es offenbar sachwidrig, unvernünftig oder willkürlich sei.[292]

---

[289] Vgl. Hueck / v. Hoyningen-Huene, § 2 KSchG, Rn. 2 b; Götz, S. 218-219.
[290] Rolfs, RdA 2001, S. 131-132.
[291] Vgl. Schiefer, DB 2000, S. 2121; Preis / Gotthardt, DB 2000, S. 2069.
[292] Vgl. BAG vom 3.12.1998, AP Nr. 39 zu § 1 KSchG 1969 Soziale Auswahl.

IV. INHALT DES TEILZEITARBEITSVERHÄLTNISSES

1. ALLGEMEINES

Der Teilzeitarbeitsvertrag hat, wie jeder Arbeitsvertrag, als wesentlichen Effekt, dass er Rechte und Pflichten für beide Arbeitsvertragsparteien – Teilzeitarbeitnehmer und Arbeitgeber – begründet. Aufgrund des Arbeitsvertrages ist der Teilzeitarbeitnehmer vor allem zur Arbeitsleistung „unter Leitung und nach Weisung des Arbeitgebers“[293] verpflichtet und der Arbeitgeber verpflichte sich zur Zahlung des vereinbarten Entgeltes. Darüber hinaus obliegen dem Arbeitnehmer wegen der personenrechtlichen Elemente des Arbeitsvertrages eine Reihe von Verhaltenspflichten und für den Arbeitgeber kommen daneben sonstige Pflichten, vor allem Schutzpflichten, in Betracht. So ergibt sich für den Arbeitsvertrag eine andere synallagmatische Verknüpfung von Leistung und Gegenleistung als für den freien Dienstvertrag. Die vertragliche Leistung des Arbeitnehmers, für die ihm die Vergütung geschuldet wird, besteht darin, dass er seine Arbeitskraft zur Verfügung stellt. Selbstverständlich ist der eigentliche und typische Sinn des Arbeitsvertrages die Leistung von Arbeit. Aber es ist eine Sache des Arbeitgebers, die Arbeitskraft des Arbeitnehmers sinnvoll einzusetzen. Welche konkreten Arbeitsleistungen zu erbringen sind, ergibt sich später bei Vollzug des Arbeitsvertrages aus den Anforderungen des Arbeitsplatzes und den Weisungen des Arbeitgebers.[294]

Die zwischen einem Teilzeitarbeitnehmer und dem Arbeitgeber bestehenden Rechte und Pflichten richten sich in erster Linie nach der arbeitsvertraglichen Vereinbarung, daneben aber auch – soweit im Betrieb vorhanden – nach Regelungen in mit dem Betriebsrat geschlossenen Betriebsvereinbarungen oder nach tarifvertraglichen Bestimmungen, soweit diese auf den Betrieb Anwendung finden und aufgrund beiderseitiger Tarifverbindung von Arbeitgeber und Arbeitnehmer gemäß § 4 Abs. 1 TVG das jeweilige Arbeitsverhältnis erfassen. Soweit der Arbeitsvertrag – wie meist – die Arbeitspflicht nicht abschließend festlegt, ist der Arbeitnehmer verpflichtet, die Weisungen des Arbeitgebers zu befolgen. Im Rahmen des

---

[293] So § 3 des Entwurfs „Allgemeines Arbeitsvertragsrecht“, 1977, zit. von Müller-Glöge, in MünchKom-BGB zu § 611, Band 4, 3. Auflage, München, 1997, S. 184.
[294] Vgl. Brox / Rüthers, S. 56 ff.; Müller-Glöge, in MünchKom-BGB zu § 611, S. 184-185.

Arbeitsvertrages hat der Arbeitgeber deshalb das Recht (Direktionsrecht), Zeit, Ort und Art der Arbeit sowie das Verhalten des Arbeitnehmers im Betrieb einseitig zu bestimmen, soweit es für den Betriebszweck erforderlich ist.[295]

Grundsätzlich finden auch die Arbeitnehmerschutzgesetze auf Teilzeitarbeitsverhältnisse Anwendung.[296] Infolgedessen ist generell auf das Teilzeitarbeitsverhältnis das Arbeitsrecht in vollem Umfang anzuwenden. Ausgeschlossen sind nur solche Normen, die nach ihrem Sinn und Zweck keine Anwendung finden können, also z.B. diejenigen, die die Einhaltung der vollen Arbeitszeit voraussetzen.[297]

2. PFLICHTEN UND NEBENPFLICHTEN DES TEILZEITARBEITNEHMERS

2.1. ARBEITSPFLICHT

Der Arbeitnehmer ist im Wesentlichen nach § 611 Abs. 1 BGB zur Leistung der „versprochenen Dienste“ verpflichtet. Da die Arbeitsleistung eine höchstpersönliche Pflicht ist, hat der Arbeitnehmer persönlich die Leistung der versprochenen Arbeit zu erbringen (§ 613 Satz 1 BGB). Aus der Auslegung der Regel folgt, dass der Arbeitnehmer die Arbeitsleistung nicht durch einen Ersatzmann oder Gehilfen erbringen lassen kann.[298] Andererseits ist der Arbeitnehmer aber auch im Zweifel nicht verpflichtet, im Falle seiner Leistungsverhinderung einen Ersatzmann zu stellen.[299]

Hinsichtlich des Inhalts und Umfanges der Verpflichtung des Arbeitnehmers ist es möglich, zwischen Art, Ort und Zeit der Arbeitspflicht zu unterscheiden:

a) **Art der Arbeitsleistung**: Die Art der Arbeitsleistung bestimmt sich aus dem Inhalt des Arbeitsvertrages, der unter Berücksichtigung kollektivvertraglicher Normen nach Treu und Glauben und der Verkehrssitte sowie einer etwa bestehenden Betriebsübung

---

[295] Hanau / Adomeit, Arbeitsrecht, 12. Auflage, Neuwied, 2000, S. 187.

[296] Nebendahl, S. 11.

[297] Schaub, BB 1990, S. 1070.

[298] Von der Auslegungsregel des § 613 Satz 1 BGB kann vertraglich abgewichen werden. Es kann ausdrücklich oder stillschweigend vereinbart werden, dass der Arbeitnehmer zur Erfüllung der Arbeitspflicht Dritte hinzuzuziehen kann. In diesem Sinne: Götz, S. 40.

auszulegen ist. Die Art der zu leistenden Arbeit muss nach § 2 NachwG im Arbeitsvertrag angegeben werden.[300] Der Arbeitsvertrag wird entweder ausdrücklich regeln, wofür der Arbeitnehmer eingestellt wird, oder es wird entsprechendes aus den Umständen der Einstellung zu entnehmen sein (§ 157 BGB). Nur dort, wo für die Wahrnehmung der Arbeitsaufgabe keine besonderen Kenntnisse und Fähigkeiten erwartet werden, ist es möglich, dass der Tätigkeitsbereich nicht näher abgegrenzt wird, der Arbeitnehmer also jede Arbeit zu verrichten hat, die ihm zugewiesen wird.[301] Darüber hinaus erfolgt die Bestimmung der jeweils konkret zu erbringenden Arbeitsleistung durch die aufgrund des Weisungsrechts ergehenden Einzelweisungen des Arbeitgebers. Diese Weisungen müssen sich allerdings im Rahmen von Gesetz, Kollektivvertrag und Einzelvertrag halten.[302]

Ein Wechsel in der Art der Beschäftigung kann dem Arbeitnehmer aufgrund des Weisungsrechts nur auferlegt werden, wenn die sich aus dem Arbeitsvertrag ergebenden Grenzen eingehalten werden (§ 305 BGB). Je weniger detailliert die Tätigkeit des Arbeitnehmers dort umschrieben ist, um so weiter sind die Grenzen. Freilich kann sich durch eine für längere Zeit ohne entsprechenden Vorbehalt zugewiesene Tätigkeit eine Verengung ergeben, soweit nämlich der Arbeitnehmer darauf vertrauen darf, sein Pflichtenkreis begrenze sich künftig auf Tätigkeiten dieser Art.[303] Zu den vom Arbeitnehmer zu übernehmenden Tätigkeiten gehören auch Nebenarbeiten, selbst wenn dies nicht ausdrücklich vereinbart worden ist. Voraussetzung ist allerdings, dass die Nebenarbeiten in einem unmittelbaren Zusammenhang mit der Haupttätigkeit stehen.[304]

b) **Ort der Arbeitsleistung**: Der Ort der Arbeitsleistung ergibt aus dem Arbeitsvertrag. Fehlt eine ausdrückliche Regelung, so ist im Wege der Auslegung unter Berücksichtigung der näheren Umstände zu ermitteln, für welchen Arbeitsort der Arbeitnehmer eingestellt

---

[299] Eine Ausnahme dieser Regel ist der Arbeitsplatzteilung (Job-Sharing), in der das Prinzip der persönlichen Arbeitsleistung durchbrochen wird.
[300] Schaub, Arbeitsrechts-Handbuch, S. 366.
[301] Staudinger / Richardi, Kommentar zum Bürgerlichen Gesetzbuch (KzBGB), Zweites Buch, Recht der Schuldverhältnisse, 13. Bearbeitung, Berlin, 1999, § 611 BGB, Rn. 319.
[302] So Preis, Arbeitsrecht, S. 264-266.
[303] Zöllner / Loritz, S. 164-165. Siehe auch: BAG vom 27.3.1980, AP Nr. 26 zu § 611 BGB Direktionsrecht; Staudinger / Richardi, KzBGB, § 611 BGB, Rn. 321.
[304] Götz, S. 41

wurde (§ 269 Abs. 1 BGB). In der Regel ist Leistungsort der Betrieb des Arbeitgebers. Im übrigen bestimmt der Arbeitgeber kraft seines Weisungsrechts den Ort.[305]

Das Direktionsrecht hinsichtlich des Arbeitsortes bedarf keiner ausdrücklichen Vereinbarung, sondern kann sich aus der Tätigkeitsbeschreibung bzw. dem Wesen der Tätigkeit ergeben. Der Tätigkeit eines Arbeitnehmers kann es immanent sein, an verschiedenen wechselnden Einsatzorten zu arbeiten (z.B. bei Bau- und Montagearbeitern und Reinigungsunternehmen).[306] In diesen Fällen ist der Arbeitgeber berechtigt, den Arbeitsort täglich neu festzulegen.[307] Lässt sich dem Arbeitsvertrag eine Konkretisierung nicht entnehmen und ist insbesondere die Auslegung nicht möglich, dass der Arbeitnehmer für eine bestimmte Arbeitsstelle eingestellt worden ist, kann sich aus dem Direktionsrecht des Arbeitgebers die Befugnis ergeben, den Arbeitnehmer an unterschiedlichen Orten einzusetzen. Eine solche Befugnis ist allerdings nur in Ausnahmefällen vom Weisungsrecht des Arbeitgebers gedeckt.[308] Nach der Rechtsprechung[309] ist zu beachten, dass - auch wenn der Arbeitgeber kraft Arbeits- oder Tarifvertrag die Möglichkeit zur Versetzung[310] an einen anderen Arbeitsort hat – die konkrete Leistungsbestimmung stets billigem Ermessen ent-sprechen muss, d.h. es bedarf einer Abwägung der Interessenlage beider Vertragsparteien im Einzelfall. Dabei sind auch die unter Umständen bedeutenden Auswirkungen auf die private Lebensführung zu berücksichtigen.[311] Andererseits ist zu berücksichtigen, dass die konkrete Bestimmung des Arbeitsortes relevant ist, weil der Ort der Arbeitsleistung zumeist Anknüpfungspunkt für das auf das Arbeitsverhältnis anzuwendende Recht ist. Regelmäßig ist auch am Arbeitsort vom Arbeitgeber die Vergütung zu zahlen.[312]

[305] Schaub, Arbeitsrechts-Handbuch, S. 364.
[306] Preis, Arbeitsrecht, S. 262-263.
[307] LAG Berlin vom 25.4.1988 LAGE § 611 BGB Direktionsrecht Nr. 2.
[308] LAG München vom 24.2.1988, BB 1988, S. 1753.
[309] So LAG Berlin vom 25.4.1988 LAGE § 611 BGB Direktionsrecht Nr. 2.
[310] Unter dem Begriff der Versetzung wird sowohl die Änderung des Arbeitsortes als auch die Änderung der Arbeitsart verstanden. Siehe: Schaub, Arbeitsrechts-Handbuch, S. 364-365.
[311] LAG Hamm vom 22.3.1974, DB 1974, S. 877.
[312] Schaub, Arbeitsrecht-Handbuch, S. 366.

c) **Zeitliche Lage der Arbeitsleistung**: Grundsätzlich bezeichnet die Arbeitszeit die Zeitspanne, während der ein Arbeitnehmer – auch wenn er nicht arbeitet – seine Arbeitskraft dem Arbeitgeber zur Verfügung stellen muss.[313] Nach § 2 AZG ist Arbeitszeit die Zeit vom Beginn bis zum Ende der Arbeit ohne die Ruhepausen. Hinsichtlich der Arbeitszeit ist zwischen Dauer und Lage zu unterscheiden, d.h. man hat den zeitlichen Umfang der vertraglich geschuldeten Arbeitsleistung von der Verteilung der Arbeitszeit auf Tag und Stunde in der Woche oder im Monat zu unterscheiden. Durch den zeitlichen Umfang der Arbeitsleistung wird das Verhältnis von Leistung und Gegenleistung festgelegt, während die Bestimmung der Leistungszeit durch Festlegung von Beginn und Ende der täglichen Arbeitszeit und der Pausen sowie die Verteilung der Arbeitszeit auf die einzelnen Wochen- oder Monatstage der Dienstleistungsschuld ihre zeitliche Fixierung gibt. Beide Elemente bestimmen den Inhalt der Dienstleistungsschuld.[314] Diese Unterscheidung ist zum einen relevant für die individualrechtliche Frage, inwieweit dem Arbeitgeber arbeitsvertraglich ein einseitiges Gestaltungsrecht eingeräumt wird, zum anderen kollektivrechtlich für die Mitbestimmung des Betriebsrates nach § 87 Abs. 1 Nr. 2 BetrVG, denn beide beziehen sich nur auf die Lage, nicht auf die Dauer. Von daher sind beide Arbeitszeitkomponenten streng voneinander zu trennen.[315]

Der Umfang des Arbeitsdeputats wird in der Regel durch die Arbeitsvertragsparteien selbst oder die Tarifvertragsparteien festgelegt. Im Bereich der Teilzeitbeschäftigung überlassen die Tarifvertragsparteien die Festlegung der Arbeitszeitdauer häufig den Arbeitsvertragsparteien.[316] Die Vereinbarung einer variablen Arbeitszeitdauer, die einseitig vom Arbeit-geber bestimmt wird, ist gemäß § 12 TzBfG nicht zulässig. Ob die tarifliche Festlegung des Mindestarbeitsdeputats von Teilzeitbeschäftigten möglich ist, begegnet nach Ansicht von Schüren[317] erheblichen Zweifeln. Denn ein tarifliches Verbot, z.B. Wochenarbeitszeiten unter zwanzig Stunden zu vereinbaren, schließe solche

---

[313] In diesem Sinne: Biermann, Die Gleichbehandlung von Teilzeitbeschäftigten bei entgeltlichen Ansprüchen, S. 453; Martín Valverde / Rodríguez - Sañudo Gutiérrez / García Murcia, Derecho del Trabajo, 9. Auflage, Madrid, Spanien, 2000, S. 542.

[314] Staudinger / Richardi, KzBGB, § 611 BGB, Rn. 336.

[315] Buschmann / Dieball / Stevens-Bartol, TZA, S. 414.

[316] Schüren, MünchHdb-ArbR, § 158, Rn. 22; zit. von Biermann S. 453.

[317] Schüren, MünchHdb-ArbR, § 162, Rn. 42.

Arbeitnehmer von der Verwertung ihrer Arbeitskraft aus, die nicht so lange arbeiten können. Das werde sehr häufig Frauen betreffen, so dass hier eine mittelbare Diskriminierung in Betracht kommen könne. Im übrigen lasse sich vertreten, dass das Günstigkeitsprinzip dann kürzere Arbeitszeiten trage, wenn sie in erheblichen Umfang nachgefragt werden.

Der Arbeitgeber ist aufgrund seines Direktionsrechtes grundsätzlich befugt, die Lage der Arbeitszeit eines Teilzeitbeschäftigten durch einseitige Weisung festzulegen. Mittelbar ergibt sich das aus § 12 TzBfG. Die einseitige Bestimmung der Lage der Arbeitszeit ist allerdings nur möglich, wenn der Arbeitsvertrag weder ausdrückliche noch konkludente Vereinbarungen zu diesem Punkt enthält und die Verpflichtung zur Arbeitsleistung sich auch nicht durch tatsächliches Verhalten auf eine bestimmte Arbeitszeitlage konkretisiert hat.[318] Bei der Ausübung seines Direktionsrechtes ist der Arbeitgeber jedoch an vorhandene Betriebsvereinbarungen nach § 87 Abs. 1 Nr. 2 BetrVG und an die durch das AZG vorgeschriebenen Rahmenbedingungen gebunden. Darüber hinaus hat der Arbeitgeber die Lage der Arbeitszeit nach billigem Ermessen festzulegen (§ 315 BGB). Eine an der Billigkeit orientierte Regelung der Arbeitszeitlage darf sich nicht allein an den Arbeitgeberinteressen orientieren. Sie muss auch die Bedürfnisse des Arbeitnehmers berücksichtigen, der eventuell in einem weiteren Arbeitsverhältnis steht oder anderweitige Verpflichtungen hat.[319] So ist z.B. der Arbeitgeber nach billigem Ermessen nicht befugt, im Rahmen allgemeiner Arbeitsbedingungen für Teilzeitarbeitsverhältnisse mit vereinbarten festen Arbeitszeiten ein ergänzendes freies Direktionsrecht hinsichtlich der Lage der Arbeitszeit festzulegen.[320]

2.2. VERPFLICHTUNG ZUR LEISTUNG VON MEHRARBEIT / ÜBERSTUNDEN

Stellt der Teilzeitarbeitnehmer über die vereinbarte Arbeitszeit hinaus seine Arbeitskraft dem Arbeitgeber zur Verfügung, so wird dieser Zeitraum als Überstunden, Überarbeit oder teil-

[318] Langmaack, S. 83.
[319] In diesem Sinne: Langmaack, S. 84.
[320] Siehe LAG Hamm, BB 1975, S. 603; ArbG Freiburg, DB 1988, S. 184.

weise als Mehrarbeit bezeichnet.[321] Die uneinheitliche Terminologie ist darauf zurückzuführen, dass der Gesetzgeber eine Definition des Begriffes Überstunden bislang unterlassen hat. Grundsätzlich steht es daher den Arbeitsvertragsparteien oder Tarifpartnern frei, die Begriffe in einem bestimmten Sinn zu verwenden. Immer ist daher zu fragen, wie der Verwender den Begriff verstanden hat.[322]

Anders als Vollzeitkräfte sind Teilzeitkräfte regelmäßig nicht verpflichtet, nach Bedarf bzw. bei unvorsehbarem oder vorübergehendem zusätzlichen Arbeitsanfall über das vereinbarte Arbeitsdeputats hinaus Mehrarbeit zu leisten.[323] Der Abschluß eines Teilzeitarbeitsvertrages indiziert, dass der Arbeitnehmer dem Arbeitgeber nur im Rahmen der vereinbarten Arbeitszeit zur Verfügung stehen will. Bei einer Vollzeitkraft kann nicht regelmäßig davon ausgegangen werden, dass sie durch eine weitere Erwerbstätigkeit oder durch Familienarbeit so stark gebunden ist, dass Mehrarbeit unzumutbar ist. Bei Teilzeitkräften sind solche Bindungen hingegen so häufig, dass hier eine konkludente Bereitschaft zur Mehrarbeit nicht unterstellt werden darf. Eine Pflicht zur Leistung von Mehrarbeit besteht deshalb nur dann, wenn sie arbeitsvertraglich vereinbart ist.[324] Außerdem ist es ebenso wie für Vollzeitarbeitnehmer auch für Teilzeitbeschäftigte möglich, per Tarifvertrag Umfang und Grenzen der Verpflichtung zur Mehrarbeit festzulegen.[325] Dies muss aber ausdrücklich geschehen, um die Teilzeitkräfte einzu-beziehen, denn angesichts der im Regelfall unterschiedlichen persönlichen Verhältnisse kann nicht unterstellt werden, dass eine allgemeine Mehrarbeitsregelung sich auch auf Teilzeitkräfte erstreckt.[326]

Umstritten ist, ob der Arbeitgeber bei Teilzeitbeschäftigung einseitig bei der Ausübung des Direktionsrechts Mehrarbeit anordnen kann. Fehlt es an einer ausdrücklichen Regelung in einem anwendbaren Tarifvertrag oder im Arbeitsvertrag ist nach Meinung von Lipke[327] der Arbeitgeber nicht berechtigt, gegen den Willen des Teilzeitarbeitnehmers Mehrarbeit zu

[321] Vgl. Schaub, Arbeitsrechts-Handbuch, S. 375.
[322] Biermann, S. 453.
[323] Langmaack, S. 84. In selbem Sinne: Sowka / Köster, Teilzeitarbeit und geringfügige Beschäftigung, München, 1993, S. 47.
[324] Schüren, MünchHdb-ArbR, § 162, Rn. 65.
[325] Siehe Lipke, GK-TzA, § 2 BeschFG, Rn. 108.
[326] LAG Hamm vom 6.3.1995, ZTR 1995, S. 319.

fordern. Aus der Vereinbarung von Teilzeitarbeit folge, dass der Arbeitnehmer seine Arbeitskraft dem Arbeitgeber nur eine beschränkte Arbeitszeit zur Verfügung stellen wolle, um freie Zeit zu gewinnen.[328] Demgegenüber vertreten Sowka und Köster[329] die Auffassung, dass der Arbeitgeber bei Teilzeitbeschäftigten grundsätzlich unter den gleichen Voraussetzungen wie bei Vollzeitbeschäftigten zur Anordnung von Überstunden berechtigt ist. Dies gelte nur dann nicht, sofern sich aus dem Arbeitsvertrag selbst, aus den Vertragsverhandlungen oder aus persönlichen Umständen des Arbeitnehmers (z.B. ausdrücklichen Hinweisen auf Kinderbetreuung) etwas anderes ergebe. Indessen muss grundsätzlich davon ausgegangen werden, dass Teilzeitarbeitnehmer auf der Grundlage ihrer arbeitsvertraglichen Treupflicht (§ 242 BGB) auch ohne eindeutige Regelung im Arbeitsvertrag und/oder im Tarifvertrag zur Leistung von Überstunden/Mehrarbeit verpflichtet sind, wenn diese aus betrieblichen Gründen erforderlich ist. Insoweit gilt für sie nichts anderes als für Vollzeitbeschäftigte.[330]

2.2.1. VERGÜTUNG VON MEHRARBEIT / ÜBERSTUNDEN

Leistet der Teilzeitarbeitnehmer Über- oder Mehrarbeit, so hat er nach h.M. nur dann Anspruch auf Mehrarbeitszuschläge, wenn er die gesetzliche bzw. betriebliche Arbeitszeit überschreitet. Dagegen sollen diese Zuschläge nicht bereits dann gegeben sein, wenn die individuelle Arbeitszeit überschritten wird, es sei denn, dass dies vereinbart worden ist.[331] Im Grundsatz ist der Arbeitgeber nicht verpflichtet, jegliche Überarbeit gesondert zu vergüten. Ein allgemeiner Rechtssatz dahingehend, dass jede Mehrarbeitszeit oder dienstliche Anwesenheit eines Arbeitnehmers über die vereinbarte oder betriebsübliche Wochenarbeitszeit hinaus zu vergüten ist, besteht nicht.[332] Ebenso wie die Verpflichtung des Arbeitnehmers zur Erbringung von Überstunden seine Grundlage im Arbeitsvertrag oder einer kollektivrechtlichen Regelung finden muss, setzt auch die Vergütungspflicht des Arbeitgebers eine entsprechende Vereinba-rung im Arbeitsvertrag oder eine gesetzliche, tarifvertragliche oder betriebsverfassungsrechtliche Anspruchsnorm voraus. Besteht keine kollektiv- oder

---

[327] Lipke, GK-TzA, § 2 BeschFG, Rn. 108.
[328] Vgl. Staudacher / Hellmann, S. 87-88; Schaub, BB 1990, S. 1071.
[329] Sowka / Köster, S. 47.
[330] Vgl. Langmaack, S. 84; Staudacher / Hellmann, S. 87.
[331] Schaub, BB 1990, S. 1071.
[332] In diesem Sinne: BAG vom 4.5.1994, NZA 1994, S. 1035 ff; LAG Köln vom 7.9.1989, NZA 1990, S. 349 ff.

einzelvertragliche Regelung für die Vergütung von Überstunden, so kann der Arbeitnehmer regelmäßig gemäß § 612 BGB die Grundvergütung für die Überarbeit verlangen.[333] Mit dem Arbeitszeitgesetz (AZG), das die Arbeitszeitordnung 1994 ablöste, entfiel die gesetzliche Anspruchsgrundlage für die Mehrarbeitszuschläge jenseits der 48. Wochenstunden. Arbeitsstunden über das vereinbarte Deputat hinaus sind mit dem üblichen Stundensatz zu vergüten, es sei denn, es gibt eine besondere Anspruchsgrundlage für Zuschläge, üblicherweise, ist das ein Tarifvertrag.[334]

Hinsichtlich der Überstundenvergütung für Teilzeitarbeitnehmer war seit einigen Jahren in Deutschland eine Diskussion, ob Teilzeitbeschäftigten bereits bei Überschreiten der individuell vereinbarten Arbeitszeit ein Anspruch auf Zahlung von Überstundenzuschlägen zusteht oder erst bei der Überschreitung der tarifvertraglich vereinbarten Regelarbeitszeit. Dies ist von Bedeutung, denn zahlreiche Tarifverträge sehen vor, dass Teilzeitbeschäftigte neben der Überstundenvergütung Überstundenzuschläge erst dann erhalten, wenn sie über die regelmäßige Arbeitszeit eines Vollzeitarbeitnehmers hinaus Mehrarbeit leisten. Die Literatur[335] und die Rechtsprechung hatten die Frage unterschiedlich beantwortet. Während einige Gerichte[336] die Auffassung vertraten, dass derartige Tarifbestimmungen u.a. einen Verstoß gegen das in Art. 141 EGV (Art. 119 a.F. EGV) enthaltene Diskriminierungsverbot darstellen und von daher als nichtig anzusehen seien, sahen andere Instanzgerichte[337] die Regelung nicht als problematisch an. Zwar wurde auch vom BAG[338] eine unterschiedliche Behandlung bejaht, diese aber wegen Vorhandenseins eines sachlichen Grundes für gerechtfertigt angesehen.[339]

Das Landesarbeitsgericht Hamm[340] sowie andere Arbeitsgerichte[341] haben den EuGH zur Vorabentscheidung die Frage vorgelegt, ob die tarifliche Regelung, dass Überstunden von

333 Biermann, S. 456-457.
334 Schüren, MünchHdb-ArbR, § 162, Rn. 140.
335 Siehe z.B. Schüren, Überstundenzuschläge für Teilzeitkräfte, NZA 1993, S. 529 ff; Arndt, Teilzeitarbeit, NZA 1989, S. 8 ff.
336 So z.B. ArbG Marburg vom 4.3.1994, DB 1994, S. 2453.
337 Zum Beispiel LAG Schleswig-Holstein vom 27.5.1993, ArbuR 1993, S. 304.
338 BAG vom 21.11.1991, NZA 1992, S. 545.
339 Zum Thema ausführlich Biermann, S. 459 ff.
340 LAG Hamm vom 22.10.1992, NZA 1993, S. 573 ff.

Teilzeitmitarbeitern erst dann mit Überstundenzuschlägen zu vergüten sind, wenn die Regelarbeitszeit von Vollbeschäftigten überschritten wird, mit dem damaligen Art. 119 EGV (Art. 141 n.F.) und der Richtlinie 75/117/EWG[342] vereinbar ist. Der EuGH[343] sah in dieser Vergütungspraxis keine unzulässige Diskriminierung teilzeitbeschäftigter Frauen gegenüber Vollzeitarbeitnehmern und erklärte die tarifliche Regelung auch im Hinblick auf Art. 119 a.F. EGV für europarechtskonform. Der EuGH führt in seiner Urteilsbegründung aus, dass im Ergebnis die Vergütung von Teilzeit- und Vollzeitbeschäftigten bei gleicher Arbeitszeit in Fällen der vorliegenden Art gleich sei. So erhalte ein Teilzeitbeschäftigter, dessen vertragliche Arbeitszeit 18 Stunden betrage, wenn er eine 19. Stunde arbeite, die gleiche Vergütung wie ein Vollzeitbeschäftigter für 19 Stunden. Es liege also objektiv keine diskriminierende Ungleichbehandlung zwischen Voll- und Teilzeitbeschäftigten vor.[344] Dieser Ansicht ist zu folgen, zumal Sinn und Zweck der Überstundenzuschläge nicht die Sicherung der individuellen Arbeitszeit ist, sondern vielmehr, dass besondere Arbeitsbelastungen vermieden werden sollen. Außerdem würden sonst Teilzeitarbeitnehmer gleich welchen Geschlechts wohl unangemessen bevorzugt, wenn sie bei vereinbarter täglicher Arbeitszeit von vier Stunden ab der fünften Stunde Überstundenzuschläge fordern könnten, den Vollzeitkräften dies aber verwehrt ist.[345]

Trotz der Entscheidung des EuGH hat das BAG[346] in zwei Urteilen von 20. Juni 1995 die Zulässigkeit einer Ungleichbehandlung von Teilzeit- und Vollzeitarbeitnehmern bei der Überstundenvergütung bestätigt. Gegenstand der Entscheidungen war eine tarifliche Überstundenregelung, die die Zuschlagspflichtigkeit an das Überschreiten der regelmäßigen tariflichen Tagesarbeitszeit knüpfe. Das BAG hat in diesem Fall die Argumentation des EuGH – es liege bereits keine Ungleichbehandlung zwischen beiden Gruppen – nicht aufgegriffen,

---

[341] Z.B. ArbG Hamburg vom 4.11.1992, EuZW 1993, S. 456 ff.; ArbG Hamburg vom 6.11.1992, EuZW 1993, S. 392 ff.; ArbG Bochum vom 21.1.1993, ArbuR 1993, S. 305 ff.

[342] Richtlinie des Rates vom 10.2.1975 zur Angleichung der Rechtsvorschriften der Mitgliedstaaten über die Anwendung des Grundsatzes des gleichen Entgelts für Männer und Frauen; ABl. EG vom 19.2.1975, Nr. L 45, S. 19.

[343] EuGH vom 15.12.1994, Rs. C-399/92, C-409/92, C-34/93 (Stadt Lengerich u.a.), NZA 1995, S. 218 ff.

[344] Siehe auch: Hanau / Gilberg, Die Bindungswirkung des EuGH-Urteils vom 15.12.1994 zu Überstundenzuschlägen für Teilzeitbeschäftigte, BB 1995, S. 1238 ff.; Link / Fink, AuA 2001, S. 61; Schüren, Anm. zum Urteil des EuGH, Informationsdienst EuroAS, Heft 1, 1995, S. 17 ff.

[345] Staudacher / Hellmann, S. 90.

[346] BAG, Urteile vom 20.6.1995, DB 1996, S. 68 ff.

sondern die differenzierende Behandlung von beiden Arbeitnehmergruppen für sachlich gerechtfertigt erklärt. Das BAG geht davon aus, dass die Frage, ob für eine Ungleichbehandlung von Teilzeitbeschäftigten bei der Gewährung von entgeltlichen Leistungen ein sachlicher Grund bestehe, dies allein anhand des Leistungszwecks zu beantworten sei. Nur wenn sich aus dem Leistungszweck Gründe herleiten lassen, die es unter Berücksichtigung aller Umstände recht-fertigen, den Teilzeitbeschäftigten die Leistung nicht zu gewähren, bestehe ein sachlicher Grund für die unterschiedliche Behandlung.[347]

Später sah das BAG[348] die Überstundenvergütung im öffentlichen Dienst ebenfalls für vereinbar mit dem damaligen § 2 BeschFG (§ 4 Abs. 1 TzBfG) und den Lohngleichheitsgebot an. Durch Auslegung der tariflichen Vorschriften gelangt das BAG zu dem Ergebnis, dass der Zweck der Zulagenregelung darin bestehe, die Belastung auszugleichen, der der Angestellte ausgesetzt sei, wenn er mehr als die regelmäßige Arbeitszeit eines Vollzeitbeschäftigten (nach § 15 Abs. 1 BAT durchschnittlich 38,5 Stunden in der Woche) arbeite. Dieser Zweck sei bei Teilzeitkräften, die zusammen mit zusätzlichen Arbeitsstunden diese zeitliche Grenze nicht überschreiten, nicht erfüllt. Der von den Tarifvertragsparteien bezweckte Belastungsschutz stelle daher einen hinreichenden Grund für die Unterscheidung dar, der nichts mit der Geschlechtszugehörigkeit der von der Regelung betroffenen teilzeitbeschäftigten weiblichen Angestellten zu tun habe.

Nach Ansicht von Schüren[349] haben sich die deutsche höchstrichterliche Rechtsprechung[350] und der EuGH für die Anbindung der Zuschläge an die aktuellen Tarifregelungen und damit an die Arbeitszeiten der Vollzeitkräfte entschieden. Teilzeitkräfte seien nach dieser Meinung gleich behandelt worden, wenn sie erst bei Überschreiten der täglichen oder wöchentlichen Arbeitszeit einer Vollzeitkraft Zuschläge erhalten. Überstunden unterhalb dieser Grenze müssten von ihnen ohne Zuschlag geleistet werden. Das sei mit der Funktion der Zuschläge begründet worden, die nur dem Belastungsausgleich dienen sollten. Außerdem nähme die

---

[347] Siehe Biermann, S. 468-469; Link / Fink, AuA 2001, S. 61.
[348] BAG vom 25.7.1996, NZA 1997, S. 774 ff.
[349] Schüren, MünchHdb-ArbR, § 162, Rn. 142.
[350] Siehe BAG vom 20.6.1995, DB 1996, S. 685 ff.; BAG vom 25.7.1996, NZA 1997, S. 774 ff. Ausführlich Biermann, S. 468-470.

Bedeutung der Streitfrage ab. Alle Formen flexibler Arbeitszeitgestaltung suchen auch bei Vollzeitkräften zuschlagspflichtige Überstunden zu vermeiden. An ihre Stelle trete eine bedarfsorientierte Um-verteilung der Arbeitszeit. Die Tarifverträge öffneten sich diesem Ziel inzwischen weitgehend.

Es gibt auch zusätzliche Argumente. So enthalten nach Auffassung von Lipke[351] Überstundenzuschläge auch eine arbeitsmarktpolitische Zielsetzung. Die Verteuerung von Überstunden solle die von den Gewerkschaften gewollte Verteilung der Arbeit auf Arbeitslose sichern und der Sicherung der bestehenden Arbeitsplätzen dienen. Diese Zielsetzung ließe sich vornehmlich nur bei Vollzeitarbeitnehmern und nur mit Einschränkung bei Teilzeitkräften verwirklichen. Im Ergebnis sei der herrschenden Meinung zu folgen. Zur Begründung sei mehr auf die arbeitsmarktpolitische Zielsetzung der tariflichen Überstundenzuschläge und weniger auf die besondere Belastung der Arbeitnehmer durch Mehrarbeit abzustellen.

Mit einer ablehnenden Meinung vertritt Biermann[352] die Ansicht, dass die Anknüpfung einer tariflichen Zulagenregelung an die Überschreitung der regelmäßigen täglichen oder wöchentlichen Arbeitszeit eine Ungleichbehandlung von Teilzeit- und Vollzeitarbeit in Form der mittelbaren Benachteiligung teilzeitbeschäftigter Arbeitnehmer darstelle. Die tariflichen Zulagenregelungen gälten unterschiedslos für Teilzeit- und Vollzeitarbeitnehmer. In der Praxis seien teilzeitbeschäftigte Arbeitnehmer jedoch kaum in der Lage, die regelmäßige tarifliche Tages- oder Wochenarbeitszeit zu überschreiten, so dass die Regelung faktisch einen Ausschluß oder zumindest eine erhebliche Erschwerung der Zulagenerlangung zur Folge habe. Diese Leistungserschwerung gelte aber nicht für alle Teilzeitarbeitsverhältnisse. Die einschlägigen Gerichtsentscheidungen zur Überstundenvergütung von teilzeitbeschäftigten Arbeitnehmern hätten sich zumeist mit sogenannten hälftigen Arbeitsverhältnissen, bei denen die Arbeitszeit des Teilzeitbeschäftigten die Hälfte der Arbeitszeit eines vergleichbaren Vollzeitbeschäftigten betrage, beschäftigt. Auch die Stimmen in der Literatur gingen vom Bild des „normalen“ Teilzeitarbeitsverhältnisses aus, in dem die persönliche Arbeitszeit im

[351] Lipke, GK-TzA, § 2 BeschFG, Rn. 143 ff.
[352] Biermann, S. 480-481.

Bereich der hälftigen Arbeitszeit eines Vollzeitarbeitnehmers liege. Auf der Grundlage dieser Arbeitszeiten und unter Berücksichtigung des üblichen Bedarfs an Überstunden sei es den Teilzeitarbeitnehmern faktisch unmöglich gewesen, in den Genuß der Überstundenzuschläge zu kommen, so dass ausgehend von dieser Überlegung zumeist die Frage nach der unzulässigen Benachteiligung diskutiert worden sei.[353]

Konkret ist daher nach Meinung von Biermann[354] bei der Überprüfung der tariflichen Überstundenzulagenregelung festzustellen, ob der überwiegende Teil der Teilzeitarbeitnehmer im Anwendungsbereich des Tarifvertrages nicht oder nur in Ausnahmefällen in den Genuß der Überstundenzulage käme. Unter dieser Voraussetzung liege auch ein Zusammenhang zwischen der verkürzten Arbeitszeit und der Leistungserschwerung vor. Mit Abnahme des Arbeitsvolumens werde es für Teilzeitkräfte schwieriger, die Leistungsvoraussetzungen der Überstundenzulagenregelung zu erfüllen. Im Gegensatz zur Rechtsprechung des EuGH liege daher nach dieser vertretenen Auffassung eine rechtfertigungsbedürftige Benachteiligung von Teilzeitkräften in dem Umstand, dass Teilzeitarbeitnehmer aufgrund ihrer verkürzten Arbeitszeit in der überwiegenden Zahl der Teilzeitarbeitsverhältnisse nicht in der Lage seien, die Anspruchsvoraussetzungen der Zulagenregelung zu erfüllen.

Nach m.E. besteht bei einer von Tarifvertrag festgelegte allgemeine und generell geltende Arbeitszeitgrenze bei deren Überschreitung Mehrarbeitszuschläge vergütet werden, keine Ungleichbehandlung von Teilzeitbeschäftigten. Um eine Ungleichbehandlung zu bejahen, muss man insbesondere der Zweck der Leistung berücksichtigen und im Falle der Mehrarbeitszuschlägen ist klar, dass deren Zweck sich in der Vergütung einer überwiegend erhöhten körperlichen Belastung befindet. Teilzeitbeschäftigte sind im Allgemeinen auch in der Lage Mehrarbeitszuschläge zu erhalten, wenn sie die tarifliche Arbeitszeitgrenze überschreiten. Bei Teilzeitarbeitnehmern, die täglich weniger als die regelmäßige Arbeitszeit leisten liegt typischerweise nicht die besondere physische Belastung vor, deren Ausgleich durch die Einräumung des Anspruchs auf Mehrarbeitszuschlag bezweck ist.[355] Der EuGH hat

---

[353] Mit einer abweichenden Meinung: Jesse, Nochmals: Überstundenzuschläge nach dem BAT für Teilzeitarbeitnehmer?, ZTR 1994, S. 91 ff.

[354] Biermann, S. 480-481.

[355] Ebenso: Link / Fink, AuA 2001, S. 62.

in seiner Entscheidung vom 15. Dezember 1994 zu Recht darauf hingewiesen, dass eine Ungleichbehandlung nur dann besteht, wenn bei gleicher Stundenanzahl, die aufgrund eines Arbeitsverhältnisses geleistet wird, die vollzeitbeschäftigten Arbeitnehmern gezahlte Vergütung höher ist, als die den Teilzeitbeschäftigten gewährte. Vollzeit- und Teilzeitarbeitnehmer befinden sich in einer gleichen Lage und sie erhalten die gleiche Behandlung, wenn sie die tarifliche fest-gestellte Arbeitszeit überschreiten, denn ihnen wird im gleichen Umfang der Mehrarbeitszuschlag gewährt.

2.3. TREUEPFLICHT

Neben der Arbeitspflicht als der eigentlichen Hauptpflicht des Arbeitnehmers steht die Treuepflicht. Mit ihr bezeichnet man die Gesamtheit der einzelnen Nebenpflichten, die der Arbeitnehmer zur sach- und interessengemäßen Ausführung seiner Arbeit erfüllen muss.[356] Der Begriff Nebenpflicht besagt dabei nichts über die praktische Bedeutung der Pflicht im Arbeitsverhältnis, und er besagt nichts darüber, ob ihm unterfallende Pflicht dem Erfüllungszwang unterliegt. Die Qualifizierung als Nebenpflicht bedeutet ausschließlich, dass die betreffende Pflicht nicht im Gegenseitigkeitsverhältnis der §§ 320 ff. BGB steht. Solche Pflichten leiten sich meist aus Treu und Glauben oder aus Sondervorschriften ab.[357] Jedem Vertragsverhältnis sind Nebenpflichten immanent, die ihre allgemeine Rechtsgrundlage in § 242 BGB finden.[358] Davon macht auch das Arbeitsverhältnis als schuldrechtliche Sonderverbindung keine Ausnahme.[359]

Aus der Anforderung von „Treu und Glauben“ (§ 242 BGB) ergeben sich für alle an einem Schuldverhältnis Beteiligten bestimmte Verhaltenspflichten, die sich auf die Vorbereitung der eigentlichen Leistung, die Art ihre Durchführung, das etwa erforderliche Zusammenwirken beider Teile und die Rücksicht beziehen, die jeder in einem derartigen Verhältnis von dem anderen billigerweise erwarten kann. Mit dieser Bestimmung stellt das Gesetz die Durchführung

---

[356] Gamillscheg, Arbeitsrecht I, 8. Auflage, München, 2000, S. 282. Siehe auch: Schaub, Arbeitsrechts-Handbuch, S. 440-441.
[357] Zöllner / Loritz, S. 171-172.
[358] Gemäß § 242 BGB: „Der Schuldner ist verpflichtet, die Leistung so zu bewirken, wie Treu und Glauben mit Rücksicht auf die Verkehrssitte es erfordern“.
[359] Preis, Arbeitsrecht, S. 277.

des Schuldverhältnisses letztlich unter die Anforderung eines rechtsethischen Prinzips.[360] Nach der allgemeinen schuldrechtlichen Verhaltenspflicht hat also der Arbeitnehmer die Leistung so zu bewirken, wie Treu und Glauben mit Rücksicht auf die Verkehrssitte es erfordern.[361]

Infolgedessen hat der Arbeitnehmer seine Verpflichtungen aus dem Arbeitsverhältnis so zu erfüllen, seine Rechte so auszuüben und im Zusammenhang mit dem Arbeitsverhältnis stehenden Interessen des Arbeitgebers so zu wahren, wie dies von ihm unter Berücksichtigung seiner Stellung im Betrieb, seiner eigenen Interessen und der Interessen der anderen Arbeitnehmer des Betriebes nach Treu und Glauben billigerweise verlangt werden kann.[362] Ebenso wie der Arbeitgeber bei der Fürsorge für seine Arbeitnehmer nicht ohne sachlichen Grund zwischen Vollzeit- und Teilzeitbeschäftigten unterscheiden darf, so darf auch bei der arbeitsvertraglichen Treuepflicht nicht zwischen Vollzeit- und Teilzeitbeschäftigten unterschieden werden. Unterschiedliche Anforderungen an die Treuepflicht sind nur dort gerechtfertigt, wo ein innerer Zusammenhang zwischen der geforderten Treuepflicht und dem zeitlichen Umfang der Arbeitspflicht besteht.[363] Außerdem ist es zu berücksichtigen, dass der Grad der Treuepflicht des Arbeitnehmers in Abhängigkeit von der Qualifikation und dem damit häufig verbundenen Vertrauen des Arbeitgebers steigt.[364]

Die Treuepflicht des Teilzeitarbeitnehmers beinhaltet Obhuts-, Rücksichts-, Verschwiegenheits- und Informationspflichten. Sie steht wie alle Nebenpflichten unter dem Vorbehalt der Zumutbarkeit. Schuldet der Teilzeitarbeitnehmer seine Arbeitsleistung nur in einem begrenzten Umfang, kann er nicht verpflichtet sein, einem Arbeitgeber seine volle Arbeitskraft zur Verfügung zu halten.[365]

---

[360] Larenz, Lehrbuch des Schuldrechts, Band I, Allgemeiner Teil, 14. Auflage, München, 1987, S. 125 und 138.
[361] Schaub, Arbeitsrechts-Handbuch, S. 441.
[362] In diesem Sinne: § 77 Entwurf eines Arbeitsgesetzbuches, Allgemeines Arbeitsvertragsrecht, 1977, zit. von Lipke, GK-TzA, § 2 BeschFG, Rn. 114. Im ähnlichen Sinne: Art. 5 a) in Verbindung mit Art. 20 Nr. 2 Estatuto de los Trabajadores, in Spanien. Art. 5: „Los trabajadores tienen como deberes básicos: a) Cumplir con las obligaciones concretas de su puesto de trabajo, de conformidad a las reglas de la buena fe y diligencia." Art. 20 Satz 2: „En cualquier caso, el trabajador y el empresario se someterán en sus prestaciones recíprocas a las exigencias de la buena fe."
[363] Langmaack, S. 85.
[364] Vgl. Schaub, Arbeitsrechts-Handbuch, S. 442; Lipke, GK-TzA, § 2 BeschFG, Rn. 117.
[365] Lipke, GK-TzA, § 2 BeschFG, Rn. 115- 116.

2.3.1. EINZELPFLICHTEN AUS DER TREUEPFLICHT

a) **Wettbewerbsverbot**: Ebenso wie eine Vollzeitkraft darf ein Teilzeitbeschäftigter weder bei einer von ihm ausgeübten selbständigen Tätigkeit noch im Rahmen eines abhängigen Beschäftigungsverhältnisses in Konkurrenz zu einem seiner Arbeitgeber treten[366] (§ 60 HGB).[367] Der in § 60 HGB kodifizierte Grundgedanke ist auch ohne besondere vertragliche Abrede auf alle Arten von Arbeitsverhältnissen übertragbar.[368] Während des rechtlichen Bestehens eines Arbeitsverhältnisses ist dem Arbeitnehmer grundsätzlich jede Konkurrenztätigkeit zum Nachteil seines Arbeitgebers untersagt. § 60 HGB konkretisiert lediglich den allgemeinen Rechtsgedanken, der bereits in der Treuepflicht des Arbeitnehmers seine Grundlage hat.[369] Da der Teilzeitarbeitnehmer aufgrund des Arbeitsvertrages seinem Arbeitgeber seine Arbeitsleistung nur in zeitlichen begrenztem Umfang anzubieten verpflichtet ist, darf der Arbeitgeber ihm die Begründung weiterer konkurrenzfreier Teilzeitarbeitsverhältnisse nicht untersagen. Etwas anderes gilt, wenn der Arbeitgeber ein berechtigtes Interesse am Verbot des weiteren Beschäftigungsverhältnisses geltend machen kann.[370] Ein derartiges Interesse kann beim Arbeitgeber eines Teilzeitbeschäftigten nur in Ausnahmefällen angenommen werden, etwa wenn die geschuldete Arbeitsleistung durch die weitere Teilzeittätigkeit beeinträchtigt würde oder der Verrat von Betriebsgeheimnissen zu befürchten ist.[371] Das Wettbewerbsverbot endet jedoch mit dem Arbeitsverhältnis und nur ausnahmsweise kann die Wettbewerbstätigkeit des Arbeitnehmers für die Zeit nach Beendigung des Arbeitsverhältnisses durch eine vertragliche Vereinbarung eingeschränkt werden.[372]

b) **Unterlassungs- und Handlungspflichten**: Unterlassungspflichten sind Rücksichtspflichten und bedeuten, dass der Arbeitnehmer auf bestimmte Interessen des Arbeitgebers

---

366 Vgl. Wertheimer / Krug, Rechtsfragen zur Nebentätigkeit von Arbeitnehmern, BB 2000, S. 1463.

367 Nach § 60 Abs. 1 HGB darf der Handlungsgehilfe ohne Einwilligung seines Prinzipals weder ein Handelsgewerbe betreiben noch in dessen Handelszweig für eigene oder fremde Rechnung Geschäfte machen. Handlungsgehilfe sind Personen, die in einem Handelsgewerbe zur Leistung kaufmännischer Dienste angestellt sind (§ 59 HGB).

368 Preis, Arbeitsrecht, S. 283.

369 BAG vom 16.8.1990, AP Nr. 10 zu § 611 BGB, Treuepflicht.

370 Langmaack, S. 85.

371 BAG AP Nr. 60, 68, zu § 626 BGB. Ausführlich: Schaub, Arbeitsrechts-Handbuch, S. 464 ff.

Rücksicht zu nehmen hat.[373] In diesem Sinne sind im Allgemeinen Teilzeitbeschäftigte zur Verschwiegenheit über Betriebsgeheimnisse verpflichtet (§ 17 UWG) und gehalten, Schmiergeldzahlungen abzulehnen (§ 12 UWG).[374] Andererseits sind die Handlungspflichten Verpflichtungen, die die Erbringung der eigenen Arbeitsleistung begleiten und eng mit ihr zusammenhängen, wie die Pflicht, auf Verlangen den Stand der Arbeiten mitzuteilen, über ihre Durchführung Auskunft zu geben, gegebenenfalls Rechenschaft zu legen und im Zuge der Arbeitsleistung erlangte Gegenstände herauszugeben. Eng damit verwandt ist etwa die Pflicht des Arbeitnehmers, dem Arbeitgeber unverzüglich den Eintritt der Arbeitsunfähigkeit oder anderer Gründe einer Leistungsverhinderung anzuzeigen.[375] Eine andere Gruppe von Nebenpflichten des Arbeitnehmers sind Schutzpflichten. Durch die Schutzpflichten wird der Arbeitnehmer verpflichtet, Schaden vom Arbeitgeber abzuwenden oder zumindest dazu beizutragen, dass der Schadenseintritt vermieden wird.[376]

c) **Treuepflicht bei mehreren Beschäftigungsverhältnissen**: Der Teilzeitarbeitnehmer ist aufgrund seiner arbeitsvertraglichen Treuepflicht verpflichtet, seinen jeweiligen Arbeitgeber über die anderen Beschäftigungsverhältnisse, in denen er Teil ist, zu unterrichten.[377] Besonders wichtig war diese Information bislang auch, wenn die Schwelle von der geringfügigen zur vollständigen versicherungspflichtigen Beschäftigung überschritten wird.[378] Nach dem Gesetz zur Neuregelung der geringfügigen Beschäftigung[379] vom 24. März 1999 sind nun auch bei geringfügiger Beschäftigung im Sinne des § 8 Abs. 1 Nr. 1 SGB IV in jedem Fall Sozialversicherungsbeiträge vom Arbeitgeber abzuführen. Damit besteht die Sozialversicherungspflicht von vornherein, so dass der bisherige Informationszweck der Anzeige einer Nebentätigkeit entfällt. Erforderlich bleibt aber eine Anzeige an den

---

[372] Siehe: Schaub, Arbeitsrechts-Handbuch, S. 473 ff.
[373] Siehe: Zöllner / Loritz, S. 172.
[374] Vgl. Langmaack, S. 85; Brox / Rüthers, S. 64-65.
[375] BAG, NZA 1990, S. 433.
[376] Vgl. Zöllner / Loritz, S. 175-176; Preis, Arbeitsrecht, S. 279-283.
[377] Vgl. Schüren, MünchHdb-ArbR, § 162, Rn. 73; Langmaack, S. 86; Wertheimer / Krug, BB 2000, S. 1464. Siehe auch BAG vom 18.1.1996, AP Nr. 25 zu § 242 BGB, NZA 1997, S. 41.
[378] Schüren, MünchHdb-ArbR, § 162, Rn. 74.
[379] BGBl. I S. 388. Zum Thema siehe viertes Kapitel.

Arbeitgeber weiterhin, da mehrere geringere Beschäftigungen zusammenzurechnen sind.[380]

Der Arbeitgeber darf den Arbeitnehmer nach weiteren Beschäftigungsverhältnissen fragen. Indessen knüpft dieses Fragerecht regelmäßig nicht an den sozialrechtlichen Status, sondern an denkbare Auswirkungen der anderen Tätigkeiten auf das in Aussicht genommene Arbeitsverhältnis, insbesondere können das Interessenwidersprüche (Konkurrenz), Verfügbarkeit und sogar soziale Gesichtspunkte sein.[381] Hat ein Arbeitnehmer seinem Arbeitgeber ein weiteres Teilzeitbeschäftigung verschwiegen, kann der Arbeitgeber unter Umständen einen Schadenersatzanspruch aus positiver Vertragsverletzung gegen ihn geltend machen. Dieser entsteht aber nur dann, wenn sich die Nebentätigkeit in einer Beeinträchtigung der Leistungspflicht des Hauptarbeitsverhältnisses auswirkt, z.B. in Form einer Schlechtleistung. Das wäre etwa der Fall, wenn der Arbeitnehmer die Nebentätigkeit während des Hauptarbeitsverhältnisses ausübt und durch Vernachlässigung seiner arbeitsvertraglichen Pflichten dem Arbeitgeber Schaden zufügt. Darlegungs- und beweispflichtig für eine Schädigung ist der Arbeitgeber.[382] Dem Grunde nach hält das BAG[383] ferner einen Schadenersatzanspruch für möglich, wenn der Arbeitnehmer die Anzeige einer Nebentätigkeit unterlässt, allerdings werden zu dem zu ersetzenden Schaden nicht die Arbeitgeberanteile der Beiträge zur gesetzlichen Kranken- und Rentenversicherung gerechnet, die der Arbeitgeber nachentrichten muss.

Andererseits ist bemerkenswert, dass immer im Falle einer Nebenbeschäftigung die mögliche Überschreitung der Höchstarbeitszeit zu berücksichtigen ist. Gemäß § 3 Satz 1 AZG darf die werktägliche Arbeitszeit der Arbeitnehmer acht Stunden nicht überschreiten. Eine Verlängerung auf bis zu zehn Stunden täglich ist nach § 3 Satz 2 AZG möglich, wenn ein entsprechender Ausgleich erfolgt. Arbeitszeiten bei mehreren Arbeitgebern sind dabei nach § 2 Abs. 1 Satz 2 AZG zusammenzurechnen. Wenn die tägliche Höchstarbeitszeit unter Rücksicht der im Hauptarbeitsverhältnis vereinbarten

---

[380] Wertheimer / Krug, BB 2000, S. 1464; Langmaack, S. 86.
[381] Schüren, MünchHdb-ArbR, § 162, Rn. 75.
[382] Wertheimer / Krug, BB 2000, S. 1466.
[383] BAG vom 18.11.1988, AP Nr. 3 zu § 611 BGB Doppelarbeitsverhältnis, BB 1989, S. 847.

Arbeitszeit erheblich über-schritten wird, wird nach Ansicht des BAG[384] jedes weitere Arbeitsverhältnis, soweit es die Arbeitszeitgrenze übersteigt, als nichtig betrachtet. Als Korrektiv stellt aber das BAG fest, dass die in einem nichtigen Arbeitsverhältnis geleistete Arbeitszeiten nach den Grundsätzen des fehlerhaften Arbeitsverhältnisses zu vergüten ist. Verantwortlich für den Verstoß gegen das AZG ist bei mehreren Arbeitsverhältnissen der Arbeitgeber, durch dessen Beschäf-tigung die zulässige Höchstdauer der Arbeitszeit überschritten wird.[385] Da jedoch die Lösung der Rechtsprechung für die Überschreitung der Höchstarbeitszeit manchmal zu Probleme führen kann (z.B. wenn die Nebenbeschäftigung vor der Hauptbeschäftigung ausgeübt wird, was die normale Durchführung der Hauptbeschäftigung durch eine partielle Nichtigkeit der vereinbarten Arbeitszeit beeinflussen könnte), wurde ein neues Kriterium hingefügt:[386] Wenn der Arbeitnehmer Verpflichtungen zu Nebentätigkeiten in einem solchen Umfang eingegangen ist, dass seine Arbeitsleistung in dem Arbeitsverhältnis, auf dem der zeitliche und finanzielle Schwerpunkt der Beschäftigung liegt, erheblich beeinträchtigt wird, so kann dieser Arbeitgeber verlangen, dass die volle Arbeitskraft ebenso wie die möglicherweise durch Erkrankung nur noch teilweise erhaltene Restarbeitsfähigkeit zunächst im Hauptarbeitsverhältnis eingesetzt wird.

2.3.2. KONKURRIERENDE TREUEPFLICHTEN

Bislang nicht ganz geklärt war die Frage, in welchem Verhältnis konkurrierende Treuepflichten aus mehreren Teilzeitarbeitsverhältnissen zueinander stehen. Eine solche Kollision von Treuepflichten ist beispielweise anzunehmen, wenn ein Arbeitnehmer in zwei Teilzeitarbeitsverhältnissen steht und in beiden vertraglich zur Leistung von Mehrarbeit verpflichtet ist. Ordnen beispielweise beide Arbeitgeber Überstunden an, die sich zeitlich überschneiden, so stellt sich die Frage, wie sich der Arbeitnehmer zu verhalten hat.[387] Nach Ansicht von Lipke[388] kann dem Arbeitnehmer nur ein zumutbares Verhalten abgefordert

---

[384] BAG vom 19.6.1959, AP Nr. 1 zu § 611 BGB Doppelarbeitsverhältnis.
[385] Wertheimer / Krug, BB 2000, S. 1463. Vgl. Schaub, Arbeitsrechts-Handbuch, S. 319; Hunold, Nebentätigkeit und Arbeitszeitgesetz, NZA 1995, S. 558 (559).
[386] BAG vom 26.8.1993, DB 1993, S. 2354 ff. Siehe: Wertheimer / Krug, BB 2000, S. 1463.
[387] In diesem Sinne: Langmaack, S. 86.
[388] Lipke, GK-TzA, § 2 BeschFG, Rn. 118.

werden, d.h. er müsse im Extremfall der wichtigeren Treuepflicht nachkommen und dürfe die geringwertigere Treuepflicht gegenüber einem anderen Arbeitgeber vernachlässigen.

Gegen diese Auffassung wird zu Recht eingewandt, dass es an einer rechtlichen Grundlage für eine Gesamtschau der konkurrierenden Pflichten fehle.[389] Nach Meinung von Schüren[390] ist die Nichterfüllung der vermeintlich geringwertigeren Treuepflicht eine Tatsache, die ausschließlich im Rahmen des Arbeitsverhältnisses zu bewerten sei, dem diese Treuepflicht entspringe. Das bedeute, dass ein Arbeitnehmer, der sich in zwei Arbeitsverhältnissen verpflichtet habe, in beiden seiner jeweiligen Treuepflicht in vollem Umfang nachzukommen habe. Eine Durchbrechung der strengen Trennung beider Arbeitsverhältnisse im Sinne der von Lipke entwickelten Rangfolge der Treuepflichten sei nur unter ganz engen Voraussetzungen konstruierbar. Der Arbeitgeber sei bei der Ausübung seines Weisungsrechtes nach § 315 BGB verpflichtet, auch die Interessen des Arbeitnehmers zu berücksichtigen. Wenn der Arbeitnehmer zur Existenzsicherung in einem weiteren Beschäftigungsverhältnis stehe, müsse der Arbeitgeber bei der Ausübung seines Direktionsrechtes auf dieses weitere Beschäftigungsverhältnis Rücksicht nehmen. Diese Arbeitgeberpflicht zur Rücksichtnahme auf weitere Beschäftigungsverhältnisse sei der Reflex der begrenzten sozialen Sicherungsfunktion eines Teilzeitarbeitsverhältnisses. Der Arbeitgeber, der die Versorgung der Teilzeitkraft nur begrenzt sichere, dürfe ihr die Verwertung der übrigen Arbeitskraft nicht mehr als unbedingt nötig erschweren.[391]

Diese Rücksichtnahme habe freilich nur eine begrenzte Reichweite, denn sie dürfe regelmäßig nicht dazu führen, dass der Arbeitgeber die vom Arbeitnehmer vertraglich versprochene Leistung nicht mehr einfordern dürfe. Der Maßstab der Billigkeit bei der Ausübung des Direktionsrechts sei ein vertragsimmanenter. Habe sich der Arbeitnehmer verpflichtet, bei Bedarf Mehrarbeit zu leisten, müsse er auch dafür Sorge tragen, dass er diese Pflicht im Normalfall erfüllen könne.[392]

---

389 Schüren, MünchHdb-ArbR, § 162, Rn. 81.
390 Schüren, MünchHdb-ArbR, § 162, Rn. 82-86.
391 In diesem Sinne: LAG Köln vom 23.5.1996, NZA-RR 1997, S. 338 ff.
392 In selbem Sinne: Langmaack, S. 87.

3. HAUPT- UND NEBENPFLICHTEN DES ARBEITGEBERS

Aufgrund des Arbeitsvertrages ergeben sich Hauptpflichten und Nebenpflichten für den Arbeitgeber, von denen die Zahlung der vereinbarten Vergütung die Hauptpflicht des Arbeitgebers ist und die Gegenleistung für die erbrachte Arbeitsleistung darstellt.[393] Das Arbeitsentgelt steht damit im Gegenseitigkeitsverhältnis zur Arbeitsleistung des Arbeitnehmers.[394] Daneben kommen für den Arbeitgeber sonstige Pflichten, vor allem Schutzpflichten, in Betracht, von denen das Verbot der Ungleichbehandlung besondere Relevanz hat.

3.1. BENACHTEILIGUNGSVERBOT NACH § 5 TzBfG

§ 5 TzBfG schreibt vor, dass der Arbeitgeber einen Arbeitnehmer nicht wegen der Inanspruchnahme von Rechten nach diesem Gesetz benachteiligen darf. Diese Vorschrift konkretisiert das allgemeine Maßregelungsverbot aus § 612 a BGB und geht im Ergebnis nicht über den des allgemeinen Maßregelungsverbots hinaus.[395] Danach darf der Arbeitgeber einen Arbeitnehmer bei einer Vereinbarung oder einer Maßnahme nicht benachteiligen, weil der Arbeitnehmer in zulässiger Weise seine Rechte ausübt.

Das Benachteiligungsverbot des § 5 TzBfG soll den Arbeitnehmer schützen, der seine Rechte nach diesem Gesetz in Anspruch nimmt (z.B. die Ansprüche auf Gleichbehandlung nach § 4, auf Arbeitszeitverkürzung nach § 8 oder auf Aus- und Weiterbildung nach § 10). Als Gegenstand der verbotenen Benachteiligung nennt die Gesetzesbegründung Vereinbarungen oder Maßnahmen, was der Formulierung in § 612 a BGB entspricht[396] und die so interpretiert wird, dass dieser Vorschrift auf alle Rechtsgeschäfte und tatsächlichen Handlungen Anwendung findet.[397] Andernfalls ist zu beachten, dass § 5 TzBfG ein gesetzliches Verbot im Sinne des §

---

[393] Nach § 612 Abs. 1 BGB gilt eine Vergütung als stillschweigend vereinbart, wenn die Dienstleistung den Umständen nach nur gegen eine Vergütung zu erwarten war.
[394] Preis, Arbeitsrecht, S. 298.
[395] Rolfs, RdA 2001, S. 131. Nach Ansicht von Bauer (NZA 2000, S. 1040) ist § 5 TzBfG überflüssig, weil schon § 612 a BGB ein allgemeines Maßregelungsverbot enthält.
[396] Buschmann / Dieball / Stevens-Bartol, TZA, S. 355.
[397] Rolfs, RdA 2001, S. 131.

134 BGB enthält, deswegen sind Maßnahmen oder Vereinbarungen, die dagegen verstoßen, nichtig.[398]

3.2. VERBOT UNTERSCHIEDLICHER BEHANDLUNG NACH § 4 TzBfG

Von größerer Bedeutung im Bereich der Teilzeitarbeit ist das Verbot der unterschiedlichen Behandlung von Teilzeit- und Vollzeitarbeitnehmern, da dieses Verbot, das eine besondere Anerkennung im TzBfG findet, im wichtigsten Umfang die Erfüllung der Pflichten des Arbeitgebers prägt. Aus diesem Grund wird vor der Analyse der Hauptpflicht des Arbeitgebers das Verbot der Ungleichbehandlung analysiert.

3.2.1. ALLGEMEINES

§ 4 Abs. 1 Satz 1 TzBfG schreibt vor, dass ein teilzeitbeschäftigter Arbeitnehmer wegen der Teilzeitarbeit nicht schlechter behandelt werden darf wie ein vergleichbarer vollzeitbeschäftigter Arbeitnehmer, es sei denn, dass sachliche Gründe eine unterschiedliche Behandlung rechtfertigen. Diese Vorschrift stellt einen Ausschnitt aus dem allgemeinen arbeitsrechtlichen Gleichbehandlungsgrundsatz dar und konkretisiert diesen für die besonders praxisrelevante[399] Frage der Teilzeitarbeit.[400] Außerdem steht diese Bestimmung in Einklang mit § 4 der Richtlinie 97/81/EG über Teilzeitarbeit und setzt es im deutschen Arbeitsrecht um.

§ 4 Abs. 1 Satz 1 TzBfG entspricht inhaltlich im Wesentlichen dem bisherigen § 2 Abs. 1 BeschFG.[401] Nach Ansicht von Richardi und Annuß[402] ist aber die Abweichung von der Regelung des § 2 BeschFG - wonach jede unterschiedliche und nicht nur eine

---

[398] Vgl. BAG vom 2.4.1987, AP Nr. 1 zu § 612 a BGB; Worzalla / Will / Mailänder / Worch / Heise, § 5 TzBfG, Rn. 9.

[399] Nach Schüren, MünchHdb-ArbR, § 161, Rn. 44, spielt das Gleichbehandlungsgebot eine wichtige marktkorrigierende Funktion, denn sie untersage Entgeltdifferenzierungen auf der Grundlage von Angebot und Nachfrage.

[400] In diesem Sinne: BAG vom 28.8.1989, AP Nr. 6 zu § 2 BeschFG 1985.

[401] Siehe: Preis /Gotthardt, DB 2000, S. 2066; Kliemt, NZA 2001, S. 69; Worzalla / Will / Mailänder / Worch / Heise, § 4 TzBfG, Rn. 1. Der damaligen § 2 Abs. 1 BeschFG hat vorgeschrieben, dass der Arbeitgeber einen teilzeitbeschäftigten Arbeitnehmer nicht wegen der Teilzeitarbeit gegenüber vollzeitbeschäftigten Arbeitnehmern unterschiedlich behandeln darf, es sei denn, dass sachliche Gründe eine unterschiedliche Behandlung rechtfertigen.

[402] Richardi / Annuß, BB 2000, S. 2201.

benachteiligende Behandlung eines sachlichen Grundes bedarf . - ausweislich der Entwurfbegründung[403] offen-sichtlich bewusst gewählt worden, um eine Besserstellung der Teilzeitbeschäftigten auch bei Fehlen eines Differenzierungsgrundes nicht auszuschließen. Eine solche unbegründete Bevor-zugung wäre jedoch mit europäischen Grundsätzen[404] nicht vereinbar und auch in Deutschland sei eine Besserstellung Teilzeitbeschäftigter durch den Arbeitgeber ohne Vorliegen sachlich anerkennenswerter Gründe unter dem Gesichtspunkte des arbeitsrechtlichen Gleichbehand-lungsgrundsatzes nicht zulässig.

Sinn und Zweck des Benachteiligungsverbots gegenüber Teilzeitbeschäftigten aus § 4 Abs. 1 TzBfG (ex § 2 Abs. 1 BeschFG) ist es daher, die Schaffung weiterer Teilzeitarbeitsplätze zu fördern, aber auch die Teilzeitbeschäftigten, deren Zahl in den Jahren vor Erlaß des BeschFG 1985 insbesondere wegen der angespannten Lage auf dem Arbeitsmarkt stark zugenommen hatte, zu schützen und zu verhindern, dass sie zusätzlich zu ihrer geringeren Verdienst-möglichkeit aufgrund der verminderten Arbeitszeit noch weitere Schlechterstellungen im Vergleich zu den Vollzeitbeschäftigten hinnehmen müssen.[405] Teilzeitarbeitnehmer sollen daher im Arbeitsverhältnis vor einer sachlich nicht gerechtfertigten Ungleichbehandlung im Verhältnis zu Vollzeitarbeitnehmern geschützt werden.[406]

Dogmatisch ist § 4 Abs. 1 Satz 1 TzBfG als Spezialnorm gegenüber dem allgemeinen Gleich-behandlungsgrundsatz einzuordnen, der eine sachwidrige Gruppenbildung zwischen Vollzeit- und Teilzeitbeschäftigten verhindern will.[407] Demgemäß ist eine Ungleichbehandlung allein wegen des unterschiedlichen Arbeitszeitvolumens ausgeschlossen.[408] Andererseits ist das Verbot der unterschiedlicher Behandlung nach § 4 Abs. 1 Satz 1 TzBfG zwingendes Recht und darüber hinaus ein Verbotgesetz im Sinne des § 134 BGB.[409] Die Rechtsprechung des

---

[403] BT-Drucks. 591/00, S. 23.
[404] Ebenso Willemsen / Bauer, DB 2000, S. 2224.
[405] BAG vom 11.3.1992, AP Nr. 19 zu § 1 BeschFG 1985.
[406] BR-Drucksache 393/84, S. 15; vgl. Biermann, S. 43.
[407] Preis, ErfKomm, S. 722. In selbem Sinne: Sowka, Teilzeitarbeit – ausgewählte Rechtsprobleme, DB 1994, S. 1874.
[408] Vgl. BAG vom 25.1.1989, AP Nr. 2 zu § 2 BeschFG; BAG vom 24.10.1989, AP Nr. 29 zu § 11 BUrlG; Lipke, GK-TzA, § 2 BeschFG, Rn 83; Schmidt, Teilzeitarbeit in Europa, S. 84.
[409] Vgl. Richardi, Das Gleichbehandlungsgebot für Teilzeitarbeit und seine Auswirkung auf Entgeltregelungen, NZA 1992, S. 626.

BAG[410] hat diese Vorschrift auch als Schutzgesetz im Sinne des § 823 Abs. 2 BGB verstanden. Das ist nach Ansicht von Preis[411] aber abzulehnen, weil der Gleichbehandlungsgrundsatz und damit auch § 4 Abs. 1 Satz 1 TzBfG lediglich eine Konkretisierung arbeitsgeberseitiger vertraglicher Nebenpflichten sei und allenfalls vertragliche Schadensersatzansprüche begründen könne. Nicht jeder zwingende Grundsatz des Arbeitsrechts könne als Schutzgesetz im Sinne des § 823 Abs. 2 BGB begriffen werden.

3.2.2. VERHÄLTNIS ZWISCHEN § 4 ABS. 1 TzBfG UND ANDEREN GLEICHBEHANDLUNGSGEBOTEN

a) **Art. 141 EG-Vertrag**: Diese europäische Vorschrift verbietet die unmittelbare und die mittelbare Diskriminierung beim Entgelt wegen des Geschlechts. Im Falle einer ungleichen Entlohnung von Teilzeitarbeitnehmer liegt häufig auch ein Verstoß gegen Art. 141 EGV in Form einer mittelbaren Geschlechtsdiskriminierung vor, da Teilzeitbeschäftigte hauptsäch-lich Frauen sind. Eine Austauschbarkeit der beiden Normen ist dennoch nicht gegeben. Während Art. 141 EGV im Falle einer Geschlechtsdiskriminierung greift, untersagt § 4 Abs. 1 TzBfG jede unterschiedliche Behandlung wegen der Teilzeitarbeit. Diese geschlechtsneutrale Formulierung führt dazu, dass es im Rahmen des § 4 Abs. 1 TzBfG ausschließlich auf die Ungleichbehandlung der Teilzeitarbeitnehmer gegenüber den Vollzeitarbeitnehmern ankommt und nicht zusätzlich die wesentlich stärkere Betroffenheit eines Geschlechts nachgewiesen werden muss.[412] Diese unterschiedlichen Regelungsziele sind stets auseinanderzuhalten.[413] Außerdem hält der Prüfungsmaßstab, der nach Art. 141 EGV anzulegen ist, strengere Voraussetzungen für eine zulässige Benachteiligung von Teilzeitarbeitnehmern bereit als der arbeitsrechtliche Gleichbehandlungsgrundsatz. Reichen zur Wahrung des Gleichbehandlungsgrundsatzes in § 4 Abs. 1 TzBfG sachliche Gründe für eine unterschiedliche Behandlung aus, ist ein die unterschiedliche Behandlung der

---

410 BAG vom 12.6.1996, NZA 1997, S. 191.
411 Preis, ErfKomm, S. 722.
412 Preis, ErfKomm, S. 725. Vgl. Sowka, DB 1994, S. 1875; Biermann, S. 221 ff.; Schmidt, Teilzeitarbeit in Europa, S. 89; Lipke, ArbuR 1991, S. 80.
413 Lipke, Teilzeitarbeitsrecht im Überblick, AuA 1994, S. 8.

Geschlechter rechtfertigender Grund nur dann gegeben, wenn die unterschiedliche Behand-lung einem wirklichen Bedürfnis des Unternehmens dient, für die Erreichung des unternehmerischen Ziels geeignet und nach den Grundsätzen der Verhältnismäßigkeit erforderlich ist.[414]

b) **Art. 3 GG**: Ein Rückgriff auf das Grundrecht des Art. 3 GG ist im Rahmen der Schutzgebotsfunktion der Grundrechte möglich. Als allgemeines Willkürverbot – verfassungsrechtlicher Gleichheitssatz – tritt Art. 3 Abs. 1 GG allerdings hinter das speziell konkretisierte Benachteiligungsverbot des § 4 Abs. 1 TzBfG zurück.[415] Entscheidungen, die die Zulässigkeit einer unterschiedlichen Behandlung von Teilzeit- und Vollzeitarbeitnehmern unmittelbar an Art. 3 Abs. 1 GG messen, sind selten. Lediglich bei der Überprüfung von Tarifverträgen kommt Art. 3 Abs. 1 GG verstärkt zur Anwendung.[416]

Nach Art. 3 Abs. 2 GG sind Männer und Frauen gleichberechtigt. Der Gleichberechtigungssatz ist eine Konkretisierung des allgemeinen Gleichheitssatzes aus Art. 3 Abs. 1 GG.[417] Bedeutung hat Art. 3 Abs. 2 GG für die Rechtmäßigkeitsprüfung von Gesetzen, Tarifverträgen und Betriebsvereinbarungen. Anknüpfungspunkt ist in diesen Fällen die unterschiedliche Behandlung wegen des Geschlechts. Der Übergang in das Recht der Teilzeitarbeit erfolgt über das Rechtsinstitut der mittelbaren Frauendiskriminierung. Obwohl Art. 3 Abs. 2 und 3 GG in der arbeitsrechtlichen Rangpyramide einen hohen Stellenwert einnehmen, werden Benachteiligungen von Teilzeitarbeitnehmerinnen nur selten von den Arbeitsgerichten an dieser Norm gemessen. Dies beruht auf dem Umstand, dass mit § 4 Abs. 1 TzBfG und Art. 141 EGV zwei Normen zur Verfügung stehen, deren Anwendung sich auf eine gesicherte Rechtsprechung des BAG und des EuGH stützen kann.[418]

---

[414] Lipke, ArbuR 1991, S. 80; vgl. BAG vom 13.3.1989, ArbuR 1989, S. 386; BAG vom 23.1.1990, ArbuR 1990, S. 230; Sowka, DB 1994, S. 1875-1876. Siehe auch: Zweites Kapitel der Dissertation, Abschnitt B III, Punkt 4.2.

[415] Preis, ErfKomm, S. 725.

[416] Biermann, S. 202; vgl. BAG vom 7.3.1995, AP Nr. 26 zu § 1 BetrAVG Gleichbehandlung; BAG vom 9.3.1994, AP Nr. 31 zu § 23a BAT.

[417] Vgl. Schmidt, Teilzeitarbeit in Europa, S. 93-94.

c) **§§ 611 a, 611 b, 612 Abs. 3 BGB**: Als spezialgesetzliche Regelung ist § 4 Abs. 1 TzBfG insoweit vorrangig, wenn die spezifische Ungleichbehandlung von Teilzeitbeschäftigten in Rede steht. § 611 a BGB geht jedoch insoweit über § 4 Abs. 1 TzBfG hinaus, als dort auch die Diskriminierung bei der Einstellung eines Arbeitnehmers untersagt wird, denn Ansprüche auf Gleichbehandlung bei der Einstellung können aus § 4 Abs. 1 TzBfG nicht hergeleitet werden,[419] weil die Vorschrift des TzBfG ein schon bestehendes Teilzeitarbeitsverhältnis voraussetzt.

d) **Allgemeiner arbeitsrechtlicher Gleichbehandlungsgrundsatz**: Der allgemeine arbeitsrechtliche Gleichbehandlungsgrundsatz verbietet es dem Arbeitgeber, einzelne Arbeitnehmer oder Gruppen von Arbeitnehmern ohne sachlichen Grund von allgemein begünstigenden Regelung des Arbeitsverhältnisses auszunehmen und schlechterzustellen[420] als andere Arbeitnehmer in vergleichbare Lage.[421] § 4 Abs. 1 TzBfG hat diesen Grundsatz konkretisiert und verhindert eine sachwidrige Gruppenbildung zwischen Vollzeit- und Teilzeitbeschäftigten.[422] Außerdem enthält § 4 Abs. 1 TzBfG im Gegensatz zum allgemeinen arbeitsrechtlichen Gleichbehandlungsgrundsatz eine grundsätzliche Aussage gegen die Zulässigkeit benachteiligender Gruppenbildungen gegenüber Teilzeitbeschäftigten. Der Charakter der Norm als Verbotsgesetz und als ein den absoluten Benachteiligungsverboten angenähertes Differenzierungsverbot machen deutlich, dass Differenzierungen wegen der Teilzeitarbeit grundsätzlich unzulässig sind, wenn nicht im Einzelfall ein sachlicher Grund für die Schlechterstellung besteht. Im Regelfall sind Benachteiligungen wegen der Teilzeitarbeit daher unzulässig. Demgegenüber ist der allgemeine arbeitsrechtliche Gleichbehandlungsgrundsatz gegenüber der Gruppenbildung zunächst neutral. Das vom Arbeitgeber gewählte Abgrenzungskriterium wird nicht bereits durch gesetzliche Vorgaben als unzulässig angesehen. Vielmehr ist der allgemeine

---

418 Biermann, S. 205. Siehe auch: Sowka, DB 1994, S. 1876; Sowka / Köster, S. 79; Grünberger, Teilzeitarbeitsverhältnisse, AuA 1995, S. 222; Buschmann / Dieball / Stevens-Bartol, TZA, S. 210-213.

419 Preis, ErfKomm, S. 725. Sowka, DB 1994, S. 1876

420 Der allgemeine Gleichbehandlungsgrundsatz verbietet die Schlechterstellung einzelner Arbeitnehmer ohne sachlichen Grund, verwehrt jedoch dem Arbeitgeber nicht die Bevorzugung einzelner Arbeitnehmer. So BAG vom 19.7.1983, AP Nr. 8 zu § 5 BetrVG 1972.

421 Schaub, Arbeitsrechts-Handbuch, S. 1137; Richardi, MünchHdb-ArbR, § 14, Rn. 1-2; Langmaack, S. 47; Sowka / Köster, S. 10.

422 Preis, ErfKomm, S. 725; Lipke, GK-TzA, § 2, Rn. 83.

arbeitsrechtliche Gleichbehandlungsgrundsatz gegenüber der Gruppenbildung wertungsoffen. Die Feststellung, dass eine Ungleichbehandlung wegen der Teilzeitarbeit vorliegt, verschiebt damit den Blickwinkel des Normanwenders im Hinblick auf die Überprüfung des sachlichen Grundes.[423]

3.2.3. GELTUNGSBEREICH VON § 4 ABS. 1 TzBfG

Diese Vorschrift begründet als individualarbeitsrechtliche Norm einen unmittelbaren Anspruch der Teilzeitbeschäftigten auf gleiche Behandlung und insbesondere auf gleiche Sach- und Geldleistungen.[424]

a) **Normadressanten**: Adressat der Gleichbehandlungspflicht des § 4 Abs. 1 TzBfG ist nach Sinn und Zweck der Norm der Arbeitgeber, als Arbeitsvertragspartner[425] und Inhaber des Direktionsrechts.[426] Nach der Vorschrift sind dem Arbeitgeber grundsätzlich benachteiligende Maßnahmen gegenüber Teilzeitbeschäftigten untersagt.[427] Das BAG[428] legt den Begriff der „Maßnahme" in einem umfassenden Sinne aus. Das Tatbestandmerkmal umfasse nicht nur einseitige Maßnahmen oder die Ausübung von Gestaltungsrechten durch den Arbeitgeber, sondern auch vertragliche Abmachungen zwischen den Arbeitsvertragsparteien. Mit dem Begriff des Verbots unterschiedlicher Behandlung wird also vielmehr nach der Rechtsprechung des BAG das gesamte rechtserhebliche Handeln des Arbeitgebers erfaßt.[429]

---

[423] Biermann, S. 67-68.
[424] Vgl. Schüren, MünchHdb-ArbR, § 161, Rn. 47; Lipke, GK-TzA, § 2 BeschFG, Rn. 86.
[425] BAG vom 1.11.1995, AP Nr. 45 zu § 2 BeschFG 1985, NZA 1996, S. 813 ff.; BAG vom 12.6.1996, AP Nr. 4 zu § 611 BGB Werkstudent. In der neuen Fassung der Vorschrift im TzBfG wird der Arbeitgeber nicht mehr ausdrücklich als Normadressant erwähnt.
[426] BAG vom 1.12.1994, AP Nr. 41 zu § 2 BeschFG 1985, NZA 1995, S. 590; BAG vom 20.11.1996, AP Nr. 127 zu § 611 BGB Lehrer, Dozenten, NZA 1997, S. 885 ff.
[427] Biermann, S. 46.
[428] U.a. BAG vom 25.1.1989, AP Nr. 2 zu § 2 BeschFG 1985; BAG vom 9.2.1989, AP Nr. 4 zu § 2 BeschFG 1985; BAG vom 15.11.1990, EzA § 2 BeschFG 1985, Nr. 5; BAG 29.1.1992, AP Nr. 18 zu § 2 BeschFG 1985; BAG vom 5.11.1992, NZA 1993, S. 511 ff.; BAG vom 26.5.1993, AP Nr. 42 zu Art. 119 EWG-Vertrag; BAG vom 23.6.1993, AP Nr. 1 zu § 34 BAT; BAG vom 25.10.1994, AP Nr. 40 zu § 2 BeschFG 1985
[429] Richardi, NZA 1992, S. 626. Vgl. Lipke, GK-TzA, § 2 BeschFG, Rn. 87; Sowka / Köster, S. 10; Sowka, DB 1994, S. 1874; Schüren, MünchHdb-ArbR, § 161, Rn. 48; Lipke, ArbuR 1991, S. 78; Langmaack, S. 63. Ausführlich: Biermann, S. 47 ff.

Die Verwendung des § 4 Abs. 1 TzBfG bindet auch die Tarifvertragsparteien und wird als Prüfungsmaßstab eines Tarifvertrages von der ganz überwiegenden Auffassung in Rechtsprechung[430] und Schrifttum bejaht.[431] Nach der Rechtsprechung des BAG[432] wird die grundsätzliche Geltung des damaligen § 2 Abs. 1 BeschFG (§ 4 Abs. 1 TzBfG) für Tarifverträge nicht mehr in Frage gestellt, sondern unmittelbar zu einer inhaltlichen Prüfung der Gruppenbildung übergegangen. Das Gleichbehandlungsgebot des TzBfG ist anders als etwa die Regelungen zur Arbeitszeitflexibilisierung nicht tarifdisponibel.[433] § 4 Abs. 1 TzBfG ist zwingendes Recht. Auch die Tarifvertragsparteien sind an das Diskriminierungs-verbot gebunden. Die noch in § 6 BeschFG vorgesehene Abweichungsmöglichkeit, die das BAG jedoch schon weitgehend beseitigt hatte, besteht nicht mehr.[434] Andererseits findet § 4 Abs. 1 TzBfG nach h.M. auch auf Betriebsvereinbarungen Anwendung.[435]

Schließlich ist zu bemerken, dass ein vertraglicher Verzicht auf den Gleichbehandlungsanspruch aus § 4 Abs. 1 TzBfG nicht möglich ist. Eine solche Dispositionsbefugnis der Vertragspartner wäre mit dem Gesetzeszweck einer umfassenden Sicherung der Gleichbehandlung unvereinbar. Individualvertragliche Abreden müssen sich daher an § 4 Abs. 1 TzBfG messen lassen.[436] Im Gegensatz zum allgemeinen arbeitsrechtlichen Gleichbehandlungsgrundsatz ist auch ein nachträglicher Verzicht des Teilzeitbeschäftigten auf die

---

[430] Siehe u.a. BAG vom 16.3.1993, AP Nr. 6 zu § 1 BetrAVG Teilzeitarbeit; BAG vom 23.6.1993, AP Nr. 1 zu § 34 BAT; BAG vom 16.9.1993, AP Nr. 2 zu § 9 TV Arb Bundespost: BAG vom 9.3.1994, AP Nr. 31 zu § 23a BAT; BAG vom 15.3.1997, NZA 1997, S. 1355 ff; LAG Köln vom 13.2.1992, LAGE § 2 BeschFG 1985 Nr. 19.

[431] Siehe: Schüren, Die Gestaltungsfreiheit der Tarifvertragsparteien beim sachlichen Grund in § 2 Abs. 1 BeschFG 1990, ZTR 1992, S. 355 ff.; Wiedemann / Peters, Neuere Rechtsprechung zur Bedeutung des Gleichheitssatzes für Tarifverträge, RdA 1997, S. 100 ff.

[432] Siehe: BAG vom 9.3.1994, AP Nr. 31 zu § 23a BAT; BAG vom 23.6.1993, AP Nr. 1 zu § 34 BAT; BAG vom 15.12.1994, AP Nr. 7 zu § 611 BGB Teilzeitarbeit; BAG vom 11.12.1996, NZA 1997, S. 667 ff.; BAG vom 13.5.1997, NZA 1997, S. 1355 ff.

[433] BAG vom 22.5.1996, AP Nr. 1 zu § 39 BAT, NZA 1996, S. 938; BAG vom 9.10.1996, AP Nr. 50 zu § 2 BeschFG 1985, NZA 1997, S. 728 ff.; BAG vom 13.3.1997, AP Nr. 54 zu § 2 BeschFG 1985, NZA 1997, S. 842 ff.; BAG vom 25.9.1997, AP Nr. 63 zu § 2 BeschFG 1985, NZA 1998, S. 151 ff. Auch Preis / Gotthardt, DB 2000, S. 2066; Kliemt, NZA 2001, S. 70.

[434] Worzalla / Will / Mailänder / Worch / Heise, § 4 TzBfG, Rn. 22.

[435] U.a. Lipke, GK-TzA, § 2 BeschFG, Rn. 134; Schaub, Arbeitsrechts-Handbuch, S. 341; Biermann, S. 52; LAG Frankfurt a.M. vom 10.11.1989, ZTR 1991, S. 35; LAG Frankfurt a.M. vom 14.3.1995, NZA 1995, S. 1162 ff.

[436] BAG vom 25.1.1989, AP Nr. 2 zu § 2 BeschFG 1985; BAG vom 29.8.1989, AP Nr. 6 zu § 2 BeschFG 1985; BAG vom 23.10.1991, ZTR 1992, S. 72 ff.; BAG vom 7.11.1991, AP Nr. 14 zu § 62 BAT; BAG vom 26.5.1993, EzA § 2 BeschFG 1985 Nr. 28.

Einhaltung des § 4 Abs. 1 TzBfG nicht zulässig. Die Qualifizierung des § 4 Abs. 1 TzBfG als ein den absoluten Differenzierungsverboten angenähertes Benachteiligungsverbot führt zu einer Überlagerung der Dispositionsfreiheit der Arbeitsvertragsparteien durch den Willen des Gesetzgebers, der eine Anknüpfung an das Differenzierungsmerkmal „Teilzeitarbeit“ grundsätzlich für unzulässig erachtet.[437]

b) **Sachlicher Geltungsbereich**: Das Gleichbehandlungsgebot erfaßt alle Leistungen des Arbeitgebers an den Arbeitnehmern und die Gesamtheit der betrieblichen Arbeitsbedingungen.[438] Wenn die Arbeitsorganisation eines Unternehmens aus zwei oder mehreren Betrieben besteht, so beschränkt sich die Rechtsbindung der Gleichbehandlung nicht auf den einzelnen Betrieb; sie ist vielmehr unternehmensbezogen.[439] Das BAG[440] hat dem allgemeinen arbeitsrechtlichen Gleichbehandlungsgrundsatz und dem besonderen Benachteiligungsverbot aus dem damaligen § 2 Abs. 1 BeschFG überbetriebliche Geltung zugemessen, wenn der Arbeitgeber eine überbetriebliche Regel aufstellt und anwendet. In diesem Fall müsse sich der Arbeitgeber an seinem Willen zur überbetrieblichen Leistungsgewährung festhalten lassen.[441] Allerdings können nach Ansicht des BAG[442] die Arbeitnehmer des einen Unternehmens in einem von mehreren Unternehmen gemeinsam geführten Betrieb nicht Gleichbehandlung mit den Arbeitnehmern des anderen Unternehmens verlangen. Auch bei Bestehen einer Konzernbindung findet der Gleichbehandlungsgrundsatz keine unternehmensübergreifende Anwendung,[443] weil die Konzernbindung kein besonderer arbeitsrechtlicher Zuordnungsgrund ist. Eine konzerndimensionale Geltung ist nur anzunehmen, wenn die Konzernspitze für die Gewährung von Arbeitgeberleistungen eine Verteilungskompetenz in Anspruch nimmt

---

437 Biermann, S. 138; vgl. Richardi, MünchHdb-ArbR, § 14, Rn. 33.

438 Schüren, MünchHdb-ArbR, § 161, Rn. 49; Preis, ErfKomm, S. 723. Vgl. BAG vom 24.4.1997, AP Nr. 42 zu § 2 KSchG 1969; NZA 1997, S. 1047 ff.

439 Richardi, MünchHdb-ArbR, § 14 Rn. 9.

440 BAG vom 17.12.1992, AP Nr. 105 zu § 242 BGB Gleichbehandlung (für den allgemeinen arbeitsrechtlichen Gleichbehandlungsgrundsatz); BAG vom 12.1.1994, AP Nr. 112 zu § 242 BGB Gleichbehandlung (für das Benachteiligungsverbot des § 2 Abs. 1 BeschFG).

441 Siehe Biermann, S. 140.

442 BAG vom 19.11.1992, AP Nr. 145 zu § 611 BGB Gratifikation.

443 Vgl. BAG vom 20.8.1986, AP Nr. 145 zu § 611 BGB Gratifikation.

und konzernrechtlich entsprechende Weisungen erteilt, so dass auch das Mitbestimmungsrecht vom Konzernbetriebsrat auszuüben ist.[444]

c) **Persönlicher Geltungsbereich**: Im TzBfG wurde klargestellt, dass sich nicht nur die Teilzeitarbeitnehmer der Grundsatz der Gleichbehandlung berufen können, sondern auch die geringfügig entlohnten Beschäftigten, die nach dem neuen Gesetz ausdrücklich als Teilzeitarbeitnehmer anzusehen sind (§ 2 Abs. 2 TzBfG). Allerdings ist zu bemerken, dass das gesetzliche Benachteiligungsverbot aus § 4 Abs. 1 TzBfG nicht für die Einstellung des Teilzeitarbeitnehmers gilt, d.h. es gilt nicht für Bewerber auf einen Teilzeitarbeitsplatz. Der Arbeitgeber ist grundsätzlich in der Entscheidung frei, ob er einen Vollzeit- oder mehrere Teilzeitarbeitnehmer auf einen offenen Arbeitsplatz einstellt.[445] § 4 Abs. 1 TzBfG setzt im Unterschied zu § 611 a BGB für die Anwendung des Benachteiligungsverbots ein bereits begründetes Teilzeitarbeitsverhältnis voraus. Eine Heranziehung des allgemeinen arbeitsrechtlichen Gleichbehandlungsgrundsatz scheidet ebenfalls aus.[446]

d) **Gleichbehandlung innerhalb der Gruppe der Teilzeitbeschäftigten**: Der Wortlaut des § 4 Abs. 1 TzBfG verbietet lediglich die unsachliche Schlechterbehandlung von Teilzeitkräften gegenüber vergleichbaren Vollzeitarbeitnehmern. Differenzierungen zwischen einzelnen Teilzeitbeschäftigten oder Gruppen von Teilzeitbeschäftigten unterfallen nach dem Wortlaut der Vorschrift nicht dem besonderen Gleichbehandlungsgrundsatz des § 4 Abs. 1 TzBfG.[447] Trotz des Vorschriftwortlautes hat die Rechtsprechung des BAG[448] festgestellt, dass das besondere Gleichbehandlungsgebot für Teilzeitbeschäftigte nicht nur die Ungleich-behandlung von Teilzeit- im Vergleich zu Vollzeitbeschäftigten umfaßt, sondern auch von Teilzeitbeschäftigten mit unterschiedlicher Arbeitszeit oder Arbeitszeitdauer untereinander. Auch bei der Fallgruppe der Ungleichbehandlung

---

[444] In diesem Sinne: Richardi, MünchHdb-ArbR, § 14 Rn. 11.

[445] Vgl. Analyse über § 7 TzBfG.

[446] Lipke, GK-TzA, § 2 BeschFG, Rn. 104.

[447] Biermann, S. 57; Lipke, ArbuR 1991, S. 78.

[448] BAG vom 29.8.1989, AP Nr. 6 zu § 2 BeschFG 1985, bestätigt in BAG vom 15.11.1990, AP Nr. 11 zu § 2 BeschFG 1985. Nach Auffassung von Schüren, MünchHdb-ArbR, § 161, Fn. 88, ist diese extensive Auslegung unklar bei BAG vom 24.10.1989, AP Nr. 29 zu § 11 BUrlG.

nebenberuflich Beschäftigter mit haupt-beruflich Teilzeitbeschäftigten hält das BAG[449] dem aufgehobenen § 2 Abs. 1 BeschFG (§ 4 Abs. 1 TzBfG) für anwendbar, weil es bei dem Gruppenvergleich die Vollzeitbeschäftigten zugrundelegt, obwohl im Kern eine sachwidrige Differenzierung zwischen Teilzeitbeschäftigten vorliegt.[450]

Nach Ansicht von Schüren[451] ist diese Auslegung des BAG jedoch weder mit dem Wortlaut von ex § 2 Abs. 1 BeschFG noch mit den ursprünglichen gesetzgeberischen Zielen verein-bar.[452] Sie sei auch nicht erforderlich, denn regelmäßig werde eine solche Ungleich-behandlung darin bestehen, dass eine Gruppe von Teilzeitkräften mit geringer Wochenstundenzahl gegenüber den Vollzeitkräften „und" den Teilzeitkräften mit erheblicher Wochenstundenzahl benachteiligt werde. Es sei nicht erforderlich, dass die bevorzugte Gruppe auch Vollzeitkräfte enthielte. Vielmehr genüge es, wenn die betreffende Regelung sich auf Vollzeitkräfte erstrecke.[453] Dann liege auch eine Ungleichbehandlung von Voll- und Teilzeitkräften vor, für die die Bestimmung einschlägig sei.

Mit einem anderen Kriterium hält Biermann[454] die Auffassung, dass die Ausweitung des Wortlautes des ex § 2 Abs. 1 BeschFG (§ 4 Abs. 1 TzBfG) sich allein aus der Überlegung rechtfertige, dass die benachteiligte Teilzeitkraft letztlich eine Anwendung der Regelungen, die für Vollzeitbeschäftigte verbindlich seien, erreichen wolle und die Benachteiligung gegenüber einer anderen Gruppe von Teilzeitkräften nur eine zusätzliche Hürde auf dem Weg zur Erlangung des eigentlichen Ziels, der Gleichstellung mit den in Vollzeit beschäftigten Arbeitnehmer, darstelle. Der Vergleich mit der bevorzugten Teilgruppe der Teilzeitkräfte gewinne auf zwei Ebenen Bedeutung. Zum einen sei die unterschiedliche Behandlung einer Gruppe Teilzeitarbeitnehmer gegenüber den Vollzeitarbeitnehmern nicht dadurch gerechtfertigt, dass der Arbeitgeber eine andere

---

449 BAG vom 1.11.1995, AP Nr. 45 und 46 zu § 2 BeschFG 1985.

450 Preis, ErfKomm, S. 723.

451 Schüren, MünchHdb-ArbR, § 161, Rn. 55.

452 Vgl. Lipke, GK-TzA, § 2 BeschFG, Rn. 3.

453 BAG vom 12.1.1994, AP Nr. 112 zu § 242 BGB Gleichbehandlung, NZA 1994, S. 993 ff.; BAG vom 15.11.1994, AP Nr. 39 zu § 2 BeschFG 1985, NZA 1995, S. 936 ff.; BAG vom 20.11.1996, AP Nr. 133 zu § 242 BGB Gleichbehandlung, NZA 1997, S. 724 ff.

454 Biermann, S. 59.

Gruppe Teilzeitarbeitnehmer nicht diskriminiere.[455] Zum anderem bedürfe auch die unterschiedliche Behandlung zweier Gruppen von Teilzeitarbeitnehmern einer Rechtfertigung.

Schließlich ist zu bemerken, dass wo die Ungleichbehandlung tatsächlich nur innerhalb der Gruppe der Teilzeitkräfte stattfindet, nur die Anwendung des allgemeinen arbeitsrechtli-chen Gleichbehandlungsgrundsatzes bleibt.[456]

3.2.4. SCHLECHTERBEHANDLUNG WEGEN DER TEILZEITARBEIT

§ 4 Abs. 1 TzBfG verbietet die schlechte Behandlung von Teilzeitarbeitnehmern wegen der Teilzeitarbeit gegenüber einem vergleichbaren Vollzeitarbeitnehmer. Dieses Benachteiligungsverbot ist nicht einfach dahingehend formuliert, dass eine unterschiedliche Behandlung von Teilzeit- und Vollzeitbeschäftigten ohne sachliche Gründe untersagt ist, sondern die Norm verbietet eine ungerechtfertigte Differenzierung zwischen beiden Arbeitnehmergruppen nur, wenn die Ungleichbehandlung wegen der Teilzeitarbeit erfolgt.[457] Nach der Begründung des Regierungsentwurfes wurde die unterschiedliche Behandlung von Teilzeitarbeitnehmern untersagt, um durch die arbeitsrechtliche Gleichstellung mit Vollzeitbeschäftigten, diese Beschäftigungsform zu fördern.[458] Im Gegenteil bleiben unterschiedliche Behandlung aus anderen Gründen, die nicht mit der Teilzeitarbeit zu tun haben, jedoch zulässig. Hierzu seien u.a. Arbeitsleistung, Qualifikation, Berufserfahrung, soziale Lage oder unterschiedliche Arbeitsplatzanforderungen zu zählen.[459]

Das BAG[460] hat sich um eine Präzisierung des Tatbestandsmerkmal „wegen der Teilzeitarbeit" bemüht und nach seiner Rechtsprechung liegt eine unterschiedliche Behandlung wegen der Teilzeitarbeit immer dann vor, wenn die Dauer der Arbeitszeit das

[455] Vgl. BAG vom 15.11.1990, AP Nr. 11 zu § 2 BeschFG 1985; Buschmann, Anm. zu BAG vom 15.11.1990 und 6.12.1990, ArbuR 1991, S. 287 ff.
[456] Preis, ErfKomm, S. 723.
[457] Biermann, S. 60.
[458] BR-Drucks. 393/84, S. 25.
[459] BR-Drucks. 393/84, S. 25.
[460] Siehe: BAG vom 29.1.1992, AP Nr. 18 zu § 2 BeschFG 1985; BAG vom 26.3.1993, AP Nr. 1 zu § 34 BAT; BAG vom 27.7.1994, AP Nr. 37 zu § 2 BeschFG 1985; BAG vom 1.12.1994, AP Nr. 41 zu § 2 BeschFG 1985.

Kriterium darstellt, an das Differenzierung hinsichtlich der unterschiedlichen Arbeitsbedingungen anknüpft. Eine Anknüp-fung an die Dauer der Arbeitszeit liegt daher dann vor, wenn die Gruppenbildung an den Status des Arbeitnehmers als Teilzeitbeschäftigten anknüpft oder wenn der Leistungsbezug an die Dauer der Arbeitszeit geknüpft ist und diese Verbindung für den Teilzeitarbeitnehmer nachteilig ist.[461] Diese Begriffsbestimmung des BAG knüpft an die gesetzliche Definition der Teilzeitarbeit in § 2 Abs. 1 TzBfG an. Das statusbildende Kriterium der Teilzeitbeschäftigung ist die im Vergleich zur Vollzeitbeschäftigung verringerte Arbeitszeit der Teilzeitkraft.[462] Das BAG[463] hat auch bestimmt, dass der Bezugspunkt der Differenzierung objektiv festzustellen ist. Unerheblich ist, worauf der Arbeitgeber bzw. die Sozialpartner die Differenzierung stützen wollen, wenn nur objektiv die gegenüber vollzeitbeschäftigten Arbeitnehmern verkürzte Arbeitszeit Ausgangspunkt für die benachteiligende Behandlung des Teilzeitbeschäftigten ist.[464]

Dem Gesetzgeber lag bei Schaffung des ex § 2 Abs. 1 BeschFG die Vorstellung zugrunde, dass eine Benachteiligung von Teilzeitbeschäftigten wegen der Teilzeitarbeit und aus anderen Gründen erfolgen könne.[465] Das BAG hat diese Unterscheidung in seiner Rechtsprechung aufgenommen und differenziert im Grundsatz zwischen Benachteiligung wegen der Teilzeitarbeit und aus anderen Gründen.[466] In der Fallprüfung hat das BAG[467] jedoch betont, dass die Abgrenzung zwischen einer Benachteiligung aus anderen Gründen als der Teilzeitarbeit und der Rechtfertigung einer Benachteiligung wegen der Teilzeitarbeit selbst fließend sei. Eine ins einzelne gehende Unterscheidung zwischen einer Benachteiligung wegen der Teilzeitarbeit

---

[461] Siehe Langmaack, S. 63-64.
[462] Biermann, S. 69.
[463] BAG vom 3.3.1993, NZA 1993, S. 839 ff.
[464] Vgl. Worzalla / Will / Mailänder / Worch / Heise, § 4 TzBfG, Rn. 7.
[465] Biermann, S. 63.
[466] U.a. BAG vom 7.11.1991, EzA § 2 BeschFG 1985 Nr. 18; BAG vom 27.7.1994, AP Nr. 37 zu § 2 BeschFG 1985; BAG vom 25.10.1994, AP Nr. 40 zu § 2 BeschFG 1985. Auch LAG Hamburg vom 4.2.1994, LAGE § 2 BeschFG 1985 Nr. 26.
[467] Siehe: BAG vom 9.2.1989, AP Nr. 4 zu § 2 BeschFG 1985; BAG vom 29.1.1992, AP Nr. 18 zu § 2 BeschFG 1985; BAG vom 11.3.1993, ZTR 1994, S. 211 ff.; BAG vom 26.5.1993, SAE 1994, S. 191 ff.; BAG vom 12.6.1996, NZA 1997, S. 191 ff.

und aus anderen Gründen sei für eine Anwendung des ex § 2 Abs. 1 BeschFG nicht erforderlich.[468]

Biermann[469] ist zuzustimmen, dass der Zweck des Tatbestandsmerkmal „wegen der Teilzeitarbeit" darin bestehe, den Anwendungsbereich des ex § 2 Abs. 1 BeschFG (§ 4 Abs. 1 TzBfG) auf solche Konstellationen zu beschränken, in denen die Teilzeitkraft gerade wegen ihres Teilzeitarbeitnehmerstatus zur Gruppe der benachteiligten Arbeitnehmer gehöre. Der Gesetzgeber habe die Teilzeitarbeitnehmer mit Schaffung des § 2 Abs. 1 BeschFG nicht umfassend vor benachteiligenden Differenzierungen schützen wollen, sondern nur vor solchen Gruppenbildungen, die mit dem Teilzeitarbeitnehmerstatus des Arbeitnehmers in Zusammenhang ständen. Aus dem Anwendungsbereich des ex § 2 Abs. 1 BeschFG (§ 4 Abs. 1 TzBfG) auszuscheiden seien daher diejenigen Fälle, in denen Teilzeitkräfte zwar zur Gruppe der benachteiligten Arbeitnehmer gehören, diese Gruppenzugehörigkeit jedoch nicht in Zusammenhang mit dem Teilzeitarbeitnehmerstatus stehe, sondern auf teilzeitfremden Gründen beruhe.[470] Schlechterstellungen aus anderen Gründen kann der Teilzeitarbeitnehmer – ebenso wie alle anderen benachteiligten Arbeitnehmer – nur anhand des allgemeinen arbeitsrechtlichen Gleichbehandlungsgrundsatzes überprüfen lassen.

3.2.5. RECHTFERTIGUNG DER SCHLECHTEREN BEHANDLUNG VON TEILZEITARBEITNEHMERN

Im Falle, dass eine Ungleichbehandlung zwischen Teilzeit- und Vollzeitarbeitnehmer an die Dauer der Arbeitszeit anknüpft und sie daher „wegen der Teilzeitarbeit" erfolgt, so kann sie dennoch zulässig sein, wenn hierfür ein Rechtfertigungsgrund angeführt werden kann. Nach § 4 Abs. 1 TzBfG ist eine schlechte Behandlung gerechtfertigt, die auf sachliche Gründe gestützt werden kann. Der Grund der Unterscheidung muss ein sachlicher sein und dies muss sich aus dem Vergleich der begünstigten und der benachteiligten Gruppe ergeben.[471]

---

[468] BAG vom 9.2.1989, AP Nr. 4 zu § 2 BeschFG 1985; BAG vom 29.1.1992, AP Nr. 18 zu § 2 BeschFG 1985; BAG vom 11.3.1993, ZTR 1994, S. 211 ff.; BAG vom 26.5.1993, SAE 1994, S. 191 ff. Ausführlich: Biermann, S. 64 ff.

[469] Biermann, S. 65-66.

[470] Vgl. Lipke, AuA 1994, S. 8; BAG vom 28.10.1992, 10 AZR 128/92, DB 1993, S. 591.

[471] Buschmann / Dieball / Stevens-Bartol, TZA, S. 348.

Welche Gründe „sachliche Gründe“ im Sinne der Vorschrift sind, wurden vom Gesetzgeber im Interesse einer flexiblen Handhabung des Gleichheitssatzes nicht deutlich festgestellt.[472] Die Gesetzesbegründung des damaligen § 2 BeschFG hält eine Ungleichbehandlung für gerecht-fertigt, wenn der Leistungszweck einen bestimmten Mindestumfang der Beschäftigung voraussetzt. Ebenso kann eine Benachteiligung teilzeitbeschäftigter Arbeitnehmer bei einer Beförderung oder Versetzung sachlich gerechtfertigt sein, wenn die auf einem bestimmten Arbeitsplatz zu erfüllenden Aufgaben nicht durch einen teilzeitbeschäftigten Arbeitnehmer wahrgenommen werden können.[473] Es steht aber fest, dass der vertraglich festgelegte zeitliche Umfang der geschuldeten Arbeitsleistung als Anknüpfungspunkt für eine unterschiedliche Behandlung ausscheidet.[474] Es müssen andere Gründe sein. Für die Beurteilung bildet den Ausgangspunkt der Zweck, den der Arbeitgeber mit der Aufstellung einer Regel verfolgt. Differenzierungen, die er insoweit vornimmt, dürfen nicht gegen die absoluten Differenzierungsverbote verstoßen, wie sie in Art. 3 Abs. 2 und 3 GG enthalten sind, und sie müssen außerdem zweckgerecht sein. Sie müssen rechtfertigen, dass Teilzeitbeschäftigte gegenüber Vollzeitbeschäftigten unterschiedlich behandelt werden, wobei aber das Kriterium der Gruppenbildung selbst nicht der Unterschied in der regelmäßigen Dauer der Arbeitszeit sein darf.[475]

Die Rechtsprechung legt einen besonders strengen Rechtfertigungsmaßstab an. Das ist auch darauf zurückzuführen, dass in der Ungleichbehandlung Teilzeitbeschäftigter regelmäßig zugleich eine Diskriminierung aufgrund des Geschlechts liegt und damit zugleich eine Überprüfung am Gleichbehandlungsgebot des Art. 141 EGV bzw. der §§ 611 a, 612 Abs. 3 BGB erforderlich wäre.[476] Eine Schlechterstellung ist dann sachlich gerechtfertigt, wenn hierfür objektive Gründe gegeben sind, die einem wirklichen Bedürfnis des Unternehmens dienen und für die Erreichung dieses Zieles geeignet und erforderlich sind.[477]

---

[472] Biermann, S. 83.
[473] BT-Drucks. 10/2102, S. 24.
[474] Vgl. BAG vom 6.12.1990, AP Nr. 12 zu § 2 BeschFG 1985.
[475] Richardi, NZA 1992, S. 627.
[476] Preis, ErfKomm, S. 727.
[477] Ständige Rechtsprechung des EuGH seit der Entscheidung vom 15.5.1986, Rs. 170/84 (Bilka - Kaufhof GmbH), DB 1986, S. 1525.

Ein Rechtfertigungsgrund für eine unterschiedliche Behandlung kann sich nach mittlerweile ständiger Rechtsprechung des BAG[478] allein aus dem Verhältnis von Leistungszweck und Um-fang der Teilzeitarbeit ergeben. Dementsprechend untersucht das BAG regelmäßig zunächst, welcher Zweck mit der Leistung verfolgt wird, von der Teilzeitarbeitnehmer ausgeschlossen werden. Nur wenn sich aus dem Leistungszweck Gründe herleiten lassen, die es unter Berücksichtigung aller Umstände rechtfertigen, dem Teilzeitarbeitnehmer die Leistung, die der vollzeitbeschäftigte Arbeitnehmer zu beanspruchen hat, auch nicht anteilig zu gewähren, ist ein sachlicher Grund für eine unterschiedliche Behandlung nach Ansicht des BAG gegeben.[479] In einigen Fällen ist das BAG[480] allerdings von diesem Grundsatz abgewichen und hat eine Differenzierung dann für unsachlich erachtet, wenn es keine billigenswerte Gründe für sie gibt.

Schließlich ist zu berücksichtigen, dass für das Vorliegen eines sachlichen Grundes der Arbeit-geber die Beweislast hat. Dies gilt auch für die Behauptung, bestimmte Belastungen träten erst ab Überschreitung einer bestimmten Stundengrenze auf.[481]

3.2.6. RECHTSFOLGEN EINES VERSTOßES GEGEN § 4 ABS. 1 TzBfG

Ein Verstoß gegen das Diskriminierungsverbot führt nach § 134 BGB zur Nichtigkeit der diskriminierenden Vereinbarung oder Maßnahme. Ein Arbeits- oder Tarifvertrag ist hinsichtlich der diskriminierenden Regelung teilnichtig.[482] Als Folge der Nichtigkeit einer Vergütungsabrede ist die entstehende Lücke nach Ansicht des BAG[483] über § 612 Abs. 2 BGB in der Form zu schließen, dass an die Stelle der entfallenden Vergütungsregelung die nach § 612 Abs. 2 BGB zu bestimmende übliche Vergütung tritt. Die übliche Vergütung im Sinne von § 612 BGB kann sich aus einem auf das Arbeitsverhältnis anwendbaren

---

[478] U.a.: BAG vom 15.11.1990, AP Nr. 11 zu § 2 BeschFG 1985; BAG vom 6.12.1990, AP Nr. 12 zu § 2 BeschFG 1985; BAG vom 7.11.1991, AP Nr. 14 zu § 64 BAT; BAG vom 29.1.1992, AP Nr. 18 zu § 2 BeschFG 1985; BAG vom 25.10.1994, AP Nr. 40 zu § 2 BeschFG 1985; BAG vom 1.11.1995, ArbuR 1996, S. 507 ff.

[479] BAG vom 15.11.1990, AP Nr. 11 zu § 2 BeschFG 1985. Vgl. Schmidt, Teilzeitarbeit in Europa, S. 85-86; Lipke, GK-TzA, § 2 BeschFG, Rn. 210.

[480] BAG vom 20.7.1993, DB 1994, S. 102 ff.

[481] BAG vom 29.1.1992, AP Nr. 18 zu § 2 BeschFG 1985; BAG vom 11.3.1993, ZTR 1994, S. 211 ff. Vgl. Buschmann / Dieball / Stevens-Bartol, TZA, S. 351; Biermann, S. 125 ff.; Lipke, GK-TzA, § 2, Rn. 99-101.

[482] BAG vom 25.1.1989, AP Nr. 2 zu § 2 BeschFG 1985.

Tarifvertrag oder Entlohnungssystem ergeben.[484] Für die Vergangenheit kann dem Gleichheitsverstoß nur durch Gleichbehandlung mit den bevorzugten Vollzeitarbeitnehmern abgeholfen werden.[485] Außerdem werden die Teilzeitkräfte infolge des Gleichbehandlungsanspruchs auf das Niveau der Vollzeitkräfte angehoben. Andere Möglichkeiten, eine Gleichbehandlung herbeizuführen – etwa durch Rückforderung der den begünstigten Arbeitnehmern gewährten Leistung – werden aus Bestandsschutzgesichtspunkten, jedenfalls aber faktisch nicht in Betracht kommen.[486]

Andererseits kann auch als Folge eines Verstoßes gegen § 4 Abs. 1 TzBfG ein Schadenersatzanspruch aus unerlaubter Handlung in Frage kommen. Dies aufgrund dass § 2 BeschFG schon als Schutzgesetz im Sinne des § 823 Abs. 2 BGB anerkannt war.[487] § 4 TzBfG ist eine Schutzvorschrift zugunsten der teilzeitbeschäftigten Arbeitnehmer; sie hat nicht nur eine allgemein sozialstaatliche oder sozialpolitische Funktion, sondern soll den einzelnen Teilzeitbeschäftigten und die Gruppe der Teilzeitbeschäftigten schützen.[488]

3.3. DIE ENTGELTZAHLUNG

3.3.1. ALLGEMEINES

Mit dem Begriff des Arbeitsentgelts[489] wird zunächst die Vergütung bezeichnet, die dem Arbeitnehmer regelmäßig jede Woche oder jeden Monat für die in dieser Zeitspanne erbrachte Arbeitsleistung gewährt wird. Die Vergütung stellt daher das Entgelt für die Arbeitsleistung dar und steht zu ihr in einem Gegenseitigkeitsverhältnis.[490] Das regelmäßige Arbeitsentgelt kann entweder aufgrund der Arbeitszeit (Zeitlohn) oder in direkter Abhängigkeit von der

---

483 BAG vom 26.9.1990, AP Nr. 9 zu § 2 BeschFG 1985.

484 Vgl. BAG vom 15.11.1994, AP Nr. 39 zu § 2 BeschFG 1985; BAG vom 25.1.1989 AP Nr. 2 zu § 2 BeschFG 1985; BAG vom 26.9.1990, AP Nr. 9 zu § 2 BeschFG 1985.

485 Vgl. BAG vom 28.7.1992 AP Nr. 18 zu § 1 BetrAVG Gleichbehandlung.

486 In diesem Sinne: Preis, ErfKomm, S. 732. Vgl. Langmaack, S. 66 ff.; BAG vom 13.11.1985, AP Nr. 136 zu Art. 3 GG bezüglich des allgemeinen arbeitsrechtlichen Gleichbehandlungsgrundsatzes.

487 Vgl. BAG vom 12.6.1996, 5 AZR 960/94; BAG vom 19.8.1992, 5 AZR 513/91; LAG Köln vom 5.11.1999, 11 Sa 71/99; Lipke, GK-TzA, § 2 BeschFG, Rn. 95.

488 Buschmann / Dieball / Stevens-Bartol, TZA, S. 353. Vgl. BAG vom 12.6.1996, 5 AZR 960/94. In diesem Urteil geht das BAG von einer rechtswidrigen und schuldhaften Verletzung aus.

489 Vgl. Zöllner / Loritz, S. 185.

490 Staudinger / Richardi, KzBGB, § 611, Rn. 553.

Leistung des Arbeitnehmers (Akkordlohn, Provision) berechnet werden.. Möglich ist auch die Kombination eines zeitbezogenen Grundlohn mit zusätzlichen zeit- oder leistungsbezogenen Zahlungen (z.B. Überstundenzuschläge). Bestandteil des regelmäßigen Arbeitsentgelts sind auch Zulagen, die nicht unmittelbar an die Arbeitsleistung anknüpfen, sondern als Ausgleich für belastende Arbeitsbedingungen oder nach sozialen Kriterien gezahlt werden, sofern sie jede Woche bzw. jeden Monat ausgezahlt werden.[491] Neben dem regelmäßigen Arbeitsentgelt kann der Arbeitgeber seinen Arbeitnehmern auch unterschiedlichtste Sondervergütungen gewähren. Charakteristisch für diese ist, dass sie nicht mit dem regelmäßigen Arbeitsentgelt ausgezahlt werden, sondern nur zu bestimmten Anlässen und Terminen gewährt werden. (z.B. Gratifikation)[492]

Das BAG hat hinsichtlich der Arbeitsvergütung auf die gesetzliche Wertung im BGB hingewiesen. Der Arbeitsvertrag ist ein gegenseitiger Vertrag und die Vergütung bemisst sich – wie auch bei anderen gegenseitigen Verträgen - zunächst am Wert der Gegenleistung. Der Arbeitswert ist nicht von Faktoren abhängig, die außerhalb des unmittelbaren Austauschverhältnisses stehen.[493] So kommt dem Arbeitgeber das Arbeitsergebnis in gleichem Maße und unabhängig davon zugute, ob sein vollzeitbeschäftigter Arbeitnehmer auf das Arbeitsentgelt zur Sicherung seines Lebensunterhaltes angewiesen ist oder ob eine Teilzeitkraft bei ihm weiteres Entgelt verdient, um sich zusätzlichen Luxus zu ermöglichen.[494]

Für die Vergütung und die Gewährung von Nebenleistungen an Teilzeitkräfte gelten die gleichen Grundsätze wie bei vollzeitbeschäftigten Arbeitnehmern. Hinsichtlich der Anspruchs-grundlagen (Arbeitsvertrag, Tarifvertrag) und der Bemessungsfaktoren für das Arbeitsentgelt unterscheiden sich Teilzeit- und Vollzeitarbeit auch nicht. Die Bemessung der Arbeits-vergütung knüpft entweder an die pro Zeiteinheit geleistete Tätigkeit an (Stundenlohn, Monatsgehalt), oder sie richtet sich nach Stückzahlen pro Zeiteinheit (Akkord) oder sonstigen Leistungskriterien.[495]

---

[491] Preis, Arbeitsrecht, S. 299.
[492] Siehe: Gamillscheg, S. 312 ff.
[493] BAG vom 1.11.1995, AZR 84/94, ArbuR 1996, S. 507 ff.
[494] Beduhn, Neues zur Gleichbehandlung von Teilzeitbeschäftigten, ArbuR 1996, S. 485.

3.3.2. DER GRUNDSATZ DER GLEICHEN ENTGELTREGELUNGEN FÜR TEILZEIT- UND VOLLZEITBESCHÄFTIGTE

Der Grundsatz der Lohngleichheit von Teilzeit- und Vollzeitbeschäftigten wurde vom BAG[496] bereits vor der Geltung des § 2 Abs. 1 BeschFG aufgestellt. Nach dem heutigen § 4 Abs. 1 TzBfG besteht besonders hinsichtlich des Arbeitsentgelts ein gesetzliches Verbot der schlechten Behandlung, sofern hierfür kein sachlicher Grund vorliegt.[497] Das TzBfG hat auch eine Sonderregelung für die zu gewährende Höhe von Arbeitsentgelt oder einer anderen teilbaren geldwerten Leistung vorgesehen.[498] In diesem Sinne schreibt § 4 Abs. 2 Satz 2 TzBfG vor, dass einem teilzeitbeschäftigten Arbeitnehmer Arbeitsentgelt oder eine andere teilbare geldwerte Leistung mindestens in dem Umfang zu gewähren ist, der dem Anteil seiner Arbeitszeit an der Arbeitszeit eines vergleichbaren vollzeitbeschäftigten Arbeitnehmers entspricht. Diese Vorschrift setzt § 4 Abs. 2 der Richtlinie 97/81/EG über Teilzeitarbeit um, der den Grundsatz der zeitanteiligen Gleichbehandlung (pro rata temporis) anerkennt.

Hinsichtlich des Entgelts ist relevant zu bemerken, dass bei der vertraglichen Festlegung der dem einzelnen Arbeitnehmer zu zahlenden Arbeitsvergütung der Arbeitgeber grundsätzlich frei ist. Die auch für das Arbeitsrecht geltende Vertragsinhaltsfreiheit erlaubt es den Arbeitsvertragsparteien, die Höhe der zu zahlenden Vergütung nach den Maßstäben von Angebot und Nachfrage frei auszuhandeln. Der Arbeitgeber ist daher berechtigt, einzelne Arbeitnehmer bei der Bemessung der Vergütung individualvertraglich besserzustellen.[499] Nach der Rechtsprechung des BAG ist der Gleichbehandlungsgrundsatz im Bereich der Vergütung nur beschränkt anwendbar, weil der Grundsatz der Vertragsfreiheit Vorrang habe. Dieser Grundsatz gelte allerdings nur für individuell vereinbarte Löhne und Gehälter.[500] Wenn ein Arbeitgeber, was ihm die Vertragsfreiheit gewährleiste, einzelne Arbeitnehmer besser stelle, könnten daraus andere Arbeitnehmer keinen Anspruch auf Gleichbehandlung herleiten. Der

---

495 Schüren, MünchHdb-ArbR, § 162, Rn. 89-91.

496 BAG vom 12.11.1969, AP Nr. 10 zu § 4 TVG; BAG vom 23.7.1976, AP Nr. 11 zu § 11 BUrlG; BAG vom 6.4.1982, AP Nr. 1 zu § 1 BetrAVG Gleichbehandlung; BAG vom 9.11.1972, AP Nr. 36 zu § 242 BGB Gleichbehandlung.

497 Vgl. Langmaack, S. 88; Lipke, GK-TzA, § 2 BeschFG, Rn. 121.

498 Siehe: Däubler, Das neue Teilzeit- und Befristungsgesetz, ZIP 2001, S. 217.

499 Nebendahl, S. 81. Siehe auch: Richardi, NZA 1992, S. 625 ff.; Richardi / Annuß, BB 2000, S. 2201.

Gleichbehandlungsgrundsatz sei aber anwendbar, wenn der Arbeitgeber die Leistungen nach einem bestimmten erkennbaren und generalisierenden Prinzip gewähre, wenn er bestimmte Voraussetzungen oder einen bestimmten Zweck festlege.[501]

Demgegenüber gebietet der arbeitsrechtliche Gleichbehandlungsgrundsatz, der für den Bereich der Teilzeitarbeit seine spezielle Ausprägung in § 4 Abs. 1 TzBfG hat, dem Arbeitgeber, Arbeitnehmer oder Gruppen von Arbeitnehmern, die sich in vergleichbarer Lage befinden, gleich zu behandeln. Er verbietet nicht nur die willkürliche Schlechterstellung einzelner Arbeitnehmer innerhalb einer Gruppe, sondern auch eine sachfremde Gruppenbildung.[502] Außerdem verbietet § 4 Abs. 1 TzBfG nach der Rechtsprechung des BAG,[503] wie es schon analysiert wurde, nicht nur die Ungleichbehandlung von Teilzeit- im Vergleich zu Vollzeitbeschäftigten, sondern auch von Teilzeitbeschäftigten mit unterschiedlicher Arbeitszeit oder Arbeitszeitdauer untereinander.[504] Für den Bereich der Vergütung einschließlich der Gewährung von Entgeltnebenleistungen an Teilzeitkräfte gilt daher der Grundsatz, dass Teilzeitbeschäftigte ohne rechtfertigenden Differenzierungsgrund nach den gleichen Entgeltregelungen behandelt werden müssen wie Vollzeitbeschäftigte.[505] Der Grundsatz der Gleichbehandlung von Teilzeitbeschäftigten und Vollzeitarbeitnehmern besagt in diesem Zusammenhang, dass der Teilzeitarbeitnehmer pro Zeiteinheit die zeitanteilig gleiche Vergütung wie ein vergleichbarer Vollzeitbeschäftigter erhalten muss.[506]

Außerdem ist bei der Vergütung von Teilzeitarbeitnehmern der Grundsatz der Lohngleichheit von Männer und Frauen zu berücksichtigen. Dieser Grundsatz, dessen Basis sich in Art. 141 EGV, Art. 3 Abs. 2 und 3 GG und § 612 Abs. 3 BGB findet, besagt, dass es unzulässig ist,

---

[500] BAG vom 27.7.1988, AZR 244, S. 87ff.; BAG vom 19.8.1992, NZA 1993, S. 171 ff.

[501] Siehe: Biermann, S. 132 ff.; BAG vom 21.6.2000, 5 AZR 806/98, NZA 2000, S. 1050 ff. Diese Entscheidung des BAG hat festgestellt, dass der Grundsatz „gleicher Lohn für gleiche Arbeit" in der deutschen Rechtsordnung keine allgemein gültige Anspruchgrundlage sei, sondern bedürfe der Umsetzung in Anspruchgrundlage wie § 612 Abs. 3 BGB.

[502] BAG vom 27.7.1988, NZA 1989, S. 428 ff.

[503] BAG vom 29.8.1989, AP Nr. 6 zu § 2 BeschFG 1985.

[504] Vgl. Sowka / Köster, S. 26.

[505] BAG vom 27.6.1988, ZTR 1989, S. 36 ff.; BAG vom 27.7.1988, AP Nr. 83 zu § 242 BGB Gleichbehandlung; BAG vom 3.3.1993, NZA 1993, S. 839 ff.

[506] Biermann, S. 232; Nebendahl, S. 80; Langmaack, S. 90-91. Siehe auch BAG vom 25.1.1989, AP Nr. 2 zu § 2 BeschFG 1985; BAG vom 25.5.1993, AP Nr. 2 zu § 612 BGB Diskriminierung.

wegen des Geschlechts bei gleicher oder gleichwertiger Arbeit eine geringere Vergütung zu vereinbaren.

a) **Anspruch auf Gleichbehandlung gemäß § 4 Abs. 1 TzBfG**: Der Gleichbehandlungsgrundsatz nach dem TzBfG ist gerade im Entgeltbereich weitergehend als der allgemeine arbeitsrechtliche Gleichbehandlungsgrundsatz. Er verbietet es dem Arbeitgeber, auch im Einzelfall eine gegenüber vergleichbaren Vollzeitkräften schlechtere Bezahlung mit einer Teilzeitkraft auszuhandeln.[507] Wird aufgrund eines überbetrieblichen Vergütungssystems entlohnt, muss dieses System ohne Kürzungen auch auf Teilzeitkräfte angewandt werden. Das gilt selbst dann, wenn in der Vergütungsgruppe, in der sich die Teilzeitarbeitnehmer befinden, keine Vollzeitarbeitnehmer beschäftigt sind.[508]

Da sich die Teilzeitarbeit von vergleichbarer Vollzeitarbeit nur dadurch unterscheidet, dass der Arbeitnehmer dem Arbeitgeber nicht für die volle Arbeitszeit, sondern zeitlich eingeschränkt zur Verfügung steht, darf das Entgelt grundsätzlich nur entsprechend der verringerten Arbeitsleistung gekürzt werden. Leistet daher ein Teilzeitbeschäftigter – lediglich zeitanteilig gekürzt – die gleiche Arbeit wie ein Vollzeitbeschäftigter, hat er auch einen Anspruch auf mindestens eine Vergütung in entsprechender zeitanteilig gekürzter Höhe (§ 4 Abs. 1 Satz 2 TzBfG).[509] Entsprechendes gilt auch für das Verhältnis verschiedener Gruppen von Teilzeitbeschäftigten untereinander.[510]

Es stellt sich jedoch die Frage, ob § 4 Abs. 1 Satz 2 TzBfG insofern zwingend ist, dass der Arbeitgeber die Leistung anteilig auch zu erbringen hat, wenn gegebenenfalls ein sachlicher Grund dafür vorliegt, die Leistung nicht in voller Höhe zu erbringen. Nach Ansicht von Worzalla[511] ist Satz 2 des § 4 Abs. 1 TzBfG so zu verstehen, dass Teilzeitbeschäftigte aus sachlichem Grund von bestimmten Vergünstigungen oder

---

[507] Schüren, MünchHdb-ArbR, § 162, Rn. 94.
[508] Mit diesem Kriterium: BAG vom 12.1.1994, AP Nr. 112 zu § 242 BGB Gleichbehandlung, NZA 1994, S. 993 ff.; BAG vom 15.11.1994, AP Nr. 39 zu § 2 BeschFG 1985, NZA 1995, S. 936 ff.
[509] So Däubler, ZIP 2001, S. 217; Nebendahl, S. 81; Worzalla / Will / Mailänder / Worch / Heise, § 4 TzBfG, Rn. 16-17.
[510] BAG vom 24.10.1989, NZA 1990, S. 486 ff.

Zulagen auch teilweise ausgeschlossen werden könnten. In der Gesetzesbegründung[512] hieße es hierzu ausdrücklich, dass der Arbeitgeber nicht berechtigt sei, bestimmte Vergütungs-bestandteile (z.B. Sozialzulagen) wegen der Teilzeitarbeit ohne sachlichen Grund gänzlich zu versagen. Dann müsse aus sachlichem Grund erst recht eine nur teilweise Schlechterstellung möglich sein. Unter dieser Perspektive ist auch Hanau[513] der Auffassung, dass der Rechtfertigungsgrund der sachlichen Gründe auch hier gelten muss. Dafür spreche nicht nur eine Bemerkung in der Gesetzesbegründung,[514] sondern vor allem, dass die Ignorierung sachlicher Differenzierungsgründe eine verfassungswidrige Gleichbehandlung ungleicher Tatbestände darstellen würde.[515] § 4 Abs. 1 Satz 2 TzBfG beziehe sich nur auf teilbare geldwerte Leistungen, aber dies könne nicht bedeuten, dass unteilbare Leistungen wie die Überlassung von Kraftfahrzeugen stets in vollem Umfang auch teilzeitbeschäftigten Arbeitnehmern erbracht werden müssten. Vielmehr sei hier ein angemessener Ausgleich zu suchen.[516]

Nach m.E. ist § 4 Abs. 1 Satz 2 TzBfG auch so zu verstehen, dass sachliche Gründe eine Differenzierung zwischen Vollzeit- und Teilzeitbeschäftigten bei Arbeitsentgelt und anderen teilbaren geldwerten Leistungen möglich ist. Denn diese Ansicht steht auch in Einklang mit § 4 Abs. 2 der Richtlinie 97/81/EG, nach dem der pro rata temporis Grundsatz nur gilt, wo es angemessen ist, sowie mit der ständigen Rechtsprechung des EuGH, nach der das weit anerkannte Prinzip der Lohngleichheit (Art. 141 EGV) Differenzierungskriterien akzeptiert, wenn sie einem wirklichen Bedürfnis des Unternehmens dienen, zur Erreichung dieses Ziels geeignet und erforderlich sind und die nichts mit der Teilzeitbeschäftigung zu tun haben.[517] Eine absolute Anwendung d.h. eine ohne mögliche sachliche Differenzierungsgründe Anwendung der Lohngleichheitsgrundsatz könnte wie Hanau zu Recht darauf hinweist verfassungsrechtliche Probleme verursachen,

---

[511] Worzalla / Will / Mailänder / Worch / Heise, § 4 TzBfG, Rn. 20.
[512] BT-Drucks. 591/00, S. 23.
[513] Hanau, NZA 2001, S. 1173.
[514] BT-Drucks. 14/4374, S. 15.
[515] In selbem Sinne: Däubler, Die geplante Teilzeit- und Befristungsgesetz, ZIP 2000, S. 1962; Kliemt, NZA 2001, S. 69.
[516] Vgl. Rolfs, RdA 2001, S. 130-131; Däubler, ZIP 2001, S. 217-218.
[517] EuGH seit Entscheidung vom 31.3.1981, Rs. 96/80 (Jenkins), Slg. 1981, S. 911 und vom 13.5.1986, Rs. C-170/84 (Bilka), Slg. 1986, S. 1607.

die vom Gesetzgeber nicht gewünscht sein können. Darüber hinaus könnte eine absolute Anwendung des pro rata temporis Grundsatzes eine Verteuerung der Teilzeitarbeit gegenüber der Vollzeitbeschäftigung verursachen, was die generelle Ziele zur Förderung der Teilzeitarbeit nach § 1 TzBfG widersprechen könnte. Es muss deshalb ein Ausgleich bei der Anwendung des § 4 Abs. 1 Satz 2 gefunden werden.

b) **Vergleichbare Tätigkeit**: Entscheidendes Kriterium für die Anwendung des Gleichbehandlungsgrundsatzes ist zunächst das Vorliegen gleicher oder gleichwertiger Arbeit zwischen Vollzeit- und Teilzeitbeschäftigten. Die Gleichwertigkeit der Arbeit kann sich aus einem betrieblichen oder tariflichen Entgeltsystem ergeben.[518] Für den Bereich der Vergütung befinden sich nach der Rechtsprechung des BAG[519] regelmäßig nur solche Arbeitnehmer in vergleichbarer Lage, die von ihrer Tätigkeit her vergleichbar sind, es sei denn, der Arbeitgeber stellt allgemeine Vergütungsgrundsätze auf. Entscheidend für die Vergleichbarkeit ist die Verkehrsanschauung. Anhaltspunkte für eine Vergleichbarkeit können sich insbesondere aus Tarifverträgen und anderen verbreiteten Regelwerken ergeben; ob sie im Betrieb anwendbar sind, ist nicht entscheidend.[520] Andererseits fehlt es an der Vergleichbarkeit zwischen Teilzeit- und Vollzeitarbeit, wenn die Tätigkeit der Vollzeitbeschäftigten wegen Führungs- und Leitungsaufgaben, aufgrund spezieller Qualifikationen oder wegen sonstiger besonderer Anforderungen tarifvertraglich anders bewertet sind. Dagegen bleiben geringere Unterschiede, die nicht zu einer anderen tariflichen Eingruppierung führen, in der Regel außer Betracht.[521]

Im Hinblick auf den allgemeinen arbeitsrechtlichen Gleichbehandlungsgrundsatz und den besonderen des § 4 Abs. 1 TzBfG sind Arbeitnehmer, die keine vergleichbare Tätigkeit ausüben, hinsichtlich der Vergütung nur dann gleich zu behandeln, wenn beide Tätigkeiten von einem vom Arbeitgeber angewandten Vergütungssystem erfaßt werden. Auf diese Weise soll ausgeschlossen werden, dass ein Arbeitgeber, der von vorneherein

[518] Lipke, AuA 1994, S. 8.
[519] BAG vom 18.8. 1992, NZA 1993, S. 171 ff.
[520] Nebendahl, S. 81.
[521] Nebendahl, S. 82.

keine allgemeinen Grundsätze aufstellt, sondern nach Gutdünken verfährt, im Vorteil ist. Nach herrschender Meinung geht § 4 Abs. 1 TzBfG jedoch mit seinem Gebot der Gleichbe-handlung bei Vergütungsabreden über den allgemeinen arbeitsrechtlichen Gleichbehandlungsgrundsatz hinaus.[522]

c) **Rechtfertigung einer unterschiedlichen Entgeltregelung**: Das TzBfG und das aufgehobene BeschFG haben selbst keine näheren Konkretisierungen, welche sachlichen Gründe eine unterschiedliche Behandlung rechtfertigen können, enthalten. Zu berücksichtigen ist, dass Lohn in erster Linie Gegenleistung für eine bestimmte Arbeitsleistung ist. Die synallagmatische Verknüpfung, d.h. die direkte Proportionalität bzw. Äquivalenz von Arbeit und Arbeitsentgelt kann dabei für die unterschiedlichen Vergütungsbestandteile unterschiedlich eng ausgestaltet sein.[523] Je enger das Äquivalenzverhältnis zwischen erbrachter Arbeit und Vergütung aber ist, je mehr sich also das Entgelt als unmittelbare, zeit- oder arbeitsergebnisabhängige Gegenleistung für erbrachte Arbeit darstellt, desto strengere Voraussetzungen sind an die Gründe für eine Rechtfertigung der Differenzierung hinsichtlich der Vergütungshöhe aufgrund einer geringeren Arbeitszeit zu stellen. Als sachlicher Grund für eine Differenzierung in Bezug auf die Vergütung kommen daher nur solche Umstände in Betracht, die mit dem Vergütungszweck in Zusammenhang stehen, bei der Vergütung im engeren Sinne als Gegenleistung für erbrachte Arbeit also die Umstände, die mit der Leistung des Arbeitnehmers in Zusammenhang stehen.[524]

Steht fest, dass der Arbeitgeber vergleichbare Tätigkeiten von Vollzeit- und Teilzeitbeschäftigten nicht nur zeitanteilig unterschiedlich vergütet, scheidet ein Verstoß gegen den Gleichbehandlungsgrundsatz nur aus, wenn für die unterschiedliche Behandlung der Arbeitnehmergruppen ein sachlicher Grund gegeben ist, der die gewählte Differenzierung rechtfertigt.[525] Liegen sachliche Gründe wie Qualifikation, Arbeitsleistung, Berufserfahrung oder unterschiedliche Arbeitsplatzanforderung vor, kann

---

[522] Vgl. Staudacher / Hellmann, S. 79; Schüren, MünchHdb-ArbR, § 162, Rn. 94.
[523] Vgl. Wank, RdA 1985, S. 15.
[524] In diesem Sinne: Wildschütz, Arbeitsverkürzung, Lohnausgleich und die Vergütung von Teilzeitarbeitskräften, NZA 1991, S. 927.

eine unterschiedliche Behandlung der Teil- und Vollzeitbeschäftigten gerechtfertigt sein.[526] Die Beurteilung des sachlichen Grundes hängt allerdings am einzelnen Sachverhalt, mit der Folge zahlreicher, nicht immer übereinstimmender Einzelfallentscheidungen. Das BAG[527] hat so beispielweise entschieden, dass, wenn der Arbeitgeber nur Arbeitnehmern in gehobener Position eine Betriebsrente zusagt, sei dadurch weder § 4 TzBfG noch Art. 141 EGV verletzt, denn es sei ein anerkennenswertes betriebliches Bedürfnis, diese Personengruppe wegen ihrer besonderen Bedeutung an das Unternehmen zu binden. Der Ausschluß von Teilzeitkräften, auch wenn sie in aller Regel weiblichen Geschlechts sind, sei dann nicht zu beanstanden.

Ein umstrittenes Thema bildet die unterschiedliche Vergütung eines Teilzeitbeschäftigten, wenn dieser außer seiner nebenberuflichen Teilzeitbeschäftigung als hauptberuflich Tätiger über eine dauerhafte Existenzgrundlage verfügte. Unter anderem vom LAG Düsseldorf[528] war die Meinung vertreten worden, die wirtschaftlich abgesicherte Stellung des Klägers mit festen Gehalts- und Pensionsansprüchen könne eine unterschiedliche Behandlung gegenüber vollzeitbeschäftigten Arbeitnehmern nicht rechtfertigen. Das Arbeitsentgelt dürfe bei qualitativ gleicher Leistung nicht unterschiedlich danach bemessen werden, inwieweit einzelne Arbeitnehmer hierauf mehr oder weniger angewiesen oder ganz in seiner Existenz abhängig sei. Für gleiche Arbeit müsse gleicher Lohn bezahlt werden.

Das BAG[529] hat in früheren Entscheidungen Sinn und Zweck des ex § 2 BeschFG darin gesehen, die Schaffung weiterer Arbeitsplätze zu fördern, aber auch, die Teilzeitbeschäftigten zu schützen. Dabei sollte verhindert werden, dass die Teilzeitarbeitnehmer zusätzlich zu ihrer geringeren Verdienstmöglichkeit auch noch weitere Schlechterstellungen im Vergleich zu den Vollzeitbeschäftigten hinnehmen müssen. Dieser Schutzzweck

---

525 Nebendahl, S. 82.
526 BAG vom 9.2.1989, AZR 6, 174/87, NZA 1989, S. 593 ff.
527 So BAG vom 11.11.1986, NZA 1987, S. 449 ff.
528 Urteil vom 12.9.1989, 16 Sa 734/89.
529 So u.a. BAG vom 22.8.1990, AP Nr. 8 zu § 2 BeschFG 1985; BAG vom 11.3.1992, AP Nr. 19 zu § 1 BeschFG; BAG vom 19.8.1992, EzA § 2 BeschFG 1985 Nr. 23; BAG vom 24.3.1993, 10 AZR 97/92.

der Norm entfalle jedoch bei denjenigen Teilzeitbeschäftigten, die ihre Tätigkeit nur nebenberuflich ausüben, in erster Linie aber einem Vollzeitberuf nachgehen. Unter diesem Gesichtspunkt könne die hauptberufliche Tätigkeit einen sachlichen Grund im Sinne des § 4 Abs. 1 TzBfG darstellen.[530]

Andernfalls hat das BVerfG[531] im Beschluß vom 18. Februar 1993 festgestellt, dass ebenfalls kein Verstoß gegen Art. 3 Abs. 1 GG vorliegt, wenn zwischen Teilzeitbeschäftigten allgemein und solchen Teilzeitbeschäftigten unterschieden wird, die ihre Teilzeitbeschäftigung nur im Nebenberuf ausüben. Nach Auffassung des BVerfG ist ein solcher Grund, der die unterschiedliche Vergütung eines Teilzeitbeschäftigten mit Hauptberuf gegenüber einem Teilzeitbeschäftigten ohne Hauptberuf sachlich rechtfertigen könne, gegeben: Ein nebenberuflich in Teilzeit tätiger Angestellter sichere über die Nebentätigkeit in aller Regel nicht seine Existenzgrundlage, sondern verdiene hinzu. Diese unterschiedliche soziale Bedeutung der Nebentätigkeitsvergütung für die maßgeblichen Vergleichsgruppen sei hinreichend sachnah und gewichtig, um die gerügte Ungleich-behandlung zu rechtfertigen.[532]

Von weiten Teilen der instanzgerichtlichen Rechtsprechung[533] und der überwiegenden Zahl der arbeitsrechtlichen Autoren[534] wurde jedenfalls abgelehnt, dass die anderweitige finanzielle Absicherung des Teilzeitarbeitnehmers als sachlichen Grund im Sinne von § 4 TzBfG anzusehen ist. Kritisiert wurde im Wesentlichen die Missachtung der Gegenleistungsfunktion des Entgelts. Die Natur des Arbeitsverhältnisses sei nach heutiger Sicht durch den Austausch zweier Leistungen (Arbeitskraft gegen Geld) geprägt. Auf der Grundlage dieser Austauschtheorie sei das Arbeitsentgelt ausschließlich Gegenleistung für erbrachte Arbeitsleistung. Die Höhe des Lohnes richte sich im Arbeitsrecht nach der Wertigkeit der Arbeit und nicht nach der Bedürftigkeit des Arbeitnehmers.[535]

---

[530] Siehe Staudacher / Hellmann, S. 80.
[531] BVerfG vom 18.2.1993, AP Nr. 25 zu § 2 BeschFG 1985.
[532] Ähnlich: EuGH vom 13.12.1994, Rs. C-297 (Grau-Hupke/Stadtgemeinde Bremen), AP Nr. 60 zu Art. 119 EWGV, NZA 1995, S. 217 ff.
[533] U.a. LAG Köln vom 30.9.1991, NZA 1992, S. 548; LAG Düsseldorf 5.4.1991, LAGE § 2 BeschFG 1985, Nr. 7.
[534] Lipke, ArbuR 1991, S. 76 ff.; Richardi, NZA 1992, S. 625 ff.; Wildschütz, NZA 1991, S. 927.
[535] Biermann, S. 289.

Aufgrund der verschiedenen Kritiken hat später das BAG[536] seine bisherige Rechtsprechung in zwei Urteilen vom 11. November 1995 ausdrücklich aufgegeben und ist auf die Linie der arbeitsrechtlichen Literatur eingeschwenkt. So hat das BAG entschieden, dass Teilzeitarbeit nicht deshalb schlechter als Vollzeitarbeit bezahlt werden dürfe, weil der Teilzeitarbeitnehmer einen Hauptberuf ausübe und dadurch eine gesicherte Existenzgrundlage habe. Welcher Unterscheidungsgrund ein sachlicher sei, müsse sich aus dem Vergleich der begünstigten und der benachteiligten Gruppe ergeben; willkürliche Unterscheidungen seien ebenso verboten wie Unterscheidungen nach sachwidrigen (funktionswidrigen) Merkmalen. Dabei komme es vor allem auf den Zweck der Leistung an. Geht es, wie im Streitfall, um eine unterschiedliche Höhe des Stundensatzes des als Jahreseinkommen bemessenen Arbeitsentgelt, so sei eine Ungleichbehandlung nur zu rechtfertigen, soweit sachliche Gründe aus dem Bereich der Arbeitsleistung vorliegen. Das Arbeitsentgelt entspreche – im Rahmen des vertraglichen Synallagmas – der Arbeitsleistung. Es sei die Gegenleistung (Äquivalent) für die Arbeit.[537] Die Arbeitsleistung verändere ihren Wert nicht durch die soziale Lage des Arbeitnehmers. Der Arbeitgeber schulde dem Arbeitnehmer keinen „Soziallohn". Soweit der Arbeitgeber bei der Lohnfindung die soziale Lage berücksichtige, müsse er diesen Umstand gleichermaßen bei Vollzeit- wie bei Teilzeitbeschäftigten berücksichtigen, d.h. sowohl für Vollzeit- als auch für Teilzeitarbeitnehmer die Bemessung des Arbeitsentgelts von deren sozialer Lage abhängig machen.[538]

d) **Folgen einer unterschiedlichen Entgeltregelung**: Verstößt eine Vereinbarung über die Vergütung eines teilzeitbeschäftigten Arbeitnehmers gegen § 4 TzBfG, folgt hieraus entgegen § 139 BGB nicht die Unwirksamkeit des gesamten Arbeitsvertrages. Die Unwirksamkeit beschränkt sich allein auf die Vergütungsregelung, während sich die Beziehungen der Arbeitsvertragsparteien im übrigen nach den verbleibenden Regelungen des Arbeitsvertrages richten, bestimmt sich der Vergütungsanspruch des Arbeitnehmers

[536] BAG vom 1.11.1995, 5 AZR 84/94, NZA 1996, S. 813 ff und BAG vom 1.11.1995, 5 AZR, 880/94, DB 1996, S. 1287 ff.; bestätigt durch BAG vom 9.10.1996, NZA 1997, S. 728 ff.
[537] Siehe Staudacher / Hellmann, S. 82-83; Biermann, S. 290; Langmaack, S. 90.
[538] BAG vom 1.11.1995,DB 1996, S. 1285, 1286.

gemäß § 612 Abs. 2 BGB nach der üblichen Vergütung.[539] Üblich ist die einem Vollzeitbeschäftigten gezahlte Vergütung, so dass der teilzeitbeschäftigte Arbeitnehmer die tarifliche oder die entsprechende zeitanteilig gekürzte Vergütung eines vergleichbaren Vollzeitbeschäftigten verlangen kann.[540]

3.3.3. AUSWIRKUNGEN EINER ENTGELTSERHÖHUNG

Im Falle einer Entgelterhöhung ist bezüglich der Auswirkungen, die diese arbeitgeberseitige Maßnahme für die Teilzeitarbeitnehmer haben wird, zwischen genereller und individueller Vergütungserhöhung zu unterscheiden:

a) **Generelle Vergütungserhöhung**: Erhöht der Arbeitgeber allgemein im Betrieb die Löhne oder Gehälter, so hat er den Gleichbehandlungsgrundsatz zu beachten.[541] Der Arbeitgeber muss daher die Vergütung eines Teilzeitbeschäftigten im gleichen Verhältnis anheben, wie er dies bei vergleichbaren vollzeitbeschäftigten Arbeitnehmern tut.[542] Unterfällt nur ein Teil der Lohnerhöhung der Gleichbehandlungspflicht und liegt im übrigen eine nach individuellen Gesichtspunkten differenzierende Erhöhung vor, ist der gleichbehandlungsrelevante Teil notfalls durch Schätzung zu ermitteln.[543] Dies könnte bei unregelmäßigen Lohnerhöhungen der Fall sein. Selbst wenn die Vergütung der Vollzeitarbeitnehmer zu unterschiedlichen Zeiten im Jahr und in unterschiedlicher Höhe angehoben wird, folgt nach Ansicht des BAG[544] allein aus dem Umstand, dass eine generelle Vergütungserhöhung stattgefunden hat, die Vermutung, dass zumindest ein Teil dieser Erhöhung dem Ausgleich des allgemeinen Kaufkraftschwundes dient. Hiervon darf der Teilzeitbeschäftigte nicht ausgenommen werden, so dass er vom Arbeitgeber zumindest die Erhöhung seiner Vergütung um diesen Teil verlangen kann.[545] Nunmehr ist aber nach § 4 Abs. 1 Satz TzBfG zu berücksichtigen, dass im Falle einer generellen

---

[539] Preis, ErfKomm, S. 732.
[540] Vgl. Nebendahl, S. 83; Biermann, S. 103 ff.; Staudacher / Hellmann, S. 79; Lipke, ArbuR 1991, S. 82; Sowka / Köster, S. 27; Worzalla / Will / Mailänder / Worch / Heise, § 4 TzBfG, Rn. 21.
[541] So u.a. BAG vom 27.7.1988, AP Nr. 83 zu § 242 BGB Gleichbehandlung; BAG vom 19.8.1992, AP Nr. 10 zu § 242 BGB Gleichbehandlung; BAG vom 15.11.1994, EzA § 242 BGB Gleichbehandlung Nr. 61.
[542] BAG vom 27.7.1988, AP Nr. 83 zu § 242 BGB Gleichbehandlung, NZA 1989, S. 428.
[543] BAG vom 11.9.1994, EzA § 242 BGB Gleichbehandlung Nr. 43; BAG vom 11.9.1985, AP Nr. 76 zu § 242 BGB Gleichbehandlung.
[544] Vgl. BAG vom 27.7.1988, AP Nr. 83 zu § 242 BGB Gleichbehandlung.

Lohnerhöhungen immer der Verhältnismäßigkeitsgrundsatz bei Entgelt und anderen teilbaren geldwerten Leistungen in Betracht kommt. Andererseits ist angesichts der Natur der Entgelterhöhung zu betrachten, dass, wenn es sie nicht um teilbare geldwerte Leistungen handelt, der Teilzeitarbeitnehmer nach § 4 Abs. 1 Satz 1 TzBfG Anspruch auf voller Gewährung der Lohnerhöhung hat, soweit es keine sachlichen Gründen, die einer unterschiedlichen Behandlung rechtfertigen, vorliegen.

Das Verbot sachfremder Differenzierungen zwischen Vollzeit- und Teilzeitbeschäftigten erfaßt auch tarifvertragliche Lohnerhöhungen.[546] Folge einer unzulässigen Nichtberücksichtigung von Teilzeitbeschäftigten bei allgemeinen Lohnerhöhungen ist ein Anspruch auf Zahlung der zeitanteilig erhöhten Vergütung.[547]

b) **Individuelle Vergütungserhöhung**: Unter Berücksichtigung des allgemeinen arbeitsrechtlichen Gleichbehandlungsgrundsatzes ist anerkannt, dass bei einer individuellen Vergütungserhöhung vergleichbare Arbeitnehmer wegen des Vorrangs der Vertragsfreiheit nicht ebenfalls eine Gehaltserhöhung verlangen können.[548] Trotz dieser generellen Auffassung vertritt Biermann[549] die Meinung, dass § 4 TzBfG im Gegensatz zum arbeitsrechtlichen Gleichbehandlungsgrundsatz den Arbeitgeber auch bei einzelvertraglichen Abreden bindet. Der Vorrang der Vertragsfreiheit trete hinter das besondere Benachteiligungsverbot des § 4 Abs. 1 TzBfG zurück. Aus diesem Grunde müsse der Arbeitgeber auch bei individuellen Lohnerhöhungen Benachteiligungen von Teilzeitkräften unterlassen. Erhöhe der Arbeitgeber die Vergütung einer Vollzeitkraft, so dürfe er ohne sachliche Gründe vergleichbare Teilzeitkräfte von dieser Lohnerhöhung nicht ausnehmen. Demgegenüber meint Nebendahl,[550] wenn der Arbeitgeber Lohn und Gehaltserhöhungen nach individuellen Kriterien bemesse, könne er, gestützt auf den Grundsatz der Vertragsfreiheit, die einzelnen Arbeitnehmer unterschiedlich behandeln.

---

[545] Zum Thema: Nebendahl, S. 84; Biermann, S. 248; Staudacher / Hellmann, S. 102-103.
[546] BAG vom 15.11.1992, NZA 1993, S. 511 ff.
[547] Vgl. Preis, ErfKomm, S. 734.
[548] BAG vom 27.7.1988, AP Nr. 83 zu § 242 BGB Gleichbehandlung; BAG vom 19.8.1992, AP Nr. 102 zu § 242 BGB Gleichbehandlung.
[549] Biermann, S. 249.
[550] Nebendahl, S. 83-84.

Begründet der Arbeitgeber die Besserstellung einzelner Vollzeitarbeitnehmer mit dem Argument, die Gehaltserhöhung stelle eine Belohnung für besondere Leistungen einzelner Vollzeitarbeitnehmer in der Vergangenheit dar oder solle deren Leistungsbereitschaft für die Zukunft erhöhen, hält die Rechtsprechung diese Begründung für stichhaltig und die getroffene Differenzierung nicht für sachwidrig.[551] In diesem Fall hätten ausgeschlossene Teilzeitkräfte im Hinblick auf § 4 Abs. 1 TzBfG keinen Anspruch auf eine zeitanteilige Beteiligung an der Lohnerhöhung. Nach Ansicht von Biermann[552] zwingt § 2 Abs. 1 BeschFG (§ 4 Abs. 1 TzBfG) den Arbeitgeber jedoch zur Prüfung, ob die Voraussetzungen für eine Lohnerhöhung für Vollzeitkräfte auch bei vergleichbaren Teilzeitarbeitnehmern vorhanden seien. Seien der Motivation rein individuelle Gesichtspunkte zuzuordnen, die nur bei begünstigten Vollzeitarbeitnehmern vorliegen könnten, so liege kein gleichheitsrelevantes Verhalten des Arbeitgebers vor. Ließen sich dagegen die Beweggründe auch abstrakt umschreiben und ermöglichten sie damit eine Zuordnung zu beiden Arbeitnehmergruppen, so liege dem Vorgehen des Arbeitgebers eine gleichmäßige Betrachtungsweise zugrunde, die die Frage nach Einbeziehung der übergangenen Teilzeitarbeitnehmer aufwürfe.

Nach m.E. ist Biermanns vorgestellte Prüfung der Voraussetzungen einer individuellen Lohnerhöhung in Anbetracht des neu eingefügten § 4 Abs. 1 Satz 2 TzBfG zuzustimmen, denn dieser Vorschrift anerkennt ein genereller Anspruch der Teilzeitbeschäftigten auf ein Arbeitsentgelt, das mindestens in dem Umfang zu gewähren ist, der dem Anteil seiner Arbeitszeit an der Arbeitszeit eines vergleichbaren vollzeitbeschäftigten Arbeitnehmers entspricht. Deshalb sollte nur, wenn der Zweck der individuellen Lohnerhöhung nicht im Zusammenhang mit der Arbeitszeit steht, sondern auf andere Faktoren wie z.B. Qualifikation oder Erfahrung beruht, der Grundsatz der Gleichbehandlung nach § 4 Abs. 1 Satz 2 TzBfG nicht in Betracht kommen und der Teilzeitarbeitnehmer keine Teilnahme an die Lohnerhöhung haben.

---

[551] BAG vom 11.5.1988, NZA 1989, S. 854 ff.

[552] Biermann, S. 249-251.

3.3.4. VERGÜTUNGSERHÖHUNG DURCH ARBEITSZEITVERKÜRZUNG

Die Arbeitszeit der Teilzeitbeschäftigten wird regelmäßig in (Wochen-)Stunden, zu einem geringeren Ausmaß in Prozent der regelmäßigen Arbeitszeit Vollzeitbeschäftigter beschrieben.[553] Wenn durch Tarifvertrag eine allgemeine Arbeitszeitverkürzung für die vollzeitbeschäftigten Arbeitnehmer bei vollem oder teilweisem Lohnausgleich erfolgt, stellt sich deshalb die Frage, ob tarifvertraglich die Teilzeitbeschäftigten von einem Lohnausgleich ausgeschlossen werden können oder ob sich dieser lohnerhöhend auch auf Teilzeitbeschäftigte auswirkt.[554]

Die Verkürzung der betrieblichen Arbeitszeit mit vollem oder teilweisem Lohnausgleich bedeutet für die Vollzeitbeschäftigten nämlich eine Erhöhung der Vergütung, da sie als Gegenleistung für den Erhalt des Entgelts in geringerem zeitlichen Umfang ihre vertragliche Arbeitsleistung erbringen müssen.[555] Nach Auffassung von Wildschütz[556] liegt in diesem Fall eine echte Lohnerhöhung vor, da sich die Äquivalenzbeziehung zwischen Arbeit und Vergütung zugunsten der Vollzeitbeschäftigten verschiebe. Vollzeitbeschäftigte erhielten für eine Zeiteinheit mehr Lohn als Teilzeitbeschäftigte, sofern diese nicht auch in den Lohnausgleich einbezogen würden. Damit liege eine Ungleichbehandlung vor. Diese erfolge auch wegen der Teilzeitarbeit, da eine Differenzierung wegen der Teilzeitarbeit dann vorliege, wenn die Dauer der Arbeitszeit das Kriterium darstelle, an das die Differenzierung hinsichtlich der unterschiedlichen Arbeitsbedingungen anknüpfe.

Aufgrund des Gleichbehandlungsgrundsatzes müssen also auch Teilzeitarbeitnehmer an der Lohnerhöhung teilnehmen, sofern der Arbeitgeber nicht einen sachlichen Grund für eine unterschiedliche Behandlung darlegen kann. Das BAG[557] hat über dieses Problem entschieden, dass teilzeitbeschäftigte Arbeitnehmer bei unveränderter Arbeitszeit Anspruch auf eine entsprechende Lohnerhöhung je Arbeitsstunde haben, wenn der Tarifvertrag den Stundenlohn der vollzeitbeschäftigten Arbeitnehmer zum Ausgleich einer tariflichen

---

[553] Buschmann / Dieball / Stevens-Bartol, TZA, S. 347.
[554] Ausführlich: Wildschütz, NZA 1991, S. 925 ff.
[555] Nebendahl, S. 84. Vgl. Biermann, S. 251-252.
[556] Wildschütz, NZA 1991, S. 926.

Arbeitszeitverkürzung erhöht.[558] Umgekehrt stellte das BAG[559] fest, dass die Anhebung der Pflichtstundenzahl für Vollzeitarbeitnehmer zu einer entsprechenden Gehaltsminderung der Teilzeitarbeitnehmer führt. Ein Anspruch auf anteilige Arbeitszeitverkürzung kommt in Frage, wenn eine Verkürzung der wöchentlichen Arbeitszeit dem Ausgleich besonderer Belastung dient. Ein Anspruch auf anteilige Arbeitszeitverkürzung besteht dann aber nicht, wenn der Arbeitgeber nachweist, dass die besonderen Belastungen, deren Ausgleich die Arbeitszeitverkürzung dient, bei dem Teilzeitbeschäftigten auch nicht anteilig gegeben sind.[560]

Andererseits weist Nebendahl[561] zu Recht darauf hin, dass im Regelfall dem Gleichbehandlungsgrundsatz dadurch Rechnung zu tragen ist, dass die Arbeitszeit des Teilzeitarbeitnehmers im gleichen Verhältnis wie die des Vollzeitbeschäftigten herabgesetzt werde. Ausnahmsweise komme jedoch auch eine verhältnismäßige Erhöhung der Vergütung des Teilzeitbeschäftigten in Betracht, wenn die Auslegung des Arbeitsvertrages ergebe, dass die Arbeitsvertragsparteien unabhängig von der betrieblichen Arbeitszeit eine feste Stundenzahl vereinbaren wollten[562] oder wenn der Tarifvertrag, der die Arbeitszeitverkürzung bei vollem Lohnausgleich für Vollzeitbeschäftigte vorsehe, eine Arbeitszeitverkürzung für Teilzeitbeschäftigte nicht regele. Da sich in diesem Fall der Stundenlohn der Vollzeitarbeitnehmer zum Ausgleich einer tariflichen Arbeitszeitverkürzung rechnerisch erhöhe, hätten auch Teilzeitarbeitnehmer bei unveränderter Arbeitszeit einen Anspruch auf eine entsprechende Lohnerhöhung je Arbeitsstunde.[563]

Schließlich ist zu beachten, dass Tariferhöhungen keinen Einfluss auf die Arbeitszeitdauer der Teilzeitbeschäftigten haben.[564] Sie bleibt also unverändert bestehen und kann nur vertraglich herabgesetzt werden. Anpassungsklauseln in den Tarifverträgen, nach denen sich die

---

557 BAG vom 29.1.1992, AP Nr. 18 zu § 2 BeschFG 1985.
558 So auch Staudacher / Hellmann, S. 106.
559 BAG vom 17.5.2000, 5 AZR 783/98, ArbuR 2000, S. 476.
560 BAG vom 29.1.1992, AP Nr. 18 zu § 2 BeschFG 1985. Vgl. Buschmann / Dieball / Stevens-Bartol, TZA, S. 347-348.
561 Nebendahl, S. 84.
562 LAG Hamm vom 18.8.1987, BB 1987, S. 2374.
563 BAG vom 29.1.1992, AP Nr. 18 zu § 2 BeschFG 1985.
564 In diesem Sinne: Buschmann / Dieball / Stevens-Bartol, TZA, S. 348. Vgl. BAG vom 6.9.1990, 2 AZR

Arbeitszeit im Falle einer Tariferhöhung automatisch um deren Faktor reduziert, um etwa die Geringfügigkeitsgrenze nicht zu überschreiten, verstoßen gegen § 4 TzBfG.

3.4. NEBENLEISTUNGEN DER ARBEITGEBER

3.4.1. ALLGEMEINES

Die Lohnnebenleistungen des Arbeitgebers, d.h. die Leistungen, die er über das vertraglich oder tariflich vereinbarte Arbeitsentgelt hinaus gewährt, können in Lohnnebenleistungen mit Entgeltcharakter und solche ohne Entgeltcharakter unterteilt werden:

3.4.2. NEBENLEISTUNGEN MIT ENTGELTCHARAKTER

Lohnnebenleistungen mit Entgeltcharakter sind diejenigen, die mehr oder weniger direkt an die vertraglich geschuldete Tätigkeit und die dafür geschuldete Vergütung anknüpfen und diese ergänzen (z.B. Weihnachtsgeld).[565] Ob es sich um eine Leistung mit oder ohne Entgeltcharakter handelt, ist nach dem jeweiligen Zweck der Leistung zu bestimmen,[566] wobei es bei der Auslegung der entsprechenden Regelung auf die tatsächliche Durchführung und nicht auf die Motivation und die Bezeichnung durch den Regelungsgeber ankommt.[567] Die Lohnnebenleistungen mit Entgeltcharakter sind Teil der Vergütung und für sie gilt das Gleichbehandlungsgebot nach § 4 Abs. 1 TzBfG. Außerdem als Teil der Vergütung im Sinne des § 612 BGB unterfallen sie regelmäßig dem Diskriminierungsverbot des § 612 Abs. 3 BGB.[568] Die Leistungen mit Entgeltcharakter lassen sich in drei Gruppen unterteilen:

a) **Zulagen und Prämien**: Es handelt sich um Nebenleistungen, die an die konkret erbrachte Arbeitsleistung gebunden sind und regelmäßig mit der Vergütung ausgezahlt werden[569] (z.B. Mehrarbeitszuschlag, Feiertagszulage, oder Anwesenheitsprämie). Zulagen können auch in Form von Zeitabschlägen gewährt werden. Die Prämien knüpfen seinerseits

165/90, DB 1991, S. 496 ff.

[565] Langmaack, S. 93.

[566] Siehe Lipke, GK-TzA, § 2 BeschFG, Rn. 206; Sowka / Köster, S. 28.

[567] Schüren, MünchHdb-ArbR, § 162, Rn. 106. Vgl. BAG vom 11.12.1996, AP Nr. 19 zu §§ 22, 23, BAT Zulagen; BAG vom 25.9.1997, AP Nr. 63 zu § 2 BeschFG 1985.

[568] Staudacher / Hellmann, S. 91.

[569] Langmaack, S. 93-94.

funktional nicht an den Umfang des Arbeitsdeputats, sondern an die erbrachte Leistung pro Zeiteinheit und teilweise an die ihr korrespondierende erhöhte Belastung, an.[570] Teilzeitkräfte, die die gleiche Arbeit verrichten, haben Anspruch auf eine ebensolche Arbeitszeitverkürzung oder eine entsprechende Entgeltzulage.[571] Sachliche Gründe für eine ungleiche Behandlung von Teilzeit- und Vollzeitbeschäftigten gibt es hier nicht.

Das BAG[572] hat entschieden, dass soweit die erhöhte Belastung und damit die Gewährung von Zulagen an bestimmte Schwellenwerte der Arbeitszeitdauer geknüpft ist, müsse der Arbeitgeber bei unterschiedlicher Behandlung beweisen, dass mit dem Überschreiten dieser Schwelle tatsächlich eine meßbare Steigerung der Belastung einhergehe.

b) **Weihnachts- und Urlaubsgeld**: Weihnachts- und Urlaubsgeld haben Entgeltcharakter, da sie ebenfalls einen Teil des Arbeitseinkommens darstellen und regelmäßig innerhalb eines Jahres ausgezahlt werden. Gratifikationen sind deshalb grundsätzlich auch Teilzeitbeschäf-tigten zu gewähren. Die Teilzeitbeschäftigten erhalten die Sonder-zuwendung anteilig, entsprechend dem Verhältnis ihres Arbeitspensums zu einer Vollzeitkraft.[573] Ansprüche auf anteiliges Weihnachtsgeld sind gerechtfertigt, wenn die für Vollzeitbeschäftigten geltenden Voraussetzungen erfüllt werden. Der Gleich-behandlungsgrundsatz gilt auch für die tatbestandlichen Voraussetzungen einer eventuellen Rückforderung.[574] Gewährt der Arbeitgeber neben der im Urlaub fortgezahlten Vergütung (Urlaubsentgelt) auch Urlaubsgeld, so steht dies auch den Teilzeitbeschäftigten gemäß § 4 Abs. 1 TzBfG zu.[575] Wird das Urlaubsgeld proportional zum Einkommen bemessen, gelten nach Auffassung des BAG[576] hierfür die gleichen Grundsätze wie beim Weihnachtsgeld. Zulässig ist es selbstverständlich auch, ohne

[570] BAG vom 11.12.1996, AP Nr. 19 zu §§ 22, 23 BAT Zulagen.
[571] BAG vom 29.1.1992, AP Nr. 18 zu § 2 BeschFG 1985, NZA 1992, S. 1037 ff.; vgl. Schüren, MünchHdb-ArbR, § 162, Rn. 108.
[572] BAG vom 29.1.1992, AP Nr. 18 zu § 2 BeschFG 1985.
[573] BAG vom 6.12.1990, NZA 1991, S. 350; Richardi, NZA 1992, S. 630.
[574] Staudacher / Hellmann, S. 91. Ebenso Sowka / Köster, S. 28-31.
[575] LAG Hamm vom 14.3.1997, 10 Sa 1733/96; vgl. Lipke, GK-TzA, § 2 BeschFG, Rn. 194; Langmaack, S. 97-98.
[576] BAG vom 15.11.1990, AP Nr. 11 zu § 2 BeschFG 1985, NZA 1991, S. 346 ff.

Vornahme einer Differenzierung allen Arbeitnehmern ein Urlaubsgeld in gleicher Höhe zu gewähren.[577]

Werden Weihnachts- oder Urlaubsgeld nicht proportional zur Vergütung, sondern als Pauschalbetrag bezahlt, ist streitig, ob bei Teilzeitarbeitskräften eine Kürzung entsprechend der Arbeitszeit erfolgen kann. Nach Ansicht von Hellmann[578] muss hierfür entscheidend sein, ob der Arbeitgeber allen Vollzeitbeschäftigten, egal welches Gehalt sie beziehen, denselben Pauschalbetrag ausbezahle oder nicht. Bei Auszahlung desselben Pauschalbetrags spreche vieles für die Annahme, dass der Arbeitgeber keine Abhängigkeit von der Arbeitsleistung gewünscht habe. In einem solchen Fall wäre ein Anknüpfen an die Arbeitszeitdauer wohl eine sachlich nicht gerechtfertigte Ungleichbehandlung, die auch gegen § 4 Abs. 1 TzBfG und § 612 BGB verstoßen würde.

c) **Betriebliche Altersversorgung**: Die betriebliche Altersversorgung[579] gehört zum Bereich der freiwilligen Leistungen des Arbeitgebers, d.h. ob und unter welchen Voraussetzungen der Arbeitgeber Ruhegeldleistungen verspricht, liegt in seinem Ermessen. Rechtsgrundlage für die betriebliche Altersversorgung kann eine einzelvertragliche Zusage, eine Betriebsvereinbarung oder ein Tarifvertrag sein.[580]

Seit dem Urteil des BAG[581] vom 10. März 1972 gehen die gesamte Rechtsprechung und die Literatur einhellig davon aus, dass Leistungen der betrieblichen Altersversorgung Entgelt für die vom Arbeitnehmer geleistete Betriebstreue sind. Vom laufenden Entgelt unterschiede sich die Betriebsrente durch den zusätzlichen Versorgungszweck und die diesem Zweck angepasste herausgeschobene Fälligkeit.[582] Nach ständiger Rechtsprechung des BAG[583] hat der Arbeitgeber die rechtliche Freiheit verantwortlich festzulegen, ob überhaupt Leistungen der betrieblichen Altersversorgung gewährt werden sollen, welche

[577] Nebendahl, S. 109.
[578] Staudacher / Hellmann, S. 92.
[579] Nach § 1 Abs. 1 BetrAVG fallen unter den Begriff der betrieblichen Altersversorgung Leistungen des Alters-, Invaliditäts- und Hinterbliebenenversorgung.
[580] Preis, Arbeitsrecht, S. 326 ff. Zum Thema auch Sowka / Köster, S. 33 ff.
[581] BAG vom 10.3.1972, AP Nr. 156 zu § 242 BGB Ruhegehalt.
[582] BAG vom 22.11.1994, AP Nr. 26 zu § 1 BetrAVG Gleichbehandlung.
[583] Seit Urteil vom 12.6.1975, AP Nr. 1 zu § 87 BetrVG 1972 Altersversorgung.

finanzielle Ausstattung die Versorgungsordnung haben soll, welche Durchführungsform gewählt wird und welchen Personenkreis er begünstigen will.[584] Entschließt sich der Arbeitgeber zur Aufstellung einer bestimmten Versorgungsordnung, hat er den Gleichheitssatz in seinen verschiedenen Ausprägungen zu beachten.[585] Dementsprechend ist es grundsätzlich unzulässig, Teilzeitarbeitnehmer nur wegen des geringeren Arbeitszeitdeputats von einer im Betrieb anwendenden Versorgungsordnung auszunehmen.[586] Nach der Rechtsprechung des BAG[587] und des EuGH[588] sind derartige Ausschlüsse mit dem Gleichbehandlungsgrundsatz nicht vereinbar und stellen regelmäßig eine wegen Verstoßes gegen Art. 141 EGV und Art. 3 Abs. 2 GG unzulässige mittelbare Frauendiskriminierung dar.[589]

Nach der Grundsatzentscheidung des BAG[590] vom 6. April 1982 ist der Ausschluß der Teilzeitbeschäftigten nicht generell zulässig, vielmehr seien hierfür sachliche Gründe erforderlich. Kein sachlicher Grund für den Ausschluß der Teilzeitbeschäftigten aus einer Versorgungsordnung sei der unterschiedliche Umfang der Arbeitsleistung und damit die unterschiedliche Betriebstreue sowie der unterschiedliche Versorgungsbedarf.[591] Auch Teilzeitbeschäftigung begründe eine vollwertige Betriebszugehörigkeit, und zwar unabhängig von ihrem Umfang.[592] Diese Grundsätze sind auch heute noch für die Gleichbehandlung von Teilzeitarbeitnehmern in der betrieblichen Altersversorgung unter dem Aspekt des § 4 Abs. 1 TzBfG bestimmend.[593]

---

[584] Biermann, S. 266.
[585] BAG vom 20.7.1993, AP Nr. 11 zu § 1 BetrAVG Gleichbehandlung.
[586] Über die Lage der geringfügigen Beschäftigten hinsichtlich der betrieblichen Altersversorgung siehe viertes Kapitel, Abschnitt B, Punkt 4.1.2.
[587] U.a. BAG vom 6.4.1982, AP Nr. 1 zu § 1 BetrAVG Gleichbehandlung; BAG vom 14.10.1986, NZA 1987, S. 445 ff.; BAG vom 29.8.1989, NZA 1990, S. 37 ff.; BAG vom 28.7.1992, NZA 1993, S. 215 ff.; BAG vom 16.1.1996, NZA 1996, S. 607 ff.; BAG vom 9.10.1996, NZA 1997, S. 1136 ff.
[588] EuGH vom 13.5.1986, Rs. 170/84 (Bilka-Kaufhaus GmbH), Slg. 1986, S. 1607 ff; EuGH vom 13.7.1989, Rs. 171/88 (Rinner-Kühn), Slg. 1989, S. 2743.
[589] Nebendahl, S. 99.
[590] BAG vom 6.4.1982, AP Nr. 1 zu § 1 BetrAVG Gleichbehandlung.
[591] Vgl. Schüren, MünchHdb-ArbR, § 162, Rn. 121; Lipke, ArbuR 1991, S. 81.
[592] Ausnahmsweise hat das BAG (Urteil vom 11.11.1986, NZA 1986, S. 582) das Interesse des Arbeitgebers als begründet anerkannt, den Kreis der höheren Angestellten wegen ihrer besonderen Bedeutung für das Unternehmen über eine betriebliche Altersversorgung zusätzlich zu binden.
[593] Biermann, S. 267.

Das BAG[594] hat in Einklang mit den Entscheidungen des EuGH zur mittelbaren Diskriminierung wegen des Geschlechts (besonders nach der Bilka - Entscheidung[595]) anerkannt, dass eine Verletzung von Art. 141 EGV vorliege, wenn der Ausschluß der Teilzeitbeschäftigen aus der betrieblichen Altersversorgung wesentlich mehr Frauen als Männer betreffe, es sei denn, dass Unternehmen beweise, dass diese Maßnahme auf Faktoren beruhe, die nichts mit einer Diskriminierung aufgrund des Geschlechts zu tun haben. Dies wäre den Fall, wenn feststehe, dass die zu diesem Zweck gewählten Mittel einem wirklichen Bedürfnis des Unternehmens dienen und zur Erreichung dieses Zieles geeignet und erforderlich seien.[596]

Stellt sich heraus, dass der Arbeitgeber teilzeitbeschäftigte Arbeitnehmer zu unrecht unberücksichtigt gelassen hat, ist nicht etwa die Ruhegeldordnung insgesamt unwirksam.[597] Der Arbeitgeber ist vielmehr verpflichtet, dem teilzeitbeschäftigten Arbeitnehmer ein Ruhegeld in der Höhe zu verschaffen, die der Arbeitnehmer gehabt hätte, wenn er ordnungsgemäß in die betriebliche Altersversorgung einbezogen worden wäre.[598] Den von der betrieblichen Altersversorgung zu Unrecht Ausgeschlossenen steht nicht lediglich ein Schadenersatzanspruch, sondern ein Erfüllungsanspruch zu.[599] Allerdings können Teilzeitbeschäftigte keine betriebliche Altersversorgung fordern, die genauso hoch ist, wie die der vergleichbaren Vollzeitbeschäftigten. Es ist Ausdruck der Gleichbehandlung (§ 4 Abs. 1 Satz 2 TzBfG), dass die Teilzeitbeschäftigten nicht nur eine anteilige Vergütung, sondern auch eine anteilige betriebliche Altersversorgung erhalten, die dem Verhältnis ihrer Arbeitszeit zur Arbeitszeit eines Vollzeitbeschäftigten entspricht.[600]

---

594 Siehe: BAG vom 14.10.1986, AP Nr. 11 zu Art. 119 EWG-Vertrag.

595 EuGH vom 13.5.1986, Rs. 170/84.

596 Vgl. Schmidt, Teilzeitarbeit in Europa, S. 54; Nebendahl, S. 99-100; Bieback, Die mittelbare Diskriminierung wegen des Geschlechts, S. 53 ff.; Langmaack, S. 80 ff.

597 Nebendahl, S. 100.

598 BAG vom 28.7.1992, NZA 1993, S. 215 ff.

599 Langmaack, S. 102-103; Lipke, AuA 1994, S. 10.

600 BAG vom 25.10.1994, NZA 1995, S. 730 ff.

3.4.3. NEBENLEISTUNGEN OHNE ENTGELTCHARAKTER

Bei den Lohnnebenleistungen ohne Entgeltcharakter handelt es sich um sonstige soziale Zusatzleistungen, die nur an das Bestehen des Arbeitsverhältnisses und nicht an der Wert der Arbeitsleistung anknüpfen[601] (z.B.: Betriebskindergärten, Beihilfen in besonderen Lebenslagen, Essengeldzuschüsse, Fahrtkostenzuschüsse und Krankengeldzuschüsse). Dem Arbeitgeber ist es auch in diesem Bereich grundsätzlich verwehrt, Teilzeitbeschäftigte von zusätzlichen sozialen Leistungen auszuschließen, selbst wenn diese freiwillig erbracht werden.[602] Nach welchen Kriterien im Einzelfall die Gewährung von Sozialleistungen an Teilzeitarbeitnehmer zu erfolgen hat, ist umstritten. Gleiches gilt hinsichtlich der sachlichen Gründe, die einen Ausschluß der Teilzeitbeschäftigten vom Bezug betrieblicher Sozialleistungen rechtfertigen können.[603] Das Gesetz schweigt darüber, welche sachlichen Gründe im einzelnen die unterschiedliche Behand-lung der Teilzeitarbeitnehmer bei den freiwilligen Sozialleistungen rechtfertigen können.[604]

Nach Ansicht von Beduhn[605] sind diese Nebenleistungen entgeltunabhängig und wenn Teilzeit-kräfte die Voraussetzungen erfüllten, stünden sie auch ihnen in voller Höhe zu. Das habe das BAG[606] zur Jubiläumszulage nach § 38 BAT entschieden. Gleiches gelte für Erschwerniszulagen[607] sowie bei Sonn-, Feiertags-, Nachtarbeits- und Wechselschichtzulagen.[608] Berufe sich der Arbeitgeber darauf, bestimmte Belastungen träten erst ab Überschreitung einer bestimmten Stundengrenze auf, so dass es gerechtfertigt sei, Teilzeitkräften die Zuschläge vorzuenthalten, müsse er diese Behauptung im Zweifel beweisen.[609]

---

[601] Schüren, MünchHdb-ArbR, § 162, Rn. 127.
[602] Lipke, GK-TzA, § 2 BeschFG, Rn. 196; Nebendahl, S. 95.
[603] Langmaack, S. 104.
[604] Lipke, GK-TzA, § 2 BeschFG, Rn. 200.
[605] Beduhn, ArbuR 1996, S. 486.
[606] BAG vom 22.5.1996, 10 AZR 518/90, DB 1996, S. 1784 ff. Vgl. Peifer, ZfA 1999, S. 281-282.
[607] Vgl. BAG vom 17.4.1996, 10 AZR 617/95, ZTR 1996, S. 413.
[608] BAG vom 23.6.1993, 10 AZR 127/92, AP Nr. 11 zu § 34 BAT; BAG vom 17.6.1997, 10 AZR 784/96, AP Nr. 2 zu § 24 BMT-G II, ZTR 1997, S. 354.
[609] BAG vom 29.1.1992, 5 AZR 518/90, AP Nr. 18 zu § 2 BeschFG 1985; BAG vom 11.3.1993, 6 AZR 96/92, ZTR 1994, S. 211 ff. Vgl. Rolfs, RdA 2001, S. 131.

Im ähnlichen Sinne meint Schaub,[610] dass zusätzliche soziale Leistungen dem arbeitsrechtlichen Benachteiligungsverbot unterfielen. Der Arbeitgeber müsse mithin auch die zusätzlichen sozialen Leistungen erbringen. Hiervon bestehe nur eine Ausnahme, wenn hierfür ein sachlicher Grund bestehe. Das würde im Allgemeinen dann der Fall sein, wenn die Sonderleistungen im Zusammenhang mit der Arbeitszeit ständen. Denkbar sei mithin, dass ein Teilzeitarbeitnehmer vom Essenszuschuß ausgeschlossen werde (z.B. wenn der Teilzeitarbeitnehmer nur Vormittag arbeite). Die Sozialleistungen könnten auch im Verhältnis der erbrachten Arbeitszeit zur Vollzeitarbeitszeit gekürzt werden.

Nach Auffassung von Schüren[611] ist es zwischen Nebenleistungen mit und ohne Bezug zur Arbeitsleistung zu unterscheiden. Bei den Nebenleistungen, die besondere Belastungen des Arbeitnehmers im Zusammenhang mit der Arbeitsleistung auffangen sollen, seien Differenzierungen nach dem Umfang der Arbeitszeit ausgeschlossen. Ein sachlicher Zusammenhang zwischen Arbeitszeitvolumen und Bedarfslage fehle. Möglich sei es nur, dass Teilzeitkräfte wegen der Lage ihrer Arbeitszeit eine Sozialleistung nicht zweckentsprechend nutzen könnten (z.B. Nutzung des Betriebskindergarten). Andererseits erlaube das Gleichbehandlungsgebot bei Nebenleistungen ohne Bezug zur Arbeitsverpflichtung eine Differenzierung nicht aus schlichten Kostengründen, denn sonst wäre es angesichts des Überangebots an Teilzeitkräften erlaubt, einen deutlichen, die Marktlage spiegelnden Entgeltabschlag durchzusetzen. Deutlich werde diese Problematik bei den Werkswohnungen (einer inzwischen recht seltenen Sozialleistung), für deren Vergabe vertreten werde, es sei aus „Kapazitätsgründen“ zulässig, nach dem Umfang der Beschäftigung zu differenzieren.[612] Die Bereitstellung von Werkswohnungen diene der Versorgung der Betriebsangehörigen mit preiswertem Wohnraum. Gerade Teilzeitkräfte, die ein geringes Einkommen erzielen, seien auf preiswerten Wohnraum besonders angewiesen. Der Umfang der Arbeitszeit hingegen stehe in keinem Zusammenhang mit dem Bedarf an billigem Wohnraum.[613] Die Gleichbehandlung von Vollzeit- und Teilzeitkräften bei der Wohnungsvergabe hat bei Teilzeitkräften zur Folge,

---

610 Schaub, BB 1990, S. 1072.

611 Schüren, MünchHdb-ArbR, § 162, Rn. 129-133.

612 Siehe Lipke, GK-TzA, § 2 BeschFG, Rn. 200; Sowka / Köster, S. 31-32.

613 Vgl. Langmaack, S. 106; Staudacher / Hellmann, S. 94; Nebendahl, S. 96-97; Lipke, GK-TzA, § 2 BeschFG, Rn. 200.

dass bei ihnen typischerweise ein im Vergleich zur Lohnsumme erhöhter Aufwand entsteht. Diese Folge ergibt sich aber aus der Natur der Werkswohnung als einer unteilbaren Leistung, die eine direkte Verknüpfung mit dem Arbeitseinkommen und damit dem Wert der Arbeitsleistung für den Betrieb ausschließt.[614]

Die Gleichbehandlung aller Arbeitnehmer bei der Gewährung von solchen Sozialleistungen, die nicht einkommensbezogen sind, kann ihre Kosten erhöhen. Diese Kostensteigerung zu reduzieren oder gar voll aufzufangen, ist ein legitimes Ziel des Arbeitgebers. Es rechtfertigt aber nicht, bei der Leistungsgewährung nach dem Arbeitszeitvolumen zu differenzieren, denn dies wird von dem Gleichbehandlungsgebot verboten. Es bleibt nur, den alten Kostenrahmen durch eine allgemeine Absenkung zu wahren und damit die Gleichbehandlung aller Arbeitnehmer zu gewährleisten.[615]

3.5. ARBEITSVERGÜTUNG OHNE ARBEITSLEISTUNG

Bei Arbeitsverhinderung kann dem Arbeitnehmer aufgrund besonderer Schutzvorschriften der Anspruch auf Arbeitsvergütung erhalten bleiben.[616] In diesen Fällen hat der Arbeitgeber trotz der Nichtleistung des Arbeitnehmers aus bestimmten Gründen das Arbeitsentgelt fortzuzahlen. Das wird in verschiedenen Gesetzen wie z.B. in § 616 BGB, § 1 BUrlG, §§ 2 und 3 EFZG geregelt. Dabei setzen Ansprüche auf solche Leistungen keinen bestimmten Mindestumfang der Arbeitszeit vor.[617]

3.5.1. ENTGELTFORTZAHLUNG IM KRANKHEITSFALL

Die Entgeltfortzahlung im Krankheitsfall und an Feiertagen ist im Entgeltfortzahlungsgesetz (EFZG) geregelt. Das EFZG unterscheidet nicht zwischen Vollzeit- und Teilzeitbeschäftigten[618] und bezieht auch geringfügig beschäftigte Teilzeitarbeitnehmer im Sinne von § 8

---

614 Schüren, MünchHdb-ArbR, § 162, Rn. 133.
615 Schüren, MünchHdb-ArbR, § 162, Rn. 138; Beduhn, ArbuR 1996, S. 487.
616 Lipke, GK-TzA, § 2 BeschFG, Rn. 145. Diese Schutzvorschriften bilden nach Ansicht von Lipke eine Ausnahme des Grundsatzes „ohne Arbeit keinen Lohn" (§ 323 Abs. 1 BGB).
617 Geng-Schenq Lin, Die Gleichbehandlung von Teilzeitbeschäftigten, Diss., Universität Regensburg, 1995, S. 157.
618 Sowka / Köster, S. 36.

SGB IV in seine Regelung mit ein.[619] § 3 Abs. 1 EFZG schreibt vor, dass ein Arbeitnehmer, der durch unverschuldete Arbeitsunfähigkeit infolge Krankheit an seiner Arbeitsleistung verhindert wird, seinen Anspruch auf Arbeitsentgelt[620] für die Zeit der Arbeitsunfähigkeit bis zur Dauer von sechs Wochen nicht verliert. Wird der Arbeitnehmer infolge derselben Krankheit erneut arbeitsunfähig, so verliert er wegen der erneuten Arbeitsunfähigkeit den Anspruch auf Entgeltfortzahlung für einen weiteren Zeitraum von sechs Wochen nicht, wenn er vor der erneuten Arbeitsunfähigkeit mindestens sechs Monate nicht infolge derselben Krankheit arbeitsunfähig war oder seit Beginn der ersten Arbeitsunfähigkeit eine Frist von zwölf Monaten abgelaufen ist. Gemäß § 4 EFZG richtet sich die Höhe der Entgeltfortzahlung nach dem Lohnausfallprinzip,[621] d.h. der Arbeitnehmer soll diejenige Vergütung erhalten, die er erhalten hätte, wenn er nicht arbeitsunfähig krank geworden wäre.[622]

Probleme treten bei der Bestimmung des Fortzahlungszeitraums auf, wenn der Teilzeitarbeitnehmer seine Arbeitsleistung nicht werktäglich erbringt, sondern nur einige Tage in der Woche, im Monat oder im Jahr arbeitet. Wird der Arbeitnehmer trotz der nicht ständigen Arbeitsleistung kontinuierlich auf der Basis seiner durchschnittlichen Arbeitsleistung bezahlt, so beginnt genau wie sonst der Entgeltfortzahlungszeitraum nach § 187 Abs. 1 BGB mit Beginn des Arbeitstages, der dem Eintritt der Erkrankung folgt. Bei der Berechnung der Vergütungsfortzahlung werden die Tage, an denen der Teilzeitbeschäftigte zu arbeiten hätte, sowie die arbeitsfreien Tage berücksichtigt.[623] Andererseits beginnt bei diskontinuierlicher Tätigkeit, die diskontinuierlich bezahlt wird, der Vergütungsfortzahlungszeitraum im Falle einer Erkrankung während der arbeitsfreien Zeit erst am Ende der Freizeit- und Beginn der Arbeitsperiode. Erkrankt der Arbeitnehmer während einer Arbeitsperiode, beginnt der

---

[619] Der in § 1 Abs. 3 Nr. 2 LohnFG geregelte Auschluß der Teilzeitarbeitnehmer von der Entgeltfortzahlung im Krankheitsfall, die in einem Arbeitsverhältnis mit wöchentlich bis zu 10 Stunden oder monatlich bis zu 45 Stunden regelmäßiger Arbeitszeit standen, wurde vom EFZG vom 26.5.1994 (BGBl. I S. 1014) endgültig beseitigt. Vgl. EuGH vom 13.7.1989, Rs. 171/88 (Rinner-Kühn), Slg. 1989, S. 2743, NZA 1990, S. 437; Vorlagebeschluß des BAG nach Art. 100 I GG, AP Nr. 72 zu § 1 LohnFG, NZA 1988, S. 586; BAG vom 9.10.1991, AP Nr. 95 zu § 1 LohnFG, NZA 1992, S. 259 ff.

[620] Arbeitsentgelt im Sinne des EFZG ist jedes Entgelt, das der Arbeitnehmer als Gegenleistung für die von ihm verrichtete Arbeit erlangt. So: Schaub, Arbeitsrechts-Handbuch, S. 977. Vgl. BAG AP Nr. 7 zu § 2 LohnFG, DB 1978, S. 942.

[621] Vgl. Lipke, GK-TzA, § 2 BeschFG, Rn. 148; Nebendahl, S. 90.

[622] Schaub, Arbeitsrechts-Handbuch, S. 977.

[623] Nebendahl, S. 89.

Zeitraum der Vergütungsfortzahlung am nächsten Arbeitstag. Fallen in den Fortzahlungszeitraum vereinbarte Freizeitperioden, werden diese bei der Berechnung der Dauer der Entgeltfortzahlung unberücksichtigt gelassen.[624]

Ein Arbeitnehmer, der bei mehreren Arbeitgebern in Teilzeitarbeitsverhältnissen tätig ist, hat im Falle seiner unverschuldeten Arbeitsunfähigkeit infolge einer Erkrankung Anspruch auf Entgeltfortzahlung gegen jeden seiner Arbeitgeber.[625]

3.5.2. ENTGELTFORTZAHLUNG AN FEIERTAGEN

§ 2 Abs. 1 EFZG bestimmt, dass der Arbeitgeber dem Arbeitnehmer für die Arbeitszeit, die infolge eines gesetzlichen Feiertages ausfällt, das Arbeitsentgelt zu bezahlen hat, das er ohne Arbeitsausfall erhalten hätte. Bleibt der Arbeitnehmer am letzten Arbeitstag vor oder am ersten Arbeitstag nach einem Feiertag unentschuldigt der Arbeit fern, hat er keinen Anspruch auf Bezahlung für diesen Feiertag (§ 2 Abs. 3 EFZG). Auch hier gilt das Ausfallprinzip: Demnach ergibt sich die Höhe des Anspruchs aus der regelmäßigen Arbeitszeitverteilung in der Vergangenheit. Bei der flexiblen Arbeitszeit wird das Durchschnittsprinzip angewandt, d.h. es wird eine hypothetische Arbeitszeitlage ermittelt, die als Abrechnungsgrundlage dient. Als Basis dazu dient die durchschnittliche Arbeitszeit.[626]

Der Anspruch auf Feiertagsvergütung setzt voraus, dass der gesetzliche Feiertag die alleinige Ursache für den Arbeitsausfall ist.[627] Arbeitet der Teilzeitarbeitnehmer nur tageweise innerhalb der Woche und fällt der gesetzliche Feiertag auf einen arbeitsfreien Tag, hat er keinen Anspruch auf Feiertagsvergütung. Fällt der Feiertag auf einen Arbeitstag, hat der Teilzeitarbeitnehmer Anspruch auf Entgeltfortzahlung, wenn er am Arbeitstag vor oder nach dem Feiertag keine Arbeitsleistung zu erbringen hat. Fehlt der Teilzeitarbeitnehmer an seinem letzten Arbeitstag vor oder am ersten vertraglich geschuldeten Arbeitstag nach dem Feiertag

---

[624] Schüren, MünchHdb-ArbR, § 162, Rn. 157-158; Nebendahl, S. 89; Sowka / Köster, S. 39.
[625] Vgl. Langmaack, S. 107; Staudacher / Hellmann, S. 108; BAG vom 19.10.1983, AP Nr. 62 zu § 616 BGB.
[626] Staudacher / Hellmann, S. 111.
[627] BAG vom 27.9.1983, AP Nr. 39, 41 zu § 1 FeiertagslohnzahlungsG.

unentschuldigt, entfällt der Anspruch auf Feiertagsvergütung gemäß § 2 Abs. 3 EFZG.[628] Außerdem ist zu berücksichtigen, dass § 2 EFZG zwingend ist. Deswegen kann sich der Arbeitgeber seiner gesetzlichen Verpflichtung zur Zahlung einer Feiertagsvergütung nicht dadurch entziehen, dass er die Arbeitszeit eines Teilzeitarbeitnehmers auf einen anderen Wochentag verlegt oder den Betrieb abweichend von der sonstigen Übung ohne sachliche Gründe für die Feiertage schließt.[629]

Neben der gesetzlich vorgeschriebenen Arbeitsbefreiung unter gleichzeitiger Lohnfortzahlung an gesetzlichen Feiertagen findet sich in Tarifverträgen oder in der arbeitsvertraglichen Praxis häufig eine Freistellung von Arbeitnehmern an Vorfeiertagen oder Brauchtumstagen (z.B. 24. oder 31. Dezember ab 12 Uhr mittags, Weiberfastnacht, Karnevalsdienstag). Arbeitet ein Teilzeitarbeitnehmer beispielweise vertragsgemäß nur vormittags und kommt er aus diesem Grunde nicht in den Genuß der bezahlten Freistellung, stellt sich die Frage, ob in dieser Handhabung eine ungerechtfertigte Ungleichbehandlung von Teilzeit- gegenüber Vollzeitkräften liegt.[630] Das BAG[631] und in der Vorinstanz das LAG Köln[632] haben in der Beschränkung der Freistellung auf den Nachmittag weder einen Verstoß gegen den besonderen Gleichbehandlungsgrundsatz des ex § 2 Abs. 1 BeschFG noch gegen das Verbot der Geschlechterdiskriminierung in Form einer mittelbaren Diskriminierung gesehen. Der 5. Senat des BAG[633] verweist zur Begründung auf seine Rechtsprechung, wonach eine Ungleichbe-handlung wegen der Teilzeitarbeit immer nur dann vorliege, wenn die Dauer der Arbeitszeit das Differenzierungskriterium darstelle. Anknüpfungspunkt der beanstandeten Regelung sei dagegen die Lage und nicht die Dauer der Arbeitszeit.[634]

---

[628] Vgl. Lipke, GK-TzA, § 2 BeschFG, Rn. 161-162; Langmaack, S. 109; BAG vom 9.7.1959 und 26.3.1966, AP Nr. 5, 20, FeiertagslohnzahlungsG.
[629] BAG vom 26.3.1985, AP Nr. 47 zu § 1 FeiertagslohnzahlungsG; Langmaack, S. 109.
[630] Biermann, S. 254.
[631] BAG vom 26.5.1993, AP Nr. 42 zu Art. 119 EWG-Vertrag, BB 1993, S. 2451.
[632] LAG Köln vom 19.12.1991, LAGE § 2 BeschFG 1985 Nr. 16.
[633] BAG vom 29.1.1992, AP Nr. 18 zu § 2 BeschFG 1985.
[634] BAG vom 26.5.1993. Ausführlich zum Thema: Biermann, S. 254-257; Schmidt, Teilzeitarbeit in Europa, S. 92-93; Wank, Anm. zu BAG vom 26.5.1993, SAE 1994, S. 195 ff.

3.5.3. ENTGELTFORTZAHLUNG BEI PERSÖNLICHER VERHINDERUNG

§ 616 BGB schreibt vor, dass ein Arbeitnehmer seinen Anspruch auf Arbeitsentgelt nicht verliert, wenn er für eine verhältnismäßig nichts erhebliche Zeit durch einen in seiner Person liegenden Grund ohne sein Verschulden an der Arbeitsleistung verhindert wird. Diese Vorschrift hat sozialpolitische Gründe und entspricht der Fürsorgepflicht des Arbeitgebers, der eine verhältnismäßig geringfügige Dienstverhinderung des Arbeitnehmers hinnehmen muss. § 616 BGB ist in diesem Sinne auch eine Abweichung von den Regeln über die teilweise Unmöglichkeit (§ 323 Abs. 1 BGB).[635] Der Vergütungsanspruch nach § 616 BGB hat drei Voraussetzungen. Der Arbeitnehmer muss während der Dauer des Arbeitsverhältnisses, d.h. vom vertragsmäßigen Beginn der Arbeitsleistung bis zu ihrer Beendigung durch einen in seiner Person oder seinen persönlichen Verhältnissen liegenden Grund an der Arbeitsleistung verhindert sein. Keine Arbeitsverhinderung ist gegeben, wenn der Arbeitnehmer außerhalb seiner Arbeitszeit, auch gleitenden Arbeitszeit seine Interessen wahrnehmen kann.[636] Liegen die Voraussetzungen von § 616 BGB vor, so hat der Arbeitnehmer Anspruch auf die Vergütung, die er bezogen hätte, wenn die Arbeitsverhinderung nicht eingetreten wäre, ohne zur Nachleistung der Arbeit verpflichtet zu sein. Es gilt das Lohnausfallprinzip.[637]

Der Anspruch auf Entgeltfortzahlung bei persönlicher Verhinderung (z.B. Arztbesuche oder Behördengänge) nach § 616 Abs. 1 BGB steht dem einzelnen Arbeitnehmer unabhängig von seiner Arbeitszeitdauer zu. Indessen werden Teilzeitbeschäftigte regelmäßig seltener auf diesen Anspruch zurückgreifen als Vollzeitkräfte aufgrund der vermehrten disponiblen Freizeit der Teilzeitarbeitnehmer,[638] denn es ist dem Teilzeitarbeitnehmer daher zumuten, aufgrund seiner Treuepflicht, persönliche Verhinderungen (z.B. Arztbesuche), die vorhersehbar und auch von der zeitlichen Lage her beeinflussbar sind, nicht in die Arbeitszeit zu legen.[639] Dazu muss der Teilzeitarbeitnehmer auch die Möglichkeiten nutzen, die ihm eine

[635] Schaub, Arbeitsrechts-Handbuch, S. 952.
[636] BAG vom 16.12.1993, AP Nr. 5 zu § 52 BAT.
[637] Schaub, Arbeitsrechts-Handbuch, S. 957.
[638] Schüren, MünchHdb-ArbR, § 162, Rn. 163; Lipke, GK-TzA, S. 187.
[639] Lipke, GK-TzA, § 2 BeschFG, Rn. 157; Lipke, AuA 1994, S. 10; Geng-Schenq Lin, S. 158; BAG vom 22.1.1986, 5 AZR 34/85, NJW 1986, S. 524.

flexible Arbeitszeitregelung bietet.[640] Der Teilzeitarbeitnehmer ist nicht nur verpflichtet, von sich aus persönliche Arbeitsverhinderung in die arbeitsfreie Zeit zu legen, er muss im Rahmen des Zumutbaren sogar auf die Terminplanungen Dritter einwirken, um Unterbrechungen der Arbeitszeit zu vermeiden.[641]

Soweit der Arbeitnehmer mehrere Teilzeitbeschäftigungsverhältnisse nebeneinander abgeschlossen hat, bestehen für jedes Arbeitsverhältnis die Rechte und Pflichten daraus selbständig nebeneinander. In diesem Fall kommt § 616 BGB uneingeschränkt zur Anwendung. Der Teilzeitarbeitnehmer ist jedoch aufgrund seiner Treuepflicht gehalten, die von ihrer zeitlichen Lage her beeinflussbaren Ausfallzeiten auf die einzelnen Teilzeitarbeitsverhältnisse angemessen zu verteilen.[642] Andererseits liegt im Falle einer Verhinderung bezüglich des einen Arbeitsverhältnisses wegen zeitlicher Überschneidung, hinsichtlich der nicht erfüllten Arbeitspflicht kein Fall der persönlichen Leistungsverhinderung nach § 616 BGB vor. Hier liegt vielmehr eine vom Schuldner zu vertretende (subjektiven) Unmöglichkeit nach § 325 BGB vor. Der Entgeltsanspruch entfällt und ein eventueller Schaden des Arbeitgebers ist zu ersetzen.[643] Schließlich ist zu bemerken, dass § 616 BGB eine dispositive Vorschrift ist und demgemäß durch Tarifverträge, Betriebsvereinbarungen oder Einzelverträge geändert werden darf.[644] Soll § 616 BGB durch einen Arbeitsvertrag vollständig abbedungen werden, so ist hierfür eine besondere sachliche Rechtfertigung erforderlich.[645] Die kürzere Arbeitszeit des Teilzeitarbeitnehmers kann allerdings nicht als sachliche Rechtfertigung gelten.[646]

---

[640] BAG vom 16.12.1993, AP Nr. 5 zu § 52 BAT, NZA 1994, S. 854 ff.; LAG Köln vom 10.2.1993, LAGE § 616 BGB Nr. 7.
[641] Lipke, GK-TzA, § 2 BeschFG, Rn. 159.
[642] Langmaack, S. 111; Lipke, GK-TzA, S. 187.
[643] Vgl. Staudacher / Hellmann, S. 109; Nebendahl, S. 87; Schüren, MünchHdb-ArbR, § 162, Rn. 165.
[644] Vgl. Nebendahl, S. 86; Langmaack, S. 110; Schüren, MünchHdb-ArbR, § 162, Rn. 167; BAG vom 25.8.1982, AP Nr. 21 und Nr. 55 zu § 616 BGB; BAG vom 8.12.1982, AP Nr. 58 zu § 616 BGB; BAG vom 22.1.1986, EzA § 4 TVG Bauindustrie Nr. 31.
[645] BAG vom 20.6.1979, AP Nr. 49 zu § 616 BGB, BB 1979, S. 1946.
[646] So auch: Schüren, MünchHdb-ArbR, § 162, Rn. 168.

4. MUTTERSCHUTZ UND ERZIEHUNGSURLAUB

Alle Frauen, die in einem Arbeitsverhältnis stehen, genießen den vollen Schutz des Mutterschutzgesetzes, gleichgültig, ob die vollzeit- oder teilzeitbeschäftigt sind (§ 1 MuSchG). Auch bei der Gewährung von Erziehungsgeld und Elternzeit nach den Vorschriften des BErzGG gelten für Teilzeitbeschäftigte dieselben Regeln wie für Vollzeitbeschäftigte.[647] Außerdem bestehen während des Bezugs von Erziehungsgeld auch bei reduzierter Arbeitszeit die gewöhnlichen Rechte und Pflichten, insbesondere der Anspruch auf Gleichbehandlung beim Entgelt und bei den Lohnnebenleistungen.[648]

5. JAHRESURLAUB DER TEILZEITBESCHÄFTIGTE

5.1. URLAUBSANSPRUCH

Das gesetzliche bzw. tarifliche Urlaubsrecht gilt grundsätzlich für Teilzeit- in gleichem Maße wie für Vollzeitarbeit. Der Urlaubsanspruch ist ein Anspruch des Arbeitnehmers gegen den Arbeitgeber auf Freistellung von der Arbeitspflicht. Die Pflicht zur Urlaubserteilung ist eine Nebenpflicht des Arbeitgebers, die darauf gerichtet ist, die Hauptpflicht des Arbeitnehmers, nämlich die Pflicht zur Arbeitsleistung, zu suspendieren.[649] Gemäß § 1 Bundesurlaubsgesetz (BUrlG) haben alle Arbeitnehmer ohne Rücksicht auf den Umfang ihres Arbeitsdeputats Anspruch auf bezahlten Erholungsurlaub.[650] Der Umfang der Teilzeitarbeit oder die Begründung mehrerer Teilzeitarbeitsverhältnisse sind nicht maßgeblich für die Entstehung oder den Inhalt des gesetzlichen Urlaubsanspruch. Auch das Erholungsbedürfnis, das bei Teilzeitbeschäftigten möglicherweise geringer ist als bei Vollzeitbeschäftigten, ist keine gesetzliche Anspruchvoraussetzung.[651]

---

[647] Langmaack, S. 111.
[648] Schüren, MünchHdb-ArbR, § 162, Rn. 170. Siehe auch: BAG vom 23.4.1996, AP Nr. 7 zu § 17 BErzGG, NZA 1997, S. 160 ff.
[649] Langmaack, S. 126. Ständiger Rechtsprechung des BAG seit: BAG vom 28.1.1982; AP Nr. 11 zu § 3 BUrlG Rechtsmißbrauch.
[650] Siehe: BAG vom 19.6.1991, 5 AZR 310/90; LAG Köln vom 13.12.1995, LAGE § 2 BeschFG 1985, Nr. 28.
[651] BAG vom 28.1.1982; AP Nr. 11 zu § 3 BUrlG Rechtsmißbrauch.

Hat ein Arbeitnehmer mehrere Teilzeitarbeitsverhältnisse, so steht dem Teilzeitbeschäftigten gegen jeden Arbeitgeber ein voller Urlaubsanspruch zu,[652] weil der Urlaubsanspruch an das einzelne Arbeitsverhältnis gebunden ist.[653] Bei Mehrfachbeschäftigung hat jeder Arbeitgeber das Gesetzesziel des BUrlG - dem Arbeitnehmern einen hinreichenden, zusammenhängenden Erholungsurlaub zu sichern – Rechnung zu tragen, wenn der Urlaub geplant wird. Daraus folgt die Verpflichtung, an der Koordination der Urlaubsansprüche mitzuwirken.[654] Es ist allerdings zu berücksichtigen, dass die fehlende Koordination der Urlaubsgewährung nicht zur rechtlichen Unmöglichkeit der Verpflichtung zur Arbeitsleistung in dem jeweils anderen Arbeitsverhältnis während der Urlaubszeit führt.[655] § 8 BUrlG enthält, wie das BAG[656] zutreffend festgestellt hat, kein allgemeines Verbot erholungsschädlicher Erwerbsarbeit. Die Bestimmung regelt nur die gegenseitigen Leistungspflichten im Rahmen des Arbeitsverhältnisses, in dem der Urlaub gewährt wird.

Gemäß § 4 BUrlG wird der volle Urlaubsanspruch erstmalig nach sechsmonatigem Bestehen des Arbeitsverhältnisses erworben. Die Wartezeit wird durch ein Teilzeitarbeitsverhältnis, auch von nur wenigen Stunden wöchentlich oder monatlich, erfüllt.[657] Dies erklärt sich, weil bei der Berechnung der Wartezeit es allein auf den rechtlichen Bestand des Arbeitsverhältnisses, nicht aber auf die tatsächlich erbrachte Arbeitsleistung ankommt.[658]

Ein besonderes Problem entsteht, wenn ein Arbeitnehmer wiederholt von einem Kleinbetrieb im Sinne des § 23 KSchG für ähnliche immer wieder anfallende Aufgaben zulässigerweise kurzzeitig befristet eingestellt wird. Es ist in diesem Fall fraglich, ob der Arbeitnehmer einen gesetzlichen Urlaubsanspruch hat. In diesem Zusammenhang spielt die Frist von einem Monat in § 5 BUrlG eine wichtige Rolle, um Umgehungen des BUrlG zu vermeiden, denn sie dient

---

[652] Buschmann / Dieball / Stevens-Bartol, TZA, S. 280; Sowka / Köster, S. 49; Lipke, GK-TzA, § 2 BeschFG, Rn. 168.
[653] Vgl. BAG vom 19.6.1959 AP Nr. 1 zu § 611 BGB Doppelarbeitsverhältnis.
[654] Schüren, MünchHdb-ArbR, § 162, Rn. 192.
[655] Langmaack, S. 127.
[656] BAG vom 25.2.1988, AP Nr. 3 zu § 8 BUrlG, NZA 1988, S. 607 ff.
[657] Buschmann / Dieball / Stevens-Bartol, TZA, S. 282.
[658] Nebendahl, S. 105.

dazu, Leistungsmißbrauch durch den Arbeitnehmer auszuschließen. Nach h.M[659] ist jedoch die vertragliche Vereinbarung durch Auslegung dahingehend zu prüfen, ob die Parteien ein Rahmenarbeitsverhältnis vereinbart haben, das einen gesetzlichen Urlaubsanspruch begründet. Ein solches Rahmenarbeitsverhältnis ist dadurch gekennzeichnet, dass es durch den jeweiligen Abruf der Arbeitsleistung vom Arbeitgeber nur aktualisiert wird. Es liegt vor, wenn derselbe Arbeitnehmer immer wieder für ähnliche Aufgaben eingestellt wird, diese Aufgaben wiederholt anfallen und der Arbeitnehmer vom Arbeitgeber zur Arbeitsleistung nur abgerufen wird. Bei wiederholten Eintagesarbeitsverhältnissen liegt es nahe, dass der Arbeitgeber hier Kurzbefristungen anstelle von Abrufarbeit oder Jahresarbeitszeitmodellen wählt, um nicht nur den Bestandsschutz, sondern auch gesetzliche Lohnnebenleistungen zu vermeiden.[660] In diesem Fällen ist der Arbeitnehmer hinsichtlich seines Urlaubsanspruch so zu behandeln, als stünde er in einem diskontinuierlichen, aber unbefristeten Teilzeitarbeitsverhältnis.[661] Ergibt die Auslegung der Vertragsverhältnisse keine Anhaltspunkte für den Abschluß eines Rahmenarbeitsverhältnisses, hat der Arbeitgeber im Gegenteil wirksam kurzzeitig befristete Arbeitsverhältnisse vereinbart und es liegt auch keine Umgehung der §§ 4 und 5 des BUrlG vor.

5.2. URLAUBSDAUER

Die Urlaubsdauer ergibt sich bei den Teilzeitarbeitsverhältnissen wie bei den Vollzeitarbeitsverhältnissen aus dem Gesetz,[662] dem Arbeitsvertrag oder dem entsprechenden Tarifvertrag. Teilzeitarbeitnehmern steht Erholungsurlaub in gleichem Umfang zu wie Vollzeitkräften. Die Urlaubsdauer des Teilzeitbeschäftigten darf im Verhältnis zu Vollzeitbeschäftigten nur in dem Umfang gemindert werden, die dem Verhältnis der Teilzeit- zur Vollzeitarbeit im Betrieb entspricht.[663] Dieser Anspruch ist nicht tarifdisponibel und

---

[659] Vgl. Langmaack, S. 127; Nebendahl, S. 105; Lipke, GK-TzA, § 2 BeschFg, Rn. 173-175; Schüren, MünchHdb-ArbR, § 162, Rn. 173-179; Buschmann / Dieball / Stevens-Bartol, TZA, S. 305.

[660] Vgl. BAG vom 19.1.1993, AP Nr. 20 zu § 1 BUrlG, NZA 1993, S. 988 ff.; LAG Frankfurt vom 4.10.1991, NZA 1992, S. 692 ff. (über wirksame Eintagesarbeitsverhältnisse).

[661] Vgl. BAG vom 19.1.1993, AP Nr. 20 zu § 1 BUrlG.

[662] Gemäß § 3 Abs. 1 BUrlG beträgt die Dauer des gesetzlichen Mindesturlaubs jährlich mindestens 24 Werktage. Abs. 2 bestimmt, dass als Werktage alle Kalendertage gelten, die nicht Sonn- oder gesetzliche Feiertage sind.

[663] Nebendahl, S. 105.

unabhängig davon, auf welche Rechtsgrundlage der Urlaubsanspruch der Vollzeitkräfte zurückgeht. Soweit vergleichbare Vollzeitkräfte einen Urlaubsanspruch haben, der über den gesetzlichen Mindesturlaub hinausgeht, ist es unzulässig, den Teilzeitkräften im gleichen Betrieb nur den gesetzlichen Mindesturlaub zu gewähren.[664] Jede Form der Urlaubsberechnung für Teilzeitkräfte ist darauf zu überprüfen, ob sie dem Gleichbehandlungsgebot Rechnung trägt.[665]

Für die Berechnung der Urlaubsdauer der Teilzeitarbeitnehmern ist es notwendig, zwischen verschiedenen Situationen zu unterscheiden:

a) **Urlaubsdauer bei arbeitstäglichem Einsatz**: (z.B. Halbtagsarbeit) In diesem Fall kann der Urlaubsanspruch wie bei Vollzeitbeschäftigten nach der gleichen Anzahl von Werk- oder Arbeitstagen bemessen werden. Es bestehen hinsichtlich der Urlaubsdauer und ihrer Berechnung keine Unterschiede zu den Vollzeitbeschäftigten.[666]

b) **Urlaubsdauer bei starrem, aber nicht arbeitstäglichem Einsatz**: Berechnungsprobleme ergeben sich, wenn der Teilzeitarbeitnehmer nur einige Tage in der Woche seine Arbeitsleistung mit gleichbleibender Stundenzahl erbringt. In diesem Fall – damit diese Arbeitnehmer tatsächlich gleich behandelt werden - muss die Zahl der Urlaubstage eines Teilzeitbeschäftigten in dem Verhältnis gemindert werden, in dem die Arbeitstage des Vollzeitbeschäftigten zu dem des Teilzeitbeschäftigten stehen.[667] Die Berechnung erfolgt, indem man die übliche Zahl der Urlaubstage einer vergleichbaren Vollzeitkraft mit der Zahl der wöchentlichen Arbeitstage der Teilzeitkraft multipliziere und das Ergebnis durch die übliche Zahl der Wochenarbeitstage einer Vollzeitkraft dividiere.[668]

c) **Urlaubsdauer bei diskontinuierlichem Arbeitseinsatz**: Wechselt die Zahl der wöchentlichen Arbeitstage so, dass über einen längeren Zeitraum in aufeinanderfolgenden

[664] Schüren, MünchHdb-ArbR, § 162, Rn. 181.
[665] ArbG Hamburg vom 1.11.1993, ZTR 1994, S. 25 ff.
[666] Nebendahl, S. 106; Lipke, GK-TzA, § 2 BeschFG, Rn. 173; Schüren, MünchHdb-ArbR, § 162, Rn. 183.
[667] Nebendahl, S. 106. Ebenso: Langmaack, S. 129. Diese Autorin stellt das folgende Beispiel vor: Arbeitet der Teilzeitarbeitnehmer drei Tage pro Woche vollzeitig und hat ein fünf Arbeitstage in der Woche tätigen Vollzeitarbeitnehmer einen Jahresurlaubsanspruch von 30 Arbeitstagen, so vermindert sich der Urlaubsanspruch des Teilzeitarbeitnehmers um zwei Fünftel auf 18 Arbeitstage.

Wochen jeweils eine unterschiedliche Anzahl von Arbeitstagen anfällt, ist eine auf die Arbeitstage einer Woche bezogene Umrechnung der gesetzlichen Urlaubsdauer nicht möglich. Nach Auffassung von Langmaack[669] ist, da der Urlaubsanspruch als Jahresanspruch entstehe, er nach dem BUrlG auf die möglichen Arbeitstage im Jahr bezogen. Dabei würden für die Bestimmung der gesetzlichen Urlaubsdauer die Jahreswerktage und die individuell geschuldeten Arbeitstage rechnerisch in Beziehung gesetzt. Bei der Ermittlung der Anzahl der jährlichen Werktage müssten die gesetzlichen Wochenfeiertage, soweit sie arbeitsfrei seien, außer Betracht bleiben. Die gesetzliche Urlaubsdauer errechne sich also aus der Anzahl der gesetzlichen Urlaubstage dividiert durch die Zahl der Jahreswerktage multipliziert mit der Zahl der jährlichen individuellen Arbeitstage. In gleicher Weise sei vorzugehen, wenn ein tariflicher Urlaubsanspruch zu berechnen sei, sofern der Tarifvertrag keine Umrechnungsregelung enthalte.[670]

Schließlich ist für die Berechnung des Urlaubs zu beachten, dass im Falle einer Veränderung der Wochenarbeitszeit aufgrund des Wechsels von der Vollzeit- zur Teilzeitarbeit oder umgekehrt die Arbeitspflicht im Zeitpunkt der Urlaubsgewährung maßgeblich ist.[671]

5.3. URLAUBSENTGELT

Während der Urlaubszeit steht dem Arbeitnehmer gegen den Arbeitgeber ein Anspruch auf Fortzahlung der Vergütung zu. Die Höhe des Urlaubsentgelts bemißt sich grundsätzlich nach dem sogenannten Referenzprinzip.[672] Danach ist dem Arbeitnehmer ein Urlaubsentgelt in Höhe des durchschnittlichen Verdienstes, den der Arbeitnehmer in den letzten 13 Wochen vor dem Beginn des Urlaubs erhalten hat, mit Ausnahme des zusätzlich für Überstunden gezahlten Arbeitsverdienstes, fortzuzahlen (§ 11 Abs. 1 BUrlG).[673] Verdienstkürzungen infolge von Kurzarbeit, Arbeitsausfällen oder unverschuldeter Arbeitsversäumnis bleiben bei der Berech-

---

[668] Vgl. BAG vom 27.1.1987, AP Nr. 30 zu § 13 BUrlG, NZA 1987, S. 462 ff.; BAG vom 14.2.1991, AP Nr. 1 zu § 3 BUrlG Teilzeit, NZA 1991, S. 777. Zum Thema siehe auch: Schüren, MünchHdb-ArbR, § 162, Rn. 184.
[669] Langmaack, S. 129-130.
[670] Ebenso:. Nebendahl, S. 107.
[671] Vgl. Schüren, MünchHdb-ArbR, § 162, Rn. 188; Lipke, GK-TzA, § 2 BeschFG, Rn. 180.
[672] Schaub, Arbeitsrechts-Handbuch, S. 1040.
[673] Vgl. Nebendahl, S. 108, Lipke, GK-TzA, § 2 BeschFG, Rn. 183; BAG vom 26.6.1986, AP Nr. 17 zu § 11 BUrlG, DB 1986, S. 2291.

nung des Urlaubsentgelts außer Betracht. Zu berücksichtigen sind jedoch die Veränderungen, die durch den Wechsel eines Vollzeitarbeitnehmers in ein Teilzeitverhältnis oder umgekehrt entstehen.[674]

Außerdem ist bei der Berechnung des Urlaubsentgelt der Gleichbehandlungsgrundsatz zu beachten. Wenn ein Teilzeitarbeitnehmer unter Verletzung des arbeitsrechtlichen Gleichbehandlungsgrundsatzes bzw. unter Verstoß gegen § 4 Abs. 1 TzBfG gegenüber Vollzeitarbeitnehmern unterschiedlich vergütet wird, so richtet sich sein Urlaubsentgelt nach dem anteiligen üblichen Arbeitsverdienst eines vollzeitbeschäftigten Arbeitnehmers. Entsprechendes gilt, wenn ein Teilzeitarbeitnehmer gegenüber anderen Teilzeitbeschäftigten mit einem höheren individuellen Arbeitszeitdeputat schlechter vergütet wird.[675]

6. AUS- UND WEITERBILDUNG DER TEILZEITBESCHÄFTIGTEN

Nach § 10 TzBfG hat der Arbeitgeber Sorge zu tragen, dass auch teilzeitbeschäftigte Arbeitnehmer an Aus- und Weiterbildungsmaßnahmen zur Förderung der beruflichen Entwicklung und Mobilität teilnehmen können, es sei denn, dass dringende betriebliche Gründe oder Aus- und Weiterbildungswünsche anderer teilzeit- oder vollzeitbeschäftigter Arbeitnehmer entgegenstehen. Diese Vorschrift setzt § 5 Abs. 3 lit. d) der Richtlinie 97/81/EG im deutschen Arbeitsrecht um, nach dem der Arbeitgeber den Beschäftigten den Zugang zu entsprechenden Aus- und Weiterbildungsmaßnahmen erleichtern soll. Auf dieser Weise versucht der Gesetzgeber die Attraktivität und Akzeptanz der Teilzeitarbeit zu verbessern.[676] Darüber hinaus macht der Gesetzgeber mit der Einbeziehung der Weiterbildung dabei deutlich, dass nicht nur solche Maßnahmen gefördert werden sollen, die die aktuelle Tätigkeit der Beschäftigten betreffen, sondern auch solche, die der Verbesserung ihrer beruflichen Qualifikation und Mobilität fördern und sie zur Übernahme einer qualifizierten Tätigkeit befähigen.[677]

---

[674] Siehe Schüren, MünchHdb-ArbR, § 162, Rn. 190.

[675] Vgl. Buschmann / Dieball / Stevens-Bartol, TZA, S. 307; Staudacher / Hellmann, S. 113; BAG vom 24.10.1989, 8 AZR 5/89, BB 1990, S. 1414.

[676] BT-Drucks. 14/4374, S. 12.

[677] Rolfs, RdA 2001, S. 141. Vgl. BT-Drucks. 14/4374, S. 18, 21; Bauer, NZA 2000, S. 1041; Buschmann / Dieball / Stevens-Bartol, TZA, S. 389.

Der Arbeitgeber ist jedoch nach § 10 TzBfG nach wie vor nicht verpflichtet, den Arbeitnehmern Aus- und Weiterbildungsmaßnahmen zu ermöglichen oder die Kosten für von Dritten getragenen Maßnahmen zu übernehmen. Voraussetzung für die Anwendung dieser Vorschrift ist somit, dass der Arbeitgeber entsprechende Maßnahmen überhaupt anbietet.[678] Andererseits ist zu berücksichtigen, dass § 10 TzBfG kein spezieller Anspruch für die Teilzeitarbeitnehmer begründet, sondern es handelt sich lediglich um ein besonderes Gleichbehandlungsgebot gegenüber Vollzeitbeschäftigten.[679] Allerdings wie Rolfs[680] zu Recht darauf hinweist, reichen die Wirkungen des § 10 TzBfG weiter als das Diskriminierungsverbot des § 4 Abs. 1 TzBfG. Während § 4 Abs. 1 TzBfG die unterschiedliche Behandlung aus sachlichen Gründen gestattet, sei die Verweigerung der gleichwertigen Teilhabe an Aus- und Weiterbildungsmaßnahmen nur zulässig, wenn dringende betriebliche Gründe entgegenstehen. Bezüglich der zweitgenannten Alternative in § 10 TzBfG erläutert die Gesetzesbegründung, dass der Arbeitgeber bei gleich-zeitigen entsprechenden Wünschen anderer Arbeitnehmer unter diesem nach billigem Ermessen frei entscheiden kann.[681] Jedenfalls können die Aus- und Weiterbildungswünsche anderer Arbeitnehmer der Teilzeitbeschäftigte nicht generell bzw. die dahingehende Sorgfaltspflicht des Arbeitgebers ausschließen. Die Pflicht zur generellen Berücksichtigung der Teilzeitarbeitneh-mer bei Bildungsmaßnahmen besteht in jedem Fall. Dabei sind die Aus- und Weiterbildungs-wünsche der Vollzeit- und Teilzeitarbeitnehmer grundsätzlich als gleichrangig anzusehen.[682]

Schließlich ist zu bemerken, dass bezüglich der Bildungsmaßnahmen für Teilzeitarbeitnehmer auch die Vorschriften der Richtlinie 76/207/EWG[683] über die Gleichbehandlung von Frauen und Männern bezüglich des Zugangs zur Beschäftigung, zur Berufsbildung und zum beruflichen Aufstieg zu beachten sind.

---

678 Worzalla / Will / Mailänder / Worch / Heise, § 10 TzBfG, Rn. 3.
679 In diesem Sinne: Preis / Gotthardt, DB 2000, S. 2066-2067. Ebenso: Däubler, ZIP 2000, S. 1964.
680 Rolfs, RdA 2001, S. 142.
681 BT-Drucks. 14/4374, S. 24.
682 Buschmann / Dieball / Stevens-Bartol, TZA, S. 391-392.
683 Richtlinie des Rates vom 9.2.1976; ABl. EG vom 14.2.1976, Nr. L 49, S. 40.

DRITTES KAPITEL:

ZWEITER TEIL

I. BESONDERE FORMEN DER TEILZEITARBEIT

1. DIE ARBEIT AUF ABRUF

1.1. ALLGEMEINES

Die Arbeit auf Abruf oder Abrufarbeit wurde in § 4 BeschFG zum ersten Mal in der deutschen Gesetzgebung geregelt.[1] Diese Vorschrift hat die Arbeit auf Abruf legalisiert und hat auf sie bezogene Vertragsregelungen einer übergesetzlichen Billigkeitskontrolle entzogen.[2] Trotz der gesetzlichen Regulierung dieser flexiblen Form der Teilzeitarbeit hat sich die Abrufarbeit im Allgemeinen nur für betriebliche Randgruppen in der Praxis durchgesetzt. Das liegt daran, dass sie ihrer Natur nach ungeeignet ist, die Identifikation des Arbeitnehmers mit der Arbeitsauf-gabe zu fördern. In der Praxis setzen sich deshalb am meisten flexible Arbeitszeitformen durch, die die Arbeitnehmer auch im betrieblichen Interesse stärker an der Arbeitszeitgestaltung beteiligen (z.B. Jahresarbeitszeit, flexible Gleitzeit).[3]

Bei der Abrufarbeit handelt es sich um unbefristete oder befristete Teilzeitarbeitsverhältnisse, bei denen der Arbeitnehmer seine Arbeitsleistung jeweils entsprechend dem betrieblichen Arbeitsanfall zu erbringen hat. Aus diesem Grunde wird die Lage seiner Arbeitszeit nicht zu Beginn des Arbeitsverhältnisses festgelegt, sondern sie bleibt flexibel und dem Direktionsrecht des Arbeitgebers überlassen.[4] Die Abrufarbeit wird deshalb auch kapazitätsorientierte variable Arbeitszeit (KAPOVAZ) genannt. Nach Ansicht von Schaub[5] ist aber die Bezeichnung bedarfsabhängige variable Arbeitszeit (BAVAZ) richtiger, da die Arbeitsleistung nicht von der Kapazität des Arbeitgebers, sondern von seinem Bedarf abhänge. Trotzdem hat sich der Ausdruck KAPOVAZ allgemein durchgesetzt.

[1] Über die Entstehungsgeschichte siehe: Mikosch, GK-TzA, § 4 BeschFG, Rn. 5 ff.; Buschmann / Dieball / Stevens-Bartol, TZA, S. 396.
[2] Hanau, Befristung und Abrufarbeit nach dem Beschäftigungsförderungsgesetz 1985, RdA 1987, S. 27.
[3] Schüren, MünchHdb-ArbR, § 166, Rn. 1.
[4] Langmaack, S. 157.

§ 12 TzBfG - das hauptsächlich das aufgehobene § 4 BeschFG entspricht[6] – schreibt grundsätzlich vor, dass der Arbeitnehmer zur Arbeitsleistung nur verpflichtet ist, wenn der Arbeitgeber ihm die Lage seiner Arbeitszeit jeweils mindestens vier Tage im voraus mitteilt (Abs. 2). Ist in der Vereinbarung die tägliche Dauer der Arbeitszeit nicht festgelegt, so ist der Arbeitgeber verpflichtet, den Arbeitnehmer jeweils für mindestens drei aufeinanderfolgende Stunden zu beschäftigen (Abs. 1 Satz 4). Das wesentliche Merkmal der Abrufarbeit ist, dass keine konstante Lage der Arbeitszeit vereinbart wird, sondern der Arbeitnehmer die Arbeitsleistung zu erbringen hat, wenn diese vom Arbeitgeber abgerufen[7] wird. Dieser wird den Abruf der Arbeitsleistung regelmäßig am jeweiligen Arbeitskräftebedarf seines Betriebes ausrichten.[8] Während der Zeiten, in denen die Arbeitsleistung nicht abgerufen wird, hat der Arbeitnehmer unbezahlte Rufbereitschaft zu erbringen.[9]

Es ist weitgehend unbestritten, dass es sich bei Abrufarbeitsverhältnissen um ein Arbeitssystem handelt, das vornehmlich im Arbeitgeberinteresse liegt.[10] Sie erlauben es diesen, die Inanspruchnahme von Arbeit nahtlos ihrem jeweiligen Bedarf anzupassen und nur für tatsächlich benötigte und geleistete Arbeit Vergütung zu zahlen; Kosten für Leerzeiten zu vermeiden und auch mancherlei vom Arbeitsrecht vorgesehene Aufwendungen für Zeiten einzusparen, in denen Beschäftigte nicht arbeiten können oder sonst nicht zu arbeiten brauchen.[11] Besonders attraktiv sind diese Arbeitsverträge für Arbeitgeber, deren Arbeitsbedarf sehr schwankt (z.B. im Einzelhandel, Hotel- und Gaststättengewerbe).[12] Unter der Gesichtspunkt der Arbeitnehmer ist eine derartige Vereinbarung mit Nachteilen und Gefahren materieller und immaterieller Art verbunden. Materielle Nachteile ergeben sich insbesondere aus einer

---

[5] Schaub, Arbeitsrechts-Handbuch, S. 349.

[6] Neu ist im Wesentlichen Abs. 3 dieser Vorschrift, der eine Tariföffnung für die Regelungen des § 12 Abs. 1 und 2 unter bestimmten Voraussetzungen vorsieht. Das entspricht jedoch der bisherigen Rechtsprechung zu § 4 BeschFG. Vgl. Preis / Gotthardt, DB 2000, S. 2069; Worzalla / Will / Mailänder / Worch / Heise, § 12 TzBfG, Rn. 1; Busch, Aus für die Arbeit auf Abruf?, NZA 2001, S. 593 ff.

[7] § 315 BGB enthält die Auslegungsregel, daß eine derartige Bestimmung im Zweifel nach billigem Ermessen zu treffen ist.

[8] Nebendahl, S. 120.

[9] Vgl. Hanau, RdA 1987, S. 28.

[10] Vgl. Kleveman, Der Schutz der Zeitsouveränität von Arbeitnehmern mit variablen am betrieblichen Arbeitsanfall ausgerichteten Arbeitszeiten durch die Ankündigungsfrist des Art. 1 § 4 Abs. 2 BeschFG 1985, DB 1987, S. 2096.

[11] Plander, Kapazitätsorientierte variable Arbeitszeit als Gegenstand von Tarifverträgen und Betriebsvereinbarungen, ArbuR 1987, S. 281.

mit dem jeweiligen Arbeitsumfang schwankenden Entgeltzahlung und der durch das einseitige Weisungsrecht möglichen Umgehung bestimmter Schutzgesetze. Immaterielle Gefahren ergeben sich aus der Unterwerfung der Zeitsouveränität des Arbeitnehmers unter die Weisungsbefugnis des Arbeitgebers.[13] Aufgrund dieser Gefährdungen sind in § 12 TzBfG gesetzliche Grenzen der Regelungsfreiheit für Abrufarbeitsverhältnissen normiert worden, die beim Abschluß eines derartigen Teilzeitarbeitsvertrages ebenso beachtet werden müssen, wie die von der Rechtsprechung entwickelten Regelungsschranken.[14]

1.2. PERSÖNLICHER GELTUNGSBEREICH DES § 12 TzBfG

Nach h.M.[15] erfaßt die Anwendung des § 12 TzBfG Teilzeit- sowie Vollzeitarbeitsverhältnisse. Nach Auffassung von Preis[16] hat der Gesetzgeber zwar mit der Regelung (ex § 4 BeschFG) Teilzeitarbeitsverhältnisse erfassen wollen, aber er verkenne, dass die dort stellenden Probleme auch in Vollzeitarbeitsverhältnissen auftreten könnten. Auch in Dauerarbeitsverhältnissen bestehe bei Vereinbarungen einer variablen Lage und/oder Dauer der Arbeitszeit ein Schutzbe-dürfnis des Arbeitnehmers und sei eine Einschränkung des einseitigen Leistungs-bestimmungsrechts des Arbeitgebers erforderlich. Daher könne nicht entscheidend sein, dass die Regelung in den zweiten Abschnitt des BeschFG (ebenso im TzBfG) über die Teilzeitarbeit eingegliedert sei.[17]

1.3. DER ARBEITSVERTRAG ALS GRUNDLAGE DER ABRUFARBEIT

Die Abrede, nach der der Arbeitnehmer seine Arbeitsleistung entsprechend dem Arbeitsanfall erbringen soll, muss im Arbeitsvertrag[18] ausdrücklich vereinbart werden.[19] Dies wird durch §

---

[12] Vgl. Buschmann / Dieball / Stevens-Bartol, TZA, S. 397.

[13] Kleveman, Zum Leistungsbestimmungsrecht des Arbeitgebers nach Art. 1 § 4 BeschFG 1985, ArbuR 1987, S. 293. Vgl. Mikosch, GK-TzA, § 4 BeschFG, Rn. 19.

[14] Nebendahl, S. 120; Preis, ErfKomm, S. 735.

[15] U.a. Buschmann / Dieball / Stevens-Bartol, TZA, S. 398-399; Hanau, RdA 1987, S. 28; Kleveman, DB 1987, S. 2096-2097; Langmaack, S. 158; Schüren, MünchHdb-ArbR, § 166, Rn. 12-15; Nebendahl, S. 120; Preis, ErfKomm, S. 736; Schaub, Arbeitsrechts-Handbuch, S. 349. Siehe auch BAG vom 22.4.1998, AP Nr. 25 zu § 611 BGB Rundfunk, BB 1998, S. 2211.

[16] Preis, ErfKomm, S. 736.

[17] Ablehnend: Mikosch, GK-TzA, § 4 BeschFG, Rn. 17.

[18] Neben dem Arbeitsvertrag als Rechtsgrundlage kann auch ein Tarifvertrag die Verpflichtung der tarifgebundenen Arbeitnehmer zur kapazitätsorientierten variablen Arbeitszeit begründen, wobei unter

12 Abs. 1 TzBfG klargestellt. Daraus ergibt sich die Auffassung des Gesetzgebers, dass das allgemeine Direktionsrecht nicht die Befugnis zu umfassender Anpassung der Arbeitszeit an den Arbeitsanfall enthält, denn es wird ja eine besondere Vereinbarung darüber gefordert.[20] Diese Vereinbarung ist das wesentliche Element eines KAPOVAZ Arbeitsverhältnisses und unterscheidet es von anderen Arbeitsverträgen. Es unterliegt neben den in § 12 TzBfG genannten Voraussetzungen keinen weiteren rechtlichen oder tatsächlichen Voraussetzungen. Ohne ausdrückliche vertragliche Vereinbarung ist jedoch der Arbeitgeber nicht befugt, einen ständigen Wechsel der Lage der Arbeitszeit vorzunehmen.[21] Eine Einführung durch Betriebsvereinbarung gemäß § 87 Abs. 1 Nr. 2 BetrVG ist deshalb nicht möglich. Allerdings kann per Tarifvertrag Abrufarbeit eingeführt werden, denn die gesetzliche Bestimmung steht nach § 12 Abs. 3 TzBfG zur Disposition der Tarifpartner.[22]

Die typische KAPOVAZ Abrede ist die Vereinbarung einer variablen Lage der Arbeitszeit im Rahmen eines vorbestimmten Bezugzeitraumes bei festgeschriebenem Arbeitsumfang. Während die Dauer der Arbeitszeit für den Bezugszeitraum feststeht, steht die Verteilung unter dem Direktionsrecht des Arbeitgebers. Außerdem sind Mischformen möglich, bei welchen ein Teil der Arbeitszeit nach Lage und Dauer genau bestimmt wird, während ein weiterer Teil nur der Dauer nach bestimmt ist. § 12 TzBfG ist auch anwendbar auf Abreden, bei welchen Arbeitszeit und Dauer grundsätzlich fest im voraus bestimmt sind, für bestimmte Zeitperioden befristet (z.B. Saison), jedoch zusätzlich eine Variabilität des Abrufs offen gehalten wird.[23] Allerdings begründen keine Abrufarbeitsverhältnissen im Sinne des § 12 TzBfG: Gleitzeit-vereinbarungen, ungleichmäßige Vollzeitarbeit (z.B. Wechselschicht), ungleichmäßige Teilzeit-arbeit (feste, aber ungleichmäßige Lage der Arbeitszeit), Arbeitsvertragsketten, Aushilfs-arbeitsverhältnissen, Arbeitsbereitschaft, Rufbereitschaft und Bereitschaftsdienst.[24]

Umständen auch zu Ungunsten der Arbeitnehmer von der Regelungen des § 12 Abs. 1 und 2 TzBfG abgewichen werden kann. In diesem Sinne: Buschmann / Dieball / Stevens-Bartol, TZA, S. 411.

[19] Nebendahl, S. 121; Schüren, MünchHdb-ArbR, § 166, Rn. 19.

[20] Hanau, RdA 1987, S. 28. Im gleichen Sinne Buschmann / Dieball / Stevens-Bartol, TZA, S. 401-402.

[21] Langmaack, S. 159.

[22] Schüren, MünchHdb-ArbR, § 166, Rn. 19.

[23] Preis, ErfKomm, S. 736.

[24] Vgl. Buschmann / Dieball / Stevens-Bartol, TZA, S. 401-405; Preis, ErfKomm, S. 737.

1.4. INHALT DES DIREKTIONSRECHTS BEI DER ABRUFARBEIT

Nach § 12 TzBfG kann in Arbeitsverträgen und Betriebsvereinbarungen[25] nicht wirksam vereinbart werden, dass der Arbeitgeber die Dauer (im Unterschied zur Lage) der Arbeitszeit einseitig und fortlaufend nach dem Arbeitsanfall festsetzen darf,[26] auch nicht im Rahmen einer Bandbreite.[27] Die Verpflichtung zur Bestimmung der Dauer der Arbeitszeit stellt die gesetzgeberische Reaktion auf eine Entscheidung des BAG[28] vom 12. Dezember 1984 dar, nach der eine arbeitsvertragliche Vereinbarung, die bei arbeitsabhängiger Vergütung den Arbeitgeber berechtigen soll, die zunächst festgelegte Arbeitszeit später einseitig nach Bedarf zu redu-zieren, eine Umgehung des Kündigungsschutzes darstellt und deshalb nichtig ist. Eine variable Dauer der Arbeitszeit ist mit den Grundprinzipien des Kündigungsschutzrechtes unvereinbar, weil diese dem Arbeitgeber nur die Möglichkeit geben, die Hauptleistungspflicht mit dem Mittel der Änderungskündigung zu erzwingen.[29] Eine Flexibilisierung der Arbeitszeitdauer ist nur über die Tariföffnungsklausel des § 12 Abs. 3 TzBfG möglich.[30]

Das BAG[31] hat in diesem Zusammenhang weiter ausgeführt, dass eine Veränderung des Umfanges der Arbeitszeit nicht vom allgemeinen Weisungsrecht des Arbeitgebers erfaßt werde. Auf Grund des allgemeinen Weisungsrecht könne der Arbeitgeber zwar die im Arbeits-vertrag nur rahmenmäßig umschriebene Leistungspflicht im einzelnen nach Zeit, Ort und Art bestimmen. Das allgemeine Weisungsrecht habe jedoch nur eine Konkretisierungsfunktion hinsichtlich der im Arbeitsvertrag enthaltenen Rahmenarbeitsbedingungen. Die Regelung der beiderseitigen Hauptleistungspflichten gehöre zum Kernbereich des Arbeitsverhältnisses. Dieser Kernbereich der Arbeitsbedingungen sei lediglich durch Gesetz, Kollektiv- oder Einzel-arbeitsvertrag gestaltbar. Die objektive

---

[25] § 87 Abs. 1 Nr. 2 BetrVG erlaubt die Mitbestimmung nur über die Lage der Arbeitszeit.
[26] Hanau, RdA 1987, S. 28.
[27] Die Bandbreitenregelungen zeichnen sich dadurch aus, dass für die Dauer der Arbeitszeit ein bestimmter Rahmen vereinbart wird, innerhalb dessen der Arbeitgeber die Arbeitszeit variieren kann. Preis, ErfKomm, S. 736.
[28] BAG vom 12.12.1984, AP Nr. 6 zu § 2 KschG 1969, NZA 1985, S. 321.
[29] Langmaack, S. 159. Vgl. Kleveman, ArbuR 1987, S. 295-296; Malzahn, Das Beschäftigungsförderungsgesetz und kapazitätsorientierte variable Arbeitszeiten, ArbuR 1985, S. 387.
[30] In diesem Sinne: BAG vom 12.3.1992, AP Nr. 1 zu § 4 BeschFG 1985, NZA 1992, S. 938 ff.; BAG vom 8.9.1994, AP Nr. 18 zu § 611 BGB Fleischbeschauer – Dienstverhältnis, NZA 1995, S. 1006 ff.; Buschmann / Dieball / Stevens-Bartol, TZA, S. 268.

Funktionswidrigkeit der Einräumung eines einseitigen Leistungsbestimmungsrechts über den Umfang der Arbeitszeit ergebe sich daraus, dass der Ar-beitnehmer wegen der Unsicherheit der zeitlichen Inanspruchnahme seine Arbeitskraft ander-weitig nicht oder nicht voll nutzen könne, ohne dass der Arbeitgeber für die nicht abgerufene Arbeitszeit eine Vergütung zu zahlen habe. Das einseitige Leistungsbestimmungsrecht führe so zu einer Verlagerung von Bestandsschutz- und Beschäftigungsrisiken, die nach zwingenden Vorschriften des Kündigungsschutzrechts (§§ 1 und 2 KSchG) der Arbeitgeber zu tragen habe.[32]

Die begrenzte Vertragsfreiheit gemäß § 12 Abs. 1 TzBfG erfaßt jedoch keine Vertragsgestaltungen, bei denen der Arbeitnehmer den Umfang der Arbeitszeit einseitig bestimmt.[33] Des weiteren wird durch § 12 Abs. 1 und 2 TzBfG das Direktionsrecht des Arbeitgebers hinsichtlich der Bestimmung der Lage der Arbeitszeit eingeschränkt, um einen Mindestschutz für Arbeitsverhältnisse zu schaffen.

1.5. FESTLEGUNG DER DAUER DER ARBEITSZEIT

Vereinbaren die Arbeitsvertragsparteien, dass der Arbeitnehmer seine Arbeitsleistung entsprechend dem Arbeitsanfall zu erbringen hat, muss gleichzeitig eine bestimmte Dauer der Arbeitszeit festgelegt werden. Der Umfang der Arbeitszeit muss in Bezug auf einen bestimmten Bezugszeitraum im Arbeitsvertrag bestimmt sein.[34] In der Literatur[35] zu § 4 BeschFG wurde zum Thema viel diskutiert, weil § 4 Abs. 1 BeschFG den Bezugszeitraum offengelassen hatte, und auf diesem Grund wurden Bezugszeiträume bis zu einem Jahr vorgeschlagen. Die Frage hinsichtlich des zulässigen Bezugszeitraums für die Abrufarbeit hat der Gesetzgeber nunmehr in § 12 Abs. 1 Satz 2 TzBfG geklärt. Zur Zeit sind die Arbeitsver-

---

[31] BAG vom 12.12.1984, AP Nr. 6 zu § 2 KSchG 1969.

[32] BAG vom 12.12.1984 AP Nr. 6 zu § 2 KSchG 1969.

[33] Siehe: Schüren, MünchHdb-ArbR, § 165, Rn. 27 ff.; Reichold, Zeitsouveränität im Arbeitsverhältnis: Strukturen und Konsequenzen, NZA 1998, S. 397; BAG vom 19.1.1993, AP Nr. 20 zu § 1 BUrlG, NZA 1993, S. 988 ff.; BAG vom 10.8.1994, AP Nr. 162 zu § 620 BGB Befristeter Arbeitsvertrag, NZA 1995, S. 30 ff.

[34] Langmaack, S. 159.

[35] Vgl. Mikosch, GK-TzA, § 4 BeschFG, Rn. 49; Nebendahl, S. 122; Langmaack, S. 159-160; Hanau, RdA 1987, S. 29; Malzahn, ArbuR 1985, S. 387; Kleveman, ArbuR 1987, S. 295; Böckel, Die neuen Teilzeit-Arbeitsverträge, 3. Auflage, München, 1988, S. 42-43.

tragsparteien nach dieser Vorschrift zu Festlegung der bestimmten Dauer der wöchentlichen und täglichen Arbeitszeit verpflichtet.[36]

Nach Ansicht von Däubler[37] bedeutet die Regelung in § 12 Abs. 1 Satz 2 TzBfG, dass nach neuem Recht bei Teilzeitkräften keine Monats- oder Jahresarbeitszeitkonten mehr zulässig sind, da sie nur auf der Basis variabler Wochenarbeitszeiten Sinn machen. Allerdings könnten Tarifverträgen von dieser Regel auch zu Lasten der Arbeitnehmer abweichen. Sie könnten beispielweise eine Brandbreitenregelung oder eine Durchschnittsdauer festlegen; andernfalls wäre bei Teilzeitkräften eine Jahresarbeitszeit nur noch in der Weise möglich, dass man die Arbeitswochen, in denen die vereinbarte Zeitdauer gearbeitet werde, nicht von vornherein fest-lege, sondern die Auswahl dem Arbeitgeber überlasse. Da der Tarifvertrag jedoch Regelungen über die tägliche und die wöchentliche Arbeitszeit enthalten müsse, sei eine Festlegung der Art, die wöchentliche Arbeitszeit betrage zwischen null und vierzig Stunden, wohl nicht mehr zulässig.[38] Andererseits weist Hanau[39] zu Recht darauf hin, dass § 12 Abs. 1 Satz 2 TzBfG und § 2 TzBfG, der bei der Definition der Teilzeitbeschäftigung auch auf den Durchschnitt eines Jahres abstellt, sich durch die Feststellung harmonisieren lassen, dass der Arbeitnehmer auch nach § 12 TzBfG nicht in jeder Woche herangezogen werden müsse, wie ja auch die geforderte Festlegung der täglichen Arbeitszeit nicht heiße, dass der Arbeitnehmer an jedem Tage zu beschäftigen sei. Eine bestimmte Dauer der wöchentlichen Arbeitszeit sei eben nur für den Fall festzulegen, dass in einer Woche Arbeit abgerufen werde.[40]

Wird eine Regelung über die Dauer der Arbeitszeit nicht getroffen, sieht § 12 Abs. 1 Satz 3 TzBfG vor, dass eine wöchentliche Arbeitszeit von 10 Stunden als vereinbart gilt. Diese gesetzliche Fiktion bezieht sich sowohl auf die Arbeitsmenge als auch auf den Bezugszeitraum. Nach Ansicht von Langmaack[41] ist zu allerdings berücksichtigen, dass die Fiktion des § 12 Abs. 1 Satz 3 TzBfG einen Auffangtatbestand darstelle. Dieser komme erst

[36] Vgl. Buschmann / Dieball / Stevens-Bartol, TZA, S. 416; Busch, NZA 2001, 594.
[37] Däubler, ZIP 2001, S. 222.
[38] In diesem Sinn: Däubler, ZIP 2000, S. 1965. Siehe auch: Worzalla / Will / Mailänder / Worch / Heise, § 12 TzBfG, Rn. 3.
[39] Hanau, NZA 2001, S. 1175.
[40] Ebenso: Busch, NZA 2001, S. 594.
[41] Langmaack, S. 161.

dann zur Anwendung, wenn der Arbeitsvertrag keine Regelung über die Dauer der Arbeitszeit enthalte und sich aus einer tatsächlichen Durchführung keine bestimmte Arbeitszeitdauer ermitteln lasse. Bevor auf die gesetzliche Fiktion zurückgegriffen werden könne, sei also im Wege der Auslegung zu ermitteln, ob der Arbeitsvertrag eine konkludente Vereinbarung über die Ar-beitszeitdauer enthalte.[42] Diese konkludente Vereinbarung gehe in jedem Fall die Fiktion vor, auch wenn die Arbeitszeitdauer zehn Wochenstunden unterschreite oder der Bezugszeitraum länger als eine Woche dauere.

1.6. FESTLEGUNG DER TÄGLICHEN ARBEITSZEITDAUER

Im Arbeitsvertrag soll eine Regelung über die Dauer des täglichen Einsatzes enthalten sein. Die Befugnis des Arbeitgebers, die Arbeitszeitlage einseitig festzulegen, kennzeichnet die Abruf-arbeit. Diese einseitige Leistungsbestimmung ist aber nach § 315 Abs. 1 BGB nach billigem Ermessen zu treffen. Dabei ist im konkreten Einzelfall das Interesse des Arbeitgebers an dem flexiblen Arbeitseinsatz dem Interesse des Arbeitnehmers an der Dispositionsmöglichkeit über seine Freizeit gegenüberzustellen und abzuwägen.[43] Das Recht des Arbeitgebers im Rahmen des Abrufarbeitsverhältnisses die Dauer des Arbeitseinsatzes zu bestimmen, wird darüber hinaus nach § 12 Abs. 1 Satz 4 TzBfG eingeschränkt. Gemäß dieser Vorschrift, „wenn die Dauer der täglichen Arbeitszeit nicht festgelegt ist, hat der Arbeitgeber die Arbeitsleistung des Arbeitnehmers jeweils für mindestens drei aufeinander folgende Stunden in Anspruch zu nehmen." Mit dieser Regelung soll vermieden werden, dass der Arbeitnehmer entgegen seinen Erwartungen nur kurzzeitig zur Arbeitsleistung in Anspruch genommen wird. Denn eine kurze tägliche Gesamtarbeitszeit oder die Zerstückelung der täglichen Arbeitszeit in mehrere kurze, durch Untätigkeit unterbrochene Arbeitseinsätze kann zu unangemessenen Belastungen des Arbeitnehmers, z.B. durch unverhältnismäßige lange Anfahrtswege oder die Stückelung der verbleibenden Arbeitszeit führen.[44]

---

[42] In selbem Sinne: Malzahn, ArbuR 1985, S. 388; Schüren, MünchHdb-ArbR, § 166, Rn. 24. Auch: LAG Bremen vom 20.6.1999, NZA-RR 2000, S. 14.
[43] Schüren, MünchHdb-ArbR, § 166, Rn. 36.
[44] Worzalla / Will / Mailänder / Worch / Heise, § 12 TzBfG, Rn. 5; Preis, ErfKomm, S. 740.

§ 12 Abs. 1 Satz 4 TzBfG ist allerdings nicht zwingend, deshalb kann einzelvertraglich eine längere oder kürzere Arbeitszeit als drei Stunden vereinbart werden.[45] Ein kurzzeitiger Arbeits-abruf (weniger als der aufeinander folgende Stunden) ist nur bei ausdrücklicher vertraglicher Vereinbarung zulässig.[46] Es ist aber zu berücksichtigen, dass § 12 Abs. 1 TzBfG nicht insge-samt abdingbar ist. Abdingbar ist nur die Mindestdauer der täglichen Arbeitszeit, und nur durch Festlegung einer geringeren Dauer, nicht hingegen durch Erweiterung des Bestimmungsrechts des Arbeitgebers.[47]

Enthält der Arbeitsvertrag eine Vereinbarung über die Dauer der täglichen Arbeitszeit, so ist zu prüfen, ob sie den Anforderungen des § 12 Abs. 1 Satz 4 TzBfG genügt. Dies ist der Fall, wenn die Dauer der einzelnen Arbeitseinsätze für den Arbeitnehmer im voraus zumindest bestimmbar ist. Nur wenn im Arbeitsvertrag eine bestimmte zusammenhängende Dauer der täglichen Arbeitszeit festgelegt ist, entfällt das Bedürfnis für die in § 12 Abs. 1 Satz 4 TzBfG angeordnete Rechtsfolge.[48] Andererseits erfüllt eine Vereinbarung, die dem Arbeitgeber das globale Recht einräumt, Arbeitseinsätze von jeweils weniger als drei Stunden Dauer festzu-legen, die Voraussetzungen des § 12 Abs. 1 Satz 4 TzBfG nicht. Sie ist gemäß § 134 BGB in Verbindung mit § 12 Abs. 1 TzBfG nichtig, denn diese Bestimmung des TzBfG ist nach seinem Sinn und Zweck zwingend.[49]

Fehlt es an einer Regelung über die Dauer der täglichen Arbeitszeit und nimmt der Arbeitgeber den Arbeitnehmer für eine geringere Arbeitszeit in Anspruch, kann der Arbeitnehmer die Arbeitsleistung entweder vollständig unter Hinweis darauf verweigern, dass der Arbeitgeber ihm keine den gesetzlichen Vorschriften entsprechende Arbeit zugewiesen hat. Ungeachtet dessen kann der Arbeitnehmer vom Arbeitgeber unter dem Gesichtspunkt des Annahmever-zuges aus § 615 BGB die Zahlung der Vergütung für die ausgefallenen drei Arbeitsstunden verlangen, ohne zur Nachleistung der Arbeit verpflichtet zu sein.[50] Daneben besteht für den Arbeitnehmer die weitere Möglichkeit, die vom Arbeitgeber abgeforderte –

---

[45] Vgl. Mikosch, GK-TzA, § 4 BeschFG, Rn. 81; Preis, ErfKomm, S. 741.
[46] Nebendahl, S. 123.
[47] Buschmann / Dieball / Stevens-Bartol, TZA, S. 419.
[48] Langmaack, S. 162.
[49] Mikosch, GK-TzA, § 4 BeschFG, Rn. 78.

drei Stunden unter-schreitende – Arbeitsleistung zu erbringen und nur für den Differenzzeitraum eine Vergütungs-zahlung wegen Annahmeverzuges des Arbeitgebers zu verlangen. Der Arbeitnehmer sollte in diesem Fall bei Arbeitseintritt jedoch deutlich machen, dass er der zu kurzen Arbeitszeit wider-spricht, da andernfalls seine Tätigkeit als Einverständnis in die Verkürzung der Arbeitszeit gewertet werden könnte.[51]

Schließlich ist zu beachten, dass die Vereinbarung eines täglichen Mindestarbeitszeit von drei oder mehr Stunden Dauer eine wirksame Begrenzung des Bestimmungsrechts des Arbeitgebers enthält und deshalb den Anforderungen des § 12 Abs. 1 Satz 4 TzBfG genügt.[52]

1.7. ABRUF DER ARBEITSLEISTUNG

Der Abruf der Arbeitsleistung erfolgt im Einzelfall durch die Mitteilung der Lage der Arbeitszeit. § 12 Abs. 2 TzBfG schreibt vor, dass der Arbeitnehmer nur zur Arbeitsleistung verpflich-tet ist, wenn der Arbeitgeber ihm die Lage seiner Arbeitszeit jeweils mindestens vier Tage im voraus mitteilt. Die Mitteilung der gewünschten Arbeitszeit ist eine einseitige, empfangsbedürf-tige Gestaltungserklärung (§ 315 Abs. 2 BGB),[53] die die genaue Lage der Arbeitszeit enthalten muss. Durch den Abruf wird die Arbeitspflicht des Arbeitnehmers verbindlich bestimmt und das einseitige Leistungsbestimmungsrecht verbraucht. Die Gestaltungswirkung tritt gemäß § 315 Abs. 3 BGB freilich nur ein, soweit die Abruffrist nach § 12 Abs. 2 TzBfG eingehalten wurde und der Arbeitnehmer für die vorgesehene Arbeitszeit zur Verfügung steht.[54] Nur eine billige Leistungsbestimmung hat Gestaltungswirkung.[55]

Nach § 12 Abs. 2 TzBfG unterliegt die Mitteilung der Lage der Arbeitszeit keiner Form und keinem bestimmten Inhalt. So kann die Bekanntmachung des Arbeitsabruf beispielsweise unmittelbar gegenüber dem Arbeitnehmer erfolgen (z.B. mit einer telefonischen Benachrichti-

[50] Nebendahl, S. 123; Malzahn, ArbuR 1985, S. 389-390.
[51] Mikosch, GK-TzA, § 4 BeschFG, Rn. 92. Vgl. Preis, ErfKomm, S. 741.
[52] Langmaack, S. 163.
[53] Siehe: Hanau, RdA 1987, S. 28.
[54] Schüren, MünchHdb-ArbR, § 166, Rn. 40.
[55] Buschmann / Dieball / Stevens-Bartol, TZA, S. 419-420.

gung) oder durch einen Aushang.[56] Die Mitteilung ist allerdings empfangsbedürftig. Sie muss den Arbeitnehmer über die konkrete Lage und die Dauer der Arbeitszeit an einem bestimmten Tag oder an mehreren Tagen eindeutig unterrichten.[57] Die Viertagefrist des § 12 Abs. 2 TzBfG berechnet sich nach Kalendertagen und nach den allgemeinen Regelungen der §§ 186 ff. BGB.[58] Entscheidend ist nach dieser Regelungen nicht die Kenntnisnahme oder Abgabe, sondern der Zugang der Mitteilung.[59]

Geht der Abruf der Arbeitsleistung dem Arbeitnehmer rechtzeitig zu, bewirkt dies eine Konkretisierung seiner arbeitsvertraglichen Leistungsverpflichtung auf die abgerufenen Zeiten.[60] Sowohl Arbeitnehmer als auch Arbeitgeber sind an die abgerufenen Zeiten gebunden.[61] Die Ankündigungsfrist des § 12 Abs. 2 TzBfG kann im Arbeitsvertrag[62] oder durch Betriebsvereinbarung[63] nicht abbedungen werden; die Vereinbarung einer kürzeren Abruffrist ist daher gemäß § 134 BGB nichtig.[64] Eine unwirksame kürzere Frist wird durch die gesetzliche Regelung ersetzt. Dagegen wäre eine kollektivvertragliche Verkürzung des Frist gemäß § 12 Abs. 3 TzBfG wirksam.

Die viertägige Frist des § 12 Abs. 2 TzBfG wurde vom Gesetzgeber als eine Schutznorm des Arbeitnehmers konzipiert. Die Vorlaufzeit soll dem Arbeitnehmer hinreichend Zeit lassen, um seine persönliche Zeitplanung entsprechend einzurichten.[65] Hierzu gehört auch, dass der Arbeitnehmer die vom Arbeitgeber nicht in Anspruch genommene Zeit möglicherweise anderweitig zur Erwerbstätigkeit einsetzen kann, was beim Fehlen einer Vorlaufzeit in der Regel

---

[56] Vgl. Preis, ErfKomm, S. 740.
[57] Langmaack, S. 163.
[58] Bei der Viertagesfrist des § 12 Abs. 2 TzBfG handelt es sich um eine Zwischenfrist, die gemäß §§ 186 ff. BGB im Wege einer Rückrechnung, ausgehend vom Tag der Arbeitsleistung, zu berechnen ist. Dies bedeutet, dass der Tag der Arbeitsleistung gemäß § 187 Abs. 1 BGB nicht mitgerechnet wird. Ist der erste Tag der Frist ein Samstag, Sonntag oder Feiertag, so muss die Mitteilung gemäß § 193 BGB am vorhergehenden Werktag erfolgen. In diesem Sinne: Hanau, RdA 1987, S. 28; Langmaack, S. 163.
[59] Vgl. Mikosch, GK-TzA, § 4 BeschFG, Rn. 66.
[60] Mikosch, GK-TzA, § 4 BeschFG, Rn. 64.
[61] Nebendahl, S. 125.
[62] Kleveman, DB 1987, S. 2099.
[63] So Schüren, MünchHdb-ArbR, § 166, Rn. 46.
[64] Vgl. Preis, ErfKomm, S. 740; Buschmann / Dieball / Stevens-Bartol, TZA, S. 419.
[65] Vgl. Malzahn, ArbuR 1985, S. 388.

ausgeschlossen wäre.[66] Eine Mitteilung, die die viertägige Wartefrist nicht einhält, ist nicht unwirksam,[67] sondern nur ein Angebot,[68] das der Arbeitnehmer annehmen oder ablehnen[69] kann, denn er ist in diesem Fall nicht zur Arbeitsleistung verpflichtet.[70]

Macht der Arbeitnehmer in Falle einer Mitteilung, die die Viertagesfrist nicht einhält, von seinem Leistungsverweigerungsrecht keinen Gebrauch, so ist die tatsächlich erbrachte Arbeits-leistung zu vergüten und auf das Arbeitszeitdeputats anzurechnen. Verweigert der Arbeit-nehmer die Arbeitsleistung, so ist zwischen zwei Situationen zu unterscheiden: Kann der Arbeitgeber die Arbeitsleistung wegen Überschreitens des Bezugszeitraumes nicht mehr unter Einhaltung der Ankündigungsfrist abrufen, dann hat der Arbeitnehmer einen Anspruch aus Annahmeverzug gemäß § 615 BGB. Kann er hingegen die Arbeitsleistung noch ordnungs-gemäß abrufen, so hat der Arbeitnehmer keinen zusätzlichen Vergütungsanspruch. Die Zeit ist auch nicht auf das Arbeitsdeputats anzurechnen.[71]

1.8. BESONDERHEITEN

a) **Abweichende tarifvertragliche Regelungen**: § 12 TzBfG ist nach Abs. 3 tarifdisponibel.[72] Der normative Gestaltungsspielraum der Tarifvertragsparteien finde bezüglich der Variabilität der Arbeitszeit jedoch in zwingendem Gesetzesrecht, dem Grundgesetz, den guten Sitten oder den tragenden Grundsätzen des Arbeitsrechts seine Grenzen.[73] Gemäß § 12 Abs. 3 TzBfG kann durch Tarifvertrag von den Absätzen 1 und 2 auch zuungunsten des Arbeitnehmers abgewichen werden, wenn der Tarifvertrag Regelungen über die

---

[66] Böckel, S. 43.

[67] Schüren (MünchHdb-ArbR, § 166, Rn. 48) sieht in dieser Fall eine unwirksame Leistungsbestimmung im Sinne von § 315 Abs. 1 BGB. Eine unwirksame Leistungsbestimmung sei aber als Willenserklärung nach den Grundsätzen von §§ 133, 140 BGB undeutbar. Ihr sei regelmäßig zu entnehmen, dass der Arbeitgeber mit dem Arbeitnehmer eine entsprechende Vereinbarung über den angestrebten Arbeitseinsatz treffen wolle.

[68] Hanau, RdA 1987, S. 28; Buschmann / Dieball / Stevens-Bartol, TZA, S. 420.

[69] Nach Ansicht von Preis (ErfKomm, S. 740) steht dem Arbeitnehmer in dieser Situation – ohne Darlegung des Grundes – ein Leistungsverweigerungsrecht zu. Dabei sei er im Regelfall auch nicht verpflichtet, die nicht fristgerechte Mitteilung zurückzuweisen. Auch: Malzahn, ArbuR 1985, S. 389; Kleveman, DB 1987, S. 2099.

[70] Vgl. Kleveman, DB 1987, S. 2101.

[71] Mikosch, GK-TzA, § 4 BeschFG, Rn. 91-92; Preis, ErfKomm, S. 740.

[72] Vgl. BAG vom 12.3.1992, AP Nr. 1 zu § 4 BeschFG 1985; BAG vom 8.9.1994, AP Nr. 18 zu § 611 BGB Fleischbeschauer-Dienstverhältnis.

[73] BAG vom 12.3.1992, AP Nr. 1 zu § 4 BeschFG 1985. Vgl. Buschmann / Dieball / Stevens-Bartol, TZA, S. 422; Preis, ErfKomm, S. 741.

tägliche und wöchentliche Arbeitszeit und die Vorankündigungsfrist vorsieht. Im Geltungsbereich eines solchen Tarifvertrages können nicht tarifgebundene Arbeitgeber und Arbeitnehmer die Anwendung der tariflichen Regelungen über die Arbeit auf Abruf vereinbaren.

§ 12 Abs. 3 TzBfG schreibt nunmehr ausdrücklich vor, dass die Tarifparteien auch zu Ungunsten der Arbeitnehmer von den Vorschriften über die Anpassung der Arbeitszeit an den Arbeitsanfall abweichen können. Nicht zulässig ist aber eine Abweichung von den anderen Vorschriften des TzBfG, etwa den Diskriminierungsverbot nach § 4 TzBfG, dem Benachteiligungsverbot nach § 5 TzBfG, usw. Darüber hinaus setzt die nach § 12 Abs. 3 TzBfG mögliche tarifliche Abweichung voraus, dass der Tarifvertrag Regelungen über die tägliche und wöchentliche Arbeitszeit und die Vorankündigungsfrist vorsehen muss. Damit ist der Dispositionsspielraum der Tarifparteien gegenüber der früheren Fassung des § 6 BeschFG wesentlich begrenzt worden.[74] Andererseits ist dieser Vorschrift auch wichtig, denn sie hat nach Ansicht von Rolfs[75] das Urteil des BAG[76] vom 12. März 1992 korrigiert. Diese Entscheidung hatte das § 4 BeschFG wegen des Tarifvorrangs nach § 6 BeschFG auf eine Tarifnorm für unanwendbar erklärt, nach der sich die Arbeitszeit teilzeitbeschäftig-ter Arbeitnehmer nach dem Arbeitsanfall richtet, ohne zugleich eine bestimmte Dauer der Arbeitszeit festzulegen. Ein Tarifvertrag dürfe danach jetzt nicht mehr vorsehen, dass die zu leistende Arbeitszeit je nach Beschäftigungsbedarf zwischen null und vierzig Stunden betrage.[77]

b) **Arbeits- und Entgeltbedingungen**: Für die Arbeits- sowie für die Entgeltsbedingungen gelten für das Abrufarbeitsverhältnis die allgemeinen Grundsätze und Regeln, die auch für das generelle Teilzeitarbeitsverhältnis anwendbar sind. Infolgedessen schuldet der Arbeitgeber gemäß § 611 BGB die vereinbarte Vergütung für die innerhalb des vereinbarten Bezugszeitraumes zu erbringende Arbeitsleistung. Der Arbeitgeber ist jedoch nicht verpflichtet, die Bereitschaft des Arbeitnehmers, seine Arbeitsleistung auf Abruf zu

[74] Buschmann / Dieball / Stevens-Bartol, TZA, S. 422.
[75] Rolfs, RdA 2001, S. 142.
[76] BAG vom 12.3.1992, AP Nr. 1 zu § 4 BeschFG 1985.
[77] In selbem Sinne: Däubler, ZIP 2000, S. 1965.

erbringen, besonders zu vergüten. Insofern unterscheidet sich die Arbeit auf Abruf von der Rufbereitschaft und vom Bereitschaftsdienst, die gesondert zu vergüten sind.[78]

c) **Übertragung von Zeitguthaben oder Zeitdefiziten**: Für den Fall, daß der Arbeitgeber das vereinbarte Stundendeputat innerhalb des Bezugszeitraumes nicht vollständig oder mehr als vereinbart abgerufen hat, stellt sich die Frage, ob eine Übertragung des Guthabens oder Defizits auf den nächsten Bezugszeitraum zulässig ist. Im Allgemeinen sind sich die Autoren[79] darüber einig, dass eine solche Übertragung zulässig ist, wenn sie von den Vertragspartnern im Einzelfall vereinbart wird. Nach Ansicht von Schüren[80] ist eine allge-meine Abrede über Übertragung von Zeitguthaben und Zeitdefiziten stets einer strengen Inhaltskontrolle zu unterwerfen. Sie sei aber nicht grundsätzlich ausgeschlossen, solange eine kontinuierliche Vergütung gewährleistet sei. Wenn es zulässig sei, den Bezugszeitraum bis zur Obergrenze eines Kalenderjahres auszudehnen, dann wäre es ein Wertungswider-spruch, die begrenzte Übertragung von Zeitguthaben und Zeitdefiziten generell zu unter-sagen.[81]

Andererseits ist zu beachten, dass im Falle eines Zeitdefizits der Arbeitnehmer gleichwohl Anspruch auf die Vergütung der nicht geleisteten Arbeitsstunden hat. Dieser Anspruch findet seine rechtliche Grundlage in § 615 BGB.[82] Dies erklärt sich, weil der Arbeitnehmer nach dem Vertrag das vereinbarte Arbeitsdeputat im Bezugszeitraum schuldet. Folglich führt der Nichtabruf zum Annahmeverzug des Arbeitgebers nach § 615 BGB und er muss die vereinbarte Vergütung bezahlen, obwohl er die Arbeitsleistung nicht erhalten hat. [83]

d) **Mehrarbeit**: Im Allgemeinen besteht eine Verpflichtung zur Leistung von Mehrarbeit nur in Notfällen oder bei einer entsprechender Abrede der Vertragspartner. Auch in Abrufarbeitsverhältnissen kann sich ein Bedürfnis nach der Ableistung von Überstunden

[78] Vgl. Langmaack, S. 164; Hanau, RdA 1987, S. 28; Schüren, MünchHdb-ArbR, § 166, Rn. 58-60.
[79] Vgl. Nebendahl, S. 126; Schüren, MünchHdb-ArbR, § 166, Rn. 31. Siehe auch: BAG vom 20.6.1996, NZA 1996, S. 643 ff.
[80] Schüren, MünchHdb-ArbR, § 166, Rn. 32.
[81] Vgl. Hanau, RdA 1987, S. 28.
[82] Langmaack, S. 164.

ergeben, beispielweise, wenn der Arbeitgeber das gesamte Arbeitszeitdeputat im vereinbarten Bezugszeitraum abgerufen hat, und dann ein unvorhergesehener Arbeitskräftebedarf auftritt.[84] Nach Auffassung von Schüren[85] unterliegt bei der Abrufarbeit die Vereinbarung von Mehrarbeit einer strengen Inhaltskontrolle, denn der Arbeitgeber könne durch flexiblen Abruf seinen schwankenden Personalbedarf befriedigen. Ein variables Arbeitszeitdeputat habe das § 12 Abs. 1 TzBfG untersagt. Funktionsgleiche Mehrarbeitsregelungen unterfielen ebenfalls diesem Verbot. Dementsprechend liegen Überstunden nur dann vor, wenn durch sie ein unvorhergesehener Arbeitskräftebedarf bewältigt werden soll. Die Anordnung von Mehrarbeit im Rahmen eines Abrufarbeitsvertrages wird man daher auch bei ausdrücklicher vertraglicher Vereinbarung nur für zulässig halten können, wenn die vereinbarte Dauer der Arbeitszeit und die tatsächlich vereinbarten Überstunden in einem angemessenen Verhältnis zueinander stehen.[86] Darüber hinaus dürfen die Überstun-den nur zur Deckung eines unvorhersehbaren, vorübergehenden Bedarfs, nicht aber dauerhaft gefordert werden.[87]

e) **Entgeltfortzahlung im Krankheitsfall**: Arbeitnehmer, die in einem Abrufarbeitsverhältnis stehen, haben auch gemäß § 3 EFZG Anspruch auf Entgeltfortzahlung im Krankheitsfall. Diese Art vom Arbeitsverhältnis birgt jedoch für den Arbeitnehmer die Gefahr in sich, dass sich die Risikoverteilung hinsichtlich seiner krankheitsbedingten Arbeitsunfähigkeit zu seinen Lasten verschiebt.[88] Diese Gefahr besteht nicht, wenn der Arbeitnehmer während des gesamten Abrechnungszeitraumes arbeitsunfähig erkrankt oder, wenn der Arbeitneh-mer erkrankt, nachdem der Arbeitgeber seine Arbeitsleistung abgerufen hat. Problematisch sind die Fälle, in denen der Arbeitnehmer innerhalb des Bezugszeitraumes arbeitsunfähig erkrankt, bevor der

[83] Vgl. Mikosch, GK-TzA, § 4 BeschFG, Rn. 99; Schüren, MünchHdb-ArbR, § 166, Rn. 30; Nebendahl, S. 126.
[84] Vgl. Nebendahl, S. 139-140.
[85] Schüren, MünchHdb-ArbR, § 166, Rn. 34.
[86] Schüren, Abrufarbeit mit variabler Arbeitszeit oder: Was steht eigentlich in § 4 I BeschFG?, NZA 1996, S. 1307.
[87] Nebendahl, S. 140. Kritisch: Stevens-Bartol, Probleme der „KAPOVAZ" – Anmerkungen zu Art. 1 § 4 des Beschäftigungsförderungsgesetzes, AiB 1985, S. 122 ff., wer meint, dass die Anordnung von Überstunden gegen die in § 4 Abs. 1 BeschFG (§ 12 Abs. 1 TzBfG) enthaltene Verpflichtung zur Vereinbarung eines bestimmten Zeitdeputates verstößt.
[88] Langmaack, S. 166.

Arbeitgeber die Arbeitszeit durch den Abruf der Arbeitsleistung verbindlich festgelegt hat. Hierzu werden zwei Lösungsmöglichkeiten vorgeschlagen:[89] Zum einen wird vertreten, dass die Arbeitszeit innerhalb der Zeit der Arbeitsunfähigkeit auf der Basis einer hypothetischen Arbeitszeitlage[90] abgerechnet werden muss.[91] Zum anderen wird von Mikosch[92] die Auffassung gehalten, dass die Arbeitsleistung nach einem Durchschnittsprinzip abgerechnet werden müsse, wenn der Arbeitnehmer innerhalb des Abrechnungszeitraumes erkranke.

f) **Entgeltfortzahlung an Feiertagen**: Arbeitnehmer, die ihre Arbeitsleistung entsprechend dem Arbeitsanfall zu erbringen haben, haben auch Anspruch auf Entgeltzahlungen an Feiertagen gemäß § 2 EFZG. Die gesetzliche Anspruchsvoraussetzung kann jedoch nur dann erfüllt werden, wenn der Arbeitgeber ihre Arbeitsleistung an einem Feiertag abruft und die Arbeitszeit infolge des Feiertages ausfällt. Dies wird in der Praxis dazu führen, dass ein Anspruch auf Feiertagslohn regelmäßig nicht entstehen wird.[93]

Wie das BAG[94] aber zutreffend ausgeführt hat, darf der Arbeitgeber der Zahlung von Feiertagslohn nicht dadurch ausweichen, dass er die Arbeitszeit mit Blick auf den Feiertag entsprechend umverteilt. Der Arbeitnehmer ist also auch bei Abrufarbeit so zu stellen, wie er stünde, wenn der Tag kein Feiertag gewesen wäre.[95] Anspruch auf Feiertagsvergütung entsteht nach Meinung von Schüren[96] dann, wenn sich aus dem Abrufverhalten des Arbeitgebers in der Vergangenheit mit einiger Sicherheit ergebe, dass der Arbeitnehmer an dem fraglichen Tag eingesetzt worden wäre. Realisiert werde der Anspruch dadurch, dass das Deputat für den Bezugszeitraum um die Stunden gekürzt werde, die sonst am Feiertag gearbeitet worden wären. Um den praktischen Schwierigkeiten einer solchen Einzelfall-

[89] Vgl. Hanau, RdA 1987, S. 29; Mikosch, GK-TzA, § 4 BeschFG, Rn. 103; Langmaack, S. 166.
[90] Angedeutet bei BAG vom 12.6.1996, AP Nr. 4 zu § 611 BGB Werkstudent, NZA 1997, S. 191 ff.
[91] Vgl. Schüren, MünchHdb-ArbR, § 166, Rn. 70.
[92] Siehe Mikosch, GK-TzA, § 4 BeschFG, Rn. 104.
[93] Langmaack, S. 165.
[94] Vgl. BAG vom 3.5.1983, AP Nr. 39 zu § 1 FeiertagslohnzahlungsG, DB 1983, S. 2784; BAG vom 26.3.1985, AP Nr. 47 zu § 1 FeiertagslohnzahlungsG, NZA 1986, S. 397 ff.; BAG vom 10.7.1996, AP Nr. 69 zu § 1 FeiertagslohnzahlungsG, NZA 1996, S. 1324 ff.; BAG vom 9.10.1996, AP Nr. 3 zu § 2 EFZG, NZA 1997, S. 444 ff.
[95] Abweichend: Mikosch, GK-TzA, § 4 BeschFG, Rn. 108.
[96] Schüren, MünchHdb-ArbR, § 166, Rn. 63-64.

prüfung aus dem Wege zu gehen, empfehle sich eine Durchschnittsberechnung, ähnlich wie sie der Gesetzgeber in § 11 Abs. 2 EFZG für die Heimarbeiter vorgesehen habe.

g) **Entgeltfortzahlung bei persönlicher Verhinderung**: Arbeitnehmer, die in einem Abrufarbeitsverhältnis stehen, verlieren seinen Entgeltanspruch nicht dadurch, dass sie durch einen in ihrer Person liegenden Grund für eine verhältnismäßig nicht erhebliche Zeit an der Arbeitsleistung verhindert sind (§ 616 BGB). Diese Voraussetzungen sind erfüllt, wenn die persönliche Verhinderung nach dem Abruf zur Arbeitsleistung eintritt.[97] Der Arbeitgeber ist in diesem Fall nicht berechtigt, die Bestimmung der Lage der Arbeitszeit nachträglich zu ändern, denn er würde so den Lohnanspruch des Arbeitnehmers entgegen Treu und Glauben vernichten.[98] Es ist ihm gleichwohl gestattet, die persönliche Verhinderung des Arbeitnehmers bei der Ausübung seines Bestimmungsrechtes zu berücksichtigen, wenn er sie vorher kennt. Aus diesem Grund ist der Arbeitnehmer verpflichtet, den Arbeitgeber über bevorstehende Verhinderungen so früh wie möglich zu unterrichten.[99] Wenn der Arbeitgeber die Arbeit abgerufen hat und der Arbeitnehmer in der abgerufenen Zeit im Sinne des § 616 Abs. 1 BGB verhindert ist, kann der Arbeitgeber seiner Vergütungspflicht nicht durch eine Abänderung des Abrufs entgehen. Dies ist eine zwingende Folge der Gestaltungswirkung des Abrufs, die nicht einseitig aufgehoben werden kann.[100]

h) **Urlaub**: Der KAPOVAZ Arbeitnehmer hat wie jeder Teilzeitarbeitnehmer in jedem Kalenderjahr Anspruch auf bezahlten Erholungsurlaub (§ 1 BUrlG).[101] Der Arbeitnehmer erwirbt den vollen Urlaubsanspruch erstmalig nach sechsmonatigen Bestehen des Arbeitsverhältnisses (§ 4 BUrlG). Dies gilt unabhängig davon, ob der Arbeitnehmer in dieser Zeit zur Arbeitsleistung abgerufen wurde.[102] Bei der Berechnung der jährlichen Urlaubsdauer kann nach Ansicht von Langmaack[103] auf die Grundsätze zurückgegriffen werden, die das

---

[97] Vgl. Mikosch, GK-TzA, § 4 BeschFG, Rn. 106.
[98] Mikosch, GK-TzA, § 4 BeschFG, Rn. 107.
[99] Langmaack, S. 167.
[100] Schüren, MünchHdb-ArbR, § 166, Rn. 72. Abweichend: Mikosch, GK-TzA, § 4 BeschFG, Rn. 107.
[101] Vgl. Schüren, MünchHdb-ArbR, § 166, Rn. 73-74; Nebendahl, S. 136.
[102] Mikosch, GK-TzA, § 4 BeschFG, Rn. 110.
[103] Langmaack, S. 168.

BAG für die Berechnung der Urlaubsdauer von Teilzeitbeschäftigten entwickelt habe, die nicht regelmäßig an allen Arbeitstagen der Woche arbeiteten.[104] Die Dauer des gesetzlichen Urlaubsanspruch errechne sich dann folgendermaßen: Aus der Anzahl der gesetzlichen Urlaubstage wird multipliziert mit der Anzahl der jährlichen individuellen Arbeitstage und anschließend dividiert mit der Zahl der wöchentliche Werktage.[105]

i) **Urlaubsentgelt und Urlaubsgeld**: Für die Berechnung und die Gewährung des Urlaubsentgeltes und das Urlaubsgeld sind die allgemeinen Grundsätze anzuwenden.[106]

2. DIE ARBEITSPLATZTEILUNG

2.1. ALLGEMEINES

Die Arbeitsplatzteilung (auch als Job-Sharing bezeichnet) stellt regelmäßig Teilzeitarbeit dar. Hiervon geht auch das TzBfG aus, das in § 13 die Grundregeln für diese Verträgen normiert hat. Für die Job-Sharing-Arbeitsverhältnisse gelten daher grundsätzlich die gleichen Rechtssätze, die auch sonst auf Teilzeitarbeitsverhältnisse Anwendung finden.[107] In § 5 BeschFG wurde zum ersten Mal den Begriff der Arbeitsplatzteilung legal definiert,[108] aber die praktische Bedeutung ist gering geblieben, wobei wohl eher das Überangebot an Teilzeitkräften als die Schranken der gesetzlichen Regelung die Verbreitung hinderten.[109]

Nach § 13 Abs. 1 TzBfG ist eine Arbeitsplatzteilung anzunehmen, wenn ein Arbeitgeber mit zwei oder mehreren Arbeitnehmern vereinbart, dass diese sich die Arbeitszeit an einem Arbeits-platz teilen. Dieser Vorschrift entspricht im Wesentlichen die Regelung des § 5 BeschFG. Die einzige Änderung besteht darin, dass nunmehr von den Vorschriften über

[104] BAG vom 19.1.1993, AP Nr. 20 zu § 1 BUrlG. Vgl. Mikosch, GK-TzA, § 4 BeschFG, Rn. 111.

[105] Dies erklärt sich mit dem folgenden Beispiel: Im Arbeitsvertrag ist vereinbart, dass der Arbeitnehmer monatlich 80 Arbeitstunden entsprechend dem Arbeitsanfall zu erbringen hat. Die tägliche Dauer der Arbeitszeit beträgt 5 Stunden. Dies ergibt 16 Arbeitstage im Monat und insgesamt 192 Arbeitstage im Jahr. Im Betrieb wird 6 Werktagen in der Woche, d.h. an 312 Werktagen im Jahr gearbeitet. Der Urlaubsanspruch berechnet sich folgendermaßen: (24 gesetzliche Urlaubstage x 192 Arbeitstage) : 312 Werktage = 14, 76 Urlaubstagen. Entsprechend ist bei der Berechnung der tariflichen Urlaubsdauer vorzugehen. Langmaack, S. 168.

[106] Vgl. Langmaack, S. 170; Mikosch, GK-TzA, § 4 BeschFG, Rn. 112-113; Nebendahl, S. 137-138.

[107] Nebendahl, S. 143.

[108] Siehe Buschmann / Dieball / Stevens-Bartol, TZA, S. 427.

Arbeitsplatzteilung durch Tarifvertrag auch zu Ungunsten des Arbeitnehmers abgewichen werden kann.[110] Allerdings sind solche Tarifnormen nicht mehr unbeschränkt, sondern nur noch dann wirksam, wenn der Tarifvertrag zugleich Regelungen über die Vertretung der Arbeitnehmer enthält. Unzulässig ist es damit jetzt, die Heranziehung zur Vertretung tariflich allein in das billige Ermessen des Arbeitgebers zu stellen. Ebenso ist in § 13 Abs. 4 TzBfG klargestellt, dass der Tarifvertrag nicht zu Ungunsten der Arbeitnehmer vom Kündigungsverbot des § 13 Abs. 2 TzBfG abweichen darf.[111]

Ein wichtiges Merkmal der Job-Sharing ist, dass die Arbeitnehmer dabei selbständig und eigen-verantwortlich über die Aufteilung der vorgegebenen Gesamtarbeitszeit und des Arbeitsinhalts entscheiden.[112] Der zu teilende Arbeitsplatz braucht keinem Vollarbeitsplatz zu entsprechen. Teilbar sind auch solche Arbeitsplätze, bei denen eine kürzere oder längere als die betriebs-übliche Arbeitszeit geleistet wird. Lediglich die Arbeitszeit des Job-Sharers muss unterhalb der betriebsüblichen Arbeitszeit bleiben. Damit werden von der Definition auch Arbeitsplätze erfaßt, bei denen mehrere Arbeitsplätze auf eine größere Anzahl Job-Sharer aufgeteilt wer-den.[113] Wie Langmaack[114] zu Recht darauf hinweist, handelt es sich bei dieser Vereinbarung nicht um einen mehrseitigen Vertrag mit allen Arbeitnehmern, die sich die Arbeitszeit eines Arbeitsplatzes teilten. Vielmehr seien die einzelnen Teilzeitarbeitsverträge, die der Arbeitgeber mit den in die Arbeitszeitteilung einbezogenen Arbeitnehmern abschließe, in ihrem Bestand voneinander unabhängig. Die Arbeitnehmer übernahmen untereinander keine Verantwortung für die Erfüllung der jeweiligen Arbeitsaufgabe während der gesamten Arbeitszeit, sondern sie seien nur für die Arbeitsleistung verantwortlich, die von ihnen während ihrer Arbeitszeitanteile erbracht werde.

---

[109] Schüren, MünchHdb-ArbR, § 166, Rn. 75; Heinze, Flexible Arbeitszeitmodelle, NZA 1997, S. 686. Vgl. auch: Böckel, S. 58.
[110] Vgl. Worzalla / Will / Mailänder / Worch / Heise, § 13 TzBfG, Rn. 1; Kliemt, NZA 2001, S. 70; Preis / Gotthardt, DB 2000, S. 2069.
[111] Rolfs, RdA 2001, S. 143. Ebenso: Buschmann / Dieball / Stevens-Bartol, TZA, S. 436-437.
[112] In diesem Sinne: Heinze, NZA 1997, S. 686; Danne, GK-TzA, § 5 BeschFG, Rn. 12.
[113] Schaub, Arbeitsrechts-Handbuch, S. 345.
[114] Langmaack, S. 173.

Kennzeichen der Arbeitsplatzteilung ist nicht die alternierende Besetzung eines Arbeitsplatzes durch zwei oder mehr Teilzeitkräfte, sondern vielmehr ist es die Zeitsouveränität[115] der Arbeit-nehmer, denn die Teammitglieder, die sich den Arbeitsplatz teilen, regeln dessen Besetzung selbst.[116] Für ein Job-Sharing Arbeitsverhältnis ist weiter kennzeichnend, dass eine rechtliche und organisatorische Bindung der Partner zum gemeinsam besetzten Arbeitsplatz besteht. Die Partner stehen aber nicht in einem eigenen Rechtsverhältnis zueinander, denn die Arbeitsplatz-teilung begründet kein Gesamtschuldverhältnis nach § 421 BGB.[117] Darüber hinaus ist ein Merkmal der Arbeitsplatzteilung, dass die Arbeitnehmer die Aufgaben eines Arbeitsplatzes auf der Zeitsache untereinander verteilen und koordiniert erfüllen. So erbringen sie durch Ver-knüpfung ihrer Arbeitsdeputate als Team die Leistung, die ansonsten von einem Vollzeitarbeit-nehmer erbracht wird.[118]

Andererseits unterscheidet sich das Job-Sharing von anderen Formen der Arbeitsplatzteilung wie das Job-Pairing (Eigengruppe im Sinne des § 705 BGB).[119] Danach teilen sich mehrere Arbeitnehmer einen Arbeitsplatz zu festgelegten Zeitanteilen in gemeinsamer Verantwortung entsprechend eines von ihnen aufgestellten Arbeitsplanes.[120] Das wird üblich sein, wo wesen-tliche Entscheidungen mit der Arbeitsaufgabe verbunden sind und diese Entscheidungen inten-sive und kontinuierliche Abstimmungsprozesse zwischen den Teamkollegen verlangen.[121] Bei dem Job-Pairing wird § 13 TzBfG nur anwendbar sein, wenn sowohl die Eigengruppe als auch die einzelnen Gruppenmitglieder oder ausschließlich letztere Vertragspartner des Arbeitgebers im Rahmen entsprechender Arbeitsverträge geworden sind. Hingegen ist § 13 TzBfG nicht an-wendbar, wenn nur die Eigengruppe in eine Rechtsbeziehung zum Arbeitgeber tritt, denn diese Vorschrift setzt nämlich voraus, dass der Arbeitgeber mit zwei oder mehreren Arbeitnehmern die Teilung der Arbeitszeit an einem Arbeitsplatz vereinbart hat.[122] Schließlich ist es relevant zu berücksichtigen, dass die

---

[115] In diesem Sinne: LAG München vom 15.9.1993, LAGE § 5 BeschFG 1985, Nr. 1.
[116] Schüren, MünchHdb-ArbR, § 166, Rn. 77.
[117] Preis, ErfKomm, S. 743; Nebendahl, S. 144.
[118] Schüren, MünchHdb-ArbR, § 166, Rn. 86.
[119] Siehe Danne, GK-TzA, § 5 BeschFG, Rn. 21-23.
[120] Heinze, NZA 1997, S. 686. Ebenso: Reichold, NZA 1998, S. 397; Buschmann / Dieball / Stevens-Bartol, TZA, S. 431.
[121] Schüren, MünchHdb-ArbR, § 166, Rn. 88.
[122] Heinze, NZA 1997, S. 686.

Arbeitsplatzteilung nicht nur durch die Zusammenarbeit von Teilzeit-kräften, die sich die Zeit eines Vollzeitarbeitsplatzes teilen, möglich ist. Sie kann auch mit Vollzeitkräften praktiziert werden.[123]

2.2. INHALT UND UMFANG DER ARBEITSPFLICHT

2.2.1. DER ARBEITSVERTRAG ALS GRUNDLAGE DER ARBEITSPLATZTEILUNG

Die Arbeitsplatzteilung begründet ein Arbeitsverhältnis. Die Arbeitsplatzteilung setzt einen privatrechtlichen, gegenseitigen Arbeitsvertrag[124] voraus, in dem sich der Arbeitnehmer (Job-Sharer) zur Leistung von Arbeit und der Arbeitgeber zur Leistung der vereinbarten Vergütung verpflichtet.[125] Bei der Arbeitsplatzteilung schließt jeder Arbeitnehmer einen eigenen Arbeitsvertrag mit dem Arbeitgeber. Der Arbeitnehmer verpflichtet sich, den ihm zugewiesenen Arbeitsplatz in Abstimmung mit dem oder den Partner(n) während der betriebsüblichen Arbeitszeit alternierend zu besetzen.[126] In den Arbeitsverträgen der beteiligten Arbeitnehmern müssen insbesondere die Dauer der Arbeitszeit, die auf dem Arbeitsplatz zu erbringen ist, und der Anteil des einzelnen Arbeitnehmers an dieser Arbeitszeit vereinbart werden. Die Summe der Arbeitszeitanteile aller in die Arbeitsplatzteilung einbezogenen Arbeitnehmer muss der Arbeitszeitdauer des Arbeitsplatzes entsprechen.[127]

Es ist weiterhin erforderlich, Absprachen über den Arbeitsplan zu treffen, der von den Arbeitnehmern zu erstellen ist. Die Besonderheit der Vertragsgestaltung liegt also darin, dass neben dem Arbeitszeitdeputat und der Arbeitsaufgabe auch die zur durchgängigen Arbeitsplatzbesetzung notwendige Arbeitszeitplanung als ständige eigenverantwortliche Regelungsaufgabe vereinbart werden muss.[128] Die Arbeitszeitplanung ist Teil der geschuldeten Arbeits-

[123] Schüren, MünchHdb-ArbR, § 166, Rn. 81; Reichold, NZA 1998, S. 396; Preis, ErfKomm, S. 743.
[124] Neben dem Arbeitsvertrag als Rechtsgrundlage kommt auch der Tarifvertrag – für tarifgebundene Arbeitnehmer – in Frage, nicht aber die Betriebsvereinbarung, da diese die in § 13 Abs. 1 TzBfG genannte Vereinbarung nicht ersetzen kann. In diesem Sinne: Buschmann / Dieball / Stevens-Bartol, TZA, S. 432.
[125] Danne, GK-TzA, § 5 BeschFG, Rn. 24.
[126] Preis, ErfKomm, S. 743.
[127] Langmaack, S. 174; Buschmann / Dieball / Stevens-Bartol, TZA, S. 432-433.
[128] Reichold, NZA 1998, S. 396.

leistung.[129] Für den Abschluß des Arbeitsvertrages gilt der Grundsatz der Vertragsfreiheit. In der Praxis wird aber die schriftliche Auffassung empfohlen, da auf dieser Weise insbesondere die Arbeitszeitregelung konkret und nachweisbar festgehalten wird.[130] Die Arbeitsverhältnisse und damit die Haupt- und Nebenpflichten der einzelnen Arbeitnehmer bestehen nebeneinander. Aufgrund der Arbeitszeitplanung werden ihre Arbeitsdeputate verteilt. Das einzelne Arbeitneh-mer schuldet jeweils nur seine im Arbeitsplan konkretisierte Arbeitsleistung. Eine Verletzung der Arbeitspflicht oder die Verletzung von Nebenpflichten führt im üblichen Umfang nur zur Haftung des einzelnen Arbeitnehmers.[131]

2.2.2. REGELUNG DER ARBEITSZEITLAGE IM ARBEITSPLAN

In dem Job-Sharing wird den beteiligten Arbeitnehmern, und nicht wie sonst dem Arbeitgeber, das Recht zur Bestimmung der konkreten Lage der Arbeitszeit des einzelnen Teammitglieder eingeräumt,[132] d.h. es sind die Teammitglieder, die die Lage der Arbeitszeit durch einen Arbeitszeitplan gemeinsam erstellen. Den von ihnen aufgestellten Arbeitsplan haben sie dem Arbeitgeber rechtzeitig bekannt zu geben. Nur wenn sich die Partner nicht auf einen Arbeits-zeitplan einigen können, ist dieser durch den Arbeitgeber im Rahmen seines Direktionsrechts festzulegen.[133]

Der Zeitplan orientiert sich an dem zeitlichen Rahmen des geteilten Arbeitsplatzes[134] und nach der gesetzlichen Bestimmung besteht grundsätzlich die Verpflichtung, dass die beteiligten Ar-beitnehmer sicherstellen sollen, dass der geteilte Arbeitsplatz dauerhaft besetzt ist (§ 13 Abs. 1 Satz 3 TzBfG). Darüber hinaus sind die beteiligten Arbeitnehmer dazu verpflichtet, eine Eini-gung über die Aufteilung der Besetzung des Arbeitsplatzes untereinander und damit über die konkrete Verteilung der Arbeitszeit zu erzielen. Ohne nähere vertragliche Bindungen – durch verbindliche Vorgaben des Arbeitgebers - besteht für

---

129 LAG München vom 15.9.1993, LAGE § 5 BeschFG 1985, Nr. 1; Schüren, MünchHdb-ArbR, § 166, Rn. 85.
130 Danne, GK-TzA, § 5 BeschFG, Rn. 27.
131 Schüren, MünchHdb-ArbR, § 166, Rn. 99.
132 Nebendahl, S. 150.
133 Preis, ErfKomm, S. 743-744.
134 Schüren, MünchHdb-ArbR, § 166, Rn. 91.

die Teammitglieder grundsätzlich die Freiheit zur eigenständigen Verteilung der geteilten Arbeitsplatz entsprechenden Arbeitszeit.[135]

Nach h.M.[136] ist die Festlegung der Arbeitszeitverteilung durch die Arbeitnehmer ein atypischer Fall der Leistungsbestimmung durch den Schuldner gemäß § 317 BGB.[137] Die Leistungs-bestimmung ist atypisch, weil sie innerhalb des einzelnen Arbeitsverhältnisses nicht durch den Arbeitnehmer alleine erfolge, sondern gemeinsam mit dem insoweit als Dritten einzuordnenden Teamkollegen. Für den Fall, dass die Leistungsbestimmung offensichtlich unbillig ist, besteht die Möglichkeit, nach § 319 Abs. 1 Satz 2 BGB die konkrete Verteilung der Arbeitszeit zwischen den beteiligten Arbeitnehmern durch das Arbeitsgericht festlegen zu lassen. Aber es wird vertreten,[138] dass die grundlegenden Modalitäten, nach denen die Teammitglieder die Verteilung der Arbeitszeit vorzunehmen haben, am besten vertraglich zu regeln sind.

2.3. VERTRETUNG BEI ARBEITSAUSFALL

§ 13 Abs. 1 Satz 2 TzBfG regelt die Vertretungsarbeit. Nach Auffassung von Schüren[139] ist unter der Vertretungsarbeit, die über das regelmäßige Arbeitsdeputat hinausgehende Arbeitsleistung eines Teammitglieds zu verstehen, mit der bei Ausfall des Teamkollegen die kontinuierliche Besetzung des Arbeitsplatzes sichergestellt werden solle. Die Vertretungsarbeit ist nach dieser Konzeption eine partiell gesetzlich geregelte Form der Mehrarbeit,[140] weil die Ver-pflichtung des Arbeitnehmers, den ausgefallenen Kollegen zu vertreten, ihn zur Leistung von Überstunden bis hin zur vollständigen Übernahme des Arbeitszeitanteils des ausgefallenen Kollegen verpflichtet.[141]

---

[135] Nebendahl, S. 150. Vgl. Buschmann / Dieball / Stevens-Bartol, TZA, S. 433.
[136] Reichold, NZA 1998, S. 397; Nebendahl, S. 151; Schüren, MünchHdb-ArbR, § 166, Rn. 92.
[137] § 317 BGB: „(1) Ist die Bestimmung der Leistung einem Dritten überlassen, so ist im Zweifel anzunehmen, daß sie nach billigem Ermessen zu treffen ist. (2) Soll die Bestimmung durch mehrere Dritten erfolgen, so ist im Zweifel Übereinstimmung aller erforderlich; soll eine Summe bestimmt werden, so ist, wenn verschiedene Summen bestimmt werden, im Zweifel die Durchschnittssumme maßgebend."
[138] So Schüren, MünchHdb-ArbR, § 166, Rn. 97; Nebendahl, S. 151.
[139] Schüren, MünchHdb-ArbR, § 166, Rn. 102.
[140] In diesem Sinne: Reichold, NZA 1998, S. 396; Langmaack, S. 175.
[141] Langmaack, S. 175.

Die Vereinbarung, nach der ein Arbeitnehmer bei Ausfall des anderen Arbeitnehmers zu dessen Vertretung verpflichtet ist, kann im Arbeitsvertrag nur nach Maßgabe des § 13 Abs. 1 Satz 2 und 3 TzBfG getroffen werden. Danach ist es ausschließlich zulässig, die Pflicht zur Vertre-tung nur auf Grund einer für den einzelnen Vertretungsfall geschlossenen Vereinbarung, oder auch vorab nur für den Fall eines dringenden betrieblichen Erfordernisses zu vereinbaren. Der Arbeitnehmer ist zur Vertretung des ausgefallenen Kollegen nur verpflichtet, soweit sie ihm im Einzelfall zumutbar ist.[142] Der Arbeitgeber ist also aufgrund seines Direktionsrechtes nicht berechtigt, den Job-Sharing Arbeitnehmer anzuweisen, den Partner bei einem unvorhergesehe-nen Arbeitsausfall zu vertreten.[143] Demgemäß gibt es nur zwei Wege für eine zulässige Vertre-tungsarbeit:

a) **Vereinbarung von Vertretungsarbeit im Einzelfall**: Fällt ein Partner aus (z.B. wegen Krankheit[144]), so sind nach § 13 Abs. 1 Satz 2 TzBfG die anderen in die Arbeitsplatz-teilung einbezogenen Arbeitnehmer nicht automatisch zu dessen Vertretung verpflichtet, sondern nur aufgrund einer für den einzelnen Vertretungsfall geschlossenen Vereinba-rung.[145] Nur im Rahmen dieser Vereinbarung können die übrigen Partner eine wechsel-seitige Vertretungsvereinbarung treffen. Die Vertretungspflicht kann allerdings nicht im Wege der Änderungskündigung eingeführt werden.[146] Eine generelle Vorabvereinbarung zur gegenseitigen Vertretungspflicht ist nach § 134 BGB nichtig. Damit wird gewährleistet, dass das Risiko einer anerkannten Arbeitsverhinderung beim Arbeitgeber verbleibt und nicht auf die Arbeitnehmer übergeleitet werden kann,[147] denn Vertretungs-arbeit greift tief in die zeitlichen Dispositionen des Arbeitnehmers ein. Sie ist sogar belastender als gewöhnliche, arbeitsplatzbezogene Mehrarbeit, weil sie zeitweise zu einer Verdoppelung des persönlichen Arbeitsdeputats führt.[148]

---

[142] Vgl. Danne, GK-TzA, § 5 BeschFG, Rn. 88; Langmaack, S. 175.
[143] Nebendahl, S. 153.
[144] Das gilt nach Ansicht des LAG München (Urteil vom 15.9.1993, LAGE § 5 BeschFG 1985, Nr. 1) nicht jedoch wegen Arbeitsverweigerung.
[145] Heinze, NZA 1997, S. 686. Vgl. Buschmann / Dieball / Stevens-Bartol, TZA, S. 434; Danne, GK-TzA, § 5 BeschFG, Rn. 88.
[146] ArbG Berlin vom 18.10.1983, AP Nr. 1 zu § 5 BeschFG 1985.
[147] Preis, ErfKomm, S. 744. In selbem Sinne: Heinze, NZA 1997, S. 686.
[148] Schüren, MünchHdb-ArbR, § 166, Rn. 107.

b) **Vorabvereinbarungen im Falle dringend betriebliches Erfordernisses:** Nach § 13 Abs. 1 Satz 3 TzBfG sind ausnahmsweise Vorabvereinbarungen zulässig, wenn sie die Pflicht zur gegenseitigen Vertretung für den Fall eines dringend betrieblichen Erfordernisses regelt. Zusätzlich muss die Vertretung dem Arbeitnehmer im konkreten Einzelfall zumutbar sein.

Ein dringendes betriebliches Erfordernis im Sinne des § 13 Abs. 1 Satz 3 TzBfG ist zu bejahen, wenn Arbeiten zu erledigen sind, die so dringlich sind, dass bei unterlassener Erledigung erhebliche Nachteile für den Betriebsablauf oder die Außenbeziehungen des Unternehmens entstehen und die nicht auch durch andere Arbeitnehmer des Betriebes erledigt werden können.[149] Es handelt sich somit um unvorhersehbare Fälle, die vom Arbeitgeber nicht anders als durch Arbeitseinsatz des zweiten Arbeitnehmers gelöst werden können.[150] Es ist also nach dem Gesetz erforderlich, dass nicht nur der Teamkollege ausgefallen ist, sondern, das daraus eine erhebliche Belastung für den Betrieb erwächst.[151] Darüber hinaus muss es dem Arbeitnehmer im Einzelfall zumutbar sein, den ausgefallenen Kollegen zu vertreten. Die Zumutbarkeit der Vertretung wird jedoch nicht nach einem allgemeinen Maßstab beurteilt, sondern nach den Umständen des Einzelfalles.[152] Wesentlich für die Zumutbarkeit der Vertretungsarbeit im Einzelfall sind des weiteren die zeitliche Lage und der Umfang der Vertretungsarbeit sowie der Zeitpunkt ihrer Ankündigung durch den Arbeitgeber. Als Anhaltspunkt kann die Regelung in § 12 Abs. 2 TzBfG für die Abrufarbeit dienen. Bei Einhaltung einer vergleichbarer Ankündigungsfrist wird deshalb gewöhnlich die Leistung von Vertretungsarbeit zumutbar sein.[153]

Schließlich muss dem Arbeitnehmer trotz der generellen Verpflichtung von Vertretungsarbeit Raum verbleiben, über die Freizeit, die er durch die Reduktion seiner Arbeitszeit gewonnen hat, zu verfügen. Den Dispositionen des Arbeitnehmers muss der

---

[149] Preis, ErfKomm, S. 744. Vgl. Danne, GK-TzA, § 5 BeschFG, Rn. 92.
[150] Buschmann / Dieball / Stevens-Bartol, TZA, S. 435.
[151] LAG München vom 15.9.1993, LAGE § 5 BeschFG 1985, Nr. 1.
[152] Langmaack, S. 175-176. Siehe auch Danne, GK-TzA, § 5 BeschFG, Rn. 93.
[153] Schüren, MünchHdb-ArbR, § 166, Rn. 112. Vgl. Nebendahl, S. 154.

Arbeitgeber bei der Anordnung der Vertretungsarbeit gemäß § 315 BGB hinreichend Rechnung tragen.[154]

2.4. ENTGELT UND ENTGELTFORTZAHLUNG

a) **Entgelt**: Grundsätzlich besteht für die Arbeitsplatzteilung im Bereich der Vergütung keine Besonderheiten gegenüber der herkömmlichen Teilzeitarbeit. Die Höhe der vom Arbeitge-ber zu zahlenden Vergütung richtet sich – sofern nicht tarifvertragliche Regelungen An-wendung finden – nach dem jeweiligen Arbeitsvertrag, ansonsten nach der tarifvertragli-chen Vergütungsordnung.[155] Außerdem ist die Vertretungsarbeit, die aufgrund einer individuellen oder arbeitsvertraglichen Vertretungsregelung erbracht worden ist, ebenfalls entsprechend zu vergüten.[156] Andererseits soll gemäß der allgemeinen Regeln das arbeits-rechtliche Gleichbehandlungsprinzip und das Gleichbehandlungsgebot des § 4 Abs. 1 TzBfG sowie das Verbot der Benachteiligung wegen des Geschlecht beachtet werden.

b) **Entgeltfortzahlung im Krankheitsfall**: Die Berechnung der Entgeltfortzahlung im Krankheitsfall hat keine besonderen Schwierigkeiten, wenn der Arbeitnehmer innerhalb des Zeitraums arbeitsunfähig erkrankt, für den bereits ein Arbeitszeitplan aufgestellt wurde. Es gilt das Lohnausfallsprinzip.[157] Überschreitet die Krankheitszeit eine Planperio-de, so fehlt es an einer verbindlichen Arbeitszeitregelung als Grundlage der Abrechnung. Hier wird vertreten,[158] dass die Abrechnung wie bei anderen flexiblen Arbeitszeitformen nach der vermuteten Arbeitszeitregelung vorgenommen werde, die sich gewöhnlich aus der bisherigen Praxis ableiten ließen. Auch hier könne eine Abrechnung auf der Grundlage der arbeitstäglichen Durchschnittsarbeitszeit vereinbart und durchgeführt werden.

---

[154] Vgl. Buschmann / Dieball / Stevens-Bartol, TZA, S. 435; Danne, GK-TzA, § 5 BeschFG, Rn. 94.
[155] Nebendahl, S. 155.
[156] Langmaack, S. 176; Danne, GK-TzA, § 5 BeschFG, Rn. 107-109.
[157] Danne, GK-TzA, § 5 BeschFG, Rn. 120-125.
[158] Schüren, MünchHdb-ArbR, § 166, Rn. 119-120.

c) **Entgeltfortzahlung an Feiertagen**: Hier ergeben sich im Allgemeinen keine Besonderheiten für die Job-Sharing Arbeitnehmer, so dass die Arbeitnehmer Anspruch auf Zahlung einer Feiertagsvergütung nach § 2 EFZG haben, wenn sie an den betreffenden Tag gearbeitet haben. Ist im Arbeitszeitplan festgelegt, dass der Arbeitnehmer an dem Feiertag „an sich" hätte arbeiten müssen, steht dem Arbeitnehmer selbst dann ein Anspruch auf Vergütungszahlung zu, wenn er nach dem Arbeitszeitplan am vorangegangen oder nach-folgenden Tag nicht arbeiten muss.[159]

d) **Entgeltfortzahlung bei persönlicher Verhinderung**: In diesem Fall gelten die generellen Regeln nach § 616 BGB. Die Arbeitnehmer sind allerdings verpflichtet, nach Treu und Glauben, im Rahmen ihrer Arbeitszeitplanung bereits vorhersehbare Verhinderungen zu berücksichtigen und die Lage ihrer Arbeitszeit entsprechend festzulegen. Verstoßen sie gegen diese Pflicht, fehlt es an den Voraussetzungen des § 616 BGB, weil sie die Verhin-derung an der Arbeitsleistung selbst verschuldet haben.[160]

2.5. URLAUB UND URLAUBSGELD

Hinsichtlich des Urlaubsanspruch, der Dauer des jährlichen Erholungsurlaubs und der Zahlung des Urlaubsgeldes sind keine Besonderheiten zu beachten. Die Dauer des Urlaubs richtet sich bei Job-Sharing Arbeitnehmern nach § 3 BUrlG oder den einschlägigen tariflichen Regelungen. Die Berechnung des Urlaubsentgeltes bestimmt sich nach § 11 BUrlG und weist keine spezifischen Rechtsprobleme auf.[161]

Das Leistungsbestimmungsrecht der Teammitglieder nach § 317 BGB über die Lage der Arbeitszeit erstreckt sich aber nicht auf die Urlaubsplanung. Das ist eine Folge des § 7 Abs. 1 BUrlG, das dem Arbeitgeber insoweit die Leistungsbestimmung zuweist und die Berücksichtigung der Arbeitnehmerbelange verlangt. Deswegen sind die vom Arbeitgeber festgelegten Urlaubszeiten als verbindliche Vorgaben vom Team im Rahmen der Arbeitszeitplanung zu berücksichtigen. Außerdem fordert ihre Verpflichtung zur billigen

---

[159] In diesem Sinne: Nebendahl, S. 158.
[160] Langmaack, S. 177. Ebenso: Schüren, MünchHdb-ArbR, § 166, Rn. 121.
[161] Danne, GK-TzA, § 5 BeschFG, Rn. 122-123.

Leistungsbestimmung nach § 317 BGB, dass sie bei der Verteilung der verbleibenden Arbeitszeiten auch die Interessen des Arbeitgebers berücksichtigen.[162] Eine Verpflichtung zur gegenseitigen Vertretung während des Urlaubs besteht nur bei entsprechender Vereinbarung.[163]

2.6. BESTANDSCHUTZ

Wenn die betrieblichen Voraussetzungen des generellen gesetzlichen Kündigungsschutzes nach § 23 KSchG erfüllt sind, erwirbt jeder in die Arbeitsplatzteilung einbezogene Arbeitnehmer im Allgemeinen für sein Arbeitsverhältnis den gesetzlichen Schutz, sofern dieses ohne Unterbre-chung länger als sechs Monaten bestanden hat.[164] Es ist aber zu beachten, dass nach § 13 Abs. 2 TzBfG einem Arbeitnehmer nicht wegen des Ausscheidens eines anderen Arbeitnehmers aus der Arbeitsplatzteilung gekündigt werden darf. Die Kündigung des Arbeitsverhältnisses allein mit der Begründung, dass der oder die anderen Partner eines Job-Sharing Arbeitsverhältnisses ausgefallen sind, ist gemäß § 13 Abs. 2 TzBfG unwirksam. Auf den Grund für das Ausschei-den des Partner kommt es nicht an, in allen Fällen bleibt das Arbeitsverhältnis grundsätzlich bestehen.[165] Es handelt sich in diesem Fall um einen selbständigen Kündigungausschluß im Sinne des § 13 Abs. 3 KSchG, der auch außerhalb des KSchG eingreift. Diese Unwirksamkeit greift somit auch in Kleinbetrieben im Sinne des § 23 KSchG oder innerhalb der ersten sechs Monates des Arbeitsverhältnisses. Auf die Dreiwochenfrist des § 4 KSchG kommt es auch nicht an.[166] Mit dieser Vorschrift geht das TzBfG davon aus, dass die Arbeitnehmer voneinan-der unabhängige Arbeitsverträge haben. Nach seinem Wortlaut besteht ein Kündigungsverbot, das unabhängig von den Voraussetzungen des KSchG zur Unwirksamkeit einer Kündigung führt (§ 134 BGB).[167] Allerdings bleibt nach § 13 Abs. 2 Satz 2 TzBfG das Recht zur Änderungskündigung wegen

---

[162] Schüren, MünchHdb-ArbR, § 166, Rn. 124-125.
[163] Schüren, MünchHdb-ArbR, § 166, Rn. 123.
[164] Vgl. Langmaack, S. 177-178; Preis, ErfKomm, S. 744; Hueck / v. Hoyningen-Huene, Kündigungsschutzgesetz Kommentar, § 1 KSchG, Rn. 41.
[165] Vgl. Worzalla / Will / Mailänder / Worch / Heise, § 13 TzBfG, Rn. 13; Danne, GK-TzA, § 5 BeschFG, Rn. 138.
[166] Buschmann / Dieball / Stevens-Bartol, TZA, S. 436.
[167] Schaub, Arbeitsrechts-Handbuch, S. 348.

des Ausscheidens eines anderen Arbeitnehmers aus der Arbeits-platzteilung und zur Kündigung des Arbeitsverhältnisses aus anderen Gründen unberührt. Dies bedeutet einerseits, dass eine Änderungskündigung auch wegen des Ausscheidens eines Arbeit-nehmers aus der Arbeitsplatzteilung erfolgen kann, sofern hierfür ein betriebsbedingter Grund besteht.[168] Andererseits wird klargestellt, dass der Arbeitgeber aus wichtigem Grund außeror-dentlich oder aus personen-, verhaltens- und betriebsbedingten Gründen auch unter das KSchG fallende Arbeitnehmer kündigen kann, die übrigen Bestimmungen des KSchG bleiben vom TzBfG unberührt.[169]

2.7. DAS TURNUSARBEITSVERHÄLTNIS

Nach § 13 Abs. 3 TzBfG gilt die Einschränkung der Vertretungspflicht wie auch das Kündigungsverbot des Abs. 2 für Turnusarbeitsverhältnisse. Ein Turnusarbeitsverhältnis liegt vor, wenn sich Gruppen von Arbeitnehmern auf bestimmten Arbeitsplätzen in festgelegten Zeitabschnitten abwechseln, ohne dass der Arbeitgeber mit ihnen eine Arbeitsplatzteilung im Sinne des § 13 Abs. 1 TzBfG vereinbart hat.[170] Entscheidend für das Vorliegen eines Turnusarbeits-verhältnisses ist der Wechsel zu festgelegten Zeitabschnitten.[171]

II. BEENDIGUNG DES TEILZEITARBEITSVERHÄLTNISSES

1. ALLGEMEINES

Die Teilzeitarbeitsverhältnisse können, wie alle Arbeitsverhältnisse, auf verschiedene Weise ihr Ende finden. Wichtigster Beendigungstatbestand ist die Kündigung, die von beiden Arbeits-vertragsparteien erklärt werden kann. Die Kündigung ist aber keineswegs die einzige Beendigungsmöglichkeit.[172] Da die Teilzeitarbeitsverhältnisse Dauerschuldverhältnisse sind, kommen auch andere Beendigungsmöglichkeiten in Betracht: Die Nichtigkeit des Arbeitsver-

---

[168] Vgl. Langmaack, S. 178; Schüren, MünchHdb-ArbR, § 166, Rn. 131.
[169] Schaub, Arbeitsrechts-Handbuch, S. 348; Preis, ErfKomm, S. 744; Buschmann / Dieball / Stevens-Bartol, TZA, S. 436.
[170] Preis, ErfKomm, S. 744. Vgl. Buschmann / Dieball / Stevens-Bartol, TZA, S. 436.
[171] LAG München vom 15.9.1993, LAGE Nr. 1 zu § 5 BeschFG 1985; Worzalla / Will / Mailänder / Worch / Heise, § 13 TzBfG, Rn. 16.
[172] Dütz, Arbeitsrecht, 5. Auflage, München, 1999, Rn. 273.

trages, die befristeten und auflösend bedingten Arbeitsverhältnisse, die Anfechtbarkeit des Arbeitsvertrages, der Aufhebungsvertrag, der Tod des Arbeitnehmers und die Nichtfortsetzungserklärung nach § 12 KSchG.[173]

Außerdem ist zu berücksichtigen, dass die Teilzeitarbeitnehmer unabhängig von dem Umfang ihrer Arbeitszeit unter den persönlichen Geltungsbereich des allgemeinen Kündigungsschutzes fallen.[174] Dies gilt auch für Sonderformen der Teilzeitarbeit wie Abrufarbeit oder Arbeitsplatz-teilung (Job-Sharing).[175] Der Kündigungsschutz der Vollzeit- und der Teilzeitbeschäftigten ist grundsätzlich gleich. Besonderheiten ergeben sich nur in einigen Fällen, wie bei der Arbeits-platzteilung in § 13 Abs. 2 TzBfG. Darüber hinaus ist hinsichtlich der Beendigung des Arbeitsverhältnisses unerheblich, ob das Arbeitsverhältnis als Nebentätigkeit im Verhältnis zu einem Arbeits- oder Beamtenverhältnis zu qualifizieren ist.[176] Daher muss eine unterschiedliche Behandlung an andere, im konkreten Einzelfall nachzuweisende Merkmale und nicht an die Arbeitszeitdauer anknüpfen.[177] Im Falle, dass ein Arbeitnehmer in mehreren Teilzeitarbeits-verhältnissen beschäftigt ist, kann er für jedes Arbeitsverhältnis den gesetzlichen Kündigungs-schutz erwerben, sofern dessen Voraussetzungen jeweils vorliegen.[178]

2. ALLGEMEINER GESETZLICHER KÜNDIGUNGSSCHUTZ

2.1. ORDENTLICHE KÜNDIGUNG

Die Kündigung lässt sich definieren als eine einseitige, empfangsbedürftige Willenserklärung mit Gestaltungswirkung. Darüber hinaus versteht man unter „ordentliche Kündigung" den Normalfall der rechtsgeschäftlichen Beendigung des Arbeitsverhältnisses, das regelmäßig auf

[173] Vgl. Preis, Arbeitsrecht, S. 555-556; Zöllner / Loritz, Arbeitsrecht, S. 269-272; Gamillscheg, Arbeitsrecht I, S. 531 ff.
[174] BAG vom 13.3.1987, AP Nr. 37 zu § 1 KSchG 1969 Betriebsbedingte Kündigung.
[175] Becker, GK-TzA, § 2 BeschFG, Rn. 231.
[176] BAG vom 13.3.1987, AP Nr. 37 zu § 1 KSchG 1969; vgl. Buschmann / Dieball / Stevens-Bartol, TZA, S. 293.
[177] Vgl. BAG vom 13.3.1997, AP Nr. 54 zu § 2 BeschFG 1985; BAG vom 24.4.1997, AP Nr. 42 zu § 2 KSchG 1969; BAG vom 18.9.1997, AP Nr. 5 zu § 53 BAT; Schüren, MünchHdb-ArbR, § 162, Rn. 197.
[178] Langmaack, S. 132; Becker, GK-TzA, § 2 BeschFG, Rn. 244.

unbestimmte Zeit abgeschlossen wird.[179] Die ordentliche Kündigung ist grundsätzlich als befristete Kündigung ausgestaltet und gewährt damit den Parteien des Arbeitsverhältnisses einen zeitlich befristeten Kündigungsschutz.[180] Im Grundsatz bedarf es hierfür keines Kündigungsgrundes.[181] Die ordentliche Kündigung des Arbeitsverhältnisses durch den Arbeitnehmer ist im Allgemeinen von gesetzlichen oder kollektivvertraglichen Beschränkungen grundsätzlich frei.[182] Für die arbeitgeberseitige Kündigung gilt dies jedoch nur außerhalb des Geltungsberei-ches des KSchG. Soweit dieses Gesetz anzuwenden ist, muss jedenfalls der Arbeitgeber Gründe nachweisen, die die Kündigung sozial rechtfertigen.
Die gesetzliche Regelung der Frist, die zwischen dem Zugang der Kündigung und dem Ende des Rechtsverhältnisses vergehen soll, befindet sich in § 622 BGB. Die normale Kündigungsfrist beträgt vier Wochen zum 15. oder zum Ende des Monats (§ 622 Abs. 1 BGB). Sie ist von beiden Seiten einzuhalten. Bei längerer Betriebszugehörigkeit erhöht sich die Frist für den Arbeitgeber in Stufen bis zu längsten sieben Monaten zum Monatsende; dabei werden Beschäftigungszeiten vor Vollendung des 25. Lebensjahres nicht berücksichtigt (§ 622 Abs. 2 BGB).[183] Längere Kündigungsfristen können durch Tarifverträge, Betriebsvereinbarungen und Arbeitsverträge vereinbart werden. Allerdings darf für die Kündigung des Arbeitsverhältnisses durch den Arbeitnehmer keine längere Frist vereinbart werden als für die Kündigung durch den Arbeitgeber (§ 622 Abs. 6 BGB). Eine äußerste Grenze ergibt sich aus § 624 BGB. Verkür-zungen der Kündigungsfrist sind grundsätzlich nur durch Tarifvertrag möglich (§ 622 Abs. 5 BGB). Durch Arbeitsvertrag (sowie Betriebsvereinbarung) kann eine Kündigungsfrist nach § 622 Abs. 5 BGB nur verkürzt werden, wenn ein Arbeitnehmer zur vorübergehenden Aushilfe bis höchstens drei Monate eingestellt ist.[184]

Für die ordentliche Kündigung des Teilzeitarbeitsverhältnisses durch den Arbeitgeber gelten grundsätzlich die für Vollzeitarbeitsverhältnisses bestehenden allgemeinen Vorschriften und Grundsätze. Im Unterschied zur ordentlichen Kündigung durch den Teilzeitarbeitnehmer ist

[179] Dütz, Rn. 279, 281.
[180] Preis, Arbeitsrecht, S. 562.
[181] Vgl. Zöllner / Loritz, S. 277.
[182] Siehe Becker, GK-TzA, § 2 BeschFG, Rn. 233-235.
[183] Vgl. Gamillscheg, S. 547; Götz, Grundzüge des Arbeitsrechts - Arbeitsvertragsrecht, S. 180.
[184] Hanau / Adomeit, Arbeitsrecht, S. 271-272. Vgl. Preis, Arbeitsrecht, S. 613-618.

das ordentliche Kündigungsrecht des Arbeitgebers durch die Bindung an die jeweils maßgebliche Kündigungsfrist sowie durch Vorschriften des KSchG eingeschränkt.[185]

2.1.1. GELTUNGSBEREICH DES KSchG

Der allgemeine Kündigungsschutz ist im KSchG an bestimmte Voraussetzung geknüpft. Die Anwendbarkeit des Gesetzes ist nach den §§ 1 und 23 KSchG abhängig von der Betriebsgröße und der Dauer der Betriebszugehörigkeit:

a) **Betrieblicher Geltungsbereich**: Das KSchG gilt gemäß § 23 Abs. 1 Satz 2 nur in Betrieben, in denen in der Regel mehr als fünf Arbeitnehmer beschäftigt sind. Bei der Berechnung der Arbeitnehmerzahl sind Teilzeitbeschäftigte gestaffelt nach ihrer wöchentlichen Arbeitszahl zu berücksichtigen: Bei bis zu 20 Stunden mit dem Faktor 0,5; bei bis zu 30 Stunden mit dem Faktor 0,75.[186] Die Schwelle zum Kündigungsschutz wird also nach dem heutigen Text des KSchG überschritten, wenn im Betrieb regelmäßig mindestens die rechnerische Schwelle von 5,25 Arbeitnehmern erreicht wird.

Für die Betriebsgrößenberechnung nach § 23 KSchG ist auf die regelmäßige Wochenarbeitszeit der Teilzeitkräfte abzustellen. Geleistete Mehrarbeit wird dem Arbeitsdeputat grundsätzlich nicht hinzugerechnet.[187] Allerdings ist die Arbeitszeitgrenze des § 23 KSchG nur für den betrieblichen Geltungsbereich beachtlich, nicht aber für den einzelnen Arbeit-nehmer. Deshalb fallen auch Teilzeitbeschäftigte mit geringfügiger Arbeitszeit unter den persönlichen Geltungsbereich des allgemeinen Kündigungsschutzes, sofern sie in einem Betrieb beschäftigt sind, der nicht nach § 23 KSchG ausgeschlossen ist.[188]

Aus § 23 ist zu entnehmen, dass das KSchG nicht für Kleinbetriebe gilt, d.h. diejenigen, die weniger als fünf Arbeitnehmer beschäftigen. Das BAG[189] sah in dieser Privilegierung, aufgrund der schwächeren wirtschaftlichen Lage dieser Betriebe, die sich keine kostspie-

---

[185] Becker, GK-TzA, § 2 BeschFG, Rn. 236.

[186] Die heutige Berechnungsfaktoren für Teilzeitbeschäftigte wurden durch das Gesetz zur Sicherung der Arbeitnehmerrechte vom 19.12.1998 (BGBl. I S. 3843) mit Wirkung vom 1.1.1999 eingefügt.

[187] Schüren, MünchHdb-ArbR, § 162, Rn. 201.

[188] Buschmann / Dieball / Stevens-Bartol, TZA, S. 309. Vgl. Sowka, DB 1994, S. 1877.

[189] BAG vom 19.4.1990, EzA § 23 KSchG 1969 Nr. 8; BAG vom 9.6.1983, AP Nr. 2 zu § 23 KSchG 1969.

ligen Kündigungsschutzprozesse leisten könnten, keinen Verstoß gegen Art. 3 Abs. 1 GG. Außerdem sei aufgrund der engen persönlichen Beziehung zwischen dem Betriebsinhaber und seinen Mitarbeitern ein gutes Betriebsklima Voraussetzung für den Geschäftserfolg, weshalb die Möglichkeit bestehen müsse, sich schnell von unliebsamen Kollegen zu trennen.[190] Das BVerfG[191] hat diese Auffassung gebilligt, allerdings mit der Einschränkung, dass die Kleinbetriebsklausel im Einzelfall verfassungskonform ausgelegt werden müsse. Auch für den Fall, dass die Kleinbetriebsklausel greift, hat das BVerfG deswegen in seinem Beschluß ausgeführt, dass der Arbeitnehmer nicht völlig schutzlos gestellt ist, denn Art. 12 Abs. 1 GG gewährt einen verfassungsrechtlichen Mindestschutz des Arbeitsplatzes, der über die Generalklausel des § 242 BGB bei jeder Kündigung zu berücksichtigen ist. Alle Arbeitnehmer, die nicht dem Schutz des KSchG unterfallen, kommen somit in den Genuß von Kündigungsschutz 2. Klasse.[192]

Im Kleinbetrieben muss bei den Teilzeitbeschäftigten beachtet werden, dass Kündigungen, die sich als ungerechtfertigte Ungleichbehandlung dieser Arbeitnehmer gemäß § 4 Abs. 1 TzBfG erweisen, unwirksam sind. Anders als der allgemeine Gleichbehandlungsgrundsatz gehen die speziellen Gleichbehandlungsgebote – Art. 3 Abs. 3 GG, §§ 611 a Abs. 1 S. 1, 612 a BGB und § 4 Abs. 1 TzBfG – der Beendigungsfreiheit der Arbeitgeber vor.[193] Andererseits ist zu berücksichtigen, dass der EuGH[194] die Vereinbarkeit der Kleinbetriebsklausel alten Rechts mit dem europäischen Recht bejaht hat. Die Kleinbetriebsklausel trifft nämlich Vollzeitbeschäftigte in kleinen Betrieben ebenso wie Teilzeitarbeitnehmer, so dass diese Vorschrift keine Diskriminierung der Teilzeitbeschäftigten, mithin auch keine mittel-bare Diskriminierung weiblicher Arbeitnehmer wegen ihres Geschlechts darstellen kann.[195]

b) **Betriebszugehörigkeit**: Nach § 1 ist das KSchG für Arbeitnehmer, dessen Arbeitsverhältnis in demselben Betrieb oder Unternehmen ohne Unterbrechung länger als sechs Monate

---

[190] In selbem Sinne: Hueck / v. Hoyningen-Huene, § 23 KSchG, Rn. 19.
[191] BVerfG vom 27.1.1998, BVerfGE 97, 169 = EzA § 23 KschG 1969 Nr. 17.
[192] Siehe Hanau / Adomeit, S. 259-260.
[193] Schüren, MünchHdb-ArbR, § 162, Rn. 235.
[194] EuGH vom 30.11.1993, Rs. C 189/91 (Kriesamer-Hack), Slg. 1993, S. 217 ff.; DB 1994, S. 50.
[195] Nebendahl, S. 16.

bestanden hat, anzuwenden. Sinn der Vorschrift ist es, den Arbeitnehmer erst nach einer gewissen Dauer der Betriebszugehörigkeit das Recht auf den Arbeitsplatz erwerben zu lassen[196] und umgekehrt dem Arbeitgeber Gelegenheit zu geben, zunächst den Arbeitnehmer zu erproben.[197] Innerhalb der Wartezeit gilt der Grundsatz der Kündigungsfreiheit, der auch nicht durch § 242 BGB, wohl aber durch § 138 BGB eingeschränkt wird.[198]

Die Berechnung der sechsmonatigen Wartezeit erfolgt nach den allgemeinen Grundsätzen. Für Teilzeitarbeitnehmer gelten insoweit keine Besonderheiten. Hinsichtlich des Ablaufs der sechsmonatigen Wartezeit bestehen selbst bei Teilzeitarbeitsverhältnissen mit flexibler Arbeitszeit keine Besonderheiten,[199] weil solche Arbeitsverhältnisse auch in den Phasen rechtlich fortbestehen, in denen die Teilzeitarbeitnehmer wegen ihrer verminderten Arbeits-zeit keine Arbeitsleistung zu erbringen haben.[200] Wenn ein zunächst als Vollzeitarbeits-verhältnis begründetes Arbeitsverhältnis später in ein Teilzeitarbeitsverhältnis umgewandelt wird, bilden die arbeitsrechtlichen Beziehungen der Parteien vor und nach der Änderung eine rechtliche Einheit.[201] Die Zeiten eines unmittelbar vorangehenden Vollzeitarbeitsver-hältnisses sind daher nach Umwandlung in ein Teilzeitarbeitsverhältnis auf die gesetzliche Wartezeit des § 1 Abs. 1 KSchG anzurechnen.[202]

Ist bei einem Arbeitsvertrag, der auf unbestimmte Zeit abgeschlossen ist, eine Probezeit von mehr als sechs Monaten vereinbart, so genießt der Arbeitnehmer ungeachtet dieser Vereinbarung nach Ablauf von sechs Monaten den vollen Kündigungsschutz, da dieser nicht vertraglich ausgeschlossen werden kann. Von der Regelung der Probezeit im § 1 KSchG kann nur einzel- oder kollektivvertraglich zugunsten des Arbeitnehmers abge-

---

[196] BAG vom 16.2.1995, AP Nr. 1 zu Einigungsvertrag Anlage II zu Kapitel VI zu B I 2b. der Gründe.
[197] BAG vom 15.3.1978; AP Nr. 45 zu § 620 BGB Befristeter Arbeitsvertrag; BAG vom 18.5.1994, AP Nr. 64 zu § 102 BetrVG 1972.
[198] Hueck / v. Hoyningen-Huene, § 1 KSchG, Rn. 64. Vgl. BAG vom 23.6.1994, EzA § 242 BGB Nr. 23; BAG vom 16.2.1989, AP Nr. 4 zu § 138 BGB.
[199] Vgl. Schüren, MünchHdb-ArbR, § 162, Rn. 204.
[200] Langmaack, S. 132.
[201] BAG vom 31.10.1985, AP Nr. 87 zu § 611 BGB Gratifikation.
[202] Becker, GK-TzA, § 2 BeschFG, Rn. 250; Buschmann / Dieball / Stevens-Bartol, TZA, S. 293-294.

wichen werden (z.B. durch Verkürzung der Wartezeit).[203] Falls das Arbeitsverhältnis befristet nur für die Dauer der Probezeit abgeschlossen wird, gelten dann die allgemeinen Regeln über die Befristung.[204]

2.1.2. KÜNDIGUNGSGRÜNDE

Genießt ein Arbeitnehmer im Ergebnis nach § 23 und § 1 KSchG den allgemeinen gesetzlichen Kündigungsschutz, so ist eine Kündigung des Arbeitsverhältnisses durch den Arbeitgeber unwirksam, wenn sie nicht sozial gerechtfertigt ist. Der allgemeine Kündigungsschutz ist in § 1 KSchG enthalten. Eine ordentliche Kündigung gegenüber Teilzeitarbeitnehmern ist gemäß § 1 Abs. 2 Satz 1 KSchG sozial ungerechtfertigt, wenn sie nicht durch Gründe gerechtfertigt ist, die in der Person, oder in dem Verhalten des Arbeitnehmers liegen oder durch dringende betriebliche Erfordernisse, die einer Weiterbeschäftigung des Arbeitnehmers in diesem Betrieb entgegenstehen, bedingt ist. Die vom Gesetz beschriebenen Gründe stellen gewissermaßen den Anlaß zur Kündigung dar. Kündigungsrechtlich relevant sind die in § 1 Abs. 2 Satz 1 KSchG genannten Gründen nur dann, wenn durch sie eine konkrete Störung des Arbeitsverhältnisses erfolgt und deshalb dem Arbeitgeber eine Fortsetzung des Arbeitsverhältnisses nicht zugemutet werden kann. Die Unzumutbarkeit der Fortsetzung des Arbeitsverhältnisses ist damit im Wirklichkeit der eigentliche Kündigungsgrund, der den in § 1 bs. 2 Satz 1 KSchG genannten Kündigungsanlässen zugrunde liegt.[205] Für Teilzeitkräfte ergeben sich hinsichtlich der personen- und betriebsbedingten Kündigung und der sozial Auswahl nur begrenzte Besonderheiten.

a) **Personenbedingte Gründe**: Ebenso wie bei Vollzeitarbeitnehmern können auch bei Teilzeitarbeitnehmern personenbedingte Gründe eine ordentliche Kündigung sozial rechtfertigen. Als Gründe in der Person des Teilzeitarbeitnehmers sind insbesondere solche anzusehen, die auf persönlichen Eigenschaften und Fähigkeiten des Teilzeitarbeitnehmers beruhen.[206] Voraussetzung für einen personenbedingte Kündigung ist, dass der Arbeit-

---

[203] Dütz, Rn. 323.
[204] Hueck / v. Hoyningen-Huene, § 1 KSchG, Rn. 65.
[205] In diesem Sinne: Hueck / v. Hoyningen-Huene, § 1 KSchG, Rn. 119.
[206] Vgl. Preis, Arbeitsrecht, S. 663 ff.

nehmer aufgrund seiner persönlichen Fähigkeiten und Eigenschaften nicht mehr in der Lage ist, künftig seine arbeitsvertragliche Verpflichtungen zu erfüllen. Der Kündigungsgrund liegt damit in der Sphäre des Arbeitnehmers.[207] Hierzu gehören vor allem mangelnde gesundheitliche, berufliche, fachliche oder geistige Eignung des Teilzeitarbeitnehmers,[208] die eine nachteilige Auswirkung auf die weitere Durchführung des Arbeitsverhältnisses haben.[209] Auch wenn die Teilzeitbeschäftigung im Nebenberuf ausgeübt wird, stellt dies nie einen personenbedingten Kündigungsgrund im Sinne des § 1 Abs. 2 KSchG.[210]

In der Praxis ist der krankheitsbedingte die häufigste der personenbedingte Kündigung. Die Krankheit schließt die Kündigung nicht aus; im Gegenteil kann sie den Grund für eine personenbedingte Kündigung abgeben, wenn ihre Häufigkeit oder Dauer unabsehbar sind und der Betrieb die Stelle auf Dauer anderweitig besetzen muss.[211] Hinsichtlich dieses Grundes, der eine Abwägung zwischen dem Bestandsschutzinteresse des Arbeitnehmers und der Zumutbarkeit seiner Weiterbeschäftigung für den Arbeitgeber voraussetzt,[212] vertrat Becker[213] die Auffassung, dass wegen der geringeren wirtschaftlichen Belastung durch erkrankte Teilzeitkräfte dem Arbeitgeber in diesem Fall längere Krankheitszeiten zumutbar seien.[214] Dagegen meint Schüren[215] zu Recht, dass die spätere Rechtsprechung des BAG[216] klargestellt habe, dass die Abwägung innerhalb des konkreten Austauschverhältnisses zu erfolgen habe. Krankheitsbedingte Kosten und sonstige Belastungen für das Unternehmen seien im Verhältnis zur Bedeutung und damit auch zum Arbeitsumfang zu bewerten und dem Bestandsschutzinteresse des Arbeitnehmers gegenüberzustellen. Nur das werde eine wirkliche Gleichbehandlung ermöglichen.

---

207 Hueck / v. Hoyningen-Huene, § 1 KSchG, Rn. 176. Vgl. BAG vom 20.5.1988, AP Nr. 9 zu § 1 KSchG 1969; BAG vom 13.3.1987, AP Nr. 37 zu § 1 KSchG 1969.
208 Becker, GK-TzA, § 2 BeschFG, Rn. 253.
209 Langmaack, S. 134.
210 BAG vom 13.3.1987, AP Nr. 37 zu § 1 KSchG 1969 Betriebsbedingte Kündigung.
211 BAG vom 29.7.1993, EzA § 1 KSchG Krankheit Nr. 40.
212 Siehe Hueck / v. Hoyningen-Huene, § 1 KSchG, Rn. 180-184.
213 Becker, GK-TzA, § 2 BeschFG, Rn. 254.
214 Vgl. BAG vom 25.11.1982, AP Nr. 7 zu § 1 KSchG 1969 Krankheit; BAG vom 23.6.1983, AP Nr. 10 zu § 1 KSchG 1969 Krankheit.
215 Schüren, MünchHdb-ArbR, § 162, Rn. 209.
216 BAG vom 16.2.1989, AP Nr. 20 zu § 1 KSchG 1969 Krankheit.

b) **Verhaltensbedingte Gründe**: Keine wichtige Besonderheiten gegenüber Vollzeitbeschäftigten ergeben sich bei verhaltensbedingten ordentlichen Kündigungen. Voraussetzung ist, dass der Arbeitnehmer gegen arbeitsvertragliche Pflichten schuldhaft verstößt.[217] Es kann sich hierbei zum einen um die Verletzung von Hauptleistungspflichten, aber auch um die Verletzung vertraglicher Nebenpflichten handeln.[218] Darüber hinaus liegt nach Auffassung des BAG[219] auch dann ein verhaltensbedingter Kündigungsgrund vor, wenn das Arbeitsverhältnis durch das beanstandete Verhalten konkret berührt wird.[220] Sowohl die arbeitsvertraglichen Pflichten als auch der Pflichtverstoß bewerten sich bei Teilzeitbeschäftigten grundsätzlich nicht anders als bei Vollzeitbeschäftigten. Auch bei der Interessenabwägung ist die geringere Dauer der Arbeitszeit nicht zu Lasten der Teilzeitarbeitnehmer heranzuziehen. Eine derartige Differenzierung würde im übrigen gegen § 4 Abs. 1 TzBfG verstoßen.[221] Die Weigerung, z.B. Altersteilzeitarbeit in Anspruch zu nehmen oder zu einer flexiblen Arbeitszeitform überzugehen, ist gemäß § 8 Abs. 1 ATG bzw. § 7 Abs. 1 b SGB IV keine Pflichtverletzung und rechtfertigt keine Kündigung zur Beendigung des Arbeitsverhältnisses.[222]

c) **Betriebsbedingte Gründe**: Grundsätzlich gleiche Bedingungen wie bei Vollzeitbeschäftigten gelten auch für die betriebsbedingte Kündigung von Teilzeitbeschäftigten. Besonderheiten können jedoch auftreten bei der Kündigung von Vollzeitbeschäftigten, wenn Teilzeitbeschäftigte oder Teilzeitarbeitsplätze im Betrieb vorhanden sind, sowie bei der Umwandlung von Vollzeit- in Teilzeitarbeitsplätze bzw. umgekehrt.[223] Gemäß § 1 Abs. 2 Satz 1 KSchG können nur „dringende" betriebliche Erfordernisse eine betriebsbedingte Kündigung sozial rechtfertigen. Aus dem Wort „dringend" im Sinne dieser Vorschrift wird geschlossen, dass die Kündigung nur zulässig ist, wenn kein

[217] BAG vom 25.10.1989, EzA § 1 BeschFG 1985 Verhaltensbedingte Kündigung Nr. 30. Auch: Dütz, Rn. 333.
[218] BAG vom 16.8.1991, AP Nr. 27 zu § 1 KSchG 1969.
[219] BAG vom 4.11.1981, AP Nr. 4 zu § 1 KSchG 1969, Verhaltensbedingte Kündigung; BAG vom 24.9.1987, AP Nr. 19 zu § 1 KSchG 1969, Verhaltensbedingte Kündigung.
[220] Hueck / v. Hoyningen-Huene, § 1 KSchG, Rn. 272.
[221] Buschmann / Dieball / Stevens-Bartol, TZA, S. 294.
[222] Schüren, MünchHdb-ArbR, § 162, Rn. 208. In selbem Sinne: Becker, GK-TzA, § 2 BeschFG, Rn. 257.
[223] Buschmann / Dieball / Stevens-Bartol, S. 294.

milderes Mittel vorhanden ist.[224] Deshalb ist notwendig für die Betrachtung, ob die zur Kündigung vom Arbeitgeber angeführten betriebliche Erfordernisse dringend sind, diese Gründe nach dem Grundsatz der Verhältnismäßigkeit zu beurteilen.[225]

Nach dem vom BAG[226] aus dem Verhältnismäßigkeitsgrundsatz hergeleiteten Vorrang der Änderungskündigung vor einer Beendigungskündigung besteht die Verpflichtung des Arbeitgebers, dem teilzeitbeschäftigten Arbeitnehmer die Fortsetzung des Arbeitsverhältnisses in Vollzeittätigkeit anzubieten, sofern eine vergleichbare Vollzeitstelle im Unternehmen zu besetzen ist. Unterläßt der Arbeitgeber dieses Angebot, so ist die Kündigung unwirksam, wenn bei hypothetischer Betrachtung der Arbeitnehmer den Vorschlag des Arbeitgebers zumindest unter Vorbehalt angenommen hätte. Fällt allerdings die Teilzeitstelle vollkommen weg, ohne durch eine Vollzeitstelle ersetzt zu werden und ist darüber hinaus keine freie Vollzeitstelle im Unternehmen vorhanden, entfällt das Erfordernis zur Unterbreitung eines entsprechenden Änderungsangebots durch den Arbeitgeber.[227]

Andererseits ist als Ausfluss des ultima ratio Prinzips eine Beendigungskündigung nicht gerechtfertigt, wenn eine anderweitige Beschäftigung für den betroffenen Arbeitnehmer in demselben Betrieb oder in einem anderen Betrieb des Unternehmens möglich ist.[228] Damit ist eine betriebsbedingte Kündigung jedenfalls dann sozial ungerechtfertigt, wenn der Arbeitnehmer innerhalb des Unternehmens[229] auf einem anderen, gleichwertigen[230] und freien Arbeitsplatz[231] beschäftigt werden kann. Es ist aber zu berücksichtigen, dass der

[224] Vgl. Reinfelder / Zwanziger, Teilzeitarbeit und betriebsbedingte Kündigung, DB 1996, S. 679.
[225] Vgl. BAG 18.1.1990, AP Nr. 27 zu § 2 KSchG 1969; BAG vom 29.3.1990, AP Nr. 50 zu § 1 KSchG 1969 Betriebsbedingte Kündigung. Stückmann / Kohlepp, Verhältnismäßigkeitsgrundsatz und „ultima-ratio-Prinzip" im Kündigungsrecht, RdA 2000, S. 331 ff; Stein, Freiheit und Dringlichkeit der unternehmerischen Entscheidung im Kündigungsschutzrecht, BB 2000, S. 457 ff.; Buschmann / Dieball / Stevens-Bartol, TZA, S. 296.
[226] BAG vom 27.9.1984, EzA § 2 KSchG 1969 Nr. 5.
[227] Nebendahl, S. 17; Lipke, ArbuR 1991, S. 83. Siehe auch: Becker, GK-TzA, § 2 BeschFG, Rn. 262-263.
[228] BAG vom 15.12.1994, 2 AZR 320/94, BB 1995, S. 49.
[229] Die Prüfung der Weiterbeschäftigung ist in der Regel nicht konzernbezogen. Siehe: BAG vom 27.11.1991, 2 AZR 255/91; BAG vom 20.1.1994, 2 AZR 489/93.
[230] Ein Arbeitsplatz ist gleichwertig, wenn der Arbeitgeber den Arbeitnehmer einseitig auf der Basis seines Direktionsrechts, also ohne Notwendigkeit einer Änderungskündigung, auf den anderen Arbeitsplatz um- oder versetzen kann. In diesem Sinne: BAG vom 15.6.1989, 2 AZR 580/88.
[231] Frei sind solche Arbeitsplätze, die zum Zeitpunkt des Zugangs der Kündigung unbesetzt sind. Es kommen auch im Betracht Arbeitsplätze, die der Arbeitgeber bei Ausspruch der Kündigung mit hinreichender Sicherheit vorhersehen kann, dass der Arbeitsplatz bis zum Ablauf der Kündigungsfrist zur Verfügung stehen wird. Siehe: BAG vom 29.3.1990, AP Nr. 50 zu § 1 KSchG 1969; BAG vom 15.12.1994, EzA zu § 1 KSchG Nr. 75.

Arbeitnehmer insbesondere keinen Anspruch auf Beförderung hat und damit auf Weiterbeschäftigung auf einem höherwertigen Arbeitsplatz.[232] Das ultima ratio Prinzip fordert, dass auch, wenn im Betrieb oder Unternehmen ein anderer, nicht gleichwertiger Arbeitsplatz vorhanden ist, dieser vor Ausspruch einer Beendigungskündigung dem Arbeitnehmer angeboten werden muss, wenn dieser Arbeitsplatz für beide Parteien zumutbar ist.[233] Auf Arbeitgeberseite wird dies regelmäßig der Fall sein.[234] Die Zumutbarkeit auf Seiten des Arbeitnehmers setzt nicht nur voraus, dass er über die für den anderen Arbeitsplatz notwendigen objektiv erforderlichen Fähigkeiten und Kenntnisse verfügt. Die neue Tätigkeit muss für ihn, auch nach den sonstigen Voraussetzungen für ihre Ausübung sowohl nach ihrem sozialen und wirtschaftlichen Status vom Standpunkt eines objektiv urteilenden Arbeitgebers gesehen, in Betracht kommen. Unzumutbarkeit kann insbesondere dann vorliegen, wenn die neue Tätigkeit eine erheblich geringere Qualifikation erfordert und auch entsprechend niedriger vergütet wird als die bisher ausgeübte.[235]

Die Regelungen der betriebsbedingten Kündigung haben andererseits eine besondere Ausprägung für den Bestandschutz der Teilzeitarbeitsverhältnisse aufgrund des Gleichbehandlungsgebots des § 4 Abs. 1 TzBfG. Darüber hinaus fordert das europäische Recht auch die Gleichbehandlung zwischen Vollzeit- und Teilzeitarbeitnehmern und insbesondere zwischen Männer und Frauen (unter Berücksichtigung, dass die Teilzeitarbeit in bedeuten-der Maße Frauenarbeit darstellt) bei der Kündigung des Arbeitsverhältnisses.[236] In diesem Zusammenhang ist bei der Festlegung der Arbeitnehmergruppe, die für eine bloße Personalreduktion im Betracht kommt, das

[232] BAG vom 29.3.1990, 2 AZR 369/89; BAG vom 15.12.1994, EzA zu § 1 KSchG 1969 Nr. 75.
[233] Vgl. BAG vom 27.8.1984, 2 AZR 62/83.
[234] Eine Ausnahme für die Zumutbarkeit auf Arbeitgeberseite ergibt sich nach dem BAG bei verschuldeten, erheblichen Vertragsverletzungen des Arbeitnehmers. Siehe BAG vom 27.9.1984, 2 AZR 62/83.
[235] Tschöpe, Betriebsbedingte Kündigung. Eine systematische Darstellung im Lichte der BAG-Rechtsprechung, BB 2000, S. 2632.
[236] Vgl. Art. 5 Abs. 1 Richtlinie 76/207/EWG zur Verwirklichung des Grundsatzes der Gleichbehandlung von Männern und Frauen hinsichtlich des Zugangs zur Beschäftigung, zur Berufsbildung und zum beruflichen Aufstieg sowie in Bezug auf die Arbeitsbedingungen. Nach dieser Vorschrift soll die Anwendung des Grundsatzes der Gleichbehandlung hinsichtlich der Arbeitsbedingungen einschließlich der Entlassungsbedingungen beinhalten, dass Männern und Frauen dieselben Bedingungen ohne Diskriminierung auf Grund des Geschlechts gewährt werden.

Arbeitszeitdeputat kein geeignetes Abgren-zungskriterium, denn dies würde auf eine unzulässige Benachteiligung der Teilzeitkräfte hinauslaufen.[237]

Vor Inkrafttreten des TzBfG hatte die ständige Rechtsprechung des BAG[238] die Auffassung vertreten, dass jeder Unternehmer selbst darüber bestimmen dürfe, ob eine Maßnahme, die zum Abbau von Arbeitsplätzen führe, notwendig oder zweckmäßig sei, um einen größtmöglichen Geschäftserfolg zu garantieren. Es findet insoweit keine Überprü-fung der Unternehmerentscheidung statt. Darüber hinaus liege es in der unternehmerischen Entscheidung, mit welcher Anzahl von Arbeitskräften der Arbeitgeber nach Durchführung des innerbetrieblichen Organisationsaktes die verbleibende Arbeitsmenge durchführen lasse. Insbesondere gehöre die Bestimmung zum Bereich der Unternehmenspolitik, ob ein umfangmäßig konkretisierter Dienstleistungsbedarf z.B. nur mit Volltags- oder teilweise auch mit Halbtagsbeschäftigungen abgedeckt werden solle.[239] Dabei dürfe allerdings das Konzept nicht nur in der Änderung der Arbeitszeit der individuell betroffenen Arbeit-nehmer bestehen. Habe der Arbeitgeber eine Organisationsentscheidung getroffen, auf-grund derer für bestimmte Arbeiten Vollzeitkräften vorgesehen sind, so könne diese Entscheidung als sogenannte freie Unternehmensentscheidung nur darauf überprüft werden, ob sie offenbar unsachlich, unvernünftig oder willkürlich ist.

Das KSchG bietet also nach dieser Rechtsprechung nur geringen Schutz, denn es kann lediglich überprüft werden, ob tatsächlich eine Unternehmensentscheidung vorliegt und eventuell eine Willkürkontrolle stattfinden. Da in der Praxis die Kündigungen selten an

---

[237] Schüren, MünchHdb-ArbR, § 162, Rn. 213.

[238] Siehe: BAG vom 19.5.1993, EzA § 1 KSchG Betriebsbedingte Kündigung Nr. 73; fortgeführt durch BAG vom 24.4.1997, 2 AZR 352/96, DB 1997, S. 1767; BAG vom 18.12.1997, 2 AZR 709/96, ArbuR 1998, S. 212; BAG vom 3.12.1998, 2 AZR 341/98, DB 1998, S. 2534; BAG vom 12.8.1999, 2 AZR 12/99, ArbuR 1999, S. 352.

[239] Die Entscheidung des Arbeitgebers, bestimmte Tätigkeiten im Betrieb statt bisher durch Teilzeitbeschäftigte in der Zukunft durch Vollzeitbeschäftigte ausführen zu lassen, und deshalb eines oder mehrere Teilzeitarbeitsverhältnisse zu beenden, stellt typischerweise eine unternehmerische Entscheidung dar, die von den Arbeitsgerichten nur sehr eingeschränkt daraufhin überprüft werden darf, ob der Arbeitgeber die behauptete Unternehmerentscheidung tatsächlich umgesetzt hat und der Wegfalls des Teilzeitarbeitsplatzes tatsächlich Folge dieser Entscheidung ist, nicht aber daraufhin, ob die Unternehmerentscheidung zweckmäßig oder wirtschaftlich vernünftig. Siehe: BAG vom 29.3.1990, AP Nr. 50 zu § 1 KSchG 1969 Betriebsbedingte Kündigung; Becker, GK-TzA, § 2 BeschFG, Rn. 258.

der Willkürgrenze gescheitert sind,[240] hat die Rechtsprechung zeitweise den bloßen Entschluß akzeptiert, die Arbeitnehmerzahl auf Dauer zu reduzieren,[241] verlangt jedoch die Darle-gung, welches unternehmerische Konzept hinter dem Personalabbau steht.[242]

Diese Rechtsprechung des BAG war schon vor Inkrafttreten des TzBfG umstritten,[243] weil die Ausweitung der freien Unternehmensentscheidung im Ergebnis auf eine Fremdbestimmung nicht nur der Lage, sondern auch der Dauer der Arbeitszeiten der Arbeitnehmer durch den Arbeitgeber ermöglicht und damit das Gewicht einer arbeitsvertraglichen Arbeitszeitvereinbarung und den Kündigungsschutz erheblich reduziert. Das BAG bezieht die der Kündigung vorgelagerte organisatorische Entscheidung auf ein sogenannten „Personalkonzept". Darin drückt sich anders als bei der Einführung neuer Maschinen oder Arbeitsabläufe nichts anderes aus als der Wunsch des Arbeitgebers, aus einer Umgestaltung des einzelnen Arbeitsverhältnisses entweder bei gleichen Kosten mehr Leistung oder gleiche Leistung zu geringeren Kosten zu entwirtschaften. Ein derart weites Verständnis der unternehmerischen Entscheidung ist aber nur schwer mit der gesetzlichen Wertung vereinbar, die die dringenden betrieblichen Erfordernisse prinzipiell als gerichtlich überprüf-baren Rechtsbegriff ansieht.[244]

Wie Buschmann[245] zu Recht darauf hinweist, ist die bisherige Rechtsprechung des BAG seit Inkrafttreten des TzBfG nicht mehr haltbar, denn in §§ 8 und 9 TzBfG habe der Gesetzgeber deutlich gemacht, dass eine Veränderung individueller Arbeitszeiten unter Umständen auch gegen den ausdrücklichen Willen des Arbeitgebers durchgesetzt werden könne. Die Vorstellung einer dem Gesetz vorgelagerten unternehmerischen Entscheidung,

---

240 Hanau / Adomeit, S. 262-263. Siehe auch: Tenczer, Freie Unternehmerentscheidung und betriebsbedingte Kündigung, Diss., Universität zu Köln, 1999, 29 ff.

241 BAG vom 24.4.1997, EzA § 2 KSchG Nr. 26; BAG vom 7.5.1998, EzA § 1 KSchG Interessenausgleich Nr. 5.

242 BAG vom 17.6.1999, EzA § 1 KSchG Betriebsbedingte Kündigung Nr. 102; BAG vom 17.6.1999, EzA § 1 KSchG Betriebsbedingte Kündigung Nr. 101; BAG vom 17.6.1999, EzA § 1 KSchG Betriebsbedingte Kündigung Nr. 103.

243 Zum Thema siehe: Buschmann / Dieball / Stevens-Bartol, TZA, S. 295-296; Preis, Betriebsbedingte Kündigung zwischen dringenden betrieblichen Erfordernissen und unternehmerischer Entscheidungsfreiheit, NZA 1997, S. 625 ff.; Stein, BB 2000, S. 457 ff.

244 Buschmann / Dieball / Stevens-Bartol, TZA, S. 296. Siehe auch: Stein, BB 2000, S. 457 ff.; Boeddinghaus, Die alte und neue Rechtsprechung zur betriebsbedingten Kündigung, ArbuR 2001, S. 9.

245 Buschmann / Dieball / Stevens-Bartol, TZA, S. 296-297.

die auch die Dauer individueller Arbeitszeiten erfasse, sei damit unvereinbar. Dementsprechend sei die Kündigung als solche nicht Gegenstand der freien unternehmerischen Entscheidung. Letztere beziehe sich auf die Organisation des Unternehmens und die damit zur Verfügung gestellten Arbeitsplätze, nicht aber auf das Arbeitssystem, insbesondere die Entscheidung, in Vollzeit- oder Teilzeit zu arbeiten. Auch die Umwandlung einer Teilzeitstelle in eine Vollzeitstelle berechtige nicht ohne weiteres zur Kündigung.[246] Der Arbeitgeber sei auch vorbehaltlich der §§ 8 und 9 TzBfG frei, bei Einstellungen originär Vollzeit- oder Teilzeitarbeitsplätze einzurichten. Dort, wo aber der Arbeitgeber bereits Teilzeitarbeitsplätze vertraglich vereinbart habe, sei er fortan an die regulären kündigungsschutzrechtlichen Grundsätze gebunden.

Andererseits ist besonders relevant nach dem neuen Recht, die Vorschrift des § 11 TzBfG in Betracht zu ziehen. Diese Bestimmung anerkennt ein besonderes Kündigungsverbot, nach dem die Kündigung eines Arbeitsverhältnisses wegen der Weigerung eines Arbeitnehmers, von einem Vollzeit- in ein Teilzeitarbeitsverhältnis oder umgekehrt zu wechseln, unwirksam ist. Das Recht zur Kündigung des Arbeitsverhältnisses aus anderen Gründen bleibt jedoch unberührt. In Anbetracht der neuen gesetzlichen Lage, die die vorherige Rechtsprechung des BAG zur betriebsbedingter Kündigung und freier unternehmerischen Entscheidung bezüglich der Änderung der Arbeitszeitdauer nicht mehr haltbar macht, ist wichtig festzustellen, welche Rolle § 11 TzBfG in Verbindung mit § 1 Abs. 3 KSchG spielt.

In diesem Kontext weist m.E. Buschmann[247] zu Recht darauf hin, dass ein Verständnis, nach dem § 11 TzBfG nur die ausdrücklich auf die Weigerung des Arbeitnehmers, der vom Arbeitgeber gewünschten Änderung seiner persönlichen Arbeitszeitdauer zuzustimmen, gestützte Kündigung ausschließe, dagegen diesen Wunsch (unternehmerische Entschei-dung) des Arbeitgebers selbst als Kündigungsgrund ausreichen lasse, die Vorschrift leer laufen lasse. Darüber hinaus bestehe selbst bei

---

[246] Vgl. ArbG Hamburg vom 29.4.1996, 21 Ca 100/95; LAG Hamburg vom 20.11.1996, 4 Sa 56/96, ArbuR 1997, S. 261.

[247] Buschmann / Dieball / Stevens-Bartol, TZA, S. 394.

Vorliegen zulässige Änderungskündigungs-gründe[248] keine Vertragspflicht des Arbeitnehmers, einer Veränderung des Umfangs seiner Arbeitszeit zuzustimmen. Folglich könne die Ablehnung einer Vertragsänderung ohnehin keine Vertragsverletzung und damit keinen Kündigungsgrund begründen. Um das Kündi-gungsverbot des § 11 TzBfG nicht leer laufen zu lassen, muss das Konzept aber von plausiblen wirtschaftlichen oder unternehmenspolitischen Gründen getragen sein, was bereits derzeit im Rahmen der Missbrauchskontrolle verlangt wird.[249] In diesem Sinne beziehen sich die in § 8 Abs. 4 Satz 2 TzBfG beispielhaft genannten betrieblichen Gründe auf Organisation, Arbeitsablauf, Arbeitssicherheit und Kosten, mithin auf objektive Erfordernisse, nicht dagegen eine subjektive unternehmerische Entscheidung des Arbeitge-bers. Bezüglich der Systematik des TzBfG setzt jedenfalls eine betriebsbedingte Kündigung „aus anderen Gründen" (§ 11 Satz 2 TzBfG) voraus, dass zugleich ein betrieblicher Grund im Sinne des § 8 Abs. 4 vorliegt. Bei einer bloßen unternehmerischen Entscheidung, Arbeitsplätze in Vollzeit oder Teilzeit zu besetzen, ist dies aber nicht der Fall.[250]

c.1) **Sozialauswahl**: Kommen für die Kündigung aus betriebsbedingten Gründen mehrere Arbeitnehmer in Betracht, hat der Arbeitgeber nach § 1 Abs. 3 KSchG zwischen den in Erwägung kommenden Arbeitnehmern eine soziale Auswahl vorzunehmen. Die Sozialaus-wahl dient dann der personellen Konkretisierung der zur Kündigung führenden dringenden betrieblichen Erfordernisse des § 1 Abs. 2 Satz 1 KSchG.[251] Da bei betriebsbedingten Kündigungen der Kündigungsgrund in der Sphäre des Arbeitgebers liegt, ist es nicht gerechtfertigt, in jedem Fall den Arbeitnehmer zu kündigen, dessen konkreter Arbeitsplatz weggefallen ist. Nach der gesetzgeberischen Wertung des § 1 Abs. 3 KSchG hat der Arbeitgeber vielmehr den Arbeitnehmer zu ermitteln, den die Kündigung

[248] Z.B. es wäre nach § 11 TzBfG die Änderungskündigung von Vollzeitbeschäftigten zur Verringerung der Arbeitszeit bei verringertem Arbeitsanfall nicht ausgeschlossen, weil hier das Kündigungsrecht nicht auf einer bloßen Entscheidung zur Besetzung von Arbeitsplätzen in Vollzeit oder Teilzeit, sondern auf dem verringerten Arbeitsanfall beruht. In diesem Sinne: Preis / Gotthardt, DB 2000, S. 2069; BAG vom 19.5.1994, 2 AZR 584/92, DB 1993, S. 1879 ff.

[249] Preis / Gotthardt, DB 2000, S. 2069.

[250] Buschmann / Dieball / Stevens-Bartol, TZA, S. 394. Siehe auch: Rolfs, RdA 2001, S. 131-132.

[251] BAG vom 7.2.1985, AP Nr. 9 zu § 1 KSchG 1969 Soziale Auswahl; BAG vom 5.5.1994, AP Nr. 23 zu § 1 KSchG 1969 Soziale Auswahl.

relativ am wenigs-ten hart trifft.[252] Die Sozialauswahl nach § 1 Abs. 3 KSchG stellt deshalb in der Praxis häufig das größte Risiko für die Wirksamkeit einer betriebsbedingter Kündigung dar. Dabei geht es einerseits um die Frage, ob der Arbeitgeber im Einzelfall soziale Auswahl-kriterien ausreichend berücksichtigt und richtig gewichtet hat, wobei ihm ein Beurteilungs-spielraum zusteht, andererseits darum, welche Arbeitnehmer überhaupt in die Sozialaus-wahl einzubeziehen sind.[253]

§ 1 Abs. 3 KSchG schreibt vor, dass, falls einem Arbeitnehmer aus dringenden betrieblichen Erfordernisses im Sinne des Absatzes 2 gekündigt worden ist, die Kündigung trotzdem sozial ungerechtfertigt ist, wenn der Arbeitgeber bei der Auswahl des Arbeitnehmers soziale Gesichtspunkte nicht oder nicht ausreichend berücksichtigt hat; auf Verlangen des Arbeitnehmers hat der Arbeitgeber dem Arbeitnehmer die Gründe anzugeben, die zu der getroffenen sozialen Auswahl geführt haben. Satz 1 gilt nicht, wenn betriebstechnische, wirtschaftliche oder sonstige berechtigte betriebliche Bedürfnisse die Weiterbeschäftigung eines oder mehrerer bestimmter Arbeitnehmer bedingen und damit der Auswahl nach sozialen Gesichtspunkten entgegenstehen. Der Arbeitnehmer hat die Tatsachen zu beweisen, die die Kündigung als sozial ungerechtfertigt im Sinne des Satzes 1 erscheinen lassen.

Für die Sozialauswahl sind nach der Neuregelung des § 1 Abs. 3 KSchG seit dem 1. Januar 1999 nicht mehr nur die Dauer der Betriebszugehörigkeit, das Lebensalter sowie die Unterhaltspflichten des Arbeitnehmers zu berücksichtigen. Trotzdem ist nach Ansicht von Schüren[254] die praktische Bedeutung anderer Kriterien aus zwei Gründen gering. Zum einen würden bei größeren Abbaumaßnahmen die Kriterien verbindlich durch Betriebsvereinbarung gemäß § 1 Abs. 4 KSchG geregelt. Zum anderen sei es auch bisher in der Praxis kaum gelungen, andere Kriterien handhabbar zu gewichten.

---

[252] Hueck / v. Hoyningen-Huene, KSchG, § 1 Rn. 432.
[253] Bauer / Klein, Sozialauswahl bei Teilzeitbeschäftigung – zur Lehre von Äpfel und Birnen, BB 1999, S. 1162.
[254] Schüren, MünchHdb-ArbR, § 162, Rn. 221.

Die Sozialauswahl erstreckt sich nur auf den Betrieb und nicht auf das Unternehmen oder den Konzern.[255] Betreiben mehrere Unternehmen einen einheitlichen Betrieb, sind im Rahmen der Sozialauswahl alle vergleichbaren Arbeitnehmer dieses einheitlichen Betriebs zu berücksichtigen, auch wenn sie in unterschiedlichen Unternehmen beschäftigt sind.[256] Eine unternehmensübergreifende Sozialauswahl ist bei einem Gemeinschaftsbetrieb gerechtfertigt, weil die beteiligten Unternehmen einen einheitlichen Leistungsapparat für den gemeinsamen Betrieb gebildet haben, dem unter Beschränkung der eigenen Kompetenzen die erforderlichen personellen Befugnisse übertragen wurden.[257] Außerdem erstreckt sich die Sozialauswahl nur auf Arbeitnehmer, die zu dem im Verhältnis des zu kündigenden Arbeitnehmers vergleichbaren Personenkreis gehören.[258] Die Vergleichbarkeit setzt voraus, dass der Arbeitnehmer, dessen konkreter Arbeitsplatz weggefallen ist, die Arbeit eines anderen Arbeitnehmers, dessen Arbeitsplatz noch besteht, übernehmen kann. Zunächst müssen die Mitarbeiter gegeneinander austauschbar sein, was sich in erster Linie nach arbeitsplatzbezogenen Merkmalen bestimmt, d.h. objektiv nach der ausgeübten Tätigkeit.[259] Maßgeblich hierfür ist zum einen der Arbeitsvertrag des Arbeitnehmers und zum anderen richtet sich die Vergleichbarkeit nach dem Anforderungsprofil des Arbeitsplatzes. Sind die Arbeitsplätze nur partiell identisch oder handelt sich um eine andersartige Tätigkeit, dann ist zu prüfen, ob der Arbeitnehmer, dessen Arbeitsplatz weggefallen ist, diese aufgrund seiner individuellen Ausbildung und seiner fachlichen Qualifikation übernehmen kann.[260]

Andererseits muss auch eine Vergleichbarkeit im engeren Sinne gegeben sein. Daran fehlt es, wenn der Arbeitgeber den Arbeitnehmer nicht einseitig im Wege des Direktionsrechts

---

[255] BAG vom 22.5.1986, AP Nr. 4 zu § 1 KSchG 1969 Konzern. Siehe auch Lück, Probleme der Sozialauswahl nach § 1 III KSchG, Frankfurt am Main, Berlin, New York, Paris, Wien, 1993, S. 20; Künzl, Probleme der Sozialauswahl bei betriebsbedingter Kündigung, ZTR 1996, S. 385, 386.

[256] BAG vom 5.5.1994, 2 AZR 917/93, NZA 1994, S. 1023; BAG vom 13.5.1995, 2 AZR 954/94, BB 1996, S. 276.

[257] Ascheid / Preis / Schmidt, Großkommentar zum Kündigungsrecht (GKzKR), München, 2000, § 1 KSchG, Rn. 666.

[258] BAG vom 22.5.1986, AP Nr. 4 zu § 1 KSchG 1969 Konzern.

[259] Vgl. BAG vom 3.12.1998, 2 AZR 725/97.

[260] BAG vom 29.3.1990, AP Nr. 50 zu § 1 KSchG 1969 Betriebsbedingte Kündigung; vgl. Preis, Arbeitsrecht, S. 655.

auf einen anderen Arbeitsplatz um- oder versetzen kann.[261] Das bedeutet, dass nur eine horizontale Sozialauswahl in Betracht kommt.[262] Der Vergleich vollzieht sich insoweit nur auf derselben Ebene der Betriebshierarchie.[263] Es ist nicht möglich eine Sozialauswahl zwischen Arbeitnehmern, die auf unterschiedlicher betriebshierarchischer Ebene stehen, vorzunehmen, weil es insoweit an der Austauschbarkeit fehlt.[264] Schließlich ist zu berücksichtigen, dass Arbeitnehmer, die besonderen gesetzlichen Kündigungsschutz genießen (z.B. werdende Mütter, Schwerbehinderte), nicht in die Sozialauswahl einzubeziehen sind. Das gilt auch für Arbeitnehmer, die durch eine einzel- oder tarifvertragliche Vereinbarung gegen ordentliche arbeitgeberseitige Kündigungen geschützt sind.[265]

c.2) **Sozialauswahl bei teilzeitbeschäftigten Arbeitnehmern**: Besondere Schwierigkeiten ergeben sich hinsichtlich der Sozialauswahl zwischen Vollzeit- und Teilzeitarbeitneh-mern.[266] Die Frage, ob und in welcher Weise das Arbeitsvolumen die soziale Auswahl bei betriebsbedingten ordentlichen Kündigungen beeinflußt,[267] oder nach dem Verhältnis zwischen dem Benachteiligungsverbot des § 4 Abs. 1 TzBfG einerseits und der unter-nehmerischen Entscheidungsfreiheit hinsichtlich der Beschäftigung von Voll- oder Teilzeit-kräften andererseits stellt ein Grundproblem der Sozialauswahl zwischen Arbeitnehmern mit unterschiedlichem individuellen Arbeitsvolumen dar.[268] Diese Problematik bei der Sozialauswahl zwischen Arbeitnehmern mit unterschiedlicher Arbeitszeit könnte beispiel-weise vorkommen, wenn ein Beschäftigungsvolumen im Umfang einer Vollzeitstelle wegfällt und als potentielle Kündigungsadressanten entweder zwei besonders schutz-bedürftige Teilzeitkräfte in Betracht kommen, die die weggefallene

---

[261] BAG vom 17.9.1998, 2 AZR 725/97, BB 1999, S. 961; bestätigt BAG vom 17.2.2000, 2 AZR 142/99, BB 2000, S. 1148. Siehe Bauer / Klein, BB 1999, S. 1162.

[262] BAG vom 7.2.1985, AP Nr. 9 zu § 1 KSchG 1969 Soziale Auswahl; BAG vom 29.3.1990, 2 AZR 369/89, BB 1990, S. 705. Auch Kiel, GKzKR, § 1KSchG, Rn. 672.

[263] Vgl. Tschöpe, BB 2000, S. 2633; Hueck / v. Hoyningen-Huene, KSchG, § 1 Rn. 445; Lück, S. 72.

[264] BAG vom 7.2.1985, AP Nr. 9 zu § 1 KSchG 1969 Soziale Auswahl; BAG vom 29.3.1990, 2 AZR 369/89.

[265] Preis, Arbeitsrecht, S. 656.

[266] Zum Thema u.a.: Buschmann / Dieball / Stevens-Bartol, TZA, S. 298-300; Bütefisch, Die Sozialauswahl. Praxisorientierte Darstellung der §§ 1 Abs. 3, 4 KSchG und 125 Abs. 1 S. 1 Nr. 2 InsO, Köln 2000, S. 160 ff.; Geng-Schenq Lin, Die Gleichbehandlung von Teilzeitbeschäftigten, S. 218 ff.; Hueck / v. Hoyningen-Huene, KSchG, § 1 Rn. 443 ff.; Lück, S. 78 ff.; Nebendahl, S. 17-18; Rühle, Die Sozialauswahl bei Arbeitnehmern mit unterschiedlicher Arbeitszeit, DB 1994, S. 834 ff.; Schüren, MünchHdb-ArbR, § 162, Rn. 216; Tschöpe, BB 2000, S. 2633-2534; Bauer / Klein, BB 1999, S. 1162 ff.; Kiel, GKzKR, § 1 KSchG, Rn. 681-686.

[267] So Oetker, Anm. BAG vom 3.12.1998, RdA 1999, S. 267.

Tätigkeit bislang jeweils mit der halben betriebsüblichen Stundenzahl erledigt haben, oder ein sozial stärkerer Vollzeitbeschäftigter.[269]

Die Schrifttum ist darüber nicht einig. Nach einer Meinung[270] ist der Arbeitgeber in einem derartigen Fall aufgrund des Gleichbehandlungsgebots des § 4 TzBfG (ex § 2 Abs. 1 BeschFG) zu einer Sozialauswahl zwischen den Arbeitnehmern mit unterschiedlichem individuellen Arbeitsvolumen verpflichtet. Demgemäß besteht auch gegenüber Teilzeitarbeitnehmern die Verpflichtung zur sozialen Auswahl. Umgekehrt sind etwa bei der Kündigung von Vollzeitbeschäftigten auch Teilzeitbeschäftigte grundsätzlich in die Sozial-auswahl einzubeziehen.[271] Die arbeitsvertragliche Anbindung bezieht sich nur auf die inhaltlich geschuldete Leistung und nicht auf die Dauer und Lage der Arbeitszeit. Teilzeitkräfte sind deshalb grundsätzlich zu dem Kreis vergleichbarer Arbeitnehmer zu rechnen. Bei gleicher Arbeitskapazität ist ohne Berücksichtigung von Teilzeit und Vollzeit allein nach sozialen Gesichtspunkte auszuwählen.[272] Das LAG Köln[273] bestätigte in seiner Entscheidung vom 20. August 1993 diese Position und hat festgestellt, dass die Vergleichbarkeit verschiedener Arbeitnehmer nicht wegen deren unterschiedlicher Arbeitszeit entfällt.[274]

Dagegen meinen Reinfelder und Zwanziger,[275] dass Arbeitnehmer mit unterschiedlicher Arbeitszeit im Rahmen der Sozialauswahl nur dann miteinander vergleichbar seien, wenn der Arbeitgeber lediglich das Stundenbudget kürzen wolle und die Verteilung der Arbeits-

---

[268] Bütefisch, S. 161.
[269] Vgl. Rühle, DB 1994, S. 836; Bütefisch, S. 162. Siehe Beispiel Nr. 1 bei Bauer / Klein, BB 1999, S. 1163.
[270] Reinfelder / Zwanziger, DB 1996, S. 680; Hueck / Hoyningen-Huene, KSchG, § 1 Rn. 443; Geng-Schenq Lin, S. 220.
[271] Buschmann / Dieball / Stevens-Bartol, TZA, S. 298.
[272] Kiel, GKzKR, § 1 KSchG, Rn. 681.
[273] LAG Köln vom 20.8.1993, 12 Sa 380/93, LAGE § 1 KSchG Soziale Auswahl Nr. 8, DB 1994, S. 147.
[274] Kritisch Rühle, DB 1994, S. 836-837. Nach Ansicht von Rühle beeinflußt die Bereitschaft des Arbeitnehmers, Dauer und Lage der Arbeitszeit zu verändern, die Vergleichbarkeit als Voraussetzung für die Sozialauswahl. Deswegen sei der Arbeitgeber verpflichtet, vor Ausspruch betriebsbedingter Kündigungen bei vergleichbaren Arbeitnehmer mit unterschiedlicher Arbeitszeit die sozial schwächeren Arbeitnehmer zu fragen, ob sie gegebenenfalls bereit seien, auf dem verbleibenden Arbeitsplatz mit veränderten Arbeitszeiten zu arbeiten. Seien die befragten Arbeitnehmer dazu bereit, so müsse der Arbeitgeber die sozial stärkeren Arbeitnehmer kündigen. Bei fehlender Bereitschaft zur Weiterbeschäftigung mit veränderter Arbeitszeit fehle auch die Vergleichbarkeit mit den sozial stärkeren Arbeitnehmern. Fälle ihr Arbeitsplatz weg, so könnten sie gegebenenfalls vorrangig gekündigt werden.
[275] Reinfelder / Zwanziger, DB 1996, S. 679.

zeit auf einzelne Arbeitnehmer nicht entscheidend sei. Bei Vorliegen betriebsbedingter Gründe für eine bestimmte Arbeitszeitgestaltung seien Arbeitnehmer mit abweichender Arbeitszeit nicht vergleichbar. Insbesondere sei der Arbeitgeber nicht verpflichtet, die Arbeitsbedingungen zu ändern, damit sie vergleichbar werden. In selbem Sinne meinen Bauer und Klein,[276] dass bei Arbeitnehmern mit unterschiedlichen Arbeitszeiten dies konsequenterweise dazu führt, dass eine Sozialauswahl zwischen ihnen trotz vergleichbarer inhaltlicher Tätigkeit ausscheide, da die einseitige Festlegung der Arbeitszeitdauer mittels Direktionsrechts (abgesehen von eng begrenzten Ausnahmefällen)[277] nicht möglich sei. Grundsätzlich liege die Vergleichbarkeit von Tätigkeiten nur dann vor, wenn die Tätigkeit eines anderen Beschäftigten dem zu kündigenden Arbeitnehmer im Wege des Direktions-rechts übertragen werden könnte. Außerhalb des Direktionsrechts könne ein Austausch von Arbeitnehmern mit unterschiedlicher Arbeitszeit jedoch nur durchgeführt werden, wenn einvernehmlich oder durch Ausspruch einer Änderungskündigung die vertraglichen Grundlagen geändert werden.

- **Die Entscheidung des BAG vom 3. Dezember 1998**: Dieses Urteil des BAG ist zum Thema der Sozialauswahl zwischen Arbeitnehmern mit unterschiedlichen Arbeitszeiten besonders relevant. Das BAG[278] hat in dieser Entscheidung die Frage nach der Vergleichbarkeit von Vollzeit- und Teilzeitarbeitnehmer bei der Sozialauswahl differenziert unter Berücksichtigung der betrieblichen Organisation beantwortet. In diesem Kontext hat das BAG festgestellt, dass wenn der Arbeitgeber eine Organisationsentscheidung getroffen hat, aufgrund derer für bestimmte Arbeiten Vollzeitkräfte vorgesehen sind, die Entscheidung als freie Unternehmerentscheidung nur darauf überprüft werden kann, ob sie offenbar unsach-lich, unvernünftig oder willkürlich ist. Liegt danach eine bindende Unternehmerentschei-dung vor, sind bei der Kündigung einer Teilzeitkraft die Vollzeitkräfte nicht in die Sozialauswahl einzubeziehen. Will der Arbeitgeber demgegenüber in einem bestimmten Bereich lediglich die Zahl der insgesamt geleisteten Arbeitsstunden abbauen, ohne dass eine derartige Organisationsentscheidung vorliegt, sind

[276] Bauer / Klein, BB 1999, S. 1162.
[277] BAG vom 12.12.1984, 7 AZR 509/83, BB 1985, S.731.

sämtliche in dem betroffenen Bereich beschäftigten Arbeitnehmer ohne Rücksicht auf ihr Arbeitszeitvolumen in die Sozial-auswahl einzubeziehen.[279]

Kann der Arbeitgeber zur Rechtfertigung der unterschiedlichen Arbeitszeiten der betroffenen Arbeitnehmer keine innerbetriebliche Organisationsentscheidung anführen, ist davon auszugehen, dass lediglich insgesamt eine Überkapazität im Betrieb abgebaut wird. In diesem Fall sind alle Arbeitnehmer mit vergleichbarer inhaltlicher Tätigkeit in die Sozialauswahl einzubeziehen, ohne Rücksicht darauf, mit welcher vertraglichen Arbeitszeit sie beschäftigt werden. Die Beendigungs- oder Änderungskündigung ist gegenüber dem sozial stärksten Arbeitnehmer auszusprechen.[280] Schließlich hat das BAG festgestellt, dass Arbeitnehmer, deren Arbeitsplätze aus betriebsbedingten Gründen ersatzlos wegfallen, keinen Anspruch auf vertragliche Änderung der Arbeitszeit haben, um so die Vergleich-barkeit mit anderen Mitarbeitern herbeiführen zu können. Der Arbeitgeber ist auch nicht verpflichtet, ein entsprechendes Änderungsangebot zu unterbreiten. Selbst wenn sich Arbeitgeber und Arbeitnehmer über die Änderung der vertraglichen Arbeitszeit einig sind, können sie auf diese Weise nicht den Kreis der in die Sozialauswahl einzubeziehenden Arbeitnehmer erweitern, wenn die Einigung erst nach der zum Wegfall des Arbeitsplatzes führenden Unternehmerentscheidung zustande kommt. Es würde sich hierbei um einen unzulässigen Vertrag zu Lasten Dritter, nämlich zu Lasten des sozial starken Arbeit-nehmers handeln, der wegen der unterschiedlichen vertraglichen Arbeitszeiten bisher nicht in die Sozialauswahl einzubeziehen war.[281]

Nach Ansicht des 2. Senats[282] befindet sich diese Entscheidung in Einklang mit dem Sinn und Zweck des § 1 Abs. 3 KSchG. Das KSchG sieht als geschütztes Rechtsgut den Arbeitsplatz und die Betriebszugehörigkeit des Arbeitnehmers an, die die Grundlagen seiner sozialen und wirtschaftlichen Existenz bilden. Insoweit greift das KSchG in die unternehmerische Freiheit ein und sucht einen Ausgleich der gegenläufigen Interessen von Arbeitgeber und Arbeitnehmer herbeizuführen. An diesem Normzweck hat das BAG in

[278] BAG vom 3.12.1998, 2 AZR 725/97, NZA 1999, S. 431.
[279] BAG vom 3.12.1998, Leitsatz und Gr. II.4.a, b.
[280] BAG vom 3.12.1998, Gr. II. 4.b.
[281] BAG vom 3.12.1998, Gr. II. 4.a.

seiner bisherigen Rechtsprechung[283] die Auslegung des Gesetzes ausgerichtet und als geschütztes Rechtsgut das Arbeitsverhältnis mit seinem im Zeitpunkt der Kündigung bestehenden Inhalt angesehen. Aus diesen Gründen geht es nicht an, dem Arbeitnehmer im Wege der Sozialauswahl zu ermöglichen, das Arbeitsverhältnis mit seinem im Zeitpunkt der Kündigung bestehenden Inhalt hinsichtlich seiner einzelnen Arbeitsbedingungen anders zu gestalten oder zu „verbessern". Darauf läuft es im Ergebnis hinaus, wenn Teilzeit-arbeitnehmer aufgrund ihrer Bereitschaftserklärung und der damit hergestellten Vergleich-barkeit zu Vollzeitarbeitnehmer erzielen. Das führt zu einer Verbesserung, jedenfalls einer Änderung der Arbeitsbedingungen, die durch das KSchG, das dem Erhalt des Arbeitsver-hältnisses mit dem bisherigen Inhalt dienen soll, nicht gedeckt ist.

Außerdem hat das BAG klargestellt, dass das Benachteiligungsverbot gegenüber Teilzeit-arbeitnehmern des § 2 BeschFG (§ 4 TzBfG n.F.), das für den Arbeitgeber eine gesetzliche Kündigungsbeschränkung, d.h. ein gesetzliches Verbot im Sinne von § 134 BGB darstelle, durch die vertretene Beschränkung der Vergleichbarkeit auf den Umfang des Direktions-rechts nicht verletzt werde.[284] Die fehlende Vergleichbarkeit des Teilzeit- gegenüber des Vollzeitarbeitnehmers liege allein in den Besonderheiten des Arbeitsvertrages. Der Teilzeitarbeitnehmer werde nicht um die Dauer ihrer Arbeitszeit willen benachteiligt, nicht diese bilde das soziale Auswahlkriterium, sondern die auf private, eigene Wünsche zurückführende besondere Vertragsgestaltung und die damit verbundene eingeschränkte, durch einseitiges Direktionsrecht nicht mehr ermöglichte Einsetzbarkeit auf Vollzeitarbeits-posten schlösse die Vergleichbarkeit aus. Anders wäre nur zu entscheiden, wenn der Arbeitgeber bei Kündigungsgründen, die sich gleichermaßen auf Teilzeit- und Vollzeit-kräfte beziehen, lediglich Teilzeitarbeitnehmer entließe, ohne dass hierfür sachliche Gründe bestünden. Im übrigen gelte nichts anders für Vollzeitbeschäftigte, die sich ihrerseits nicht auf ihre Vergleichbarkeit mit

[282] BAG vom 3.12.1998, Gr. Nr. 4 a, bb.
[283] Vgl. BAG vom 29.3.1990, 2 AZR 369/89, BB 1990, S. 143.
[284] BAG vom 3.12.1998, Gr. Nr. 4 a. dd.

Teilzeitbeschäftigten berufen könnten, wenn die Herstellung der Vergleichbarkeit eine Vertragsänderung erfordern würde.

- **Auffassungen in der arbeitsrechtlichen Literatur über die Entscheidung des BAG:** Nach Ansicht von Oetker[285] ist mit dem Urteil vom 3. Dezember 1998 die Lösung der durch die Teilzeitarbeit aufgeworfenen Probleme für die Sozialauswahl zwangsläufig vorbestimmt. Die neue Entscheidung des BAG führe eine nunmehr gefestigte Rechtsprechung fort, die soziale Auswahl zusätzlich durch eine vertragsbezogene Komponente zu ergänzen. Angesichts des auf das Direktionsrecht des Arbeitgebers bezogenen Ausgangspunktes sei diese weitere Eingrenzung des auswahlrelevanten Personenkreis zwingend, da die arbeitsvertraglichen Rahmenbedingungen der Versetzbarkeit des Arbeitnehmers eine Schranke setzten, die der Arbeitgeber nicht einseitig durch Ausübung seines Direktionsrecht überwinden könne.

Stets dann, wenn das Arbeitszeitvolumen des sozial schutzbedürftigen Arbeitnehmers niedriger sei als das desjenigen Arbeitnehmers, der auf dem anderen Arbeitsplatz beschäftigt sei, könnte der Arbeitgeber den sozial schutzbedürftigen Arbeitnehmer nicht einseitig im Wege des Direktionsrechts versetzen. Dies würde stets voraussetzen, dass zuvor das Arbeitsvolumen dieses Arbeitnehmers einseitig mittels Änderungskündigung oder einvernehmlich erhöht werde. Als Alternative käme nur in Betracht, dass dem anderen Arbeitnehmer eine Änderungskündigung ausgesprochen werde, damit das auf dem anderen Arbeitsplatz anfallende Arbeitsvolumen nunmehr statt von einem Arbeitnehmer von zwei Arbeitnehmern ausgefüllt werde. Insoweit habe der 2. Senat mit Recht darauf abgestellt, dass es sich bei der Frage, mit wieviel Arbeitnehmern ein Arbeitsplatz ausgefüllt werde, um eine unternehmerische Entscheidung handelt, die nicht über das Kündigungsschutzrecht korrigiert werden dürfe. Die Arbeitsrechtordnung böte hierfür andere, vornehmlich im kollektiven Arbeitsrecht beheimate Instrumente.[286]

---

[285] Oetker, RdA 1999, S. 268.
[286] Oetker, RdA 1999, S. 268.

Andererseits wird dagegen von Bütefisch[287] die Ansicht vertreten, dass die Entscheidung des BAG auf systematische Bedenken stößt, wenn das BAG die Vergleichbarkeit zwischen Voll- und Teilzeitbeschäftigten bereits dann ausschließe, wenn nach der unternehmerischen Konzeption Arbeitnehmer mit einem bestimmten Arbeitsvolumen zur Erledigung der fort-bestehenden Aufgaben vorgesehen seien. Entgegen der Ansicht des BAG entfiele die Vergleichbarkeit zwischen Arbeitnehmern mit unterschiedlichem individuellen Arbeits-volumen lediglich dann, wenn aufgrund einer unternehmensinternen Organisationsänderung die Beschäftigungsmöglichkeit für Arbeitnehmer mit einem bestimmten Beschäftigungs-volumen definitiv wegfalle.[288] Dies sei der Fall, wenn die Unternehmerentscheidung auf zeitliche Einschränkungen der innerbetrieblichen Abläufe gerichtet sei, zu denen die unmittelbar kündigungsbedrohten Arbeitnehmer eingesetzt seien.

Sehe die unternehmerische Konzeption ohne derartige zwingende Notwendigkeit eine bestimmte Verteilung der Arbeit auf Voll- und Teilzeitbeschäftigte vor, bleibe die Vergleichbarkeit von Arbeitnehmern mit unterschiedlichem Arbeitsvolumen hiervon unberührt. Da allein die Entscheidung über die Verteilung des Beschäftigungsvolumens auf Voll- und Teilzeitbeschäftigte keine Kündigung zu rechtfertigen ermögliche,[289] sei sie auch bei der Bestimmung des auswahlrelevanten Personenkreis, der sich mittelbar aus dem Inhalt der Unternehmerentscheidung ergebe, außer acht zu lassen. Nach Auffassung von Bütefisch[290] handelt es sich vielmehr bei der Frage, ob der Personalüberhang durch die Entlassung von Vollzeit- oder Teilzeitkräften abgebaut werden soll, um eine möglicherweise von der Rangfolge der sozialen Schutzbedürftigkeit abweichende personelle Zuordnung des Kündi-gungsgrundes. Dies sei typischerweise Gegenstand des § 1 Abs. 3 Satz 2 KSchG.[291] Darüber hinaus bleibe nicht klar, welche inhaltlichen Anforderungen an eine solche Konzeption des BAG zu stellen seien, die die Entlassung eines Arbeitnehmers mit einem bestimmten individuellen Arbeitsvolumen trotz seiner

[287] Bütefisch, S. 162-163.
[288] Vgl. Hueck / v. Hoyningen-Huene, KSchG, § 1 Rn. 443a.
[289] LAG Hamm vom 26.9.1996, 8 Sa 162/96, LAGE § 2 KSchG Nr. 23.
[290] Bütefisch, S. 163-164.

höheren sozialen Schutzbedürftigkeit ermögliche. Das BAG habe in dieser Hinsicht offensichtlich keine strengen Maßstäbe angelegt.[292] Die Notwendigkeit einer strikten Kontrolle ergebe sich nicht nur aus den Wertungen des § 1 Abs. 3 Satz 2 KSchG, sondern insbesondere aus dem Diskrimi-nierungsverbot des § 4 Abs. 1 TzBfG.[293]

Andererseits sind Bauer und Klein[294] der Meinung, dass die Entscheidung des BAG vom 3. Dezember 1998 sich von der bisherigen ständigen Rechtsprechung löst. Vergleichbarkeit in Sinne von § 1 Abs. 3 KSchG liege dann nicht vor, wenn der Arbeitgeber den Arbeitnehmer nicht einseitig auf einen anderen Arbeitsplatz versetzen könne.[295] Nunmehr stünde fest, dass vertragliche Arbeitszeitregelungen die Sozialauswahl nur dann beschränken, wenn dahinter ein organisatorisches Konzept stünde. Dieses innerbetriebliche Organisations-konzept müsse der Arbeitgeber substantiiert darlegen. Damit werde die Vortragslast des Arbeitgebers im Kündigungsschutzprozess erweitert. Fraglich sei jedoch, wie die inner-betriebliche Organisationsentscheidung auszusehen habe, um als freie Unternehmens-entscheidung anerkannt zu werden und die Sozialauswahl bei Arbeitnehmern mit unter-schiedlicher Arbeitszeit zu begrenzen. Letztlich werde neben der gesetzlichen Regelung des § 1 Abs. 3 KSchG ein neuer Ausnahmetatbestand geschaffen. Hinsichtlich jedes Arbeitnehmers, für den der Arbeitgeber darlegen könne, dass hinter seiner vertraglich vereinbarten Arbeitszeit ein innerbetriebliches Organisationskonzept stünde, scheide die Sozialauswahl aus. Darüber hinaus sei lediglich, wenn der Arbeitgeber sich gar nicht geäußert habe oder er ausdrücklich vortrüge, er habe nur eine Überkapazität abbauen wollen, ohne dass es ihm auf bestimmte Arbeitszeitstrukturen im Betrieb ankomme, seine Beschäftigten mit unterschiedlichen Arbeitszeiten nach sozialen Kriterien miteinander zu vergleichen. Wie das aber in der Praxis funktionieren solle, sei von dem BAG nicht klargestellt worden und darin liege der größte Mangel der Entscheidung.

---

[291] Im selben Sinne LAG Berlin vom 3.4.1998, 12 Sa 168/97, AuA 1999, S. 186; Vorinstanz zu BAG vom 3.12.1998, 2 AZR 341/98.

[292] Vgl. BAG vom 24.4.1997, AP Nr. 42 zu § 2 KSchG 1969. In diesem Urteil hat das BAG an eine Unternehmerentscheidung, die sich allein auf die Arbeitszeitgestaltung bezog, strenge Anforderungen gestellt.

[293] So Bütefisch, S. 165.

[294] Bauer / Klein, BB 1999, S. 1164-1165.

[295] Siehe BAG vom 29.3.1990, BB 1990, S. 705; BAG vom 17.9.1998, BB 1999, S. 961.

Eine praktische Anwendung[296] der von dem BAG formulierten Kriterien zeige, dass der 2. Senat letztlich bei der Sozialauswahl zwischen Arbeitnehmern mit unterschiedlicher Arbeitszeit entgegen eigenem Bekunden (Gründe II 4.a.aa) zwei verschiedene Realitäten vergleiche, denn die Voraussetzungen, unter denen gegenüber Teilzeitarbeitnehmern eine Beendigungskündigung ausgesprochen werden könne, seien andere als die, unter denen gegenüber Vollzeitkräften eine Änderungskündigung vorgenommen werden könne.[297] Hier zeige sich die Unbrauchbarkeit des Konzepts des BAG. Wegen der unterschiedlichen Anforderungen an die Wirksamkeit einer Beendigungs- und einer Änderungskündigung sei selbst in dem der Entscheidung vom 3. Dezember 1998 zugrundeliegenden Fall eine Sozialauswahl nicht möglich, da sie ihrerseits den Arbeitgeber zu einer möglicherweise unwirksamen Änderungskündigung zwingen würde.[298]

- **Die Entscheidung des EuGH vom 26. September 2000:** Trotz der Kritiken an der Entscheidung des BAG vom 3. Dezember 1998 ist zu beachten, dass die fehlende Vergleichbarkeit zwischen Vollzeit- und Teilzeitarbeitnehmer bei der Sozialauswahl auf der europäischen Ebene bestätigt wurde. Der EuGH[299] hat in seinem Urteil vom 26. September 2000 entschieden, dass Art. 2 Abs. 1 und Art. 5 Abs. 1 der Richtlinie 76/207/EWG[300] einer Auslegung einer nationalen Bestimmung wie § 1 Abs. 3 KSchG

---

[296] Bauer / Klein, BB 1999, S. 1165 stellen das folgende Beispiel vor: Der Arbeitsplatz der Teilzeitbeschäftigten A (25 Wochenstunden) fällt ersatzlos weg. Mit inhaltlich vergleichbarer Tätigkeit werden im Betrieb noch zwei Vollzeitkräfte: B und C (38 Wochenstunden) beschäftigt. Die Teilzeitbeschäftigte A ist die sozial schwächste Mitarbeiterin, während die Vollzeitkraft C die sozial stärkste Beschäftigte ist. B liegt dazwischen. Nach Ansicht des BAG müsste nun gegenüber C eine Änderungskündigung von 38 auf 13 Wochenstunden ausgesprochen werden. Diese Änderungskündigung sei sozial gerechtfertigt (Gründe II 4.b).

[297] Eine Änderungskündigung voraussetzt eines dringenden betrieblichen Erfordernisses und zusätzlich, dass die Änderung der Arbeitsbedingungen vom betroffenen Arbeitnehmer billigerweise hinzunehmen sei. So BAG vom 19.5.1993, AP Nr. 31 zu § 2 KSchG 1969, BB 1993, S. 2020.

[298] Bauer / Klein, BB 1999, S. 1166.

[299] EuGH vom 26.9.2000, Rs. C-322/98 (Bärbel Kachelmann / Bankhaus Hermann Lampe KG); NZA 2000, S. 1155 ff.

[300] Richtlinie des Rates vom 9.2.1976, zur Verwirklichung des Grundsatzes der Gleichbehandlung von Männern und Frauen hinsichtlich des Zugangs zur Beschäftigung, zur Berufsbildung und zum beruflichen Aufstieg sowie in Bezug auf die Arbeitsbedingungen; ABlEG Nr. L 39 vom 14.2.1976, S. 40. Gemäß Art. 2 Abs. 1 der Richtlinie beinhaltet der Grundsatz der Gleichbehandlung im Sinne der Bestimmungen der Richtlinie, dass keine unmittelbare oder mittelbare Diskriminierung aufgrund des Geschlechts – insbesondere unter Bezugnahme auf den Ehe- oder Familienstand – erfolgen darf. Art. 5 Abs. 1 der Richtlinie bestimmt: „Die Anwendung des Grundsatzes der Gleichbehandlung hinsichtlich der Arbeitsbedingungen einschließlich der Entlassungsbedingungen beinhaltet, daß Männern und Frauen dieselbe Bedingungen ohne Diskriminierung aufgrund des Geschlechts gewährt werden“.

nicht entgegenstehen, nach der teilzeit- und vollzeitbeschäftigte Arbeitnehmer bei der sozialen Auswahl, die der Arbeitgeber bei der betriebsbedingten Streichung eines Teilzeitarbeitsplatzes vorzunehmen hat, generell nicht vergleichbar sind.

Das LAG Hamburg[301] hat dem EuGH die Frage zur Vorabentscheidung vorgelegt, ob Art. 5 Abs. 1 Richtlinie 76/207/EWG dahin auszulegen sei, dass teilzeitbeschäftigte Arbeitnehmerinnen bei Anwendung des § 1 Abs. 3 KSchG im Rahmen der sozialen Auswahl als mit vollzeitbeschäftigten Arbeitnehmern/Arbeitnehmerinnen vergleichbar anzusehen seien, wenn in einer Branche wesentlich mehr Männer als Frauen teilzeitbeschäftigt seien. Nach ständiger Rechtsprechung des EuGH enthält eine neutral gefasste innerstaatliche Regelung dann eine mittelbare Diskriminierung von Arbeitnehmerinnen, wenn sie tatsächlich einen wesentlich höheren Anteil von Frauen als von Männern benachteiligt, sofern diese unter-schiedliche Behandlung nicht durch objektive Faktoren gerechtfertigt ist, die nichts mit einer Diskriminierung aufgrund des Geschlechts zu tun haben.[302] Für den EuGH bedeutet zunächst die fehlende Vergleichbarkeit vollzeit- und teilzeitbeschäftigter Arbeitnehmer im Rahmen der in § 1 Abs. 3 KSchG vorgeschriebenen sozialen Auswahl für die Teilzeit-arbeitnehmer keinen unmittelbaren Nachteil, weil die Vollzeit- und Teilzeitbeschäftigten nämlich je nachdem, ob im konkreten Fall in einem Unternehmen ein Vollzeit- oder ein Teilzeitarbeitsplatz gestrichen wird, in gleicher Weise bevorzugt oder benachteiligt werden.[303]

Dass die fehlende Vergleichbarkeit Vollzeit- und Teilzeitarbeitnehmer im Rahmen der erforderlichen Sozialauswahl zu einer unterschiedlicher Behandlung zu Lasten der Teilzeitarbeitnehmer führe oder für sie einen mittelbaren Nachteil bedeute, wurde von dem EuGH abgelehnt. Der EuGH hat in seiner Entscheidung festgestellt, dass sich die Vergleichbarkeit von Arbeitsplätzen nach dem materiellen Inhalt der jeweiligen Arbeitsverträge richte. Dabei werde geprüft, ob der Arbeitnehmer, dessen Arbeitsplatz aus betrieblichen Gründen gestrichen werde, nach seinen beruflichen Qualifikationen und den

---

[301] Beschluß vom 24.7.1998.
[302] Vgl. EuGH vom 13.7.1989, Rs. 171/88 (Rinner-Kühn), Slg. 1989, S. 2743; EuGH vom 6.4.200, Rs. C-226/98 (Jorgensen), Slg. I 2000, Rn. 29.
[303] EuGH vom 26.9.2000, Rs. C-322/98, Rn. 26.

von ihm bisher im Unternehmen ausgeübten Tätigkeiten die anders geartete, aber gleichwertige Arbeit anderer Arbeitnehmer verrichten könnte. Die Anwendung dieser Kriterien könne zwar teilzeitbeschäftigte Arbeitnehmer mittelbar dadurch benachteiligen, dass die Vergleichbarkeit ihrer Arbeitsplätze mit denen vollzeitbeschäftigter Arbeitnehmer ausgeschlossen sei. Indessen würde die Bejahung einer Vergleichbarkeit Vollzeit- und Teilzeitarbeitnehmer im Rahmen der sozialen Auswahl (§ 1 Abs. 3 KSchG) zu einer Bevorzugung Teilzeitbeschäftigter und damit zu einer Benachteiligung vollzeitbeschäftigter Arbeitnehmer führen. Teilzeitarbeitnehmern wäre dann nämlich bei Streichung ihres Arbeitsplatzes die Umsetzung auf einen Vollzeitarbeitsplatz anzubieten, obgleich sie nach ihrem Arbeitsvertrag auf eine solche Umsetzung keinen Anspruch hätten.[304] Letztlich hat der EuGH festgestellt, dass die Frage, ob Teilzeitarbeitnehmer derart bevorzugt werden sollten, vom nationalen Gesetzgeber zu entscheiden sei, dem es allein obliege, im Arbeitsrecht zwischen den verschiedenen beteiligten Interessen einen billigen Ausgleich zu finden.[305]

Diese Entscheidung des EuGH ist sehr relevant, weil sie in Einklang mit der neuen Rechtsprechung des BAG vom 3. Dezember 1998 über die Sozialauswahl zwischen Arbeitnehmern mit unterschiedlichen Arbeitszeiten steht und weil sie die Kriterien über die Sozialauswahl auf den europäischen Ebene klargestellt hat.[306] Beide Entscheidungen schließen die Vergleichbarkeit von vollzeit- und teilzeitbeschäftigten Arbeitnehmer bei der Sozialauswahl aus, unter Berücksichtigung, dass eine solche Auswahl keine Verbesserung, jedenfalls einer Änderung des Arbeitsbedingungen, durch die Kündigung bedeuten kann. Allerdings bleiben noch viele praxisrelevante Fragen über die Durchsetzbarkeit der neuen Kriterien offen.

---

[304] EuGH vom 26.9.2000, Rs. C-322/98, Rn. 32-33.

[305] EuGH vom 26.9.2000, Rs. C-322/98, Rn. 34.

[306] Aus dem Grundsatz des gemeinschaftsfreundlichen Verhaltens (Art. 5 EGV) folgt, dass alle staatliche Organe - auch die Gerichte – das EG Recht in der vom EuGH gegebene Auslegung anzuwenden haben und verpflichtet sind, das nationale Recht unter Ausschöpfung vorhandener Regelungsspielräume so auszulegen, dass es mit dem Gemeinschaftsrecht in dem vom EuGH vorgegeben Auslegung übereinstimmt. In diesem Sinne: Schiek, Europäisches Arbeitsrecht, S. 36. Vgl. EuGH vom 6.2.1996, Rs. C-456/93 (Lewark) Slg. I 1996, S. 260; EuGH vom 6.10.1982, Rs. 283/80 (CILFT), Slg. 1982, S. 3412; EuGH vom 30.10.1975, Rs. 23/75 (Rey Soda) Slg. 1975, S. 1279.

Nach Ansicht von Dübbers[307] ist der Urteil des EuGH kritisierbar, weil es sich in dem Fall, der Objekt der Entscheidung war, nicht um die Gleichbehandlung von Mann und Frau handelte, sondern um die Gleichbehandlung von Arbeitnehmern mit unterschiedlichen Arbeitszeiten, was die tatsächliche Anwendung von Art. 141 EGV im Zweifel stelle und überforderte. Dies gelte um so mehr für den Bereich der Sozialauswahl bei betriebs-bedingter Kündigung, denn hier seien die Fronten nicht so klar wie bei der Frage des gleichen Lohns für gleiche Arbeit. Der EuGH hätte allenfalls zur Richtlinie über Teilzeit-arbeit Stellung nehmen können. Außerdem befindet sich die Entscheidung des EuGH nach Auffassung von Dübbers[308] im Widerspruch mit der Zielsetzung des neuen Rechts der Teilzeitarbeit, wie sie in den §§ 1, 11 TzBfG ebenso zum Ausdruck käme, wie im § 1 der Richtlinie 97/81/EG über Teilzeitarbeit. Die Teilzeitarbeit werde sich nur dann weiter verbreiten, wenn Teilzeit- und Vollzeitarbeit in Recht und in Gesellschaft als gleichwertig und eben deshalb als austauschbar angesehen würden. Nach dem neuen Recht sei die Frage, ob auf einem Arbeitsplatz Teilzeit- oder Vollzeitarbeit geleistet werden solle, nicht länger Gegenstand freier unternehmersicher Organisationsentscheidung. Nach dem Inkraft-treten des TzBfG stelle daher zukünftig schon das nationale Recht sicher, dass Teilzeit- und Vollzeitkräfte, sofern sie im übrigen vergleichbar seien, in eine gemeinsame Sozial-auswahl einbezogen werden müssen. Fraglich sei aber, wie sich dieses Ergebnis auch europäisch absichern ließe.

Dübbers[309] ist zuzustimmen, dass die heutige Gesetzgebung über Teilzeitarbeit neue Elemente eingefügt hat, die ohne Zweifel Auswirkungen in der Auslegung des Rechts der Teilzeitarbeit verursachen wird. Allerdings ist m.E. nicht ganz klar, ob die neue Regelungen die aktuelle Konzeption der freien unternehmerischen Entscheidung tatsächlich ändert und so einen relevanten Einfluß in der neuen Rechtsprechung über die Sozialauswahl von Arbeitnehmern mit unterschiedlichen Arbeitszeiten haben werden. In diesem Sinne hat die Analyse des § 7 Abs. 1 TzBfG klargestellt, dass trotz der Ausschreibungspflicht die wesentliche Entscheidungen über die Einführung von Vollzeit-

[307] Dübbers, Anm. zu EuGH vom 26.9.2000, ArbuR 2001, S. 23-24.
[308] Dübbers, ArbuR 2001, S. 23-24.
[309] Dübbers, ArbuR 2001, S. 23-24.

oder Teilzeitarbeit und die Organisation der Arbeitszeit im Betrieb noch in der Sphäre des Arbeitgebers bleiben. Diese unternehmerischen Entscheidungen bleiben also außerhalb der Inhaltskontrolle der Arbeits-gerichte - die möglicherweise in der Zukunft auch ganz sorgfältig in der Interpretation und Analyse des TzBfG sein werden - unter Voraussetzung, dass sie nicht willkürlich sind. Es ist jedoch zu erwarten, dass die zukünftigen Entscheidungen über das Thema der Sozial-auswahl zwischen Teilzeit- und Vollzeitarbeitnehmer die analysierten Kritiken über die praktische Anwendung der von dem BAG eingefügten Kriterien aufnehmen.

2.2. AUSSERORDENTLICHE KÜNDIGUNG

Charakteristisch für die außerordentliche Kündigung ist, dass sie grundsätzlich nicht der Einhaltung einer Frist bedarf und dass sie sowohl bei befristeten wie bei unbefristeten Arbeitsverhältnissen zulässig ist.[310] Die außerordentliche Kündigung ist prinzipiell auf die sofortige (fristlose) Beendigung des Arbeitsverhältnisses gerichtet.[311] Gemäß § 626 Abs. 1 BGB ist die außerordentliche Kündigung für beide Arbeitsvertragsparteien nur zulässig, wenn ein wichtiger Grund vorliegt. Außerdem muss erkennbar werden, dass es sich um eine außerordentliche Kündigung handelt.[312] Seit dem 1. Mai 2000 ist auch die Schriftform erforderlich.[313]

Der Begriff des wichtigen Grundes ist für das Dienst- und Arbeitsverhältnis in § 626 Abs. 1 BGB enthalten. Ein wichtiger Grund ist dann gegeben, wenn Tatsachen vorliegen, die unter Berücksichtigung aller Umstände und unter Abwägung der Interessen beider Vertragsteile dem Kündigenden die Fortsetzung des Vertragsverhältnisses unzumutbar machen.[314] Das BAG[315] geht bei der Überprüfung der Voraussetzungen des wichtigen Grundes davon aus, ob die Tatsachen überhaupt geeignet sind, einen wichtigen Grund zu bilden und im Rahmen der Zumutbarkeit alle Umstände des Einzelfalles bei der Interessenabwägung berücksichtigt und

[310] Zöllner / Loritz, S. 281.
[311] Dütz, Rn. 374.
[312] So BAG vom 13.1.1982, AP Nr. 2 zu § 620 BGB Kündigungserklärung, NJW 1983, S. 303.
[313] Hanau / Adomeit, S. 273.
[314] Vgl. Dütz, Rn. 387-389.
[315] BAG vom 2.3.1989, AP Nr. 101 zu § 626 BGB.

widerspruchfrei gewürdigt worden sind.[316] Andererseits hat das BAG[317] festgestellt, dass eine außerordentliche Kündigung nur in Betracht komme, wenn alle anderen, nach den jeweiligen Umständen möglichen und angemessenen milderen Mittel (z.B. Abmahnung, Versetzung, einverständliche Abänderung des Vertrages, außerordentliche Änderungskündigung oder ordentli-che Kündigung) erschöpft seien, das in der bisherigen Form nicht mehr haltbare Arbeits-verhältnis fortzusetzen. Die außerordentliche Kündigung sei nur zulässig, wenn sie die unaus-weichlich letzte Maßnahme (ultima ratio) für den Kündigungsberechtigten sei.

Die oben dargestellten allgemeinen Grundbegriffe der außerordentliche Kündigung gelten ohne Besonderheiten im Bereich der Teilzeitarbeit, so dass insoweit auf die für die vollzeitbeschäftigte Arbeitnehmer maßgeblichen Grundsätze verwiesen werden kann.[318]

3. BESONDERER KÜNDIGUNGSSCHUTZ

Als besonderer Kündigungsschutz werden diejenigen Kündigungsbeschränkungen bezeichnet, die nur bestimmten Arbeitnehmern mit besonderen Eigenschaften oder unter besonderen Voraussetzungen wegen erhöhter Schutzbedürftigkeit oder Schutzwürdigkeit zugute kommen.[319]

a) **Teilzeitarbeitnehmer mit betriebsverfassungs- oder personalvertretungsrechtlichen Funktionen**: Der in § 15 KSchG enthaltene besondere Kündigungsschutz für betriebsverfassungs- und personalvertretungsrechtliche Funktionsträger gilt uneingeschränkt für Teilzeitarbeitnehmer.[320] Der Kündigungsschutz ist in diesen Fällen allein an die Voraussetzung geknüpft, dass die Teilzeitarbeitnehmer Mitglieder der in § 15 KSchG genannten Vertretungsgremien sind. Der Umfang der vertraglich vereinbarten Arbeitszeit ist insoweit ohne Belang.[321] Durch § 15 KSchG werden die ordentliche Kündigung, die Individual-änderungskündigung und die Massenänderungskündigung ausgeschlossen. Nicht erfaßt wird die Beendigung des Arbeitsverhältnisses auf andere Weise als durch

[316] Vgl. Schaub, Arbeitsrechts-Handbuch, S. 1336; Preis, Arbeitsrecht, S. 703.
[317] BAG vom 30.5.1978, AP Nr. 70 zu § 626 BGB.
[318] Becker, GK-TzA, § 2 BeschFG, Rn. 291; Nebendahl, S. 18.
[319] Zöllner / Loritz, S. 316.
[320] Becker, GK-TzA, § 2 BeschFG, Rn. 292.
[321] Langmaack, S. 138.

Kündigung (z.B. Zeitablauf oder Anfechtung).[322] Für diese Arbeitnehmer ist lediglich die außerordentliche Kündigung unter den Voraussetzungen des § 626 BGB möglich und es ist außerdem die Zustimmung des Betriebsrates gemäß § 103 Abs. 1 BetrVG nötig. Bei verhaltensbedingte Kündigungen bedarf es der Untersuchung, ob der Pflichtverstoß allein den Arbeitsvertrag oder auch das Betriebsratsamt betrifft.[323] Wird dem Betriebsratsmitglied lediglich die Verletzung einer Amtspflicht zum Vorwurf gemacht, ist die Kündigung unzulässig und nur ein Ausschlussverfahren nach § 23 BetrVG möglich.[324] Es ist zum Thema auch relevant berücksichtigen, dass Art. 7 des Betriebsverfassungsreformgesetz[325] vom 28. Juli 2001 in § 15 KSchG einen weiteren Absatz eingefügt hat, durch den auch Arbeitnehmer, die zu einer Wahlversammlung einladen, Schutz gegen ordentliche Kündigungen genießen (§ 15 Abs. 3a KSchG).

b) **Kündigungsverbot gemäß § 11 TzBfG**: Nach dieser Vorschrift des TzBfG ist die Kündigung eines Arbeitsverhältnisses wegen der Weigerung eines Arbeitnehmers, von einem Vollzeit- in ein Teilzeitarbeitsverhältnis oder umgekehrt zu wechseln, unwirksam. Es handelt sich um ein besonderes Kündigungsverbot, das sich nur auf die Weigerung als solche bezieht.[326] Diese Regel konkretisiert die Umsetzung von § 5 Nr. 2 der Richtlinie 97/81/EG[327] und stellt ein besonderes Kündigungsverbot im Sinne des § 13 Abs. 3 KSchG dar, das daher auch Anwendung findet, wenn das Arbeitsverhältnis noch keine sechs Monate bestanden hat.[328]

Aus §§ 8 und 9 TzBfG kann sich ein Anspruch des Arbeitnehmers auf Verringerung bzw. Verlängerung der Arbeitszeit ergeben. Ob der Arbeitnehmer diesen Anspruch geltend macht und durchsetzt, bleibt ihm überlassen. Das Gesetz bietet ihm diese Möglichkeit nur an. Der Arbeitgeber kann den Arbeitnehmer deshalb nicht durch

---

[322] Dütz, Rn. 294.
[323] Vgl. BAG vom 16.10.1986, AP Nr. 95 zu § 626 BGB.
[324] Preis, Arbeitsrecht, S. 742.
[325] BGBl. I S. 1852.
[326] Preis / Gotthardt, DB 2000, S. 2069. Vgl. BAG vom 18.7.1996, 8 AZR 127/94, zu § 613a Abs. 4 BGB, DB 1996, S. 2288
[327] Es ist zu bemerken, dass, während die Richtlinie über Teilzeitarbeit nur formuliert, dass die Weigerung keinen Kündigungsgrund darstellt, § 11 TzBfG deutlicher vorschreibt, dass die darauf gestützte Kündigung unwirksam ist. Siehe: Preis / Gotthardt, DB 2000, S. 2069.
[328] So Kliemt, NZA 2001, S. 69.

Beendigungs- oder Änderungskündigung zur Inanspruchnahme seiner Rechte aus §§ 8 und 9 TzBfG zwin-gen.[329] Allerdings bleibt das Recht des Arbeitgebers zur Kündigung des Arbeitsverhält-nisses aus anderen Gründen unberührt (§ 11 Satz 2 TzBfG). Zulässig bleibt daher eine Beendigungs- oder Änderungskündigung vor allem aus dringenden betrieblichen, etwa wirtschaftlichen, technischen oder organisatorischen Gründen.[330] Eine unternehmerische Organisationsentscheidung, die eine Kündigung rechtfertigen kann, bleibt auch diejenige, keine Teilzeitkräfte, sondern nur noch Vollzeitkräfte zu beschäftigen. Um das Kündi-gungsverbot des § 11 TzBfG nicht leer laufen zu lassen, muss das Konzept aber von plausiblen wirtschaftlichen oder unternehmenspolitischen Gründen getragen sein, was bereits derzeit im Rahmen des Missbrauchskontrolle verlangt wird. Tragender Grund für eine Kündigung ist dann nämlich das unternehmerische Konzept, nicht aber die Weigerung des Arbeitnehmers. Ein Widerspruch zu § 8 TzBfG soll darin nicht liegen, da bei einem mit dem Betriebsablauf oder der betrieblichen Organisation begründetem Konzept betriebliche Gründe im Sinne von § 8 Abs. 4 Satz 2 dem Anspruch auf Teilzeit-beschäftigung entgegenstünden.[331]

c) **Kündigungsschutz der Schwerbehinderten**: Nach § 85 SGB IX bedarf die Kündigung des Arbeitsverhältnisses eines schwerbehinderten Menschen durch den Arbeitgeber der vorherigen Zustimmung des Integrationamtes. Das Integrationamt soll jedoch bei dieser Art Kündigung die Zustimmung gemäß des Verfahrens des § 87 SGB IX und unter Berücksichtigung der Einschränkungen nach § 89 SGB IX erteilen. Diese besondere Form der Kündigungsschutz gilt uneingeschränkt auch für Teilzeitarbeitnehmer, und zwar unabhängig vom Umfang der Arbeitszeit.[332]

d) **Wehrpflichtige und Zivildienstleistende**: Wehrpflichtige dürfen von der Zustellung des Einberufungsbescheids bis zur Beendigung des Grundwehrdienstes sowie während einer Wehrübung nicht ordentlich gekündigt werden (§ 2 Abs. 1 ArbPlSchG). Während des

[329] Buschmann / Dieball / Stevens-Bartol, TZA, S. 392.
[330] Siehe: BT-Drucks. 14/4374, S. 18.
[331] Preis / Gotthardt, DB 2000, S. 2069. Vgl. Rolfs, RdA 2001, S. 131-132; Hromadka, NJW 2001, S. 403; Schiefer, DB 2000, S. 2121; Kliemt, NZA 2001, S. 69; Worzalla / Will / Mailänder / Worch / Heise, § 11 TzBfG, Rn. 5.

Wehrdienstes ruht das Arbeitsverhältnis, d.h. das Arbeitsverhältnis besteht vor, nur die gegenseitigen Hauptleistungspflichten aus dem Arbeitsvertrag entfallen (§ 1 ArbPlSchG).[333] Der in § 2 Abs. 1 ArbPlSchG festgelegte Kündigungsschutz für Wehrpflichtige gilt auch für Teilzeitarbeitnehmer. Für Zivildienstleistende gilt gemäß § 78 Abs. 1 Nr. 1 Zivildienstgesetz die kündigungsrechtliche Vorschrift des § 2 ArbPlSchG entsprechend.[334]

e) **Mutterschutz**: Nach § 9 MuSchG ist die Kündigung einer Frau während der Schwangerschaft und bis zum Ablauf von vier Monaten nach der Entbindung grundsätzlich unzulässig, wenn dem Arbeitgeber zur Zeit der Kündigung der Schwangerschaft oder Entbindung bekannt war oder innerhalb von zwei Wochen nach Zugang der Kündigung mitgeteilt wird. Die Überschreitung dieser Frist ist dann für die Arbeitnehmerin unschädlich, wenn sie auf einem von der Frau nicht zu vertretenden Umstand beruht und die Mitteilung unverzüglich nachgeholt wird. Der Kündigungsschutz umfaßt sowohl die ordentliche wie die außerordentliche Kündigung.[335] Eine Ausnahme des allgemeinen Kündigungsverbots besteht nach § 9 Abs. 3 MuSchG nur dann, wenn die zuständige Behörde vor Ausspruch der Kündigung diese für zulässig erklärt hat. Dieses Kündigungsverbot gilt uneingeschränkt für die arbeitgeberseitige Kündigung eines Teilzeitarbeitsverhältnisses.[336]

f) **Kündigungsschutz während der Elternzeit**: Gemäß § 18 BErzGG darf der Arbeitgeber ein Arbeitsverhältnis ab dem Zeitpunkt, von dem an Elternzeit verlangt worden ist, höchstens jedoch acht Wochen vor Beginn der Elternzeit, und während der Elternzeit nicht kündigen.[337] In besonderen Fällen kann ausnahmsweise die Kündigung durch die für den Arbeitsschutz zuständige oberste Landesbehörde oder die von ihr bestimmte Stelle für zulässig erklärt werden. Hinsichtlich seines Geltungsbereichs bezieht sich der

---

[332] Vgl. Becker, GK-TzA, § 2 BeschFG, Rn. 295.
[333] Dütz, Rn. 298.
[334] Becker, GK-TzA, § 2 BeschFG, Rn. 296-297.
[335] Zöllner / Loritz, S. 318; Dütz, Rn. 295.
[336] Vgl. Langmaack, S. 138-139; Becker, GK-TzA, § 2 BeschFG, Rn. 293; Nebendahl, S. 15.

Sonder-kündigungsschutz auf die Kündigung des Arbeitsverhältnisses, das im Zeitpunkt des Antritts der Elternzeit bestanden hat, wie auch dasjenige, dass die Arbeitsvertragsparteien durch Vereinbarung von Teilzeitarbeit umgestaltet haben.[338] Das Kündigungsverbot besteht nur, wenn der Arbeitnehmer die Elternzeit angetreten oder auf treuwidriges Verhalten des Arbeitgebers nicht angetreten hat. Unberührt vom Kündigungsschutz ist die sonstige Beendigung des Arbeitsverhältnisses aus anderen Rechtsgründen.[339]

Nach dem BAG[340] bestehen die Kündigungsverbote nach § 9 Abs. 1 MuSchG und § 18 BErzGG nebeneinander, so dass der Arbeitgeber bei Vorliegen von Mutterschaft und zusätzlich Elternzeit für eine Kündigung der Zulässigerklärung der Arbeitsschutzbehörde nach beiden Vorschriften bedürfe. Das in § 18 Abs. 1 Satz 1 BErzGG enthaltene Kündigungsverbot gilt für solche Arbeitnehmer, die vor Inanspruchnahme von Elternzeit im Rahmen eines Teilzeitarbeitsverhältnis beschäftigt worden sind und während der Elternzeit ihre Arbeitsleistung bei dem bisherigen Arbeitgeber einstellen. Der Sonderkündigungs-schutz nach § 18 Abs. 1 Satz 1 BErzGG findet ebenfalls auf solche Arbeitnehmer Anwen-dung, die vor Inanspruchnahme von Elternzeit vollbeschäftigt waren und während der Elternzeit bei ihrem bisherigen Arbeitgeber Teilzeitarbeit leisten (§ 18 Abs. 2 Nr. 1 BErzGG). Das Kündigungsverbot des § 18 Abs. 2 Nr. 1 BErzGG setzt jedoch voraus, dass der Teilzeitarbeitnehmer einen Anspruch auf Elternzeit haben muss. Ein derartiger Anspruch steht aber nur solchen Teilzeitarbeitnehmern zu, die einen Anspruch auf Erziehungsgeld gemäß § 15 Abs. 1 BErzGG haben. Dies ist nur bei einer nach § 1 Abs. 1 Nr. 4 und § 2 Abs. 1 BErzGG zulässigen Teilzeitarbeit von weniger als 30 Stunden der Fall.[341]

---

337 Über die neuen Regelungen im BErzGG siehe: Lindemann / Simon, NJW 2001, S. 258 ff; Peters-Lange / Rolfs, NZA 2000, S. 682 ff.; Sowka, Der Erziehungsurlaub nach neuem Recht – Rechtslage ab 1.1.2001, NZA 2000, S. 1185 ff.; Leßmann, DB 2001, S. 94 ff.; Gaul / Wisskirchen, BB 2000, S. 2466.

338 Siehe § 15 Abs. 3 und 4 BErzGG.

339 Schaub, Arbeitsrechts-Handbuch, S. 1069.

340 BAG vom 31.3.1993, AP Nr. 20 zu § 9 MuSchG 1968.

341 Becker, GK-TzA, § 2 BeschFG, Rn. 299; Sowka, NZA 2000, S. 1190.

Andererseits erstreckt sich der Kündigungsschutz des § 18 BErzGG nicht auf ein Teilzeitarbeitsverhältnis, das ein Arbeitnehmer für die Dauer der Elternzeit mit einem anderen Arbeitgeber eingeht.[342] Lediglich das infolge der Elternzeit ruhende Arbeitsverhältnis wird durch den Sonderkündigungsschutz geschützt.[343] § 18 BErzGG ist auch zu beachten, wenn der Arbeitnehmer das Teilzeitarbeitsverhältnis unter Verstoß gegen § 15 Abs. 4 BErzGG ohne Zustimmung seines Arbeitgebers aufnimmt. Hat der Arbeitgeber seine Zustimmung berechtigterweise abgelehnt, so liegt in der Aufnahme der Teilzeitarbeit mit einem anderen Arbeitgeber ein schwerer Verstoß gegen die arbeitsvertraglichen Pflichten, so dass die Zulassung der Kündigung durch die zuständige Behörde gerechtfertigt ist.[344] Wenn ein Vollzeitarbeitsverhältnis während der Elternzeit in ein Teilzeitarbeitsverhältnis[345] umgewandelt wird (§ 15 Abs. 5 BErzGG), bezieht sich der besondere Kündigungsschutz des § 18 Abs. 2 Nr. 1 BErzGG sowohl auf den Bestand als auch den Inhalt des vereinbarten Teilzeitarbeitsverhältnisses. Der Arbeitgeber ist demgemäß nicht in der Lage ohne behördliche Zustimmung während der Elternzeit weder eine Beendigungs- noch eine Änderungskündigung zu erklären. Außerdem bezieht sich der Kündigungsschutz des § 18 Abs. 2 Nr. 1 auch auf das während der Elternzeit partiell suspendierte Vollzeitarbeitsverhältnis.[346] Die für die Dauer der Elternzeit befristet geänderten Arbeitsbedingungen sind infolgedessen durch einen besonderen Inhaltsschutz vor einseitigen Änderungen durch den Arbeitgeber geschützt. Dies steht auch in Einklang mit dem verfolgten familienpolitischen Gesetzeszweck.[347]

Nach § 18 Abs. 2 Nr. 2 BErzGG werden auch Teilzeitarbeitnehmer in den besonderen Kündigungsschutz einbezogen, die keine Elternzeit in Anspruch nehmen. Es handelt sich um solche Arbeitnehmer, die ohne Elternzeit in Anspruch zu nehmen, bei ihrem

---

[342] Gemäß des heutigen § 15 Abs. 4 BErzGG ist während der Elternzeit Erwerbstätigkeit zulässig, wenn die vereinbarte wöchentliche Arbeitszeit für jeden Elternteil in Elternzeit nicht 30 Stunden übersteigt. Teilzeitarbeit bei einem anderen Arbeitgeber oder als Selbständiger bedarf der Zustimmung des Arbeitgebers. Er kann sie nur innerhalb von vier Wochen aus dringenden Gründen schriftlich ablehnen.

[343] Schaub, Arbeitsrechts-Handbuch, S. 1069.

[344] Vgl. Langmaack, S. 140; Becker, GK-TzA, § 2 BeschFG, Rn. 300; Nebendahl, S. 15.

[345] Zum Thema siehe drittes Kapitel, erster Teil, Abschnitt III, Punkt 2.4.

[346] Kritisch Meisel / Sowka, Mutterschutz und Erziehungsurlaub, 4. Auflage, München, 1995, § 18 BErzGG, Rn. 16.

[347] GK-TzA, § 2 BeschFG, Rn. 303; Schüren, MünchHdb-ArbR, § 162, Rn. 238; Langmaack, S. 140.

Arbeitgeber Teilzeitarbeit leisten und Anspruch auf Erziehungsgeld haben oder nur deshalb keinen Anspruch auf Erziehungsgeld haben, weil ihr Einkommen die in § 5 Abs. 2 BErzGG festgelegte Einkommensgrenze übersteigt. Der besondere Kündigungsschutz besteht nicht, solange die betreffenden Teilzeitarbeitnehmer keinen Anspruch auf Elternzeit nach § 15 Abs. 1 BErzGG haben.[348] Im Falle des § 18 Abs. 2 Nr. 2 BErzGG könnte es möglich sein, dass der Arbeitgeber über den besonderen Kündigungsschutz des Teilzeitarbeitnehmer nicht in Kenntnis ist, und er den Teilzeitarbeitnehmer zu kündigen versucht. Das BErzGG enthält keine Regelung, wie zu erfahren ist, wenn der Arbeitgeber dem Teilzeitbeschäftigten in Unkenntnis des Kündigungsschutzes kündigt. Der Kündigungsschutz wird davon abhängen, dass der Arbeitnehmer dem Arbeitgeber den Bestand des Sonderkündigungsschutzes mitteilt. In einer solche Situation wird von der Literatur[349] eine analoge Anwendung des § 9 Abs. 1 Satz 1 MuSchG vorgeschlagen, d.h. der von der Kündigung betroffene Arbeitnehmer habe seinen Arbeitgeber innerhalb von zwei Wochen nach Zugang der Kündigung über das Vorliegen der Voraussetzungen des Sonderkündigungsschutzes zu unterrichten, damit der Kündigungsschutz des § 18 BErzGG eingreifen kann.

III. DIE TEILZEITARBEIT IN DER BETRIEBSVERFASSUNG

1. ALLGEMEINES

Der Begriff des Arbeitnehmers ist für das BetrVG[350] in § 5 Abs. 1 definiert. Gemäß dieser Vorschrift sind Arbeitnehmer im Sinne des Gesetzes Arbeiter und Angestellte einschließlich der zu ihrer Berufausbildung Beschäftigten, unabhängig davon, ob sie im Betrieb, im Außendienst oder mit Telearbeit beschäftigt werden. Als Arbeitnehmer gelten auch die in

---

[348] GK-TzA, § 2 BeschFG, Rn. 301.

[349] Langmaack, S. 140; Schaub, Arbeitsrechts-Handbuch, S. 1069; GK-TzA, § 2 BeschFG, Rn. 302.

[350] Das BetrVG wurde durch das Gesetz zur Reform des Betriebsverfassungsgesetz (BetrVerf-Reformgesetz) vom 23.7.2001 geändert. BGBl. I S. 1862. Zum Thema siehe u.a.: Löwisch, Änderung der Betriebsverfassung durch das Betriebsverfassungs-Reformgesetz, BB 2001, S. 1734 ff.; Richardi, Veränderungen in der Organisation der Betriebsverfassung nach dem Regierungsentwurf zur Reform des BetrVG, NZA 2001, S. 346 ff.; Schiefer / Korte, Gesetzentwurf eines Gesetzes zur Reform des Betriebsverfassungsgesetzes, NZA 2001, S. 351 ff.

Heimarbeit Beschäftigten, die in der Hauptsache für den Betrieb arbeiten.[351] Abgesehen von Abweichungen in § 5 Abs. 2 bis 3 BetrVG ist also vom allgemeinen arbeitsrechtlichen Begriff des Arbeitnehmers auszugehen.[352] Teilzeitbeschäftigte unterliegen den Bestimmungen des BetrVG, soweit sie Arbeitnehmer sind. Damit ist für die Arbeitnehmereigenschaft des Teilzeitarbeitnehmers die persönliche Abhängigkeit vom Arbeitgeber Voraussetzung. Dauer und Lage der Arbeitszeit sind insoweit bedeutungslos.[353] Die Sozialversicherungspflichtigkeit der Teilzeitbeschäftigung hat auf die Arbeitnehmereigenschaft keinen Einfluß. Ebenso wenig lässt sich die Arbeitnehmereigenschaft von einer Eingliederung in den Betrieb oder gar der betrieblichen Bedeutung der Tätigkeit abhängig machen.[354]

Im Rahmen des Betriebsverfassungsrechts sind Teilzeitarbeitnehmer nach Kopfzahlen zu berücksichtigen.[355] Es findet keine nur anteilige Berücksichtigung der in geringem Umfang teilzeitbeschäftigten Mitarbeiter statt, wie dies beispielweise bei der Bestimmung des betrieblichen Geltungsbereiches des KSchG der Fall ist. Dagegen werden im Rahmen des Betriebsverfassungsrechts die Teilzeitarbeitnehmer, die gelegentlich als Aushilfen oder als Saisonarbeitskräfte für weniger als sechs Monate beschäftigt werden, nicht berücksichtigt. Betriebsverfassungsrechtlich ist nur die Anzahl der regelmäßig im Betrieb beschäftigten Arbeitnehmer relevant.[356] Wenn ein Teilzeitarbeitnehmer in mehreren Betrieben arbeitet, so ist er außerdem betriebsverfassungsrechtlich in allen Betrieben zu berücksichtigen.[357]

---

[351] Als „Beschäftigung" im Sinne des § 5 Abs. 1 BetrVG ist nach der neueren Rechtsprechung des Bundesarbeitsgerichts nur die auf privatrechtlicher Grundlage durchgeführte Ausbildung in Betrieben und vergleichbaren Einrichtungen außerhalb der Wirtschaft (§ 1 Abs. 5, 1. Alt. BBiG) anzusehen. Sie zeichnet sich dadurch aus, dass die Auszubildenden innerhalb der arbeitstechnischen Zwecke des Produktions- oder Dienstleistungsbetriebs oder einer vergleichbaren Einrichtung betrieblich-praktisch unterwiesen werden und selbst beruflich aktiv sind. Sie setzt nicht notwendig die Zahlung von Entgelt an die Auszubildenden voraus. Die Auszubildenden müssen aber an dem über die Berufsbildung als solche hinausreichenden Betriebszweck beteiligt sein. Findet demgegenüber die praktische Berufsausbildung in einem reinen Ausbildungsbetrieb als einer sonstigen Berufsbildungseinrichtung im Sinne des § 1 Abs. 5, 3. Alt. BBiG statt, so vollzieht sie sich nicht innerhalb des Betriebszwecks. Sie ist vielmehr selbst Gegenstand des Betriebszwecks. Die Auszubildenden gehören dann nicht zur Belegschaft und sind nicht wahlberechtigt zum Betriebsrat des Betriebs. (BAG 24. 2. 1999 AP Nr. 45 zu § 5 ArbGG 1979). So Rolfs, Der Betriebsrat I, Kollektives Arbeitsrecht, Arbeitspapier Nr. 6, Universität zu Köln , 2000, S. 2.

[352] BAG vom 29.1.1992, EzA § 7 BetrVG 1972 Nr. 1.

[353] BAG vom 29.1.1992, EzA § 7 BetrVG 1972 Nr. 1. Vgl. Schüren, MünchHdb-ArbR, § 164, Rn. 1.

[354] Lipke, Betriebsverfassungsrechtliche Probleme der Teilzeitarbeit, NZA 1990, S. 759; Pulte / Westphal, Teilzeitarbeit und betriebliche Mitbestimmung, Luchterhand, 1997, S. 105.

[355] Vgl. BAG vom 9.6.1983, AP Nr. 2 zu § 23 KSchG 1969; Lipke, NZA 1990, S. 759.

[356] Langmaack, S. 147.

[357] BAG vom 11.4.1958, AP Nr. 1 zu § 6 BetrVG 1952.

2. WAHLRECHT

Teilzeitarbeitnehmer besitzen unter den gleichen Bedingungen wie Vollzeitarbeitnehmer das aktive und passive Wahlrecht.[358] Teilzeitbeschäftigte Arbeitnehmer, die das 18. Lebensjahr vollendet haben, sind aktiv wahlberechtigt (§ 7 BetrVG). Voraussetzung der Wahlberechtigung ist die Betriebszugehörigkeit. Die Betriebszugehörigkeit setzt ein Arbeitsverhältnis zum Betriebsinhaber und die tatsächliche Eingliederung des Arbeitnehmers in die Betriebsorganisation voraus.[359] Allerdings ist die Wahlberechtigung nicht vom Umfang der Beschäftigung abhängig. Auch Teilzeitarbeitnehmer mit geringer Stundenzahl dürfen den Betriebsrat wählen. Eine abweichende Rechtsansicht erkennt bei einem gleichen Stimmrecht für Vollzeit- und Teilzeitkräfte die Gefahr eine Überrepräsentation der Teilzeitarbeitnehmer.[360] Falls ein Arbeitnehmer mehrere Teilzeitarbeitsverhältnisse unterhält, ist er in jedem Betrieb wahlberechtigt. Das Wahlrecht geht nicht dadurch verloren, dass ein Teilzeitarbeitnehmer in herkömmlicher oder kapazitätsorientierter variabler Arbeitszeit am Tage der Aufstellung der Wählerliste oder am Wahltag nicht im Betrieb arbeitet.[361]

Hinsichtlich des passiven Wahlrechts bestimmt § 8 Abs. 1 BetrVG, dass alle Wahlberechtigen wählbar sind, die sechs Monate dem Betrieb angehören.[362] Auf die sechsmonatige Betriebszugehörigkeit werden die Zeiten angerechnet, in denen der Arbeitnehmer unmittelbar vorher einem anderen Betrieb desselben Unternehmens oder Konzerns angehört hat (§ 8 Abs. 1 Satz 2 BetrVG). Mit der sechsmonatigen Frist soll sichergestellt werden, dass der Wahlbewerber über einen für die Wahrnehmung des Betriebsratsamtes erforderlichen Einblick in die betrieblichen Verhältnisse verfügt.[363] Nach § 8 Abs. 1 BetrVG besteht die Wählbarkeit grundsätzlich für alle Teilzeitarbeitnehmer unabhängig vom Umfang ihrer Arbeitsverpflichtung. Für

---

[358] Biermann, S. 489. Gemäß § 1 BetrVG werden in Betrieben mit in der Regel mindestens fünf ständigen wahlberechtigten Arbeitnehmer, von denen drei wählbar sind, Betriebsräte gewählt.
[359] BAG vom 18.1.1989, EzA § 9 BetrVG 1972 Nr. 4; BAG vom 29.1.1992, EzA § 7 BetrVG 1972 Nr. 1; Pulte / Westphal, S. 105; Schüren, MünchHdb-ArbR, § 164, Rn. 3.
[360] Vgl. Löwisch, NZA 1996, S. 1009 ff.
[361] Lipke, NZA 1990, S. 759-760.
[362] Nach dem BAG (Entscheidung vom 28.11.1977, EzA § 19 BetrVG 1972 Nr. 13, DB 1978, S. 107) ist nicht der Abschluß des Vertrages entscheidend, sondern die tatsächliche Beschäftigung. Vgl. Hanau / Adomeit, S. 102.
[363] Langmaack, S. 148.

den Ablauf der sechsmonatigen Wartefrist wird vertreten,[364] dass eine rein zeitliche Zugehörigkeit nicht ausreiche, sondern eine tatsächliche Anbindung an den Betrieb bestanden müsse.[365] Vielmehr sei, ähnlich wie bei längeren tatsächlichen Unterbrechungen der Betriebszugehörigkeit, der Ablauf des Sechsmonatszeitraums nach § 8 Abs. 1 Satz 1 gehemmt, bis der Teilzeitarbeitnehmer wenigstens die Hälfte der innerhalb dieser Zeitspanne betriebsüblichen Arbeitszeit eines Vollzeitarbeitnehmers im Betrieb abgeleistet habe.[366] Nach Ansicht von Pulte und Westphal[367] ist diese letztere Auffassung abzulehnen, weil sie keinerlei Anhaltspunkt im Gesetz habe.[368] Ebenso wie für die Wählbarkeit müsse für die Wahlberechtigung gelten, dass der Umfang der Arbeitsleistung keine Auswirkungen auf die Frage der Betriebszugehörigkeit haben könne. Nur tatsächliche Zeiten von Nichtbeschäftigung würden es nach dem Sinn der Vorschrift des § 8 Abs. 1 BetrVG erlauben, von einer Hemmung der sechsmonatigen Warte-frist auszugehen. Es ist auch bei in nur geringem Umfang teilzeitbeschäftigter Arbeitnehmer davon auszugehen, dass sie in diesem Zeitraum einen ausreichenden Einblick in den Betrieb erlangt haben.[369]

Der wahlberechtigte Teilzeitarbeitnehmer kann in mehreren Betrieben in den Betriebsrat gewählt werden.[370] Das Gesetz untersagt nicht die Mitgliedschaft in unterschiedlichen Betriebsräten. Wenn aber der Teilzeitarbeitnehmer aufgrund seines Doppelmandats die Amtspflichten in einem Betriebsrat vernachlässigt, können die Antragsberechtigten gegen ihn ein Ausschlußverfahren wegen grober Verletzung seiner gesetzlichen Pflichten nach § 23 Abs. 1 BetrVG anstrengen.

---

[364] Lipke, NZA 1990, S. 760; Lipke, GK-TzA, § 2 BeschFG, Rn. 420.
[365] Diese Problematik entsteht besonders bei Teilzeitarbeitnehmer mit geringer Arbeitszeit.
[366] Vgl. BAG vom 28.1.1977, AP Nr. 2 zu § 8 BetrVG 1972.
[367] Pulte / Westphal, S. 106.
[368] In selbem Sinne: Schüren, MünchHdb-ArbR, § 164, Rn. 5. § 8 BetrVG verlange nur eine sechsmonatige Eingliederung. Die Wählbarkeit setze keine umfassende Kenntnis der betrieblichen Strukturen voraus. Es genüge der Grad an Erfahrung, der von dem Wahlbewerber in einem halben Jahr im Rahmen des eigenen Arbeitsverhältnisses gesammelt werden könne.
[369] Vgl. Langmaack, S. 148.
[370] BAG vom 27.9.1974, EzA § 6 BetrVG 1972. Vgl. Lipke, GK-TzA, § 2 BeschFG, Rn. 421.

3. RECHTLICHE LAGE DER TEILZEITBESCHÄFTIGTEN BETRIEBSRATS-MITGLIEDER

Ist ein Teilzeitarbeitnehmer in den Betriebsrat gewählt worden, stehen ihm grundsätzlich die gleichen Rechte und Pflichten wie den übrigen Betriebsratmitgliedern zu.[371]

3.1. AUSÜBUNG DER BETRIEBSRATSTÄTIGKEIT

Nach § 37 Abs. 1 BetrVG führen die Betriebsratsmitglieder ihr Amt als unentgeltliches Ehrenamt. Sie erhalten keine Vergütung aber sie sollen auch keine Minderung im Einkommen erfahren.[372] Eine Vergütung der Betriebsratstätigkeit durch den Arbeitgeber ist durch die Ausgestaltung der Betriebsratsstellung als Ehrenamt gesetzlich verboten. Nach deutschem Recht ist die Betriebsratstätigkeit daher keine zu vergütende Tätigkeit, sondern die Ausübung eines unentgeltliches Ehrenamtes.[373]

3.1.1. ARBEITSBEFREIUNG

Betriebsratsmitglieder sind von ihrer beruflichen Tätigkeit ohne Minderung ihres Entgelt zu befreien, wenn und soweit dies nach Umfang und Art des Betriebes zur ordnungsgemäßen Durchführung ihrer Aufgabe erforderlich ist (§ 37 Abs. 2 BetrVG).[374] Der Verpflichtung des Arbeitgebers, das Betriebsratsmitglied von seiner beruflichen Tätigkeit zu befreien, steht dessen Obliegenheit gegenüber, seine Betriebsratstätigkeit grundsätzlich während seiner persönlichen Arbeitszeit auszuüben.[375]

Der Gesetzgeber räumt der Erfüllung der Amtspflicht gegenüber den arbeitsvertraglichen Pflichten der Vorrang ein.[376] Die Pflichtenstellung als Arbeitnehmer wird jedoch überlagert durch die sich aus der Übernahme des Betriebsratsamtes ergebenden Amtspflichten. Diese

---

[371] Lipke, NZA 1990, S. 760; Nebendahl, S. 19; Schüren, MünchHdb-ArbR, § 164, Rn. 9.
[372] Vgl. Schaub, Arbeitsrechts-Handbuch, S. 2121.
[373] BAG vom 20.10.1993, AP Nr. 90 zu § 37 BetrVG 1972.
[374] Diese Vorschrift steht in Verbindung mit § 78 Satz 2 BetrVG, das der Grundsatz normiert, dass die Betriebsratsmitglieder wegen ihrer Tätigkeit weder benachteiligt noch begünstigt werden dürfen.
[375] Vgl. BAG vom 31.10.1985, AP Nr. 52 zu § 37 BetrVG 1972; BAG vom 3.12.1987, AP Nr. 62 zu § 37 BetrVG 1972; Langmaack, S. 149-150; Lipke, NZA 1990, S. 761.

Überlagerung führt dazu, dass mit der Arbeitsbefreiung des Betriebsratsmitglieds – wie auch mit der Freistellung gemäß § 38 Abs. 1 BetrVG – die vertraglichen Pflichten des Arbeitnehmers suspendiert werden, d.h. die Arbeitspflicht ruht während der Amtstätigkeit des Betriebsratsmitglieds, damit es sich ausschließlich der Wahrnehmung seines Amtes widmen kann.[377]

Der Anspruch auf Befreiung von der beruflichen Tätigkeit ohne Minderung des Arbeitsentgelts nach § 37 Abs. 2 BetrVG hängt von zwei Voraussetzungen ab. Zum einen muss die Arbeitsbefreiung der Durchführung der dem Betriebsrat obliegenden Aufgaben dienen, d.h. es muss sich um Aufgaben handeln, die zu den Amtsobliegenheiten dienen.[378] Zum anderen muss die Arbeitsbefreiung zur ordnungsgemäßen Durchführung dieser Aufgaben erforderlich sein. Erforderlich im Sinne des § 37 Abs. 2 BetrVG ist die Arbeitsbefreiung nach allgemein üblicher Definition immer dann, wenn unter Berücksichtigung des Gebots der vertrauensvollen Zusammenarbeit (§ 2 Abs. 1 BetrVG) bei gewissenhafter Abwägung aller Umstände und damit auch der betrieblichen Belange im Zeitpunkt der Inanspruchnahme der Arbeitsbefreiung diese zur ordnungsgemäßen Wahrnehmung der Aufgaben des Betriebsrats von einem vernünftigen Dritten für erforderlich gehalten werden durfte. Es ist also ein objektiver Maßstab anzulegen.[379]

Für die Zeit des Arbeitsversäumnisses hat das Betriebsratsmitglied den Anspruch auf Fortzahlung seines Arbeitsentgelts, und zwar sind die Bezüge zu zahlen, die es erhalten hätte, wenn es während dieser Zeit gearbeitet hätte. Es gilt also das Lohnausfallprinzip.[380] Nach dem Lohnausfallprinzip ist derjenige Lohn durch den Arbeitgeber fortzuzahlen, den das Betriebsratsmitglied verdient hätte, wenn es in der fraglichen Zeit nicht der Betriebsratstätigkeit, sondern seiner vertraglichen Arbeitspflicht nachgekommen wäre.[381] Rechtsgrundlage des

---

376 Vgl. Fitting / Kaiser / Heither / Engels, Betriebsverfassungsgesetz (BetrVG), Handkommentar, 18. Auflage, München, 1996, § 37, Rn. 14.

377 Kock, Der Freizeitausgleich für teilzeitbeschäftigte Betriebsratsmitglieder nach § 37 Abs. 3 Betriebsverfassungsgesetz, Diss., Universität Münster, 1993, S. 29.

378 Fitting / Kaiser / Heither / Engels, BetrVG, § 37, Rn. 21.

379 Kock, S. 67. Vgl. v. Hoyningen-Huene, Betriebsverfassungsrecht, 2. Auflage, München, 1990, S. 154; BAG vom 19.6.1979, AP Nr. 36 zu § 37 BetrVG 1972; Fitting / Kaiser / Heither / Engels, BetrVG, § 37, Rn. 31 ff.

380 BAG vom 16.8.1995, AP Nr. 3,5 zu § 37 BetrVG 1972.

381 Biermann, S. 491. BAG vom 31.7.1986, NZA 1987, S. 528 ff.

Lohnfortzahlungsanspruchs eines Betriebsratsmitglieds bei berechtigtem Arbeitsversäumnis befindet sich nicht in § 37 Abs. 2 BetrVG, sondern im Arbeitsvertrag im Verbindung mit § 611 Abs. 1 BGB.[382]

Die Arbeitsbefreiung gilt unterschiedslos für teilzeitbeschäftigte und vollzeitbeschäftigte Betriebsratsmitglieder.[383] Teilzeitbeschäftigte Betriebsratsmitglieder sind daher zur Durchführung der Betriebsratsaufgaben von ihrer beruflichen Tätigkeit ohne Minderung ihres Arbeitsentgelts zu befreien.

3.1.2. FREIZEITAUSGLEICH

Häufiger als bei Vollzeitbeschäftigten wird sich bei teilzeitbeschäftigten Betriebsratmitgliedern das Problem stellen, wie Betriebsratstätigkeit auszugleichen ist, die außerhalb der individuellen Arbeitszeit liegt.[384] Falls die Betriebsratstätigkeit nicht während der Arbeitszeit möglich wäre, besteht ein Anspruch auf Freizeitausgleich unter Fortzahlung des Arbeitsentgelts, wenn das Betriebsratsmitglied aus betriebsbedingten Gründen außerhalb der Arbeitszeit Betriebsratsaufgaben wahrnimmt (§ 37 Abs. 3 Satz 1 BetrVG). Die Regelung in § 37 Abs. 3 BetrVG gewährt den Betriebsratsmitgliedern aus Billigkeitserwägungen Ausgleichsansprüche, die infolge betriebsbedingter Gründe außerhalb der Arbeitszeit Betriebsratstätigkeiten durchführen müssen.[385] Außerdem stellt diese Vorschrift eine Ausnahme von dem in § 37 Abs. 1 BetrVG normierten Grundsatz dar, dass das Betriebsratsamt ein unentgeltlich zu führendes Ehrenamt ist und deshalb die Aufopferung von Freizeit für dieses Amt keinen Entgeltanspruch begründet. Die Abweichung von diesem Grundsatz unter den Voraussetzungen des § 37 Abs. 3 BetrVG findet ihre sachliche Rechtfertigung in dem Umstand, dass hier die Ausopferung persönlicher Freizeit letztlich

[382] So u.a. BAG vom 18.6.1974, AP Nr. 16 zu § 37 BetrVG 1972; BAG vom 17.9.1974, AP Nr. 17 zu § 37 BetrVG 1972; BAG vom 19.7.1977, AP Nr. 31 zu § 37 BetrVG 1972; BAG vom 31.7.1986, AP Nr. 55 zu § 37 BetrVG 1972; BAG vom 27.6.1990, AP Nr. 76 zu § 37 BetrVG 1972.
[383] Vgl. Lipke, GK-TzA, § 2 BeschFG, Rn. 422.
[384] So Schüren, MünchHdb-ArbR, § 164, Rn. 11.
[385] Vgl. Bengelsdorf, Freizeitausgleich für teilzeitbeschäftigte Betriebsratsmitglieder, NZA 1989, S. 905.

nicht durch das Betriebsratsamt, sondern aus betriebsbedingten und damit in der Sphäre des Arbeitgebers liegenden Gründen notwendig geworden ist.[386]

Unter „Arbeitszeit" im Sinne von § 37 Abs. 3 BetrVG ist die persönliche Arbeitszeit des Betriebsratsmitglied zu verstehen.[387] Unter den weiteren Voraussetzungen der Vorschrift greift daher § 37 Abs. 3 BetrVG zugunsten des teilzeitbeschäftigten Betriebsratsmitglieds nicht erst dann ein, wenn die Betriebsratstätigkeit außerhalb der allgemeinen betrieblichen Arbeitszeit erfolgt, sondern bereits dann, wenn die persönliche, arbeits- oder tarifvertraglich festgelegte Arbeitszeit überschritten wird.[388]

Darüber hinaus wird der Ausgleichsanspruch nur ausgelöst, wenn „betriebsbedingte Gründe" für die Tätigkeit während der Freizeit maßgebend waren.[389] Betriebsbedingte Gründe im Sinne des § 37 Abs. 3 Satz 1 BetrVG liegen vor, wenn bestimmte Gegebenheiten und Sachzwänge des Betriebs oder der Gestaltung des Arbeitsablaufs die Undurchführbarkeit der Betriebsratstätigkeit während der Arbeitszeit bedingen,[390] z.B. weil das Betriebsratsmitglied in Wechselschicht beschäftigt ist und daher Freizeit opfern muss, um an den außerhalb der Schichtzeit liegenden Betriebsratssitzungen teilzunehmen.[391] Die Entscheidung darüber, ob betriebsbedingte Gründe vorliegen, die eine Betriebsratstätigkeit außerhalb der Arbeitszeit geboten erscheinen lassen, obliegt dem Arbeitgeber und nicht dem Betriebsrat. Letzterer hat eigenverantwortlich – lediglich – die Entscheidung über die Ausübung der Tätigkeit, nicht über deren zeitlichen Lage zu treffen.[392] Sachzwänge, die sich allein aus der Sphäre des Betriebsrates (betriebsratsbedingten Gründe)[393] oder der Arbeitnehmer selbst oder dritter

---

[386] Biermann, S. 498. Vgl. BAG vom 7.6.1989, DB 1990, S. 995 ff.
[387] So BAG vom 3.12.1987, AP Nr. 62 zu § 37 BetrVG 1972.
[388] Bengelsdorf, NZA 1989, S. 907; LAG Frankfurt vom 3.3.1988, DB 1988, S. 1706 ff.; Biermann, S. 493
[389] Vgl. BAG vom 25.8.1999, 7 AZR 713/97.
[390] Vgl. BAG vom 21.5.1974, AP Nr. 14 zu § 37 BetrVG 1972; BAG vom 11.7.1978, 6 AZR 387/77, DB 1978, S. 2177; BAG vom 3.12.1987, AP Nr. 62 zu § 37 BetrVG 1972; BAG vom 15.12.1989, AP Nr. 70 zu § 37 BetrVG 1972; BAG vom 26.1.1994, AP Nr. 93 zu § 37 BetrVG 1972, NZA 1994, S. 765 ff.; BAG vom 6.3.1997, NZA 1998, S. 1242 ff.
[391] Beispiel bei Biermann, S. 493.
[392] BAG vom 31.10.1985, AP Nr. 52 zu § 37 BetrVG 1972, NZA 1988, S. 437.
[393] Betriebsratsbedingte Gründe liegen vor, wenn der Betriebsrat zu vertreten hat, dass ein Betriebsratsmitglied außerhalb seiner Arbeitszeit Betriebsratstätigkeit erledigen muss. Siehe Bengelsdorf, NZA 1989, S. 908.

Personen ergeben, bilden keine betriebsbedingten Gründe im Sinne dieser Vorschrift.[394] Nach Ansicht des BAG[395] ist es erforderlich, dass der Arbeitgeber zumindest darauf Einfluß genommen habe, dass die Tätigkeit außerhalb der persönlichen Arbeitszeit des Betriebsratsmitglieds verrichtet werden müsse. Die außerhalb der Arbeitszeit geplante Betriebsratstätigkeit muss das Betriebsrats-mitglied dem Arbeitgeber rechtzeitig anzeigen, damit dieser entscheiden kann, ob betriebsbedingte Gründe für eine Tätigkeit außerhalb der Arbeitszeit vorliegen oder Arbeitsbefreiung für diese Tätigkeit während der Arbeitszeit gewährt werden soll. Bei unterlassener Mitteilung vor Ausübung der jeweiligen Betriebsratstätigkeit entsteht ein Anspruch aus § 37 Abs. 3 BetrVG nicht.[396]

Hinsichtlich der Teilzeitarbeit war umstritten, ob die Ausübung von Betriebsratstätigkeiten außerhalb der persönlichen Arbeitszeit des teilzeitbeschäftigten Betriebsratsmitglieds betriebsbedingt im Sinne des § 37 Abs. 3 BetrVG war. Nach h.M.[397] haben bei teilzeitbeschäftigten Betriebsratsmitgliedern betriebsbedingte Gründe gemäß § 37 Abs. 3 BetrVG, die der Betriebs-ratstätigkeit während der individuellen Arbeitszeit entgegenstehen, regelmäßig vorgelegen, wenn die Betriebsratsarbeit außerhalb der individuellen Arbeitszeit, jedoch innerhalb der betriebsüblichen Arbeitszeit der Vollzeitbeschäftigten gelegen hat. Zur Begründung wurde angeführt, dass letztlich bereits der Abschluß des Teilzeitarbeitsvertrages die entscheidende Ursache für das spätere Freizeitopfer des Betriebsratsmitglieds gewesen sei. Die Einrichtung von Teilzeitarbeitsplätzen sei der betrieblichen Sphäre des Arbeitgebers zuzuordnen. Unerheblich sei dabei gewesen, dass der Abschluß von Teilzeitarbeitsverträgen auch im Interesse der Mitarbeiter gelegen habe.[398]

Diese Diskussion ist nunmehr mit der neuen Fassung des § 37 Abs. 3 BetrVG beendet. Nach dem durch das BetrVerf-Reformgesetz in § 37 Abs. 3 eingefügten Satz 2 ist vom Vorliegen

---

[394] Pulte / Westphal, S. 110; Lipke, NZA 1990, S. 761. Vgl. Fitting / Kaiser / Heither / Engels, BetrVG, § 37, Rn. 64 ff.

[395] BAG vom 26.1.1994, AP Nr. 93 zu § 37 BetrVG 1972.

[396] BAG vom 31.10.1985, AP Nr. 52 zu § 37 BetrVG 1972.

[397] U.a.: BAG vom 5.3.1997, NZA 1997, S. 1242 ff.; LAG Frankfurt vom 3.8.1988, DB 1988, S. 1706; LAG Berlin vom 18.6.1992, DB 1993, S. 1528; LAG Niedersachsen vom 30.5.1985, AiB 1986, S. 94; Lipke, NZA 1990, S. 761; Pulte / Westphal, S. 110; Fitting / Kaiser / Heither / Engels, BetrVG, § 37, Rn. 66; Kock, S. 89-90; Biermann, S. 495 ff.; Bengelsdorf, NZA 1989, S. 910-911.

betriebsbedingter Gründe auch dann auszugehen, wenn die Betriebsratstätigkeit wegen der unterschiedlichen Arbeitszeiten der Betriebsratsmitglieder nicht innerhalb der persönlichen Arbeitszeit erfolgen kann. Aus dem Wortlaut des § 37 Abs. 3 Satz 2 sind zwei verschiedenen Situationen zu entnehmen. Zum einen meint diese Vorschrift der Fall der unterschiedlichen Lage der Arbeitszeit der Betriebsratsmitglieder. Arbeiten Betriebsratsmitglieder in unterschiedlichen Schichten, haben diejenigen, welche außerhalb ihrer Schicht an einer Betriebsratssitzung teilnehmen, Anspruch auf Freizeitausgleich. Auch sonst ist die unterschiedliche Gestaltung der Lage der Arbeitszeit als betriebsbedingt aufzufassen. Dies gilt insbesondere auch von der Gleitzeit.[399] Zum anderen umfasst § 37 Abs. 3 Satz 2 BetrVG den Fall unterschiedlichen Umfangs der persönlichen Arbeitszeit. Dieser Vorschrift fingiert, dass die unterschiedliche Dauer der Arbeitszeit von Teilzeit- und Vollzeitbeschäftigten stets betriebliche Gründe hat und deshalb den Teilzeitbeschäftigten, welche außerhalb ihrer persönlichen Arbeitszeit erforderliche Betriebsratstätigkeit ausüben, insbesondere an Betriebsratssitzungen teilnehmen, der Ausgleichsanspruch zukommt.[400]

Schließlich ist zu bemerken, dass, wenn die Arbeitsbefreiung aus betriebsbedingten Gründen nicht innerhalb eines Monats gewährt werden kann, so ist nach § 37 Abs. 3 Satz 3 BetrVG die aufgewendete Zeit wie Mehrarbeit zu vergüten. Dieses Rangverhältnis zwischen dem Ausgleichs- und dem Abgeltungsanspruch unterliegt weder der Disposition des Arbeitgebers noch des betreffenden Betriebsratsmitglieds.[401] Der Ausgleichsanspruch besteht in dem gleichen Umfang, wie das Betriebsratsmitglied aus betrieblichen Gründen außerhalb der Arbeitszeit Betriebsratstätigkeiten durchgeführt hat. Für so viel Zeit, wie das Betriebsratsmitglied für die Betriebsratstätigkeit außerhalb der Arbeitszeit aufgewendet hat, ist ihm entsprechend Arbeitsbefreiung zu gewähren.[402] Ist eine Arbeitsbefreiung aus betriebsbedingten Gründen nicht möglich, so ist die außerhalb der Arbeitszeit ausgeübte Betriebsratstätigkeit wie Mehrarbeit zu

---

[398] Biermann, S. 495; Fitting / Kaiser / Heither / Engels, BetrVG, § 37 Rn. 66; BAG vom 5.3.1997, NZA 1997, S. 1242 ff.; LAG Niedersachsen vom 30.5.1985, AiB 1986, S. 94.
[399] Löwisch, BB 2001, S. 1741.
[400] In diesem Sinne: Löwisch, BB 2001, S. 1741.
[401] Fitting / Kaiser / Heither / Engels, BetrVG, § 37, Rn. 76.
[402] Fitting / Kaiser / Heither / Engels, BetrVG, § 37, Rn. 80; Bengelsdorf, NZA 1989, S. 913.

vergüten.[403] Die Abgeltung wie Mehrarbeit rechtfertigt sich daraus, dass sich in diesem Falle die außerhalb der Arbeitszeit ausgeübte Betriebsratstätigkeit tatsächlich als eine zusätzliche zu der normalen Arbeitsleistung vollbrachte Tätigkeit darstellt, die nicht in anderer Weise ausgeglichen wird.[404]

3.1.3. TEILNAHME AN SCHULUNGS- UND BILDUNGSVERANSTALTUNGEN

Das BetrVG 1972 enthält ausdrückliche Regelungen über die Arbeitsbefreiung von Betriebsratsmitgliedern zum Zwecke der Teilnahme an Schulungs- und Bildungsveranstaltungen. Das Gesetz geht von der Erkenntnis aus, dass die Aufgaben des Betriebsrates so vielgestaltig und jedenfalls zum Teil so schwierig sind, dass ohne eine entsprechende Schulung seiner Mitglieder eine sachgerechte Erfüllung dieser Aufgaben nicht möglich ist.[405] Hierbei sind zwei Arten der Arbeitsbefreiung zu unterscheiden. Zum einen sind die Betriebsratmitglieder von ihrer beruflichen Tätigkeit ohne Minderung des Arbeitsentgelts für die Teilnahme an solchen Schulungs- und Bildungsveranstaltungen zu befreien, die für die Betriebsratsarbeit erforderliche Kenntnisse vermitteln (§ 37 Abs. 6 BetrVG).[406] Zum anderen hat jedes Betriebsratsmitglied während seiner regelmäßigen Amtszeit Anspruch auf bezahlte Arbeitsbefreiung für die Dauer von drei Wochen – im Falle der erstmaligen Übernahme des Amtes auf vier Wochen - zur Teilnahme an solchen Schulungs- und Bildungsveranstaltungen, die von der zuständigen obersten Arbeitsbehörde des Landes nach Beratung mit den Spitzenorganisationen der Gewerkschaften und Arbeitgebervereinigungen als geeignet anerkannt sind (§ 37 Abs. 7 BetrVG).

Liegt die Erforderlichkeit der Schulung im Sinne von § 37 Abs. 6 BetrVG vor, so darf für die an der Schulung teilnehmenden Betriebsratsmitglieder keine Minderung des Arbeitsentgelt

---

[403] Die Mehrarbeits- bzw. Überstundenvergütung richtet sich regelmäßig und in erster Linie nach den für das Arbeitsverhältnis des Betriebsratsmitglieds geltenden Bestimmung (Tarifvertrag, Betriebsvereinbarung, Arbeitsvertrag, betriebliche Übung). So Bengelsdorf, NZA 1989, S. 913-914.

[404] Fitting / Kaiser / Heither / Engels, BetrVG, § 37, Rn. 89.

[405] Vgl. Fitting / Kaiser / Heither / Engels, BetrVG, § 37, Rn. 109; Löwisch, Betriebsverfassungsgesetz (BetrVG), 3. Auflage, Heidelberg, 1994, § 37 BetrVG Rn. 27 ff.; v. Hoyningen-Huene, Betriebsverfassungsrecht, S. 159.

[406] Siehe Loritz, Die Erforderlichkeit und Geeignetheit von Betriebsräte Schulungs- und Bildungsveranstaltungen, NZA 1993, S. 2 ff.

eintreten. § 37 Abs. 6 in Verbindung mit § 37 Abs. 2 BetrVG geht vom Lohnausfallprinzip aus, d.h. dem Betriebsratsmitglied ist die Vergütung zu zahlen, die es verdient hätte, wenn es während der Schulungsveranstaltung im Betrieb seiner Arbeitspflicht nachgekommen wäre.[407]

3.1.3.1. RECHTLICHE LAGE VOR DEM REFORMGESETZ DES BetrVG

Ein umstrittenes Problem in der arbeitsrechtlichen Literatur lag in der Vergütung teilzeitbeschäftigter Betriebsratsmitglieder bei der Teilnahme an Schulungs- und Bildungsveranstaltungen, die über ihre individuelle Arbeitszeit hinausgehen. Die praktische Handhabung der Bildungsveranstaltung hat für teilzeitbeschäftigte Betriebsratsmitglieder regelmäßig zur Folge, dass sie über ihre persönliche Arbeitszeit hinaus einen Teil ihrer Freizeit für den Besuch des Fortbildungsmaßnahme opfern müssen. Ein ähnliches Opfer wird vollzeitbeschäftigten Betriebsratsmitglieder nicht abverlangt, da die Dauer der Veranstaltung sich zumeist an den täglichen Arbeitszeit einer Vollzeitkraft ausrichtet.[408] In diesem Zusammenhang hat sich die Frage gestellt, ob teilzeitbeschäftigte Betriebsratsmitgliedern für ihre Teilnahme an ganztägigen Schulungsveranstaltungen ein Vergütungsanspruch bzw. ein Anspruch auf Freizeitausgleich gemäß des bisherigen § 37 Abs. 6 BetrVG bis zur Dauer der Arbeitszeit eines vollzeitbeschäftigten Betriebsratsmitglieds zugestanden hat.

a) **Die Auffassung des BAG**: Das BAG[409] hat mit ständiger Rechtsprechung über § 37 BetrVG seit 1972 die Auffassung vertreten, dass keinem Betriebsratsmitglied ein Anspruch auf Ausgleich der Freizeit zusteht, die für eine außerhalb seiner individuellen Arbeitszeit liegende Schulung aufgewandt hat. Dies gilt unabhängig davon, ob das Betriesratsmitglied vollzeit- oder teilzeitbeschäftigter Arbeitnehmer des Betriebes ist. Das BAG hat seine Auffassung auf den systematischen Aufbau des § 37 a.F. BetrVG begründet. § 37 Abs. 6 Satz 1 BetrVG verweise für den Ausgleich von Zeiten der Teilnahme an Schulungs- und Bildungsveranstaltungen nur auf den Abs. 2 des § 37

[407] Vgl. Pulte /Westphal, S. 111; Langmaack, S. 150; Lipke, NZA 1990, S. 761; Künzl, Freistellung von Betriebsratsmitgliedern für Schulungsveranstaltungen, ZfA 1993, S. 341 ff.
[408] Biermann, S. 503.
[409] BAG vom 18.8.1973, AP Nr. 3 zu § 37 BetrVG 1972; BAG vom 19.7.1977, AP Nr. 31 zu § 37 BetrVG 1972; BAG vom 27.6.1990, AP Nr. 76 zu § 37 BetrVG 1972; BAG vom 20.10.1993, AP Nr. 90 zu § 37 BetrVG

BetrVG, nicht aber auch auf Abs. 3 der Vorschrift. § 37 Abs. 2 BetrVG regele nur die Freistellung von einer vom Betriebsratsmitglied an sich geschuldeten Arbeitsleistung, die das Betriebsratsmitglied wegen seiner Betriebsratstätigkeit – bzw. wegen der Schulungsteilnahme – nicht verrichten könne, nicht aber den Ausgleich für Freizeit, die das Betriebsratsmitglied dadurch opfere, dass es außerhalb seiner Arbeitszeit Betriebsratstätigkeit leiste.[410] Hätte der Gesetzgeber auch die Regelung des § 37 Abs. 3 BetrVG für Schulungs- und Bildungsveranstaltungen übernehmen wollen, die außerhalb der Arbeitszeit des Betriebes stattfinden, hätte es nahegelegen, auch die entsprechende Anwendung des Abs. 3 anzuordnen.[411]

b) **Die Auffassung des EuGH in der Entscheidung „Bötel"**: Einen Umbruch in der richterlichen Auslegung des § 37 Abs. 6 a.F. BetrVG ist mit der Entscheidung des EuGH[412] vom 4. Juni 1992 entstanden worden.[413] Diese Entscheidung erging in einem Vorabentscheidungsverfahren auf Vorlage des LAG Berlin. Das LAG Berlin hatte dem EuGH mit Beschluß[414] vom 24. Oktober 1990 die Frage vorgelegt, ob das Verbot der mittelbaren Diskriminierung aus Art. 119 a.F. EGV und aus der Richtlinie 75/117/EWG[415] der Anwendbarkeit von § 37 Abs. 2 BetrVG in Verbindung mit § 37 Abs. 6 BetrVG entgegensteht, wenn diese gesetzliche Regelung zwar Betriebsratsmitglieder für die Arbeitszeit, die wegen der Teilnahme an Schulungen (welche für die Betriebsratsarbeit erforderliche Kenntnisse vermitteln) ausfällt, Vergütung zusichert, jedoch teilzeitbeschäftigten Betriebsratsmitgliedern, die für die Schulung über ihre individuelle Arbeitszeit hinaus Zeit aufwenden müssen, einen Ausgleich in Freizeit und/oder Geld für diesen

---

1972; BAG vom 5.3.1997, AP Nr. 123 zu § 37 BetrVG 1972; BAG vom 3.12.1997, AP Nr. 124 zu § 37 BetrVG 1972.

410 Vgl. Biermann, S. 504; Staudacher / Hellmann, S. 130 ff.

411 BAG vom 18.8.1973, AP Nr. 3 zu § 37 BetrVG 1972.

412 EuGH vom 4.6.1992, Rs. C-360/90 (Bötel), Slg. I 1992, S. 3589; DB 1992, S. 1481 ff.

413 Siehe: Schiefer, Die Rechtsprechung des EuGH zur Vergütung teilzeitbeschäftigter Betriebsratsmitglieder bei ganztägiger Schulungsteilnahme, DB 1993, S. 1822 ff.; Mauer, Vergütungsberechnung für teilzeitbeschäftigte Betriebsratsmitglieder bei Teilnahme an Schulungsveranstaltungen nach dem Lohnausfallprinzip, NZA 1993, S. 56 ff.; Bobke von Camen / Veit, Urteile des Europäischen Gerichtshofs aus dem Kreuzfeuer der Kritik, RdA 1993, S. 333 ff.

414 LAG Berlin, Beschluß vom 24.10.1990, NZA 1991, S. 281.

415 Richtlinie des Rates vom 10.2.1975 zur Angleichung der Rechtsvorschriften der Mitgliedsstaaten über die Anwendung des Grundsatzes des gleichen Entgelts für Männer und Frauen, ABlEG vom 19.2.1975, Nr. L 45, S. 19.

zusätzlichen Zeitaufwand auch bis zur Höhe der betrieblichen Vollarbeitszeit verweigert, obwohl der Anteil der Frauen, die von dieser Regelung betroffen werden, wesentlich höher ist als der Anteil der Männer.

In völligem Gegensatz zur damaligen Rechtsprechung des BAG hat der EuGH[416] in seinem „Bötel" Urteil entschieden, dass die Ausrichtung der Vergütung teilzeitbeschäftigter Betriebsratsmitglieder bei der Teilnahme an ganztägigen Schulungen am Lohnausfallprinzip eine mittelbare Diskriminierung teilzeitbeschäftigter Arbeitnehmerinnen darstelle und daher gegen Art. 119 EGV und die Richtlinie 75/117/EWG verstoße. Der EuGH berücksichtigt in seiner Entscheidung zum einen, dass die Vergütung für Schulungsveranstaltungen in Form bezahlter Freistellung oder der Bezahlung von Überstunden unter den Entgeltbegriff des Art. 119 a.F. EGV, der das Lohngleichheitsprinzip zwischen Männer und Frauen für gleiche oder gleichwertige Arbeit anerkennt, fällt.[417] Zum anderen bejaht der EuGH eine Benachteiligung gegen die teilzeitbeschäftigten Betriebsratsmitglieder, weil sie eine niedrige Vergütung als ihre vollzeitbeschäftigten Kollegen erhalten, obwohl beide Arbeitnehmergruppen letztlich unterschiedslos an der gleichen Zahl von Schulungsstunden teilnehmen, um im Interesse guter Arbeitsbeziehungen und zum allgemeinen Wohl des Betriebes wirksam für die Interessen der Arbeitnehmer eintreten zu können. Eine solche Lage sei geeignet, die Gruppe der teilzeitbeschäftigten Arbeitnehmer, bei welcher der Frauenanteil unstreitig überwiegt, davon abzuhalten, die Tätigkeit eines Betriebsratsmitglieds auszuüben oder die für die Ausübung der Tätigkeit erforderlichen Kenntnisse zu erwerben, und erschwere damit die Vertretung dieser Arbeitnehmerkategorie durch qualifizierte Betriebsratsmitglieder. Die streitige unterschiedliche Behandlung könne daher nicht als durch objektive Faktoren gerechtfertigt angesehen werden, die nichts mit einer Diskriminierung aufgrund des Geschlechts zu tun haben, es sei denn, der betroffene Mitgliedsstaat weise vor dem nationalen Gericht das Gegenteil nach.[418]

---

[416] EuGH vom 4.6.1992, Rs. C-360/90 (Bötel), DB 1992, S. 1481. Vgl. Biermann, S. 507; Staudacher / Hellmann, S. 134; Schmidt, Teilzeitarbeit in Europa, S. 60; Sowka, DB 1994, S. 1876.
[417] EuGH vom 4.6.1992, Rs. C-360/90 (Bötel).
[418] EuGH vom 4.6.1992, Rs. C-360/90 (Bötel). Vgl. Schmidt, Teilzeitarbeit in Europa, S. 60.

Dieses Urteil des EuGH vom 4. Juni 1992 ist in der arbeitsrechtlichen Literatur zumeist auf erheblichen Widerstand gestoßen. Vor allem haben die Kritiker[419] geltend gemacht, dass die betriebsverfassungsrechtliche Systematik und die Ausgestaltung des Betriebsratsamts nicht ausreichend berücksichtigt worden sind. Die Betriebsratstätigkeit sei nach deutschem Recht keine zu vergütende Arbeitsleistung, sondern die Ausübung eines unentgeltlichen Ehrenamtes. Das Betriebsverfassungsrecht sehe eine Entschädigung nur nach dem Lohnausfallprinzip. Das Betriebsratsmitglied solle darüber hinaus nach § 78 Abs. 2 BetrVG keine Vorteile aus der Betriebsratstätigkeit ziehen.[420] Dies gelte auch für die Teilnahme von Betriebsratsmitgliedern an Schulungs- und Bildungsveranstaltungen, die ihnen Kenntnisse vermitteln, die für ihre ehrenamtliche Betriebsratstätigkeit erforderlich seien. Das Betriebsratsmitglied werde nur davor geschützt, dass ihm durch Ausübung seines Betriebsratsamtes Verdiensteinbußen im Arbeitsverhältnis entstehen. Wenn ein Betriebsratsmitglied für die Betriebsratstätigkeit oder für Schulungsveranstaltungen persönliche Freizeit einsetze, so erhalte es dafür keine Vergütung. Die Betriebsratsmitglieder vertreten gegenüber dem Arbeitgeber die Interessen der Arbeitnehmer des Betriebes und unterliegen insoweit keinen Weisungen des Arbeitgebers, sondern nehmen ihr neben dem Arbeitsverhältnis bestehendes Betriebsratsamt selbständig und unabhängig wahr. Arbeit im Sinne des Art. 119 EGV (Art. 141 n.F. EGV) sei eine aufgrund des Arbeitsverhältnisses geschuldete, weisungsgebundene Dienstleistung und die Betriebsratstätigkeit falle nicht unter diesen Begriff.[421]

c) **Erneuter Vorlagebeschluß des BAG**: In der Rechtsprechung hat sich zunächst das LAG Baden-Württemberg[422] mit der „Bötel" Entscheidung ausführlich auseinandergesetzt und ist zu dem Ergebnis gelangt, dass an der früheren Rechtsprechung des BAG festzuhalten sei. Das BAG[423] hat durch Beschluß vom 20. Oktober 1993 die Gelegenheit ergriffen und

[419] U.a. Sowka, DB 1992, S. 2032; Sowka, DB 1994, S. 1876; Schiefer / Erasmy, Anm. zu EuGH vom 4.6.1992, DB 1992, S. 1482 ff.
[420] Schiefer / Erasmy, DB 1992, S. 1482.
[421] Vgl. Staudacher / Hellmann, S. 134-135; Sowka, DB 1994, S. 1876; Biermann, S. 522.
[422] LAG Baden-Württemberg vom 11.12.1992, DB 1993, S. 1826.
[423] BAG vom 20.10.1993, AP Nr. 90 zu § 37 BetrVG 1972, DB 1993, S. 2235. Das BAG hat in seinem Beschluß das folgende Frage vorgelegt: „Hindert das Verbot der mittelbaren Geschlechterdiskriminierung beim Arbeitsentgelt (Art. 119 EWG-Vertrag und Richtlinie 75/117 des Rates der Europäischen Gemeinschaften) den nationalen Gesetzgeber, das Betriebsratsamt als unentgeltlich zu führendes Ehrenamt auszugestalten und die

dem EuGH einen ähnlichen gelagerten Sachverhalt wie in der Rechtssache „Bötel" erneut zur Entscheidung vorgelegt.[424] Nach der umstrittenen Entscheidung des EuGH im Fall „Bötel" wollte das BAG in diesem Verfahren dennoch an seiner bisherigen Rechtsprechung festhalten, wonach keinem Betriebsratsmitglied (auch keinem teilzeitbeschäftigten) ein Anspruch auf Ausgleich der Freizeit zusteht, die es für eine außerhalb seiner individuellen Arbeitszeit liegenden Schulung aufgewandt hat.[425]

d) **Die Entscheidung des EuGH in der Rechtssache „Lewark"**: Der EuGH hat in seiner Entscheidung vom 6. Februar 1996 die Auffassung des BAG zurückgewiesen. Der EuGH hat die Vorlagefrage dahingehend beantwortet, dass das in Art. 119 EWGV und in der Richtlinie 75/117EWG enthaltene Verbot der mittelbaren Diskriminierung beim Arbeitsentgelt, sofern der Gruppe der Teilzeitbeschäftigten erheblich mehr Frauen als Männer angehören, einer nationalen Regelung entgegensteht, die, ohne zur Erreichung eines legitimen sozialpolitischen Ziels geeignet und erforderlich zu sein.[426] Dies führt dazu, dass der Ausgleich, den teilzeitbeschäftigte Betriebsratsmitglieder von ihrem Arbeitgeber bei Teilnahme an Schulungsveranstaltungen zu erhalten haben, deren Dauer aber über die individuelle Arbeitszeit dieser Teilzeitbeschäftigten hinausgeht, auf deren individuelle Arbeitszeit beschränkt ist, während vollzeitbeschäftigte Betriebsratsmitglieder bei Teilnahme an den selben Schulungsveranstaltungen einen Ausgleich nach Maßgabe ihrer Arbeitszeit erhalten.

Der EuGH sieht auch in dieser Fall eine Benachteiligung teilzeitbeschäftigter Betriebsratsmitglieder, weil sie bei gleicher Zahl geleisteter Stunden ein geringeres Gesamtentgelt als vollzeitbeschäftigte Betriebsratsmitglieder erhielten, wenn für die Betriebsarbeit erforderliche Schulungsveranstaltungen während der betrieblichen Vollarbeitszeit, aber außerhalb ihrer individuellen Arbeitszeit durchgeführt werden.[427]

Betriebsratsmitglieder lediglich vor Einkommenseinbußen zu schützen, die sie sonst durch betriebsratsbedingte Versäumung von Arbeitszeit erleiden würden?"

424 Siehe Biermann, S. 510.

425 Vgl. Pulte / Westphal, S. 112.

426 EuGH vom 6.2.1996, Rs. C-457/93 (Kuratorium für Dialyse und Nierentransplantation e.V. / Johanna Lewark), Slg. I 1996, S. 243; DB 1996, S. 379 ff.

427 EuGH vom 6.2.1996, DB 1996, S. 379.

Schließlich ist nach Ansicht des EuGH[428] das Ehrenamtsprinzip des BetrVG kein Umstand, der eine mittelbare Diskriminierung wegen des Geschlechts rechtfertigen könne.[429]

e) **Die Entscheidung des BAG vom 5. März 1997**: Das BAG[430] hat mit seiner Entscheidung vom 5. März 1997 die Urteile des EuGH in den Rechtssachen „Lewark" sowie „Frees und Speckmann" umgesetzt.[431] Mit dieser Entscheidung stellte die höchstrichterliche Instanz allgemein fest, dass der Ausschluß von Freizeitausgleich für die Teilnahme an einer Betriebsratsschulung im Sinne des § 37 Abs. 6 BetrVG außerhalb der persönlichen Arbeitszeit die teilzeitbeschäftigten weiblichen Mitglieder eines Betriebsrats benachteiligt. Diese Ungleichbehandlung sei aber durch objektive Gründe gerechtfertigt.[432]

Das BAG hat in der Begründung seiner Entscheidung in Übereinstimmung mit der Auffassung des EuGH anerkannt, dass das Lohngleichheitsgebot des Art. 119 a.F. EGV auch für den Ausgleich von Einkommenseinbußen von Betriebsratsmitgliedern gelte. Der Ausgleich von Einkommenseinbußen, der infolge einer Teilnahme an erforderlichen Schulungsveranstaltungen entstünde, sei „Entgelt" im Sinne des Art. 119 a.F. EGV, denn der Arbeitgeber gewähre den Ausgleich aufgrund eines Arbeitsverhältnisses.[433] Andererseits stellte das BAG fest, dass der Ausschluß von Ausgleichsansprüchen teilzeitbeschäftigter Betriebsratsmitglieder für aufgewandte Zeiten außerhalb ihrer persönlichen Arbeitszeit während der Teilnahme an erforderlichen Schulungsveranstaltungen eine mittelbare Diskriminierung von Frauen zur Folge habe, weil teilzeitbeschäftigte Betriebsratsmitglieder bei gleicher Zahl geleisteter Stunden ein geringeres Gesamtentgelt als vollzeitbeschäftigte Betriebsratsmitglieder erhielten.[434] Darüber hinaus geht das BAG in der Entscheidung davon aus, dass die Benachteiligung teilzeitbeschäftigter

[428] EuGH vom 6.2.1996, DB 1996, S. 380.

[429] Der EuGH bestätige die Lewark Entscheidung in der Rechtssache Frees und Speckmann (EuGH vom 7.3.1996, Rs. C-278/93, Slg. I 1993, S. 1165, NZA 1996, S. 430) hinsichtlich einer ähnlichen Problematik im Personalvertretungsgesetz. Diese neue Entscheidung beruht auf einem Vorlagebeschluß des Arbeitsgerichts Bremen (ArbG Bremen vom 5.5.1993, EuZW 1993, S. 614 ff).

[430] BAG vom 5.3.1997, 7 AZR 581/92, AP Nr. 123 zu § 37 BetrVG 1972, NZA 1997, S. 1242 ff.

[431] Biermann, S. 514; kritisch: Nielebock, Anm. zu BAG vom 5.3.1997, AiB 1998, S. 107 ff.

[432] BAG vom 5.3.1997, NZA 1997, S. 1242.

[433] BAG vom 5.3.1997, NZA 1997, S. 1243.

[434] Vgl. Biermann, S. 517-519.

Betriebsratsmitglieder gegenüber Vollzeitbeschäftigten wesentlich mehr Frauen als Männer betreffe. Trotzdem ist nach Ansicht des BAG die Ungleichbehandlung der teilzeitbeschäftigten weiblichen Betriebsratsmitglieder beim Besuch vollzeitiger Schulungsveranstaltungen mit Art. 119 a.F. EGV vereinbar, weil diese Ungleichbehandlung durch objektive Faktoren gerechtfertigt sei, die einen Verstoß gegen das gemeinschaftsrechtliche Lohngleichheitsgebot ausschließen. So sei in einer mittelbar diskriminierenden Regelung kein Verstoß gegen Art. 119 EGV zu sehen, wenn das gewählte Mittel einem legitimen Ziel der Sozialpolitik eines Mitgliedstaates diene und es zur Erreichung dieses Zieles geeignet und erforderlich sei.[435] Diese Voraussetzungen hat das BAG aufgrund der Ausgestaltung der Betriebsratstätigkeit als Ehrenamt für gegeben angesehen. Die Ehrenamtlichkeit der Betriebsratstätigkeit sichere die innere und äußere Unabhängigkeit des Betriebsratsmitglieds. Der Arbeitnehmer solle durch seine Tätigkeit für den Betriebsrat weder Nachteile erleiden noch Vorteile erlangen können. Die Ausgestaltung der Betriebsratstätigkeit diene daher einem legitimen sozialpolitischen Ziel der Bundesrepublik Deutschland.[436]

3.1.3.2. RECHTLICHE LAGE NACH DEM REFORMGESETZ DES BetrVG

In seiner Neufassung durch das BetrVerf-Reformgesetz nimmt § 37 Abs. 6 Satz 1 nunmehr auch auf den erweiterten § 37 Abs. 3 Bezug. Daraus folgt, dass Betriebsratsmitglieder, die außerhalb ihrer Arbeitszeit aus betriebsbedingten Gründen an einer Bildungs- oder Schulungsveranstaltung teilnehmen, Anspruch auf Freizeitausgleich unter Fortzahlung des Arbeitsentgelts haben. Über die Bedenken, die sich insoweit im Hinblick auf das Ehrenamtsprinzip des § 37 Abs. 1 BetrVG und das Begünstigungsverbot des § 78 Satz 2 BetrVG ergeben, hat sich der Gesetzgeber hinweggesetzt.[437] Gemäß des heutigen § 37 Abs. 6 Satz 2 liegen betriebsbedingte Gründe im Sinne des § 37 Abs. 3 BetrVG auch vor, wenn wegen „Besonderheiten der betrieblichen Arbeitszeitgestaltung die Schulung des Betriebsratsmitglieds außerhalb seiner Arbeitszeit erfolgt". Diese Vorschrift nennt jedoch nicht, die allgemeine Arbeitszeitgestaltung, welcher gegenüber die betriebliche

---

[435] BAG vom 5.3.1997, NZA 1997, S. 1243-1244.
[436] BAG vom 5.3.1997, NZA 1997, S. 1244; Biermann, S. 514.

Arbeitszeitgestaltung Besonderheiten aufweisen muss. Wie Löwisch[438] zu Recht darauf hinweist, soll man hier für ein klares Verständnis dieser Vorschrift zwischen die Lage und die Dauer der Arbeitszeit unterscheiden. Bezüglich der Lage der Arbeitszeit müsse die übliche Normalarbeitszeit maßgeblich sein, von der die im betreffenden Betrieb geltende betriebliche oder tarifliche Arbeitszeitregelung ausgehe. Liege die Schulungsveranstaltung, ohne dass das vom Arbeitgeber veranlasst wäre, zeitlich ganz oder teilweise außerhalb dieser Normalarbeitszeit, führe § 37 Abs. 6 Satz 2 demnach nicht zu einem Ausgleichsanspruch. Habe das Auseinanderfallen der Lage der Arbeitszeit des Betriebsratsmitglieds und der zeitlichen Lage der Schulungsveranstaltung seine Ursache darin, dass das Betriebsratsmitglieds zu einer anderen als der normalen Arbeitszeit tätig sei, bestehe hinhegen der Ausgleichsanspruch. Das gelte vor allem für im Schichtbetrieb tätige Betriebsratsmitglieder.[439]

Hinsichtlich des Umfangs der Arbeitszeit müsse man unter Berücksichtigung des § 87 Abs. 1 Nr. 3 BetrVG von der betrieblichen Arbeitszeit ausgehen. Weiche die Arbeitszeit des Betriebsratsmitglieds von dieser ab, wie das auf Teilzeitbeschäftigte zutreffe, hätten diese regelmäßig einen Ausgleichsanspruch, wenn die Schulung länger als ihre Arbeitszeit dauert. Allerdings müsse die kürzere Arbeitszeit des Arbeitnehmers ihre Ursache auch hier in einer Besonderheit der betrieblichen Arbeitszeitgestaltung haben. Dies wäre der Fall, wenn die kürzere Arbeitszeit auf eine Organisationsentscheidung des Arbeitgebers beruhe. Gehe die kürzere Arbeitszeit hingegen auf den Wunsch des Betriebsratsmitglieds zurück (z.B. als Folge der Ausübung der Anspruch auf Verringerung der Arbeitszeit nach § 8 TzBfG) entfalle ein Anspruch.[440] Andererseits ist zu berücksichtigen, dass § 37 Abs. 6 Halbsatz 2 vorschreibt, dass der Umfang der Ausgleichsanspruchs pro Schulungstag begrenzt auf die Arbeitszeit eines Vollzeitarbeitnehmers ist. Darüber hinaus ist nach dieser Vorschrift von dem Ausgleichsanspruch eine wirksam gewordene Arbeitsbefreiung gemäß § 37 Abs. 2 BetrVG abzuziehen.

---

[437] Löwisch, BB 2001, S. 1742.
[438] Löwisch, BB 2001, S. 1742.
[439] Vgl. BT-Drucks. 14/5741, S. 41.
[440] In diesem Sinne: Löwisch, BB 2001, S. 1742.

Schließlich ist bemerkenswert, dass das Reformgesetz des BetrVG auch § 37 Abs. 7 geändert hat. Nunmehr verweist § 37 Abs. 7 Satz 3 auf Abs. 6 Satz 2 bis 6, so dass der neue Satz 2 in die Verweisung einbezogen ist. Daraus ergibt sich aber keine handhabbare Regelung, aus der für Teilzeitbeschäftigte ein Ausgleichsanspruch abgeleitet werden könnte, wenn die Schulungs- oder Bildungsveranstaltung länger dauert als die persönliche Arbeitszeit des Betriebsratsmitglieds. Dies erklärt sich, weil § 37 Abs. 6 Satz 2 BetrVG die für die Schulungsveranstaltung im Sinne des Abs. 6 in Abs. 6 Satz 1 ausdrücklich angeordnete Anwendung des Abs. 3 voraussetzt. Dessen Anwendung auch im Falle des § 37 Abs. 7 BetrVG hätte die Anordnung der entsprechenden Anwendung auch des § 37 Abs. 6 Satz 1 erfordert. Deswegen besteht ein Anspruch auf bezahlten Freizeitausgleich für Schulungsveranstaltungen im Sinne des § 37 Abs. 7 BetrVG demnach nicht.[441]

3.2. TEILNAHME AN BETRIEBSVERSAMMLUNGEN

Die regelmäßigen und auf Wunsch des Arbeitgebers einberufenen Betriebsversammlungen sind während der betrieblichen Arbeitszeit zu veranstalten, soweit nicht die Eigenart des Betriebes eine andere Regelung zwingend erfordert (§ 44 Abs. 1 Satz 1 BetrVG). Diese Vorschrift ist eine Schutzbestimmung zugunsten der Belegschaft. Sie soll es den Betriebsangehörigen ermöglichen, ohne zusätzlichen Zeit- und Kostenaufwand an den regelmäßigen Betriebsversammlungen teilzunehmen.[442] Unter Arbeitszeit im Sinne von § 44 Abs. 1 Satz 1 ist die betriebliche Arbeitszeit zu verstehen, d.h. die Zeit während der jedenfalls ein erheblicher Teil der Belegschaft arbeitet.[443] Arbeitet im Betrieb eine größere Zahl von Teilzeitarbeitnehmern, deren persönliche Arbeitszeit von der Arbeitszeit eines wesentlichen Teils der übrigen Belegschaft abweicht, so liegen keine durch die Eigenart des Betriebes hervorgerufenen zwingenden Erfordernisse vor, eine regelmäßige Betriebsversammlung außerhalb der Arbeitszeit von sämtlichen Arbeitnehmern des Betriebes durchzuführen. Der Betriebsrat hat in diesem Fall den Zeitpunkt für eine regelmäßige Betriebsversammlung so zu

---

[441] Der Regierungsentwurf enthält darüber keine Erklärungen. Siehe: BT-Drucks. 14/5741, S. 41. Vgl. Löwisch, BB 2001, S. 1743.
[442] Lipke, NZA 1990, S. 762.
[443] BAG vom 27.11.1987, AP Nr. 7 zu § 44 BetrVG 1972; vgl. Fitting / Kaiser / Heither / Engels, BetrVG, § 44, Rn. 1.

legen, dass möglichst viele Arbeitnehmer während ihrer persönlichen Arbeitszeit daran teilnehmen können.[444]

Andererseits ist gemäß § 44 Abs. 1 Satz 2 und 3 BetrVG die Zeit der Teilnahme an Betriebsversammlungen einschließlich der zusätzlichen Wegezeiten den Arbeitnehmern wie Arbeitszeit zu vergüten. Dies gilt auch dann, wenn die Versammlung wegen der Eigenart des Betriebes außerhalb der Arbeitszeit stattfindet. Fahrkosten, die den Arbeitnehmern durch die Teilnahme an diesen Versammlungen entstehen, sind vom Arbeitgeber zu erstatten. Diese Vorschrift gibt den Teilnehmern der Betriebsversammlungen einen Vergütungsanspruch. Der Anspruch auf Vergütung nach § 44 Abs. 1 Satz 2 und 3 BetrVG für die Zeit der Teilnahme an Betriebsversammlungen einschließlich der zusätzlichen Wegezeiten ist ein eigenständiger Anspruch, der nur davon abhängt, dass der Arbeitnehmer an der in Satz 1 genannten Betriebsversammlungen teilnimmt. Es kommt nicht darauf an, ob und in welchem Umfang der einzelne Arbeitnehmer einen Lohnanspruch erworben hätte,[445] d.h. es gilt nicht das Lohnausfallprinzip.[446] Deshalb hat auch ein Teilzeitarbeitnehmer, der außerhalb seiner persönlichen Arbeitszeit an einer Betriebsversammlung teilnimmt, einen Anspruch auf Vergütung dieser Zeit, einschließlich zusätzlicher Wegezeiten.[447] Zusätzlich erforderliche Aufwendungen, insbesondere Fahrkosten, sind ihm ebenfalls zu ersetzen.[448]

Die Teilzeitarbeit darf nicht zu einer Beeinträchtigung betriebsverfassungsrechtlicher Teilhaberechte führen, gleichgültig, ob sie in herkömmlicher Form oder in Abrufarbeit oder auf ausgelagerten Arbeitsplätzen (z.B. Telearbeit) geleistet wird.[449] Würde man die Vergütungspflicht des Arbeitgebers für den Fall der Teilnahme in arbeitsfreier Zeit ausschließen, halte man die Teilzeitarbeitnehmer von der Wahrnehmung ihrer betriebsverfassungsrechtlichen Befugnisse ab, da sie ohne finanziellen Ausgleich der Betriebsversammlung regelmäßig fernbleiben dürften. Dies liefe den gesetzlichen Zweck zuwider, mit der Vergütung nach § 44 Abs. 1 BetrVG einen Anreiz dafür zu schaffen, auch

---

[444] Lipke, NZA 1990, S. 762; Langmaack, S. 152; BAG vom 27.11.1987, AP Nr. 7 zu § 44 BetrVG 1972.
[445] BAG vom 5.5.1987, AP Nr. 4 und 6 zu § 44 BetrVG 1972.
[446] Fitting / Kaiser / Heither / Engels, BetrVG, § 44, Rn. 26.
[447] Schüren, MünchHdb-ArbR, § 164, Rn. 27.
[448] BAG, NZA 1987, S. 853; vgl. Langmaack, S. 152; Lipke, NZA 1990, S. 763.

außerhalb der persönlichen Arbeitszeit an Betriebsver-sammlungen teilzunehmen. Für den Vergütungsanspruch des betroffenen Teilzeitarbeitnehmers ist es mithin ohne Belang, ob die Betriebsversammlung innerhalb oder wegen der Eigenart des Betriebes außerhalb der betrieblichen Arbeitszeit stattfindet.[450]

4. BETRIEBSVERFASSUNGSRECHTLICHE MITBESTIMMUNG BEI TEILZEITARBEIT

Für den Fall, dass der Arbeitgeber die Einführung von Teilzeitarbeit plant, hat er den Betriebsrat im Rahmen der Personalplanung rechtszeitig und umfassend zu unterrichten. Weiterhin hat der Arbeitgeber mit dem Betriebsrat hierüber zu beraten (§ 92 BetrVG). Die Rechtsprechung des BAG hat klargestellt, dass die Beteiligungsrechte des Betriebsrates sich ohne Einschränkung auf Voll- und Teilzeitkräfte beziehen.[451] Hinsichtlich der Beschäftigung von Teilzeitarbeitnehmern ist insbesondere das dem Betriebsrat durch § 87 Abs. 1 Nr. 2 BetrVG eingeräumte Mitbestimmungsrecht über die Lage der Arbeitszeit von Bedeutung. Danach hat der Betriebsrat, wenn eine gesetzliche oder tarifliche Regelung fehlt, über Beginn und Ende der täglichen Arbeitszeit einschließlich der Pausen sowie über die Verteilung der Arbeitszeit auf die einzelnen Wochentage mitzubestimmen. Dieses Mitbestimmungsrecht umfaßt die Regelung der Lage der Arbeitszeit teilzeitbeschäftigter Arbeitnehmer in demselben Umfang wie die Regelung der Lage der Arbeitszeit Vollzeitbeschäftigter.[452]

Unter Arbeitszeit im Sinne des § 87 Abs. 1 Nr. 2 ist nicht nur die betriebsübliche, sondern jede Art der (individuellen) Arbeitszeit zu verstehen. Unbestritten ist weiterhin, dass die Lage der Teilzeitarbeit, soweit es sich um generelle Tatbestände handelt, der Mitbestimmung des Betriebsrates unterliegt.[453] Die Einführung von Teilzeitarbeit, die Begrenzungspunkte (Beginn und Ende) der täglichen Arbeitszeit, Lage und Dauer der Pausen und die Verteilung der

---

[449] Fitting / Kaiser / Heither / Engels, BetrVG, § 44, Rn. 28; vgl. Lipke, GK-TzA, § 2 BeschFG, Rn. 423.
[450] Lipke, NZA 1990, S. 763. Vgl. BAG vom 18.9.1973, AP Nr. 1 zu § 44 BetrVG 1972; BAG vom 1.10.1974, AP Nr. 2 zu § 44 BetrVG 1972.
[451] U.a.: BAG vom 13.10.1987, AP Nr. 24 zu § 87 BetrVG 1972; BAG vom 28.9.1988, AP Nr. 29 zu § 87 BetrVG 1972; BAG vom 16.7.1991, AP Nr. 44 zu § 87 BetrVG 1972; BAG vom 23.7.1996, AP Nr. 68 zu § 87 BetrVG 1972.
[452] Langmaack, S. 153-154; Löwisch, BetrVG, § 87 Rn. 38.
[453] BAG vom 21.11.1978, AP Nr. 2 zu § 87 BetrVG 1972 Arbeitszeit.

gegenüber der Normalarbeitszeit ständig verkürzten Teilzeitarbeit auf die Arbeitstage sind infolgedessen mitbestimmungspflichtig.[454]

Das Mitbestimmungsrecht des Betriebsrates über die Dauer der wöchentlichen Arbeitszeit ist umstritten.[455] Nach ständiger Rechtsprechung des BAG[456] unterliegt die Dauer der wöchentlichen Arbeitszeit nicht der Mitbestimmung. Außerdem sprechen die besseren Gründe dafür, die Dauer der wöchentlichen Arbeitszeit als vorgegeben und nicht dem Mitbestimmungsrecht des Betriebsrates unterliegend anzusehen. Mit der Festlegung von Beginn und Ende der täglichen Arbeitszeit wird nicht zwangsläufig die Dauer der wöchentlichen Arbeitszeit vorgegeben.[457] Gegen ein Mitbestimmungsrecht über die Dauer der wöchentlichen Arbeitszeit spricht die Regelung des § 87 Abs. 1 Nr. 3 BetrVG. Nach dieser Bestimmung hat der Betriebsrat mitzubestimmen über die vorübergehende Verkürzung oder Verlängerung der betriebsüblichen Arbeitszeit. Nur für diesen Sonderfall wird das Mitbestimmungsrecht eingeräumt, deshalb kann die Dauer der wöchentlichen Arbeitszeit nicht dem Betriebsrat nach § 87 Abs. 1 Nr. 2 BetrVG unterliegen.[458]

Der zeitliche Umfang der wöchentlichen Arbeitspflicht des Teilzeitarbeitnehmers bleibt demnach mitbestimmungsfrei. Er ist einer tariflichen oder einzelvertraglichen Regelung vorbehalten und ist vom Betriebsrat bei der Ausübung seines Mitbestimmungsrechts aus § 87 Abs. 1 Nr. 2 BetrVG als Vorgabe zu beachten.[459] Hier steht dem Betriebsrat nur das Informations- und Beratungsrecht des § 92 BetrVG. Unter § 87 Abs. 1 Nr. 2 fällt auch die Einführung oder Änderung gleitender oder variabler Arbeitszeit. In gleicher Weise mitbestimmungspflichtig ist die Arbeit auf Abruf. Dem Mitbestimmungsrecht unterfällt die grundsätzliche Entscheidung, ob Arbeitnehmer nach Bedarf oder zu festen Arbeitszeiten

---

[454] Lipke, GK-TzA, § 2 BeschFG, Rn. 426.
[455] Vgl. Lipke, NZA 1990, S. 763.
[456] U.a. BAG vom 13.10.1987, AP Nr. 24 zu § 87 BetrVG 1972 Arbeitszeit; BAG vom 28.9.1988, AP Nr. 29 zu § 87 BetrVG 1972 Arbeitszeit; BAG vom 31.1.1989, AP Nr. 15 zu § 87 BetrVG 1972 Tarifvorrang; BAG vom 22.6.1993, AP Nr. 22 zu § 23 BetrVG 1972.
[457] Vgl. BAG 18.8.1987, AP Nr. 23 zu § 77 BetrVG 1972.
[458] BAG 18.8.1987, AP Nr. 23 zu § 77 BetrVG 1972. Siehe auch: Fitting / Kaiser / Heither / Engels, BetrVG, § 87, Rn. 90; Schüren, MünchHdb-ArbR, § 164, Rn. 32.
[459] Lipke, NZA 1990, S. 764.

beschäftigt werden sollen.[460] Die Einführung der kapazitätsorientierten variablen Arbeitszeit unterliegt ebenfalls uneingeschränkt der Mitbestimmungspflicht. Das Mitbestimmungsrecht aus § 87 Abs. 1 Nr. 2 BetrVG hat hier besondere Bedeutung, weil die Arbeitszeit eines Teilzeitbeschäftigten im Rahmen des gesetzlich und tariflich Erlaubten größere Gestaltungsmöglichkeiten zulässt. Demnach kann der Betriebsrat auch initiativ werden, um die Situation für die in einem Abrufarbeitsverhältnis tätigen Arbeitnehmer im Vergleich zu den Vorgaben des § 12 Abs. 1 und 2 TzBfG zu verbessern.[461]

Der Betriebsrat hat auch ein gesetzliches anerkanntes Mitbestimmungsrecht hinsichtlich der Teilzeitarbeit unter anderen in den folgenden Fällen:

a) **Mitbestimmung aus § 87 Abs. 1 Nr. 3 BetrVG**: Gemäß § 87 Abs. 1 Nr. 3 steht dem Betriebsrat weiterhin ein Mitbestimmungsrecht bei der vorübergehenden Verkürzung oder Verlängerung der betrieblichen Arbeitszeit zu. Unter betriebsüblicher Arbeitszeit ist nicht die im Betrieb am häufigsten anzutreffende Arbeitszeit zu verstehen. Im Betrieb können für unterschiedliche Abteilungen oder für bestimmte Arbeitnehmergruppen mehrere betriebsübliche Arbeitszeiten nebeneinander her gelten. Deshalb kann die vorübergehende Verkürzung oder Verlängerung der für die Teilzeitbeschäftigten betriebsüblichen Arbeitszeit nach dieser Vorschrift mitbestimmungspflichtig sein, vorausgesetzt es handelt sich nicht um Einzelfälle ohne kollektiven Bezug.[462]

   Das Mitbestimmungsrecht des Betriebsrates nach dieser Vorschrift hat insbesondere auch die Funktion, die missbräuchliche Instrumentalisierung von Mehrarbeit mit dem Ziel eines unzulässigen flexiblen Arbeitszeitdeputats einzuschränken. Auch dort, wo der Arbeitgeber sich unzulässigerweise die Befugnis vorbehalten hat, das Deputat beliebig zu erhöhen oder abzusenken, bleibt es bei der Mitbestimmung des Betriebsrates, die stets zusätzliche Rechtmäßigkeitsvoraussetzung für die Anordnung von Mehrarbeit oder Kurzarbeit ist.[463]

---

[460] BAG vom 28.9.1988, AP Nr. 29 zu § 87 BetrVG 1972 Arbeitszeit; Löwisch, BetrVG, § 87 Rn. 43.
[461] Lipke, NZA 1990, S. 764.
[462] BAG vom 8.6.1982, AP Nr. 7 zu § 87 BetrVG 1972 Arbeitszeit; Lipke, GK-TzA, § 2 BeschFG, Rn. 430; Fitting / Kaiser / Heither / Engels, BetrVG, § 87, Rn. 108 ff.
[463] So Schüren, MünchHdb-ArbR, § 164, Rn. 32.

b) **Einstellung und Eingruppierung von Teilzeitbeschäftigten**: Der Betriebsrat ist bei Einstellung über Lage und Dauer der Arbeitszeit der Teilzeitarbeitnehmer zu unterrichten. Neueinstellungen von Teilzeitkräften sind gemäß § 99 Abs. 1 BetrVG wie bei Vollzeitkräften mitbestimmungspflichtig. Sogar die Aufnahme einer Teilzeitbeschäftigung während der Elternzeit beim gleichen Arbeitgeber ist nach der Rechtsprechung[464] eine mitbestimmungspflichtige Einstellung.[465] Das Mitbestimmungsrecht des Betriebsrates setzt erst bei Betrieben mit in der Regel mehr als 20 wahlberechtigten Arbeitnehmer ein. Der Arbeitgeber ist grundsätzlich in der Auswahl des einzustellenden Arbeitnehmers frei und dem Betriebsrat steht keine Inhaltskontrolle des Arbeitsvertrages zu. Zustimmungsverweigerungen des Betriebsrates bei Einstellung von Teilzeitarbeitnehmern können sich am ehesten aus gesetzlichen Einstellungs- und Beschäftigungsverboten ergeben (§ 99 Abs. 2 Nr. 1 BetrVG). Verstößt der Arbeitgeber gegen Bestimmungen einer Betriebsvereinbarung, indem er davon abweichende Verträge mit Teilzeitarbeitnehmern abschließt, kann der Betriebsrat dagegen nach § 101 BetrVG vorgehen.[466]

Andererseits ist die Mitbestimmung bei der Eingruppierung[467] umfassend und es ergeben sich keine Besonderheiten gegenüber Vollzeitkräften. Die Eingruppierung bezieht auch geringfügig beschäftigte Arbeitnehmer und Aushilfen ein. Nach der Rechtsprechung des EuGH[468] ist zu berücksichtigen, dass der Betriebsrat die Zustimmung zur beabsichtigten Eingruppierung verweigern kann, wenn das System, dem die Eingruppierung folgt, gegen die Richtlinie 75/117/EWG (Lohngleichheitsrichtlinie) verstößt.[469]

---

[464] BAG vom 19.2.1991, AP Nr. 25 zu § 95 BetrVG 1972; BAG vom 16.7.1991, AP Nr. 28 zu § 95 BetrVG 1972.

[465] Schüren, MünchHdb-ArbR, § 164, Rn. 40. Siehe auch Pulte / Westphal, S. 37.

[466] Vgl. Lipke, GK-TzA, § 2 BeschFG, Rn. 434-435; Lipke, NZA 1990, S. 766-767.

[467] Die Eingruppierung ist die erste (individualrechtlich nicht bindende) Festlegung für die Entlohnung des Arbeitnehmers maßgebenden Lohn- bzw. Gehaltsgruppe. Bei Bestehens eines Tarifvertrages ergibt sich die Eingruppierung aus der dort vorgesehenen Gruppeneinteilung und bei Bestehen einer Betriebsvereinbarung aus der betrieblichen Lohnordnung. Vgl. BAG vom 3.12.1985, AP Nr. 1 zu § 74 BAT; Fitting / Kaiser / Heither / Engels, BetrVG, § 99, Rn. 14.

[468] EuGH vom 1.7.1986, Rs. 237/85 (Rummler), Slg. 1986, S. 2101; DB 1986, S. 1877.

[469] Vgl. Lipke, GK-TzA, § 2 BeschFG, Rn. 439.

c) **Versetzung:** Bei konventioneller Teilzeitarbeit ist von einer mitbestimmungspflichtigen Versetzung (§§ 99 Abs. 1 Satz 1, 95 Abs. 3 BetrVG)[470] auszugehen, wenn der Arbeitnehmer von der Vollzeit- zur Teilzeitarbeit oder umgekehrt wechselt und ihm zugleich ein anderer Arbeitsbereich, ein anderer Arbeitsort oder er selbst einer anderen organisatorischen Betriebseinheit zugewiesen wird.[471] Bleibt der Arbeitnehmer hingegen an seinem unveränderten Arbeitsplatz und verkürzt oder verlängert sich nur seine bisherige Arbeitszeit, steht dem Betriebsrat kein Mitbestimmungsrecht aus § 99 BetrVG zu. Auch eine Änderung der Lage der Arbeitszeit stellt für sich allein keine Versetzung dar, solange sich nicht gleichzeitig der Arbeitsbereich entscheidend ändert.[472] Nur wenn sich über die Veränderung des Arbeitszeitdeputates hinaus die Arbeitsaufgabe selbst ändern, kommt eine Versetzung im Betracht. Die Übergang zu flexiblen Arbeitszeitformen wird zur Versetzung, wenn sich nicht nur die Arbeitszeit, sondern auch der Inhalt der geschuldeten Arbeitsleistung umgestaltet wird. Das ist insbesondere dann der Fall, wenn das gewählte Steuerungssystem dem Arbeitnehmer eine erhebliche erweiterte Mitwirkung und Verantwortung zuweist (z.B. Gleitzeit, Arbeitsplatzteilung) oder ihm verpflichtet, sich für Arbeitsabrufe verfügbar zu halten.[473]

d) **Mitbestimmung bei Kündigung**: Gemäß § 102 BetrVG ist der Betriebsrat vor jeder Kündigung zu hören. Der Arbeitgeber hat ihm die Gründe für die Kündigung mitzuteilen. Eine ohne Anhörung des Betriebsrates ausgesprochene Kündigung ist unwirksam.[474] Nach dieser Vorschrift kann der Betriebsrat in Einklang mit dem Gleichbehandlungsprinzip des § 4 Abs. 1 TzBfG der Kündigung eines Teilzeitarbeitnehmers widersprechen, wenn der Arbeitgeber bei der Auswahl der zu entlassenden Arbeitnehmer die Teilzeitarbeit zum Nachteil des betroffenen Arbeitnehmers berücksichtigt (§ 102 Abs. 3 Nr. 1 BetrVG) hat. Ein Widerspruchsrecht des Betriebsrates besteht weiterhin, wenn für den zu kündigenden

[470] Gemäß § 95 Abs. 3 Satz 1 BetrVG ist Versetzung im Sinne dieses Gesetzes die Zuweisung eines anderen Arbeitsbereichs, die voraussichtlich die Dauer von einem Monat überschreitet, oder die mit einer erheblichen Änderung der Umständen verbunden ist, unter denen die Arbeit zu leisten ist.

[471] Vgl. BAG vom 10.4.1984, AP Nr. 4 zu § 95 BetrVG 1972; BAG vom 19.2.1991, AP Nr. 25 zu § 95 BetrVG 1972; BAG vom 16.7.1991, AP Nr. 28 zu § 95 BetrVG 1972.

[472] Vgl. Lipke, GK-TzA, § 2 BeschFG, Rn. 436-437.

[473] Schüren, MünchHdb-ArbR, § 164, Rn. 41-42. Vgl. Lipke, GK-TzA, § 2 BeschFG, Rn. 436.

[474] Vgl. Hanau / Adomeit, S. 257-258.

Arbeitnehmer eine Weiterbeschäftigung nach Umstellung auf Teilzeitarbeit oder zu veränderten Bedingungen der bisher verrichteter Teilzeitarbeit möglich ist und der betroffene Arbeitnehmer hiermit sein Einverständnis erklärt hat (§ 102 Abs. 3 Nr. 5 BetrVG).[475]

Schließlich legt die neue Rechtsprechung[476] es nahe, dass die Widerspruchsgründe des § 102 Abs. 3 Nr. 1 bis 5 BetrVG auch dort greifen, wo der Arbeitgeber im Kleinbetrieb nicht den Schranken des KSchG unterliegt. In betriebsratsfähigen Kleinbetrieben im Sinne des § 23 KSchG entfällt jedoch der Weiterbeschäftigungsanspruch nach § 102 Abs. 5 BetrVG; die notwendige Voraussetzung für diesen Anspruch ist die Feststellungsklage nach § 4 KSchG, die gegen Kündigungen nur im Schutzbereich des KSchG zulässig ist.[477]

---

[475] Lipke, GK-TzA, § 2 BeschFG, Rn. 440; Pulte / Westphal, S. 102; Fitting / Kaiser / Heither / Engels, BetrVG, § 102, Rn. 49.
[476] BVerfG vom 27.1.1998, AP Nr. 17 zu § 23 KSchG 1969.
[477] Schüren, MünchHdb-ArbR, § 164, Rn. 44-45.

VIERTES KAPITEL:

DIE GERINGFÜGIGE BESCHÄFTIGUNG

A. ALLGEMEINES

1. EINLEITUNG

Die geringfügige Beschäftigung bildet eine besondere Form der Teilzeitbeschäftigung in der Bundesrepublik Deutschland, deren wichtigstes Merkmal die Sozialversicherungsfreiheit ist.[1] Trotz einer gegen Entgelt ausgeübten Tätigkeit sind die geringfügig beschäftigten Arbeitnehmer im Allgemeinen von der Versicherungspflicht in den verschiedenen Zweigen der Sozialversiche-rung ausgenommen. Diese Ausnahme von der Sozialversicherungspflicht entspricht dem Gedanken des Gesetzgebers, dass die geringfügige Beschäftigung für die sie ausübenden Personen nur von untergeordneter wirtschaftlicher Bedeutung sei und nicht die maßgebliche Lebensgrundlage des betroffenen Personenkreises bilde.[2] Der geringfügig Beschäftigte bedürfe des besonderen Schutzes durch eigene Ansprüche aus der Sozialversicherung nicht, weil er auf andere Art und Weise, etwa durch eine Mitversicherung über einen Familienangehörigen, abgesichert sei.[3] Diese – in der Vergangenheit zeitweise unter Umstände zutreffenden – Überle-gungen ändern jedoch nicht daran, dass sich die soziale Situation geringfügig Beschäftigter in der Regel erheblich ungünstiger darstellt als die in Vollzeit Beschäftigter.[4] Ihr niedriges Ein-kommen und der fehlende sozialen Schutz wirken sich besonders ungünstig aus, wenn die geringfügige Beschäftigung die einzige Erwerbstätigkeit des Arbeitnehmers ist.

Die vom Gesetzgeber eingesetzte Sozialversicherungsfreiheit der geringfügigen Beschäftigung hat andererseits wichtige Auswirkungen in der Praxis, denn sie bedeutet für den Arbeitgeber

---

[1] Über die Entstehungsgeschichte der geringfügigen Beschäftigung siehe: Breiken, Die geringfügige Beschäftigung unter besonderer Berücksichtigung der Mehrfachbeschäftigung, Diss., Universität zu Köln, Frankfurt am Main, 1999, S. 22-27.

[2] BSG vom 4.12.1959, 3 RK 52/56; AP Nr. 2 zu § 611 BGB Doppelarbeitsverhältnis; BAG vom 18.11.1988, AP Nr. 3 zu § 611 BGB Doppelarbeitsverhältnis.

[3] Breiken, S. 17. Vgl. Eichenhofer, Sozialrecht, 3. Auflage, Tübingen, 2000, S. 143; Buch, Ungeschützte Beschäftigungsverhältnisse, Diss., Universität Göttingen, Frankfurt am Main, 1999, S. 142.

[4] Buschmann / Dieball / Stevens-Bartol, TZA, S. 489.

niedrige Lohnnebenkosten und infolgedessen erhebliche Wettbewerbsvorteile auf dem Arbeitsmarkt.[5] Darüber hinaus ermöglichen die kürzeren Arbeitszeiten, die für die geringfügigen Beschäftigungen typisch sind, eine flexible und nach Bedarf orientierte Personalplanung, was im Zusammenhang mit anderen Umständen der heutigen Wirtschaft (wie z.B. die Globalisierung und mit ihr in Verbindung stehende strengere und komplexe Wettbewerbsbedingungen) die zunehmende Bedeutung dieser Form der Beschäftigung in den letzten Jahren erklärt.[6] Dennoch stellt die geringfügige Beschäftigung auch Vorteile für die Arbeitnehmer dar. Zunächst ist davon auszugehen, dass ein Teil der Erwerbstätigen an entsprechend kurzen Arbeitszeiten interessiert ist, da sie die Erwerbsarbeit mit anderen Aufgaben verbinden wollen bzw. müssen (z.B. Kinder-erziehung, Ausbildung oder Studium).[7] Außerdem üben Arbeitnehmer diese Art der Beschäftigung aus ökonomischen Zwängen heraus aus, weil sie das Arbeitsentgelt unbedingt zur Bestreitung des Lebensunterhalts benötigen. Vielfach dient auch das erlangte Arbeitsentgelt lediglich zur Erfüllung von Extrawünschen. Für andere Personen wiederum ist der Verdienst unwichtig und sie arbeiten, um soziale Kontakt zu haben oder ihre Zeit sinnvoll zu nutzen.[8]

Für die Durchführung der folgenden Analyse ist es relevant zu berücksichtigen, dass die rechtliche Lage der geringfügigen Beschäftigung in den letzten zwei Jahren seit dem Inkrafttreten des Gesetzes zur Neuregelung der geringfügigen Beschäftigungsverhältnisse[9] sich geändert hat. Diese Änderungen beziehen sich im Wesentlichen auf bestimmte Aspekte ihrer sozialversicherungsrechtlichen Regulierung und werden aus diesem Grund am Ende dieses Kapitels analysiert.

---

[5] In selbem Sinne: Feldhoff, Die Neuregelung der geringfügigen Beschäftigungsverhältnisse, ArbuR 1999, S. 250

[6] Vgl. Glock / Danko, Die 630-Mark-Regelung und ihre Konsequenzen in der Praxis, NZA 1999, S. 402 (403); Buch, S. 183-187; Heider, Der Ausschluß geringfügig Beschäftigter i.S.d. § 8 SGB IV aus dem Bundesangestelltentarifvertrag (BAT) gemäß § 3 Buchst. n 1 Altn. BAT, Diss., Universität Bonn 1999, S. 67-68; Feldhoff, ArbuR 1999, S. 249-250; Breiken, S. 20-21.

[7] Buch, S. 188.

[8] Vgl. Breiken, S. 21; Heider, S. 70-71.

[9] BGBl. I vom 29.3.1999, S. 388.

2. UMFANG DER GERINGFÜGIGEN BESCHÄFTIGUNGSVERHÄLTNISSE

Die geringfügige Beschäftigung konzentriert sich auf dem deutschen Arbeitsmarkt insbesondere im Dienstleistungssektor,[10] wo die Zahl der Teilzeitbeschäftigten ohnehin schon hoch ist (z.B. Gastgewerbe, Handel, Botendienste, Pflegedienst, Reinigung, usw.). Darüber hinaus ist ein besonderes Merkmal dieser Beschäftigungsform, dass mit abnehmender Betriebsgröße der Anteil geringfügiger Beschäftigungsverhältnisse eine steigende Tendenz zeigt.[11] Andererseits ist auch ein interessantes Phänomen, dass die Zahl, der in geringfügigen Beschäftigungen tätigen Personen in den letzten Jahren erheblich zugenommen hat. Allerdings war ihre konkrete Anzahl unter der alten Rechtslage aufgrund komplizierter Rechtsvorschriften, Grauzonen und kaum registrierbarer Mehrfacherfassungen schwer festzustellen.[12] Dies erklärte sich, weil die amtlichen Beschäftigungsstatistiken im Allgemeinen nur die sozialversicherungspflichtigen Beschäftigungs-verhältnisse erfassten und damit die geringfügig Beschäftigten ausgeklammert haben.[13] Außerdem ist bemerkenswert, dass die Statistiken und Angaben über diese Form der Beschäftigung auf mindestens fünf Datenquellen[14] beruhen, deren Erhebungen sich in der Stichprobenziehung und der Operationalisierung geringfügiger Beschäftigung sowie in weiteren Abgrenzungskriterien unterscheiden.

In diesem Zusammenhang weist z.B. der Mikrozensus 1997 insgesamt 2,22 Millionen geringfügig Beschäftigte nach, von denen 1,58 Millionen bzw. 71,1% Frauen sind.[15] Von den geringfügig beschäftigten Frauen fallen nach Angaben des Mikrozensus drei Viertel unter den Status „verheiratet" (Verwitwete oder Geschiedene machten jeweils rund 5% aus). Insofern genießt die Mehrheit von ihnen in Bezug auf Einkommen und Sozialversicherung einen

[10] Feldhoff, ArbuR 1999, S. 249-250.
[11] Marschner, Gesetzesänderungen für Scheinselbständige und geringfügig Beschäftigte, AuA 1999, S. 109 (111); Heilmann / Kuhtz, Die geringfügige Beschäftigung – Ein Grund für den Ausschluß aus der Sozialversicherung?, AuA 1996, S. 145.
[12] Ausführlich: Buch, S. 147 ff.
[13] Feldhoff, ArbuR 1999, S. 249.
[14] Diese Datenquellen sind: 1) Der Mikrozensus des Statistischen Bundesamtes; 2) die Erhebungen des Instituts für Sozialforschung und Gesellschaftspolitik (ISG), Köln, im Auftrag der Bundesministerium für Arbeit und Sozialordnung; 3) die Ergebnisse des sozioökonomischen Panels (SOEP) des Deutschen Instituts für Wirtschaftsforschung Berlin: 4) Die Ergebnisse der Offene - Stellen – Befragung des Instituts für Arbeitsmarkt- und Berufsforschung (IAB) der Bundesanstalt für Arbeit, durchgeführt von der Gesellschaft für Konsumforschung des Ifo – Institut für Wirtschaftsforschung (IAB/GfK/Ifo); 5) die Ergebnisse des IAB – Betriebspanels. In diesem Sinne: Lösung für das Billig-Job-Problem?, Forum der Zeitschrift AuA, 1999, S. 28 ff.

anderweitigen Schutz. Problematisch erscheint dagegen die Lage der Ledigen unter den ausschließlich Geringverdienern. Ihr Anteil betrug 1997 etwa 15% bei den Frauen und 46% bei den Männern. Allerdings zählen hierbei auch Schüler und Studenten mit. Außerdem ist zu betrachten, dass nach dem 97er Mikrozensus drei Viertel der Erfassten im Dienstleistungsbereich geringfügig tätig war, was 7,3% der dortigen Mitarbeiter insgesamt entspricht.[16] Dagegen belief sich die Zahl der geringfügig Beschäftigten 1997 nach der ISG-Befragung geschätztermaßen auf 5,6 Millionen, wobei 14- bis 74jährige Personen erfaßt wurden.[17]

Andererseits weist die Begründung zum Entwurf des Gesetzes zur Neuregelung der geringfügigen Beschäftigungsverhältnisse[18] darauf hin, dass innerhalb des Zeitraums 1992 bis 1997 ein Anstieg von 4,45 Millionen auf 5,63 Millionen Personen in geringfügigen Beschäftigungsverhältnisse verzeichnet wurde. Während im Jahre 1992 einem geringfügig beschäftigten Arbeitnehmer noch 6,5 sozialversicherungspflichtig Beschäftigte gegenüberstanden, war das Verhältnis 1997 nur noch 1 zu 4,8.

Die unterschiedlichen Statistiken über die konkrete Anzahl dieser Form der Beschäftigung und darüber hinaus die umstrittenen Gründe und Folgen für ihre kontinuierliche Zunahme in den letzten Jahren erschweren eine einheitliche Feststellung über den tatsächlichen Umfang der geringfügigen Beschäftigungsverhältnisse in der Bundesrepublik Deutschland. In diesem kompli-zierten Kontext wurden auch die Auswirkungen der zunehmenden Bedeutung der geringfügigen Beschäftigungen auf dem Arbeitsmarkt diskutiert und verschiedene Maßnahmen vorgeschlagen, um negative Effekte zu beseitigen. Nach einigen Ansichten[19] hat die bedeutende Zunahme der geringfügigen Beschäftigung auf dem Arbeitsmarkt zu erheblichen Ausfällen in den Kassen der Renten-, Kranken- und Arbeitslosenversicherung geführt und so ein kompliziertes sozial-rechtliches Problem verursacht. Die erhebliche quantitative Ausweitung dieser Beschäftigungs-verhältnisse war nicht unter dem Vorzeichen zu sehen, dass Arbeitsplätze, wenn auch nur geringfügig, neu geschaffen worden sind. Vielmehr wurden

---

[15] Siehe: Buch, S. 151-152.
[16] Vgl. Forum der Zeitschrift AuA, 1999, S. 28; Buch, S. 151-152.
[17] Forum der Zeitschrift AuA, 1999, S. 28.
[18] BT-Drucks. 14/280, S. 32.

überwiegend bisher sozial-versicherungspflichtige Beschäftigungsverhältnisse in mehrere sozialversicherungsfreie Beschäf-tigungsverhältnisse aufgesplittert. Daraus hat sich eine weitverbreitete eigenständige Form eines deregulierten Arbeitsverhältnisses entwickelt, das sozialversicherungspflichtige Beschäftigungs-verhältnisse ersetzt statt sie zu ergänzen.[20] Nach dieser Ansicht, die auch der Auffassung des Gesetzgebers des Neuregelungsgesetzes entspricht, wurde die Notwendigkeit einer Reform der bisherigen rechtlichen Lage der geringfügigen Beschäftigung für unentbehrlich gehalten und in diesem Sinne erklärt sich, dass die neue Regierung im Jahr 1999 als eine ihrer ersten Maßnahmen ein neues sozial- und steuerrechtliches Szenario für diese Beschäfti-gungsverhältnisse errichtet hat.

Demgegenüber wird die Auffassung[21] vertreten, dass bei sachlicher Betrachtung der geringfügigen Beschäftigungsverhältnisse deutlich werde, dass weder die verbreiteten Horrorszenarien – Beitragsausfälle der Sozialversicherung in Milliardenhöhe sowie die massenhaften Umwandlung „regulärer" Arbeitsplätze in geringfügige Beschäftigungsverhältnisse u.a. – noch die Forderung nach einer Ausweitung der Sozialversicherungspflicht gerechtfertigt seien. Die Kritik gehe ganz offensichtlich von falschen Voraussetzungen und nicht stichhaltigen Begründungen aus. Es werde ignoriert, dass mit einem Abbau der geringfügigen Beschäftigungsverhältnisse erhebliche wirtschaftliche Beeinträchtigungen und unerwünschte Reaktionen verbunden wären. Insgesamt zeige sich, dass die Vorstellung verfehlt sei, der Sozialversicherung mit Hilfe der geringfügig Beschäftigten die erhofften Mehreinnahmen zu verschaffen und damit notwendigen Strukturreformen einmal mehr aus dem Weg gehen zu können. Denn die geringfügigen Beschäftigungsverhältnisse besäßen zudem eine wichtige „Ventilfunktion" in einem sonst überregulierten Arbeitsmarkt und sollten auch deshalb erhalten bleiben.[22]

---

[19] Vgl. Feldhoff, ArbuR 1999, S. 250; Schönfeld / Reimers / Hofmann, Geringfügige Beschäftigungsverhältnisse – 630 DM Jobs, 2. Auflage, München, Berlin, 2001, S. 71.

[20] Feldhoff, ArbuR 1999, S. 250.

[21] Ausführlich: Schlenger, Geringfügige Beschäftigungsverhältnisse – erhalten statt einschränken, Karl-Bräuer-Institut des Bundes der Steuerzahler e.V. Wiesbaden, Heft 88, September 1998, S. 17 ff.

[22] Vgl. Däke, Geleitwort in: Schlenger, Geringfügige Beschäftigungsverhältnisse – erhalten statt einschränken, S. V-VI.

Die oben dargestellten Überlegungen zeigen also, dass das Thema der geringfügigen Beschäftigungsverhältnisse eine umstrittene Materie im Bereich des deutschen Arbeits- und Sozialrecht ist. Die Diskussionen über dieses Thema sind sogar in der letzten Zeit nach dem Inkrafttreten der gesetzlichen Neuregelung dieser Beschäftigungsform aufgrund der komplizierten und problematischen eingeführten Rechtsordnung im Sozialrecht heftiger geworden.

3. DIE NEUREGELUNG DER GERINGFÜGIGEN BESCHÄFTIGUNG

Die neue Bundesregierung[23] hat am Anfang ihres Mandats eine Neuregelung der geringfügigen Beschäftigungsverhältnisse geplant,[24] nach deren vorgesehenem Ziel im Allgemeinen die kontinuierliche Zunahme der geringfügigen Beschäftigungen zurückgeführt werden soll. Andererseits sollten als Folge der Reform die Sozialversicherungskassen entlastet werden und in diesem Kontext versprach sich der Gesetzgeber infolge der Gesetzesänderung Mehreinnahmen von insgesamt 3,4 Milliarden DM in dem ersten Jahr nach der Reform und in den Folgejahren von 1,5 Milliarden DM.[25]

Die geplante Neuregelung der geringfügigen Beschäftigungsverhältnisse hat zu einer sehr kontrovers geführten Diskussion in der Sozial- und Wirtschaftspolitik geführt, aber trotz der heftigen Auseinandersetzungen und Proteste über die Notwendigkeit einer Reform des Rechtsystems der geringfügigen Beschäftigung und über ihre eventuellen praktischen Auswirkungen[26] wurde am 24. März 1999 das Gesetz zur Neuregelung der geringfügigen Beschäftigungsverhältnisse[27] erlassen. Das Gesetz ist am 1. April 1999 in Kraft getreten und hat im Wesentlichen die versicherungsrechtliche und steuerrechtliche Behandlung von geringfügigen Beschäftigungen geändert. Im Kern besteht die sozialrechtliche Veränderung darin, dass die im Rahmen dieser Beschäftigungsverhältnisse gezahlten Arbeitsentgelte seit dem Inkrafttreten des Gesetzes grundsätzlich einer arbeitgeberseitigen Beitragspflicht zu den

---

[23] Siehe: Plenarprotokoll des Bundeskanzlers vom 19.11.1998, 14/8, S. 446.
[24] Zum Thema: Marschner, Das Gesetz zur Neuregelung der geringfügigen Beschäftigungsverhältnisse, ZTR 1999, S. 197 ff.
[25] Schaub, Arbeitsrechts-Handbuch, S. 322.
[26] Vgl. Sodan, Der „Beitrag" des Arbeitgebers zur Sozialversicherung für geringfügige Beschäftigungsverhältnisse, NZS 1999, S. 105 ff.
[27] BGBl. I vom 29.3.1999, S. 388.

Versicherungszweigen der gesetzlichen Krankenversicherung und der gesetzlichen Rentenversicherung unterliegen.[28] Hintergrund der Neuregelung war die zunehmende Entwicklung, dass vielfach zwecks Vermeidung der Sozialversicherungsbeitragsbelastung „normale" Beschäftigungsverhältnisse in geringfügige umgewandelt wurden, mit der Folge einer Erosion der beitragsfinanzierten Sozialversicherung.[29] Darüber hinaus steht als wesentliche steuerrechtliche Maßnahme eine begrenzte Steuerfreistellung geringfügiger Beschäftigungsverhältnisse im Vordergrund sowie eine Reihe weiterer Änderungen des Einkommensteuergesetzes.[30]

3.1. ZIELE DER NEUREGELUNG DER GERINGFÜGIGEN BESCHÄFTIGUNG

In der Begründung zum Gesetzesentwurf[31] wurden ausdrücklich die folgende Ziele der Neuregelung der geringfügigen Beschäftigungsverhältnisse bestimmt:

- der Erosion der Finanzgrundlagen der beitragsfinanzierten Sozialversicherung entgegenzuwirken,
- den in geringfügigen Beschäftigungsverhältnissen vor allem tätigen Frauen eine Option auf eine verbesserte Alterssicherung zu geben,
- Belastungen für die Arbeitnehmer zu vermeiden,
- mittelfristig die Ausweitung dieser Beschäftigungsverhältnisse einzudämmen,
- Ausweichreaktionen in den Bereich der Schwarzarbeit zu vermeiden, und
- Kontrollmöglichkeiten zu verbessern.

---

[28] Vgl. Boecken, Die Neuregelung der geringfügigen Beschäftigungsverhältnisse, NZA 1999, S. 393; Marschner, AuA 1999, S. 110.

[29] Vgl. Lembke, Die Neuregelung der „630-DM-Jobs", NJW 1999, S. 1825.

[30] Die Änderungen des Steuerrechts ergeben sich aus Art. 10 des Gesetzes zur Neuregelung der geringfügigen Beschäftigungsverhältnisses. Bei der Besteuerung ist im Allgemeinen zwischen drei Fallgruppen zu unterscheiden: Freistellung von der Besteuerung, Besteuerung nach Lohnsteuerkarte und Pauschalbesteuerung durch den Arbeitgeber. Zu den steuerrechtlichen Neuregelungen siehe u.a.: Niermann / Plenker, Die Neuregelung der geringfügigen Beschäftigungsverhältnisse aus steuerlicher Sicht, DB 1999, S. 768 ff.; Bauer / Schuster, Kassenschlager „Geringfügige Beschäftigung"?, DB 1999, S. 689,692; Schaub, Arbeitsrechts-Handbuch, S. 326-327; Marschner, ZTR 1999, S. 197 ff.; Sieben / Albert / Dahlbender / Müller, Geringfügige Beschäftigung und Scheinselbständigkeit, Köln, 1999, S. 63 ff.; Lembke, NJW 1999, S. 1828; Schönfeld / Reimers / Hofmann, S. 13 ff.

[31] BT-Drucks. 14/280, S. 32.

Zur Verwirklichung der vorgenannten Zielsetzungen sind im Bereich des Sozialversicherungsrechts vor allem die folgenden Maßnahmen[32] ergriffen worden: Eine Begrenzung geringfügiger Beschäftigungsverhältnisse und der daran anknüpfenden Versicherungsfreiheit; die Einführung einer Beitragspflicht der Arbeitgeber zur gesetzlichen Krankenversicherung und gesetzlichen Rentenversicherung; die Einführung einer arbeitnehmerseitigen Option zur Herbeiführung von Versicherungspflicht in der gesetzlichen Rentenversicherung sowie die Auferlegung einer umfassenden Meldepflicht.

Diese Maßnahmen haben zu Änderungen vor allem der Gemeinsamen Vorschriften für die Sozialversicherung im SGB IV, der Vorschriften über die gesetzliche Krankenversicherung im SGB V sowie der Vorschriften über die gesetzliche Rentenversicherung im SGB VI geführt.

Nach Ansicht des Bundesministeriums für Arbeit und Sozialordnung[33] ist das Gesetz zur Neuregelung der geringfügigen Beschäftigungsverhältnisse ein wichtiger Fortschritt in der Suche nach fairen Regeln für den Arbeitsmarkt, denn das Gesetz hat das Ende der Flucht aus der Sozialversicherung für viele abhängige Beschäftigungen ermöglicht. In diesem Sinne wird vom Bundesministerium für Arbeit insbesondere betont, dass die Träger der gesetzlichen Rentenversicherung von April bis Dezember 1999 rund 3,5 Millionen ausschließlich geringfügig Beschäftigte registrierten und dass 1999 circa 1,85 Milliarden DM als Beiträge für ausschließlich geringfügige Beschäftigte bei den Rentenversicherungs-trägern eingegangen seien. Außerdem habe die Neuregelung die Lage der geringfügigen Beschäftigte verbessert sowie soziale Ungerechtigkeiten abgeschafft, denn es dürfe nicht sein, dass sich Unternehmen Wettbewerbs-vorteile gegenüber anderen Arbeitgebern verschaffen, indem sie systematisch geringfügig Beschäftigte einstellen.[34]

---

[32] BT-Drucks. 14/280, S. 32 ff.

[33] Das 630-Mark-Gesetz, Druckschrift des Bundesministeriums für Arbeit und Sozialordnung, 2000, S. 3.

[34] Kritisch: Schlenger, S. 28-30. Nach seiner Ansicht könne der Einsatz geringfügig Beschäftigter zur Verbesserung der eigenen Konkurrenzfähigkeit nicht als Verzerrung der Wettbewerbsposition angesehen werden, weil es grundsätzlich jedem Wettbewerber offen stehe, dieses Instrument ebenfalls zu nutzen. Wenn einzelne Unternehmen auf einen möglichen Einsatz geringfügig Beschäftigter und damit verbundene betriebswirtschaftliche Vorteile verzichten, könne ein dadurch entstehender Wettbewerbsnachteil nicht den Konkurrenten angelastet werden. Darüber hinaus sei der Einsatz geringfügig Beschäftigter eine vom Gesetzgeber geschaffene Möglichkeit, auf steigende Anforderungen hinsichtlich Flexibilität und Wirtschaftlichkeit zu reagieren. Gerade kleinere Unternehmen könnten durch Einsatz geringfügig Beschäftigter Flexibilitätsnachteile ausgleichen, die gegenüber Konkurrenten mit einer größeren Anzahl von Mitarbeitern bestünden.

Trotz der positiven offiziellen Beurteilung über die Auswirkungen des Gesetzes entstehen hinsichtlich der Anwendung der Neuregelungen in der Praxis viele juristische und arbeitsmarktpolitische Probleme, die dazu führen, dass die sozialrechtliche Literatur[35] im Allgemeinen dem neuen Gesetz über geringfügige Beschäftigungsverhältnisse eine negative Bewertung erteilt hat.[36]

4. BEGRIFF DER GERINGFÜGIGEN BESCHÄFTIGUNG

Die geringfügige Beschäftigung im Sinne des § 8 SGB IV umschreibt eine Tätigkeit, die sich an der sozialrechtlichen Geringfügigkeitsgrenze orientiert. Diese Vorschrift regelt die Fälle, in denen wegen des reduzierten Umfanges einer Beschäftigung eine sogenannte „geringfügige“ Beschäftigung vorliegt.[37] Gemäß § 8 Abs. 1 SGB IV ist zwischen zwei Fällen der geringfügigen Beschäftigung zu unterscheiden: Zum einen Beschäftigungen, die wegen der geringen wöchen-tlichen Arbeitszeit und der Höhe des Arbeitsentgelts geringfügig sind (sogenannte geringfügig entlohnte Beschäftigung oder Entgeltgeringfügigkeit), und zum anderen Beschäftigungen, die wegen ihrer kurzen Dauer geringfügig sind (sogenannte kurzfristige Beschäftigung oder Zeitgeringfügigkeit).

4.1. DIE GERINGFÜGIG ENTLOHNTE BESCHÄFTIGUNG

Nach der Neufassung von § 8 Abs. 1 Nr. 1 SGB IV ist eine geringfügige Beschäftigung gegeben, wenn die Beschäftigung regelmäßig weniger als 15 Stunden in der Woche ausgeübt wird und das Arbeitsentgelt regelmäßig im Monat € 325 (630 DM) nicht übersteigt. Die Voraussetzungen einer geringfügigen Beschäftigung sind also nach dieser Vorschrift nur erfüllt, wenn sowohl die wöchentliche Arbeitszeit weniger als 15 Stunden beträgt als auch das Arbeitsentgelt im Monat € 325 nicht überschreitet. Erfordert die Beschäftigung regelmäßig mindestens 15 Stunden wöchentlich, so liegt, selbst wenn das Arbeitsentgelt im Monat nicht €

[35] U.a.: Glock / Danko, NZA 1999, S. 403 ff.; Marschner, ZTR 1999, S. 199-200; Sodan, NZS 1999, S. 105 ff.; Goretzki / Hohmeister, Zur Neuregelung der geringfügigen Beschäftigungsverhältnisse, NZS 1999, S. 369 (374).
[36] Zum Thema siehe Teil C, Abschnitt 3 ff. dieses Kapitels.
[37] Buschmann / Dieball / Stevens-Bartol, TZA, S. 488.

325 beträgt, keine geringfügige Beschäftigung vor.[38] Die geringfügig entlohnte Beschäftigung wird also durch zwei Tatbestandmerkmale gekennzeichnet:

a) **Wöchentliche Arbeitszeit:** Die Arbeitszeit muss regelmäßig einen Umfang von weniger als 15 Stunden in der Woche haben. Maßgebend ist nach § 8 Abs. 1 Nr. 1 SGB IV die regelmäßige wöchentliche Arbeitszeit. Für das Tatbestandmerkmal „regelmäßig" ist es unerheblich, ob die Beschäftigung im Rahmen eines befristeten oder eines unbefristeten Anstellungsverhältnisses erbracht wird.[39] Insoweit maßgeblich ist allein die Tatsache, dass die Beschäftigung nicht lediglich gelegentlich ausgeübt wird. Wie die Grenze zwischen regelmäßiger und unregelmäßiger Tätigkeit zu bestimmen ist, ist vom Gesetz offengelassen. Auch das Bundessozialgericht (BSG)[40] gibt für die Beantwortung dieser Frage nur bedingt brauchbare Maßstäbe, wenn es ausführt, dass Regelmäßigkeit zumindest einen gewissen voraussetzbaren Arbeitszyklus erfordert. Um Regelmäßigkeit bejahen zu können, ist allerdings kein normales Dauerarbeitsverhältnis erforderlich. Vielmehr genügt dafür nach dem BSG ein Beschäftigungsverhältnis, in dem eine ständige Widerholung der Beschäftigung geplant ist, etwa aufgrund eines Rahmenvertrages über mehrere Jahre.[41]

   Die wöchentliche Arbeitszeit kann sich aus dem Arbeitsvertrag oder aus der Eigenart der Beschäftigung ergeben. Schwankt die Arbeitszeit von Woche zu Woche, so ist die regelmäßige Arbeitszeit im Wege einer Durchschnittsberechnung bzw. einer Schätzung zu ermitteln. Eine Durchschnittsberechnung ist insbesondere vorzunehmen, wenn die wöchentliche Arbeitszeit auf vertraglicher Grundlage turnusmäßig wechselt.[42] Ist eine vorschauende Betrachtung nicht möglich, dann kann auf die Arbeitszeit gegebenenfalls vergleichbarer Arbeitnehmer in den letzten drei Kalendermonaten zurückgegriffen

---

[38] Schönfeld / Reimers / Hofmann, S. 76.
[39] Bauer / Schuster, DB 1999, S. 689. In selbem Sinne: Feldhoff, ArbuR 1999, S. 251.
[40] SozR 3 – 2400 § 8 Nr. 3.
[41] Buschmann / Dieball / Stevens-Bartol, TZA, S. 493.
[42] In diesem Fall sind zum Zwecke einer Schätzung die voraussichtlichen Arbeitsstunden der drei folgenden Kalendermonate (13 Wochen) zu addieren und durch 13 zu dividieren. Abschnitt B 2.1.1 der von der Spitzenverbände der Krankenkassen, der Verband Deutscher Rentenversicherungsträger und die Bundesanstalt für Arbeit geschlossenen Geringfügigkeitsrichtlinie, vom 25.3.1999. Siehe: Hanau, Die neuen Geringfügigkeits-Richtlinien der Sozialversicherungsträger, ZIP 1999, S. 726 ff.

werden.[43] Außer Betracht bleiben allerdings unbezahlte Zeiten wie Pausen, Arbeitsbereitschaft und andere Bereitschaftszeiten.[44]

a) **Entgeltgrenze:** Das Arbeitsentgelt darf die € 325 (630 DM) Grenze nicht übersteigen. Nach der Neuregelung gilt die Entgeltgrenze von € 325 sowohl in den alten als auch in den neuen Bundesländern. Außerdem ist die Entgeltgrenze im Unterschied zur früheren Regelung nicht mehr von der monatlichen Bezugsgröße abhängig. Die bislang dynamische Entgeltgrenze von einem Siebtel der in § 18 SGB IV definierten monatlichen Bezugsgröße bzw. einem Sechstel des Gesamteinkommens im Sinne von § 16 SGB IV ist durch den nunmehr festgeschriebenen Betrag ersetzt worden.[45] Die Fixierung der Entgeltgrenze auf einen absoluten Betrag beinhaltet eine Begrenzung geringfügiger Beschäftigungsverhältnisse unter dem Aspekt, dass der Umfang solcher Beschäftigungsverhältnisse nicht mehr entsprechend der Entwicklung der Bezugsgröße wächst.[46] Bei der Prüfung der Frage, ob das Arbeitsentgelt € 325 übersteigt, ist vom regelmäßigen Arbeitsentgelt[47] auszugehen. Bei schwankendem Arbeitsentgelt ist das regelmäßig erzielte Monatseinkommen anhand einer Schätzung zu ermitteln. Andererseits wenn die Beschäftigung im Laufe eines Kalender-monats beginnt oder endet, ist der anteilige Monatswert maßgebend.[48] Einmalige Zahlungen, wie z.B. Urlaubs- und/oder Weihnachtsgeld, sind mitzuberücksichtigen, wenn ihre Zahlungen mit hinreichender Sicherheit[49] mindestens einmal jährlich zu erwarten sind.[50]

---

[43] Abschnitt B 2.1.1 der Geringfügigkeitsrichtlinie.

[44] Vgl. Schaub, Arbeitsrechts-Handbuch, S. 323; Sieben / Albert / Dahlbender / Müller, S. 6.

[45] Waltermann, Sozialrecht, 2. Auflage, Heidelberg, 2001, S. 63.

[46] Boecken, NZA 1999, S. 394. Vgl. Schaub, Arbeitsrechts-Handbuch, S. 323; Löwisch, Die Neuregelung der 630-Mark-Verträge: Gesetzesinhalt und Handlungsalternativen, BB 1999, S. 739; Seifert, Geringfügige Beschäftigungsverhältnisse, Bonn, 1999, S. 10.

[47] Arbeitsentgelt im Sinne des § 14 Abs. 1 SGB IV sind alle laufenden und einmaligen Einnahmen aus einer Beschäftigung, gleichgültig, ob ein Rechtsanspruch auf die Einnahmen besteht, unter welcher Bezeichnung oder in welcher Form sie geleistet werden und ob sie unmittelbar aus der Beschäftigung oder im Zusammenhang mit ihr erzielt werden.

[48] In diesem Fall wird der Monatsbetrag mit den Kalendertagen des Beschäftigungsverhältnisses multipliziert und das Ergebnis wird durch 30 dividiert. So Abschnitt B 2.1.2 der Geringfügigkeitsrichtlinie.

[49] Die „hinreichende Sicherheit“ kann sich hierbei entweder aus dem Arbeitsvertrag, einem Tarifvertrag oder durch die jahrelange betriebliche Übung ergeben. In diesem Sinne: Schönfeld / Reimers / Hofmann, S. 78.

[50] Urteil des BSG vom 28.2.1984, 12 RK 21/83, USK 8401. Siehe auch Abschnitt 2.1.3 der Geringfügigkeitsrichtlinie.

4.2. DIE KURZFRISTIGE BESCHÄFTIGUNG

Nach § 8 Abs. 1 Nr. 2 SGB IV gibt es auch eine geringfügige Beschäftigung, wenn die Beschäftigung kurzfristig ist. Hiernach liegt eine geringfügige Beschäftigung vor, wenn die Beschäftigung innerhalb eines Jahres nach ihrem Beginn auf längstens zwei Monate oder 50 Arbeitstage nach ihrer Eigenart begrenzt zu sein pflegt oder im voraus vertraglich begrenzt ist, es sei denn, dass die Beschäftigung berufsmäßig ausgeübt wird und ihr Entgelt € 325 (630 DM) übersteigt. Nach dieser Vorschrift des SGB IV setzt das Vorliegen einer kurzfristigen Beschäftigung zwei Tatbestandmerkmale voraus:

a) **Dauer der Beschäftigung**: Die Tätigkeit muss im voraus vertraglich oder nach ihrer Eigenart zeitlich auf nicht mehr als zwei Monate oder insgesamt 50 Arbeitstage innerhalb eines Jahres begrenzt sein. Eine zeitliche Beschränkung der Beschäftigung nach ihrer Eigenart ist gegeben, wenn sie sich aus der Art, dem Wesen oder dem Umfang der zu verrichtenden Arbeit ergibt.[51] Die für die kurzfristige Beschäftigung maßgebliche Jahresfrist berechnet sich wie folgt: Zunächst ist der Endzeitpunkt der kurzfristigen Beschäftigung, also das voraussichtliche Ende der zu beurteilenden Tätigkeit, zu ermitteln und sodann vom Endzeitpunkt der zu beurteilenden Beschäftigung an ein Jahr rückwärts zu rechnen.[52]

   Eine kurzfristige Beschäftigung liegt nicht vor, wenn die Zeitdauer von 50 Arbeitstagen innerhalb eines Jahres in Form eines Dauerarbeitsverhältnisses oder eines regelmäßig wiederkehrenden Arbeitsverhältnisses nicht überschritten wird. In diesen Fällen ist allerdings zu prüfen, ob die Beschäftigung die Voraussetzungen einer geringfügig entlohnten Beschäftigung erfüllt.[53] Handelt es sich um eine Beschäftigung, die zwar die Grenzen der Zeitgeringfügigkeit nicht überschreitet, die aber regelmäßig wiederkehrt, so dass sowohl die Bestimmungen des § 8 Abs. 1 Nr. 1 SGB IV als auch die des § 8 Abs. 1 Nr. 2 SGB IV in

---

[51] Abschnitt B 2.2 der Geringfügigkeitsrichtlinie. Siehe auch Sieben / Albert / Dahlbender / Müller, S. 21 ff.

[52] Beispiel: Endet die Beschäftigung voraussichtlich am 31.1.2002, ist für das Vorliegen einer kurzfristigen Beschäftigung der Zeitraum vom 1.2.2001 bis zum 31.1.2002 entscheidend. Vgl. Bauer / Schuster, DB 1999, S. 689.

[53] In diesem Sinne: Abschnitt B 2.2 der Geringfügigkeitsrichtlinie. Vgl. Urteile des BSG vom 11.5.1993, 12 RK 23/91 und vom 23.5.1995, 12 RK 60/93.

Betracht kommen, so richtet sich die Bewertung der Tätigkeit allein nach den Regeln des § 8 Abs. 1 Nr. 1 SGB IV.[54]

Außerdem ist zu bemerken, dass bei der Bemessung der Arbeitszeit vom Zweimonatszeitraum nur dann auszugehen ist, wenn die Beschäftigung an mindestens fünf Tagen in der Woche ausgeübt wird.[55] Bei Beschäftigungen von regelmäßig weniger als fünf Tagen in der Woche ist bei der Beurteilung auf den Zeitraum von 50 Arbeitstagen abzustellen.

a) **Ausübungsform der Tätigkeit**: Die kurzfristige Beschäftigung muss gelegentlich, also nicht berufsmäßig ausgeübt werden. Bejaht wird dieses Merkmal, sofern die Beschäftigung für die betreffende Person von nur untergeordneter wirtschaftlicher Bedeutung ist.[56] Beschäfti-gungen, die nur gelegentlich (z.B. zwischen Abitur und beabsichtigtem Studium, auch wenn das Studium durch gesetzliche Dienstpflicht hinausgeschoben wird) ausgeübt werden, sind grundsätzlich von untergeordneter wirtschaftlicher Bedeutung und daher als nicht berufsmäßig anzusehen.[57]

Nach der Auffassung der Spitzenorganisationen der Sozialversicherungsträger[58] wird eine Beschäftigung regelmäßig ausgeübt, wenn sie von vornherein auf ständige Wiederholung gerichtet ist und über einen längeren Zeitraum ausgeübt werden soll. Das sei insbesondere dann der Fall, wenn ein über ein Jahr hinausgehender Rahmenarbeitsvertrag geschlossen werde, auch wenn diese Vereinbarung maximal einen Arbeitseinsatz von 50 Arbeitstagen innerhalb eines Jahres vorsehe. Werde ein solcher Rahmenarbeitsvertrag zunächst auf ein Jahr begrenzt und im unmittelbaren Anschluss daran ein neuer Rahmenarbeitsvertrag abgeschlossen, sei vom Beginn des neuen Rahmenarbeitsvertrages von einer regelmäßig ausgeübten Beschäftigung auszugehen. Dies gelte auch dann, wenn zwischen beiden Rahmenarbeitsverträgen ein Zeitraum von weniger als zwei Monaten liege. Würden Arbeitnehmer, ohne dass ein Rahmenarbeitsvertrag besteht, in ständiger Wiederholung von

---

[54] Buschmann / Dieball / Stevens-Bartol, TZA, S. 494.
[55] Urteil des BSG vom 27.1.1971, USK 7104.
[56] Urteil des BSG vom 20.10.1960, 3 RK 31/56.
[57] Abschnitt B 2.2.3 der Geringfügigkeitsrichtlinie. Vgl. Urteil des BSG vom 11.6.1980, 12 RK 30/79.
[58] Siehe: Löwisch, Spielraum für kurzfristige Beschäftigungen, BB 2000, S. 260; Heinze / Ricken / Giesen, Blick ins Sozialversicherungs- und Arbeitsförderungsrecht, NZA 2000, S. 412 ff.

ein und demselben Arbeitgeber beschäftigt, liege eine regelmäßige Beschäftigung solange nicht vor, als vom voraussichtlichen Ende des jeweiligen Arbeitseinsatzes rückschauend betrachtet innerhalb des letzten Jahres die Zeitgrenze nicht überschritten wird. Diese Stellungnahme der Spitzenorganisationen der Sozialversicherungsträger eröffnet beträchtlichen Spielraum für die kurzfristigen Beschäftigungen, weil vielfältige Formen der kurzfristigen Beschäftigungsverhältnisse vereinbart werden können, solange die Voraussetzungen einer regelmäßig ausgeübten Beschäftigung nicht vorliegen und die Grenze von 50 Arbeitstagen je Jahr vertraglich festgelegt und strikt eingehalten wird.[59] Darüber hinaus ist zu bemerken, dass bei der kurzfristigen Beschäftigungen die Entgeltgrenze von € 325 (DM 630) nicht gilt, wenn die Tätigkeit nicht berufsmäßig ausgeübt wird.[60]

B. DIE GERINGFÜGIGEN BESCHÄFTIGUNGSVERHÄLTNISSE IM ARBEITSRECHT

1. ALLGEMEINES

Der Begriff der „geringfügigen Beschäftigung" hat Bedeutung insbesondere im Bereich des Sozialversicherungsrechts. Das Arbeitsrecht kennt diesen Begriff nicht.[61] Im Gegensatz zum Sozialversicherungsrecht ist die arbeitsrechtliche Position des geringfügig beschäftigten Arbeitnehmers[62] dadurch gekennzeichnet, dass es sich um ein vollwertiges Arbeitsverhältnis handelt.[63] Hinsichtlich der Perspektive des Arbeitsrechts bildet die geringfügig entlohnte Beschäftigung einen Fall der Teilzeitbeschäftigung. Das hat das neue Gesetz über Teilzeitarbeit und befristete Arbeitsverträge (TzBfG)[64] vom 21. Dezember 2000 ausdrücklich klargestellt.[65]

---

[59] In diesem Sinne: Löwisch, BB 2000, S. 260.

[60] Hanau, ZIP 1999, S. 726. Ebenso: Buschmann / Dieball / Stevens-Bartol, TZA, S. 495.

[61] Sieben / Albert / Dahlbender / Müller, S. 105.

[62] Eine geringfügige Beschäftigung ist auch im Form einer selbständigen Tätigkeit möglich. Wenn ein Selbständiger Einkünfte bis einschließlich € 325 (DM 630) bezieht, liegt eine sogenannte geringfügige selbständige Tätigkeit nach § 8 Abs. 3 SGB IV. Über die sozialrechtliche Auswirkungen einer geringfügigen selbständigen Tätigkeit siehe: Goretzki / Hohmeister, NZS 1999, S. 371.

[63] Biermann, Die Gleichbehandlung von Teilzeitbeschäftigten bei entgeltlichen Ansprüchen, S. 315. Vgl. BAG vom 9.6.1983, BB 1984, S. 143; BAG vom 13.3.1987, BB 1987, S. 1320.

[64] BGBl. I 2000, S. 1966.

[65] Über die arbeitsrechtliche Konzeption der geringfügigen Beschäftigung vor dem TzBfG sie: Sowka / Köster, Teilzeitarbeit und geringfügige Beschäftigung, S. 26 ff.

Als Ausgangspunkt für die folgende Analyse der arbeitsrechtlichen Regulierung der geringfügigen Beschäftigung ist es also wichtig festzustellen, dass es kein typisches Arbeitsrecht der geringfügig Beschäftigten gibt, und deswegen wird sich die folgende Darstellung im Wesentlichen auf die Hervorhebung der einzelnen Besonderheiten, die im Zusammenhang mit dieser Form der Beschäftigung vorliegen, beschränken. Infolgedessen sollen die allgemeinen Regeln über das Recht der Teilzeitbeschäftigung, die im dritten Kapitel dieser Arbeit analysiert wurden, berücksichtigt werden.

2. DIE GERINGFÜGIGE BESCHÄFTIGUNG NACH DEM TzBfG

§ 2 Abs. 2 TzBfG schreibt vor, dass ein Arbeitnehmer auch teilzeitbeschäftigt ist, der eine geringfügige Beschäftigung nach § 8 Abs. 1 Nr. 1 SGB IV ausübt. Diese Norm wollte nach Ansicht von Preis und Gotthardt[66] offenbar dem verbreiteten Missverständnis begegnen, geringfügig Beschäftigte seien Arbeitnehmer zweiter Klasse.[67] Denn in vielen Betrieben wurden die geringfügig Beschäftigten nicht als gleichberechtigte Arbeitnehmer angesehen und nicht der Gruppe der Teilzeitbeschäftigten zugeordnet, vor allem, wenn sie nicht von der Personal-abteilung eingestellt und bezahlt wurden, sondern aus sonstigen Verfügungsmitteln bzw. Sachkosten von Abteilungsleitern.[68] In jedem Fall hat die Rechtsprechung des BAG schon vor Inkrafttreten des TzBfG festgestellt, dass für diesen Personenkreis keine besondere Behandlung, insbesondere keine Benachteiligung gegenüber den Vollzeit- oder den anderen nicht geringfügigen Teilzeitbeschäftigten zulässig ist.[69]

---

[66] Preis / Gotthardt, Neuregelung der Teilzeitarbeit und befristeten Arbeitsverhältnisse, DB 2000, S. 2065 (2066).

[67] Siehe auch: Feldhoff, ArbuR 1999, S. 254-256. Nach Ansicht von Peters-Lange, Geringfügige Beschäftigung im Arbeits- und Sozialrecht, ZTR 1996, S. 293 (294), sind sozialversicherungsfreie Beschäftigungen weniger sozial ungesichert als weithin angenommen, da nicht zuletzt aufgrund der Rechtsprechung zur Teilzeitarbeit eine weitgehende Angleichung an die Bedingungen eines „Normal" - Arbeitsverhältnisses zu verzeichnen sei und die sozialversicherungsrechtliche Nachteile von den Betroffenen nicht als gravierend empfunden würden. Hier erscheine vielmehr das Interesse der Sozialversicherungsträger an der Erzielung von Mehreinnahmen als ein wirkliches Schutzbedürfnis der Arbeitnehmer für die Überlegungen zu einer weitgehenden Einbeziehung in die Versicherungs- und Beitragspflicht ausschlaggebend zu sein.

[68] Buschmann / Dieball / Stevens-Bartol, TZA, S. 326.

[69] BAG vom 6.9.1990, DB 1991, S. 496 ff.

Hinsichtlich einer kurzfristigen Beschäftigung nach § 8 Abs. 1 Nr. 2 SGB IV enthält das TzBfG keine besondere Erwähnung. Trotzdem bedeutet dies nach Ansicht von Buschmann[70] nicht, dass die kurzfristige Beschäftigung nicht als Teilzeitarbeit anzusehen ist. § 8 Abs. 1 SGB IV verstünde auch diese Beschäftigungsform als geringfügig. Für die arbeitsrechtliche Bewertung gälten die allgemeinen Grundsätzen des § 2 Abs. 1 TzBfG. In der Praxis handle es sich regelmäßig auch bei einer Beschäftigung gemäß § 8 Abs. 1 Nr. 2 SGB IV um Teilzeitbeschäfti-gung, wenn im Gesamtbeschäftigungszeitraum der Durchschnitt der für Vollzeitbeschäftigte geltenden Wochenarbeitszeit unterschritten werde. Nur in dem Falle einer Beschäftigung von kurzer Dauer, die im Gesamtbeschäftigungszeitraum das Volumen einer Vollzeitbeschäftigung erreiche, liege keine Teilzeitarbeit, sondern ein befristetes Vollzeitarbeitsverhältnis vor. Gleichbehandlungsansprüche ergäben sich dann aus den für befristet beschäftigte Arbeitnehmer geltenden Vorschriften, insbesondere aus § 4 Abs. 2 TzBfG. Bei kurzfristigen Beschäftigungen ist also in jedem Fall zu Prüfen, ob es sich um eine befristete oder um eine Teilzeitbeschäftigung handelt.

Nach Auffassung von Hanau[71] beruht die Ausklammerung der kurzzeitig Beschäftigten aus der Teilzeitregelung auf der Annahme, dass die begrenzte Natur dieser Beschäftigung eine Ungleichbehandlung rechtfertige, und dies gelte nicht weniger unter dem Aspekt der Befristung. Dies bestätige die Richtlinie 97/81/EG über die Teilzeitarbeit, auf deren § 2 Abs. 2 die Ausnahmeregelung für kurzzeitige Beschäftigungen beruhe. Dort sei nämlich bestimmt, dass die Mitgliedstaaten aus sachlichen Gründen Teilzeitbeschäftigte, die nur gelegentlich arbeiten, ganz oder teilweise aus dem Geltungsbereich der Regelung ausschließen könnten. Die Richtlinie 99/70/EG über befristete Arbeitsverträge wiederhole dies nicht, doch sei der Sondertatbestand der gelegentlichen Teilzeitbeschäftigung von der Richtlinie über Teilzeitarbeit so ausdrücklich und speziell geregelt, dass er nach dem Grundsatz der Einheit der europäischen Rechtsordnung im Rahmen der allgemeinen Befristungsregelungen nicht anders behandelt werden könne.

---

[70] Buschmann / Dieball / Stevens-Bartol, TZA, S. 326.
[71] Hanau, Offene Fragen zum Teilzeitgesetz, NZA 2001, S. 1168 (1173).

Die juristische Betrachtung des geringfügigen Beschäftigungsverhältnisses als ein Fall der Teilzeitarbeit bedeutet im Wesentlichen eine volle arbeitsrechtliche Gleichstellung dieser Beschäftigungsform mit dem allgemeinen Teilzeitarbeitsmodell und dies hat beispielweise zur Folge, dass geringfügig Beschäftigte wegen der Inanspruchnahme von Rechten nach dem TzBfG nicht benachteiligt werden sollen (§ 5 TzBfG); dass sie Information über freie Arbeitsplätze nach § 7 Abs. 2 TzBfG verlangen können; dass sie gemäß § 9 TzBfG den Wunsch nach Verlängerung der vertraglichen Arbeitszeit äußern sowie die Möglichkeit zur Aus- und Weiterbildung nach § 10 TzBfG nutzen können. Darüber hinaus kann der in § 8 TzBfG geregelte Anspruch auf Teilzeitarbeit durchaus soweit gehen, dass von einer Vollzeitbeschäfti-gung in eine geringfügige Beschäftigung gewechselt werden kann.[72]

3. BEGRÜNDUNG EINES GERINGFÜGIGEN BESCHÄFTIGUNGSVERHÄLT-NISSES

Bei der Begründung eines geringfügigen Beschäftigungsverhältnisses ergeben sich keine wichtigen Besonderheiten, so dass die im dritten Kapitel[73] analysierten Begründungsformen eines Teilzeitarbeitsverhältnisses (Neueinstellung und Änderung eines bereits existierenden Arbeitsverhältnisses) ohne Einschränkungen gelten. Darüber hinaus ist zu beachten, dass das Gesetz zur Neuregelung der geringfügigen Beschäftigungsverhältnisse wenige Änderungen im Arbeitsrecht eingeführt hat. Von Bedeutung sind aber unter dem Gesichtspunkt der Begründung eines geringfügigen Beschäftigungsverhältnisses die Änderungen des Nachweisgesetzes (NachwG). § 1 NachwG ist im Sinne einer Ausdehnung seines Anwendungsbereichs neugefaßt worden, denn früher waren geringfügig Beschäftigte von dem Anwendungsbereich des NachwG ausgeschlossen. Das NachwG gilt nunmehr für alle Arbeitnehmer mit Ausnahme derer, die nur zur vorübergehenden Aushilfe von höchstens einem Monat eingestellt werden.[74] Dies hat zur Folge, dass der Arbeitgeber zur schriftlichen Niederlegung der wesentlichen

---

[72] Vgl. Sieben / Albert / Dahlbender / Müller, S. 105 ff.; Worzalla / Will / Mailänder / Worch / Heise, Teilzeitarbeit und befristete Arbeitsverträge, § 2 TzBfG, Rn. 12.

[73] Siehe drittes Kapitel, erster Teil, Abschnitt III, Punkt 1ff.

[74] Nach Ansicht von Feldhoff (ArbuR 1999, S. 256) ist nicht ganz klar, ob die Änderungen in NachwG die arbeitsrechtliche Stellung der geringfügig Beschäftigten in der Praxis verbessert werde, denn noch sei besonders in Klein- und Kleinstbetriebe eine erhebliche Unterschied der Lage der geringfügigen Beschäftigungsverhältnisse in Theorie und Praxis zu erkennen. Mehr als bisher müssen nach seiner Meinung sich Gewerkschaften und Betriebsräte dieser Problematik stellen.

Vertragsbedin-gungen und zur Aushändigung der Urkunde an den Arbeitnehmer innerhalb eines Monats nach dem vereinbarten Arbeitsbeginn verpflichtet ist (§ 2 Abs. 1 NachwG).[75]

Andererseits muss der Arbeitgeber nach § 2 Abs. 1 Satz 3 NachwG im Arbeitsvertrag oder in dem von ihm zu fertigenden schriftlichen Nachweis darauf hinweisen, dass Arbeitnehmer, die eine geringfügig entlohnte Beschäftigung nach § 8 Abs. 1 Nr. 1 SGB IV ausüben, in der gesetzlichen Rentenversicherung die Stellung eines versicherungspflichtigen Arbeitnehmers erwerben können, wenn sie nach § 5 Abs. 2 Satz 2 SGB VI auf die Rentenversicherungsfreiheit durch Erklärung gegenüber dem Arbeitgeber verzichten.[76] Damit soll sichergestellt werden, dass geringfügig Beschäftigte möglichst frühzeitig auf die Option der Versicherungspflicht in der gesetzlichen Rentenversicherung und den damit möglichen Erwerb von Rentenanwartschaften hingewiesen werden.[77]

4. VERBOT DER SCHLECHTERBEHANDLUNG GERINGFÜGIGER BESCHÄFTIG-TEN

Die gesetzliche Anerkennung der geringfügigen Beschäftigung als Teilzeitarbeit ist besonders relevant im Zusammenhang mit § 4 Abs. 1 TzBfG. Diese Vorschrift enthält das Verbot der Schlechterbehandlung von Teilzeitarbeitnehmern und schreibt vor, dass ein teilzeitbeschäftigter Arbeitnehmer wegen der Teilzeitarbeit nicht schlechter behandelt werden darf als ein vergleichbarer vollzeitbeschäftigter Arbeitnehmer, es sei denn, dass sachliche Gründe eine unterschiedliche Behandlung rechtfertigen (§ 4 Abs. 1 Satz 1 TzBfG).[78] Als sachliche Gründe sind im Allgemeinen nur solche anzuerkennen, die sich aus dem Zweck einer Vergünstigung, an deren Vergabe der Arbeitgeber die Voraussetzung einer Vollzeitbeschäftigung anknüpft, ergeben und die es unter Berücksichtigung aller Umstände gerechtfertigt erscheinen lassen, die dem Vollzeitbeschäftigten gewährte Leistung dem Teilzeitbeschäftigten zu versagen.[79] Aufgrund des § 2 Abs. 2 TzBfG steht nunmehr gesetzlich ganz deutlich fest, dass das Diskriminierungsverbot grundsätzlich auch die geringfügig beschäftigten Arbeitnehmer mit umfasst. Es ist allerdings zu

---

[75] Vgl. Löwisch, BB 1999, S. 741; Bauer / Schuster, DB 1999, S. 692.
[76] Zum Thema siehe: Teil C, Abschnitt 7.2 dieses Kapitels.
[77] BT-Drucks. 14/280, S. 48.
[78] Über das Thema des Verbots der Schlechterbehandlung gemäß § 4 Abs. 1 TzBfG siehe drittes Kapitel, erster Teil, Abschnitt IV, 3.2.

berücksichtigen, dass die Rechtsprechung vor den Inkrafttreten des TzBfG das Diskriminierungsverbot auch auf die Arbeitsverhältnisse geringfügig Beschäftigter angewandt hat.[80]

Wie Buschmann[81] zu Recht hinweist, begründen die besonderen Vorschriften des Steuerrechts (§ 40a EStG) und des Sozialversicherungsrechts (§ 27 Abs. 2 SGB III, § 8 SGB IV, § 7 SGB V) hinsichtlich der geringfügigen Beschäftigung keinen arbeitsrechtlichen Sonderstatus. Sie haben überhaupt keinen arbeitsrechtlichen Charakter und schaffen grundsätzlich auch keinen Rechtsgrund für eine Schlechterstellung in den Arbeitsbedingungen oder Herausnahme aus Leistungsregelungen.[82] Der bloße Umstand, dass der Arbeitgeber bei einer geringfügigen Beschäftigung Lohnnebenkosten sparen kann, rechtfertigt es nicht, das Äquivalenzverhältnis bei den sonstigen Arbeitsbedingungen der betroffenen Arbeitnehmer im Vergleich zu anderen Beschäftigten schlechter zu gestalten. Dies gilt um so mehr, nachdem der Gesetzgeber durch das Gesetz zur Neuregelung der geringfügigen Beschäftigungsverhältnisse den Grundsatz der sozialversicherungsrechtlichen und steuerrechtlichen Andersartigkeit beseitigt hat, wodurch die Übergänge wenigstens tendenziell fließender geworden sind.[83]

Hinsichtlich des Verbots der Schlechterbehandlung ist andererseits zu beachten, dass der Gesetzgeber mit dem TzBfG eine neue Vorschrift eingeführt hat, die das pro rata temporis Prinzip nach § 4 Abs. 2 der Richtlinie 97/80/EG über Teilzeitarbeit im deutschen Recht umgesetzt hat. § 4 Abs. 1 Satz 2 TzBfG schreibt vor, dass einem teilzeitbeschäftigten Arbeitnehmer Arbeitsentgelt oder eine andere teilbare geldwerte Leistung mindestens in dem Umfang zu gewähren ist, der dem Anteil seiner Arbeitszeit an der Arbeitszeit eines vergleichbaren vollzeitbeschäftigten Arbeitnehmers entspricht. Dieses Prinzip ist auch auf den geringfügig Beschäftigten im Moment der Festlegung seines Einkommens anzuwenden und ist besonders wichtig unter dem Gesichtspunkt der Gewährung teilbarer geldwerter Leistungen (z.B. Sozialleistungen des Arbeitgebers), die nicht unmittelbar der Vergütung der Tätigkeit dienen.[84]

---

[79] Peters-Lange, ZTR 1996, S. 296. Vgl. Schmidt, Teilzeitarbeit in Europa, S. 85.
[80] In diesem Sinne u.a.: BAG vom 29.1.1992, AP Nr. 18 zu § 2 BeschFG 1985 Gleichbehandlung; BAG vom 16.3.1993 AP Nr. 6 zu § 1 BetrAVG Teilzeit.
[81] Buschmann / Dieball / Stevens-Bartol, TZA, S. 349.
[82] Vgl. BAG vom 18.6.1991, DB 1991, S. 2140.
[83] Buschmann / Dieball / Stevens-Bartol, TZA, S. 349.
[84] Worzalla / Will / Mailänder / Worch / Heise, § 4 TzBfG, Rn. 16.

Geringfügig Beschäftigte haben also genauso wie die anderen Teilzeitarbeitnehmer Anspruch auf eine verhältnismäßige Gewährung ihres Arbeitsentgelts nach dem Umfang ihrer Arbeitszeit.

Ein Problem bezüglich des Proportionalitätsgebots nach § 4 Abs. 1 Satz 2 TzBfG ist aber, dass in Satz 2 (anders als § 4 Abs. 1 Satz 1 TzBfG) der Vorbehalt zugunsten einer Differenzierung aus sachlichem Grund fehlt.[85] Hanau[86] weist zu Recht darauf hin, dass auch hier ein Rechtfertigungsgrund unterschiedlicher Behandlung wegen sachlicher Gründe gelten müsse. Dafür spreche nicht nur eine Bemerkung in der Gesetzesbegründung,[87] sondern vor allem, dass die Ignorierung sachlicher Differenzierungsgründe eine verfassungswidrige Gleichbehandlung ungleicher Tatbestände darstellen würde.[88] § 4 Abs. 1 Satz 2 TzBfG beziehe sich nur auf teilbare geldwerte Leistungen. Dies könne aber nicht bedeuten, dass unteilbare Leistungen wie die Überlassung von Kraftfahrtzeugen stets in vollen Umfang auch teilzeitbeschäftigten Arbeitnehmer erbracht werden müssten. Vielmehr sei hier ein angemessener Ausgleich zu suchen.[89]

4.1. BESONDERE PROBLEMFELDER

4.1.1 AUSSCHLUß DER GERINGFÜGIG BESCHÄFTIGTEN AUS DEM PERSÖNLICHEN GELTUNGSBEREICH EINES TARIFVERTRAGES

Tarifliche Regelungen, die eine bestimmte Mindestarbeitszeit als Voraussetzung für die Anwendbarkeit eines Tarifvertrages erklären, sind im Prinzip unzulässig.[90] Der überwiegende Teil der Rechtsprechung und der arbeitsrechtlichen Literatur nimmt eine Überprüfung dieser Ausschlussklauseln anhand der verschiedenen Gleichheitssätze (Art. 3 GG, § 4 Abs. 1 TzBfG, Art. 141 EGV) vor.[91] In diesem Kontext hat das BAG[92] beispielweise entschieden, dass § 3 n

[85] Zum Thema siehe auch: Drittes Kapitel, erster Teil, Abschnitt IV, 3.2.3 ff.
[86] Hanau, NZA 2001, S. 1173.
[87] BT-Drucks. 14/4374, S. 15.
[88] Siehe auch: Buschmann / Dieball / Stevens-Bartol, TZA, S. 353; Kliemt, Der neue Teilzeitanspruch, NZA 2001, S. 63 (69); Däubler, Die geplante Teilzeit- und Befristungsgesetz, ZIP 2000, S. 1961 ff.; Däubler, Das neue Teilzeit- und Befristungsgesetz, ZIP 2001, S. 217 (218).
[89] Vgl. Rolfs, Das neue Recht der Teilzeitarbeit, RdA 2001, S. 129 (130).
[90] Ausführlich zum Thema: Biermann, S. 368 ff.
[91] Vgl. BAG vom 15.1.1955, AP Nr. 4 zu Art. 3 GG; BAG vom 23.1.1992, BAGE 69, 257; BAG vom 13.5.1997, AP Nr. 36 zu § 1 BetrAVG Gleichbehandlung; BAG vom 4.4.1999, 3 AZR 729/98; LAG Bremen vom 27.11.1992, AiB 1993, S. 577 ff.; LAG Düsseldorf vom 26.4.1993, AiB 1993, S. 578; LAG Frankfurt a.M. vom

BAT wegen Verstoßes gegen Art. 3 Abs. 1 GG unwirksam ist, soweit diese Tarifnorm Studierende, die nach § 6 Abs. 1 Nr. 3 SGB V versicherungsfrei seien, aus dem Geltungsbereich des BAT ausschließt. Das BAG hält in diesem Urteil die für das Sozial- und Steuerrecht getroffene Differenzierung im § 6 Abs. 1 Nr. 3 SGB V für nicht übertragbar auf die arbeitsrechtliche Zielsetzung des Tarifvertrages, denn es handle sich um unterschiedliche, miteinander nicht zu vergleichende Rechtsgebiete. Sachliche Gründe dafür, einen Teilzeitarbeitnehmer deshalb, weil er wegen seiner mit dem Arbeitsverhältnis nicht im Zusammenhang stehenden Eigenschaft als Student in der gesetzlichen Krankenversicherung versicherungsfrei ist, gegenüber einem anderen Teilzeitbeschäftigten mit gleicher Arbeitszeit unterschiedlich zu behandeln, seien nicht ersichtlich.[93]

Dagegen hat das BAG[94] in der Entscheidung vom 30. August 2000 festgestellt, dass die Tarifvertragsparteien bei der Festlegung des persönlichen Geltungsbereichs eines Tarifvertrages im Prinzip frei sind. Die Tarifvertragsparteien unterliegen bei der Vereinbarung des persönlichen Geltungsbereichs eines Tarifvertrags keiner unmittelbaren Bindung an Art. 3 Abs. 1 GG. Sie seien vielmehr wegen ihres insoweit vorrangigen Grundrechts der Koalitionsfreiheit (Art. 9 Abs. 3 GG) bis zur Grenze der Willkür frei, in eigener Selbstbestimmung den persönlichen Geltungsbereich ihrer Tarifregelungen festzulegen. Die Grenze der Willkür sei erst überschritten, wenn die Differenzierung im persönlichen Geltungsbereich unter keinem Gesichtspunkt, auch koalitionspolitischer Art, plausibel erklärbar sei.

Diese Entscheidung des BAG ist insbesondere kritisierbar, weil sie aufgrund der fast unbegrenzten anerkannten Koalitionsfreiheit in der Tat ermöglicht, dass Arbeitnehmer, die sich in vergleichbarer Situation befinden (z.B. weil sie die selbe Art von Tätigkeit leisten) eine unterschiedliche Behandlung bekommen, ohne dass die Tarifvertragsparteien dafür verpflichtet sind, ihre Entscheidung bei der Ausklammerung auf dem Geltungsbereich des Tarifvertrag sachlich zu rechtfertigen. Trotzdem hat das BAG (nicht aber durch Beweise der

---

14.3.1995, NZA 1995, S. 1162 ff.; Peters-Lange, ZTR 1996, S. 296-297; Beduhn, Neues zur Gleichbehandlung von Teilzeitbeschäftigten, ArbuR 1996, S. 485 (488).

[92] BAG vom 28.3.1996, NZA 1996, S. 1280 ff.

[93] BAG vom 28.3.1996, NZA 1996, S. 1280 ff. Siehe: Biermann, S. 317; BAG vom 7.3.1995, AP Nr. 26 zu § 1 BetrAVG Gleichbehandlung.

Tarifvertragsparteien) festgestellt, dass die Ausgrenzung der Werkstudenten durch sachliche Gründe gerechtfertigt sei, da sie durch ihren Status als Aushilfskräfte mit fehlender Perspektive zur Dauerbeschäftigung gekennzeichnet seien.[95] Dies dürfte aber nach dem Erlass des TzBfG nicht mehr zutreffen sein, da dieses auch die proportionale Gleichbehandlung befristet Beschäftigter verlangt.[96] Dass das BAG ergänzend auf die soziale Lage der Werkstudenten abstellt, ist auch schwer vereinbar damit, dass die wirtschaftliche Lage nach neuerer Rechtsprechung[97] keinen sachlichen Grund für die Benachteiligung von Teilzeitkräften abgeben kann.[98]

Zusammenfassend ist zu bemerken, dass die Tarifnormen Teil der Rechtsordnung sind und dürfen deshalb nicht gegen vorrangiges Recht – vor allem gegen das Gleichheitsgebot - verstoßen.[99] Unter dieser Perspektive weist Biermann[100] zu Recht hin, wenn die Tarifvertragsparteien einzelne Arbeitnehmergruppen aus dem persönlichen Geltungsbereich eines Tarifvertrages ausschließen, haben sie die verschiedenen Gleichheitssätze zu beachten. Die Tarifvertragsparteien benötigen daher zumindest einen sachlichen Grund für die Benachteiligung der geringfügig Beschäftigten und sie können sich nicht zur Rechtfertigung ihrer Differenzierung auf die sozialrechtliche Gliederung in § 8 SGB IV berufen.[101] Andererseits ist allein die Tatsache, dass es sich bei den geringfügig Beschäftigten um eine gewerkschaftliche Minderheit handelt, kein Rechtfertigungsgrund für eine Schlechterstellung.[102] Die Berücksichtigung der geringfügig Beschäftigten belastet die tarifgebundenen Arbeitgeber nicht in einem Umfang, der erwarten lässt, dass die tarifliche Vergütung der gewerkschaftlichen Mehrheit der Vollzeitarbeitnehmer aufgrund dieser Erweiterung des Kreises der Begünstigten in erheblichen Umfang beeinträchtigt wird. Dagegen spricht der Schutzcharakter des

---

[94] BAG vom 30.8.2000, 4 AZR 563/99 (Werkstudenten), NZA 2001, S. 613 ff.
[95] BAG vom 30.8.2000, Teil 3 c der Entscheidungsgründe.
[96] Hanau, NZA 2001, S. 1173.
[97] Siehe: BAG vom 1.11.1995, NZA 1996, S. 813.
[98] Hanau, NZA 2001, S. 1173.
[99] In diesem Sinne: BAG vom 15.1.1955, AP Nr. 4 zu Art. 3 GG; BAG vom 25.4.1979, AP Nr. 49 zu § 611 BGB Dienstordnung – Angestellte; BAG vom 14.12.1982, AP Nr. 1 zu § 1 BetrAVG Besitzstand; BAG vom 24.4.1985, NZA 1985, S. 602; BAG vom 28.5.1996, NZA 1997, S. 101 ff.; EuGH vom 12.2.1974, AP Nr. 6 zu Art. 177 EWG-Vertrag; u.a.
[100] Biermann, S. 318-319.
[101] Vgl. BAG vom 18.6.1997, BAGE 86, 136, NZA 1997, S. 1171.
[102] Vgl. BAG vom 30.8.2000, 4 AZR 563/99 (Werkstudenten).

Tarifvertrages entschei-dend für eine Einbeziehung der geringfügig Beschäftigten in die Tarifverträge. Zwischen den geringfügig Beschäftigten und den Arbeitgebern besteht in einem erheblichen Umfang eine Disparität, die es erfordert, dass zum Ausgleich des Machtgefälles die Gewerkschaften für ausgewogene Arbeitsbedingungen dieser Arbeitnehmergruppe streiten. Dies hat zur Konsequenz, dass ein genereller Ausschluß der Gruppe der geringfügig Beschäftigten aus dem persönlichen Geltungsbereich eines Tarifvertrages mangels einer sachlichen Rechtfertigung gegen Art. 3 Abs. 1 GG verstößt.[103] Es ist also bei jeder einzelnen tariflichen Leistung zu prüfen, ob und in welchem Umfang sich deren Zweck in der Gruppe der geringfügig Beschäftigten realisieren lässt oder nicht.[104]

Eine ungerechtfertige Herausnahme der geringfügig Beschäftigte aus dem Tarifvertrag, die dazu führen würde, dass sie ein geringeres Entgelt erhielten als andere Teilzeitbeschäftigte, ist unwirksam mit der Folge, dass den geringfügig Beschäftigten anteilig entsprechend ihrer geringeren Arbeitszeit das tarifliche Entgelt sonstiger Teilzeitkräfte oder Vollzeitkräfte zusteht. Dasselbe gilt, wenn die tarifliche Vergütungsgruppenordnung bei grundsätzlicher Anwendbarkeit des Tarifvertrages keine Eingruppierung der geringfügig beschäftigten Arbeitnehmergruppe vorsieht und dies Nachteile bei der Entgeltzahlung zur Folge hat.[105] Dabei ist zu beachten, dass als Folge der Anwendung eines Tarifvertrages auf das Arbeitsverhältnis des geringfügig Beschäftigten der Arbeitgeber im Wesentlich verpflichtet ist, eine Eingruppierung in die tarifliche Vergütungsgruppenordnung vorzunehmen, soweit der Tarifvertrag selbst diese Arbeitnehmergruppe nicht ausdrücklich aus der Vergütungsgruppenordnung ausnimmt. Diese gilt auch dann, wenn der Tarifvertrag nur von Bruttolöhnen ausgeht.[106] Aus dieser Entscheidung wird zu Recht abgeleitet, dass die geringfügig Beschäftigten denselben Bruttostundenlohn wie Vollzeitbeschäftigte erhalten müssten. Auf die Höhe des Nettolohns kommt es nicht an.[107]

---

[103] Mit anderer Auffassung die Werkstudenten-Entscheidung des BAG vom 30.8.2000, 4 AZR 563/99, NZA 2001, S. 613 ff.

[104] Biermann, S. 319; vgl. Beduhn, ArbuR 1996, S. 488. Über die Stellungnahme des EuGH zum Thema siehe Teil B, Abschnitt 4.2 dieses Kapitels.

[105] Sowka / Köster, S. 28.

[106] BAG vom 18.6.1991, NZA 1991, S. 2140. Vgl. Biermann, S. 320, 371 ff.

[107] Vgl. Hunold, Gleichbehandlung im Betrieb, DB 1991, S. 1670 (1671).

Ergibt sich schließlich, dass der Arbeitgeber dem Arbeitnehmer zu Unrecht eine im Widerspruch mit der tariflichen Vergütungsordnung und deren unmittelbarer und zwingender Wirkung stehende zu geringe Vergütung zugesagt hat, so steht dem Arbeitnehmer grundsätzlich der Anspruch auf den höheren Lohn zu. Dies gilt allerdings nicht, wenn die Arbeitsvertragsparteien ausdrücklich eine sozialversicherungsfreie Beschäftigung vereinbart haben. In diesem Fall ist der Rechtsverstoß dadurch zu beseitigen, dass eine anteilige Reduzierung der vereinbarten Arbeitszeit vorgenommen wird, damit die maßgebliche Verdienstgrenze nicht überschritten wird.[108]

4.1.2 AUSSCHLUß GERINGFÜGIGER BESCHÄFTIGTEN AUS DEN SYSTEMEN DER BETRIEBLICHEN ALTERSVERSORGUNG

In der Praxis ist es häufig, dass Arbeitgeber, die eine betriebliche Altersversorgung für ihre Mitarbeiter anbieten, die geringfügig Beschäftigten aus dem Geltungsbereich ihrer Versorgungs-werke ausklammern.[109] Das BAG[110] hatte im Prinzip die Frage, ob dieser Ausschluß bei der bisherigen Gesetzeslage überhaupt zulässig war oder ob ein Verstoß gegen den allgemeinen Gleichheitssatz nach Art. 3 Abs. 1 GG vorlag, offengelassen.[111] Nur hinsichtlich der sogenannten „Gesamtversorgungssysteme", bei denen der Ergänzungsfunktion der betrieblichen Altersver-sorgung durch Verzahnung mit dem Rentenversicherungsrecht besonders Rechnung getragen wird, hat das BAG[112] den Ausschluß der geringfügig Beschäftigten für rechtmäßig erklärt. Das BAG folgt mit dieser Entscheidung dem Grundsatz, dass ein sachlicher Grund für eine Differenzierung nur aus dem Zweck der Leistung selbst folgen könne.[113]

---

[108] LAG Hamm vom 21.3.1990, DB 1990, 1469; Sowka / Köster, S. 27.

[109] Ausführlich zum Thema: Fodor, Kommt nun auch die Betriebsrente für die 630-DM-Jobs?, DB 1999, S. 800 ff.

[110] BAG vom 28.7.1992, 3 AZR 173/92, DB 1993, S. 169.

[111] Vgl. Buschmann / Dieball / Stevens-Bartol, TZA, S. 340.

[112] BAG vom 27.2.1996, 3 AZR 886/94, DB 1996, S. 1827. Vgl. BAG vom 16.3.1993, 3 AZR 389/92 zur Zusatzversorgung im öffentlichen Dienst.

[113] Vgl. BAG vom 23.2.1994, AP Nr. 51 zu Art. 119 EWGV; BAG vom 25.10.1994, AP Nr. 40 zu § 2 BeschFG 1985; BAG vom 20.7.1993, AP Nr. 11 zu § 1 BetrAVG. Vgl. Biermann, S. 323.

Das BAG[114] hat in seiner Entscheidung vom 27. Februar 1996 im Wesentlichen festgestellt, dass soweit der Versorgungstarifvertrag für Arbeitnehmer im öffentlichen Dienst Teilzeitkräfte, die rentenversicherungsrechtlich mehr als nur geringfügig beschäftigt würden, aus der Zusatzversorgung des öffentlichen Dienstes ausgenommen habe, sei diese Einschränkung der Versorgungsverpflichtungen wegen Verstoßes gegen den Gleichheitssatz (Art. 3 Abs. 1 GG) unwirksam.[115] Dies gelte auch für den Ausschluß von Teilzeitkräften, die erst aufgrund der Zusammenrechnung mehrerer geringfügiger Beschäftigungen der gesetzlichen Rentenversicherung unterfallen. Soweit die Tarifvertragsparteien jedoch Teilzeitkräfte, die nur geringfügig beschäftigt würden und deshalb nicht der gesetzlichen Rentenversicherung unterlägen, von der Zusatzversorgung im öffentlichen Dienst ausgenommen hätten, gebe es dafür einleuchtende Gründe. Die Zusatzversorgung im öffentlichen Dienst werde im Rahmen eines Gesamtversorgungssystem gewährt und ergänze die Grundsicherung aus der gesetzlichen Rentenversicherung. Sie stehe nicht losgelöst neben ihr, sondern sei mit ihr verzahnt. An einer solchen Grundsicherung fehle es jedoch in den Fällen des § 8 Abs. 1 SGB IV. Daher dürften die Tarifvertragsparteien auf die sozialversicherungsrechtliche Rechtslage abstellen und seien nicht verpflichtet, sozialversicherungsrechtliche Wertentscheidungen durch teilweise Umgestaltung der betrieblichen Altersversorgung zu korrigieren. Der Ausschluß geringfügig Beschäftigter aus der Zusatzversorgung widerspräche nicht der Ergänzungsfunktion der betrieblichen Altersver-sorgung im öffentlichen Dienst, sondern trage ihr Rechnung.[116] Die Zulässigkeit des Aus-schlusses der geringfügig Beschäftigten von der Zusatzversorgung wurde darüber hinaus in späteren Entscheidungen des BAG bestätigt.[117]

---

[114] BAG vom 27.2.1996, 3 AZR 886/94.

[115] In selbem Sinne: BAG vom 14.3.1989, NZA 1990, S. 25 ff.; BAG vom 29.8.1989, AP Nr. 6 zu § 2 BeschFG 1985; BAG vom 23.1.1990; NZA 1990, S. S. 778 ff.; BAG vom 20.11.1990, NZA 1991, S. 635 ff.; BAG vom 28.7.1992, AP Nr. 18 zu § 1 BetrAVG Gleichbehandlung; BAG vom 16.3.1993, NZA 1993, S. 991 ff.; EuGH vom 13.5.1986, AP Nr. 10 zu Art. 119 EWG-Vertrag; EuGH vom 13.7.1989 (Rinner - Kühn), NZA 1990, S. 437 ff.

[116] Vgl. Fodor, DB 1999, S. 801; Biermann, S. 323; Peters-Lange, ZTR 1996, S. 297; Buschmann / Dieball / Stevens-Bartol, TZA, S. 342-343.

[117] BAG vom 12.3.1996, 3 AZR 993/94, DB 1996, S. 2086; BAG vom 13.5.1997, 3 AZR 66/96, DB 1997, S. 2627. Siehe auch: Feldhoff, ArbuR 1999, S. 255.

Die Entscheidung des BAG vom 27. Februar 1996 ist auch als eine Reaktion auf die Rechtsprechung des EuGH,[118] die den Ausschluß geringfügig Beschäftigter aus der deutschen Sozialversicherung gebilligt hatte, zu betrachten und stellte ausdrücklich fest, dass keine Schlechterbehandlung der geringfügig Beschäftigten beim Ausschluß aus den Altersversorgungssystemen aufgrund ihrer Rentenversicherungsfreiheit vorliege. Das BAG beruft sich ausdrücklich auf die Rechtsprechung des EuGH zur Rechtssache Nolte[119] und die dort als zulässige angesehene Differenzierung nach sozialpolitischen Zwecken. Das BAG hat damit bereits die in der Entscheidung des EuGH als Rechtfertigungsgründe herangezogenen sozialpolitischen Ziele in seine Rechtsprechung einbezogen. Denn der Leistungszweck der gesetzlichen Rente ist ein solches sozialpolitisches Ziel.[120] Andererseits ist aus dieser Entscheidung des BAG zu entnehmen, dass der Ausschluß von geringfügig Beschäftigten von einer betrieblichen Altersversorgung auch außerhalb des öffentlichen Dienstes zulässig sein dürfte, da der Zweck der betrieblichen Altersversorgung allgemein in der Ergänzung des gesetzlichen Rentensystems liegt und dieser Zweck sich aufgrund der Rentenversicherungsfreiheit der geringfügig Beschäftigten nicht, auch nicht anteilig, verwirklichen lässt.[121]

Nach der oben dargestellten Rechtsprechung zeigt sich also, dass ein Ausschluß geringfügig Beschäftigter von Leistungen der betrieblichen Altersversorgung nur insoweit zulässig ist, als keine Ansprüche gegen die gesetzliche Rentenversicherung erwachsen. Es ist allerdings zu beachten, dass das Gesetz zur Neuregelung der geringfügigen Beschäftigungsverhältnisse wichtige Änderungen eingeführt hat, so dass nunmehr geringfügig Beschäftigte durch Zahlung eines zusätzlichen freiwilligen Arbeitnehmeranteils Ansprüche gegen die gesetzliche Rentenversicherung erwerben können.[122] Die sozialversicherungsrechtlichen Bewertungen, die als Basis der Entscheidungsgründe des BAG standen, haben sich durch die gesetzliche Neuregelung dieser Beschäftigungsform verändert und damit könnte die Meinung vertretbar sein, dass das BAG in Zukunft auch diejenigen geringfügigen Beschäftigten in eine betriebliche

---

[118] EuGH vom 4.12.1995, Rs. C-317/93 (Nolte), Slg. I 1995, S. 4625; EuGH vom 4.12.1995, Rs. C-444/93 (Menger - Scheffel), Slg. I 1995, S. 4741.
[119] EuGH vom 4.12.1995, Rs. C-317/93.
[120] Lelley, Die Rechtsprechung des EuGH zur Gleichbehandlung geringfügig Beschäftigter, NZA 2000, S. 405, (406).
[121] Biermann, S. 269.
[122] Siehe Teil C, Abschnitt 7 dieses Kapitels.

Altersversorgung einbeziehen wird, die auf ihre Versicherungsfreiheit verzichten und im Wege der Zuzahlung Ansprüche gegen die gesetzliche Rentenversicherung erwerben.[123] Nach Ansicht von Fodor[124] kann man direkt aus dem Wegfall der Ausschlussgründe, die vom BAG in seiner Recht-sprechung festgestellt worden sind, durch die Neuregelung der geringfügigen Beschäftigungsverhältnisse sowie aus den ständigen Rechtsprechung des BAG zu den unterhälftig Beschäftigten[125] auf eine Aufnahmepflicht für die geringfügige Beschäftigten in die betrieblichen Gesamtversorgungssysteme schließen. Unmittelbar betroffen wären insbesondere die Gesamt-versorgungssysteme des öffentlichen Dienstes. Es sei jedoch davon auszugehen, dass die zwangsweise Aufnahme der geringfügig Beschäftigten auch für die übrigen betrieblichen Altersversorgungswerke gelte, für die ohnehin die Zulässigkeit eines Ausschlusses bis zum Inkrafttreten des neuen Gesetzes nicht endgültig feststehe. Allerdings ergäbe sich die Einbeziehung der geringfügigen Beschäftigungsverhältnisse nicht direkt aus der erfolgten gesetzlichen Neuregelung, sondern müsse vielmehr vor den Arbeitsgerichten unter Berufung auf Art. 3 Abs. 1 GG erstritten werden.

Außerdem vertritt Fodor[126] zu Recht die Auffassung, dass, falls eine Einbeziehung über die Rechtsprechung erfolge, bei der Leistungshöhe für die geringfügig Beschäftigten entsprechend deren Beschäftigungsgrad differenziert werden könne. Allerdings solle das Versorgungswerk aus Sicherheitsgründen bereits eine entsprechende Regelung für Teilzeitbeschäftigte erhalten, damit nicht im Ausnahmefall volle Ansprüche geltend gemacht würden. Andererseits sei beim Leistungsspektrum analog zur gesetzlichen Neuregelung zwischen den geringfügig versicherungsfrei und versicherungspflichtig Beschäftigten zu unterscheiden. Ersteren sei gegebenenfalls nur eine betriebliche Regelaltersrente mit eventuell anzuschließender Hinterbliebenenrente zu gewähren, letzteren könnten entsprechend der Regelung für die Vollzeitbeschäftigten auch vorgezogene Altersrenten und Risikoleistungen wie z.B. betriebliche Invalidenrente nicht versagt werden.

---

[123] Sieben / Albert / Dahlbender / Müller, S. 107-108; Feldhoff, ArbuR 1999, S. 255.
[124] Fodor, DB 1999, S. 802.
[125] Vgl. BAG vom 7.3.1995, 3 AZR 282/94; BAG vom 16.1.1996, 3 AZR 767/94; BAG vom 27.2.1996, 3 AZR 886/94.
[126] Fodor, DB 1999, S. 802-803.

Es ist also zu erwarten, dass das BAG auf die neue sozialversicherungsrechtliche Lage der geringfügig Beschäftigten gegenüber seiner früheren Rechtsprechung über die betriebliche Altersversorgung reagieren wird. Ein positives Zeichen in diesem Sinne ist die Entscheidung vom 22. Februar 2000, mit der das BAG festgestellt hat, dass der Ausschluß geringfügig Beschäftigter aus dem Altersversorgungssystem nach § 3 n BAT jedenfalls bis 31. März 1999 wirksam sei.[127] Sowohl das Gleichheitsgebot nach Art. 3 Abs. 1 GG als auch der Gleichbehandlungsgrundsatz des § 4 Abs. 1 TzBfG sind relevante juristische Gründe, die eine Einbeziehung der geringfügig Beschäftigten in der betrieblichen Altersversorgungssysteme rechtfertigen und verlangen. Darüber hinaus ist die von der Rechtsprechung des BAG anerkannte Ergänzungsfunktion der betrieblichen Altersversorgung zu der gesetzlichen Rentenversicherung noch ein Grund dafür, um eine baldige Einbeziehung der geringfügig Beschäftigten zu den privaten und öffentlichen Altersversorgungssystemen zu ermöglichen.

4.2. GERINGFÜGIGE BESCHÄFTIGUNGSVERHÄLTNISSE UND MITTELBARE GESCHLECHTSDISKRIMINIERUNG NACH DER RECHTSPRECHUNG DES EuGH

Die Rechtsprechung des EuGH zur mittelbaren Geschlechtsdiskriminierung der Teilzeitarbeitnehmer bildet ein besonderes Beispiel für den Einfluß des europäischen Gemeinschaftsrechts auf die deutsche Rechtsordnung.[128] Besonders relevant ist in diesem Sinne die Entscheidung des EuGH[129] in der Rechtssache „Rinner-Kühn". Der EuGH entschied in diesem Fall, dass der damalige § 1 Abs. 3 Nr. 2 LohnFG mit Art. 119 EGV (heute Art. 141 EGV) grundsätzlich unvereinbar war, da der Ausschluß von der Lohnfortzahlung im Krankheitsfalle von Arbeitnehmern, deren Arbeitszeit nicht mehr als zehn Wochenstunden oder fünfundvierzig Stunden im Monat betrüge, überwiegend Frauen benachteilige. Dieses Urteil diente dem BAG[130] später als Vorgabe, die Regelung des LohnFG wegen einer Verletzung europäisches

[127] BAG vom 22.2.2000, 3 AZR 845/98; Bestätigung der Entscheidungen vom 27.2.1996, 3 AZR 886/94 und vom 12.3.1996, 3 AZR 993/94. Über die Problematik des § 3 n BAT siehe: Heider, S. 18 ff.
[128] Siehe: Zweites Kapitel, Teil B III, Abschnitt 1 ff.
[129] EuGH vom 13.7.1989, Rs. 171/88, Slg. 1989, 2743.
[130] BAG vom 9.10.1991, NZA 1992, S. 259.

Rechts für unanwendbar zu erklären. Auf diesem Grund war später in dem neuen Entgeltfortzahlungsgesetz[131] die Stundengrenze des § 1 Abs. 3 Nr.1 LohnFG nicht mehr enthalten.[132]

Dagegen hat sich das Institut der mittelbaren Geschlechtsdiskriminierung nicht deutlich als Korrektiv für das Sozialversicherungsrecht erwiesen.[133] Die Vereinbarkeit der Sozialversicherungsfreiheit der geringfügigen Beschäftigungsverhältnisse mit dem europäischen Recht – insbesondere der Vorschriften der Richtlinie 79/7/EWG[134] - wurde seit einiger Zeit viel diskutiert.[135] Vor allem war auf der europäischen Ebene nicht ganz klar, ob die Sozialversicherungsfreiheit der geringfügig Beschäftigten ein Fall der mittelbaren Diskriminierung aufgrund des Geschlechtes darstellte, da der Anteil der Frauen an den Arbeitnehmern in geringfügigen Beschäftigungsverhältnissen erheblich höher als der der männlichen Arbeitnehmer ist, und so einen Verstoß gegen Art. 4 Abs. 1 der Richtlinie 79/7/EWG[136] begründen könnte. In diesem Zusammenhang hat beispielweise Valgolio[137] die Auffassung vertreten, dass trotz der an sich geschlechtsneutral gefassten Vorschriften über Sozialversicherungsfreiheit im deutschen Recht die nachteilige Wirkung und die stärkere Betroffenheit der Frauen von der Herausnahme aus dem System der sozialen Sicherung nicht anders als mit dem Geschlecht zu erklären sei.[138] Der den geringfügig Beschäftigten verwehrte Zugang zu den Sozialversicherungssystemen betreffe in der Tat mehr Frauen als Männer – da der Anteil der Frauen an der Gesamtzahl der versicherungsfreien Beschäftigungen bis zu 60%

---

[131] BGBl. I vom 26.5.1994, S. 1014.
[132] Vgl. Feldhoff, ArbuR 1999, S. 255.
[133] In diesem Sinne: Siemes, Die Sozialversicherungsfreiheit geringfügig Beschäftigter als mittelbare Frauendiskriminierung – Eine Analyse der Entscheidungen des EuGH vom 14.12.1995 „Menger/Scheffel" und „Nolte", ZTR 1996, S. 349 (350).
[134] Richtlinie des Rates zur schrittweisen Verwirklichung des Grundsatzes der Gleichbehandlung von Männern und Frauen im Bereich der sozialen Sicherheit vom 19.12.1978; ABl. EG Nr. L 6 vom 10.1.1979, S. 24.
[135] Siehe u.a. Valgolio, Geringfügige Beschäftigungen und EG-Recht, NZA 1993, S. 447 ff.; Heilmann / Kuhtz, AuA 1996, S. 145 ff.; Buschmann / Dieball / Stevens-Bartol, TZA, S. 182, 188; Colneric, Der Ausschluß geringfügiger Beschäftigter aus der Sozialversicherung als Verstoß gegen die Richtlinie 79/7/EWG, ArbuR 1994, S. 393 ff.
[136] Art. 4 Abs. 1 der Richtlinie 79/7/EWG schreibt das folgende vor: „Der Grundsatz der Gleichbehandlung beinhaltet den Fortfall jeglicher unmittelbaren oder mittelbaren Diskriminierung aufgrund des Geschlechtes, insbesondere unter Bezugnahme auf den Ehe- oder Familienstand, und zwar im besonderen betreffend: - den Anwendungsbereich der Systeme und die Bedingungen für den Zugang zu den Systemen; - die Beitragspflicht und die Berechnung der Beiträge; - die Beseitigung der Leistungen, einschließlich der Zuschläge für den Ehegatten und für unterhaltsberechtigte Personen sowie die Bedingungen betreffend die Geltungsdauer und die Aufrechterhaltung des Anspruchs auf die Leistungen".
[137] Valgolio, NZA 1993, S. 447-448.
[138] In selbem Sinne: Heilmann / Kuhtz, AuA 1996, S. 146.

betrage[139] - und stelle eine geschlechts-spezifische Diskriminierung der weiblichen Erwerbsbevölkerung im Sinne des Art. 4 Abs. 1 Richtlinie 79/7/EWG dar.[140]

Im Bereich des Sozialrechts ist im Allgemeinen eine mittelbare Diskriminierung aufgrund des Geschlechts gegeben, wenn das Geschlecht den Umfang sozialer Rechte bestimmt und faktisch Männer oder Frauen benachteiligt.[141] Nach ständiger Rechtsprechung des EuGH[142] steht Art. 4 Abs. 1 der Richtlinie 79/7/EWG einer nationalen Maßnahme entgegen, die zwar neutral formuliert ist, tatsächlich aber einen wesentlichen höheren Prozentsatz Frauen als Männer benachteiligt, sofern diese Maßnahme nicht durch objektive Faktoren gerechtfertigt ist, die nichts mit einer Diskriminierung aufgrund des Geschlechtes zu tun haben. Dies ist der Fall, wenn die gewählten Mittel einem legitimen Ziel der Sozialpolitik des Mitgliedstaates dienen, um dessen Rechtsvorschriften es geht, und zur Erreichung dieses Ziels geeignet und erforderlich sind.[143]

a) **Die Rechtssachen Nolte und Menger / Scheffel**: Der EuGH hat mit den Urteilen in den Rechtssachen Nolte[144] sowie Menger und Scheffel[145] von Ende 1995 eine wichtige Entscheidung über die sozialrechtliche Lage der geringfügig Beschäftigten - unter dem Gesichtspunkt der Vereinbarkeit der Sozialversicherungsfreiheit dieser Beschäftigungsform im deutschen Sozialrecht mit den Vorschriften der Richtlinie 79/7/EWG über Geschlechterdiskriminierung im Bereich der sozialen Sicherheit - getroffen.[146]

Das Sozialgericht Hannover[147] (Rs. Nolte) und das Sozialgericht Speyer[148] (Rs. Menger und Scheffel) haben in den sozialversicherungsrechtlichen Ausgangsstreitigkeiten ange-

---

[139] So nach der Untersuchung des Instituts für Sozialforschung und Gesellschaftspolitik, Köln, Forschungsbericht im Auftrag des Bundesministerium für Arbeit und Sozialordnung, 1993, S. 113; zit. von Sowka, Anm. zur Entscheidung des EuGH vom 14.12.1995, DB 1996, S. 45.

[140] Ausführlich zum Thema: Colneric, ArbuR 1994, S. 393 ff.

[141] Valgolio, NZA 1993, S. 447.

[142] Vgl. EuGH vom 13.12.1989, Rs. C-102/88 (Ruzius–Wilbrink), Slg. 1989, S. 4311; EuGH vom 24.2.1994, Rs. C-343/92 (Roks), Slg. I 1994, S. 571.

[143] Vgl. Sowka, Anm. zur Entscheidung des EuGH vom 4.12.1995, DB 1996, S. 45.

[144] EuGH vom 4.12.1995, Rs. C-317/93 (Nolte), Slg. I 1995, S. 4625.

[145] EuGH vom 4.12.1995, Rs. C-444/93 (Menger / Scheffel), Slg. I 1995, S. 4741.

[146] Zum Thema: Sowka, DB 1996, S. 43 ff. Kritisch: Heilmann / Kuhtz, AuA 1996, S. 146 ff.; Siemes, ZTR 1996, S. 350 ff.

[147] Vorlagebeschluß des Sozialgericht (SG) Hannover vom 25.5.1993, NZS 1994, S. 80.

[148] Vorlagebeschluß des SG Speyer vom 26.10.1993, ArbuR 1994, S. 36.

nommen, dass die Beitragsfreiheit für geringfügig Beschäftigte eine mittelbare Diskriminierung von Frauen darstelle.[149] Aus diesem Grunde haben sie dem EuGH die Frage vorgelegt, ob Art. 4 Abs. 1 der Richtlinie 79/7/EWG dahin auszulegen sei, dass der Auschluß geringfügig Beschäftigter aus der Renten-, Kranken- und Arbeitslosen-versicherung eine mittelbare Diskriminierung des Geschlechts sei und nicht objektiv gerechtfertigt werden könne. In den Entscheidungen von 14. Dezember 1995 hat der EuGH[150] die Vorlagefragen der Sozialgerichte Hannover und Speyer verneint und im Allgemeinen entschieden, dass die Herausnahme der geringfügigen Beschäftigungs-verhältnisse aus der deutschen Sozialversicherung mit Vorschriften des Rechts der Europäischen Union in Einklang steht und insbesondere keinen Verstoß gegen die Richtlinie 79/7/EWG darstellt. Vor allem hat aber der EuGH klargestellt, dass geringfügig Beschäftigte „Arbeitnehmer" im Sinne der Art. 48 und 51 EGV (Art. 39 und 42 n.F. EGV) sind. Der EuGH hat auf diese Weise die Argumente der Bundesregierung, dass geringfügig Beschäftigte nicht zur Erwerbsbevölkerung im Sinne des Art. 2 RL 79/7/EWG gehörten, weil sie ihren Lebensunterhalt nicht mit den geringfügigen Einnahmen aus einer solchen Tätigkeit bestreiten könnten, nicht akzeptiert.[151] Der EuGH hat so zutreffend verneint, dass die Definition des sozialversicherungsrechtlichen Arbeitnehmerbegriffs der Zuständigkeit des einzelnen Mitgliedstaates unterfalle. Anderenfalls stände das Gleich-behandlungsgebot des Art. 4 Abs. 1 RL 79/7/EWG zur Disposition und das Ziel der Richtlinie, mittelbare Geschlechterdiskriminierungen im Hinblick auf den Zugang zur Sozialversicherung zu beseitigen, wäre nicht erreichbar.[152]

Hinsichtlich des Vorliegens einer mittelbaren Frauendiskriminierung bei der Herausnahme der geringfügig Beschäftigten aus den Sozialversicherungssystemen hat der EuGH das folgende entschieden: „Eine nationale Regelung, die Beschäftigungen mit weniger als 15 Stunden in der Woche und einem Arbeitsentgelt, das regelmäßig ein Siebtel der monatlichen Bezugsgröße nicht übersteigt,[153] von der Versicherungspflicht in

[149] In selbem Sinne: BSG vom 15.11.1995, 7 RAr 106/94. Vgl. Heilmann / Kuhtz, AuA 1996, S. 146.
[150] EuGH vom 4.12.1995, Rs. C-444/93 und Rs. C-317/93, EAS zu Art. 4 RL 79/7/EWG, Nr. 18-19.
[151] EuGH vom 4.12.1995, Rs. C-444/93 (Menger / Scheffel), Rn. 18; Rs. C-317/93 (Nolte), Rn. 17.
[152] Siemes, ZTR 1996, S. 350.
[153] In diesem Sinne § 8 Abs. 1 Nr. 1 a.F. SGB IV.

der gesetz-lichen Kranken- und Rentenversicherung ausnimmt, sowie eine nationale Regelung, die Beschäftigungen, die der Natur der Sache nach auf weniger als 18 Stunden in der Woche beschränkt zu sein pflegen oder im voraus durch einen Arbeitsvertrag beschränkt sind, von der Beitragspflicht in der gesetzlichen Arbeitslosenversicherung ausnimmt, stellen keine Diskriminierung aufgrund des Geschlechts im Sinne von Art. 4 Abs. 1 der Richtlinie des Rates vom 19. Dezember 1978 zur schrittweisen Verwirklichung des Grundsatzes der Gleichbehandlung von Männer und Frauen im Bereich der sozialen Sicherheit dar, selbst wenn sie erheblich mehr Frauen als Männer betreffen, da der nationale Gesetzgeber in vertretbarer Weise davon ausgehen konnte, dass die fraglichen Rechtsvorschriften erforderlich waren, um ein sozialpolitisches Ziel zu erreichen, das mit einer Diskri-minierung aufgrund des Geschlechts nichts zu tun hat."

Der EuGH hat jedoch in beiden Urteilen offen gelassen, ob durch die Grenzwerte für geringfügige Beschäftigungen (§ 8 Abs. 1 SGB IV) tatsächlich mehr Frauen als Männer negativ betroffen werden. Da der EuGH die Regelungen über geringfügige Beschäftigungsverhältnisse durch objektive Gründe, die nichts mit einer Diskriminierung aufgrund des Geschlechts zu tun haben, für gerechtfertigt hält, war er der ausdrücklichen Feststellung der tatbestandlichen Voraussetzungen der mittelbaren Geschlechtsdiskriminierung enthoben.[154] Es ist auch zu berücksichtigen, dass der EuGH den Auschluß geringfügig Beschäftigter aus der deutschen Sozialversicherung in einer sehr kursorischen Betrachtung als objektiv gerechtfertigt angesehen hat. Der EuGH hat in beiden Verfahren das Vorliegen des objektiven Tatbestands einer Diskriminierung erst gar nicht geprüft, sondern hat sogleich festgestellt, dass jedenfalls ein objektiver Rechtfertigungsgrund vorliegt.[155] Dabei betont er den Spielraum der nationalen Sozialgesetzgebung[156] und überprüft die von der Bundesregierung vorgebrachten

---

[154] Siemes, ZTR 1996, S. 351.

[155] Vgl. Bieback, Die mittelbare Diskriminierung wegen des Geschlechts, S. 70-73; Sowka, DB 1996, S. 45; Heilmann / Kuhtz, AuA 1996, S. 147.

[156] „Beim gegenwärtigen Stand des Gemeinschaftsrechts sind die Mitgliedstaaten für die Sozialpolitik zuständig. Folglich ist es ihre Sache, die Maßnahmen zu wählen, die zur Verwirklichung ihrer sozial- und beschäftigungspolitischen Ziele geeignet sind. Bei der Ausübung dieser Zuständigkeit verfügen die Mitgliedstaaten über einen weiten Entscheidungsspielraum." EuGH vom 4.12.1995, Rs. C-444/93 (Menger / Scheffel), Rn. 29.

legitimierenden Gründe inhaltlich nicht.[157] Während der Generalanwalt Léger[158] wie der EuGH in der Rechtssache Roks[159] eine detaillierte Beurteilung sowohl der verfolgten Ziele wie der Verhältnismäßigkeit der Regelungen vornimmt, führt der EuGH nun einfach drei Ziele an, die den Ausschluß geringfügig Beschäftigter rechtfertigen könnten:[160] Das Prinzip der Äquivalenz zwischen Beiträgen und Leistungen, die Förderung der geringfügigen Beschäftigungen durch eine Befreiung von der Sozialversicherungspflicht und die Gefahr illegaler Beschäftigungs-formen und Umgehungstatbestände, wenn die geringfügige Beschäftigungsverhältnisse sozialversicherungspflichtig würden.[161] Es ist jedoch kritisierbar, dass der EuGH die Auswahl dieser Ziele weder begründet noch analysiert hat sowie, dass der EuGH die verschiedenen Begründungen, die die deutsche Bundesregierung zur Rechtfertigung der Regelungen über geringfügige Beschäftigungsverhältnisse angeführt hat, einzeln aufführt, ohne deutlich zu machen, welcher der vorgebrachten Aspekte für ihre Entscheidung ausschlaggebend war.[162]

Nach Auffassung von Siemes[163] kann die Auslegung des EuGH vom Art. 4 Abs. 1 Richtlinie 79/7/EWG nicht überzeugen. Die von dem EuGH weit anerkannte Zuständigkeit der Mitgliedstaaten für die Sozialpolitik habe zur Folge, dass die Rechtskontrolle als bloße „Evidenzkontrolle" ausgestaltet werde. Nur wenn die Regelungen nicht der Verwirklichung eines sozialpolitischen Zieles dienten, oder wenn sie von vornherein zur Zielerreichung ungeeignet seien, scheine das Gleichbehandlungsgebot noch den Gestaltungsspielraum des nationalen Gesetzgebers zu begrenzen. Nach dem neuen Ansatz des EuGH entfalle darüber hinaus eine derartige, am Prinzip der Verhältnismäßigkeit ausgerichtete Gewichtung.[164] Daraus ergäbe sich, dass die angeführten arbeitsmarktpolitischen Gründe „automatisch" von dem Gebot der Gleichbehandlung suspendieren. Ein so weiter Gestaltungsspielraum sei andererseits dem Subsidiaritätsprinzip gemäß Art.

---

[157] Vgl. Peters-Lange, ZTR 1996, S. 294; Siemes, ZTR 1996, S. 349 ff.; Heilmann / Kuhtz, AuA 1996, S. 146-147.
[158] EuGH vom 4.12.1995, Rs. C-317/93 (Nolte), Slg. 1995, I-4625, Rn. 71 ff.
[159] EuGH vom 24.2.1994, Rs. 343/92 (Roks), Slg. I 1994, S. 571.
[160] Vgl. EuGH vom 4.12.1995, Rs. C-444/93 (Menger/Scheffel), Rn. 25 ff.; Rs. C-317/93 (Nolte), Rn. 29 ff.
[161] In diesem Sinne: Bieback, S. 140-141.
[162] Sowka, DB 1996, S. 45.
[163] Siemes, ZTR 1996, S. 351-352.

5 Abs. 2 EGV (Art. 3b Abs. 2 a.F. EGV) nicht zu entnehmen, denn die Zuständigkeit der Mitgliedstaaten für die Sozialpolitik werde im Hinblick auf die Verwirklichung des Grundsatzes der Gleichbehandlung von Männern und Frauen im Bereich der sozialen Sicherheit von der Richtlinie 79/7/EWG begrenzt. Eine differenzierte Verhältnismäßigkeitsprüfung bedeute, dass die Herausnahme aus der Sozialversicherung nicht nur zur Zielerreichung geeignet und erforderlich sein müsse, sondern sie müsse auch in einem angemessenen Verhältnis zum Gewicht und der Bedeutung des Gleichbehandlungsgrundsatzes stehen. Nur dann sei das zur objektiven Rechtfertigung angeführte Ziel ein legitimes Ziel der innerstaatlichen Sozialpolitik, das die Reichweite des Gleichbehandlungsgrundsatzes begrenzen könne.

Die Entscheidungen des EuGH in der Rechtsachen Nolte und Menger und Scheffel haben viele Fragen hinsichtlich der Vereinbarkeit der Sozialversicherungsfreiheit der geringfügigen Beschäftigungsverhältnissen mit dem europäischen Recht über die mittelbare Geschlechtsdiskriminierung offen gelassen. Beide Entscheidungen sind aus diesem Grund heftig kritisiert worden und als wenig überzeugend bezeichnet worden.[165] Andererseits hat der EuGH, wie Sowka[166] zu Recht hinweist, die besonderen Merkmale der geringfügigen Beschäftigungsverhältnisse auf dem deutschen Arbeitsmarkt nicht berücksichtigt. So zeigt sich, dass angesichts der wenig homogenen Gruppe der geringfügig Beschäftigten mit ihrer sehr unterschiedlichen Schutzbedürftigkeit eine Differenzierung bei der Prüfung der Rechtfertigungsgründe nötig gewesen wäre. In diesem Sinne sei beispielweise zu bemerken, dass Schüler, Studenten und Rentner, die ca. 40% aller geringfügig Beschäftigten ausmachen, regelmäßig keines zusätzliches Schutzes der Sozialversi-cherungssysteme bedürfen. Gleiches gelte für die Nebentätigen, die noch einem sozialversicherungspflichtigen Hauptberuf nachgehen. Man könne also nicht undifferen-ziert für die Gesamtgruppe der geringfügig Beschäftigten von einer mittelbaren Frauendiskriminierung ausgehen.

---

[164] Vgl. Sowka, DB 1996, S. 46.
[165] Heilmann / Kuhtz, AuA 1996, S. 147.
[166] Sowka, DB 1996, S. 45.

Nach der Neuregelung der geringfügigen Beschäftigungsverhältnisse ist dennoch nicht ganz klar, ob die Kriterien, die der EuGH in beiden Entscheidungen vom 14. Dezember 1996 eingeführt hat, sich ändern werden und ob eine neue Stellung hinsichtlich der europäischen sozialrechtlichen Mindestvorschriften der Richtlinie 79/7/EWG zu erwarten ist. Die Neuregelungen haben besonders im Recht der Rentenversicherung die Lage der geringfügig Beschäftigten verbessert, aber es ist zu berücksichtigen, dass der Gesetzgeber vor allem das Ziel verfolgt hat, die Erosion der finanziellen Grundlagen der gesetzlichen Sozialversicherung einzudämmen. Deshalb verbleiben auch Bedenken über die Vereinbarkeit der noch anerkannten Sozialversicherungsfreiheit dieser Beschäftigungsform mit dem Verbot einer geschlechtsspezifischen Diskriminierung[167] sowie, ob die Sozialversicherungsfreiheit der geringfügig Beschäftigten tatsächlich ein Strukturprinzip des deutschen Sozialrechts ist, da eine differenzierte Behandlung dieser Beschäftigten europarechtlich rechtfertigt, obwohl in der Tat mehr Frauen als Männer sich in einer schlechteren sozialrechtlichen Position befinden. Deswegen werden die Änderungen im Sozialversicherungsrecht mit größerer Wahrscheinlichkeit neue Vorlagebeschlüsse zur Überprüfung dieser Vereinbarkeit nahe legen.[168]

b) **Die Rechtssache Krüger**: Der EuGH[169] hat mit seiner Entscheidung vom 9. September 1999 die Frage beantwortet, inwieweit der Ausschluß geringfügig Beschäftigter von tariflich gewährten Sonderzuwendungen unzulässig nach Art. 141 EGV ist.[170] Das Arbeitsgericht München hatte dem EuGH zur Vorabentscheidung die Frage vorgelegt, ob ein Verstoß gegen Art 119 EGV (Art. 141 n.F. EGV) und die Richtlinie 76/208/EWG[171] gegeben sei, wenn unselbständig Erwerbstätige, die in einem geringfügigen Beschäftigungsverhältnis stehen, durch tarifliche Regelung von einer Jahressonderzuwendung ausgeschlossen werden. Von dieser Ausnahme waren prozentual erheblich mehr Frauen als Männer betroffen. In dem Ausgangsrechtstreit hatte der Arbeitgeber

---

[167] Auch in diesem Sinne: Buschmann / Dieball / Stevens-Bartol, TZA, S. 490.
[168] Feldhoff, ArbuR 1999, S. 255.
[169] EuGH vom 9.9.1999, Rs. C-281/97 (Krüger), Slg. I 1999, S. 224 ff.; NZA 1999, S. 1151.
[170] Zum Thema siehe: Lelley, NZA 2000, S. 405 ff.
[171] Richtlinie des Rates vom 9. Februar 1976 zur Verwirklichung des Grundsatzes der Gleichbehandlung von Frauen und Männern hinsichtlich des Zugangs zur Beschäftigung, zur Berufsbildung und zum beruflichen Aufstieg sowie in Bezug auf die Arbeitsbedingungen. ABl. EG vom 14.2.1976, Nr. L 39, S. 40.

einer Arbeitnehmerin die Zahlung eine Jahressonderzuwendung (Weihnachtsgratifikation) unter Berufung auf § 3 n BAT verweigert, nach dem geringfügig Beschäftigte vom Geltungsbereich des BAT ausgenommen sind. Daher stehe der Arbeitnehmerin auch kein Anspruch auf die Sonderzuwendung zu.

Der EuGH stellte auf die Vorlage hin fest, dass nach seiner ständigen Rechtsprechung ein Verstoß gegen Art. 119 EGV (Art. 141 n.F. EGV) auch bei mittelbarer Ungleichbehandlung vorliegen kann.[172] Der EuGH kommt zu dem Ergebnis, wenn sich aus den tatsächlichen Feststellungen des deutschen Arbeitsgerichtes ergebe, der Ausschluß nach § 3 lit. n BAT betreffe prozentual erheblich mehr Frauen als Männer, sei eine mittelbare Diskriminierung nach Art. 119 EGV gegeben. Dem Argument des Arbeitgebers, durch den Ausschluß von geringfügig Beschäftigten werde ein sozial- und beschäftigungspolitisches Ziel verfolgt, das objektiv keinen Anhaltspunkt für eine Geschlechterdiskriminierung biete, ist der EuGH nicht gefolgt, obwohl sich der Arbeitgeber ausdrücklich auf die Rechtsprechung des EuGH in der Rechtssache Nolte[173] berief. Der EuGH stellte in der Rechtssache Krüger fest, dass das Argument des billigenswerten sozial- und beschäfti-gungspolitischen Ziels nicht greifen könne, da es sich nicht um eine Maßnahme handle, die der nationale Gesetzgeber im Rahmen seines Ermessens getroffen habe, noch um einen tragenden Grundsatz des deutschen Systems der sozialen Sicherheit.[174] Diese Entscheidung des EuGH ist besonders relevant, denn sie festigt die Tendenz der Rechtsprechung, der Gruppe der Teilzeitbeschäftigten und somit auch der geringfügig Beschäftigten kollektivrechtliche Gleichbehandlung zu gewähren. Es ist aber zu beachten, dass es den Tarifvertragsparteien freisteht, den persönlichen Geltungsbereich eines Tarifvertrages dahingehend einzuschränken, dass nur die Probleme bestimmter Arbeit-nehmergruppen geregelt werden. Diese Abgrenzung des persönlichen Geltungsbereichs unterliegt dann der Rechtsmäßigkeitskontrolle der Gerichte,[175] d.h.,

---

[172] Vgl. EuGH vom 13.7.1989, Rs. 171/88 (Rinner - Kühn), Slg. 1989, S. 2743; EuGH vom 27.6.1990, Rs. C-33/89 (Kowalska), Slg. 1990, S. 2591.
[173] EuGH vom 4.12.1995, Rs. C-317/93 (Nolte).
[174] EuGH vom 9.9.1999, Rn. 29 der Entscheidungsgründe.
[175] Mit anderer Auffassung die Entscheidung des BAG vom 30.8.2000 (4 AZR 563/99 Werkstudenten, NZA 2001, S. 613 ff.), nach der die Tarifvertragsparteien bei der Vereinbarung des persönlichen Geltungsbereichs eines Tarifvertrags keiner unmittelbaren Bindung an Art. 3 Abs. 1 GG unterliegen. Sie seien vielmehr wegen ihres

dass sachliche Differenzierungsgründe auch den Auschluß von geringfügig Beschäftigten aus dem Anwendungsbereich eines Tarifvertrages rechtfertigen können.[176]

In der Rechtssachen Nolte, Menger und Scheffel hat der EuGH anerkannt, dass das sozialpolitische Ziel einer Befriedigung der Nachfrage nach geringfügiger Beschäftigung durch deren Ausschluß aus der Sozialversicherungspflicht ein sachlicher Grund ist, der eine unterschiedliche Behandlung von geringfügig Beschäftigten rechtfertigt, obwohl dies in der Praxis mehr Frauen als Männer betrifft. Bedenklich ist allerdings für das deutsche System der Tarifautonomie nach der Entscheidung in der Rechtssache Krüger, dass der EuGH offenbar dem nationalen Gesetzgeber einen weiteren Beurteilungsspielraum einräumt als den jeweiligen Tarifvertragsparteien. Den Urteilsgründen[177] lässt sich entnehmen, dass dem nationalen Gesetzgeber ein Ermessenspielraum eingeräumt wird, der den Tarifvertragsparteien offenbar nicht zustehen soll.[178] Diese Position des EuGH steht in Einklang mit seiner Ansicht, dass die Sozialpolitik ausschließlich der Zuständigkeit der einzelnen Mitgliedstaaten unterfällt, und macht deutlich, dass die Normadressaten der innenstaatlichen Rechtsordnung (Tarifvertrags- und Arbeitsvertragsparteien) das Verbot der Ungleichbehandlung zwischen Frauen und Männer respektieren müssen und dass nur strengere Maßstäbe, die im Zusammenhang mit den Umständen und Merkmalen des einzelnen oder kollektiven Arbeitsverhältnisses stehen, eine Differenzierung, die mehr Frauen als Männer oder umgekehrt betrifft, rechtfertigen können.

---

insoweit vorrangigen Grundrechts der Koalitionsfreiheit nach Art. 9 Abs. 3 GG bis zur Grenze der Willkür frei.

[176] Lelley, NZA 2000, S. 407. Vgl. BAG vom 15.1.1955, AP Nr. 4 zu Art. 3 GG; BAG vom 13.5.1997, AP Nr. 36 zu § 1 BetrAVG; BAG vom 4.4.1999, 3 AZR 729/98; Biermann, S. 318-319.

[177] Vgl. EuGH vom 9.9.1999, Rn. 29 der Entscheidungsgründe.

[178] Lelley, NZA 2000, S. 407.

5. BESONDERE ASPEKTE DES INHALTS EINES GERINGFÜGIGEN BESCHÄFTIGUNGSVERHÄLTNISSES

5.1. ENTGELT

Hinsichtlich des Entgeltes ergeben sich keine wichtige Besonderheiten für die geringfügig Beschäftigten, außer den Geringfügigkeitsgrenzen, die schon analysiert wurden.[179] Grundsätzlich ist davon auszugehen, dass Teilzeitkräfte und damit auch geringfügig Beschäftigte das gleiche Entgelt erhalten wie Vollzeitkräfte, jedoch gekürzt entsprechend ihrer verringerten Arbeitsleistung (§ 4 Abs. 1 Satz 2 TzBfG). Ob ein Anspruch auf eine tarifliche Vergütung besteht, richtet sich danach, ob der für den Betrieb geltende Tarifvertrag auf das Arbeitsverhältnis Anwendung findet.[180] Dann nehmen auch geringfügig Beschäftigte an Tariflohnerhöhungen und anderen tariflichen Leistungen[181] (z.B. Weihnachts- und Urlaubsgeld), Schichtzulagen und Sonn- und Feiertagszulagen teil, und zwar anteilig im Umfang ihrer Arbeitszeit im Verhältnis zur tariflichen Arbeitszeit.

Es ist in jedem Fall zu beachten, dass beim Überschreiten der nunmehr fixierten entgeltlichen Geringfügigkeitsgrenzen aufgrund z.B. einer Entgelterhöhung oder der Zusammenrechnung mehrerer nebeneinander ausgeübten geringfügigen Beschäftigungsverhältnisse die sozialversicherungsrechtliche Lage der geringfügig Beschäftigten sich ändern kann, d.h. sie können sich in vollversicherungspflichtige Beschäftigungsverhältnisse umwandeln, mit der Folge, dass sowohl für den Arbeitgeber als auch für den Arbeitnehmer Beitragspflicht nach dem Grundsatz der hälftigen Beitragstragung in den verschieden Sozialversicherungszweigen entsteht.

5.2. ENTGELTFORTZAHLUNG

Die unterschiedliche gesetzliche Behandlung von Arbeitnehmern, die wöchentlich weniger als zehn oder monatlich weniger als fünfundvierzig Stunden arbeiten, existiert im deutschen Arbeitsrecht nicht mehr. Die Vorschrift des § 1 Abs. 3 Nr. 2 LohnFG wurde durch das am 1.

---

[179] Siehe Teil A, Abschnitt 4.1. b dieses Kapitels.

[180] Sowka / Köster, S. 26.

[181] Peters-Lange, ZTR 1996, S. 297. Vgl. Hanau, NZA 2001, S. 1173; BAG vom 7.10.1992, NZA 1993, S. 902.

Juni 1996 in Kraft getretene EFZG aufgehoben.[182] Damit ist also ohne Einschränkungen zugunsten der geringfügig Beschäftigten an gesetzlichen Feiertagen und im Krankheitsfall das Entgelt fortzuzahlen (§§ 2 und 3 EFZG). Schwierigkeiten ergeben sich jedoch bei der Lohnfortzahlung, wenn der Beschäftigte nur in Intervallen mit größeren zeitlichen Abstand arbeitet und die Arbeitsunfähigkeit in eine Freizeitphase fällt, in der der Beschäftigte keinen Lohnausfall erleidet. In dieser Situation wird die Auffassung[183] vertreten, dass der Lohnfortzahlungsanspruch mit Beginn der bezahlten Arbeitsphase entsteht. Bei der Berechnung der Dauer der Vergütungsfortzahlung werden sowohl die Tage, an denen der Beschäftigte seine Arbeitsleistung zu erbringen hätte, als auch die arbeitsfreien Tagen berücksichtigt.[184]

Ein Unterschied besteht allerdings für die geringfügig Beschäftigten hinsichtlich der Krankengeldzahlung nach Ablauf der gesetzlichen Entgeltfortzahlung, denn nach § 44 SGB V haben Anspruch auf Krankengeld nur die Arbeitnehmer, die krankenversichert sind. Für geringfügig Beschäftigte und damit nicht gesetzlich pflichtversicherte Arbeitnehmer gilt der Anspruch auf Krankengeld nicht. Nach Ablauf der gesetzlichen Entgeltfortzahlung kann somit allein private Vorsorge greifen.[185]

Schließlich ist zu bemerken, dass geringfügig Beschäftigte auch Anspruch auf Entgeltfortzahlung im Falle persönlicher Verhinderung für eine verhältnismäßig nicht erhebliche Zeit gemäß § 616 BGB haben. Hierbei ergeben sich keine Besonderheiten.[186]

5.3. URLAUBSANSPRUCH

Das Schlechterbehandlungsverbot in § 4 Abs. 1 TzBfG verbietet auch im Bereich des Urlaubs eine sachlich nicht gerechtfertigte Ungleichbehandlung. Ein teilzeitbeschäftigter Arbeitnehmer hat daher selbst dann einen Anspruch auf Gewährung bezahlter Arbeitsfreistellung im zeitanteiligen Verhältnis zu dem einem vergleichbaren Vollzeitbeschäftigten gewährten Jahres-

---

[182] BGBl. I vom 26.5.1994, S. 1014.
[183] Peters-Lange, ArbuR 1996, S. 298.
[184] Nebendahl, Der Teilzeitarbeitsvertrag, S. 89.
[185] Sieben / Albert / Dahlbender / Müller, S. 117.
[186] Siehe drittes Kapitel, erster Teil, Abschnitt IV, 3.5.3.

urlaub, wenn er nur geringfügig beschäftigt ist.[187] Das BUrlG gilt also uneingeschränkt für geringfügig Beschäftigte, so dass ihnen zumindestens der gesetzliche Mindesturlaub von 24 Werktagen zusteht (§ 3 BUrlG), wenn das Arbeitsverhältnis die Wartezeit von sechs Monaten bestanden hat (§ 4 BUrlG), sonst haben die geringfügig Beschäftigten Anspruch auf Teilurlaub gemäß § 5 BUrlG. Ein darüber hinausgehender Urlaubsanspruch wird sich im übrigen in aller Regel aus einem einschlägigen Tarifvertrag, einer Betriebsvereinbarung, einer Individualabrede im Arbeitsvertrag, einer betrieblichen Übung oder auch dem Gleichbehandlungsgrundsatz ergeben.[188]

Da der gesetzliche Mindesturlaub nach § 3 BUrlG nach Werktagen bzw. in Tarifverträgen oder Betriebsvereinbarungen der Urlaubsanspruch im übrigen nach Arbeitstagen definiert ist, ist für den Fall, dass ein geringfügig Beschäftigter nicht an allen sechs Werktagen bzw. allen fünf Arbeitstagen pro Woche tätig wird, der Urlaubsanspruch entsprechend umzurechnen.[189] Andererseits berechnet sich die Höhe des während der Dauer des bezahlten Erholungsurlaubs fortzuzahlenden Entgelts wie beim Vollzeitbeschäftigten nach dem Durchschnittsverdienst pro Arbeitstag im Referenzzeitraum (§ 11 BUrlG). Der Durchschnittsverdienst ist gegebenenfalls auf der Basis des Stundenlohns zu errechnen, wenn die tägliche Arbeitszeit schwankt.[190]

Schließlich ist zu beachten, dass der geringfügig Beschäftigte aufgrund des in § 4 Abs. 1 TzBfG enthaltenen Schlechterstellungsverbot ein zusätzliches Urlaubsgeld (anteilig) verlangen kann, wenn den Vollzeitbeschäftigten ein solches gewährt wird.[191]

5.4. MUTTERSCHUTZ

Geringfügig beschäftigte Frauen genießen den vollen Schutz des MuSchG (§ 1 Nr. 1), so dass der Kündigungsschutz während der Schwangerschaft, die Schutzfristen und der Entgeltschutz für die Zeit, in der wegen eines Beschäftigungsverbots keine Arbeitsleistung erbracht wird,

[187] BAG vom 19.1.1993, NZA 1993, S. 988.
[188] Sieben / Albert / Dahlbender / Müller, S. 115.
[189] Sowka / Köster, S. 50; Sieben / Albert / Dahlbender / Müller, S. 116; BAG vom 14.2.1991, NZA 1991, S. 777.
[190] Vgl. Langmaack, Teilzeitarbeit und Arbeitszeitflexibilisierung, S. 128-1291; Peters-Lange, ZTR 1996, 298.
[191] BAG vom 15.11.1990, NZA 1991, S. 346. In selbem Sinne: Nebendahl, S. 109; Sowka / Köster, S. 59.

ohne Einschränkungen auch für geringfügig Beschäftigte gelten.[192] Es ist jedoch zu berücksichtigen, dass Teilzeitbeschäftigte in Familienhaushalten vom Mutterschutzlohn nach § 11 MuSchG für die Dauer von Beschäftigungsverboten ausgenommen sind. Da geringfügig Beschäftigte auch kein Mutterschaftsgeld von der Krankenkasse beziehen können, sind sie während der Schutzfristen vor und nach der Entbindung schlechter gestellt. Entsprechend sind sie auch vom Aufstockungsbetrag nach § 14 MuSchG, den der Arbeitgeber trägt, ausgeschlossen.[193] Nach Ansicht von Hanau und Peters-Lange[194] erscheint dies aber sachlich gerechtfertigt, denn der Anspruch auf den Aufstockungsbetrag knüpfe unmittelbar an das Mutterschaftsgeld an und gleiche die Differenz zwischen dem Mutterschaftsgeld und dem bisherigen Nettoarbeitsentgelt aus. Wenn keine Mutterschaftsgeld bezogen werden könne, bestehe keine Rechtsgrundlage für eine Aufstockung; folglich entfalle der Anspruch auf die ergänzende Arbeitgeberleistung.

Allerdings haben Frauen, die nicht in der gesetzlichen Krankenversicherung pflichtversichert sind, während des sechswöchigen Zeitraums vor der Entbindung bzw. des achtwöchigen Zeitraums nach der Entbindung gemäß § 13 Abs. 2 MuSchG einen Anspruch auf Zahlung eines Mutterschaftsgeldes von höchstens insgesamt € 210. Diese Leistung wird durch das Bundesversicherungsamt erbracht. Der Arbeitgeber hat währenddessen nach § 14 Abs. 1 MuSchG einen Zuschuss zum Mutterschaftsgeld in Höhe des Unterschiedsbetrags zwischen € 13 und dem bisherigen kalendertäglichen Nettoverdienst zu leisten.[195]

6. KÜNDIGUNGSSCHUTZ

Hinsichtlich der Kündigung von geringfügig Beschäftigten ergeben sich keine relevante Differenzen, so dass die im dritten Kapitel[196] analysierten Regeln über die ordentliche und außerordentliche Kündigung von Teilzeitarbeitsverhältnissen zu beachten sind. Beim Kündigungsschutz besteht nur eine Besonderheit für die geringfügig Beschäftigten und zwar in Verbindung mit § 23 KSchG. Gemäß dieser Vorschrift sind zur Feststellung der Zahl der

[192] Vgl. Sowka / Köster, S. 60-61; Sieben / Albert / Dahlbender / Müller, S. 117.
[193] Peters-Lange, ZTR 1996, 298.
[194] Hanau / Peters-Lange, 630-Mark-Jobs – Teilzeitarbeit, München, 2001, S. 188-189.
[195] Sieben / Albert / Dahlbender / Müller, S. 117; Sowka / Köster, S. 61.

Arbeitnehmer, die im Betrieb beschäftigt sind, teilzeitbeschäftigte Arbeitnehmer mit einer regelmäßigen wöchentlichen Arbeitszeit von nicht mehr als 20 Stunden mit 0,5 zu berücksichtigen. Wichtig ist also, dass bereits ab elf geringfügig beschäftigten Arbeitnehmern, wenn keine Vollzeitarbeitnehmer oder Teilzeitarbeitnehmer mit höheren wöchentlichen Arbeitszeiten im Betrieb vorhanden sind, das KSchG zur Anwendung kommt.[197]

7. BETRIEBSVERFASSUNGSRECHT

Für die Eigenschaft als Arbeitnehmer im Sinne des § 5 BetrVG kommt es nicht auf den zeitlichen Umfang der Beschäftigung an. Im Wesentlichen ist die tatsächliche Eingliederung in eine Betriebsorganisation auch nicht zu verneinen, wenn der Arbeitnehmer in nur geringem Umfang zeitlich eingesetzt ist.[198] Das BAG[199] stellt maßgeblich darauf ab, dass das BetrVG keine Bestimmung enthält, die den Teilzeitbeschäftigten die Betriebszugehörigkeit abspricht, wenn sie nur in geringem Umfang beschäftigt sind. Beruht die Betriebszugehörigkeit auf einem fortdauernden Arbeitsvertrag, wenn auch mit einem geringen Arbeitszeitvolumen, kann die Betriebszugehörigkeit nicht mit Rücksicht auf den geringen Arbeitsumfang verneint werden. Dies bedeutet also, dass auch geringfügig Beschäftigte im Sinne des § 8 SGB IV aktiv und passiv wählbar nach den Vorschriften des BetrVG sind.[200]

Trotz der betriebsverfassungsrechtlichen Gleichstellung geringfügig Beschäftigter mit Vollzeit- und anderen Teilzeitarbeitnehmern bezüglich des aktiven und passiven Wahlrechts ist Feldhoff[201] zuzustimmen, dass die wesentliche Konzentration der geringfügigen Beschäftigungsverhältnisse in Klein- und Kleinstbetrieben (z.B. Einzelhandel, Pflegedienste, Arztpraxen) die Begründung von Betriebsräten in der Praxis erschwert.[202] Dies hat auch zur

---

196 Siehe drittes Kapitel, zweiter Teil, Abschnitt II, 1 ff.
197 In selbem Sinne: Sieben / Albert / Dahlbender / Müller, S. 109.
198 Siehe drittes Kapitel, zweiter Teil, Abschnitt III, 1 ff.
199 BAG vom 29.3.1974, AP Nr. 2 zu § 19 BetrVG 1972; BAG vom 21.1.1992, DB 1992, S. 1486.
200 Buschmann / Dieball / Stevens-Bartol, TZA, S. 229. Ebenso: Sieben / Albert / Dahlbender / Müller, S. 121; Feldhoff, ArbuR 1999, S. 256; Sowka / Köster, S. 79.
201 Feldhoff, ArbuR 1999, S. 256-257.
202 Nur in 7,5% der Betriebe mit 5 bis 20 Beschäftigten und nur in 37,6% der Betriebe mit 21 bis 100 Beschäftigten in Westdeutschland wurden Betriebsräte gewählt. In Ostdeutschland belaufen sich die Zahlen auf 5,7% bzw. 32,8%. In diesem Sinne: Stellungnahme des DGB, der HGB, der NGG und des Deutschen Frauenrats

Folge, dass die Möglichkeiten des BetrVG insbesondere durch die Mitbestimmungsrechte der Betriebsräte die arbeits- und sozialrechtliche Lage der geringfügig Beschäftigten zu verbessern, in der Praxis begrenzt sind. Andererseits ist klarzustellen, dass als vollwertige Arbeitnehmer im Sinne des BetrVG geringfügig Beschäftigte dieselben Rechte und Pflichten als Betriebsratsmitglieder haben, wie die anderen Arbeitnehmer, die Mitglieder des Betriebsrates sind,[203] und darüber hinaus unterfallen geringfügig Beschäftigte dem ganzen Spektrum der betrieblichen Mitbestimmung.[204] Schließlich ist interessant zu bemerken, dass der ursprüngliche Entwurf des Gesetzes zur Neuregelung der geringfügigen Beschäftigungsverhältnisse auch Änderungen des BetrVG vorgesehen hat, die darauf ausgerichtet waren, dem Betriebsrat bestimmte Befugnisse zu verleihen, die mit der Einstellung bzw. Kündigung von geringfügig Beschäftigten zusammenhingen. Diese Regelungen sind im Verlaufe der parlamentarischen Ausschussberatungen wieder aus dem Gesetzentwurf herausgenommen worden, nachdem sie von allen Seiten (u.a. von den Arbeitgeberverbänden und den Gewerkschaften) kritisiert wurden.[205]

C. DIE GERINGFÜGIGEN BESCHÄFTIGUNGSVERHÄLTNISSE IM SOZIALRECHT

1. DER GRUNDSATZ DER SOZIALVERSICHERUNGSFREIHEIT

Ein Prinzip der deutschen Sozialversicherung besteht in der Versicherungspflicht von Arbeitnehmern, die gegen Arbeitsentgelt beschäftigt sind.[206] Von der Regel, nach der die Beschäftigung im Sinne von § 7 SGB IV[207] die Sozialversicherungspflicht begründet, gibt es jedoch Ausnahmen. Die Versicherungsfreiheit besteht regelmäßig für Personen, die anderweitig gesichert sind (z.B. Beamte), ferner die wegen des geringen Ausmaßes ihrer Tätigkeit keinen

---

zur Anhörung des BT-Ausschusses für Arbeit und Sozialordnung zum Thema „Geringfügige Beschäftigung" am 10.2.1999. Zit. von Feldhoff, ArbuR 1999, S. 256.

[203] Vgl. Sowka / Köster, S. 84 ff.; Fitting / Kaiser / Heither / Engels, BetrVG, § 87, Rn. 124; Sieben / Albert / Dahlbender / Müller, S. 122-123.

[204] Siehe drittes Kapitel, zweiter Teil B, Abschnitt III, 4.

[205] Marschner, ZTR 1999, S. 1999. Zum Thema siehe auch: Sodan, NZS 1999, S. 107.

[206] Sodan, NZA 1999, S. 105.

Versicherungsschutz bedürfen oder die einem Berufsstand angehören (z.B. freie Berufe), bei dem ein Bedürfnis nach sozialem Schutz nicht besteht.[208]

§ 8 SGB IV regelt die Fälle, in denen wegen des reduzierten Umfanges einer Beschäftigung eine sogenannte „geringfügige" Beschäftigung vorliegt. Diese Vorschrift regelt dagegen nicht, ob die Geringfügigkeit einer Tätigkeit zum Wegfall der Versicherungspflicht führt. Ob Versicherungs-pflicht besteht oder nicht, ist in dem jeweiligen Teil des SGB, der den betreffenden Versicherungszweig regelt, festgelegt. Die Geringfügigkeitsbestimmungen des § 8 SGB IV liefern zu diesen Festlegungen nur eine Tatbestandsvoraussetzung.[209] Einen Ausschluß der Versicherungspflicht wegen geringfügiger Tätigkeit gibt es im Allgemeinen bei der gesetzlichen Krankenversicherung (§ 7 Satz 1 SGB V), der gesetzlichen Pflegeversicherung (§ 20 Abs. 1 Satz 1 SGB XI), der gesetzlichen Rentenversicherung (§ 5 Abs. 2 Satz 1 SGB VI) und der Arbeitslosenversicherung (§ 27 Satz 1 SGB III).

Das Gesetz zur Neuregelung der geringfügigen Beschäftigungsverhältnisse hat die Versicherungsfreiheit dieser Beschäftigungsform formal erhalten. Das bedeutet für den Arbeitnehmer, dass kein obligatorischer sozialversicherungsrechtlicher Arbeitnehmeranteil von seinem Entgelt abgezogen wird. Hingegen hat der Arbeitgeber einen pauschalen Sozialversicherungsbeitrag für geringfügig entlohnten Beschäftigungen zu tragen, und zwar in der Rentenversicherung in Höhe von 12% und im Regelfall auch in der Krankenversicherung in Höhe von 10% des Brutto-Arbeitsentgelts.[210] Der Arbeitgeber hat die Pauschalbeiträge zur Sozialversicherung allein zu bezahlen. Eine Beteiligung des Arbeitnehmers bzw. die vollständige Abwälzung diese Beiträge auf den Arbeitnehmer ist nicht zulässig.[211]

---

[207] § 7 Abs. 1 SBG IV schreibt vor, dass Beschäftigung die nichtselbständige Arbeit, insbesondere in einem Arbeitsverhältnis ist. Anhaltspunkte für eine Beschäftigung sind eine Tätigkeit nach Weisungen und eine Eingliederung in die Arbeitsorganisation des Weisungsgebers.

[208] Eichenhofer, S. 143.

[209] Buschmann / Dieball / Stevens-Bartol, TZA, S. 352.

[210] Vgl. Lembke, NJW 1999, S. 1826; Boecken, NZA 1999, S. 394.

1.1. SOZIALRECHTLICHE LAGE DER KURZFRISTIGEN BESCHÄFTIGUNG

Die wesentlichen Änderungen des Gesetzes zur Neuregelung der geringfügigen Beschäftigungsverhältnisse beziehen sich nur auf die geringfügig entlohnte Beschäftigung. Dementsprechend bleiben die kurzfristigen Beschäftigungen im Sinne des § 8 Abs. 1 Nr. 2 SGB IV nach wie vor versicherungsfrei. Die Neuregelung hat nur der Einkommenshöchstgrenze von € 325 festgeschrieben.[212] Die folgende Analyse der Auswirkungen der Neuregelung der geringfügigen Beschäftigung in den verschiedenen Zweigen der Sozialversicherung bezieht sich also nur auf die geringfügig entlohnte Beschäftigung.

2. ZUSAMMENRECHNUNG MEHRERER BESCHÄFTIGUNGSVERHÄLTNISSE

Vor dem Inkrafttreten der Neuregelungen war nach § 8 Abs. 2 SGB IV nur eine Zusammenrechnung zwischen mehreren nebeneinander ausgeübten geringfügigen Beschäftigun-gen möglich. Nunmehr erfolgt auch eine Zusammenrechnung einer geringfügigen Beschäftigung mit einer nicht geringfügigen Hauptbeschäftigung, so dass bei einer versicherungspflichtigen Hauptbeschäftigung künftig keine sozialversicherungsfreie Nebenbeschäftigung mehr möglich ist.[213] Auch diese Änderung hat zur Beschränkung geringfügiger Beschäftigungsverhältnisse und daran anknüpfender Versicherungs- und Beitragsfreiheit geführt und sie entspricht dem Ziel einer weiteren Erosion der Beitragsgrundlagen der Sozialversicherung zu vermeiden. Sie hat zugleich nach Ansicht von Boecken[214] eine sozialversicherungsrechtlich inkonsequente Privile-gierung versicherungspflichtiger Arbeitnehmer, die eine geringfügige Nebenbeschäftigung ausgeübt haben, beseitigt. Denn früher waren sie bezüglich der Nebenbeschäftigung versicherungsfrei, während Beschäftigte, die nur geringfügige Beschäftigungsverhältnisse ausübten, wegen der

---

211 Schönfeld / Reimers / Hofmann, S. 94. Ausführlich zum Thema: Krause, Abwälzung des Pauschalbeitrags zur Sozialversicherung auf geringfügig Beschäftigte?, ArbuR 1999, S. 390 ff.

212 Vgl. Löwisch, BB 1999, S. 742; Bauer / Schuster, DB 1999, S. 689; Lembke, NJW 1999, S. 1826; Glock / Danko, NZA 1999, S. 403; Schönfeld / Reimers / Hofmann, S. 94.

213 Goretzki / Hohmeister, NZS 1999, S. 370.

214 Boecken, NZA 1999, S. 394. In selbem Sinne: Bauer / Schuster, DB 1999, S. 690; Feldhoff, ArbuR 1999, S. 251.

Zusammenrechnung versicherungspflichtig waren. Diese Neuregelung ist deshalb unter dem Gesichtspunkt der Gleichbehandlung zu begrüßen.[215]

Gemäß § 8 Abs. 2 Satz 1 SGB IV sind bei der Anwendung des § 8 Abs. 1 SGB IV mehrere geringfügige Beschäftigungen nach Nr. 1 oder nach Nr. 2 sowie geringfügige Beschäftigungen nach Nr. 1 und nicht geringfügige Beschäftigungen zusammenzurechnen. Eine geringfügige Beschäftigung liegt nicht mehr vor, sobald die Voraussetzungen des Absatzes 1 entfallen. Es ist jedoch zu berücksichtigen, dass die Zusammenrechnung sich nur auf mehrere Beschäftigungen bei unterschiedlichen Arbeitgebern bezieht. Mehrere Beschäftigungen bei ein und demselben Arbeitgeber gibt es aus sozialversicherungsrechtlicher Sicht nicht, denn es liegt dann ein einheitliches Beschäftigungsverhältnisses vor.[216]

a) **Zusammenrechnung mehrerer geringfügig entlohnter Beschäftigungen**: Werden Beschäftigungen bei verschiedenen Arbeitgebern nebeneinander ausgeübt, dann sind für die Beurteilung der Frage, ob die Geringfügigkeitsgrenzen erreicht bzw. überschritten werden, die wöchentlichen Arbeitszeiten sowie die Arbeitsentgelte aus den einzelnen Beschäftigungen zusammenzurechnen. Eine Zusammenrechnung ist nicht vorzunehmen, wenn eine geringfügig entlohnte Beschäftigung mit einer kurzfristigen Beschäftigung zusammentrifft.[217]

   Kommt es zu einer Überschreitung der Arbeitszeitgrenze oder der Entgeltgrenze, so sind die Beschäftigungen nicht mehr geringfügig im Sinne des § 8 Abs. 1 Nr. 1 SGB IV und unterliegen grundsätzlich der Versicherungspflicht in allen Sozialversicherungszweigen mit der Folge einer je hälftigen Beitragspflicht von Arbeitgeber und Arbeitnehmer nach den allgemeinen Beitragssätzen.[218]

b) **Zusammenrechnung einer geringfügig entlohnten Beschäftigung mit einer nicht geringfügigen Beschäftigung:** Es ist vor allem zu beachten, dass § 8 Abs. 2 SGB IV mit der Maßgabe anzuwenden ist, dass eine Zusammenrechnung mit einer nicht geringfügigen

---

[215] In selbem Sinne: Goretzki / Hohmeister, NZS 1999, S. 374.
[216] Waltermann, S. 63.
[217] Abschnitt B 2.1.4.1 der Geringfügigkeitsrichtlinie.

Beschäftigung nur erfolgt, wenn die Hauptbeschäftigung versicherungspflichtig ist. Wird dabei die höchstzulässige Arbeitszeit oder die Geringfügigkeitsentgeltgrenze überschritten, ist der Beschäftigte in beiden Arbeitsverhältnissen versicherungspflichtig.[219] Übt ein Arbeitnehmer neben einer nicht geringfügigen versicherungspflichtigen Beschäftigung bei einem anderen Arbeitgeber eine geringfügig entlohnte Beschäftigung aus, dann erfolgt nach § 8 Abs. 2 Satz 1 SGB IV in Verbindung mit § 7 Satz 2 SGB V bzw. § 5 Abs. 2 Satz 1 zweiter Halbsatz SGB VI in der Kranken- und Rentenversicherung ebenfalls eine Zusammenrechnung mit der Folge, dass auch in der geringfügig entlohnten Beschäftigung Versicherungspflicht besteht, wenn die Geringfügigkeitsgrenzen überschritten werden. Entsprechendes gilt, wenn neben einer nicht geringfügigen versicherungspflichtigen Beschäftigung mehrere geringfügig entlohnte Beschäftigungen ausgeübt werden. Im Übrigen folgt aus der Krankenversicherungspflicht, dass auch Versicherungspflicht in der Pflege-versicherung entsteht.[220]

Hinsichtlich der Arbeitslosenversicherung wird jedoch eine Zusammenrechnung der geringfügig entlohnten Beschäftigung mit der nicht geringfügigen Hauptbeschäftigung nicht durchgeführt. Dies wurde ausdrücklich in den Bestimmungen der § 8 Abs. 3 Satz 2 SGB IV und § 27 Abs. 2 Satz 1 SGB III klargestellt. Für die Arbeitslosenversicherung bleibt es also dabei, dass Personen in einer geringfügigen Beschäftigung neben einer versicherungspflichtigen Hauptbeschäftigung nach § 27 Abs. 2 SGB III versicherungsfrei sind.[221] Mit dieser besonderen Regel soll vermeiden werden, dass diese Form der Beschäftigung („Bagatellbeschäftigungen") Ansprüche auf Entgeltersatzleistungen der Arbeitsförderung – z.B. Arbeitslosengeld – begründen.[222]

Schließlich ist zu beachten, dass eine kurzfristige mit einer versicherungspflichtigen Beschäftigung nach wie vor nicht zusammengerechnet wird. Erfüllt die kurzfristige

---

[218] Lembke, NJW 1999, S. 1826.
[219] Vgl. Löwisch, BB 1999, S. 739 (740); Bauer / Schuster, DB 1999, S. 690; Boecken, NZA 1999, S. 394.
[220] Abschnitt B 2.1.4.2 der Geringfügigkeitsrichtlinie. Vgl. Lembke, NJW 1999, S. 1826.
[221] Goretzki / Hohmeister, NZS 1999, S. 370.
[222] Begründung zu Art. 1 Nr. 2 Buchstabe a) des Entwurf zur Neuregelung der geringfügigen Beschäftigungsverhältnisse, BT-Drucks. 14/280, S. 12.

Beschäftigung jedoch gleichzeitig die Voraussetzungen einer geringfügig entlohnten kommt es dennoch zu einer Zusammenrechnung.[223]

3. PFLEGEVERSICHERUNG

Durch der Neuregelung wurde die soziale Pflegeversicherung nicht geändert. Mittelbar ist das Recht der Pflegeversicherung jedoch insoweit betroffen, als die Versicherungspflicht nach § 20 Abs. 1 Satz 1 SGB XI an die Versicherungspflicht in der gesetzlichen Krankenversicherung anknüpft. Mit der nach § 8 Abs. 2 SGB IV erfolgten Zusammenrechnung von geringfügiger Beschäftigung und nicht geringfügiger Beschäftigung, die in § 7 Satz 2 SGB V bezogen auf versicherungspflichtige nicht geringfügige Beschäftigung übernommen wird, wird insoweit nunmehr auch das Arbeitsentgelt aus einer geringfügigen Beschäftigung als Beitragsbemessungsgrundlage in der sozialen Pflegeversicherung herangezogen.[224]

4. UNFALLVERSICHERUNG

Das Neuregelungsgesetz hat das Recht der gesetzlichen Unfallversicherung nicht modifiziert. Nach § 2 Abs. 1 Nr. 1 SGB VII sind kraft Gesetzes Beschäftigte gegen die Risiken Arbeitsunfalls und Berufskrankheit versichert. Auf den Umfang der Beschäftigung kommt es nicht an.[225] Damit waren und sind auch geringfügig Beschäftigte unverändert in den Schutz der Unfallversicherung einbezogen.

5. ARBEITSLOSENVERSICHERUNG

Unberührt hat das Neuregelungsgesetz den Grundsatz der Versicherungsfreiheit der geringfügig entlohnten Beschäftigungen hinsichtlich der Arbeitslosenversicherung gelassen. Insoweit fallen weder Arbeitgeber- noch Arbeitnehmerbeitragsanteile an.[226] Dies gilt in der Arbeitslosenversicherung auch dann, wenn der Beschäftigte wegen der Zusammenrechnung der geringfügigen

---

[223] Urteil des BSG vom 23.5.1995, 12 RK 60/93; Feldhoff, ArbuR 1999, S. 251; Bauer / Schuster, DB 1999, S. 690.

[224] Vgl. Löwisch, BB 1999, S. 741; Boecken, NZA 1999, S. 400; Bauer / Schuster, DB 1999, S. 690.

[225] Waltermann, S. 119; Gitter / Schmitt, Sozialrecht, 5. Auflage, München, 2001, S. 138; Boecken, NZA 1999, S. 400.

Beschäftigung mit einer nicht geringfügigen Beschäftigung nach § 8 Abs. 2 Satz 1 SGB IV in den übrigen Zweigen für die geringfügige Beschäftigung versicherungspflichtig wird (§ 27 Abs. 2 Satz 1 SGB III). Zur Begründung[227] wird auf den besonderen Charakter des in der Arbeitslosenversicherung versicherten Risikos verwiesen. Nach Ansicht von Boecken[228] ist jedoch nicht erkennbar, worin der „besondere Charakter" des in der Arbeitslosenversicherung abgesicherten Risikos bestehe, der eine unterschiedliche Behandlung von geringfügiger Beschäf-tigung neben einer Hauptbeschäftigung in den Bereichen der Arbeitslosenversicherung einerseits und der Rentenversicherung andererseits rechtfertigen könnte. Es ist also zu entnehmen, dass mit dieser Regelung der Gesetzgeber weiterhin vermeiden wollte, dass diese Beschäftigten Ansprüche etwa auf Arbeitslosengeld begründen und auf dieser Weise neue Kosten für die Sozialversicherungsträger entstünden.

6. GESETZLICHE KRANKENVERSICHERUNG

Für versicherungsfreie geringfügig entlohnte Beschäftigungen hat der Arbeitgeber nunmehr unter bestimmten Voraussetzungen Pauschalbeiträge zur Krankenversicherung zu zahlen. Nach dem neu eingefügten § 249 b SGB V hat der Arbeitgeber an die Krankenversicherung einen Pauschalbeitrag von 10% des Arbeitsentgelts aus der geringfügigen Beschäftigung im Sinne des § 8 Abs. 1 Nr. 1 SGB IV zu leisten. Begründet wird die Einführung des Pauschalbeitrags des Arbeitgebers unter Hinweis auf arbeitsmarktpolitische Gründe, Gründe der Wettbewerbsneutralität sowie das Ziel, eine weitere Erosion der Finanzgrundlage der gesetzlichen Krankenversicherung zu verhindern.[229]

6.1. VORAUSSETZUNGEN FÜR DIE ENTSTEHUNG DER PAUSCHALEN BEITRAGSPFLICHT

Der Pauschalbeitrag der Arbeitgeber greift nach § 249 b Satz 1 SGB V nur ein, wenn ein Versicherter eine geringfügige Beschäftigung ausübt und in dieser Beschäftigung versiche-

---

[226] Lembke, NJW 1999, S. 1828.
[227] BT-Drucks. 14/280, S. 38.
[228] Boecken, NZA 1999, S. 400. Auch kritisch: Feldhoff, ArbuR 1999, S. 253.
[229] BT-Drucks. 14/280, S. 40-42.

rungsfrei oder nicht versicherungspflichtig ist. Mit anderen Worten fällt die Pauschalbelastung der Arbeitgeber zur Krankenversicherung nur an, wenn der geringfügig Beschäftigte in der gesetzlichen Krankenversicherung schon versichert ist. Der Gesetzgeber[230] hat die Nichteinbeziehung der bisher nicht gesetzlich Krankenversicherten in die Beitragspflicht des Arbeitgebers damit begründet, dass ihnen andernfalls ein Anspruch auf krankenversicherungsrechtliche Leistungen hätte zugesprochen werden müssen, was jedoch im Hinblick auf die niedrigen Beiträge unverhältnismäßig gewesen wäre und zu Mißbrauchsgefahr geführt hätte. Diese Begründung und die resultierenden eingeführten Vorschriften in SGB V sind auf jedem Fall kritisierbar, denn sie verursachen ungerechtfertigte Differenzierungen zwischen den Versicherten.

Nach § 249 b Satz 1 SGB V sind zwei Voraussetzungen für die Entstehung der Beitragspflicht notwendig:

a) **Versicherung in der gesetzlichen Krankenversicherung:** Der Pauschalbeitrag zur Krankenversicherung fällt nur an, wenn der geringfügig Beschäftigte in der gesetzlichen Krankenversicherung versichert ist. Es ist unerheblich, ob es sich bei dieser Versicherung um eine Pflichtversicherung (z.B. als Rentner) oder eine freiwillige Versicherung oder eine Familienversicherung handelt. Es spielt auch keine Rolle, ob und inwieweit aufgrund einer freiwilligen Versicherung Beiträge zur Krankenversicherung gezahlt werden. Im Übrigen ist der Pauschalbeitrag nur für solche Zeiten zu zahlen, für die tatsächlich eine Versicherung in der gesetzlichen Krankenversicherung besteht.[231] Zu diesem Personenkreis gehören z.B. Familienversicherte; freiwillig in der Krankenversicherung versicherte Arbeitnehmer, die in der Hauptbeschäftigung wegen Überschreitens der Jahresarbeitsentgeltgrenze[232] versicherungsfrei sind sowie freiwillig oder pflichtversicherte Studenten, die nach Aufnahme einer Beschäftigung als Arbeitnehmer versicherungsfrei bleiben.[233]

---

[230] BT-Drucks. 14/280, S. 13 ff.
[231] Sieben / Albert / Dahlbender / Müller, S. 37.
[232] Siehe Abschnitt B 2.1.4.4 der Geringfügigkeitsrichtlinie.
[233] Sieben / Albert / Dahlbender / Müller, S. 37-38; Lembke, NJW 1999, S. 1828.

b) **Versicherungsfreie oder nicht versicherungspflichtige geringfügig Beschäftigte:** Der Pauschalbeitrag zur Krankenversicherung kommt nicht nur für geringfügig entlohnte Beschäftigte in Betracht, die nach § 7 SGB V krankenversicherungsfrei sind, sondern fällt auch für solche geringfügig entlohnte Beschäftigte an, die z.B. aus einem der in § 6 SGB V genannten Gründe[234] krankenversicherungsfrei oder nach § 8 SGB V von der Pflicht der Krankenversicherung befreit worden sind.[235]

Für die Entrichtung der Pauschalbeiträge zur Krankenversicherung spielt es schließlich keine Rolle, ob, von wem und in welcher Höhe (unter Umstände schon aus der Beitragsbemessungsgrenze) Beiträge bereits aufgrund der bestehenden Versicherung an die jeweilige Krankenkasse bezahlt werden. Für Studenten sind allerdings nur dann Pauschalbeiträge zu entrichten, wenn sie im Rahmen einer geringfügig entlohnten Beschäftigung versicherungsfrei beschäftigt sind.[236]

6.2. AUSWIRKUNGEN

Liegen die oben genannten Voraussetzungen vor, ist der Arbeitgeber nach § 249 b SGB V verpflichtet, ein Pauschalbeitrag in Höhe von 10% des Entgelts der geringfügig Beschäftigte zu zahlen. Für diesen pauschalen Arbeitgeberbeitrag gibt es keine Mindestgrenze. Aus der Beitragszahlung des Arbeitgebers entsteht für den Beschäftigten allerdings weder eine eigenständige neue Mitgliedschaft in der gesetzlichen Krankenversicherung noch ein zusätzlicher Leistungsanspruch. Mit der Begrenzung des § 249 b Satz 1 SGB V auf bereits - unabhängig von der Ausübung einer geringfügigen Beschäftigung in der gesetzlichen Krankenversicherung - Versicherte wird sichergestellt, dass Arbeitgeber Pauschalbeiträge nur für solche versiche-rungsfreien geringfügig Beschäftigten zahlen, die in den Schutz der

[234] Der Pauschalbeitrag ist z.B. für nach § 6 Abs. 1 Nr. 1 SGB V wegen Überschreitens der Jahresarbeitsentgeltgrenze krankenversicherungsfreie Arbeitnehmer sowie für nach § 6 Abs. 1 Nr. 3 SGB V krankenversicherungsfreie Werkstudenten zu zahlen, die eine geringfügig entlohnte Beschäftigung ausüben und krankenversichert sind.

[235] Abschnitt C.1.1.2 Abs. 1 der Geringfügigkeitsrichtlinie.

[236] Schönfeld / Reimers / Hofmann, S. 95.

gesetzlichen Krankenversicherung einbezogen sind und damit bei Krankheit Leistungsansprüche haben.[237]

Der Gedanke des Gesetzgebers war, dass die geringfügig Beschäftigten ja ohnehin gesetzlich krankenversichert waren und deshalb keine Ansprüche aus der geringfügigen Beschäftigung erwerben mussten. Das ist insoweit nicht ganz richtig, als die in Betracht kommenden Versicherten, nämlich insbesondere die mitversicherten Familienangehörigen und die nach § 5 Abs. 1 Nr. 9 und 10 SGB V versicherten Studenten keinen Anspruch auf Krankengeld haben (§ 44 Abs. 1 Satz 2 SGB V).[238] Geringfügig Beschäftigte haben auch keinen Anspruch auf Lohnersatzleistungen für Freistellung wegen Krankheit von Kindern (§ 43 SGB IV). Aus der eingefügten Beitraglast ohne Sachleistungen ist auch zu entnehmen, dass der wesentliche Gedanke der Gesetzgeber nicht die Verbesserung der sozialrechtlichen Lage der geringfügig entlohnten Beschäftigten war, sondern nur der Erosion der Finanzgrundlagen der gesetzlichen Krankenversicherungsträger entgegenzuwirken.

Die Ausschluss der geringfügig entlohnten Beschäftigten von Leistungsansprüchen aus der Krankenversicherung verursacht verfassungsrechtliche Bedenken über den notwendigen Zusammenhang von Beiträgen und Leistungen,[239] was ein vom BVerfG[240] anerkanntes Grundprinzip des Sozialrechts ist. Denn die Pauschalbeiträge, die der Arbeitgeber für die in der gesetzlichen Krankenversicherung versicherten geringfügig Beschäftigten entrichten muss, dienten nur der Finanzierung der Sozialversicherungsträger und gewähren keine Ansprüche auf Leistungen der Krankenversicherung. Ob diese Regelung verfassungsrechtlich gerechtfertigt ist, ist zweifelhaft. Nach Auffassung von Boecken[241] ist die Auferlegung einer Beitragslast ohne anwartschaftsbegründende Wirkung jedoch mit Art. 3 Abs. 1 GG vereinbar. Die Auferlegung von Sozialversicherungsbeiträgen bei geringfügigen Beschäftigungsverhältnissen trage dazu bei, dass der inzwischen vielfach zwecks Vermeidung einer Beitragsbelastung systematisch

[237] Boecken, NZA 1999, S. 396.
[238] Löwisch, BB 1999, S. 740.
[239] Vgl. Hanau, ZIP 1999, S. 727-728; Lembke, NJW 1999, S. 1828. Ausführlich zum Thema: Boecken, Geringfügige Beschäftigung: Vorgesehene Neuregelung verfassungsgemäß?, AuA 1999, S. 61 ff. Siehe auch: Eichenhofer, S. 94 ff.
[240] BVerfG vom 11.1.1995, BVerfGE 92, S. 53 ff., BB 1995, S. 1143.
[241] Boecken, AuA 1999, S. 62.

betriebenen Aufteilung „normaler Beschäftigungsverhältnisse“ in geringfügige Beschäftigungsverhältnisse mit der Folge einer Erosion der Finanzgrundlagen wirksamer als in der Vergangenheit begegnet werden könne. Die Auferlegung von Beitragslasten ohne Gewährung einer Gegenleistung stelle sich außerdem als eine Maßnahme zur Sicherung des sozialen Ausgleichs in der Krankenversicherung dar, indem für die Teilhabe an der in diesem System stattfindenden Umverteilung ein bestimmtes Mindestmaß an Beitragsleistungen vorausgesetzt werde. Damit sei die „Beitragslast ohne Gegenleistung“ letztlich Ausdruck des Prinzips der sozialen Gerechtigkeit, das nach Ansicht des BVerfG Abweichungen von dem auch die Sozialversicherung grundsätzlich kennzeichnenden „Gegenleistungsverhältnis“ zwischen Leistungen und Beiträgen rechtfertigen könne.

Die Ansicht von Boecken über die Rechtfertigung einer Ausnahme aus dem Prinzip des Gegenleistungsverhältnisses ist akzeptabel, aber man kann insbesondere nicht verleugnen, dass die Begrenzung des § 249 b Satz 1 SGB V auf Versicherte in der Praxis wichtige wirtschaftliche Auswirkungen zur Konsequenz hat, weil der Arbeitgeber keinen zehnprozentigen Pauschalbeitrag zur Krankenversicherung für geringfügig Beschäftigte zu zahlen hat, die nicht in der gesetzlichen Krankenversicherung versichert sind. Durch diese Regelungen werden infolgedessen in Zukunft all diejenigen begünstigt, die sich z.B. als Beamte oder als Arbeitnehmer mit höherem Arbeiteinkommen nicht freiwillig weiter in der gesetzlichen Krankenversicherung versichert haben, sondern Mitglied einer privaten Krankenversicherung geworden sind.[242] Da die geringfügige Beschäftigung solcher Personen für den Arbeitgeber aufgrund des Nichtanfallens der Krankenversicherungspauschale von 10% preiswerter ist, wird ein entsprechender Beschäftigungsanreiz gesetzt, der arbeitsmarktpolitisch zweifelhaft ist.[243]

§ 249 b Satz 1 SGB V verursacht infolgedessen wichtige verfassungsrechtliche Probleme bezüglich der Gleichbehandlung. Zum einen ist diese Vorschrift verfassungsrechtlich zweifelhaft aufgrund der unterschiedlichen Beitragsbelastungen für die Arbeitgeber in

[242] So Bauer/Schuster, DB 1999, S. 690-691. Auch kritisch: Feldhoff, ArbuR 1999, S. 253; Löwisch, BB 1999, S. 742.
[243] Lembke, NJW 1999, S. 1828. Vgl. Boecken, NZA 1999, S. 397.

Abhängigkeit vom Versicherungsstatus der geringfügig Beschäftigten, was unmittelbare Auswirkungen auf ihre Wettbewerbsfähigkeit auf dem Arbeitsmarkt hat. Zum anderen ist § 249 b SGB V verfassungsrechtlich problematisch aufgrund der eingefügten unterschiedlichen Arbeitsmarkt-bedingungen für Personen, die eine geringfügige Beschäftigung suchen,[244] denn ihre Möglich-keiten eine geringfügige Beschäftigung zu bekommen, werden direkt von ihrem Krankenversicherungsstatus abhängen. Diese neue Vorschrift im SGB V ist also wegen der unterschiedlichen Behandlung, die sie verursacht, in ihrer Vereinbarkeit mit Art. 3 Abs. 1 GG problematisch und zweifelhaft. Darüber hinaus stehen keine deutlichen sachlichen Gründe, die die eingefügte Differenzierung rechtfertigen können, zur Verfügung. Der Gesetzgeber scheint, wie Sodan[245] zu Recht hinweist, in diesem Fall die Rechtsprechung des BVerfG nicht berücksichtigt zu haben. Nach der ständigen Rechtsprechung des BVerfG[246] ist Art. 3 Abs. 1 GG verletzt, wenn der Staat eine Gruppe von Normadressaten im Vergleich zu anderen Normadressaten anders behandelt, obwohl zwischen beiden Gruppen keine Unterschiede von solcher Art und solchem Gewicht bestehen, dass sie die ungleiche Behandlung rechtfertigen könnten. Es genügt nach dieser Rechtsprechung also für die Verfassungsmäßigkeit einer Regelung nicht, dass sich irgendein sachlicher Gesichtspunkt für die rechtliche Differenzierung finden lässt. Auch das Sozialstaatsprinzip ermächtigt nicht zu beliebiger Sozialgestaltung, die das Gebot der Gleichheit auflösen würde.[247] Nach dem BVerfG[248] zum Gleichheitssatz sind dem gesetzgeberischen Gestaltungsraum dort enge Grenze gezogen, wo es sich um Regelungen handelt, die Auswirkungen auf die durch Art. 12 Abs. 1 GG geschützte Freiheit der beruflichen Tätigkeit haben.

Außerdem ist festzustellen, dass sich durch § 249 b SGB V das gewünschte Ziel, der Erosion der Finanzgrundlagen der Sozialversicherungsträger wirksamer als in der Vergangenheit entgegenzuwirken, nicht vollständig verwirklichen lässt, weil aufgrund der unterschiedlichen arbeitgeberseitigen Beitragsbelastung bezüglich des Krankenversicherungsstatus der Beschäftig-ten die Arbeitgeber in der Praxis meistens Arbeitnehmer bevorzugen werden, die

---

[244] Vgl. Hanau, ZIP 1999, S. 728; Boecken, NZA 1999, S. 397.
[245] Sodan, NZS 1999, S. 109.
[246] U.a. BVerfGE 55, 72 (88); BVerfGE 58, 369 (373); BVerfGE 65, 104 (112); BVerfGE 91, 389 (401).
[247] BVerfGE 12, 354 (367).
[248] BVerfGE 60, 123 (134).

nicht in der gesetzlichen Krankenversicherung versichert sind und infolgedessen für sie die zehnprozentige Beitragspflicht nicht entsteht. Es ist also abzuwarten, ob bei einer späteren Überprüfung der Auswirkungen des Gesetzes zur Neuregelung der geringfügigen Beschäftigungsverhältnisse die dargestellten unsachlichen Ungleichbehandlungen beseitigt werden.

7. GESETZLICHE RENTENVERSICHERUNG

Nach der Neuregelung bleibt der Tatbestand der Versicherungsfreiheit in der gesetzlichen Rentenversicherung wegen Ausübung einer geringfügigen Beschäftigung im Sinne des § 8 Abs. 1 Nr. 1 SGB IV grundsätzlich erhalten (§ 5 Abs. 2 Satz 1 SGB VI). Allerdings enthält das Änderungsgesetz für geringfügig entlohnte Beschäftigungen, die nicht kraft der Zusammenrechnung mit etwaigen anderen Beschäftigungen rentenversicherungspflichtig sind, ein Wahlrecht für die Beschäftigten, ob sie in der Rentenversicherung versicherungsfrei oder versicherungspflichtig sein wollen (§ 5 Abs. 2 Satz 2 SGB VI). In jedem Fall hat der Arbeitgeber einen Pauschalbeitrag in Höhe von 12% des Arbeitsentgelts an die Rentenversicherung abzuführen (§ 168 Abs. 1 Nr. 1 b in Verbindung mit § 172 Abs. 3 SGB VI).[249]

7.1. ERHALTUNG DER RENTENVERSICHERUNGSFREIHEIT

Für den Fall, dass der geringfügig entlohnte Beschäftigte das Wahlrecht des § 5 Abs. 2 Satz 2 SGB VI nicht ausübt, d.h. wenn die geringfügige Beschäftigung versicherungsfrei bleibt, muss der Arbeitgeber trotzdem einen Pauschalbeitrag in Höhe von 12% des Arbeitsentgelts abführen. Diese Beitragspflicht des Arbeitgebers tritt auch bei dauerhaft geringfügig Beschäftigten ein, die in ihrer nicht geringfügigen Hauptbeschäftigung bzw. Haupttätigkeit nicht in der Rentenversicherung versichert sind (z.B. Beamte).[250] Hingegen bleiben Arbeitsentgelte von Studenten, die ein Praktikum ableisten (§ 5 Abs. 3 SBG VI), beitragsfrei unabhängig davon, ob sie oberhalb oder unterhalb von € 325 monatlich liegen (§ 172 Abs. 3 Satz 2 SGB VI).[251]

---

[249] Vgl. Lembke, NJW 1999, S. 1827; Löwisch, BB 1999, S. 739.
[250] Marschner, ZTR 1999, S. 200.

7.1.1. VORAUSSETZUNGEN FÜR DIE ENTSTEHUNG DER BEITRAGSPFLICHT

Nach § 172 Abs. 3 Satz 1 SGB VI sind die folgenden Voraussetzungen nötig, um die Pauschalbeitragspflicht der Arbeitgeber von 12% des Entgelts aus der geringfügig entlohnten Beschäftigung zu begründen:

a) **Rentenversicherungsfreie geringfügig Beschäftigte:** Der Pauschalbeitrag zur Rentenversicherung ist für die geringfügig Beschäftigten zu zahlen, wenn in der geringfügigen Beschäftigung Rentenversicherungsfreiheit besteht (§ 5 Abs. 2 Satz 1 SGB VI).[252]

b) **Von der Rentenversicherungspflicht befreite Personen:** Ferner ist der Pauschalbeitrag zur Rentenversicherung aus einer geringfügig entlohnten Beschäftigung für Personen zu zahlen, die nach § 6 SGB VI von der Rentenversicherungspflicht befreit worden sind oder die am 31. Dezember 1991 von der Rentenversicherungspflicht befreit waren und dies auch über diesen Zeitpunkt hinaus nach den §§ 231 und 231 a SGB VI geblieben sind.[253] Der Personenkreis, auf den dies in der Praxis hauptsächlich zutrifft, werden die Personen sein, die aufgrund der Mitgliedschaft in einem berufständischen Versorgungszweck von der Versicherungspflicht in der gesetzlichen Rentenversicherung befreit sind (z.B. für Ärzte und Anwälte).[254]

c) **Rentenversicherungsfreie Personen nach § 5 Abs. 4 SGB VI:** Nach § 172 Abs. 3 Satz 1 SGB VI fällt der Pauschalbeitrag von 12% des Arbeitsentgelts aus einer geringfügig entlohnten Beschäftigung auch für diejenigen Personen an, die nach § 5 Abs. 4 SGB VI rentenversicherungsfrei sind:.[255] Zum Beispiel: Bezieher einer Vollrente wegen Alters (§ 5 Abs. 4 Nr. 1 SGB VI).

---

[251] Lembke, NJW 1999, S. 1827.
[252] Abschnitt C 1.2.1 der Geringfügigkeitsrichtlinie.
[253] Abschnitt C 1.2.2 der Geringfügigkeitsrichtlinie.
[254] Schönfeld / Reimers / Hofmann, S. 97.
[255] Abschnitt C 1.2.3 der Geringfügigkeitsrichtlinie.

7.1.2. AUSWIRKUNGEN

In der gesetzlichen Rentenversicherung führt der pauschale Arbeitgeberbeitrag zu zusätzlichen Ansprüchen, aber grundsätzlich nur in beschränkter Form: Der pauschale Rentenversicherungsbeitrag bewirkt im Grundsatz lediglich eine Gutschrift von sogenannten Entgeltpunkten (§ 52 SGB VI in Verbindung mit § 76 b SGB VI). Dies bedeutet in der Praxis, dass die geringfügigen Beschäftigungen zwar bei der Prüfung eines Anspruchs auf Regelaltersrente mit Vollendung des 65. Lebensjahres und bei der Berechnung (irgendeiner) Rentenversicherungsrente berücksichtigt werden, nicht aber bei der Prüfung der Anspruchvoraussetzungen für eine Kurmaßnahme oder bei der Prüfung eines Anspruchs auf Berufs- bzw. Erwerbsunfähigkeitsrente.[256]

Die Einführung eines arbeitgeberseitigen Beitragsanteils für versicherungsfreie geringfügig Beschäftigte sowie dessen anwartschaftsbegründende und –erhöhende Wirkung bedeutet nach Ansicht von Boecken[257] einen Systembruch insoweit, als eine gegen Entgelt beschäftigte Person trotz Versicherungsfreiheit in der gesetzlichen Rentenversicherung Anwartschaften und Ansprüche erwerben könne. Systematisch inkonsequent sei es des weiteren, dass ein Anwartschaftserwerb nur über sogenannte Zuschläge an Entgeltpunkte erfolge. Sofern eine Person immer versicherungsfrei geringfügig beschäftigt sei, erwerbe sie nichts anderes als Entgeltpunkte. Schließlich berge die Neuregelung verfassungsrechtliche Risiken, denn es erscheine im Hinblick aus Art. 3 Abs. 1 GG kaum zu begründen, weshalb Arbeitgeber versicherungsfreier geringfügig Beschäftigter einen Beitragsanteil in Höhe von 12% des Arbeitsentgelts tragen sollten und Arbeitgeber normal versicherungspflichtiger Personen jedoch nur mit der Hälfte des vollen Beitragssatzes (9,55%)[258] belastet würden.

7.2. VERZICHT AUF DIE RENTENVERSICHERUNGSFREIHEIT

Die eingeführte Option des Verzichts auf die Versicherungsfreiheit für den geringfügig entlohnten Beschäftigten ist eine Neuheit in der gesetzlichen Rentenversicherung. Zweck des

[256] Marschner, ZTR 1999, S. 198. Vgl. Feldhoff, ArbuR 1999, S. 252; Lembke, NJW 1999, S. 1827.
[257] Boecken, NZA 1999, S. 398-399. Siehe auch: Boecken, AuA 1999, S. 62-63.
[258] Der Beitragssatz in der gesetzlichen Rentenversicherung entspricht 19,1% des Entgelts.

Wahlrechts ist es insbesondere, dem Bedürfnis auf Invaliditätsschutz und Alterssicherung der Frauen Rechnung zu tragen, die in bislang ungeschützten Beschäftigungen erwerbstätig waren.[259] Gemäß § 5 Abs. 2 Satz 2 SGB VI können geringfügig entlohnte Beschäftigte durch schriftliche Erklärung gegenüber dem Arbeitgeber der geringfügigen Beschäftigung auf ihre Versicherungsfreiheit verzichten und damit in der gesetzlichen Rentenversicherung für die Dauer des Beschäftigungsverhältnisses versicherungspflichtig werden. Auf die Versicherungsfreiheit kann jederzeit verzichtet werden, denn Fristen sieht das Gesetz für die Erklärung nicht.[260] Der Verzicht kann außerdem nur mit Wirkung für die Zukunft – maßgeblich ist der Tag, an dem die Verzichtserklärung dem Arbeitgeber zugegangen ist - und bei mehreren geringfügigen Beschäfti-gungen nur einheitlich erklärt werden.[261]

Bemerkenswert ist jedoch nach Auffassung von Boecken,[262] dass der Verzicht gegenüber dem Arbeitgeber zu erklären sei. Im Hinblick darauf, dass durch den Verzicht ein öffentlichrechtlich ausgestaltetes Versicherungsverhältnis zwischen der geringfügig beschäftigten Person und dem Rentenversicherungsträger entstehe, hätte es nahegelegen, dass die Verzichtserklärung diesem gegenüber abzugeben sei. Boecken[263] hat zu Recht darauf hingewiesen, dass ihrer Rechtsnatur nach die Erklärung trotz der gesetzlich vorgeschriebenen Adressierung an den Arbeitgeber als öffentlichrechtliche Willenserklärung einzuordnen ist, was sich aus ihrer Rechtsfolge - Begründung eines öffentlichrechtlichen Pflichtversicherungsverhältnis – ergebe.

Durch den Verzicht erlangt der Versicherte den Status eines geringfügig Versicherungspflichtigen. Der Verzicht auf die Versicherungsfreiheit bewirkt, dass der Arbeitnehmer durch eine entsprechende Aufstockung des Arbeitgeberbeitrags wie ein ansonsten rentenversicherungs-pflichtiger Arbeitnehmer zu behandeln ist und Ansprüche aus der Rentenversicherung erwerben kann.[264] Praktisch wichtig ist das insbesondere im Hinblick auf Rehabilitationsleistungen, die der geringfügig Beschäftigte genießen kann, wenn der Versicherte in den letzten zwei Jahren vor der Antragstellung sechs Kalendermonate mit

---

[259] BT-Drucks. 14/280, S. 10. Vgl. Feldhoff, ArbuR 1999, S. 252.
[260] Feldhoff, ArbuR 1999, S. 252.
[261] Vgl. Hanau, ZIP 1999, S. 728; Bauer / Schuster, DB 1999, S. 691.
[262] Boecken, NZA 1999, S. 399.
[263] Boecken, NZA 1999, S. 399.

Pflichtbeiträgen für eine versicherte Beschäftigung oder Tätigkeit belegt hat (§ 11 Abs. 2 Nr. 1 SGB VI).[265] Die Wahrnehmung dieser Option ist zu begrüßen, denn sie ermöglicht dem Personenkreis, dessen einzige Erwerbstätigkeit in geringfügiger Beschäftigung besteht, insbesondere „zuverdienenden Ehefrauen" und Allein-erziehenden, eine verbesserte Alterssicherung.[266] Ob die geringfügig Beschäftigten diese Option in der Praxis wahrnehmen werden, ist allerdings abzuwarten und es wäre deshalb in der Zukunft ganz wichtig zu prüfen, inwieweit diese Option zu einer Verbesserung der rentenversicherungs-rechtlichen Lage dieser Beschäftigten beigetragen hat.

7.2.1.BEITRAGSHÖHE BEI VERZICHT AUF DIE RENTENVERSICHERUNGS-FREIHEIT

Wenn der geringfügig entlohnte Beschäftige von dem Wahlrecht Gebrauch macht und optiert deswegen für eine Versicherungspflicht in der gesetzlichen Rentenversicherung, bemißt sich der vom Arbeitgeber abzuführende Rentenversicherungsbeitrag nach dem aus der geringfügigen Beschäftigung erzielten Arbeitsentgelt. In diesem Fall sind die Rentenversicherungsbeiträge mindestens aus einem Betrag von € 155 abzuführen (§ 163 Abs. 8 SGB VI). Deshalb ist zu berücksichtigen, dass die Beiträge zur Rentenversicherung der wahlversicherungspflichtigen geringfügig Beschäftigten nicht jeweils zur Hälfte vom Arbeitgeber und vom Arbeitnehmer getragen werden.[267] Nach § 168 Abs. 1 Nr. 1 b SGB VI hat der Arbeitgeber einen Beitrag in Höhe von 12% des der Beschäftigung zugrunde liegende Arbeitsentgelts als Beitrag zu tragen und die Differenz zwischen dem Arbeitgeberanteil (12%) und der tatsächlichen Beitragshöhe (zur Zeit: 19,1%) hat der Beschäftigte zu tragen (7,1%).

Andererseits wird der Arbeitnehmeranteil zur Rentenversicherung nur höher sein, wenn der geringfügig Beschäftigte weniger als € 155 im Monat verdient. Dann sind Beiträge zur Rentenversicherung aus € 155 abzuführen. Da mindestens ein Beitrag in Höhe von € 29,60 (19,1% von € 155) zu zahlen ist, bedeutet dies, dass der geringfügig Beschäftigte bei monatlichen Arbeitsentgelten unter € 155 den vom Arbeitgeber in Höhe von 12% zu tragenden

---

264 Sieben / Albert / Dahlbender / Müller, S. 48.

265 Siehe Löwisch, BB 1999, S. 740; Glock / Danko, NZA 1999, S. 404.

266 Feldhoff, ArbuR 1999, S. 252.

267 Vgl. Bauer / Schuster, DB 1999, S. 691.

Beitragsanteil auf € 29,60 aufstocken muss. Der Aufstockungsbetrag ist vom Arbeitsentgelt einzubehalten. Reicht das Arbeitsentgelt hierfür nicht aus, hat der Arbeitnehmer dem Arbeitgeber den Restbetrag zu erstatten.[268]

7.2.2. AUSWIRKUNGEN

Die differenzierte Beitragsregelung im Falle der Ausübung des in § 5 Abs. 2 SGB VI eingefügten Wahlrechts ist nach Ansicht von Boecken verfassungsrechtlich problematisch im Hinblick auf Art. 3 Abs. 1 GG.[269] Zum einen dürfte es sachlich kaum begründbar sein, aus welchem Grunde Arbeitgeber versicherungspflichtig geringfügig Beschäftigter einen Betragssatz von 12% des Entgelts zu tragen hätten, während Arbeitgeber anderer versicherungspflichtig beschäftigter Personen nur mit der Hälfte des Gesamtbeitragssatzes (von 19,1%) belastet würden. Zum anderen sei Art. 3 Abs. 1 GG auch insoweit berührt, als versicherungspflichtig geringfügig beschäftigte Arbeitnehmer mit einem nur reduzierten Beitragsaufwand (7,1% des Entgelts) denselben Versicherungsschutz erlangen wie andere – normal – versicherungspflichtige Beschäftigte, die allerdings mit der Hälfte von 19,1% (9,55%) belastet würden. Angesichts der Gewährung eines umfassenden Versicherungsschutzes bei Vorliegen der einschlägigen Voraus-setzungen sei ein sachlicher Grund für die Differenzierung der Beitragsbelastung nicht erkennbar. Insbesondere stelle der Umstand, dass die Arbeitgeber geringfügiger Beschäftigungsverhältnisse bislang einen Pauschalsteuersatz in Höhe von etwa 22% des Brutto-arbeitsentgelts zu entrichten hätten, keinen Rechtfertigungsgrund für die eingeführte Differenzierung dar. Zwischen dem Steuerrecht und dem Sozialversicherungsrecht gebe es keinen inneren Zusammenhang, der bezogen auf geringfügige Beschäftigungsverhältnisse die Festlegung eines der Höhe nach mit dem bisherigen Steuersatz übereinstimmenden Beitrags-satzes in der Sozialversicherung und der damit verbundenen Abweichung von den allgemeinen beitragsrechtlichen Regeln der Sozialversicherung legitimieren könnte.[270]

Die von Boecken dargestellte Auffassung, dass die resultierende Ungleichbehandlung bezüglich der Beitragsbelastung im Falle der Ausübung des Wahlrechtes nach § 5 Abs. 2 SGB VI Folge

[268] Siehe: Abschnitt C 2.2 der Geringfügigkeitsrichtlinie.
[269] Boecken, NZA 1999, S. 399.

einer unpassende Integration der neuen Regelungen in das Rentenversicherungssystem ist, erklärt nach m.E. zu Recht die Entstehung einer Regelung, die keinesfalls unter dem Gesichtpunkt der Gleichheitssatz gemäß Art. 3 Abs. 1 GG sachlich gerechtfertigt ist. Diese Ungleichbehandlung bedarf eine baldige gesetzliche Korrektur, denn die unsachliche Differenzierung der Beitragsbelastung bei Verzicht der Rentenversicherungsfreiheit könnte auch negative Auswirkungen auf dem Arbeitsmarkt verursachen, denn die Arbeitgeber werden weniger interessiert sein, geringfügig Beschäftigte in ihren unternehmerischen Aktivitäten einzubeziehen und auf dieser Weise könnten beschäftigungspolitische Ziele wie der Bekämpfung der Arbeitslosigkeit unmittelbar beeinträchtigen werden. Es ist also bei der von dem Gesetzgeber angekündigten künftigen Überprüfung der praktischen Auswirkungen des Gesetzes zur Neuregelung der geringfügigen Beschäftigungsverhältnisse eine Korrektur dieser verfassungs-widrigen Ungleichbehandlung unentbehrlich, um die heutige unterschiedliche Beitragsbelastung sowohl für Arbeitgeber als auch für Arbeitnehmer zu beseitigen.

8. MELDEPFLICHTEN DES ARBEITGEBERS

Das Gesetz zur Neuregelung der geringfügigen Beschäftigung hat das eigene sozialversicherungsrechtliche Meldeverfahren für geringfügige Beschäftigung aufgehoben. Nunmehr sind die Meldungen für geringfügig Beschäftigte in das allgemeine Meldeverfahren integriert worden (§ 28 a Abs. 9 SGB IV). Außerdem wurde die Meldepflicht des Arbeitgebers dahin erweitert, dass sowohl die Überschreitung als auch die Unterschreitung der Geringfügigkeitsgrenze zu melden ist. Sinn der Änderung ist, dass ein versicherungspflichtig geringfügig Beschäftigter in dem Moment, in dem sein Arbeitsentgelt die Grenze von € 325 übersteigt, in allen Versicherungszweigen normal versicherungspflichtig wird und damit auch die Hälfte der Beitragslast zu tragen hat.[271] Es ist zu bemerken, dass, wenn es infolge der Zusammenrechnung mehrerer Beschäftigungen nach § 8 Abs. 2 SGB IV zur Versicherungspflicht kommt, die zuständige Krankenkasse oder Rentenversicherungsträger die

---

[270] Boecken, AuA 1999, S. 63.
[271] So Boecken, NZA 1999, S. 395. Vgl. Feldhoff, ArbuR 1999, S. 253.

Beschäftigung dem zuständigen Finanzamt melden werden, sofern der Arbeitgeber die Beschäftigung nicht oder als versicherungsfrei gemeldet hat (§ 28 h Abs. 6 SGB IV).[272]

9. BERECHNUNG UND ABFÜHRUNG DER BEITRÄGE

Die Pauschalbeiträge zur Kranken- und Rentenversicherung der geringfügig entlohnten Beschäftigten sind aus dem tatsächlich erzielten Arbeitsentgelt zu berechnen. Die Pauschalbeiträge können im Übrigen auch nach dem Mittelbetrag der Lohnsteuerstufen bemessen werden. Andererseits, sofern eine geringfügig entlohnte Beschäftigung im Laufe eines Monats beginnt oder endet oder die Krankenversicherung nur für Teile eines Monats besteht, sind Pauschalbeiträge nur für den entsprechenden Teilmonat zu zahlen. Dasselbe gilt im Falle von Arbeitsunterbrechungen.[273] Schließlich ist zu beachten, dass die Pauschalbeiträge zur Kranken- und Rentenversicherung als Gesamtsozialversicherungsbeitrag anzusehen und damit im Rahmen des allgemeinen Beitragsverfahren zu entrichten sind.[274] Die Pauschalbeiträge sowie die Rentenversicherungsbeiträge sind der zuständigen Einzugstelle bei Verzicht auf die Rentenversicherungsfreiheit nachzuweisen.[275]

D. SCHLUSSBEMERKUNGEN

Das Gesetz zur Neuregelung der geringfügigen Beschäftigung ist ohne Zweifeln eines der umstrittensten sozialrechtlichen Gesetzes seit Jahren. Sowohl vor dem Erlass als auch nach dem Inkrafttreten des Gesetzes wurde heftig über die Notwendigkeit einer Reform der geringfügigen Beschäftigungsverhältnisse und über die problematischen Auswirkungen und Nachteilen, die eine solche Neuregelung auf dem Arbeitsmarkt verursacht werden könnte, diskutiert.[276] Trotz der Kritiken muss nicht alles negativ bewertet werden. Im Arbeitsrechtsbereich hat das Gesetz zur Neuregelung der geringfügigen Beschäftigungsverhältnisse wichtige Änderungen

---

[272] Siehe: Bauer / Schuster, DB 1999, S. 690.
[273] Abschnitt C 3 der Geringfügigkeitsrichtlinie.
[274] Vgl. Sieben / Albert / Dahlbender / Müller, S. 51-52; Schönfeld / Reimers / Hofmann, S. 99.
[275] Abschnitt C 3 der Geringfügigkeitsrichtlinie.
[276] Vgl. u.a.: Glock / Danko, NZA 1999, S. 403-405; Löwisch, BB 1999, S. 742; Gunkel, Geringfügige Beschäftigung – Angriff auf die 630-DM-Jobs, Der Arbeitgeber Nr. 3, 1999, S. 18; Feldhoff, ArbuR 1999, S. 257-258; Goretzki / Hohmeister, NZS 1999, S. 369 ff.; Marschner, ZTR 1999, S. 197 ff.; Boecken, NZA 1999, S. 402; Lembke, NJW 1999, S. 1829; Bauer / Schuster, DB 1999, S. 692.

eingeführt, die eine Erweiterung des Geltungsbereichs des NachwG ermöglicht haben, so dass das NachwG zur Zeit auch auf geringfügig Beschäftigte anwendbar ist, was im Zusammenhang mit § 2 Abs. 2 TzBfG, der ausdrücklich klargestellt hat, dass geringfügig Beschäftigte auch Teilzeit-arbeitnehmer im Sinne des TzBfG sind, die arbeitsrechtliche Position der geringfügig Beschäftigten gefestigt hat.

Andererseits ist bezüglich des Sozialrechts auch positiv hervorzuheben, dass nunmehr aufgrund einer Zusammenrechnung gemäß § 8 Abs. 2 SGB IV auch geringfügige Nebenbeschäftigungen, die neben einer sozialversicherungspflichtigen Hauptbeschäftigung ausgeübt werden, in die Versicherungs- und Beitragspflicht zur Sozialversicherung einbezogen werden. Dies entspricht einer langjährigen sozialpolitischen Forderung u.a. der Rentenversicherungsträger.[277] Darüber hinaus ist wichtig zu betrachten, dass das Neuregelungsgesetz zu wichtigen Mehreinnahmen[278] der Sozialversicherungskassen geführt hat und auf diese Weise der kontinuierlichen Erosion der Finanzgrundlagen der Sozialversicherung einigermaßen entgegengewirkt hat. Eine endgültige Bewertung in diesem Sinne bedarf jedoch eine Überprüfung aus lange Sicht, insbesondere wenn man berücksichtigt, dass geringfügig Beschäftigte, die auf die Rentenversicherungsfreiheit verzichten, künftige Leistungen von den Rentenversicherungsträgern beanspruchen werden können. Deswegen bleibt die Frage noch offen, ob bezüglich der Sozialversicherungsfreiheit im Wesentlichen direkte und tiefe strukturelle Reformen notwendig sind, um den finanziellen Defiziten des Sozialversicherungssystems definitiv entgegenwirken zu können.

Über die negativen Aspekte der sozialrechtlichen Reform der geringfügigen Beschäftigungsverhältnisse wurde viel diskutiert und geschrieben. Vor allem wurde deutlich gemacht, dass das Neuregelungsgesetz ein kompliziertes Regelungswerk durch ein völlig neues, noch komplizierteres ersetzt hat.[279] Außerdem hat die neue Regelung der geringfügigen Beschäftigung Vorschriften eingeführt, die unter dem Gesichtspunkt des verfassungsrechtlichen

[277] In diesem Sinne: Marschner, ZTR 1999, S. 200.
[278] So: Das 630-Mark-Gesetz, Druckschrift des Bundesministeriums für Arbeit und Sozialordnung, S. 3.
[279] Marschner, ZTR 1999, S. 200.

Gleichbehandlungsgrundsatzes gemäß Art. 3 Abs. 1 GG bedenklich sind und darüber hinaus Distorsionen auf dem Arbeitsmarkt verursachen.

Das Neuregelungsgesetz hat ebenfalls bürokratische Hürden für die Sozialversicherungs-träger, Finanzämter, Arbeitgeber und Arbeitnehmer aufgestellt, welche zu erheblichem Mehraufwand führen. Für den Arbeitgeber ist die geringfügige Beschäftigung aufgrund der eingefügten Pauschalbeiträge zur gesetzlichen Kranken- und Rentenversicherung sowie aufgrund der zu den Sozialabgaben zusätzlichen pauschalen Lohnversteuerung teuer und weniger attraktiv geworden. Die geringfügig entlohnte Beschäftigung hat auf dieser Weise auch praktische Bedeutung als flexibles Personalplanungsinstrument verloren. Das Neuregelungsgesetz hat infolgedessen einen bedeutenden Verlust an Flexibilität und Wettbewerbsfähigkeit für viele Unternehmen verursacht, insbesondere: Gastgewerbe, Einzelhandel, Gebäudereinigung, usw. Für diese Unternehmen besteht nun z.B. die Möglichkeit an Stelle von geringfügig Beschäftigten Teilzeitbeschäftigte mit flexiblen Arbeitszeiten nach Bedarf des Unternehmens einzustellen, aber das hat auch mehr betriebliche Kosten zur Folge und könnte sogar neue Probleme aufgrund der umstrittenen Regelungen des TzBfG verursachen.

Es besteht auch nach der Reform wenig Motivation für den Arbeitnehmer ein geringfügiges Beschäftigungsverhältnis auszuüben, denn durch die Neuregelung sind weiter diejenigen privilegiert, für die mangels einer versicherungspflichtigen Haupttätigkeit, selbständigen Tätigkeit oder geringfügigen Beschäftigung keine Zusammenrechnung der Einkünfte stattfindet. Nur diesen Berufsgruppen wird auch nach neuem Recht noch die Möglichkeit eröffnet, ein geringfügiges Beschäftigungsverhältnis einzugehen, ohne dass damit Beitragspflichten in der gesetzlichen Sozialversicherung entstehen.[280] Andererseits besteht die Gefahr, dass die unattraktive Neuregelung der geringfügigen Beschäftigungsverhältnisse sowohl eine Umwand-lung von geringfügig entlohnten Beschäftigungen in kurzfristige Beschäftigungsverhältnisse, die versicherungsfrei geblieben sind, oder in selbständige Beschäftigungen (wirkliche Selbständige oder Scheinselbständige) als auch eine Ausweitung der Schwarzarbeit ermöglicht, um auf dieser Weise den Schwierigkeiten und den für den Arbeitgeber zunehmenden Kosten der Neuregelung zu entgehen.

Zum Schluß ist zu betrachten, dass eine neue sozialrechtliche Konzeption der geringfügigen Beschäftigung notwendig ist, denn nach der heutigen Rechtsordnung gibt es wenige Veranlassung, Arbeitnehmern eine geringfügige Beschäftigung anzubieten bzw. eine solche geringfügige Beschäftigung auszuüben, was besonders problematisch bezüglich der Vorteile ist, die diese Beschäftigungsform für die Bekämpfung der Arbeitslosigkeit und für die Erreichung der notwendigen unternehmerischen Flexibilität in vielen Wirtschaftszweigen bedeuten kann. Möglicherweise war die Intention des Gesetzgebers,[281] diese Form der Beschäftigung aufgrund ihrer inkorrekten Ausnutzung in der Praxis (normale Beschäftigungsverhältnisse wurden häufig in geringfügige Beschäftigungen umgewandelt, um die Sozialversicherungsbeiträge zu vermeiden)[282] und aufgrund des geringeren sozialen Schutzes der Beschäftigten (insbesondere Frauen) weniger attraktiv zu machen und auf diese indirekte Weise die sozialversicherungspflichtigen Beschäftigungen zu fördern. Dieses Ziel wäre allerdings auch mit wenigen Problemen erreichbar gewesen, wenn die Sozialversicherungsfreiheit der geringfügig entlohnten Beschäftigung und ihr besonderer sozial-rechtlicher Status unmittelbar abgeschafft würde. Ob die geringfügigen Beschäftigungsverhältnisse noch dem Strukturprinzip des deutschen Sozialversicherungssystem entsprechen und ob sie noch geeignet und erforderlich für die Erreichung eines Zieles der Sozialpolitik des deutschen Staates sind,[283] ist eine arbeitspolitische Frage, deren Antwort über die Grenze des Arbeits- und Sozialrecht hinausgeht.

---

[280] Goretzki / Hohmeister, NZS 1999, S. 374.
[281] In diesem Sinne: Glock / Danko, NZA 1999, S. 405.
[282] BT-Drucks. 14/280, S. 32.
[283] Vgl. EuGH vom 14.12.1995, Rs. C-444/93 (Menger / Scheffel); Rs. C-317/93 (Nolte).

ANHANG:

DIE TEILZEITARBEIT IN CHILE[*]

I. ALLGEMEINES

1. UMFANG UND LAGE DER TEILZEITARBEIT

Die Teilzeitarbeit ist in Chile nicht so weit verbreitet wie in den Ländern der Europäischen Union. Darüber hinaus existiert keine homogene und auf lange Sicht orientierte Arbeitspolitik zu diesem Thema in Chile, die unter anderem die Bedeutung der Teilzeitarbeit als flexible Arbeitsform und als Instrument zur Bekämpfung der Arbeitslosigkeit durch eine bessere Verteilung des verfügbaren Arbeitspotentials berücksichtigt.[1] Dies erklärt sich zum einen, weil die chilenische arbeitsrechtliche Gesetzgebung – insbesondere das Arbeitsgesetzbuch (Código del Trabajo: CdT)[2] – bis Dezember 2001 die Teilzeitarbeit nicht ausdrücklich geregelt hat, und zum anderen, weil die Unternehmen normalerweise flexible Formen der Arbeitsgestaltung und/oder der Arbeitszeitorganisation in der Praxis angewandt haben, die sich außerhalb des Arbeitsrechts befinden (vor allem freie Dienstverhältnisse und selbständige Tätigkeiten) oder die das Arbeitsgesetzbuch nicht speziell regelt (z.B.: Heimarbeit oder Formen der Outsour-cing). Diese Faktoren beeinflussen in direkter Weise die Bedeutung der Teilzeitarbeit auf dem chilenischen Arbeitsmarkt. Außerdem ist anzumerken, dass über die Lage der Teilzeitarbeit bisher nur ganz wenige Forschungen und Berichte[3] durchgeführt wurden.

Bezüglich des konkreten Umfangs der Teilzeitarbeit existieren keine deutlichen und aktualisierten amtliche Beschäftigungsstatistiken. Das ist hauptsächlich eine Folge der

[*] Durch diesen Anhang versucht der Verfasser eine generelle Darstellung der arbeitsrechtlichen Regulierung der Teilzeitarbeit in Chile in Anbetracht der neuesten Vorschriften über diese Form der Arbeit im chilenischen Arbeitsgesetzbuch.

[1] Das Gesetz Nr. 19.759, Diario Oficial vom 5.10.2001, dass das chilenische Arbeitsgesetzbuch geändert hat, hat in den Begründungserwägungen die Bedeutung der Teilzeitarbeit als Form flexibler Arbeitsgestaltung anerkannt, aber außer der Einführung einiger Grundvorschriften zu dieser Arbeitsform wurden keine Förderungsmaßnahmen getroffen.

[2] Código del Trabajo de la República de Chile, Decreto con Fuerza de Ley (D.F.L.) Nr. 1 vom 24.1.1994.

bisherigen arbeitsrechtlichen Gesetzgebung, die die Teilzeitarbeit als besondere Form der abhängigen Arbeit nicht geregelt hat. Andererseits ist bemerkenswert, dass die Statistiken und Angaben über den Umfang der Beschäftigung in Chile im Wesentlichen auf zwei Datenquellen[4] beruhen, deren Erhebungen sich in der Definition, der Stichprobenziehung und der Operationalisierung der Beschäftigung unterscheiden, was eine Bestimmung der Lage der Teilzeitarbeit nicht deutlich macht. In diesem Kontext wurde im Forschungsbericht von Leiva[5] über die Feststellung des Umfangs der Teilzeitarbeit in Chile auf die CASEN Umfrage vom 1994 zurückgegriffen, weil sie Informationen über das Bestehen von Arbeitsverträgen, über die Zahlung von Sozialversicherungsbeiträgen und besonders über die Zahl der geleisteten wöchentlichen Arbeitsstunden enthält, was eine tatsächliche Charakterisierung der Teilzeitarbeit ermöglicht. Spätere Untersuchungen[6] über den Umfang der Beschäftigung haben ausschließlich die Zahl der gearbeiteten monatlichen Arbeitsstunden berücksichtigt, was eine Klarstellung des Umfangs der Teilzeitarbeit insbesondere in Hinblick auf einen internationalen Vergleich erschwert hat.

Nach der Ergebnissen der CASEN Umfrage waren 1994 insgesamt 5.068.589 Personen in Chile beschäftigt, von denen 67% Männer und 33% Frauen waren. Unter den Beschäftigten waren 90% vollzeitbeschäftigt und lediglich 10% teilzeitbeschäftigt tätig.[7] Darüber hinaus wurde festgestellt, dass unter den Teilzeitbeschäftigten (ein Total von 528.555 Personen) 48% Männer und 52% Frauen waren.[8] Letzteres ist ein bedeutsames Resultat, denn diese durch die Umfrage gewonnene Information zeigt, dass die Teilzeitarbeit in Chile (noch) keine spezifische Form der Frauenarbeit darstellt, wie es in den meisten Ländern der Europäischen Union der Fall ist.[9]

---

[3] Aktuell zum Thema – aber aus der Perspektive der Soziologie - ist die Arbeit von Leiva, El trabajo a tiempo parcial en Chile, Serie Mujer y Desarrollo Nr. 26, CEPAL, Santiago, Chile, Januar 2000.

[4] Die Datenquellen sind: Encuesta de Caracterización Socioeconómica (CASEN) und Encuesta Nacional de Empleo (ENE).

[5] Leiva, El trabajo a tiempo parcial en Chile, Serie Mujer y Desarrollo Nr. 26, CEPAL, Santiago, Chile, Januar 2000, S. 20.

[6] So beispielweise die CASEN Umfrage vom 1996.

[7] Für die Untersuchung besteht eine Teilzeitbeschäftigung, wenn die geleistete Tätigkeit weniger als 35 Stunden in der Woche beträgt.

[8] Leiva, S. 21-23.

[9] Siehe erstes Kapitel der Dissertation.

Außerdem wurde als anderes Merkmal der Teilzeitarbeit in Chile bewiesen, dass 1994 ca. 44% der Personen, die Teilzeit (part-time) arbeiten, selbständig waren und nur 38% als Arbeitnehmer zu bezeichnen waren.[10] Andererseits wurde von Leiva[11] festgestellt, dass fast die Hälfte der in Chile ausgeübten Teilzeitarbeiten als prekäre Beschäftigungen zu charakterisieren sind. Dies ist nach Ansicht dieser Autorin[12] eine Folge der Tatsache, dass ca. 50% der Teilzeitbeschäftigten keinen schriftlichen Arbeitsvertrag haben, dass sie trotz der Ausübung einer abhängigen Tätigkeit nicht in der Sozialversicherung versichert sind[13] und, dass ihre Einkommen für ihre personellen und familiären Bedürfnisse unzureichend sind. Es ist auch bemerkenswert, dass die Untersuchung beweist, dass die soziale und rechtliche Unsicherheit, die in vielen Fällen mit der Teilzeitarbeit im Zusammenhang steht, sowohl Männer als auch Frauen in einer fast gleichen Proportion betrifft.[14]

Im Forschungsbericht von Leiva wurden allerdings keine Gründe angegeben, die diese besonderen Merkmale der Teilzeitarbeit in Chile aufklären können. Nach m.E. erklärt sich die festgestellte unsichere Lage der Teilzeitbeschäftigten zum einen wegen eines Mangels an arbeitsrechtlicher Regulierung, denn erst seit dem 1. Dezember 2001 ist die Teilzeitarbeit im CdT ausdrücklich geregelt worden. Früher waren für diese Beschäftigungsverhältnisse nur die allgemeinen Vorschriften des CdT und des Bürgerlichen Gesetzbuch (Código Civil) anwendbar. Trotzdem waren diese Vorschriften manchmal unzureichend, weil sie keine Charakterisierung der Teilzeitarbeit als eine spezielle Form der abhängigen Arbeit ermöglichen (vor allem gab keine Anerkennung der Gleichbehandlung mit den Vollzeitarbeitnehmern) oder sie wurden lediglich nicht berücksichtigt, weil die Teilzeitarbeitnehmer insbesondere in Kleinbetrieben[15] beschäftigt sind, die in vielen Fällen bezüglich der korrekten Einhaltung der

---

[10] Die übrigen Beschäftigten, die part-time arbeiten, sind nach der CASEN Umfrage 1994 als Arbeitgeber oder Familienangehörige, die kein Entgelt bekommen, bezeichnet worden. So Leiva, S. 25.
[11] Leiva, S. 30-33.
[12] Es ist zu berücksichtigen, dass die Schlussfolgerungen ihrer Arbeit auf soziologische und nicht auf juristische Faktoren beruhen.
[13] Trotz der von Leiva festgestellten Faktoren ist zu bemerken, dass aus einer juristischen Perspektive, wenn eine Person aufgrund eines privatrechtlichen Vertrages zur Leistung von Diensten für einen anderen in persönlicher Abhängigkeit gegen Entgelt verpflichtet ist, als Arbeitnehmer zu bezeichnen ist und genießt deswegen den vollen Schutz der arbeitsrechtlichen Gesetzgebung. Dies wird durch Art. 7 und 8 CdT ausdrücklich angeordnet.
[14] Leiva, S. 36.
[15] Leiva, S. 25.

arbeitsrechtlichen Vorschriften schwer zu kontrollieren sind.[16] Letzteres erklärt sich, weil die Behörde (Dirección del Trabajo und Inspeciones del Trabajo), die die Einhaltung von Arbeitsvorschriften kontrollieren, nicht genug Angestellte haben, um eine umfassende Kontrolle durchzuführen. Darüber hinaus werden manchmal die Sanktionen (Geldstrafen) unzureichend oder gewichtlos, um die tatsächliche Anwendung der arbeitsrechtlichen Vorschriften zu garantieren. Anderer-seits existieren normalerweise in den kleinen Unternehmen keine Gewerkschaften, die über die korrekte Einhaltung der Arbeitnehmerrechte wachen können.

Zum anderen fehlt es an tarifvertraglichen Vorschriften, die die Lage der Teilzeitbeschäftigten verbessern können. Die Tarifverhandlungen sind einerseits nur im Rahmen des Unternehmens[17] möglich und andererseits ist ein relevantes Problem des heutigen chilenischen Arbeitsmarktes, dass die Gewerkschaften besonders nach den vielen Deregulierungen der 80er Jahren und nach der Einführung eines starken neoliberalen Wirtschaftsmodells sehr schwach geworden sind.[18] Die Einführung eines neoliberalen Wirtschaftsmodells und radikale Deregulierungen im Arbeits- und Sozialrecht ermöglichten (Anfang der 80er Jahren) ein ständiges wirtschaftliches Wachstum und die Schaffung von mehr Arbeitsplätzen in einer komplizierten nationalen und internationalen Krisenperiode der Wirtschaft, aber mit höheren sozialen Kosten; vor allem: Soziale Unsicherheit, Unstabilität der Arbeitsplätze, Abbau von sozial- und arbeitsrechtlichen Rechten, schlechtere Arbeitsbedingungen und restriktive Tarifverhandlungen. Diese sozialen Kosten und ihre Nachteile sind noch nicht überwunden. Trotz der Verbesserungen in der Gesetzgebung nach der Wiederherstellung der Demokratie seit 1990 kann zur Zeit noch nicht die Bildung eines

[16] Ausführlich zum Thema: Cámara de Diputados (chilenisches Parlament), Preinforme de la comisión investigadora encargada de analizar los incumplimientos empresariales de la normativa laboral vigente, y de las facultades y recursos adicionales que requieren los organismos públicos para garantizar el cumplimiento de la ley, sesión Nr. 54, 17.4.2001.

[17] Ausdrücklich in diesem Sinne: Art. 303 CdT.

[18] Ebenso: Morgado, Las reformas laborales y su impacto en el mercado de trabajo, Serie Reformas Económicas Nr. 32, CEPAL, Santiago, Chile, Juli 1999, S. 13 ff.

gerechten Arbeitsmarktes mit Hilfe einer stärkeren Rolle der Gewerkschaften erreicht werden.[19]

Schließlich fehlt es in Chile noch an einer von allen Akteuren auf dem Arbeitsmarkt vertretenen und respektierten Kultur der Arbeit[20] und zwar in Form einer generellen Überzeugung, dass sowohl die arbeits- und sozialrechtlichen Vorschriften als auch die Gewerkschaften und die Tarifverhandlungen nicht überflüssig sind und kein Hindernis für die gewünschte wirtschaftliche Entwicklung des Landes darstellen, sondern sie müssen als notwendig und hilfreich betrachtet werden, um die Interessen und Bedürfnisse der schwachen Akteure zu schützen sowie, um einen gerechten, effizienten und solidarischen Arbeitsmarkt zu schaffen. Die festgestellten Unsicherheiten der Lage und Arbeitsbedingungen einer wichtigen Anzahl von Teilzeitbeschäftigten stellen also eine nicht zu unterschätzende soziale, wirtschaftliche und rechtliche Herausforderung in Chile dar, um die Position und Wettbewerbsfähigkeit der chilenischen Wirtschaft nicht zuungunsten ihre Arbeitnehmer auszubauen.

II. DIE ARBEITSRECHTLICHE REGULIERUNG DER TEILZEITARBEIT

1. DAS GESETZ NR. 19.759

Das Gesetz Nr. 19.759[21] hat zum ersten Mal Regelungen über die Teilzeitarbeit in der chilenischen arbeitsrechtlichen Gesetzgebung eingeführt. Dieses Gesetz hat verschiedene Änderungen[22] im CdT eingefügt, von denen die wichtigste unter der Perspektive dieser Arbeit die Einführung des Abschnitts 5 im Kapitel IV des Buchs I des CdT ist. Das CdT regelt nunmehr ausdrücklich zwischen Art. 40 Bis und 40 Bis D die Lage der Teilzeitarbeit.

---

[19] So auch: Cámara de Diputados, Preinforme de la comisión investigadora encargada de analizar los incumplimientos empresariales de la normativa laboral vigente, y de las facultades y recursos adicionales que requieren los organismos públicos para garantizar el cumplimiento de la ley, sesión Nr. 54, 17.4.2001.

[20] In selbem Sinne: Morgado, S. 34.

[21] Diario Oficial vom 5.10.2001. Dieses Gesetz ist am 1.12.2001 in Kraft getreten.

[22] Vor allem Änderungen, deren Zweck die Stärkung der Autonomie der Gewerkschaften und die Verbesserung der Vorschriften über die Tarifverhandlungen ist.

2. DEFINITION DER TEILZEITARBEIT

Art. 40 Bis CdT enthält keine spezifische Definition der Teilzeitarbeit, sondern ermöglicht lediglich den Abschluß von Arbeitsverträgen mit reduzierter Arbeitszeitdauer. Das ist eine Folge der Regulierung der Teilzeitarbeit im Kapitel IV des Buchs I des CdT, das über die Dauer der Arbeitszeit handelt. Gemäß Art 40 Bis CdT liegt eine Teilzeitarbeit vor, wenn die Arbeitszeitdauer nicht höher als 2/3 der höchst zulässigen wöchentlichen Arbeitszeit nach Art. 22 ist. Art. 22 CdT schreibt seinerseits vor, dass die wöchentliche Arbeitszeit nicht höher als 48 Stunden sein darf. Dementsprechend liegt nach dieser Vorschriften ein Teilzeitarbeitsverhältnis vor, wenn die vereinbarte wöchentliche Arbeitszeit nicht mehr als 32 Stunden beträgt.[23] Andererseits ist festzuhalten, dass Art. 40 Bis CdT keine ähnliche Regel im Sinne des § 2 Abs. 1 TzBfG, des § 3 Abs. 1 der Richtlinie 97/81/EG oder des Art. 1 des IAO-Übereinkommen zur Teilzeitarbeit bezüglich eines vergleichbaren vollzeitbeschäftigten Arbeitnehmers enthält. Für den chilenischen Begriff der Teilzeitarbeit ist das ausschlaggebende Element der Definition eine vereinbarte wöchentliche Arbeitszeit, die kürzer (nicht höher als 2/3) als die höchst zulässige wöchentliche Arbeitzeit nach Art. 22 CdT ist. Die wöchentliche Arbeitszeit eines vergleichbaren Vollzeitarbeitnehmers ist im Allgemeinen kein Kriterium für die Konfiguration eines Teilzeitarbeitsverhältnisses.

Letzteres ist nach meiner Ansicht eine Folge des legalistischen Charakters des chilenischen arbeitsrechtlichen Systems, nach dem die Berücksichtigung von Kriterien der tatsächlichen Durchführung des Arbeitsverhältnisses und der Ausübungsform der Rechte und Pflichten durch die Arbeitsparteien im Betrieb oder im Unternehmen selten sind (z.B. im Bereich des Entgelts).[24] Darüber hinaus liegt in der Konfiguration des heutigen chilenischen Arbeitsrechtssystems eine individuelle Vision zugrunde, nach der die Beziehungen zwischen Arbeitgeber und Arbeitnehmer – trotz der Eingliederung in eine betrieblichen Organisation und der Tatsache, dass der Arbeitnehmer seine persönliche Arbeitsleistung nicht isoliert, sondern

---

[23] Ab 1. Januar 2005 darf die wöchentliche Arbeitszeit nicht höher als 45 Stunden sein (Art. 7 lit. a in Verbindung mit Art. 3 der Übergangsvorschriften des Gesetzes Nr. 19.759). Das hat zur Folge, das ab 1.1.2005 ein Teilzeitarbeitsverhältnis vorliegen wird, wenn die wöchentliche Arbeitszeit nicht höher als 30 Stunden ist.

[24] So die Rechtsprechung der Dirección del Trabajo (Organ der Staatverwaltung, das in bestimmten Fällen für die Auslegung der arbeitsrechtlichen Vorschriften zuständig ist). U.a.: Dictamen Nr. 1676 vom 12.3.1969; Dictamen

zusammen mit anderen Arbeitnehmern erbringt – fast ausschließlich die im Arbeitsvertrag vereinbarten Bedingungen berücksichtigen. Auf Grund einiger Leitideen und Grundsätze des neoliberalen Wirtschaftsmodells, die noch in der arbeitsrechtlichen Gesetzgebung zu erkennen sind, werden im Allgemeinen kollektive Betrachtungen der Arbeitsbeziehungen und über den vereinbarten Arbeitsvertrag geltende Arbeitsbedingungen nicht bevorzugt.[25] Schließlich erklärt sich das Fehlen einer Betrachtung des vergleichbaren Vollzeitarbeitnehmers aus der Definition der Teilzeitarbeit, weil nach Art. 10 CdT die Vereinbarung einer bestimmten Dauer und Lage der Arbeitszeit im Arbeitsvertrag obligatorisch ist. Fehlt es in einem Arbeitsvertrag an obligatorischen Klauseln, werden dann gemäß Art. 9 CdT die Klauseln des Arbeitsvertrages zugunsten des Arbeitnehmers ausgelegt.

Trotz des Fehlens eines ausdrücklichen Begriffs der Teilzeitarbeit muss man allerdings auch als notwendige Elemente der Teilzeitarbeitdefinition Folgende betrachten: Das Vorliegen eines Arbeitsverhältnisses und eine auf Dauer verkürzte wöchentliche Arbeitszeit, die die Arbeits-parteien freiwillig vereinbaren und die die Eigenschaft der Teilzeitarbeit als eine besondere Form der Beschäftigung konfiguriert.[26] Infolgedessen sollen im Allgemeinen unter den Begriff der Teilzeitbeschäftigung solche Arbeitsverhältnisse gefasst werden, die entweder auf unbefris-tete Zeit eingegangen oder befristet sind und die sich von anderen Arbeitsverhältnissen im Wesentlichen durch die dauerhafte Verkürzung der Arbeitszeit unterscheiden, wobei die Verkürzung der Arbeitszeit in aller Regel auf einer ausdrücklichen und freiwilligen vertraglichen Vereinbarung beruht,[27] sich aber unter Umständen auch aus den

---

Nr. 4023 vom 17.6.1968. Zum Thema: Thayer / Novoa, Manual de Derecho del Trabajo, Band II, 3. Auflage, Santiago, Chile, 1998, S. 198 ff.

[25] In diesem Sinne ist beispielweise anzumerken, dass nach Art. 344, 346 und 348 CdT die in einem Tarifvertrag vereinbarten Arbeitsbedingungen ausschließlich für die Arbeitnehmer (Mitgliedern der Gewerkschaft, oder einzelne Arbeitnehmer, die nicht Mitgliedern der Gewerkschaft sind, die an der Tarifvereinbarung teilgenommen haben) gelten, die den Tarifvertrag abgeschlossen haben. Arbeitnehmer, die nach Abschluß des Tarifvertrages eingestellt werden, haben kein Recht auf die verbesserten Arbeitsbedingungen, auch wenn sie in die Gewerkschaft eintreten. Es bleibt dem Arbeitgeber und Arbeitnehmer jedoch unbenommen, die besseren Entgelts- und Arbeitsbedingungen einvernehmlich im Arbeitsvertrag einzuführen.

[26] In selbem Sinne: González del Rey, El contrato de trabajo a tiempo parcial, S. 79 ff.

[27] Vgl. Becker, Die arbeitsrechtlichen Aspekte der Teilzeitbeschäftigung, 1971, S. 33; zit. von Buschmann / Dieball / Stevens-Bartol, TZA, S. 325. Siehe auch erstes Kapitel der Dissertation, Abschnitt B, 2.

Eigenarten der übernommenen Tätigkeit ergeben kann.[28] Dienste, die auf der Grundlage anderer Rechtsverhältnisse (z.B. freie Dienstverhältnisse) erbracht werden, werden nicht unter dem arbeitsrechtlichen Begriff der Teilzeitarbeit erfasst.

3. VERTEILUNG DER ARBEITSZEIT

Maßstab der Arbeitszeitdauer ist nach Art. 40 Bis CdT in Verbindung mit Art. 22 CdT die Woche. Darüber hinaus schreibt Art. 28 CdT bezüglich der Verteilung der Arbeitszeit vor, dass die höchst zulässige Arbeitszeit von 48 Stunden in der Woche auf nicht mehr als sechs Tage und nicht weniger als fünf Tage verteilt werden darf.[29] Die tägliche Arbeitszeit darf 10 Stunden nicht überschreiten. Allerdings können die Arbeitsparteien nach den allgemeinen Regeln eine kürzere oder flexible[30] wöchentliche Arbeitzeit verabreden. In diesem Fall können sie eine andere Verteilung der Arbeitszeit vereinbaren, aber unter der Voraussetzung, dass sie nicht mehr als sechs Tage beträgt und die tägliche Arbeitzeit 10 Stunden nicht überschreitet. Längere Perioden der Arbeitszeitverteilung sind generell nicht erlaubt.

Art. 40 Bis A CdT enthält in diesem Zusammenhang eine ähnliche Vorschrift im Interesse der teilzeitbeschäftigten Arbeitnehmer. Zum einen schreibt Art. 40 Bis A Abs. 1 CdT vor, dass bei Teilzeitarbeitsverträgen die Vereinbarung von Mehrstunden zulässig ist. Zum anderen bestimmt diese Vorschrift, dass in jedem Fall die tägliche Arbeitszeit des Teilzeitarbeitnehmers kontinuierlich sein soll und dass sie zehn Stunden nicht überschreiten darf. Diese Vorschrift ist nach meiner Ansicht überflüssig, weil im Allgemeinen die Vereinbarung von Überstunden für jede Form des Arbeitsverhältnisses unter der Voraussetzungen der Art. 30 ff. CdT[31] möglich ist. Darüber hinaus begründet die Begrenzung der täglichen Arbeitszeit auf höchstens 10 Stunden nach Art. 28 CdT eine generelle

---

[28] Wenn eine Person aufgrund eines privatrechtlichen Vertrages zur Leistung von Diensten für einen anderen in persönlicher Abhängigkeit gegen Entgelt verpflichtet ist, vermutet Art. 8 CdT die Existenz eines Arbeitsvertrages.

[29] Theoretisch von Montag bis Samstag, denn gemäß Art. 35 CdT ist der Sonntag im Allgemeinen ein Ruhetag.

[30] Die Regelungen über die Arbeitszeit in Art. 22 ff. CdT enthalten keine flexiblen Formen der Arbeitszeitverteilung. Die Vereinbarung einer flexiblen Arbeitszeitverteilung ist jedoch für die Arbeits- und Tarifparteien unter Berücksichtigung der Mindestvorschriften in Art. 22 und 28 CdT möglich.

[31] Gemäß Art. 30 ff. CdT ist die Vereinbarung von Mehrstunden möglich, wenn die Mehrarbeit angesichts der Bedürfnisse des Unternehmens nötig ist. Allerdings ist lediglich die Vereinbarung von höchstens zwei Stunden pro Tag Mehrarbeit zulässig.

Schutzvorschrift der Arbeitnehmer, die ohne Art. 40 Bis A CdT auch für die Teilzeitarbeitnehmer anwendbar gewesen wäre.

4. DER GLEICHBEHANDLUNGSGRUNDSATZ

Gemäß Art. 40 Bis B CdT stehen den Teilzeitarbeitnehmern dieselben Rechte, die das CdT den Vollzeitbeschäftigten zuerkennt, zu. Es handelt sich um eine Schutzvorschrift zugunsten der Teilzeitarbeitnehmer und entspricht einer speziellen Konkretisierung des Gleichheitsprinzips. Es ist interessant zu bemerken, dass diese Vorschrift sich von den analysierten Grundsätzen der Gleichbehandlung nach § 4 Abs. 1 der Richtlinie 97/81/EG über Teilzeitarbeit oder nach § 4 Abs. 1 TzBfG unterscheidet, weil sie kein direktes Verbot der Schlechterbehandlung enthält. Art. 40 Bis B CdT erscheint vielmehr als eine programmatische Vorschrift, deren Inhalt in Verbindung mit dem allgemeinen Gleichheitssatz (Art. 19 Nr. 2 und 16 des Grundgesetzes) und dem Diskriminierungsverbot nach Art. 2 CdT[32] sich konkretisieren lässt. Es ist jedoch kritisierbar, dass der Gesetzgeber nicht ausdrücklich eine schlechtere oder unterschiedliche Behandlung der teilzeitbeschäftigten Arbeitnehmer wegen der Teilzeitarbeit verboten hat. Es wäre in diesem Sinn wichtig gewesen, wenn der Gesetzgeber die Erfahrungen zum Thema Gleichbehandlung aus anderen Ländern, in denen sich die Teilzeitarbeit in einem weiter entwickelten Stadium befindet, oder die Vorschriften des IAO-Übereinkommen über Teilzeit-arbeit berücksichtigt hätte. Ein allgemeines und nicht direkt konkretisiertes Gleichheitsprinzip enthält die Gefahr eines uneffektiven Schutzes der Teilzeitarbeitnehmer. Das ist insbesondere der Fall, weil keine ständige Rechsprechung über die Diskriminierung in der Arbeit und wegen des Geschlechtes in Chile existiert, und die prozessualen Alternativen zur Gewährleistung der Arbeitnehmerrechte teuer und langsam sind.[33]

---

[32] Im Allgemeinen verbietet Art. 2 CdT jede Form der Diskriminierung, die an den Merkmalen Rasse, Hautfarbe, Geschlecht, Religion, Alter, gewerkschaftliche Mitgliedschaft, politische Meinungen, Staatsangehörigkeit, der Geburt oder dem sonstigen Status anknüpfen.

[33] Es ist zu betrachten, dass keine ordentliche arbeitsrechtliche Gerichtsbarkeit in Chile existiert. Die frühere arbeitsrechtliche Gerichtsbarkeit wurde in den 80er Jahren abgebaut. Zur Zeit existieren nur einige Arbeitsgerichte in den größten Städten, aber sie sind nur in erster Instanz zuständig. Deswegen werden in den meisten Fällen die arbeitsrechtliche Streitigkeiten (in erster und zweiter Instanz) durch zivile Gerichte entschieden. Die heutige Regierung bereitet eine vollständige Reform der arbeitsrechtlichen Gerichtsbarkeit vor, aber ein baldiges Gesetz zu diesem Thema ist noch nicht abzusehen. Ebenso: Cámara de Diputados, Preinforme

Außerdem birgt eine so weit formulierte Vorschrift wie Art. 40 Bis B CdT die Gefahr, dass die Arbeitgeber die Teilzeitarbeitnehmer im Vergleich zu den Vollzeitbeschäftigten in der Praxis unterschiedlich behandeln, ohne dass diese Situationen durch eine klare Anwendung von Art. 40 Bis B CdT vermieden werden könnten. Denn diese Vorschrift könnte so interpretiert werden, dass sie nur in einem deklaratorischen Sinne gleiche Rechte für die Teilzeitarbeit-nehmer garantiert (z.B. Recht auf Urlaub, Mutterschutz oder Entgeltfortzahlung), aber nicht in dem Sinne, dass sie konkret eine Gleichbehandlung bezüglich der Arbeitsbedingungen im Betrieb oder im Unternehmen gewährleistet. Das ist besonders problematisch unter Berücksichtigung des Vorrangs der Vertragsfreiheit, der mangelhaften tarifvertraglichen Beziehungen und des Fehlens einer klaren Konzeption des allgemeinen arbeitsrechtlichen Gleichbehandlungsgrundsatzes, wie er in Deutschland existiert. Es fehlt auch eine Restriktion der Vertrags-freiheit in dem Sinne, dass in Ausnahmefällen wegen sachlicher Gründe eine unterschiedliche Behandlung der teilzeitbeschäftigten Arbeitnehmer zulässig sein kann.

Eine weite Auslegung dieser Vorschrift - im Sinne einer fast absoluten Gleichbehandlung zwischen vollzeit- und teilzeitbeschäftigten Arbeitnehmern – könnte im Gegenteil die Einstellung von Teilzeitbeschäftigten unattraktiver machen oder sie könnte nachteilig für eine effiziente Organisation der Arbeit und/oder der Arbeitszeit durch den Arbeitgeber sein, denn er braucht angesichts der immer variableren wirtschaftlichen Anforderungen einen bestimmten freien Spielraum, der im bestimmten Fällen die eventuellen Abweichungen des Gleich-behandlungsprinzips wegen sachlicher Gründe ermöglicht. Es bleibt deshalb abzuwarten, ob die zukünftige Rechtsprechung über die Gleichbehandlung von Teilzeitbeschäftigten die zweifel-haften Aspekte, die im Zusammenhang mit Art. 40 Bis B CdT stehen, klarstellen kann.

Schließlich ist zu anzumerken, dass Art. 40 Bis B Abs. 2 CdT eine Regel enthält, die einen besonderen Ausdruck des pro rata temporis Grundsatzes darstellt. Nach dieser Vorschrift ist

---

de la comisión investigadora encargada de analizar los incumplimientos empresariales de la normativa laboral vigente, y de las facultades y recursos adicionales que requieren los organismos públicos para garantizar el cumplimiento de la ley, sesión Nr. 54, 17.4.2001.

einem teilzeitbeschäftigten Arbeitnehmer die „gesetzliche Gratifikation"[34] mindestens in dem Umfang zu gewähren, der dem Anteil seiner Arbeitszeit an der Arbeitszeit nach Art. 22 CdT entspricht. Nach dem Wortlaut des Art. 40 Bis B Abs. 2 CdT steht jedoch den Teilzeitarbeitnehmern im Prinzip dieselbe „gesetzliche Gratifikation" zu, die den Vollzeitarbeitnehmern zu gewährleisten ist. Der Arbeitgeber ist gleichwohl berechtigt, den Teilzeitbeschäftigten eine geringere „gesetzliche Gratifikation" zu bezahlen, allerdings unter Berücksichtigung des Verhältnismäßigkeitsprinzips, wie es Art. 40 Bis B Abs. 2 CdT vorschreibt. Ist letzteres der Fall, bleibt immer die Möglichkeit unberührt, einvernehmlich eine höhere Gratifikation zu vereinbaren.

Art. 40 Bis B Abs. 2 CdT steht darüber hinaus in direkter Verbindung mit Art. 44 CdT über das sogenannte „mindeste monatliche Einkommen".[35] Diese Vorschrift schreibt vor, dass bei Teilzeitarbeitsverhältnissen das „mindeste monatliche Einkommen" in Proportion zur vereinbarten Arbeitszeit berechnet werden soll. Da sowohl bei Art. 40 Bis B Abs. 2 CdT als auch bei Art. 44 CdT das selbe Prinzip zugrunde liegt, d.h. das Verhältnismäßigkeitsprinzip, ist dem zu entnehmen, dass auch das Entgelt und andere geldwerte teilbare Leistungen, die der Arbeitgeber als Gegenleistung zu der vom Arbeitnehmer erbrachten Arbeitsleistung bezahlt, mindestens in Proportion mit dem Anteil der Arbeitszeit der Teilzeitarbeitnehmer zu gewähren ist, es sei denn, dass die Arbeitsparteien im Arbeitsvertrag oder im Tarifvertrag eine günstigere Regel vereinbart haben oder, dass das Arbeitsentgelt des Teilzeitarbeitnehmers nicht in unmittelbarer Zusammenhang mit der geleisteten Arbeitszeit steht.

[34] Im chilenischen Arbeitsrecht (Art. 46 und 47 CdT) wird zwischen „gesetzliche" und „freiwillige" Gratifikation unterschieden. Beide Formen der Gratifikation stehen unter dem Begriff des Entgelts nach Art. 41 und 42 CdT. Die „gesetzliche Gratifikation" (gratificación legal) charakterisiert sich, weil sie obligatorisch ist, d.h. der Arbeitgeber muss der Arbeitnehmer eine Gratifikation zahlen, wenn die Voraussetzungen und Bedingungen der Art. 47 und 48 CdT vorhanden sind. Anderseits ist die „freiwillige Gratifikation" (gratificación voluntaria) eine von den Arbeitsparteien (Arbeitgeber und Arbeitnehmer oder der Tarifvertragsparteien) vereinbarte Form der Gratifikation, die nicht niedriger als die gesetzliche Form der Gratifikation sein soll (Art. 46 CdT).

[35] Das „mindeste monatliche Einkommen" (ingreso mínimo mensual) schützt den Arbeitnehmern und stellt sicher, dass die Einkommen, die sie als Gegenleistung für ihre geleistete Arbeit erhalten, nicht niedriger sein sollen, als dieses Mindesteinkommen, dessen Summe einmal im Jahr festgestellt wird. Das „mindeste monatliche Einkommen" garantiert also, dass die Einkommen der Arbeitnehmer mindestens für ihre Grundbedürfnisse ausreichen. Zur Zeit entspricht das „mindeste monatliche Einkommen" ca. USD$ 200.

5. TEILZEITARBEITSVERHÄLTNISSE MIT FLEXIBLER VERTEILUNG DER ARBEITSZEIT

Gemäß Art. 40 Bis C CdT können die Arbeitsparteien eines Teilzeitarbeitsvertrages Alternativen der Arbeitszeitverteilung vereinbaren. In diesem Fall ist der Arbeitgeber berechtigt, eine der vereinbarten Alternativen für die nächste Woche oder die nächste höhere zeitliche Periode zu bestimmen, wenn er dem Arbeitnehmer die gewählte Alternative der Arbeitszeitverteilung jeweils mindestens eine Woche im Voraus mitteilt.

Diese flexible Form der Teilzeitarbeit nach Art. 40 Bis C CdT ist neu in der chilenischen Gesetzgebung und hat einige Ähnlichkeiten mit der Abrufarbeit oder kapazitätsorientierter variabler Arbeitszeit gemäß § 12 TzBfG, denn in beiden Fällen kann der Arbeitgeber unter gewissen Voraussetzungen die Lage der Arbeitszeit einseitig bestimmen. Allerdings ist die Befugnis der Arbeitgeber nach der chilenischen Vorschrift begrenzt, weil sie eine Vereinbarung von verschiedenen Alternativen der Arbeitszeitverteilung mit dem teilzeitbeschäftigten Arbeit-nehmer bedingt.[36] Nur dann ist der Arbeitgeber in der Lage die vereinbarte Alternative der Arbeitszeitverteilung zu wechseln. Für den Teilzeitarbeitnehmer ist die vom Arbeitgeber neu gewählte Alternative der Arbeitszeitverteilung obligatorisch, wenn der Arbeitgeber die jewei-lige Mitteilung mindestens eine Woche im Voraus gemacht hat. Die gewählte Alternative der Arbeitszeitverteilung kann für die nächste Woche oder für die nächste höhere zeitliche Periode (beispielweise zwei Wochen oder ein Monat) gelten. Dies wird vom Arbeitgeber festgesetzt und wird letztendlich von den Bedürfnissen des Betriebs oder des Unternehmens abhängen.

Andererseits ist bemerkenswert, dass die Arbeitsparteien nach Art. 40 Bis C CdT frei[37] sind, um die Alternativen der Verteilung der Arbeitszeit zu vereinbaren, so dass ein wichtiger Grad von Flexibilität auf diese Weise erreicht werden kann. Im Gegenzug setzt die bedingte vorheri-ge Vereinbarung der Arbeitszeitverteilungsalternativen eine effektive Planung und Organisation der Arbeitszeit im Betrieb oder im Unternehmen voraus, damit diese variable

---

[36] Z.B.: Alternative A: Der Teilzeitarbeitnehmer soll von Montag bis Freitag vormittags von 8.30 bis 13 Uhr arbeiten; Alternative B: Der Teilzeitarbeitnehmer soll drei Tage in der Woche von 8.30 bis 17.30 Uhr arbeiten, usw.

Form der Teilzeitarbeit zum Vorteil beider Arbeitsparteien genutzt werden kann. Hier unterscheidet sich auch diese Teilzeitarbeitsform von der Abrufarbeit gemäß § 12 TzBfG. Die Abrufarbeit ermöglicht einen weiten arbeitgeberseitigen Spielraum in Anbetracht der Bedürfnisse des Betriebes oder der Nachfrageschwankungen zu handeln, da die Mitteilung des Arbeitgebers zum Abruf der Arbeit einer kürzeren Zeit bedarf, was die schnellste Reaktion auf die Anforderungen des Marktes gewährleistet.

6. SONSTIGES

Schließlich enthält die Regulierung der Teilzeitarbeit im CdT eine Vorschrift (Art. 40 Bis D) über die entgeltliche Basis für die Berechnung der Abfindung, die der Arbeitgeber den Teilzeitarbeitnehmern wegen Beendigung des Arbeitsverhältnisses zu bezahlen hat. Nach meiner Ansicht wäre es allerdings bezüglich der Systematik des CdT besser gewesen, wenn der Gesetzgeber die Regelung des Art. 40 Bis D im Kapitel IV des Buchs I des CdT (Art. 159 bis 178 CdT) über die Kündigung eingeführt hätte, denn diese Vorschrift enthält eine ähnliche Regelung wie Art. 172 CdT, der im Allgemeinen die Form der Feststellung der entgeltlichen Basis für die Berechnung der Abfindung im Falle einer Kündigung regelt.

Gemäß Art. 40 Bis D CdT berechnet sich die Abfindung wegen Beendigung des Teilzeitarbeitsverhältnisses aufgrund des angeglichenen Durchschnitts des bezahlten Entgelts während der Dauer des Arbeitsverhältnisses oder der letzten elf Jahren, wenn das Arbeitsverhältnis mehr als elf Jahren gedauert hat. Andererseits entspricht die Abfindung wegen Beendigung des Arbeitsverhältnis nach Art. 163 CdT einem monatlichen Entgelt für jedes Jahr, den das Arbeitsverhältnis gedauert hat, mit einem Maximum von elf Jahren. Eine Ausnahme besteht wiederum dann, wenn die Arbeitsparteien eine günstigere Regeln für die Berechnung der Abfindung vereinbart haben.

---

[37] Allerdings gilt das unter Berücksichtigung der Arbeitszeitgrenzen nach Art. 22, 28 und 40 Bis CdT.

III. SCHLUSSBEMERKUNGEN

Die Einführung arbeitsrechtlicher Vorschriften über die Teilzeitarbeit im CdT ist ein wichtiger Schritt in die richtige Richtung, da sie die künftige Entwicklung der Teilzeitbeschäftigung in Chile ermöglichen wird. Die arbeitsrechtliche Regulierung der Teilzeitarbeit ist zum einen von wesentlicher Bedeutung, denn sie wird zur Verbesserung der Entgelt- und Arbeitsbedingungen der heutigen teilzeitbeschäftigten Arbeitnehmer beitragen. Zur Zeit erleben viele Teilzeitbeschäftigte, sowohl Männer als auch Frauen unsichere Beschäftigungsbedingungen, vor allem, weil ihre Tätigkeit vor den Inkrafttreten des Gesetzes Nr. 19.759 in vielen Fällen von den Arbeitgebern nicht als eine Form des Arbeitsverhältnisses bewertet wurde. Dies hatte zur Folge, dass die Beschäftigten außerhalb des Schutzrahmens des Arbeits- und Sozialrecht gestellt worden sind. Diese Situation verlangte eine dringende Veränderung der Gesetzgebung, um sie an die neuen wirtschaftlichen und sozialen Anforderungen der Gegenwart anzupassen, was die Reform generell erreicht hat.

Zum anderen ist die Einführung einer arbeitsrechtlichen Regulierung der Teilzeitarbeit angesichts der wirtschaftlichen und arbeitpolitischen Vorteile, die im Zusammenhang mit dieser Form der Beschäftigung stehen, wichtig. Denn eine korrekte Eingliederung der Teilzeitarbeit ermöglicht im Allgemeinen eine effiziente Arbeitsorganisation und die Erreichung von mehr Arbeitszeitflexibilität in den Betrieben und Unternehmen, sowie eine höhere Beteiligung von Frauen und jungen Menschen auf dem Arbeitsmarkt und eine bessere Vereinbarung von Arbeit und Familie. Diese wirtschaftlichen und beschäftigungspolitischen Vorteile der Teilzeitarbeit können auch eine bedeutende Rolle für den chilenischen ökonomischen und sozialen Entwicklungsprozess spielen. Deswegen ist zu erwarten, dass diese vielfältigen Möglichkeiten der Teilzeitarbeit sich in der Praxis durchsetzen werden.

Andererseits kann nicht übersehen werden, dass die chilenische Regulierung der Teilzeitarbeit in einigen Aspekten mangelhaft ist. In diesem Sinne ist m.E. im Wesentlichen die weiche Formulierung des Gleichbehandlungsprinzips kritisierbar, denn sie könnte in Zusammenhang mit dem derzeitigen mangelhaften Schutz gegen die Diskriminierungen und die Schlechterbehandlungen im Arbeitsleben - insbesondere wegen des Geschlechts - viele Probleme in der

Zukunft verursachen. Das ist besonders relevant angesichts des häufig größeren Anteils der Frauen an dieser Form der Beschäftigung. Der Gesetzgeber hat deshalb eine wichtige Gelegen-heit nicht vollständig benutzt, um einen gerechten arbeitsrechtlichen Rahmen für die Teilzeitarbeitnehmer zu schaffen, der sich als besonders relevant erwiesen hat, wie es die reiche Erfahrung zu diesem Thema in den europäischen Ländern bewiesen hat. Es stellt also für den Gesetzgeber sowie für die Rechtsprechung eine bedeutsame Herausforderung dar, diese Gefahr von Ungerechtigkeiten bei den Teilzeitarbeitsverhältnissen mit einer entsprechenden Gesetzgebung und Rechtsprechung zu beenden. Allerdings muß sich auch erst die chilenische arbeitsrechtliche Literatur damit befassen; denn Themen wie die Diskriminierung wegen des Geschlechts oder die Gleichbehandlung in der Arbeit sind bis jetzt nur wenig analysiert worden.

Es ist auch in der neuen Regulierung der Teilzeitarbeit im CdT kritisierbar, dass der freiwillige Charakter dieser Arbeitsform nicht hervorgehoben wurde. In dieser Hinsicht hatte der Regierungsentwurf[38] vorgesehen, dass die Arbeitsparteien einvernehmlich ein Vollzeitarbeitsverhältnis in einem Teilzeitarbeitsverhältnis oder umgekehrt umwandeln können. Dieser Vorschrift des Regierungsentwurfs hatte aber ein kompliziertes Abfindungssystem vorgesehen und wurde letztendlich im Parlament gestrichen, denn nach Ansicht der Redakteure des Regierungsentwurfs hatte die einvernehmliche Umwandlung die Beendigung des vorherigen Arbeitsverhältnisses zur Folge, d.h. es handelte sich nicht um dasselbe Arbeitsverhältnis mit reduzierter (oder höherer) Arbeitszeit, sondern um ein neues Arbeitsverhältnis. Nach den allgemeinen Regeln im CdT steht den Arbeitsparteien jedoch die Möglichkeit offen, ein Vollzeit- in ein Teilzeitarbeitsverhältnis oder umgekehrt umzuwandeln. Es wäre jedoch wichtig gewesen bezüglich der Förderung der Teilzeitarbeit, dass eine ausdrückliche Vorschrift in diesem Sinne im Abschnitt 5 des CdT über die Teilzeitarbeit eingefügt worden wäre.

Trotz der verschiedenen Kritiken, die an der heutigen Regulierung der Teilzeitarbeit geübt werden können, ist die Reform des CdT wichtig und im Allgemeinen positiv als erste Regelung der Teilzeitbeschäftigung in der chilenischen arbeitsrechtlichen Geschichte. Denn sie eröffnet neue Perspektiven und setzt die Fundamente einer neuen und modernen Konzeption und Regulierung der abhängigen Arbeit, die die Arbeits- und Tarifparteien in der Praxis weiter ausbauen sollen. Schließlich ist zu betrachten, dass der neue arbeitsrechtliche Rahmen über die Teilzeitarbeit eine für den Staat, die Arbeitgeberverbände und die Gewerkschaften bedeutende Herausforderung darstellt. In Chile ist vor allem der Ausbau eines Bündnis für Arbeit notwendig, das auf Grund der Zusammenarbeit aller auf dem Arbeitsmarkt beteiligten Akteuren die Überwindung des verbliebenen Misstrauens zwischen Arbeitgebern und Arbeit-nehmern nach Jahren von begrenzten gewerkschaftlichen Freiheiten und Geltung eines starken neoliberalen Wirtschaftsmodells ermöglicht. Darüber hinaus sollte auf dieser Basis eine homogene und auf lange Sicht orientierte Arbeitspolitik formuliert werden, die auf die neuen sozialen und wirtschaftlichen Anforderungen reagieren kann. In diesem Kontext ist zu erwarten, dass auch eine Arbeitspolitik bezüglich der Teilzeitarbeit formuliert wird, um die Vorteile der Teilzeitbeschäftigung in der neuen wirtschaftlichen Ordnung zu fördern und, um die Nachteile, die diese Beschäftigungsform auch mit sich bringt (insbesondere höhere organisatorische Kosten für die Unternehmen bei der anfänglichen Einführung von Teilzeit-arbeitsplätzen und Diskriminierungsgefahren), bewältigen zu können. Mit dieser Perspektive ist es nach meiner Ansicht von größter Relevanz, die Erfahrungen und Ergebnisse anderer latein-amerikanischer und/oder europäischer Länder zum Thema Teilzeitarbeit zu berücksichtigen und wenn es möglich wäre, Informations- und Kooperationsprogramme in Betracht zu ziehen.

[38] In diesem Sinne: Art. 40 E Abs. 1 des Regierungsentwurfes, Mensaje Nr. 136-343 vom 16.11.2000.

LITERATURVERZEICHNIS

Adomeit, Klaus: Das Arbeitsrecht und unsere wirtschaftliche Zukunft, München, 1985.

Alewell, Karl: Die Erosion des Normalarbeitsverhältnisses – Ist das Arbeitsrecht noch zeitgemäß?, Jenaer Vorträge, Band 9, Baden-Baden, 1998.

Arndt, Gabriele: Teilzeitarbeit, in: NZA 1989, S. 8 ff.

Ascheid, Reiner; Preis, Ulrich; Schmidt, Ingrid: Großkommentar zum Kündigungsrecht, München, 2000.

Bade, Thomas: Freie Mitarbeiter oder Arbeitnehmer, Köln, 1999.

Ballester Pastor, María Amparo: La adecuación de la normativa española a la Directiva 97/81 sobre trabajo a tiempo parcial, in: R.L. Nr. 15-16, 1998, S. 75 ff.

Balze, Wolfgang: Die sozialpolitischen Kompetenzen der Europäischen Union, Baden-Baden, 1994.

van Bastelaer, Alois; Lemaître, Georges; Pascal, Marianna: La definitión du travail à temps partiel à des fins de compairaison internationale, in: Documents hors série, Nr. 22 (OCDE/GD(97)121), Paris, Frankreich, 1997.

Bauer, Jobst-Hubertus: Neue Spiegelregeln für Teilzeitarbeit und befristete Arbeitsverträge, in: NZA 2000, S. 1039 ff.

Bauer, Jobst-Hubertus; Klein, Olaf: Sozialauswahl bei Teilzeitbeschäftigung – zur Lehre von Äpfel und Birnen, in: BB 1999, S. 1162 ff.

Bauer, Jobst-Hubertus; Schuster, Doris-Maria: Kassenschlager „Geringfügige Beschäftigung"?, in: DB 1999, S. 689 ff.

Bauschke, Hans Joachin: Auf dem Weg zu einem neuen Arbeitnehmerbegriff, in: RdA 1994, S. 209 ff.

Becker, Friedrich; Denne, Harald; Lipke, Gert-Albert; Mikosch, Ernst; Steinwedel, Ulrich: Gemeinschaftskommentar zum Teilzeitarbeitsrecht GK-TzA, Neuwied, Darmstadt, 1987.

Beckschulze, Martin: Die Durchsetzbarkeit des Teilzeitanspruchs in der betrieblichen Praxis, in: DB 2000, S. 2598 ff.

Beduhn, Elke: Neues zur Gleichbehandlung von Teilzeitbeschäftigten, in: ArbuR 1996, S. 485 ff.

Bellgardt, Peter: Flexible Arbeitszeitsysteme. Entwicklung und Einführung, Heidelberg, 1987.

Bengelsdorf, Peter: Freizeitausgleich für teilzeitbeschäftigte Betriebsratmitglieder, in: NZA 1989, S. 905 ff.

Bercusson, Brian: European Labour Law, London, 1996.

Bercusson, Brian; Deakin, Simon; Koistinen, Pertti; Kravaritou, Yota; Mückenberger, Ulrich; Supiot, Alain; Veneziani, Bruno: Soziales Europa – ein Manifest, Hamburg, 1996.

Bergmann, Jürgen: Arbeitspolitik – ein Mittel auch zur Bekämpfung der Arbeitslosigkeit, in: AuA 1996, S. 2 ff.

Bergwitz, Christoph: Die neue EG-Richtlinie zur Beweislast bei geschlechtsbedingter Diskriminierung, in: DB 1999, S. 94 ff.

Bertelsmann, Klaus: Teilzeitarbeit - Verbreitung, individueller Bedarf, bestehende und zu fordernde Gestaltungsmöglichkeiten, in: Menschliche Arbeitszeiten – geschützte Arbeitsverhältnisse. Sicherung und Ausbau des Normalarbeitsverhältnisses, Karl-Heinz Janzen (Hrsg.), Frankfurt am Main, 1988, S. 217 ff.

Bieback, Karl-Jürgen: Die mittelbare Diskriminierung wegen des Geschlechts, Baden-Baden, 1997.

Biermann, Rainer: Die Gleichbehandlung von Teilzeitbeschäftigten bei entgeltlichen Ansprüchen, Berlin, 2000.

Birk, Rolf: Europäisches Arbeitsrecht, München, 1990.

- Die Realisierung des europäischen Binnenmarktes 1992 und ihre Auswirkungen auf das Arbeitsrecht, in: NZA 1989, S. 329 ff.
- Freizügigkeit der Arbeitnehmer und Harmonisierung des Arbeitsrechts, in: EG-Handbuch, Carl Otto Lenz (Hrsg.), Herne/Berlin, 1991, S. 297 ff.
- Vereinbarungen der Sozialpartner im Rahmen des Sozialen Dialogs und ihre Durchführung, in: EuZW 1997, S. 453 ff.

Blanpain, Roger; Klein, Elisabeth: Europäisches Arbeitsrecht, Baden-Baden, 1992.

Blanpain, Roger; Schmidt, Marlene; Schweibert, Ulrike: Europäisches Arbeitsrecht, 2. Auflage, Baden-Baden, 1996.

Bleckmann, Albert: Europarecht, 6. Auflage, Köln, Berlin, Bonn, München, 1997.

Blomeyer, Wolfgang: Der Einfluß der Rechtsprechung des EuGH auf das deutsche Arbeitsrecht, in: NZA 1994, S. 633 ff.

Bobke von Camen, Manfred; Veit, Susanne: Urteile des Europäischen Gerichtshofs aus dem Kreuzfeuer der Kritik, in: RdA 1993, S. 333 ff.

Böckel, Eberhard: Die neuen Teilzeit – Arbeitsverträge, 3. Auflage, München, 1988.

Boecken, Winfried: Die Neuregelung der geringfügigen Beschäftigungsverhältnisse, in: NZA 1999, S. 393 ff.

- Geringfügige Beschäftigung: vorgesehene Neuregelung verfassungsgemäß?, in: AuA 1999, S. 61 ff.

Boeddinghaus, Rütger: Die alte und neue Rechtsprechung zur betriebsbedingten Kündigung, in: ArbuR 2001, S. 8 ff.

Boemke, Burkhard: Neue Selbständigkeit uns Arbeitsverhältnis. Grundsatzfragen, sinnvoller Abgrenzung von Arbeitnehmern, Arbeitnehmerähnlichen und Selbständige, in: ZfA 1988, S. 285 ff.

Boemke, Burkhard; Föhr, Silvia: Arbeitsformen der Zukunft, Heidelberg, 1999.

Bollé, Patrick: El trabajo a tiempo parcial, ¿libertad o trampa?, Revista Internacional del Trabajo, vol. 116, Nr. 4, 1997, S. 605 ff.

Böttcher, Inge; Krüger, Manfred: Ungeschützte Beschäftigungsverhältnisse. Handlungshilfe für Betriebsräte bei befristeten Arbeitsverhältnissen, Fremdfirmenarbeit und Teilzeit, Köln, 1995.

Breiken, Claudia: Die geringfügige Beschäftigung unter besonderer Berücksichtigung der Mehrfachbeschäftigung, Diss., Universität zu Köln, Frankfurt am Main, 1999.

Brox, Hans; Rüthers, Bernd: Arbeitsrecht, 13. Auflage, Stuttgart, 1997.

Brunz, Michael; Wolter, Gerrit: Möglichkeiten und Chancen der flexiblen Arbeitszeit, München, 1988.

Buch, Holger: Ungeschützte Beschäftigungsverhältnisse, Diss., Universität Göttingen, Frankfurt am Main, 1999.

Buchner, Herbert: Die sozialpolitische Entwicklung der Europäischen Gemeinschaft im Spannungsfeld von hoheitlicher Regelung und tarifautonomer Gestaltung, in: RdA 1993, S. 193 ff.

Bundesministerium für Arbeit und Sozialordnung: Teilzeit, August 1999.

- Arbeit für soziale Gerechtigkeit, September 1999.
- Teilzeit, Juli 2000.
- Das 630-Mark-Gesetz, Druckschrift, 2000.

- Teilzeit – alles, was Recht ist, Broschüre, März 2001.
- Teilzeit – Neue Perspektiven, 2001.

Busch, Mathias: Aus für die Arbeit auf Abruf?, in: NZA 2001, S. 593 ff.

Buschmann, Rudolf: Anm. zu BAG vom 15.11.1990 und 6.12.1990, in: ArbuR 1991, S. 287 ff.

- Gemeine Marktwirtschaft, in: ArbuR 1996, S. 285 ff.

Buschmann, Rudolf; Dieball, Heike; Stevens-Bartol, Eckart: TZA Das Recht der Teilzeitarbeit, 2. Auflage, Frankfurt am Main, 2001.

Bütefisch, Wylka: Die Sozialauswahl. Praxisorientierte Darstellung der § 1 Abs. 3, 4 KschG und 125 Abs. 1 S. 1 Nr. 2 Ins O, Köln, 2000.

Casas, María Emilia; De Munck, Jean; Hanau, Peter; u.a.: Transformations du travail et devenir du droit du travail en Europe, Bericht einer EG-Arbeitsgruppe, Juni 1998.

Colneric, Ninon: Der Ausschluß geringfügig Beschäftigter aus der Sozialversicherung als Verstoß gegen die Rechtlinie 79/7/EWG, in: ArbuR 1994, S. 393 ff.

Consejo Económico y Social: El trabajo a tiempo parcial, Informe Nr. 4, Madrid, Spanien, September 1996.

Däubler, Wolfgang: Deregulierung und Flexibilisierung im Arbeitsrecht, in: Menschliche Arbeitszeiten – geschützte Arbeitsverhältnisse. Sicherung und Ausbau des Normalarbeitsverhältnisses, Karl-Heinz Janzen (Hrsg.), Frankfurt am Main, 1988, S. 51 ff.

- Perspektiven des Normalarbeitsverhältnisses, in ArbuR 1988, S. 302 ff.
- EG-Arbeitsrecht auf dem Vormarsch, in: NZA 1992, S. 577 ff.
- Die soziale Dimension des Europäischen Binnenmarktes, in: Europa-Handbuch, Weidenfeld (Hrsg.), Bonn, 1999.
- Arbeitsrecht und Politik, in: RdA 1999, S. 18 ff.
- Die geplante Teilzeit- und Befristungsgesetz, in: ZIP 2000, S. 1961 ff.
- Abbau der Arbeitslosigkeit durch Umverteilung des Arbeitsvolumens. Beiträge des Arbeitsrechts?, in: ArbuR 2000, S. 7 ff.
- Das neue Teilzeit- und Befristungsgesetz, in: ZIP 2001, S. 217 ff.

Dederer, Hans-Georg: Durchführung von Vereinbarungen der europäischen Sozialpartner, in: RdA 2000, S. 216 ff.

Dedering, Heinz: Der Weg aus der Beschäftigungskrise, Würzburg, 1995.

Deml, Jörg; Struck-Möbbeck, Olaf: Formen flexibler Beschäftigung - Umfang und Regulierungserfordernisse, in: Supplement der Zeitschrift Sozialismus, Nr. 3, 1998, S. 1 ff.

Dieterich, Thomas; Hanau, Peter; Schaub, Günter (Hrsg.): Erfurter Kommentar zum Arbeitsrecht, München, 1998.

Dietrich, Hans: Erwerbsverhalten in der Grauzone von selbständiger und abhängiger Erwerbsarbeit, Institut für Berufsforschung der Bundesanstalt für Arbeit, Nürnberg, 1998.

Diller, Martin: Der Teilzeitwunsch im Prozess: Maßgeblicher Beurteilungszeitpunkt, insbesondere bei nachfolgenden Tarifverträgen nach § 8 IV 3 TzBfG, in: NZA 2001, S. 589 ff.

Dötsch, Jochen: Vereinbarungen der europäischen Sozialpartner, in: AuA 1998, S. 262 ff.

Dübbers, Robert: Anm. zu EuGH vom 26.9.2000, in: ArbuR 2001, S. 22 ff.

Dütz, Wilhelm: Arbeitsrecht, 5. Auflage, München, 1999.

Eichenhofer, Eberhard: Sozialrecht, 3. Auflage, Tübingen, 2000.

Ermer, Peter; Schulze, Thomas; Schulz-Nieswandt, Frank; Sesselmeier, Werner: Soziale Politik im EG-Binnenmarkt, in: Kölner Schriften zur Sozial- und Wirtschaftspolitik, Band 12, Regensburg, 1990.

Feldhoff, Kerstin: Die Neuregelung der geringfügigen Beschäftigungsverhältnisse, in: ArbuR 1999, S. 249 ff.

Fitting, Karl; Kaiser, Heinrich; Heither, Friedrich; Engels, Gerd: Betriebsverfassungsgesetz, Handkommentar, 18. Auflage, München, 1996.

Fodor, Jürgen: Kommt nun auch die Betriebsrente für die 630-Mark-Jobs?, in: DB 1999, S. 800 ff.

Franz, Wolfgang; Rüthers, Bernd: Arbeitsrecht und Ökonomie, in: RdA 1999, S. 32 ff.

Gamillscheg, Franz: Arbeitsrecht I, 8. Auflage, München, 2000.

Gaugler, Eduard; Gille, Gerd; Paul, Herwig: Teilzeitarbeit, 2. Auflage, Ludwigshafen (Rhein), 1981.

Gaul, Björn; Wisskirchen, Gerlind: Änderung des Bundeserziehungsgeldgesetzes, in: BB 2000, S. 2466 ff.

Geng-Schenq Lin: Die Gleichbehandlung von Teilzeitbeschäftigten, Diss., Universität Regensburg, 1995.

Giubboni, Stefano; Sciarra, Silvana: Introduzione, La regolamentazione del part-time in Europa, in: DLRI 2000, Nr. 88, S. 547 ff.

Gitter, Wolfgang; Schmitt, Jochem: Sozialrecht, 5. Auflage, München, 2001.

Glock, Jutta; Danko, Franz-Ludwig: Die 630-Mark-Regelung und ihre Konsequenzen in der Praxis, in: NZA 1999, S. 402 ff.

González del Rey Rodríguez, Ignacio: El contrato de trabajo a tiempo parcial, Pamplona, Spanien, 1998.

- El trabajo a tiempo parcial desde una perspectiva comparada, in: R.L., Nr. 15-16, 1998, S. 10 ff.
- Jornada reducida y contrato de trabajo a tiempo parcial: una perspectiva histórica, in: Tribuna Social, Nr. 87, 1999, S. 46 ff.

González-Posada Martínez, Elías: El derecho del trabajo: una reflexión sobre su evolución histórica, Valladolid, Spanien, 1996.

- El acuerdo marco sobre el trabajo a tiempo parcial y la Directiva 97/81/CE, in: Los contratos de trabajo a tiempo parcial, Fernando Valdés Dal-Ré, María Emilia Casas Baamonde (Hrsg.), Valladolid, Spanien, 2000.

Goretski, Susanne; Hohmeister, Frank: Zur Neuregelung der geringfügigen Beschäftigungsverhältnisse, in: NZS 1999, S. 396 ff.

Gotthardt, Michael: Teilzeitanspruch und einstweiliger Rechtsschutz, in: NZA 2001, S. 1183 ff.

Götz, Hilmar: Grundzüge des Arbeitsrechts – Arbeitsvertragsrecht, 3. Auflage, München, Wien, 1996.

Grobys, Marcel; Bram, Rainer: Die prozessuale Durchsetzung des Teilzeitanspruchs, in: NZA 2001, S. 1175 ff.

Grünberger, Johannes: Teilzeitarbeitsverhältnisse, in: AuA 1995, S. 222 ff.

Gunkel, Alexander: Geringfügige Beschäftigung – Angriff auf die 630-DM-Jobs, in: Der Arbeitgeber, Nr. 3, 1999, S. 18 ff.

Hamm, Ingo: Flexible Arbeitszeiten in der Praxis, Frankfurt am Main, 1999.

Hanau, Peter: Befristung und Abrufarbeit nach dem Beschäftigungsförderungsgesetz 1985, in: RdA 1987, S. 25 ff.

- Was kann das Arbeitsrecht leisten für den Erhalt und die Schaffung von Arbeitsplätzen?, in: AuA 1998, S. 2 ff.
- Die neuen Geringfügigkeits-Richtlinien der Sozialversicherungsträger, in: ZIP 1999, S. 726 ff.
- Die Zukunft des Arbeitsrechts, in: RdA 1999, S. 159 ff.
- Offene Fragen zum Teilzeitgesetz, in: NZA 2001, S. 1168 ff.
- Klarstellung zu den neuen Rechtsansprüchen auf Veränderung der Arbeitszeit, in: www.uni-koeln.de/jur-fak/inssozr/index.htm

Hanau, Peter; Adomeit, Klaus: Arbeitsrecht, 12. Auflage, Neuwied, 2000.

Hanau, Peter; Gilberg, Dirk: Die Bindungswirkung des EuGH-Urteils vom 15.12.1994 zu Überstundenzuschlägen für Teilzeitbeschäftigte, in: BB 1995, S. 1238 ff.

Hanau, Peter; Peters-Lange, Susanne: 630-Marks-Jobs – Teilzeitarbeit, München, 2001.

Hanau, Peter; Preis, Ulrich: Zur mittelbaren Diskriminierung wegen des Geschlechts, in: ZfA 1988, S. 177 ff.

Hegner, Friedhart; Saschewag, Dagmar: Teilzeit – Offensive: Weniger Arbeitslose durch Teilzeitarbeit. Vorschläge zur Ausweitung der Teilzeitbeschäftigung in Brandenburg, Potsdam, 1993.

Heider, Markus: Der Ausschluß geringfügig Beschäftigter i.S.d. § 8 SBG IV aus dem Bundesangestelltentarifvertrag (BAT) gemäß § 3 Buchst. n 1 Altn. BAT, Diss., Universität Bonn, 1999.

Heilmann, Joachim; Kuhtz, Anne: Die geringfügige Beschäftigung – Ein Grund für Ausschluß aus der Sozialversicherung?, in: AuA 1996, S. 145 ff.

Heinze, Meinhard: Flexible Arbeitszeitmodelle, in: NZA 1997, S. 681 ff.

- Die Rechtsgrundlagen des sozialen Dialogs auf Gemeinschaftsebene, in: ZfA 1997, S. 505 ff.

Heinze, Meinhard; Ricken, Oliver; Giesen, Richard: Blick ins Sozialversicherungs- und Arbeitsförderungsrecht, in: NZA 2000, S. 412 ff.

Herbers, Marie-Therese: Qualifizierte Teilzeitarbeit. Teilzeitstellenanalyse, Aachen, 1998.

Hickel, Rudolf: Deregulierung und Flexibilisierung als gesellschaftspolitische und ökonomische Gesamtstrategie, in: Menschliche Arbeitszeiten – geschützte Arbeitsverhältnisse. Sicherung und Ausbau des Normalarbeitsverhältnisses, Karl-Heinz Janzen (Hrsg.), Frankfurt am Main, 1988, S. 29 ff.

Holland, Jürgen: Teilzeitbeschäftigung, 3. Auflage, Bremen, 1991.

v. Hoyningen-Huene, Gerrick: Betriebsverfassungsrecht, 2. Auflage, München, 1990.

Hromadka, Wolfgang: Arbeitsrecht in der EG, in: AuA 1993, S. 171 ff.

- Arbeitnehmerbegriff und Arbeitsrecht, in: NZA 1997, S. 569 ff.
- Das neue Teilzeit- und Befristungsgesetz, in: NJW 2001, S. 400 ff.

Hueck, Alfred; Hueck, Götz; v. Hoyningen-Huene, Gerrick: Kündigungsschutzgesetz - Kommentar, 12. Auflage, München, 1997.

Hunold, Wolf: Gleichbehandlung im Betrieb, in: DB 1991, S. 1670 ff.

- Nebentätigkeit und Arbeitszeitgesetz, in: NZA 1995, S. 558 ff.

Jesse, Adof: Nochmals: Überstundenzuschläge nach dem BAT für Teilzeitarbeitnehmer?, in: ZTR 1994, S. 91 ff.

Kapphan, Andreas: Frauen am Arbeitsmarkt. Auswirkungen der Arbeitszeitflexibilisierung zur besseren Vereinbarkeit von Familie und Beruf auf die Arbeitsmarktsituation von Frauen, Frankfurt am Main, 1994.

Keller, Berndt: Einführung in die Arbeitspolitik. Arbeitsbeziehungen und Arbeitsmarkt in sozialwissenschaftlichen Perspektive, 5. Auflage, München, 1997.

Keller, Berndt; Seifert, Hartmut: Regulierung atypischer Beschäftigungsverhältnisse, in: Atypische Beschäftigung - Verbieten oder gestalten?, Berndt Keller, Hartmut Seifer (Hrsg.), Frankfurt am Main, 1995, S. 231 ff.

Kilchenmann, Ulla: Flexibel oder flexibilisiert? Chancen und Fallen der Teilzeitarbeit von Frauen, Zürich, 1992.

Kirsten, Mathias: Anforderungen an die Rechtfertigung einer mittelbaren Diskriminierung wegen des Geschlechts, in: RdA 1990, S. 282 ff.

Kittner, Michael; Trittin, Wolfgang: KSchR Kündigungsschutzrecht, 3. Auflage, Köln, 1997.

Klein, Martina: Gewerkschaften und Teilzeitarbeit in Deutschland. Eine vergleichende Untersuchung des Einzelhandels und der Gebäudeinnenreinigung, Baden-Baden, 1995.

Kleveman, Joachim: Zum Leistungsbestimmungsrecht des Arbeitsgebers nach Art. 1 § 4 BeschFG 1985, in: ArbuR 1987, S. 292 ff.

- Der Schutz der Zeitsouveränität von Arbeitnehmern mit variablen am betrieblichen Arbeitsanfall ausgerichteten Arbeitszeiten durch die Ankündigungsfrist des Art. 1 § 4 Abs. 2 BeschFG 1985, in: DB 1987, S. 2096 ff.

Kliemt, Michael: Der neue Teilzeitanspruch, in: NZA 2001, S. 63 ff.

Kock, Kai-Uwe: Der Freizeitausgleich für teilzeitbeschäftigte Betriebsratmitglieder nach § 37 Abs. 3 Betriebsverfassungsgesetz, Diss., Universität Münster, 1993.

Kort, Michael: Zur Gleichbehandlung im deutschen und europäischen Arbeitsrecht, insbesondere beim Arbeitsentgelt teilzeitbeschäftigter Betriebsratmitglieder, in: RdA 1997, S. 277 ff.

Krämer, Antje: Die Gleichberechtigung im europäischen Arbeitsrecht – Ein deutsch -französischer Rechtsvergleich, Diss., Universität zu Köln, 1996.

Krause, Rüdiger: Abwälzung des Pauschalbeitrags zur Sozialversicherung auf geringfügig Beschäftigte?, in: ArbuR 1999, S. 390 ff.

Kreimer-de Fries, Joachim: EU-Teilzeitvereinbarung – kein gutes Omen für die Zukunft der europäischen Verhandlungsebenen, in: ArbuR 1997, S. 314 ff.

Krimphove, Dieter: Europäisches Arbeitsrecht, 2. Auflage, München, 2001.

Kropholler, Jan; Berenbrok, Marius: Studienkommentar BGB, 3. Auflage, München, 1998.

Künzl, Reinhard: Freistellung von Betriebsratsmitgliedern für Schulungsveranstaltungen, in: ZfA 1993, S. 2 ff.

- Probleme der Sozialauswahl bei betriebsbedingter Kündigung, in: ZTR 1996, S. 385 ff.

Kurz-Scherf, Ingrid: Verteidigung und Kritik des Normalarbeitsverhältnisses als materielle Basis autonomer Lebensplanung, in: Menschliche Arbeitszeiten – geschützte Arbeitsverhältnisse. Sicherung und Ausbau des Normalarbeitsverhältnisses, Karl-Heinz Janzen (Hrsg.), Frankfurt am Main, 1988, S. 126 ff..

Küttner, Wolfdieter: Personalbuch 1998, 5. Auflage, München, 1998.

Kyriazis, Georgios: Die Sozialpolitik der Europäischen Wirtschaftsgemeinschaft in Bezug auf die Gleichberichtigung männlicher und weiblicher Erwerbstätiger, Berlin, 1990.

Langenfeld, Christine: Die Gleichbehandlung von Mann und Frau im Europäischen Gemeinschaftsrecht, Baden-Baden, 1990.

Langmaack, Sabine: Teilzeitarbeit und Arbeitsflexibilisierung, 2. Auflage, Berlin, 2001.

Larenz, Karl: Lehrbuch des Schuldrechts, Band I, Allgemeiner Teil, 14. Auflage, München, 1987.

Leiva, Sandra: El trabajo a tiempo parcial en Chile, Serie Mujer y Desarrollo, Nr. 26, CEPAL, Santiago, Chile, Januar 2000.

Lelley, Jan Tibor: Die Rechtsprechung des EuGH zur Gleichbehandlung geringfügig Beschäftigter, in: NZA 2000, S. 405 ff.

Lembke, Mark: Die neue Regelung der „630-DM-Jobs", in: NJW 1999, S. 1825 ff.

Leßmann, Jochen: Der Anspruch auf Verringerung der Arbeitszeit im neuen Bundeserziehungsgeldgesetz, in: DB 2001, S. 94 ff.

Lindemann, Achim; Simon, Oliver: Die neue Elternzeit, in: NJW 2001, S. 258 ff.

Link, Peter; Fink, Martin: Teilzeit und Befristungsgesetz. Was der Arbeitgeber beachten muss, in: AuA 2001, S. 59 ff.

- Anspruch auf Verringerung der Arbeitszeit, in: AuA 2001, S. 107 ff.

Lipke, Gert-Albert: Betriebsverfassungsrechtliche Probleme der Teilzeitarbeit, in: NZA 1990, S. 758 ff.

- Individualrechtliche Grundprobleme der Teilzeitarbeit, in: ArbuR 1991, S. 76 ff.
- Teilzeitarbeitsrecht im Überblick, in: AuA 1994, S. 8 ff.

Lorenz, Martin; Schwedes, Rolf: Das Beschäftigungsförderungsgesetz, in: DB 1985, S. 1077 ff.

Loritz, Karl-Georg: Die Erforderlichkeit und Geeignetheit von Betriebsräte Schulungs- und Bildungsveranstaltungen, in: NZA 1993, S. 2 ff.

Löwisch, Manfred: Betriebsverfassungsgesetz, 3. Auflage, Heidelberg, 1994.

- Arbeitsrecht, 4. Auflage, Düsseldorf, 1996.
- Das Arbeitsrechtliche Beschäftigungsförderungsgesetz, in: NZA 1996, S. 1009 ff.
- Die Neuregelung der 630-Mark-Verträge: Gesetzesinhalt und Handlungsalternativen, in: BB 1999, S. 739 ff.
- Arbeitsrecht und wirtschaftlicher Wandel, in: RdA 1999, S. 69 ff.
- Spielraum für kurzfristige Beschäftigungen, in: BB 2000, S. 260.
- Änderung der Betriebsverfassung durch das Betriebsverfassungs-Reformgesetz, in: BB 2001, S. 1734 ff.

Lück, Peter: Probleme der Sozialauswahl nach § 1 III KSchG, Frankfurt am Main, Berlin, New York, Paris, Wien, 1993.

Mäder, Werner: Sozialpolitik in den Europäischen Gemeinschaften, in: NZA 1990, S. 10 ff.

Malzahn, Marion: Das Beschäftigungsförderungsgesetz und kapazitätsorientierte variable Arbeitszeiten, in: ArbuR 1985, S. 386 ff.

Marschner, Andreas: Gesetzesänderungen für Scheinselbständige und geringfügig Beschäftigte, in: AuA 1999, S. 109 ff.

- Das Gesetz zur Neuregelung der geringfügigen Beschäftigungsverhältnisse, in: ZTR 1999, S. 197 ff.

Martin Valverde, Antonio; Rodriguez-Señudo Gutierrez, Fermin; Garcia Murcia, Joaquin: Derecho del Trabajo, 9. Auflage, Madrid, Spanien, 2000.

Massow, Martin: Teilzeit – Atlas, München, 1999.

Matthies, Hildegard; Mückenberger, Ulrich; Offe, Claus; Peter, Edgar; Raasch, Sibylle: Arbeit 2000. Anforderungen an eine Neugestaltung der Arbeitswelt, Reinbek bei Hamburg, 1994.

Mauer, Jutta: Vergütungsberechnung für teilzeitbeschäftigte Betriebsratmitglieder bei Teilnahme an Schulungsveranstaltungen nach dem Lohnausfallprinzip, in: NZA 1993, S. 56 ff.

Mayer, Udo; Paasch, Ulrich: Ein Schein von Selbständigkeit. Ein Person-Unternehmen als neue Form der Abhängigkeit, Nördlingen, 1990.

Meisel, Peter G.; Sowka, Hans-Harald: Mutterschutz und Erziehungsurlaub, 4. Auflage, München, 1995.

Mente, Edith: Neue Rahmenbedingungen für die Flexibilisierung der Arbeitszeit durch das ArbZG, Aachen, 1998.

Merino Senovilla, Henar: El trabajo a tiempo parcial, Valladolid, Spanien, 1994.

Morgado Valenzuela, Emilio: Las reformas laborales y su impacto en el funcionamiento del mercado de trabajo, Serie Reformas Económicas, Nr. 32, CEPAL, Santiago, Chile, Juli 1999.

Mückenberger, Ulrich: Der Wandel des Normalarbeitverhältnisses unter den Bedingungen einer „Krise der Normalität", in: Menschliche Arbeitszeiten – geschützte Arbeitsverhältnisse. Sicherung und Ausbau des Normalarbeitsverhältnisses, Karl-Heinz Janzen (Hrsg.), Frankfurt am Main, 1988, S. 136 ff.

- Re-Regulierung neuer Beschäftigungsformen – Kann „atypische" Beschäftigung sozialverträglich sein?, in: Flexibilisierung des Arbeitsmarktes. Interessen, Wirkungen, Perspektiven, Klaus Semlinger (Hrsg.), Frankfurt am Main, New York, 1991.
- Ist der „Sozialraum Europa" noch auf der historischen Agenda? Neue Beschäftigungsformen und deren europäische Regulierung, in: Atypische Beschäftigung -Verbieten oder gestalten?, Berndt Keller, Hartmut Seifer (Hrsg.), Frankfurt am Main, 1995, S. 202 ff.

Nebendahl, Mathias: Der Teilzeitarbeitsvertrag, 2. Auflage, München, 2000.

Nielebock, Helga: Anm. zu BAG vom 5.3.1997, in: AiB 1998, S. 105 ff.

Niermann, Walter; Plenker, Jürgen: Die Neuregelung der geringfügigen Beschäftigungsverhältnisse aus steuerlicher Sicht, in: DB 1999, S. 768 ff.

Oechsler, Walter A.: Flexibilisierungsbedarf auf Betriebsebene, in: Die Zukunft der Arbeitswelt – Flexibilisierung von Arbeitsbedingungen, Recht und Kommunikation 8, 1995.

Oetker, Hartmut: Anm. zu BAG vom 3.12.1998, in: RdA 1999, S. 264 ff.

Oetker, Hartmut; Preis, Ulrich: Europäische Rechtsvorschriften zum Arbeitsrecht, 2. Auflage, Heidelberg, 1997.

Olschok-Tautenhahn, Harald: Möglichkeiten und Grenzen eine öffentlichen Förderung der Teilzeitarbeit, Pfaffenweiler, 1990.

Oppermann, Thomas: Europarecht, 2. Auflage, München, 1999.

Palandt, Otto: BGB, 56. Auflage, München, 1997.

Peifer, Karl Heinz: Die Teilzeitbeschäftigung in der neueren Rechtsprechung des Bundesarbeitsgerichts, in: ZfA 1999, S. 271 ff.

Pérez de los Cobos Orihuel, Francisco: Nuevas tecnologías y relación de trabajo, Valencia, Spanien, 1990.

Peters-Lange, Susanne: Geringfügige Beschäftigung im Arbeits- und Sozialrecht, in: ZTR 1996, S. 293 ff.

Peters-Lange, Susanne; Rolf, Christian: Reformbedarf und Reformgesetzgebung im Mutterschutz- und Erziehungsgeldrecht, in: NZA 2000, S. 682 ff.

Pfarr, Heide M. : Mittelbare Diskriminierung von Frauen, in: NZA 1986, S. 585 ff.

Plander, Harro: Kapazitätsorientierte variable Arbeitszeit als Gegenstand von Tarifverträgen und Betriebsvereinbarungen, in: ArbuR 1987, S. 281 ff.

Pougin, Peter: Die deutsche Kritik am europäischen Arbeitsrecht, Diss., Universität zu Köln, 1998.

Pradas Montilla, Ricardo: El contrato a tiempo parcial, Documentación Laboral, Nr. 55, 1998, S. 5 ff.

Preis, Bernd: Betriebsbedingte Kündigung zwischen dringenden betrieblichen Erfordernissen und unternehmerischer Entscheidungsfreiheit, in: NZA 1997, S. 625 ff.

Preis, Ulrich: Arbeitsrecht, Köln, 1999.

Preis, Ulrich; Gotthardt, Michael: Neuregelung der Teilzeitarbeit und befristeten Arbeitverhältnisse, in: DB 2000, S. 2065 ff.

- Das Teilzeit- und Befristungsgesetz, in: DB 2001, S. 145 ff.

Pulte, Peter; Westphal, Regine: Teilzeitarbeit und betriebliche Mitbestimmung, Luchterhand, 1997.

Rademacher, Michael: Arbeitsverkürzung und –flexibilisierung. Formen und betriebliche Auswirkungen, Wiesbaden, 1990.

Reich, Norbert; Dieball, Heike: Mittelbare Diskriminierung teilzeitbeschäftigter weiblicher Betriebsratmitglieder, in: ArbuR 1991, S. 225 ff.

Reichold, Hermann: Zeitsouveränität im Arbeitsverhältnis: Strukturen und Konsequenzen, in: NZA 1998, S. 393 ff.

Reinfelder, Waldemar; Zwanziger, Bertram: Teilzeitarbeit und betriebsbedingte Kündigung, in: DB 1996, S. 677 ff.

Richardi, Reinhard: Das Gleichbehandlungsgebot für Teilzeitarbeit und seine Auswirkung auf Entgeltregelungen, in: NZA 1992, S. 625 ff.

- Veränderungen in der Organisation der Betriebsverfassung nach dem Regierungsentwurf zur Reform des BetrVG, in: NZA 2001, S. 346 ff.

Richardi, Reinhard; Annuß, Georg: Gesetzliche Neuregelung von Teilzeitarbeit und Befristung, in: BB 2000, S. 2201 ff.

Rieble, Volker; Gutzeit, Martin: Teilzeitanspruch nach § 8 TzBfG und Arbeitszeitmitbestimmung, in: NZA 2002, S. 7 ff.

Ringler, Jochen C.K.: Die europäische Sozialunion, Berlin, 1997.

Rivero Lamas, Juan: La descentralización productiva y las nuevas formas organizativas de trabajo, in: Actas X Congreso Nacional de Derecho del Trabajo y de la Seguridad Social, Colección Informes y Estudios, Serie Relaciones Laborales, Nr. 28, Ministerio del Trabajo y Asuntos Sociales, Madrid, Spanien, 2000, S. 19 ff.

Rodríguez-Piñero y Bravo Ferrer, Miguel: Prólogo, in: Actas X Congreso Nacional de Derecho del Trabajo y de la Seguridad Social, Colección Informes y Estudios, Serie Relaciones Laborales, Nr. 28, Ministerio del Trabajo y Asuntos Sociales, Madrid, Spanien, 2000, S. 13 ff.

Rodríguez–Piñero Royo, Miguel C.: Trabajo a tiempo parcial y derecho comunitario, in: R.L. Nr. 15-16, 1998, S. 41 ff.

Rolfs, Christian: Der Betriebsrat I, Kollektives Arbeitsrecht, Arbeitspapier Nr. 6, Universität zu Köln, 2000.

- Das neue Recht der Teilzeitarbeit, in: RdA 2001, S. 129 ff.

Röthel, Anne: Beweislast und Geschlechterdiskriminierung, in: NJW 1999, S. 611 ff.

Rühle, Hanns-Gottlob: Die Sozialauswahl bei Arbeitnehmern mit unterschiedlicher Arbeitszeit, in: DB 1994, S. 834 ff.

Saunders, Brigitte: Gleiches Entgelt für Teilzeitarbeit, Heidelberg, 1997.

Schaub, Günter: Arbeitsrechts-Handbuch, 9. Auflage, München, 2000.

- Die Arbeit in den verschiedenen Formen des Teilzeitarbeitsverhältnisses, in: BB 1990, S. 1069 ff.
- Europäisierung des deutschen Arbeitsrechts, in: NZA 1994, S. 769 ff.

Schiefer, Bernd: Die Rechtsprechung des EuGH zur Vergütung teilzeitbeschäftigter Betriebsratmitglieder bei ganztätiger Schulungsteilnahme, in: DB 1993, S. 1822 ff.

- Entwurf eines Gesetzes über Teilzeitarbeit und befristete Arbeitsverhältnisse und zur Änderung und Aufhebung arbeitsrechtlicher Bestimmungen, in: DB 2000, S. 2118 ff.

Schiefer, Bernd; Erasmy, Walter: Anm. zu EuGH vom 4.6.1992, in: DB 1992, S. 1482 ff.

Schiefer, Bernd; Korte, Walter: Gesetzentwurf eines Gesetzes zur Reform des Betriebsverfassungsgesetzes, in: NZA 2001, S. 351 ff.

Schiek, Dagmar: Europäisches Arbeitsrecht, Baden-Baden, 1997.

Schlachter, Monika: Probleme der mittelbaren Benachteiligung im Anwendungsbereich des Art. 119 EGV, in: NZA 1995, S. 393 ff.

Schlenger, Michael: Geringfügige Beschäftigungsverhältnisse – erhalten statt einschränken, Karl-Bräuer-Institut des Bundes der Steuerzahler e.V. Wiesbaden, Heft 88, September 1998, S. 17 ff.

Schloßer, Philipp: Stellenausschreibung auch als Teilzeitarbeitsplatz – ein Gebot ohne Sanktion, in: BB 2001, S. 411 ff.

Schmal, Andreas: Teilzeitbeschäftigung. Motive, Präferenzen und Barrieren aus der Sicht von Arbeitnehmern, Frankfurt am Main, 1997.

Schmidt, Marlene: Teilzeitarbeit in Europa, Baden-Baden, 1995.

- Die neue EG-Richtlinie zur Teilzeitarbeit, in: NZA 1998, S. 576 ff.

Schönfeld, Wolfgang; Reimers, Peter; Hofmann, Michael: Geringfügige Beschäftigungsverhältnisse 630-DM-Jobs, 2. Auflage, München, Berlin, 2001.

Schüren, Peter: Münchener Handbuch zum Arbeitsrecht, Band 2, 2. Auflage, München, 1999.

- Die Gestaltungsfreiheit der Tarifvertragsparteien beim sachlichen Grund in § 2 Abs. 1 BeschFG 1990, in: ZTR 1992, S.355 ff.
- Überstundenzuschläge für Teilzeitkräfte, in: NZA 1993, S. 529 ff.
- Anm. zu Urteil des EuGH, in: Informationsdienst EuroAS, Heft 1, 1995, S. 17 ff.
- Abrufarbeit mit variabler Arbeitszeit oder: Was steht eigentlich in § 4 I BeschFG?, in: NZA 1996, S. 1306 ff.

Seifert, Michael: Geringfügige Beschäftigungsverhältnisse, Bonn, 1999.

Sieben, Stefan; Albert, Uwe; Dahlbender, Frank; Müller, Knut: Geringfügige Beschäftigung und Scheinselbständigkeit, Köln, 1999.

Siemes, Christiane: Sie Sozialversicherungsfreiheit geringfügig Beschäftigter als mittelbare Frauendiskriminierung – Eine Analyse der Entscheidungen des EuGH vom 14.12.1995 „Megner/Scheffel" und „Nolte", in: ZTR 1996, S. 349 ff.

Sievers, Jochen: Die mittelbare Diskriminierung im Arbeitsrecht, Pfaffenweiler, 1997.

Smentek, Martin: Arbeitszeitflexibilisierung. Zwischen „kapitalistischer Zeitökonomie und „soziales Zeitstruktur", Hamburg, 1991.

Sodan, Helge: Der „Beitrag" des Arbeitgebers zur Sozialversicherung für geringfügige Beschäftigungsverhältnisse, in: NZS 1999, S. 105 ff.

Sowka, Hans-Harald: Mittelbare Frauendiskriminierung – ausgewählte Probleme, in: DB 1992, S. 2030 ff.
- Teilzeitarbeit – ausgewählte Rechtsprobleme, in: DB 1994, S. 1873 ff.
- Anm. zu EuGH Urteil vom 14.12.1995, in: DB 1996, S. 43 ff.
- Der Erziehungsurlaub nach neuem Recht – Rechtslage ab 1.1.2001, in: NZA 2000, S. 1185 ff.

Sowka, Hans-Harald; Köster, Hans-Wilhelm: Teilzeitarbeit und geringfügige Beschäftigung, München, 1993.

Staudacher, Heribert P.; Hellmann, Andrea: Teilzeitarbeit, München, Berlin, 1997.

Staudinger, Julius; Richardi, Reinhard: Kommentar zum Bürgerlichen Gesetzbuch (KzBGB), Zweites Buch, Recht der Schuldverhältnisse, 13. Bearbeitung, Berlin, 1999.

Stechl, Hans-Albert: Teilzeit- und Aushilfekräfte, Freiburg, 1995.

Stein, Peter: Freiheit und Dringlichkeit der unternehmerischen Entscheidung im Kündigungsschutzrecht, in: BB 2000, S. 457 ff.

Steindorff, Ernst: Gleichbehandlung von Mann und Frau nach dem EG-Recht, in: RdA 1988, S. 129 ff.

Steinmeyer, Heinz-Dietrich: Der Vertrag von Amsterdam und seine Bedeutung für das Arbeits- und Sozialrecht, in: RdA 2001, S. 10 ff.

Stevens-Bartol, Eckart: Probleme der KAPOVAZ – Anmerkungen zu Art. 1 § 4 des Beschäftigungsförderungsgesetzes, in: AiB 1985, S. 122 ff.

Straub, Dieter: Erste Erfahrungen mit dem Teilzeit- und Befristungsgesetz, in: NZA 2001, S. 919 ff.

Streinz, Rudolf: Europarecht, 3. Auflage, Heidelberg, 1996.

Stückmann Roland; Kohlepp, Christina: Verhältnismäßigkeitsgrundsatz und „ultima-ratio-Prinzip" im Kündigungsrecht, in: RdA 2000, S. 331 ff.

Tenczer, Marion: Freie Unternehmerentscheidung und betriebsbedingte Kündigung, Diss., Universität zu Köln, 1999.

Tessaring, Manfred; Blien, Uwe; Fischer, Günther; Hofmann, Ingrid; Reinberg, Alexander: Bildung und Beschäftigung im Wandel. Die Bildungsgesamtrechnung des Institut für Arbeitsmarkt- und Berufsforschung der Bundesanstalt für Arbeit, Nürnberg, 1990.

Thayer Arteaga, William; Novoa Fuenzalida, Patricio: Manual de Derecho del Trabajo, Tomo II, 3. Auflage, Santiago, Chile, 1998.

Treber, Jürgen: Sozialer Dialog in der Europäischen Union und Gleichbehandlung bei Teilzeitarbeit, in: ZTR 1998, S. 250 ff.

Tschöpe, Ulrich: Betriebsbedingte Kündigung. Eine systematische Darstellung im Lichte der BAG-Rechtsprechung, in: BB 2000, S. 2630 ff.

Valgolio, Leandro: Geringfügige Beschäftigungen und EG-Recht, in: NZA 1993, S. 447 ff.

Waas, Bernd: Gesetzlicher Anspruch auf Teilzeitarbeit in den Niederlanden, in: NZA 2000, S. 583 ff.

Waltermann, Raimund: Sozialrecht, 2. Auflage, Heidelberg, 2001.

Walwei, Ulrich: Wachstum atypischer Beschäftigungsformen in EU-Ländern: Bestimmungsfaktoren und Effekte, in: Atypische Beschäftigung - Verbieten oder gestalten?, Berndt Keller, Hartmut Seifert (Hrsg.), Frankfurt am Main, 1995, S. 182 ff.

Walwei, Ulrich; Konle-Seidl, Regina; Ullmann, Hans: Atypische Beschäftigungsformen und Arbeitszeiten im EG-Vergleich, in: Beschäftigungsaspekte und soziale Fragen des EG-Arbeitsmarktes, Ulrich Walwei, Heinz Werner (Hrsg.), Nürnberg, 1991, S. 30 ff.

Wank, Rolf: Die Teilzeitbeschäftigung im Arbeitsrecht, in: RdA 1985, S. 1 ff.

- Atypische Arbeitsverhältnisse, in: RdA 1992, S. 103 ff.
- Anm. zu BAG vom 26.5.1993, in: SAE 1994, S. 195 ff.
- Arbeitsrecht nach Maastricht, in: RdA 1995, S. 10 ff.

Weindl, Josef: Europäische Gemeinschaft, 2. Auflage, München, 1994.

Wertheimer, Frank; Krug, Margarete: Rechtsfragen zur Nebentätigkeit von Arbeitnehmern, in: BB 2000, S. 1462 ff.

Westermann, Harm Peter (Redakteur): Münchener Kommentar - BGB, Band 4, 3. Auflage, München, 1997.

Wiedemann, Herbert; Peters, Harald: Neuere Rechtsprechung zur Bedeutung des Gleichheitssatzes für Tarifverträge, in: RdA 1997, S. 100 ff.

Wildschütz, Martin: Arbeitszeitverkürzung, Lohnausgleich und die Vergütung von Teilzeitarbeitskräften, in: NZA 1991, S. 925 ff.

Willemsen, Heinz Josef; Bauer, Jobst-Hubertus: Gesetz über Teilzeitarbeit und befristete Arbeitsverträge und zur Änderung und Aufhebung arbeitsrechtlicher Bestimmungen – Stellungnahme des Arbeitsrechtausschusses des Deutschen Anwaltvereins zum Gesetzentwurf des Bundesregierung, in: DB 2000, S. 2223 ff.

Wisskirchen, Gerlind: Mittelbare Diskriminierung von Frauen im Erwerbsleben, Berlin, 1994.

Wißmann, Hellmut: Geschlechtsdiskriminierung, EG-Recht und Tarifverträge, in: ZTR 1994, S. 223 ff.

- Arbeitsrecht und Europarecht, in: RdA 1999, S. 152 ff.

Wolf, Roland: Teilzeit und Befristung. Neue Belastungen für die Arbeitgeber, in: Der Arbeitgeber, Nr. 11, November 2000, S. 18 ff.

Worzalla, Michael: Arbeitsverhältnis, Selbständigkeit uns Scheinselbständigkeit, in: Arbeitsrecht aus Arbeitgebersicht, Köln, 1997.

Worzalla, Michael; Will, Patricia; Mailänder, Uwe; Worch, Andrea; Heise, Dietmar: Teilzeitarbeit und befristete Arbeitsverträge, Freiburg, Berlin, München, 2001.

Zachert, Ulrich: Die Sicherung und Gestaltung des Normalarbeitsverhältnisses durch Tarifvertrag, Baden-Baden, 1989.

- Die Zerstörung des Normalarbeitsverhältnisses, in: ArbuR 1988, S. 129 ff.
- Auf dem Weg zu europäischen Arbeitnehmergrundrechten?, in: NZA 2000, S. 621 ff.

Zöllner, Wolfgang; Loritz, Karl-Georg: Arbeitsrecht, 5. Auflage, München, 1998.

Zuleeg, Manfred: Die Rolle des Arbeitsrechts in der europäischen Integration, in: RdA 1992, S. 133 ff.

- Die Rechtsprechung des Europäischen Gerichtshofs zum Arbeits- und Sozialrecht im Streit, in: ArbuR 1994, S. 77 ff.
- Europäischer Gerichtshof und nationale Arbeitsgerichte aus europarechtlicher Sicht, in: RdA 1996, S. 71 ff.
- *Zwanziger, Bertram*: Zur Zuständigkeit der Europäischen Gemeinschaft auf dem Gebiet des Arbeitsrechts, in: ArbuR 1995, S. 430 ff.

Silke Heinemann

Teilzeitbeschäftigung im öffentlichen Dienst

Entwicklung und Einflußfaktoren im intersektoralen und internationalen Vergleich

Frankfurt/M., Berlin, Bern, Bruxelles, New York, Oxford, Wien, 2002.
336 S., 45 Tab., 14 Graf., 1 Faltblatt
Europäische Hochschulschriften: Reihe 31, Politikwissenschaft. Bd. 449
ISBN 3-631-38991-4 · br. € 50.10*

Teilzeitbeschäftigung im öffentlichen Dienst wird auf Grundlage der Personalstatistik, der Beschäftigtenstatistik und des Mikrozensus zwischen 1950 und 1997 in der Bundesrepublik Deutschland analysiert. Die wachsende Bedeutung dieser Beschäftigungsform beruht auf ökonomischen, rechtlichen, politischen und sozialen Einflußfaktoren. In der öffentlichen Verwaltung führte die Beachtung der hergebrachten Grundsätze des Berufsbeamtentums zu einer besonderen Entwicklung der Teilzeitarbeit.
Im Vergleich der Wirtschaftssektoren wird die Vorreiterrolle des öffentlichen Dienstes bei der Entwicklung von Teilzeitbeschäftigung deutlich.
Vor allem im Bildungswesen sind Teilzeitarbeitsverhältnisse überproportional zu finden. Im internationalen Vergleich zeigen sich ähnliche Strukturmerkmale der Teilzeitbeschäftigung im öffentlichen Sektor.

Aus dem Inhalt: Entwicklung und Theorie der Teilzeitbeschäftigung · Die quantitative Entwicklung der Teilzeitbeschäftigung im öffentlichen Dienst (1950–1997) · Entwicklung der rechtlichen Rahmenbedingungen von Teilzeitbeschäftigung im öffentlichen Dienst · Teilzeitbeschäftigung im Vergleich zwischen öffentlichem Dienst und Privatwirtschaft · Internationaler Vergleich der Teilzeitbeschäftigung im öffentlichen Dienst.

Kolibri 360 GmbH
Ferdinand-Jühlke-Straße 7
99095 Erfurt, Deutschland
produktsicherheit@kolibri360.de

Druck:
CPI Druckdienstleistungen GmbH
im Auftrag der
Kolibri 360 GmbH
Ferdinand-Jühlke-Str. 7
99095 Erfurt